Das ist Mein Wort
A und Ω
Das Evangelium Jesu

Die Christus-Offenbarung,
welche inzwischen die wahren Christen in aller Welt kennen

Das ist Mein Wort

A und Ω

Das Evangelium Jesu

Die Christus-Offenbarung,
welche inzwischen die wahren Christen
in aller Welt kennen

Christus,
der Sohn Gottes,
der Mitregent der Himmel,
der Erlöser aller Menschen und Seelen,
der Erbauer und Herrscher
des Reiches Gottes auf Erden,
offenbart sich
über Sein Leben, Denken und Wirken
als Jesus von Nazareth
durch die Prophetin Gottes,
Gabriele

Das ist Mein Wort
A und Ω

9. Auflage April 2022
(1. Auflage 1989)

© Gabriele-Verlag Das Wort GmbH
Max-Braun-Str. 2, 97828 Marktheidenfeld
Tel. 09391/504135, Fax 09391/504133
www.gabriele-verlag.com

Alle Rechte sind vorbehalten.

Druck: KlarDruck GmbH, Marktheidenfeld

ISBN 978-3-96446-275-6

Inhaltsverzeichnis *

* Die Kapitelüberschriften des „Evangelium Jesu" sind halbfett kursiv gesetzt; die in normal kursiv wiedergegebenen Untertitel beziehen sich auf die Erklärungen, Berichtigungen und Vertiefungen des „Evangelium Jesu" durch Christus heute (1989). Die in Klammern gesetzten Zahlen bezeichnen jeweils die Verse des „Evangelium Jesu", auf die sich die Erklärungen, Berichtigungen und Vertiefungen des Christus Gottes beziehen.

In der mächtigen Speicherquelle des Alls sowie in der Atmosphärischen Chronik sind die Rückführung und das Reich Gottes auf Erden als positive Energie gespeichert und bauen sich mehr und mehr auf (1). Die irdische Herrschaft im Namen Christi durch die Werkzeuge der Dämonen (2-3). Diese mächtige Zeitenwende lässt alles Gegensätzliche offenbar werden – Die Finsternis in ihren Wirkungen und selbstgeschaffenen Ketten (4). Verheißung des Heiligen Geistes (5). Trage Christus in dir (6). Ich komme wieder in aller Herrlichkeit (7). Die selbstlose Liebe ist ein unzertrennliches Band (8). Jesus erfuhr und erlitt als Mensch, was Menschsein bedeutet (9-10)

96. ***Ausgießung des Heiligen Geistes*** *– Über Aufgaben und Stellung der Jünger (1-3). Wer groß im Geiste ist, dient und gibt in Demut und Dankbarkeit (4-5). Die Anfänge der kirchlichen Hierarchie durch Hochgestellte und Würdenträger – Die selbstlosen Diener aller geben aus dem Herzen (6-7). Was geschah beim Einfließen des Heiligen Geistes? (8-9). Die wahre Bruderschaft Christi im Dienste des Gemeinwohls (10). Einer für alle, Christus (11). Menschlichkeiten in den Urgemeinden – Spaltung der Urgemeinden wegen Unstimmigkeiten und Obrigkeitsdenken (12-13). Zeremonien und anderes Menschenwerk gehören nicht zur Lehre des Nazareners (14-15). Gleichklang der Gesinnung bewirkt Freiheit und Einheit (16).*

Zum Geleit

In dem mächtigen Offenbarungswort des Christus
Gottes „Das ist Mein Wort – Alpha und Omega" spricht
Christus durch Gabriele, die Prophetin und Botschafterin
Gottes, aus dem Reich Gottes die Vergangenheit, die Gegen-
wart und die Zukunft an.

Er richtet sich in Seinem Werk, das ein historisches
Werk ist, an alle Menschen, um aufzuklären, was Er als
Jesus von Nazareth gelehrt hat, wie Sein Erdenleben ver-
lief, und Er zeigt die Zusammenhänge auf über das große
Erlösungswerk, das seinen Ursprung im Reich Gottes hat.
Deshalb greift Christus die Geschehnisse der Vergangen-
heit auf, erläutert sie im Lichte der Gegenwart und spricht
auch in die Zukunft hinein, zu den Menschen, die einst im
Friedensreich Jesu Christi leben werden.

In den frühen achtziger Jahren des vergangenen Jahr-
hunderts sandte der Christus Gottes Seine Prophetin,
Gabriele, in alle Welt, um die Menschen zu rufen, mit Ihm,
dem Christus Gottes, das Fundament zu schaffen für das
kommende Friedensreich Jesu Christi.

Dem mächtigen Ruf des Christus Gottes folgend, ver-
spürten viele Menschen in ihrem Inneren den Wunsch und
den in ihrer Seele liegenden Auftrag, in der Gemeinschaft
mitzuwirken, um die Fundamente für das Friedensreich
Jesu Christi zu erbauen.

Viele Menschen brachen ihre alten Zelte ab, schlossen sich zusammen, um mit Gott, dem Ewigen, den Bund zu schließen für den Aufbau Neu Jerusalem, damit es werde, wie es im Gebet der Einheit von Jesus von Nazareth gegeben ist: „Wie im Himmel, so auch auf Erden."

Sie gründeten in der Nähe von Würzburg Wohngemeinschaften und Betriebe, um ein Leben im Geiste Gottes in allen Lebensbereichen in die Tat umzusetzen.

Aus den verschiedensten Lebensverhältnissen und aus vielen Völkern schlossen sich Menschen zusammen unter der Vorgabe der fünf Prinzipien: Gleichheit, Freiheit, Einheit, Brüderlichkeit = Geschwisterlichkeit, woraus sich die Gerechtigkeit ergibt.

Doch nicht jeder war bemüht, nach diesen fünf Prinzipien zu leben. So mancher wechselte wohl seinen Wohnort, blieb jedoch in seinen alten Wünschen, Sehnsüchten und Verhaltensweisen gefangen.

Gabriele stand in all den Jahren unerschütterlich zum Reich Gottes und trug in jeder Situation und Problematik den Lösungsansatz nach den Gesetzmäßigkeiten des Reiches Gottes in die sich aufbauende Gemeinschaft hinein. Ob der Einzelne dies annehmen oder verwerfen wollte, war jedem freigestellt, denn Gott, der Ewige, ist der Freie Geist.

Christus offenbart in Seinem Offenbarungswerk „Das ist Mein Wort. Alpha und Omega" für die Menschen im kommenden Friedensreich Jesu Christi über den Beginn des Aufbaus der Bundgemeinde Neu Jerusalem:

„Nach Moses und auch nach Meinem Erdendasein sandte Gott, der Allmächtige, immer wieder Propheten, Prophetinnen und erleuchtete Männer und Frauen. Sie alle waren der Menschheit Künder und Mahner für das Reich Gottes. Sie lehrten den Weg nach Innen und legten die Gebote des Herrn aus, in der Sprache der jeweiligen Zeit.

Viele dieser Mahner und Künder bereiteten auch dem Teilstrahl der göttlichen Weisheit den Weg auf die Erde – der Botin Gottes, die in der mächtigen Zeitenwende wirkte und einen ähnlichen Auftrag hatte wie damals Moses und Ich als Jesus von Nazareth.

Ich, Christus, und der Cherub der göttlichen Weisheit offenbarten durch das einverleibte weibliche Prinzip der göttlichen Weisheit die ewigen Gesetze und sammelten so das Volk Gottes, um es in das Innere zu führen, in das Königreich Gottes, das inwendig in jedem Menschen ist.

Wieder war es ähnlich wie zu Mose Zeiten. Jene, die sich von Gott berühren ließen und – entsprechend ihrem Bewusstsein – das Wort Gottes und die Führung durch Mich, Christus, verstehen konnten, bemühten sich – allein auf das Wort hin –, Gottes Wege zu gehen. In dem Augenblick jedoch, in dem sie an sich selbst hätten arbeiten sollen, um das auch zu erfüllen, was Ich ihnen geboten habe – zu bereuen, zu vergeben, um Vergebung zu bitten und die gleichen Fehler und Sünden nicht mehr zu tun –, wurden viele halsstarrig; denn sie wollten ihre Fehler und Schwächen nicht ansehen und so auch nicht bereinigen.

Sie wollten nur das Wort Gottes hören und über das Gehörte diskutieren, jedoch die alten bleiben. Sie hingen an Besitz und Eigentum und stellten Geld und Gut vor die Fülle Gottes. So zweifelten sie Gottes Wort an und stellten die Prophetin Gottes an den Pranger.

Eine weitere Gruppe von Menschen wollte das Niedere, das Menschliche, behalten und danach leben, und gleichzeitig auch das Höchste anstreben. Der Mensch kann jedoch nicht zwei Herren dienen, dem Mammon und Gott. Dadurch entstanden große Schwierigkeiten und Diskrepanzen.

Wieder andere Menschen deckten ihre gegensätzlichen Gedanken mit heuchlerischen Worten zu, indem sie Geistigkeit vorgaben. Wieder andere Menschen sprachen von der Nachfolge Christi und handelten entgegengesetzt, indem sie die wahren Nachfolger verfolgten.

Jedoch aus diesem bunten Gemisch von menschlichem Ich, von Heuchlern, Wortverdrehern, Verleumdern, Zweiflern und Frömmlern kristallisierte sich allmählich das Volk Gottes heraus."

Unter all diesen Geschehnissen hat Gabriele sehr gelitten. Durch so manchen aus diesem bunten Gemisch von Menschen wurde die Prophetin und Botschafterin Gottes übel verleumdet, das Christus-Gottes-Werk den Schmutzfantasien von Sektenbeauftragten und deren willfährigen Journalisten preisgegeben, die für ihre Meinungslügen in den kirchenhörigen Medien immer Raum bekamen, um

ihre Rufmordkampagne gegen das Wort Gottes zu verbreiten. Doch allen Verleumdungen zum Trotz kommt die
Ewige Wahrheit zum Durchbruch.

Das Entstehen der
Bundgemeinde Neu Jerusalem:

Vor zwei bis drei Generationen entstand eine Gemeinde,
aus dieser sich später die Bundgemeinde Neu Jerusalem
entwickelte. Über das göttlich-prophetische Wort wurden der Gemeinde die Gesetze gelehrt – für ein werdendes
Stammvolk auf Erden, gemäß der Bergpredigt des Jesus,
des Christus.

Die benötigte Infrastruktur für den Aufbau eines Volkes
nach dem Willen des Ewigen offenbarte der Christus Gottes.
Zu dieser fundamentalen Offenbarung des Christus
Gottes gaben ca. 800 Brüder und Schwestern dem Ewigen
ihr freiwilliges Ja zum Aufbau Neu Jerusalem, für das
Friedensreich Jesu Christi.
In diesem Zusammenhang wurden viele, sehr viele
Schulungen gegeben, um die Bergpredigt, das zentrale
Licht für den Aufbau Neu Jerusalem, verstehen und um-
setzen zu können.

Der Ewige hielt Sein Wort. Aus dem Reich Gottes kamen
Hilfen über Hilfen. Die Kraft hierfür wurde spürbar.

Menschen, die dem Ewigen und Seinem Sohn, dem Christus Gottes, freiwillig das Ja gaben, begannen mit dem Aufbau für Neu Jerusalem: Die ersten Betriebe entstanden, eine Klinik entstand, eine Schule wurde aus dem Prinzip des geistigen Lebens der Bergpredigt aufgebaut, gleichzeitig ein Kindergarten, ein Vater-Mutter-Haus, Handwerksbetriebe und weiteres mehr.

Dem umfassenden Konzept der Bergpredigt für Christusbetriebe schlossen sich landwirtschaftliche Betriebe an, auch Bauernhöfe, die nach dem Bergpredigt-Prinzip arbeiteten, vom Anbau bis zum Kunden.

Auch in diesem Zusammenhang gab es Schulungen über Schulungen, zum Beispiel: Wie sollen die Felder und Wälder behandelt und die Tiere, auch die sogenannten Stalltiere, betreut werden?

Ebenso gab es fundamentale Schulungen durch Gabriele, die Prophetin Gottes, in denen sie darlegte, dass jedes Tier Bewusstsein hat und als geistige Essenz in jeder Seele, in jedem Geistkörper kommunikativ als Einheit und Kraft gegenwärtig ist.

Für das geistige Leben eines Stammvolkes in der Nachfolge des Christus Gottes wurde also geschult und geschult. Die Schulungen gingen mehr und mehr in die Details, zum Beispiel: dass jedes Feld Bewusstsein hat, dass alle Früchte letzten Endes Bewusstsein haben und dass die Natur in Kollektive gefasst ist – und vieles mehr.

Menschen der Bundgemeinde Neu Jerusalem, die in den Verkaufsstellen nach dem Betriebskonzept der Christusbetriebe arbeiteten, wurden geschult, dass jede Frucht nach dem Prinzip des Lebens eine Gabe des Lebens ist, die man auch entsprechend behandeln und schätzen soll.

Auch das Brot aus dem Getreide der Felder sollte dementsprechend behandelt werden, vom Anbau bis zum Kunden. Es wurde geschult: Jede Scheibe Brot hat ihren Wert – und vieles, vieles mehr.

Nichts blieb ohne Schulung. Jede Frage – für alle Lebensbereiche – wurde beantwortet, entweder vom Christus Gottes selbst oder aus dem erschlossenen Bewusstsein von Gabriele, in Verbindung mit Bruder Emanuel, dem Cherub der Göttlichen Weisheit.

Alles wurde offenbart durch das göttliche prophetische Wort, das Füllhorn der göttlichen Weisheit, Sophia.

Allen Menschen der Bundgemeinde wurde auch angeboten, den Inneren Weg zu gehen, um das persönliche Leben zu ordnen und Schritt für Schritt die Zehn Gebote Gottes und die Bergpredigt des Jesus von Nazareth zu erfüllen.

Es begann ein innerer und äußerer Aufschwung, bis bei Einzelnen die Welt mit ihren Machenschaften und Lockungen einbrach und die Gleichgültigkeit, gleich Ichbezogenheit, in den Vordergrund rückte.

Ganz allmählich stagnierte die Bundgemeinde Neu Jerusalem. Menschen, die dem Ewigen das Ja zum Aufbau Neu Jerusalem gegeben hatten, zu einem Stammvolk für das Friedensreich Jesu Christi, begannen zu streiten.

Wie gesagt: Das Ja zum Ewigen begann bei vielen nach und nach abzubröckeln, wodurch der weitere Aufbau der Bundgemeinde Neu Jerusalem ganz allmählich stagnierte und manches nur noch weltlich weitergeführt wurde. Sternschnuppe für Sternschnuppe erlosch.

Nur einige Wenige taten sich zusammen, um das Ja zu Gott, dem Ewigen, weiterzuführen, weiter aufzubauen, in dem Bewusstsein: Wir legen an, wir bauen auf – für die Neue Zeit.

Das Ja zum Ewigen erlosch nicht.

Menschen in Seinem Geiste geben erneut Gott, dem Ewigen, das Ja, um das aufzubauen, was die Generationen vor ihnen haben liegen lassen.

Einige von der zweiten Generation bauen mit der dritten Generation weiter auf und legen den Grundstein für eine lichtere Erde, die, wie geschrieben steht, von Generation zu Generation lichter wird, weil sich auch lichtere Seelen einverleiben für die Neue Zeit, so wie es in „Das ist Mein Wort. Alpha und Omega" vorhergesagt ist.

So wie offenbart, ist die Wurzel für ein Stammvolk gegeben, die Gesetzmäßigkeiten für Neu Jerusalem, für das Friedensreich Jesu Christi.

Für einige der zweiten und der dritten Generation sowie für die werdende vierte Generation gilt: Sie schließen sich an die Vorgaben für die ehemalige Bundgemeinde an und sehen diese Vorgaben als die geistige Wurzel für ein Stammvolk, um eine Bündnisgemeinde zu werden.

Sie orientieren sich an dem, was offenbart ist und auch mehr und mehr an den Gesetzen für das werdende Friedensreich Jesu Christi (siehe ab Seite 1136) und wissen um alles, was in der ersten und zweiten Generation geschah. Sie orientieren sich aber nicht an dem Verhalten der ersten und zweiten Generation.

Ihr Motto im messianischen, sophianischen Zeitalter ist: Wir legen an, wir bauen auf – für Neu Jerusalem im werdenden Friedensreich Jesu Christi.

Das Zentrum für die Neue Zeit ist der mächtige Monumentalbau, das Heiligtum Gottes auf der Erde.
Es ist gegründet auf dem Felsen, von dem Jesaja, der Sohn des Amoz, in einer Vision über Juda und Jerusalem gehört hat:

„Am Ende der Tage wird es geschehen:
Der Berg mit dem Haus des Herrn
steht fest gegründet als höchster der Berge;
er überragt alle Hügel.

Zu ihm strömen alle Völker.

Viele Nationen machen sich auf den Weg.

Sie sagen:

Kommt, wir ziehen hinauf zum Berg des Herrn

und zum Haus des Gottes Jakobs.

Er zeige uns seine Wege,

auf seinen Pfaden wollen wir gehen.

Denn von Zion kommt die Weisung des Herrn,

aus Jerusalem sein Wort."

Es ist der Christus-Gottes-Fels, die Lehren für den Aufbau Neu Jerusalem, das werdende Friedensreich, das das zentrale Licht für die Erde ist, im Zeichen der Lilie.

Das Bundesvolk ist und bleibt das Stammvolk für die Neue Zeit, das aus der Bundgemeinde Neues Jerusalem hervorging und auf den Felsen Christus baut.

Inzwischen ist Sein ewiges Wort weltweit und schließt die weltweiten freien Gemeinschaften im Zeichen der Lilie mit ein.

Das bedeutet, dass das Weltweite Christus-Gottes-Werk heranreift, in dem die freien Gemeinschaften zu einem Christus-Volk heranreifen, das seine Wurzeln im Bündnis mit Gott hat und in Seiner offenbarten Botschaft, die im Zelt Gottes, der Bundeslade des Freien Geistes, zugänglich ist:

*Das Ewige Wort,
von Abraham bis Gabriele.
Gestern und Heute*

Damit sind auch die Prophetin und Botschafterin Gottes, Gabriele, sowie der Cherub der Göttlichen Weisheit, einst in Jesaja, auf Erden Bruder Emanuel genannt, rehabilitiert.

Das Wort Gottes, des Ewigen, und Seines Sohnes, des Christus Gottes, sowie das Wort des Cherubs der Göttlichen Weisheit, des Fürsten vor Gottes Thron, einst in Jesaja, ist die Wahrheit und bleibt die Wahrheit, in alle Ewigkeit, so, wie es schon durch Jesaja verkündet wurde:

„Denn wie der Regen und der Schnee

vom Himmel fällt und nicht dorthin zurückkehrt,

sondern die Erde tränkt und sie

zum Keimen und Sprossen bringt,

wie er dem Sämann Samen gibt und Brot zum Essen,

so ist es auch mit dem Wort,

das Meinen Mund verlässt:

Es kehrt nicht leer zu Mir zurück,

sondern bewirkt, was Ich will,

und erreicht all das,

wozu Ich es ausgesandt habe.“

Vorwort
von Bruder Emanuel,
dem Cherub der göttlichen Weisheit

Für manchen Leser ist es unverständlich, dass Christus, der Sohn Gottes, auf ein weithin unbekanntes Evangelium zurückgreift und nicht nur darauf aufbaut, sondern es auch erklärt, berichtigt und vertieft, das heißt, auch ergänzt.

Der Grund dafür ist folgender:

Christliche Konfessionen und Gemeinschaften sowie viele Bibelkundige haben „ihre Bibel", die sie für die ganze und reine Wahrheit halten, zu ihrem Eigentum gemacht. Sie irren sich in der Überzeugung, das Wort Gottes sei in ihrer Bibel einmal und für alle Zeiten gegeben und damit abgeschlossen. Dadurch war es Christus, dem Erlöser aller Seelen und Menschen, nicht möglich, innerhalb der noch bestehenden christlichen Konfessionen und der an sich bindenden Gemeinschaften jenes Buch, ihre Bibel, zu erklären, zu berichtigen und zu vertiefen.

Deshalb ging Christus andere Wege; Er offenbarte und offenbart die Wahrheit außerhalb der christlichen Konfessionen und bindenden Gemeinschaften. Denn alle Wesen und Menschen sollen Gott, das ewige Licht, die unbegrenzte Wahrheit, erfahren. Allen ist der freie Wille gegeben, sie anzunehmen oder abzulehnen.

Christus, der Sohn des lebendigen Gottes, der Erlöser aller Menschen und Seelen, ist der Inspirator in Seinem

Werk der Erlösung, dem Universellen Leben – aus welchem das Friedensreich Jesu Christi hervorgeht. Er bat zu Beginn dieses Jahrzehnts [1980] einige Brüder – die alle, bis auf einen, bibelkundig waren –, die Essenz der Wahrheit sowohl aus dem Alten Testament als auch aus dem Neuen Testament herauszuschreiben.

Das Anliegen des Christus Gottes war und ist, dass die Tatsachen über Sein Leben und Denken als Jesus von Nazareth niedergeschrieben werden, damit sie in späterer Zeit als historischer Bericht für jene vorliegen, die im Friedensreich Jesu Christi leben und durch Ihn weitgehend die Vollendung erlangt haben werden.

In Seiner Offenbarung sprach Er sinngemäß zu diesen Brüdern:

Nehmt die Bibeltexte zur Hand, die Ich euch zuleiten werde, und lasst euer geistiges Bewusstsein über die Texte gleiten. Das heißt: Lest mit den Augen der Wahrheit – und nicht mit dem Verstand, denn er trübt das Auge und den Sinn für die Wahrheit. Das Auge der Wahrheit wird dann auf jene Textstellen fallen, welche die Wahrheit enthalten, die für die Gegenwart und für die kommende Zeit von Bedeutung ist, denn Ich werde es in euer Herz eingeben. Dann werde Ich durch euch erklären, berichtigen und vertiefen. Es sind die Gottesworte, welche große Propheten und Erleuchtete aus dem Geiste der Wahrheit als Vorschau für die heutige und für die kommende Zeit empfingen.

Sein Beweggrund war und ist, dass die Seinen in der Gegenwart und die weitgehend vollendeten Menschen der kommenden Zeit im Friedensreich das nachlesen und nachvollziehen können, was Er als Jesus von Nazareth der Menschheit gebracht hat – und wer Er war und im Geiste ist. Wenn einst das Friedensreich Jesu Christi die Erde umspannen wird, ist in den Menschen die Erlösung abgeschlossen, da sich im Friedensreich nur noch nahezu vollendete Seelen einverleiben werden.

Im Friedensreich Jesu Christi ist geistiges Wissen bedeutungslos geworden, weil die weitgehend vollendeten Menschen dem Göttlichen nahe sind, weil sie die Weisheit besitzen und nicht mehr über geistiges Wissen zur Weisheit finden müssen. Auch die vielen Bibelfassungen, auf welche sich die Konfessionen in dieser Zeit [1989] noch stützen, werden dann bedeutungslos sein. Denn wer göttliche Weisheit erlangt hat, hat sein geistiges Bewusstsein erschlossen, und sein reiner Geistleib, in welchem die Essenz der Unendlichkeit voll wirkt, ist für ihn sodann das Buch der göttlichen Weisheit. Wenn das Friedensreich Jesu Christi die Erde umfasst, wird es keine Menschenwerke mehr geben. Menschenwerke sind auch die Konfessionen und ihre Bibeln, in die sie vieles nach ihrem Gutdünken eingebracht und daraus das gelehrt haben, was ihnen aus ihrem konfessionellen Denken heraus nötig schien.

Viele Geistwesen gingen für das Werk der Erlösung zur Einverleibung. Es ist wie ein großes Mosaik, in welchem alle vier Reinigungsebenen einschließlich der Erde enthalten sind. Jedes dieser Geistwesen hat einen Auftrag im Erlöserwerk angenommen; es nahm als seinen Auftragsanteil ein oder mehrere „Mosaiksteinchen" in seinen Geistleib auf, um im Erdendasein das erfüllen zu können, was es als Auftrag angenommen hat. Dieser Auftragsanteil ist also in der Seele eingraviert und muss erfüllt werden.

Manche Geistwesen nahmen in ihre Mosaiksteinchen verschiedene Möglichkeiten auf. Das bedeutet: Wenn der Auftrag, für den ein Geistwesen zur Inkarnation gegangen ist, nicht erfüllt wurde, dann muss das „Soll", welches dadurch in seinem Geistleib eingezeichnet ist, von ihm anderweitig erfüllt werden – entweder in einer weiteren Einverleibung oder in den Stätten der Reinigung.

Ist jedoch der Zeitpunkt gekommen, zu dem dieses Mosaiksteinchen des Auftrages auf der Erde eingesetzt werden muss, dann übernehmen andere einverleibte Geistwesen das, was ihre Nächsten im Auftrag – aufgrund einer Belastung oder einer Verführung durch den Satan der Sinne – nicht getan haben. Dieses Mosaiksteinchen, das nun von anderen einverleibten Geistwesen, also von Menschen, erfüllt wurde, ist dann im Auftragspotential für die Erde zwar gelöscht. Das betreffende Geistwesen jedoch, das versäumt hat, seinen Anteil im Erlöserauftrag rechtzeitig durchzuführen, muss dies anderweitig gutmachen. Wenn auf diese Weise für Christus da und dort Türen verschlossen bleiben, dann geht Er andere Wege, wie es z.B. bei dem hier vorliegenden Buch, „Das ist Mein Wort", geschah.

Spricht der Herr die geistigen Gaben in einem Menschen an, erinnert Er z.B. diese Brüder an ihren geistigen Auftrag, so hat auch der Fürst dieser Welt die Möglichkeit, sie auf die Probe zu stellen und eventuell zu verführen – auch jene also, die als Menschen unter Menschen leben, um die Wahrheit und den Frieden in die Welt zu bringen. Sie hatten sich im Reiche des Lichts entschieden, im Erdenkleid die Werke Gottes zu erfüllen und Christus und ihrem Nächsten in der Welt zu dienen, die das Territorium der Finsternis ist. Jedoch in jedem Augenblick steht jeder Mensch am Scheideweg – vor der Entscheidung für oder gegen Gott.

Die Brüder, welche mit dem geistigen Auftrag zur Einverleibung gegangen waren, ein Werk zu verfassen, das gegenwärtig und zukünftig von Bedeutung ist, unterlagen Menschlichem. Sie konnten das, was sie in ihren Geistkörper eingegeben hatten, nicht planmäßig erfüllen. So wurde ein anderer Weg begangen, also eine andere Möglichkeit eröffnet: der Weg über unsere Schwester, die Prophetin und Botschafterin Gottes. Denn die Niederschrift des Buches „Das ist Mein Wort" ist ein wesentlicher Baustein im Werk des Herrn, dem Universellen Leben, weil es seine Bedeutung vorwiegend im Friedensreich Jesu Christi haben wird. Es enthält alle wichtigen Geschehnisse, die Christus, der Herrscher des Friedensreiches, als Jesus von Nazareth erlebt und durchlitten hat. Denn durch Sein Leben und Denken und durch die Liebe zu den Menschen hat Er die Erlösung gebracht.

Einzig durch Seine Tat der Erlösung wird auf der Erde Sein Friedensreich entstehen. Selige, also nahezu vollendete Menschen werden sodann auf ihr wohnen und sie mehr und mehr besitzen, da die Herrschaft der Finsternis ihr Ende nimmt. Denn seit Seinem „Vollbracht" am Kreuz bindet sich das Satanische immer mehr. Umspannt einst das Friedensreich die Erde, dann ist das Satanische gebunden. Allein durch die Erlösertat ist dies möglich geworden!

Christus, der Erlöser aller Menschen und Seelen, hat also viele Wege, um zu erreichen, was – für die heutige Zeit [1989] und im besonderen für die Neue Zeit – von Bedeutung ist.

Das Buch „Das ist Mein Wort" stand nicht im unmittelbaren Auftrag unserer Schwester, der Prophetin und Botschafterin Gottes. Sie nahm die Möglichkeit an, die darin liegt, das Buch „Das Evangelium Jesu" * zur Grundlage des Offenbarungswerkes „Das ist Mein Wort" zu machen. Christus kam ihr mit diesem Buch entgegen, da die Aufgabe, ein solches Werk für die Gegenwart und Zukunft zu empfangen, nicht unmittelbar in ihrem Auftrag stand. Christus sprach u.a. sinngemäß zu unserer Schwester:

Da nun ein anderer Weg beschritten werden muss, du jedoch für die geistigen Aufgaben deines unmittelbaren

---

* *Das Evangelium Jesu. Was war vor 2000 Jahren? (Rottweil 1986) – hier im Folgenden auch kurz „Evangelium Jesu" genannt.*

Auftrages vorgesehen bist, will Ich dir – soweit dies auf Erden möglich ist – mit dieser Niederschrift entgegenkommen. Damit du deine unmittelbaren Aufgaben für dieses Erdenleben erfüllen kannst und da die Zeit hierfür kostbar ist, werde Ich auf das Buch „Das Evangelium Jesu" aufbauen durch Erklärungen, Berichtigungen und Vertiefungen.

Das Buch, das von den Menschen „Das Evangelium Jesu" genannt wird, enthält – trotz der Übersetzungen und trotz der Worte, die in der heutigen Zeit [1989] eine andere Bedeutung haben – tiefe Einblicke in das Geschehen, das sich während Meines Erdenlebens als Jesus von Nazareth vollzog.

Du lebst im Erdenkleid. Deshalb muss nicht mit hohem Aufwand ein gänzlich neues Werk geschrieben werden, da es dich über eine längere Zeit hindern würde, den Aufgaben deines unmittelbaren Auftrages nachzukommen und sie zu erfüllen.

Deshalb baut Christus auf der im Buch „Das Evangelium Jesu" vorhandenen Wahrheit auf. Er erklärt, berichtigt und vertieft sie und erfüllt damit durch unsere Schwester das, was im Auftrag des Erlöserwerkes steht: ein historisches Werk für das Friedensreich Jesu Christi zu bringen, das Werk „Das ist Mein Wort".*

---

* *In diesem Werk ist sowohl der Originaltext aus dem Buch „Das Evangelium Jesu" enthalten als auch der von Christus zu den einzelnen Abschnitten offenbarte Text – dieser ist in gerader Schrift abgedruckt.*

Da der Wille unserer Schwester im Willen Gottes ruht, den sie erfüllt, erwuchs aus dem Buch „Das Evangelium Jesu" das Werk „Das ist Mein Wort".

Dieses Werk wird erst im Friedensreich Jesu Christi seine volle Bedeutung erlangen.

Ob es gegenwärtig oder zukünftig – bis hin zur vollen Entfaltung des Friedensreiches – von Menschen gelesen wird –, Christus ist und bleibt derselbe: der Mitregent der Himmel, und wir sind mit Ihm, als Brüder und Schwestern von Ewigkeit zu Ewigkeit.

Solange ich durch unsere Schwester, die Prophetin und Botschafterin Gottes, lehre, nenne ich mich für die Menschheit Bruder Emanuel. Im Geiste Gottes bin ich der Cherub der göttlichen Weisheit, der Verantwortliche im Erlöserwerk Jesu Christi.

Im Friedensreich wirkt dann einzig das ewige Gesetz der Liebe. Dann bedarf es keiner Lehren und Auslegungen des ewigen Gesetzes mehr.

Ich bin und bleibe Gottes Gesetzesengel, der Hüter der göttlichen Weisheit.

Friede!

Ich Bin

Meine Reden als Jesus von Nazareth waren nicht das Gesäusel der Pharisäer und Schriftgelehrten, die dem Volk zu Munde sprachen, um Anerkennung, Lob und Lohn zu empfangen. Meine Reden als Jesus von Nazareth waren klar und eindeutig – so, wie auch Meine Reden als Christus durch Mein Instrument, durch Meine Prophetin, den Strahl der göttlichen Weisheit, fließen.

Nur die Sünder, jene, welche in der Sünde verharren wollten, sprachen zu Mir als Jesus von Nazareth: „Deine Rede ist hart. Wer kann sie hören?" Das ewige Gesetz ist absolut. Und wer es hört, der erkennt, dass es vom Menschen die Entscheidung und Konsequenz verlangt – entweder für oder gegen Gott. Wer sich jedoch nicht entscheiden möchte, weil er selbst der Rahm auf der Milch ist, um sie – die Milch – auch selbst zu entrahmen, das heißt, von allem etwas mitzubekommen, um dann für sich daraus Nutzen zu ziehen, der spricht von der Härte des ewigen Gesetzes.

Ich Bin das Gesetz, die Absolutheit. Der Unentschlossene ist hart gegen seine Mitmenschen, jedoch milchweich, wenn es um sein Persönliches, um ihn selbst, geht. Er will sich nur an der Oberfläche bewegen – ähnlich wie der Rahm auf der Milch – und die Tiefe, das Wahre, nicht ergründen, weil das ewige Gesetz von ihm Konsequenz verlangt.

Wer Meine Worte liest und sich von ihnen abwendet mit den Argumenten der ehemaligen Schriftgelehrten und Pharisäer und ihrer Anhänger – „Seine Rede ist hart. Wer kann sie hören?" –, der soll es lassen, bis er sich selbst als den heutigen Pharisäer und Schriftgelehrten erkennt, der den Christus, der Ich Bin, wieder nicht annehmen möchte, weil er sich für die Wahrheit nicht entscheiden will.

Meine Worte sind das Allgesetz, das ewige Gesetz; sie verlangen die Entscheidung für oder gegen Mich. Wer es fassen kann, der fasse es. Wer es lassen will, der lasse es. Jeder trägt das, was er ist – und für das, was er ist, selbst die Verantwortung vor dem Allgesetz, Gott.

Du bist deine Empfindung, dein Gedanke, dein Wort und deine Handlung. Daran messe dich!

Das ist Mein Wort

A und Ω

Das Evangelium Jesu

Die Christus-Offenbarung,
welche inzwischen die wahren Christen
in aller Welt kennen

Im Namen des Allerheiligsten.
Amen

Hier beginnt das Evangelium von Jesus, dem Christus, dem Nachkommen Davids durch Josef und Maria nach dem Fleische und dem Sohne Gottes durch göttliche Liebe und Weisheit nach dem Geiste.

Prolog

Von Ewigkeit zu Ewigkeit
ist der ewige Gedanke,
und der ewige Gedanke ist das Wort,

das Wort Gottes ist ewige Urempfindung,*
ist Licht und Kraft

und das Wort ist die Tat,
und diese drei sind eins im ewigen Gesetz;
und das Gesetz ist bei Gott,
und das Gesetz geht von Gott aus.

---

* Mit dem Text, der in gerader Schrift abgedruckt ist, erklärt, berichtigt und vertieft Christus die entsprechenden Stellen aus dem Buch „Das Evangelium Jesu".

Gott ist das ewige Gesetz.
Es strahlt von der Urzentralsonne aus
durch alle Reiche der Unendlichkeit
und durch alle reinen Wesen,
durch alles reine Sein.

*Alles ist geschaffen durch das Gesetz,
und ohne es ist nichts geschaffen,
was vorhanden ist.*

*Im Worte ist Leben und Substanz,
das Feuer und das Licht.*

Das Wort Gottes ist Leben
und Substanz,
ist Feuer und Licht.

*Die Liebe und die Weisheit
sind eins zur Erlösung aller.*

Aus der Liebe kam daher die Weisheit
und wohnt unter den Menschen,
damit diese empfangen,
was Gott, die Liebe und Weisheit,
ihnen zu sagen hat —
heute in der großen Zeit
der Befreiung der Geschlechter
von einem Leben in Einengung und Trübsal.

Und das Licht scheinet in der Finsternis,
und die Finsternis verbirgt es nicht.

Das Licht ist die Stärke,
die Kraft und die Macht.

Das Wort ist das eine lebenspendende Feuer,
und indem es diese Welt beleuchtet,
wird es zum Feuer und Licht in jeder Seele,
die in die Welt tritt.

Ich Bin in der Welt,
und die Welt ist in Mir;
und die Welt weiß es nicht.

Ich Bin in der Welt,
und Ich durchstrahle die Welt –
doch die Welt weiß es nicht.

Ich komme zu Meinem eigenen Hause,
und Meine Freunde nehmen Mich nicht auf.
Doch allen, die aufnehmen und gehorchen,
ist die Macht gegeben,
die Söhne und Töchter Gottes zu werden,
und ebenso denen,
die an den heiligen Namen glauben,
die nicht aus dem Willen des Fleisches und Blutes,
sondern aus Gott geboren sind.

Ich komme zu Meinem eigenen Hause,
zu allen Seelen und Menschen,
und Meine Freunde nehmen Mich nicht auf.
Doch allen, die Mich aufnehmen
und Mir gehorchen,
ist die Macht gegeben,
bewusst die Söhne und Töchter Gottes zu werden,
und ebenso denen,
die an den heiligen Namen glauben
und danach leben,
die nicht dem Willen des Fleisches und
des Blutes unterliegen,
sondern Gottes Willen erfüllen.
Sie sind bewusst Geborene aus Gott.

*Und das Wort ist Fleisch geworden
und wohnet unter uns,
und wir sahen Seine Herrlichkeit voller Gnade.*

*Sehet die Güte und die Wahrheit
und die Schönheit GOTTES!*

1. KAPITEL

Die Verheißung der Geburt Johannes'
des Täufers

*Johannes der Täufer; seine Herkunft und Aufgabe
im Werk der Erlösung (4-6). Erklärung der Stummheit
des Zacharias (8)*

1. Zur Zeit des Herodes, des Königs von Judäa, lebte ein Priester vom Stamme Abias mit Namen Zacharias, und sein Weib, von den Töchtern Aaronis, hieß Elisabeth.

2. Sie waren beide fromm vor Gott und lebten in allen Geboten und Gesetzen des Herrn untadelig. Und sie hatten kein Kind; denn Elisabeth war unfruchtbar, und beide waren hochbetagt.

3. Und es begab sich, dass er nach der Ordnung seines Dienstes das Priesteramt wahrzunehmen hatte. Nach den Gebräuchen des Priesteramtes traf ihn das Los zu räuchern, wenn er den Tempel Jehovas betrat. Und die ganze Menge des Volkes war draußen und betete zur Stunde des Räucheropfers.

4. Und es erschien ihm ein Engel des Herrn und stand über dem Räucheraltar. Und als Zacharias ihn sah, erschrak er, und Furcht fiel ihn an. Aber der Engel sprach zu ihm: „Fürchte dich nicht, Zacharias; denn dein Gebet ist erhört, und dein Weib Elisabeth wird dir einen Sohn gebären; und du sollst ihm den Namen Johannes geben.

5. Und du wirst voll Freude und Wonne sein, und viele werden sich seiner Geburt freuen. Denn er wird groß sein in den Augen des Herrn und wird weder Fleisch essen noch starke Getränke trinken und noch im Mutterleib mit dem Heiligen Geist erfüllt werden.

6. Und er wird viele der Kinder Israels zu Gott, ihrem Herrn, bekehren. Und er wird vor Ihm hergehen im Geist und der Kraft des Elias, zu bekehren die Herzen der Väter zu den Kindern und die Ungehorsamen zu der Weisheit der Gerechten, ein Volk aufzubereiten, damit es bereit ist für den Herrn." (Kap. 1, 1-6)

Ich, Christus, erkläre, berichtige
und vertiefe das Wort:

Diese Worte hörte Zacharias sinngemäß in seinem Herzen. Denn Gott und Seine Engel haben nicht die Sprache der Menschen.

In Johannes war nicht einverleibt der Cherub des göttlichen Willens, auf Erden Elia genannt, sondern der Geist des Elia überstrahlte Johannes.

Das Wesen, das in Johannes einverleibt war, ist im Geiste ein unmittelbarer Nachkomme des Cherubs des göttlichen Willens.

Auch Johannes hatte schon die Aufgabe von Gott, die Kinder Israels zu rufen und zu lehren. Sie sollten sich bekehren und ein Volk werden, damit sie Mich an- und

68

aufnähmen, wenn Ich als Christus in Jesus ins Fleisch kommen würde. Denn mit ihnen wollte Ich den Auftrag der Erlösung erfüllen. Ich erfüllte das Werk der Erlösung – doch nicht mit dem Volke Israel, sondern einsam in Gott.

Da die Kinder Israels nicht hörten, verzögerte sich der Plan Gottes. Er erfüllt sich dennoch, denn Gott kennt keine Zeit. Er ruft so lange, bis die Kinder Gottes zu einem Volke werden und Gottes Willen erfüllen. Dann werden Israel und Jerusalem dort sein, wo Menschen Gottes Willen tun.

7. Und Zacharias sprach zu dem Engel: „Wodurch soll ich das erkennen? Denn ich bin alt, und mein Weib ist betagt." Der Engel antwortete und sprach zu ihm: „Ich bin Gabriel, der vor Gott steht, und bin gesandt, mit dir zu reden und dir diese frohe Kunde zu bringen.

8. Und siehe, du wirst stumm sein und nicht reden können bis zu dem Tage, da dies geschehen wird; dann soll deine Zunge gelöst werden, damit du meinen Worten glauben kannst, welche zu ihrer Zeit erfüllt sein werden."
(Kap. 1, 7-8)

Ich, Christus, erkläre, berichtige
und vertiefe das Wort:

Der Engel Gabriel ist der Cherub der göttlichen Barmherzigkeit. Nicht der Engel des Herrn nahm Zacharias die Sprache, sondern das Erschrecken vor dem mächtigen

Lichte des Engels und die Zweifel an dem, was er sah und hörte, lähmten die Stimmbänder des Zacharias. Das Gesetz Gottes bindet nicht. Es erlegt Seelen und Menschen weder Strafen noch Nöte auf. Diese sind Wirkungen von Ursachen, die vom Menschen selbst geschaffen wurden.

9. Und das Volk wartete auf Zacharias und verwunderte sich, dass er so lange im Tempel blieb. Und als er herauskam, konnte er nicht mit ihnen reden, und sie erkannten, dass er im Tempel ein Gesicht gehabt hatte; denn er machte ihnen Zeichen und blieb stumm.

10. Und es begab sich, als die Zeit seines Dienstes beendet war, dass er heimging in sein Haus. Und nach jenen Tagen ward sein Weib Elisabeth schwanger und verbarg sich fünf Monate und sprach: „Also hat mir der Herr getan in den Tagen, da Er mich angesehen hat, dass Er meine Schmach unter den Menschen von mir nähme."
(Kap. 1, 9-10)

2. KAPITEL

Die reine Zeugung Jesu Christi

*Erster Hinweis auf den Stamm David und seinen Auftrag (5).
Der Erlöserfunke - Freiwerden von der Sünde (6). Der Engel des Herrn
sprach zu Maria in der Lichtsprache der Himmel (8). Die alte Vorstellung eines strafenden Gottes; der von Christus offenbarte Gott der
Liebe (17). Aufkündigung des Alten Bundes - Der Neue Bund - Hymnus
auf das kommende Friedensreich (25)*

1. Und im sechsten Monat ward der Engel Gabriel von
Gott gesandt in eine Stadt in Galiläa, namens Nazareth,
zu einer Jungfrau, die verlobt war mit einem Manne mit
Namen Joseph, vom Hause David, und die Jungfrau hieß
Maria.

2. Nun war Joseph ein rechtschaffener und vernünftiger
Mann, und er war geschickt in jeder Art von Holz- und Stein-
arbeiten. Und Maria war eine einfühlsame und klarsichtige
Seele und webte Schleier für den Tempel. Und sie waren beide
rein vor Gott. Und von ihnen beiden war Jesus-Maria, der
der Christus genannt wird.

3. Und der Engel kam zu ihr hinein und sprach: „Ge-
grüßet seist du, Maria, du hast Gnade gefunden; denn
Gottes Mutterschaft ist mit dir, du bist gesegnet unter den
Frauen, und gesegnet ist die Frucht deines Leibes."

4. Und da sie ihn sah, war sie verwirrt über seine Worte
und erwog in ihrem Sinne, was dieser Gruß zu bedeuten

habe. Und der Engel sprach zu ihr: „Fürchte dich nicht, Maria, du hast Gnade bei Gott gefunden. Siehe, du wirst schwanger werden im Leib und einen Sohn gebären, der wird groß sein und ein Sohn des Höchsten genannt werden.

5. Und Gott, der Herr, wird Ihm den Thron Seines Vaters David geben, und Er wird regieren über das Haus Jakob für immer, und Seines Königreiches wird kein Ende sein."

6. Da sprach Maria zu dem Engel: „Wie soll das geschehen, da ich keinen Mann kenne?" ... (Kap. 2, 1-6)

Ich, Christus, erkläre, berichtige
und vertiefe das Wort:

David ist der Stammvater vom Fleische her für alle Wesen des Lichtes, die im Auftrag der Erlösung stehen. Sie werden mit Mir das Friedensreich Jesu Christi gründen und über lange Zeiträume hinweg erbauen. Dabei wird die dichte Materie allmählich verfeinert, bis sie – in der letzten Phase des Friedensreiches Jesu Christi – feinere, lichtstoffliche Materie ist. Deshalb heißt es: Und Gott, der Herr, wird Ihm den Thron Seines Stamm-Vaters auf Erden, David, geben.

Die Worte „Wie soll das geschehen, da ich keinen Mann kenne?" bedeuten dem Sinn nach: Wie soll das geschehen, da ich mit einem Manne erst verlobt bin?

... Und der Engel antwortete und sprach zu ihr: „Der Heilige Geist wird über Joseph kommen, deinen Verlobten, und die Kraft des Höchsten wird dich überschatten, o Maria; darum wird auch das Heilige, das von dir geboren wird, Christus, Gottes Sohn, genannt werden, und Sein Name auf Erden soll sein Jesus-Maria; denn Er soll die Menschen von ihren Sünden erlösen, wenn immer sie Reue zeigen und Seinem Gesetze gehorchen. (Kap. 2, 6)

Ich, Christus, erkläre, berichtige
und vertiefe das Wort:

Und es geschah. Ich habe es vollbracht!
Mein Licht der Erlösung brennt in allen Seelen bis zur vierten Reinigungsebene – ob sie im Fleische sind oder als Seele im Seelenreich.

Jeder – ob Seele oder Mensch – wird nur dann die Befreiung von Sünde und Schuld erlangen, wenn er bereut und die ewigen Gesetze befolgt.

Die Sünde des Menschen und der Seele wirkt sich in Seele und Mensch aus. Die Schuld ist der Sünde gleich. Sie bindet oftmals mehrere Menschen aneinander, die gemeinsam Gleiches oder Ähnliches verursacht haben, damit sie einander vergeben und miteinander bereinigen, was sie zusammengeführt hat.

7. Deshalb sollst du auch kein Fleisch essen noch starke Getränke trinken; denn das Kind wird Gott geweiht sein vom Schoße Seiner Mutter an, und weder Fleisch noch starke Getränke soll Es zu sich nehmen, noch soll jemals ein Schermesser Sein Haupt berühren.

8. Und siehe, Elisabeth, deine Base, ist in ihrem Alter auch schwanger mit einem Sohne und gehet jetzt im sechsten Monat, sie, die unfruchtbar genannt war. Denn bei Gott ist kein Ding unmöglich." Und Maria sagte: „Siehe, ich bin die Magd des Herrn, mir geschehe nach deinem Worte." Und der Engel schied von ihr. (Kap. 2, 7-8)

Ich, Christus, erkläre, berichtige
und vertiefe das Wort:

Der Engel des Herrn sprach zu Maria in der Sprache der Himmel, in der Lichtsprache, die in die reine Seele einströmt. Er deutete nur an, was sich in Elisabeth vollzog, sprach jedoch nicht über den Monat und die Unfruchtbarkeit.

9. Und am selben Tage erschien der Engel Gabriel dem Joseph im Traume und sprach zu ihm: „Sei gegrüßt, Joseph, du bist auserwählt; denn die Vaterschaft Gottes ist mit dir. Gesegnet bist du unter den Männern und gesegnet die Frucht deiner Lenden."

10. Und da Joseph über die Worte nachsann, ward er verwirrt. Und der Engel des Herrn sprach zu ihm: „Fürchte dich nicht, Joseph, Sohn Davids; denn du hast Gnade gefunden vor Gott, und siehe, du wirst ein Kind zeugen, und du sollst Ihm den Namen Jesus-Maria geben; denn Er wird Sein Volk von seinen Sünden erlösen."

11. Das aber ist geschehen, auf dass erfüllet würde, was der Herr durch den Propheten gesagt hat, der da spricht: „Siehe, eine Jungfrau wird empfangen und schwanger werden und einen Sohn gebären und Ihm den Namen Emmanuel geben, was so viel heißt wie: Gott in uns."*

12. Da nun Joseph vom Schlaf erwachte, tat er, wie ihm der Engel befohlen hatte und ging zu Maria, seiner Verlobten, und sie empfing in ihrem Schoße den Herrn. (Kap. 2, 9-12)

Ich, Christus, erkläre, berichtige
und vertiefe das Wort:

Und so waren sie als Mann und Frau vor Gott verbunden. Ihr Bündnis war von Gott gesegnet.

** Im Werk des Herrn ist offenbart: „Immanuel" ist Gott, und „Emanuel" ist Sein Diener. Mit Emmanuel ist Immanuel gemeint.*

13. Maria aber stand auf in den Tagen und ging eilend in das Bergland zu einer Stadt Judäas und kam in das Haus des Zacharias und grüßte Elisabeth.

14. Und es begab sich, als Elisabeth den Gruß Marias hörte, hüpfte das Kind in ihrem Leibe. Und Elisabeth ward erfüllt von der Kraft des Heiligen Geistes und sprach mit klarer Stimme: „Gesegnet bist du unter den Frauen, und gesegnet ist die Frucht deines Leibes.

15. Und woher kommt mir das, dass die Mutter meines Herrn zu mir kommt? Siehe, da ich die Stimme deines Grußes hörte, hüpfte vor Freude das Kind in meinem Leibe. Und gesegnet ist die, die geglaubt hat. Denn es wird vollendet werden, was ihr gesagt ist von dem heiligen Einen."

16. Und Maria sagte: „Meine Seele verherrlicht Dich, den Ewigen, und mein Geist freut sich in Gott, meinem Heiland. Denn Er hat die Niedrigkeit Seiner Magd angesehen; denn siehe, von nun an werden mich alle Geschlechter seligpreisen.

17. Denn Du, der Du mächtig bist, hast große Dinge an mir getan, und heilig ist Dein Name. Und Deine Barmherzigkeit ist für und für bei denen, die Dich fürchten.
(Kap. 2, 13-17)

Ich, Christus, erkläre, berichtige
und vertiefe das Wort:

Maria sprach die Seligkeit vor allem ihrem Innersten zu, ihrer erwachten Seele – nicht ihrem Menschen. Sie ist und bleibt das reine, selbstlose Wesen in Gott, Seine Dienerin und die der Menschen. Selig, so meinte sie, ist die Seele des Menschen, der Gottes Willen erfüllt.

Der Alte Bund steht im Übergang von dem Vielgottglauben, dem Glauben an eine Götterwelt, zum Glauben an den wahren Einen, der ist von Ewigkeit zu Ewigkeit. Deshalb klingt immer wieder der strafende und züchtigende Gott an, den der Mensch fürchten soll. Ich aber sage euch: Ehrfürchtig soll der Mensch vor Gott sein, indem er gewissenhaft Gottes Gebote erfüllt. Der wahre ewige Eine ist Liebe. Er straft und züchtigt nicht. Die Strafe und die Züchtigung erlegt sich der Mensch selbst auf, der gegen Gottes Gebote verstößt und dann empfängt, was er gesät hat – es sei denn, er bereut rechtzeitig und bereinigt, was er verursacht hat. Ich, Christus in Jesus, offenbarte und prägte den Menschen den einen Gott und Vater der Liebe ein, der die Wahrheit und das Leben ist von Ewigkeit zu Ewigkeit.

18. Du hast Gewalt geübet mit Deinem Arm, Du hast zerstreuet, die hoffärtig sind in der Einbildung ihrer Herzen.

19. Du hast die Mächtigen von ihren Stühlen gestoßen und die Demütigen und Sanftmütigen erhöht. Du füllst die Hungrigen mit Gutem, und die Reichen schickst Du leer hinweg.

20. Du hilfst Deinem Knechte Israel im Gedenken an Deine Barmherzigkeit, wie Du geredet hast zu unseren Vätern, zu Abraham und seinen Nachkommen für alle Zeiten." Und Maria blieb drei Monate bei ihr; danach kehrte sie wiederum heim.

21. Und dieses sind die Worte, die Joseph sprach: „Gesegnet seist Du, Gott unserer Väter und unserer Mütter in Israel; denn zur richtigen Zeit hast Du mich erhört, und am Tage der Erlösung hast Du mir geholfen.

22. Denn Du sagtest: Ich will dich bewahren und mit dir einen Bund mit dem Volke machen, um das Antlitz der Erde zu erneuern und die trostlosen Orte aus den Händen der Verderber zu befreien.

23. Dass Du zu den Gefangenen sagen kannst: Gehet von dannen und seid frei, und zu jenen, die in der Finsternis wandeln: Zeiget euch im Licht. Und sie sollen weiden auf den Pfaden der Freude, und sie sollen nimmermehr jagen noch töten die Geschöpfe, die Ich erschaffen habe, sich vor Mir zu freuen.

24. Sie sollen nicht mehr Hunger und Durst leiden, noch soll die Hitze sie verderben, noch die Kälte sie vernichten. Und Ich will auf allen Meinen Bergen einen Weg für die Wanderer machen, und Meine Höhen sollen gepriesen werden.

25. Singet, ihr Himmel, und jauchze du, Erde, o ihr Wüsten, erschallet von Gesang! Denn Du, o Gott, hilfst Deinem Volke und tröstest jene, die Unrecht gelitten haben."
(Kap. 2, 18-25)

Ich, Christus, erkläre, berichtige
und vertiefe das Wort:

Das Volk Israel blieb taub. Es nahm die Gnadengaben des Christus Gottes nicht an.

Nun ist eine neue Zeit gekommen: Liebe und Weisheit wirken im Plan der Erlösung. Gott, der gerechte All-Eine, kündigte [1988] den Bund mit dem alten Israel auf und schloss einen neuen Bund mit denen, die in Meinem Werke der Erlösung auf Erden dienen. Und es wird dann das Neue Israel und das Neue Jerusalem auf Erden sein. Aus diesem Volk geht im Laufe seiner Evolution das Friedensreich Jesu Christi hervor, und es wird sein, wie sinngemäß geschrieben steht: „Gehet von dannen und seid frei!"

Und jene, die bisher in der Finsternis wandelten, werden den Weg zum Lichte gehen und Zeugnis geben vom Licht. Und sie werden weiden auf den Pfaden der Freude, und sie werden nimmermehr jagen noch töten die Geschöpfe, die der Ewige erschaffen hat. Sie werden nicht mehr hungern noch dürsten noch leiden, noch wird sie die Hitze verderben und die Kälte vernichten. Denn im Reiche des Friedens wird eine andere Sonne scheinen, und die Elemente werden nicht mehr im Gegensatz zur strömenden Liebe stehen. Singet, ihr Himmel, und jauchze, du Erde – denn alles wird fruchtbar sein, einschließlich der Wüsten. Denn Du, o Gott, hilfst Deinem Volke und tröstest jene mit der Gabe des Inneren Lebens, die zu Unrecht gelitten haben.

3. KAPITEL

Die Geburt und Namengebung
Johannes' des Täufers

Die echten Propheten (5)

1. Als die Zeit für Elisabeth gekommen war, dass sie gebären sollte, gebar sie einen Sohn. Und ihre Nachbarn und Verwandten hörten, wie der Herr große Barmherzigkeit an ihr getan hatte, und sie freuten sich mit ihr.

2. Und es begab sich, dass sie am achten Tage kamen, um das Kindlein zu beschneiden, und sie hießen den Knaben nach seinem Vater Zacharias. Aber seine Mutter antwortete und sprach: „Nicht so, denn er soll Johannes heißen." Und sie sagten zu ihr: „Es ist doch niemand in deiner Verwandtschaft, der so heißt."

3. Und sie winkten seinem Vater, wie er ihn nennen lassen wollte. Und er verlangte ein Täfelchen und schrieb und sagte zugleich: Er heißt Johannes. Und sie staunten alle, weil sein Mund plötzlich aufgetan war und seine Zunge gelöst, und er redete und pries Gott. (Kap. 3, 1-3)

Ich, Christus, erkläre, berichtige
und vertiefe das Wort:

Das Annehmen dessen, was Zacharias durch den Engel verkündet wurde, und die Freude über das Kind, das

Zacharias getreu Johannes nannte, löste in Zacharias, was er verursacht hatte.

4. Und es kam eine große Ehrfurcht über alle, die in der Nähe waren, und dieses Ereignis wurde bekannt gemacht über das ganze Bergland von Judäa. Und alle, die es hörten, nahmen es zu Herzen und sprachen: „Was mag das für ein Kindlein sein? Und die Hand Jehovas war mit ihm."

5. Und sein Vater Zacharias ward des Heiligen Geistes voll, weissagte und sprach: „Gepriesen seist Du, o Gott Israels; denn Du hast Dein Volk angenommen und erlöst. Und hast uns ein Horn des Heiles in dem Hause Deines Dieners David aufgerichtet. Wie Du durch den Mund Deiner heiligen Propheten gesprochen hast, die gewesen sind, seit die Welt begann. (Kap. 3, 4-5)

Ich, Christus, erkläre, berichtige
und vertiefe das Wort:

Worte haben oftmals vielerlei Bedeutungen. Es kommt darauf an, welche Empfindung der Mensch in das Wort legt. So waren auch mit den Worten „Deiner heiligen Propheten" nicht nur die in den Büchern des sogenannten Alten Testamentes aufgezeichneten Propheten gemeint.

Nur einer ist heilig: Gott, der Ewige.

Selig waren und sind die von Gott gesandten Propheten, die Seinen Willen erfüllten und aus dem eigenen erfüllten Leben heraus Gottes Wort gaben und die Menschen ermahnten, dieses anzunehmen und zu verwirklichen. Das sind die echten Propheten.

6. Dass wir vor unseren Feinden errettet würden und aus der Hand aller, die uns hassen. Dass Du die Barmherzigkeit zeigst, die Du unseren Vätern versprochen hast und Dich an Deinen heiligen Bund erinnerst,

7. des Eides, den Du unserem Vater Abraham geschworen hast, dass Du uns gewährst, dass wir, erlöst aus der Hand unserer Feinde, Dir dienen können ohne Furcht in Heiligkeit und Gerechtigkeit alle Tage unseres Lebens.

8. Und dieses Kind wird der Prophet des Höchsten heißen; denn es wird vor Deinem Angesicht, o Gott, hergehen, um Deine Wege zu bereiten, und Deinem Volk die Erkenntnis des Heils durch die Vergebung ihrer Sünden zu bringen.

9. Durch die liebevolle Barmherzigkeit unseres Gottes, durch welche uns der Sonnenaufgang aus der Höhe besucht hat, auf dass Er Licht gebe denen, die da in Finsternis und im Schatten des Todes sitzen, und unsere Füße auf den Weg des Friedens lenke."

10. Und das Kindlein wuchs heran und wurde stark im Geist, und seine Sendung blieb verborgen bis zum Tag seines Auftretens vor dem Volke Israel. (Kap. 3, 6-10)

4. KAPITEL

Die Geburt Jesu Christi

Das Volk Israel hat versagt - Christi Herrschaft im Friedensreich wird vorbereitet mit den inkarnierten Söhnen und Töchtern aus dem Stamme David (5). Die „Engelserscheinungen" der Hirten waren innere Vorgänge (6-9). Anerkennung irdischer Gesetze, soweit sie nicht den göttlichen Gesetzen entgegenstehen (12)

1. Die Geburt Jesu, des Christus, geschah in dieser Weise: Es begab sich zu der Zeit, dass ein Befehl von dem Kaiser Augustus ausging, dass alle Welt geschätzt würde. Und jeder in Syrien ging in seinen Heimatort, um sich schätzen zu lassen; es war Mitte des Winters.

2. Und auch Joseph mit Maria brach auf aus Galiläa, aus der Stadt Nazareth in das Land Judäa, zur Stadt Davids, die Bethlehem heißt, weil er von dem Hause und Geschlechte Davids war, damit er geschätzt werde mit Maria, seinem angetrauten Weibe, die mit dem Kinde schwanger war.

3. Als sie dort waren, kam die Zeit, dass sie gebären sollte. Und sie gebar ihren ersten Sohn in einer Felsenhöhle und wickelte Ihn in Windeln und legte Ihn in eine Krippe, die in der Höhle war; denn sie hatten sonst keinen Raum dafür in der Herberge. Und siehe, die Höhle wurde von Licht erfüllt und strahlte wie die Sonne in ihrer Pracht.

4. Und es waren in der Höhle ein Ochse, ein Pferd, ein Esel und ein Schaf, und neben der Krippe lag eine Katze mit ihren Jungen; und es waren auch Tauben über ihnen, und jedes Tier hatte seinen Gefährten, ein Männchen oder Weibchen.

5. Solches geschah, dass Er geboren wurde inmitten der Tiere. Denn Er kam, um auch sie von ihren Leiden zu befreien. Er war gekommen, die Menschen von ihrer Unwissenheit und Selbstsucht frei zu machen und ihnen zu offenbaren, sie seien Söhne und Töchter Gottes. (Kap. 4, 1-5)

Ich, Christus, erkläre, berichtige
und vertiefe das Wort:

Ich habe als Jesus das Reich Gottes offenbart und habe Seine Gesetze gelehrt und gelebt. Mit den Söhnen und Töchtern Israels aus dem Stamme David und mit allen Söhnen und Töchtern Gottes, die den Willen des Ewigen erfüllen, wollte Ich in Israel das Reich Gottes gründen und aufbauen – und nach Meiner Rückkehr in die Herrlichkeit Meines Vaters wieder im Geiste kommen und es mit dem Volke Israels weiter ausbauen und das Friedensreich, das auf der feinen Materie seinen Höhepunkt erreicht, regieren. Doch die Söhne und Töchter Gottes und Israels waren von Sünde geblendet. Nach Meiner Erlösertat rief Gott, der Ewige, in allen darauffolgenden Jahrhunderten immer wieder die Söhne und Töchter aus dem Geschlechte David und aus anderen Geschlechtern, die Seinen Willen erfüllen, auf dass sie erkennen, was ihr Auftrag ist.

Jetzt ist eine neue Zeit angebrochen: die Zeitenwende von der alten zur neuen Welt, der Welt des Christus. Ich bereite Mein geistiges Kommen vor – wiederum durch die Söhne und Töchter aus dem Stamme David und die weiteren Söhne und Töchter des Ewigen aus anderen Geschlechtern, die Gottes Willen erfüllen. Durch die einverleibte göttliche Weisheit unterweise Ich sie und alle, die Mir nachfolgen, damit sie bewusste Söhne und Töchter Gottes werden, die Gottes Willen erfüllen.

Dann wird vollzogen, was offenbart ist: Ich komme im Geiste. Dann werden alle Menschen in Frieden leben, und auch die Tiere werden von ihrer Knechtschaft und ihren Leiden befreit sein durch Mich, den Christus Gottes. Denn wer sein Leben in die Sohn- und Tochterschaft Gottes stellt, wird nicht töten – weder Menschen noch Tiere.

6. Und es waren Hirten in der selbigen Gegend auf dem Felde und hüteten bei Nacht ihre Herde. Und siehe, der Engel Gottes erschien über ihnen, und der Glanz des Höchsten leuchtete um sie, und sie fürchteten sich sehr.

7. Und der Engel sprach zu ihnen: „Fürchtet euch nicht, siehe, ich verkünde euch große Freude, die allem Volk widerfahren wird; denn euch ist heute in der Stadt Davids der Erlöser geboren, welcher ist Christus, der heilige Eine

Gottes. Und dieses habet zum Zeichen: Ihr werdet das Kind in Windeln gewickelt finden und in einer Krippe liegen."

8. Und plötzlich war bei dem Engel eine Menge von himmlischen Heerscharen, die lobten Gott und sprachen: „Ehre sei Gott in der Höhe und Friede auf Erden allen, die guten Willens sind."

9. Und da die Engel von ihnen gen Himmel fuhren, sprachen die Hirten zueinander: „Lasset uns nun gehen nach Bethlehem und sehen, was da geschehen ist, was unser Gott uns kundgetan hat." (Kap. 4, 6-9)

Ich, Christus, erkläre, berichtige
und vertiefe das Wort:

Der Engel sprach zu den Hirten. Sie sahen ihn jedoch nicht mit den menschlichen Augen und hörten ihn nicht mit den menschlichen Ohren. Sie sahen und hörten auch nicht mit menschlichen Augen und Ohren die Heerscharen, die Gott lobten und priesen. Einige der Hirten schauten in ihrem Inneren das Licht, und wieder andere hörten in ihrem Herzen den Lobpreis Gottes. Denn was nicht das Kleid des Fleisches trägt, hat nicht das Wort des Fleisches und nicht den Ton des Wortes. Das Wort Gottes und das der Wesen Gottes wird im Inneren eines Menschen vernommen.

Der Engel des Herrn stand nicht wie ein Mensch vor ihnen. Sie standen am Feuer und wärmten sich. Sie sahen, wie die Feuersäule hochzüngelte. Und im Feuer glaubten sie die Gestalt eines Engels zu sehen, den einige von ihnen in ihrem Herzen vernahmen. Die Hirten waren sich uneins über das, was sie sahen und hörten. Jene jedoch, die den Sinn der Botschaft in ihrem Herzen empfanden, machten sich auf nach Bethlehem.

Ähnlich wie damals verkünden auch heute die Engel Gottes: Bereitet dem Herrn die Wege! Es kommt Christus, der Erlöser, im Geiste – und Er wird der Hirte einer Herde sein, welche das Volk Gottes auf Erden ist. Er wird es in Seinem Reiche auf Erden regieren, und sie werden mit Ihm im Geiste sein, weil sie die Gesetze Gottes halten.

10. Und sie kamen eilends und fanden Maria und Joseph in der Höhle und das Kind in der Krippe liegend. Und als sie dies gesehen hatten, verbreiteten sie die Worte, die ihnen von diesem Kinde gesagt waren.

11. Und alle, die sie hörten, wunderten sich über das, was ihnen die Hirten gesagt hatten. Maria aber behielt das alles und bewahrte es in ihrem Herzen. Und die Hirten kehrten wieder um und priesen und lobten Gott für alles, was sie gehört und gesehen hatten.

12. Und da acht Tage vorüber waren und das Kind beschnitten wurde, wurde Ihm Sein Name gegeben: Jesus-Maria, welcher genannt war von dem Engel, ehe das Kind im Mutterleibe empfangen wurde. Und da die Tage ihrer Reinigung nach dem Gesetze des Moses vorüber waren,

*brachten sie das Kind nach Jerusalem, um Es Gott dar-
zubringen. (Wie geschrieben steht in dem Gesetze des
Moses: Alles Männliche, das den Mutterschoß öffnet, soll
dem Herrn geheiligt werden.) (Kap. 4, 10-12)*

Ich, Christus, erkläre, berichtige
und vertiefe das Wort:

Die Beschneidung ist das Gesetz der Juden. Da dieses
irdische Gesetz nicht dem ewigen Gesetz entgegensteht,
so wird es von Gott – ausschließlich für den Menschen –
toleriert. Wird ein Wesen aus Gott durch die Einverleibung
Mensch, dann untersteht der Mensch den Gesetzen der
Natur und hat die Gesetze der Welt zu halten, sofern diese
nicht den Gesetzen Gottes entgegenstehen.

*13. Und siehe, ein Mensch mit Namen Simeon war zu
Jerusalem, und er war gerecht und gottesfürchtig und wartete auf den Trost Israels, und der Heilige Geist kam über
ihn. Und ihm war verheißen worden, er solle den Tod nicht
sehen, bevor er nicht den Christus Gottes erblickt habe.*

*14. Und er kam durch Eingebung des Geistes in den
Tempel. Und da die Eltern das Kind Jesus hereinbrachten,
um die Vorschrift des Gesetzes zu erfüllen, erschien ihm
das Kind, als wäre es eine Lichtsäule. Da nahm er Es auf
seine Arme, pries Gott und sprach:*

15. „Nun lässest Du Deinen Diener in Frieden dahinfahren, wie Du gesagt hast. Denn meine Augen haben Deinen Heiland gesehen, den Du bereitet hast, im Angesichte aller Völker ein Licht zu sein, zu erleuchten die Heiden und zum Ruhme Deines Volkes Israel." Und Seine Eltern wunderten sich über alles, was von Ihm gesagt wurde.

16. Und Simeon segnete sie und sprach zu Maria, Seiner Mutter: „Siehe, dieses Kind wird gesetzt zum Falle und Auferstehen vieler in Israel und zu einem Zeichen, dem widersprochen wird (und wahrlich, es wird ein Schwert auch durch deine Seele dringen), auf dass vieler Herzen Gedanken offenbar werden."

17. Und es war da Anna, eine Prophetin, die Tochter Phanuels, vom Stamme Aser, die war hochbetagt und verließ den Tempel nie, sondern diente Gott mit Fasten und Beten Tag und Nacht.

18. Diese trat auch hinzu in dieser Stunde und pries den Herrn und redete von Ihm zu allen, die da auf die Erlösung zu Jerusalem warteten. Und da sie alles vollendet hatten nach dem Gesetze des Herrn, kehrten sie wieder nach Galiläa zu ihrem Wohnorte Nazareth zurück. (Kap. 4, 13-18)

5. KAPITEL

Die Anbetung der Weisen und Herodes

Die Bedeutung der sechs Strahlen des Sternes von Bethlehem (5). Botschaften Gottes und Seiner Engel sind Weisungen, aber keine direkten Aussagen über Mögliches - Mittelbare Führung (13)

1. Als Jesus geboren war zu Bethlehem im Lande Judäa zur Zeit des Königs Herodes, siehe, da kamen einige weise Männer aus dem Osten nach Jerusalem. Sie hatten sich gereinigt und weder Fleisch noch starke Getränke zu sich genommen, damit sie den Christus finden könnten, den sie suchten. Und sie sprachen: „Wo ist der neugeborene König der Juden? Denn wir im Osten haben Seinen Stern gesehen und sind gekommen, Ihn anzubeten."

2. Als König Herodes dies hörte, erschrak er und mit ihm ganz Jerusalem. Und er ließ alle Hohepriester und Schriftgelehrten des Volkes zusammenrufen und verlangte von ihnen zu wissen, wo der Christus geboren werden sollte.

3. Und sie sagten ihm: „Zu Bethlehem im Lande Judäa, denn so steht es geschrieben bei dem Propheten: Und du, Bethlehem im Lande Judäa, bist nicht die Kleinste unter den Fürsten Judas; denn aus dir soll der Herrscher kommen, der Mein Volk Israel regieren wird."

4. Da berief Herodes die Weisen heimlich zu sich und erforschte von ihnen genau, wann der Stern erschienen

wäre. Und er sandte sie nach Bethlehem und sagte: „Ziehet hin und sucht sorgfältig nach dem Kindlein, und wenn ihr Es gefunden habt, so gebt mir wieder davon Kunde, dass auch ich komme und Es anbete."

5. Als sie nun den König gehört hatten, zogen sie hin: Und siehe, der Stern, den die Weisen aus dem Osten sahen, und der Engel des Sternes zogen vor ihnen hin, bis er kam und über dem Orte stand, da das Kindlein war. Und der Stern erglänzte mit sechs Strahlen. (Kap. 5, 1-5)

Ich, Christus, erkläre, berichtige
und vertiefe das Wort:

Was besagt das Symbol der sechs Strahlen? Gottes Sohn bringt das Gesetz Gottes, die sieben Grundstrahlen der Himmel, auf diese Erde. Sechs Strahlen strahlen im Geiste auf Ihn herab – der siebte Strahl, die Barmherzigkeit, wohnt unter den Menschen: der Sohn des Allerhöchsten im Erdenkleid, der Christus Gottes in Jesus. Auch Maria trug in sich einen Teilstrahl der Barmherzigkeit, denn sie ist im Geiste des Herrn mit dem Cherub der göttlichen Barmherzigkeit verbunden.

6. Sie zogen ihres Weges mit ihren Kamelen und Eseln, die mit ihren Gaben beladen waren. Und sie blickten auf der Suche nach dem Kind so eifrig auf den Stern am Himmel, dass sie für eine Weile ihre müden Tiere vergaßen, die die Lasten und die Hitze des Tages trugen und durstig und erschöpft waren. Und der Stern entschwand ihren Blicken.

7. Vergeblich standen sie und starrten und blickten in ihrer Bestürzung einer den anderen an. Da entsannen sie sich ihrer Kamele und Esel und beeilten sich, ihre Lasten abzuladen, damit sie rasten könnten.

8. Nun war dort nahe bei Bethlehem ein Brunnen am Wege. Und als sie sich darüberbeugten, um Wasser für ihre Tiere heraufzuholen, siehe, da spiegelte sich auf der stillen Wasserfläche der Stern, den sie verloren hatten.

9. Und als sie dieses sahen, wurden sie von großer Freude erfüllt.

10. Und sie priesen Gott, der ihnen Barmherzigkeit zeigte, gerade als sie sich ihrer durstigen Tiere erbarmt hatten.

11. Und als sie in das Haus eingetreten waren, fanden sie das Kindlein mit Maria, Seiner Mutter, und sie fielen nieder und beteten Es an. Sie öffneten ihre Schätze und breiteten vor Ihm ihre Gaben aus: Gold, Weihrauch und Myrrhe.

12. Und da sie von Gott in einem Traum gewarnt waren, nicht zu Herodes zurückzukehren, zogen sie auf einem anderen Weg zurück in ihre Heimat. Und sie entzündeten nach ihrem Brauch ein Feuer und beteten Gott in der Flamme an.

13. Da sie aber fortgezogen waren, siehe, da erschien der Engel des Herrn dem Joseph im Traum und sprach:

„Stehe auf und nimm das Kindlein und Seine Mutter und fliehe nach Ägypten und dort bleibe, bis ich dir weiteres sage; denn Herodes sucht Es umzubringen." (Kap. 5, 6-13)

Ich, Christus, erkläre, berichtige
und vertiefe das Wort:

Es steht geschrieben: „...denn Herodes sucht Es umzubringen." Die Worte des Engels und die Inspiration aus dem Geiste lauteten dem Sinne nach: „Nun fliehe mit dem Kindlein und Seiner Mutter nach Ägypten und bleibe dort bis auf weiteres." Die Kunde, dass Herodes das Kindlein töten wollte, kam zu Joseph aus anderen Quellen und wurde mit der Aussage des Engels verbunden.

Da die Menschen der Neuen Zeit durch Verwirklichung und Erfüllung der ewigen Gesetze die Freiheit im Gesetz des Lebens kennen, werden sie an dieser oder an ähnlichen Aussagen zweifeln: „Herodes sucht es umzubringen." Denn sie wissen: Solche oder ähnliche direkte Aussagen machen Gott und Seine Engel nicht. Dadurch würden sie bejahen, was noch in der Schwebe ist.

Deshalb erkläre, berichtige und vertiefe Ich, Christus, diese und weitere Aussagen, so dass dieses Buch für viele ein Erkenntniswerk ist.

Gott lässt den Menschen über andere Quellen, also mittelbar, Botschaften überbringen – dann, wenn das

Vorhaben eines Menschen von diesem bereits ausgesprochen wurde und von Zweiten oder Dritten, die es gehört haben, übermittelt werden kann. Wenn es von Bedeutung ist, wird es sodann dem Betroffenen mittelbar zukommen. Auf diese Weise führt Gott – im Gesetz von Saat und Ernte – mittelbar.

14. *Er stand auf und nahm das Kindlein und Seine Mutter bei Nacht und entwich nach Ägyptenland und blieb dort für etwa sieben Jahre bis zum Tode des Herodes, damit erfüllet würde, was der Herr durch den Propheten gesagt hat, der da spricht: „Aus Ägypten habe Ich Meinen Sohn gerufen."*

15. *Und auch Elisabeth, als sie dies hörte, nahm ihr Söhnlein und ging ins Gebirge mit ihm und verbarg es dort. Und Herodes sandte seine Männer zu Zacharias in den Tempel und ließ ihn fragen: „Wo ist dein Kind?" Und er antwortete: „Ich bin ein Diener Gottes und bin immerfort im Tempel. Ich weiß nicht, wo es ist."*

16. *Und er sandte abermals zu ihm und ließ ihn fragen: „Sage mir ehrlich, wo ist dein Sohn, weißt du denn nicht, dass dein Leben in meiner Hand ist?" Zacharias antwortete und sprach: „Gott ist Zeuge: Wenn du mein Blut vergießest, wird Gott meine Seele aufnehmen, denn du vergießest das Blut eines Unschuldigen."*

17. *Und sie erschlugen Zacharias im Tempel zwischen dem Allerheiligsten und dem Altar; das Volk bekam Kunde*

davon durch eine Stimme, die rief: „Zacharias ist getötet
worden, und sein Blut soll nicht früher abgewaschen werden, bevor nicht der Rächer gekommen ist." Und nach
einiger Zeit warfen die Priester das Los, und das Los fiel
auf Simeon, welcher seine Stelle einnahm.

18. Da Herodes nun sah, dass er von den Weisen getäuscht worden war, wurde er äußerst erzürnt und sandte
seine Leute aus und ließ alle Kinder zu Bethlehem und in
der Umgebung erschlagen, die da zweijährig und darunter
waren, entsprechend der Zeit, die er von den Weisen erfahren hatte.

19. So wurde erfüllt, was gesagt ist von dem Propheten
Jeremia: „In Rama hört man eine Stimme, Weinen, Klagen
und großes Trauern. Rahel weint um ihre Kinder und will
sich nicht trösten lassen; denn sie sind nicht mehr."

20. Doch als Herodes gestorben war, siehe, da erschien
der Engel des Herrn dem Joseph im Traume in Ägypten und
sprach: „Stehe auf und nimm das Kind und Seine Mutter
und kehre zurück in das Land Israel: Denn sie sind gestorben, die dem Kinde nach dem Leben trachteten."

21. Und er stand auf und nahm das Kind und Seine
Mutter und kam zurück in das Land Israel. Und sie wohn-
ten in einer Stadt mit Namen Nazareth. Und Er wurde der
Nazarener genannt. (Kap. 5, 14-21)

6. KAPITEL

Kindheit und Jugend Jesu

Der Tempel des Inneren (4). Bräutigam Christus und Braut (5). Vermählung als Treuebund vor Gott - Erfahrung des Weiblichen für Jesus von Nazareth - Leiden und Kreuzestod hätten nicht sein müssen (10). Richtiges Textverständnis - Weisheit der Ägypter (11). Kurzer Bericht über das Leben Jesu vor Beginn Seiner Lehrtätigkeit (12). Jesus lebte und gab aus der Allmacht und Liebe Gottes und erfüllte das Gebot „Bete und arbeite" (14). Der letzte Bund, geschlossen mit der Urgemeinde Neues Jerusalem - Die Finsternis hat verloren - Der Reinigungsprozess der Erde (17)

1. Nun gingen Seine Eltern, Joseph und Maria, alle Jahre hinauf nach Jerusalem zum Passahfest; sie feierten das Fest nach der Sitte ihrer Brüder, die Blutvergießen und Fleischessen und starke Getränke unterließen. Als Jesus zwölf Jahre alt war, ging Er mit ihnen hinauf nach Jerusalem nach dem Festbrauch. (Kap. 6, 1)

Ich, Christus, erkläre, berichtige
und vertiefe das Wort:

Damit ist offenbar, dass Gott, der Herr, nicht in die Gesetze der Menschen eingreift, soweit es Bräuche sind, die nicht dem himmlischen Gesetz entgegenstehen. Auch der Mensch Jesus hielt den Brauch, und der Herr begleitete Ihn mit Seinem Geiste.

2. Und als die Tage zu Ende waren und sie zurückkehrten, blieb das Kind Jesus in Jerusalem zurück, und Seine Eltern wussten es nicht. Sie meinten, Er wäre mit in der Gesellschaft und gingen eine Tagereise weit. Dann suchten sie Ihn unter den Freunden und Bekannten. Und da sie Ihn nicht fanden, kehrten sie um nach Jerusalem und suchten Ihn dort.

3. Es geschah, dass sie Ihn nach drei Tagen im Tempel mitten unter den Gelehrten fanden. Er saß, hörte ihnen zu und stellte ihnen Fragen. Und alle, die Ihn hörten, verwunderten sich über Sein Verständnis und Seine Antworten.

4. Als Seine Eltern Ihn sahen, waren sie bestürzt. Und Seine Mutter sprach zu Ihm: „Mein Sohn, warum hast Du uns das angetan? Siehe, Dein Vater und ich haben Dich voll Sorgen gesucht." Und Er sprach zu ihnen: „Warum habt ihr Mich gesucht? Wisset ihr nicht, dass Ich in dem Hause Meines Vaters sein muss?" ... (Kap. 6, 2-4)

Ich, Christus, erkläre, berichtige
und vertiefe das Wort:

Mit den Worten „dass Ich in dem Hause Meines Vaters sein muss" meinte der Knabe nicht das Haus, den Tempel aus Stein, sondern das Haus aus Fleisch und Bein – den Menschen, in welchem der Geist Gottes wohnt, der durch den Knaben Jesus redete. Jesus meinte: Ich muss in Mir ruhen, im Tempel des Inneren, um den Menschen zu geben – und denen zu antworten, die Mich darum gebeten haben.

Jeder Mensch ist ein Tempel Gottes. Wer diesen Tempel rein hält, der empfindet, denkt, spricht und handelt auch rein und lebt dadurch im Bewusstsein Gottes. Jesus lehrte aus diesem „Tempel des Inneren" im Tempel zu Jerusalem jene, die Ihn im Tempel aus Stein hören wollten.

... Und sie begriffen die Worte nicht, die Er zu ihnen sagte. Aber Seine Mutter bewahrte alle diese Worte in ihrem Herzen.

5. Und ein Prophet, der Ihn sah, sagte zu Ihm: „Siehe, die Liebe und die Weisheit Gottes sind vereint in Dir, deshalb sollst Du im kommenden Zeitalter Jesus genannt werden, denn durch den Christus wird Gott die Menschheit erlösen, die heute wahrlich ist wie die bittere See; doch diese Bitternis soll in Süßigkeit gewandelt werden; aber diesem Geschlecht wird die Braut noch nicht erscheinen und auch noch nicht in dem Zeitalter, das kommen wird." *(Kap. 6, 4-5)*

Ich, Christus, erkläre, berichtige
und vertiefe das Wort:

Der Prophet hat aus dem Geiste geweissagt. Es sind inzwischen Zeitalter vergangen. Doch der Bräutigam, der Geist Christi, der Ich Bin, habe Mich nun aufgemacht, um die Menschen, die an Mich glauben und den Willen des Vaters erfüllen, zu rufen, um sie in das Land des Friedens zu führen. Gleich einer geschmückten Braut, geschmückt mit der Zierde und der Tugend inneren Lebens, kommen Mir viele Seelen und Menschen entgegen – und es werden immer mehr, die sich von der Bitternis zur Süße wandeln und sich zu Meiner Rechten einfinden.

6. *Und Er ging mit ihnen hinab und kam nach Nazareth und war ihnen gehorsam. Und Er machte Räder und Joche und auch Tische mit großer Geschicklichkeit. Und Jesus nahm zu an Größe und auch an Gnade bei Gott und den Menschen.*

7. *Und eines Tages kam der Knabe Jesus an einen Ort, wo eine Falle für Vögel gestellt war, und es standen einige Knaben dabei. Und Jesus sprach zu ihnen: „Wer hat diese Schlinge hierher gelegt für die unschuldigen Geschöpfe Gottes? Siehe, sie werden in gleicher Weise in einer Schlinge gefangen werden." Und Er erblickte zwölf Sperlinge, die waren wie tot.*

8. *Und Er bewegte Seine Hände über ihnen und sprach zu ihnen: „Flieget hinweg, und solange ihr lebet, denket an Mich." Und sie erhoben sich und flogen hinweg mit Geschrei. Die Juden, die das sahen, waren sehr erstaunt und erzählten es den Priestern.*

9. *Und andere Wunder tat das Kind, und man sah, wie Blumen unter Seinen Füßen emporsprossen, dort, wo*

*bisher unfruchtbarer Boden gewesen war. Und Seine Ge-
fährten bekamen Ehrfurcht vor Ihm.*

*10. Als Jesus achtzehn Jahre alt war, wurde Er mit
Mirjam verheiratet, einer Jungfrau aus dem Stamme Juda,
und Er lebte mit ihr sieben Jahre lang; und sie starb; denn
Gott nahm sie zu sich, damit Er weiterschreiten könne
zu den höheren Aufgaben, die Er zu vollbringen hätte
und zu leiden für alle Söhne und Töchter der Menschen.
(Kap. 6, 6-10)*

Ich, Christus, erkläre, berichtige
und vertiefe das Wort:

Ich war niemals verheiratet. In dieser Generation hat
das Wort „verheiratet" eine andere Bedeutung. Für den
Menschen dieser Zeit bedeutet es Verehelichung vor dem
Standesamt und eventuell eine Zeremonie in einer irdischen Kirche vor und mit einem Priester.

Auch das Wort „Vermählung" hat im Geiste eine andere
Bedeutung als „Verehelichung". Die Vermählung im Geiste
Gottes bedeutet: Zwei Menschen schließen den Bund
mit Gott und bemühen sich, in Gott eins zu werden. Eine
Verheiratung ist ein Beschluss nach den Gesetzen dieser
Welt. Die Vermählung hingegen ist ein Treuebund mit dem
Nächsten vor Gott, in dem zwei Menschen beschließen,
die göttlichen Gesetze zu verwirklichen und miteinander
ein reines, gotterfülltes Leben zu führen.

In diesem Buche hat das Wort „verheiratet" die Bedeutung: verbunden durch Gottes Liebe.

Jesus war im Geiste mit allen Menschen und Wesen, mit allem Sein verbunden – so, wie Ich es als Christus Bin.

Als Jesus, das heißt als der Menschensohn, musste Ich auch diese Verbindung zum weiblichen Geschlechte erfahren, um es zu verstehen und ihm helfen zu können. Als Jesus von Nazareth hatte Ich eine tiefe, reine Verbindung zu dieser Frau, die Meinem Wesen sehr nahe war. Das Gesetz lautet: Gleiches zieht Gleiches an. Diese Frau hatte einige Meiner Seele ähnlich schwingende Wesensaspekte. Durch diese standen wir in tiefer Kommunikation. Ich empfand Mich in ihr und sie sich in Mir. Dabei erlebte Ich die Empfindungswelt des weiblichen Prinzips im Erdenkleid und verstand dadurch auch die vielen Frauen, die in den Jahren Meiner Lehrtätigkeit mit Mir waren.

Kurz vor Meinen Jahren des Lehrens war die Erdenzeit für diese Frau abgelaufen. Gott, unser ewiger Vater, holte sie, wie später viele Männer und Frauen aus Meinem Gefolge, zurück zu sich. Denn in dieser Welt ist das Kommen und Gehen der Seele eine Gesetzmäßigkeit, die nicht der Willkür unterliegt, sondern dem Ablauf des Gesetzes von Saat und Ernte oder dem Lichtgesetz Gottes.

Mein Auftrag als Jesus von Nazareth, der Christus Gottes, war, den Erlöserfunken in die Seelen der Menschen einzusenken. Mein Leiden und der physische Tod waren das Zeichen für die Unbeugsamkeit der Menschen. Hätten sich die Söhne und Töchter Gottes aus dem Geschlechte David von Johannes und auch von Mir rufen lassen und wären sie dem Christus in Jesus treu gefolgt, so wären weitere Söhne und Töchter Gottes aus anderen Geschlechtern hinzugekommen, um Mir getreu nachzufolgen. Daraus hätte sich ein Volk ergeben, welches bewusst das Volk David für das Friedensreich Jesu Christi hätte sein können. Weil das Geschlecht David, das im Auftrag des Erlöserwerkes steht, in der Sünde verblieb, umhüllte Ich Mich mit einem Teil seiner Schuld sowie Teilen der Schuld Einzelner aus anderen Geschlechtern.Dadurch konnte Ich gefangengenommen werden. Und so begann das Leiden.

Wäre das Geschlecht David nicht in der Sünde verblieben, so hätte Ich wohl den Erlöserfunken allen Seelen und Menschen gebracht; jedoch die Leiden und den physischen Tod am Kreuze hätte Ich dann nicht erdulden müssen. So litt Ich für die Söhne und Töchter der Menschen, weil sie nicht bewusst Söhne und Töchter Gottes wurden, indem sie Gottes Willen erfüllten.

Wäre das Geschlecht David zu Mir gestanden, so hätte das ganze Geschehen einen anderen Verlauf genommen. Und hätte das gesamte jüdische Volk — einschließlich seiner Schriftgelehrten und Pharisäer — den Sohn Gottes an- und aufgenommen, indem sie das Gesetz Gottes erfüllt hätten, dann wäre die Teilkraft in der Urkraft geblieben. Denn wer das ewige Gesetz erfüllt, bedarf keiner Stütze.

*11. Und Jesus, da Er das Studium des Gesetzes abge-
schlossen hatte, ging wieder nach Ägypten hinunter, auf
dass Er die Weisheit der Ägypter erlerne, wie es Moses
getan hatte. ... (Kap. 6, 11)*

Ich, Christus, erkläre, berichtige
und vertiefe das Wort:

Da viele Texte dieses Buches nicht dem Sinne nach verstanden werden, sondern dem Worte nach, muss immer
wieder einiges erklärt und berichtigt werden.

Ich habe schon offenbart, dass manche Worte bei der
Entstehung dieses Buches eine andere Bedeutung hatten
als heute. Auch hatte der Mensch, der damals das Wort
empfing und niederschrieb, einen bestimmten Wortschatz;
nur dieser konnte verwendet werden. Auch die Übersetzer
hatten wieder ihren eigenen Wortschatz für die Überset-
zung. Deshalb sollte alles, was aus dem Göttlichen im
Wort gegeben wird, dem Sinne nach verstanden werden.
Wo es unbedingt erklärt, berichtigt oder vertieft werden
muss, werde Ich immer wieder durch Mein Instrument
der heutigen Zeit wirken und es erklären, berichtigen oder
vertiefen.

Auch in diesem Text berichtige Ich die Worte: „... ging
wieder nach Ägypten hinunter, auf dass Er die Weisheit
der Ägypter erlerne, wie es Moses getan hatte." Es soll

dem Sinn nach heißen: Er traf sich immer wieder mit Ägyptern, um mit ihnen von der Weisheit Gottes zu sprechen. Ich ging jedoch nicht nach Ägypten, um die Weisheit Gottes von den Ägyptern zu erlernen. Als Kind war Ich mit Meinen Zieheltern in Ägypten, jedoch auch damals nicht, um die göttliche Weisheit zu erlernen.

In der Wüste traf Ich Mich außerdem immer wieder mit Männern und Frauen, um zu beten und mit ihnen von der ewigen Wahrheit zu sprechen. Darunter waren immer wieder viele Ägypter. Schon als Knabe Jesus war die Weisheit Gottes in Mir offenbar; sie redete auch durch Mich. Daher sprach Ich schon als Knabe Jesus aus der Weisheit Gottes zu den sogenannten Gelehrten im Tempel. Die Weisheit Gottes war also in Mir wirksam. Wozu sie dann noch erlernen!

... Und Er ging in die Wüste, meditierte, fastete und betete, und Er erhielt die Vollmacht des heiligen Namens, durch welche Er viele Wunder wirkte.

12. Und durch sieben Jahre hindurch redete Er mit Gott von Angesicht zu Angesicht, und Er erlernte die Sprache der Vögel und der Tiere und die Heilkräfte der Bäume, Kräuter und Blumen und die verborgenen Kräfte der Edelsteine und lernte auch die Bewegungen der Sonne und des Mondes und der Sterne und die Macht der Schriftzeichen, die Mysterien des Winkelmaßes und des Kreises und die Verwandlung der Dinge und Formen, der Zahlen und Zeichen.

Ich, Christus, erkläre, berichtige
und vertiefe das Wort:

Alles, was Gott geschaffen hat und erhält, ist in der Seele des Menschen. Wer in Gott lebt, der empfängt von Gott und wird – auch als Mensch – belehrt von Gott. Als Jesus von Nazareth lebte Ich in Gott und empfing von Gott, Meinem Vater, mit dem Ich in beständiger Kommunikation stand.

Aus dem Inneren des Jesus strömte die göttliche Weisheit, und Er redete mit den Tieren im Wasser, in der Luft und in und auf der Erde. Und Jesus, in dem Ich lebte, erfuhr in sich das Leben der Pflanzen und Steine.

Aus dem Inneren erlebte Ich als Jesus die Bewegung der Gestirne, worüber Ich sehr viel mit den Ägyptern sprach, unter denen es wahre Weise gab.

Weil Ich als Jesus im Tempel lehrte, nannten Mich viele Menschen Rabbi. Doch Ich war Prophet und Gottes Sohn – im Erdenkleid der Menschensohn, der die Gesetze Gottes lehrte und lebte und sich hingab, auf dass die Erlösung in den Seelen der Menschen und in den Seelen, die in den Fallreichen lebten, Einzug halten konnte.

13. Nach einiger Zeit ging Er nach Assyrien und Indien und nach Persien und in das Land der Chaldäer. Und Er besuchte ihre Tempel und sprach mit ihren Priestern und ihren Weisen viele Jahre lang, und Er tat viele wunderbare Werke und heilte die Kranken, während Er durch die Länder zog.

14. Und die Tiere des Feldes empfanden Ehrfurcht vor Ihm, und die Vögel hatten keine Angst vor Ihm; denn Er erschreckte sie nicht, ja, sogar die wilden Tiere der Wüste fühlten die Macht Gottes in Ihm und dienten Ihm freiwillig und trugen Ihn von Ort zu Ort. (Kap. 6, 13-14)

Ich, Christus, erkläre, berichtige
und vertiefe das Wort:

Als Jesus kam Ich mit vielen Menschen unterschiedlichen Standes und verschiedener Sprachen zusammen und sprach mit Assyrern, Indern, Persern, Chaldäern, Israeliten und mit weiteren Männern und Frauen aus den verschiedenen Stämmen. Doch Ich zog nicht in deren Länder oder in andere, um Gottes Weisheit zu erlernen. Ich kam in manche Länder und an manche Landesgrenzen. Oftmals war die Sprache ein Hindernis. Doch wenn wir über die Gesetze der Liebe sprachen, wusste jeder, was der Nächste sagen wollte. Die Sprache des Herzens kennt keine Grenzen – auch heute nicht, in der Zeit nahe dem Jahre zweitausend.

Aus der Liebe zu den Menschen brach auch die Heilkraft durch – um Menschen zu helfen und um Zeugnis zu geben von dem, das in Mir, dem Jesus, wohnte: die Allmacht Gottes.

Die heute noch bestehende Technik ermöglicht es, Mein Wort rascher zu übersetzen und zu übertragen, so dass die Herzen der Menschen erwachen und sie die Sprache der Liebe erlernen; sie wird von allen Herzdenkern verstanden.

Viele Menschen sind der Ansicht, Ich sei viele Jahre unterwegs gewesen, um Weisheiten zu sammeln und Werke der Liebe zu tun. Als Jesus von Nazareth war Ich wohl viel unterwegs, um zu lehren und die Werke der Liebe und Barmherzigkeit zu tun. Ich versäumte jedoch nicht, das Gebot „Bete und arbeite" zu erfüllen. So wie Joseph und Meine leiblichen Brüder verwirklichte Ich als Zimmermann, was Gott den Menschen geboten hat: „Bete und arbeite."

Der Sinn der Aussage „und trugen Ihn von Ort zu Ort" heißt: Viele Tiere gingen eine lange Wegstrecke mit Mir, manche von Ort zu Ort. Wer Gott liebt, der liebt auch die Naturreiche. Und die Naturreiche dienen dem, der Gott liebt. Denn alles Sein ist Leben aus Gott — und wer Gott liebt, dem dient alles Sein.

15. Denn der Geist göttlicher Menschlichkeit erfüllte Ihn und erfüllte so alle Dinge um Ihn und machte Ihm alles untertan; und also erfüllten sich die Worte der Propheten:

„Der Löwe soll liegen bei dem Kalbe und der Leopard bei dem Zicklein und der Wolf bei dem Lamm und der Bär bei dem Esel und die Eule bei der Taube. Und ein Kind soll sie führen.

16. Und niemand soll verletzen oder töten auf Meinem heiligen Berge; denn die Erde soll erfüllet werden von der Erkenntnis des Heiligen ebenso, wie die Wasser bedecken das Bett des Meeres. Und in diesen Tagen will Ich nochmals einen Bund schließen mit den Tieren der Erde und den Vögeln der Luft, mit den Fischen des Meeres und mit allen Geschöpfen der Erde. Und Ich will den Bogen zerbrechen und auch das Schwert, und alle Werkzeuge des Krieges will Ich verbannen von der Erde, und sie sollen weggelegt werden in Sicherheit, damit alle ohne Furcht leben.

17. Und Ich will Mich dir angeloben für immerdar in der Rechtschaffenheit und im Frieden und in der Güte des Herzens, und du sollst deinen Gott erkennen, und die Erde soll hervorbringen das Korn und den Wein und das Öl, und Ich will zu denen sagen, die nicht Mein Volk sind: Du bist Mein Volk, und sie werden zu Mir sprechen: Du bist unser Gott." (Kap. 6, 15-17)

Ich, Christus, erkläre, berichtige
und vertiefe das Wort:

Dies ist geschehen! Da die Israeliten Mich, Christus, nicht als ihren Erlöser an- und aufgenommen haben, sammeln der Ewige und Ich, Christus, die Söhne und Töchter

Gottes auf einem anderen Erdteil. Dort ist nun „Israel" und dort ist auch das neue „Jerusalem". Denn Gott bindet sich nicht an einen Ort und an Versprechen von Menschen, die ihr Versprechen nicht halten, die nicht erfüllen, was Er ihnen geboten hat.

Ein anderes Volk steht im Bündnis. Es ist Mein Volk, und Ich werde sein Hirte sein. Von dort werden nun die ersten Kräfte des Friedensreiches emporsteigen.

Gott schloss einen neuen Bund – den letzten Bund – mit diesem anderen Volk, mit Menschen, die sich bemühen, Gottes Willen zu erfüllen. Sie sind aus dem großen Geschlechte David und aus anderen Geschlechtern, welche die Gebote des Lebens halten.

Der Ewige und Ich, Christus, riefen und rufen in diese Welt durch Prophetenmund und sammeln alle willigen Söhne und Töchter Gottes: Das schon bestehende Völkchen wird zu einem mächtigen Volk Gottes heranwachsen.

Der letzte Bund ist geschlossen und hat Gültigkeit. Er bringt denen, die ihn halten, aus dem Gesetze Gottes viele Hilfen. Ich, Christus, stehe dem Volk Gottes vor und habe keinen Menschen als Stellvertreter. Die Urgemeinde Neues Jerusalem, die zur Bundgemeinde wurde, ist dieses Volk Gottes. Es ist das zentrale Licht im Universellen Leben.

Das Volk Gottes wird noch manche Hürden zu nehmen haben. Doch der Geist der Wahrheit und des Lebens ist mit ihm, und alle, die ehrlichen Herzens im Bündnis stehen, werden die Gründer und Erbauer des Reiches Gottes auf Erden sein. In dieser Zeit – nahe dem Jahre zweitausend –

zeigt sich an, wie es sinngemäß geschrieben steht: Ich, euer Herr und Gott, werde mit einem anderen Volke den Bund schließen.

Die Finsternis hat verloren; der Bund ist geschlossen; die Erde reinigt sich – so, wie es prophezeit wurde.

Die Erde wird erzittern und sich auftun und viele Menschen verschlingen. Jedoch bevor dies alles geschieht, werden Krankheiten, Nöte, Schicksalsschläge und vieles mehr über die Menschen kommen. Der Engel des Todes geht einher und rafft immer mehr Menschen hinweg. Das Unreine wird vergehen. Die Meere werden über ihre Becken treten und alles Gegensätzliche zudecken, und die Gestirne werden mit ihren Strahlen die Erde reinigen. Dann ist zerbrochen das Schwert und alles Werkzeug des Krieges. Dann wird auf der ganzen Erde das Friedensreich entstehen, und auf der Erde werden Menschen leben, die Gottes Willen erfüllen. Und es wird Friede sein. Dann ist erfüllt, was geschrieben steht:

„Der Löwe soll liegen bei dem Kalbe und der Leopard bei dem Zicklein und der Wolf bei dem Lamm und der Bär bei dem Esel und die Eule bei der Taube. Und ein Kind soll sie führen." Das alles wird geschehen!

18. Und eines Tages ging Er einen Bergpfad entlang am Rande der Wüste; da traf Er auf einen Löwen, den verfolgte eine Menge Menschen mit Steinen und Wurfspießen und wollte ihn töten.

19. Aber Jesus schalt sie mit den Worten: „Warum jagt ihr die Geschöpfe Gottes, die edler sind als ihr? Durch die Grausamkeit vieler Generationen wurden sie zu Feinden der Menschen gemacht, die eigentlich ihre Freunde sein sollten.

20. So wie in ihnen die Macht Gottes sichtbar wird, so zeigt sich auch Seine Geduld und Sein Mitleid. Höret auf, dieses Geschöpf zu verfolgen! Es will euch kein Leid tun. Seht ihr nicht, wie es vor euch flieht und erschreckt ist von eurer Gewalttätigkeit?" (Kap. 6, 18-20)

Ich, Christus, erkläre, berichtige
und vertiefe das Wort:

Das Wort „Mitleid" meint Gottes Hilfe. Ich habe die Erlösung für alle Menschen und Seelen gebracht. In der Erlösung ist auch die Befreiung der Tiere. Denn durch die Erlösung wird im Evolutionsprozess alles zur Einheit erhoben, in das Licht Gottes, das Einheit, Leben, Substanz und Kraft ist.

21. Und der Löwe kam herbei und legte sich vor Jesu Füße und zeigte Ihm seine Liebe. Und das Volk staunte sehr und sagte: „Sehet, dieser Mensch liebt alle Geschöpfe, und Er hat Macht sogar über die Tiere der Wüste, und sie gehorchen Ihm." (Kap. 6, 21)

7. KAPITEL

Bußpredigt des Johannes

*Die Bedeutung von Symbolen und Zeremonien (4).
Das Gericht: das Gesetz von Saat und Ernte -
Läuterung der Seele (10)*

1. Im fünfzehnten Jahr der Regierung des Kaisers Tiberius, da Pontius Pilatus Statthalter in Judäa war und Herodes ein Vierfürst in Galiläa (Kaiphas der Hohepriester und Annas das Haupt der Sanhedrim), erging das Wort Gottes zu Johannes, dem Sohn des Zacharias, in der Wüste.

2. Und Johannes kam in die Landschaften am Jordan und predigte die Taufe der Buße zur Vergebung der Sünden. Wie geschrieben steht bei den Propheten: „Siehe, Ich sende Meinen Boten vor Dir her, der Deinen Weg vor Dir bereitet. Es ist eine Stimme eines Rufers in der Wüste: Bereitet den Weg des Heiligen und machet eben die Pfade für den Gesalbten.

3. Alle Täler sollen aufgefüllt werden, und alle Berge und Hügel sollen erniedrigt werden, und was krumm ist, soll gerade werden, und die rauhen Wege sollen eben gemacht werden. Und alles Fleisch wird die Erlösung Gottes sehen."

4. Johannes aber hatte ein Gewand aus Kamelhaaren und einen ebensolchen Gürtel um die Lenden, und seine Nahrung waren die Früchte des Erbsenbaumes und wilder

Honig. Und es gingen zu ihm Jerusalem und ganz Judäa und alle aus dem Land entlang dem Jordan und wurden getauft von ihm im Jordan und bekannten ihre Sünden. (Kap. 7, 1-4)

Ich, Christus, erkläre, berichtige
und vertiefe das Wort:

Auch in diesem Bericht erkennt der Mensch, dass Gott Sitten und Gebräuche zulässt, die nicht gegen das ewige, heilige Gesetz sind: Hier ist es die Taufe mit dem Wasser.

Ob der Mensch das Wasser als Symbol der Reinigung noch beibehalten möchte, bis er mit dem Geiste des Lebens getauft ist, das überlässt Gott Seinen Menschenkindern.

Wer jedoch die Liebe zu Gott und zu seinem Nächsten entwickelt hat, der ist vom Geiste Gottes erhoben, das heißt, er ist vom Geiste der Wahrheit durchdrungen.

Wer geistig gereift ist, der bedarf immer weniger der Symbole und Zeremonien. Er lebt im Inneren, so, wie es im Himmel ist: rein! Der Reine ist erfüllt vom Geiste der Wahrheit und vom Geiste des Lebens durchdrungen: Er ist also vom Geiste Gottes getauft.

5. Da sprach er zu dem Volke, das herauskam, um von ihm getauft zu werden: „O, du ungehorsames Geschlecht! Wer hat euch gewarnt, vor dem Zorn zu fliehen, der kom-

men wird? Bringt deshalb rechtschaffene Früchte der Buße und fangt nicht an, bei euch selbst zu sagen: Wir haben Abraham zum Vater.

6. Denn ich sage euch: Gott kann dem Abraham aus diesen Steinen Kinder erwecken. Und schon ist die Axt gelegt an die Wurzel der Bäume, und jeder Baum, der nicht gute Früchte bringt, wird abgehauen und ins Feuer geworfen.“

7. Und die Reichen fragten ihn und sprachen: „Was sollen wir denn tun?“ Er antwortete und sprach zu ihnen: „Wer zwei Röcke hat, der gebe dem, der keinen hat, und wer Speise hat, tue ebenso.“

8. Es kamen aber auch einige Zöllner, um getauft zu werden, und sagten zu ihm: „Meister, was sollen wir tun?“ Und er sprach zu ihnen: „Fordert nicht mehr, als euch vorgeschrieben ist, und seid nachsichtig nach eurem Ermessen.“

9. Ebenso fragten ihn die Kriegsleute: „Was sollen wir tun?“ Und er sprach zu ihnen: „Tut niemand Gewalt noch Unrecht und begnüget euch mit eurem Solde.“

10. Und er sprach zu allen und sagte zu ihnen: „Haltet euch zurück vom Blut der Erwürgten und vor den toten Körpern der Vögel und Tiere und hütet euch vor aller Grausamkeit und allem Unrecht. Meint ihr denn, das Blut der Tiere und der Vögel kann Sünde abwaschen? Ich sage euch: Nein. Sprechet die Wahrheit! Seid gerecht, seid barmherzig gegen eure Nächsten und gegen alle Geschöpfe, die da leben, und wandelt demütig mit eurem Gott.“ (Kap. 7, 5-10)

Ich, Christus, erkläre, berichtige
und vertiefe das Wort:

Mit dem Wort „Zorn" ist das Gericht gemeint, das über jenen Menschen kommt, der nicht rechtzeitig umkehrt: Wer das göttliche Gesetz missachtet, der wird unter dem, was er gesät hat, leiden. Kein Mensch kann vor seinem eigenen Gericht, vor den Wirkungen seiner eigenen Ursachen, fliehen. Einzig die Reue und die Bitte um Vergebung und die Vergebung und auch die Wiedergutmachung – so diese noch möglich ist – waschen die Seele rein von Sünde. Das, was der Mensch in seine Seele eingegeben hat, Licht und Schatten, das trägt er mit sich, bis dies getilgt ist. Einerlei, zu welcher Zeit, einerlei, an welchem Ort er sich befindet – er trägt das an Schatten bei sich, was er in seine Seele selbst eingegeben hat – so lange, bis dies getilgt ist.

Die Worte „Und schon ist die Axt gelegt an die Wurzel der Bäume, und jeder Baum, der nicht gute Früchte bringt, wird abgehauen und ins Feuer geworfen" besagen: Jede ungesühnte Ursache kommt zum Tragen. Die Axt ist das Gesetz von Saat und Ernte. Der Baum ist der Mensch, der seine Sünden nicht bereut und das nicht wiedergutmacht, was er verursacht hat. Das Feuer bedeutet die Läuterung der Seele; es ist die aktive Wirkung auf die begangene ungesühnte Tat, die Ursache.

Wer in dem, was geschrieben steht, den Sinn zu erfassen vermag, der erkennt, dass die Seele und der Mensch nur dann rein werden, wenn sie ihre Fehler und Sünden erkennen, bereuen, vergeben, um Vergebung bitten und Buße tun – das heißt wiedergutmachen und Gleiches oder Ähnliches nicht mehr tun.

Erkennet: Die ganze Natur, Tiere, Pflanzen und Steine, sind der Garten Gottes, Sein Schöpfungswerk. Wer es missachtet, der sündigt – und er wird immer wieder aufs Neue vor seinen Sünden stehen, bis er erkennt, bereut und Buße tut. Und so er nicht mehr sündigt und die Gebote hält, wird er in Mir leben und Ich bewusst durch ihn.

Wer seinen Nächsten selbstlos liebt, der wird auch nicht mehr die Tiere töten und verzehren. Ein solcher Mensch wird rein in seiner Seele, und die Früchte, die er hervorbringt, werden das Leben in Mir sein.

11. Das Volk aber war in Erwartung, und alle dachten in ihren Herzen, ob Johannes der Christus wäre oder nicht. Johannes antwortete und sprach zu allen: „Ich taufe euch mit Wasser; es kommt aber ein Stärkerer nach mir, dessen Schuhriemen aufzulösen ich nicht wert bin.

12. Er wird euch taufen mit Wasser und mit Feuer. In Seiner Hand ist die Schaufel, und Er wird Seine Tenne fegen und wird den Weizen in Seine Scheuer sammeln, und die Spreu wird Er mit unlöschbarem Feuer verbrennen." Und vieles andere mehr sagte er dem Volk in seiner Bußpredigt. (Kap. 7, 11-12)

8. KAPITEL

Die Taufe von Jesus, dem Christus

Gott und Christus offenbaren heute die ganze Wahrheit durch den Seraph der göttlichen Weisheit - Der Stamm David bereitet mit Christus das Friedensreich vor (3)

1. Und es war mitten im Sommer und der zehnte Monat. Da kam Jesus aus Galiläa an den Jordan zu Johannes, um sich von ihm taufen zu lassen. Aber Johannes wehrte Ihm und sprach: „Ich habe es nötig, von Dir getauft zu werden, und Du kommst zu mir?" Jesus antwortete und sprach zu ihm: „Nimm es jetzt so hin, denn es gebühret uns, alle Gerechtigkeit zu erfüllen." Da ließ er es Ihm zu.

2. Und da Jesus getauft war, stieg Er alsbald aus dem Wasser; und siehe, die Himmel öffneten sich über Ihm, und eine leuchtende Wolke stand über Ihm und hinter der Wolke zwölf Lichtstrahlen, und daraus kam gleich einer Taube der Geist Gottes auf Ihn herab und leuchtete um Ihn. Und siehe, eine Stimme vom Himmel sprach: „Dies ist Mein geliebter Sohn, an dem Ich Wohlgefallen habe. Und an diesem Tage habe Ich Ihn gezeugt." (Kap. 8, 1-2)

Ich, Christus, erkläre, berichtige
und vertiefe das Wort:

Wasser symbolisiert die Reinigung der Seele und des Leibes. Wasser ist fließend – Geist ist fließend.

Das Geschehen nach der Taufe Jesu, von dem hier berichtet wird, vollzog sich im Geiste. Johannes sah es in seinem Inneren in diesen Symbolen. Das Wort „gezeugt" soll „berufen" heißen. Durch die Berufung vom Ewigen vollbrachte Ich, der Christus, was in Jesus immer mehr offenbar wurde.

3. Und Johannes gab Zeugnis von Ihm und sprach: „Dieser war es, von dem ich gesagt habe, Er wird nach mir kommen und ist vor mich gestellt; denn Er war eher denn ich. Und von Seiner Fülle haben wir alle empfangen, Gnade um Gnade. Denn das Gesetz ist nur zum Teil durch Moses gegeben, aber die Gnade und Wahrheit kam durch Jesus Christus in Fülle. (Kap. 8, 3)

Ich, Christus, erkläre, berichtige
und vertiefe das Wort:

Die ewige Wahrheit strahlt nun in unzähligen Facetten in diese Welt. In vielen Generationen gab der Ewige aus der ewigen Wahrheit, die Er ist, immer jene Facetten der Wahrheit, die gottzustrebende Menschen verstehen und nach denen sie leben konnten. So gab Er durch Mose die entsprechenden Facetten der Wahrheit für die damaligen Generationen. Ich, Christus in Jesus, gab aus der Wahrheit die Fülle. Doch wenige konnten Mich verstehen.

Jetzt ist die Zeit angebrochen, in der Ich alle Facetten der Wahrheit offenbare. Wer es fassen kann, der fasse es!

Erkennet: Die ewige Wahrheit wird sich nun auf der ganzen Welt verbreiten, und alles Unwahre wird dem Feuer anheimfallen, so dass die Fülle, die ganze Wahrheit, offenbar wird. Die göttliche Weisheit habe Ich vom Geiste her als Stamm-Mutter des Friedensreiches Jesu Christi erwählt. Der weibliche Strahl, der Seraph aus Gottes Weisheit, ist heute im Fleische und wirkt für den Ewigen und für Mich als Prophetin und Botschafterin Gottes. Durch sie riefen und rufen der Ewige und Ich, Christus, in diese Welt und bringen allen willigen Menschen – soweit es im Worte möglich ist – die ganze Wahrheit.

Nach dem Willen Gottes ist David, aus dem das Geschlecht David hervorging, der Stammvater des Friedensreiches Jesu Christi vom Fleische her. Denn er brachte den Samen und daraus die Gene in diese Welt, die das Geschlecht David bilden.

Die Wesen aus Gott verleiben sich in jene Menschen ein, in denen die Gene Davids aktiv sind. Sie stehen mit weiteren Söhnen und Töchtern aus anderen Geschlechtern im Auftrage der Erlösung, in Meinem Werk, dem Universellen Leben. David ist demnach der Stamm-Vater des Friedensreiches Jesu Christi vom Fleische her und der Strahl der göttlichen Weisheit die Stamm-Mutter vom Geiste her.

David also brachte den Samen und die Gene für das Gottesvolk vom Fleische her; die göttliche Weisheit bringt die ganze Wahrheit im irdischen Wort durch ihren inkarnierten Teilstrahl, den Seraph der göttlichen Weisheit.

Die Seelen im Fleische sind gerufen.

Durch die Prophetin und Botschafterin Gottes empfangen Seelen und Menschen von Mir, dem Christus, im offenbarten Wort die ganze Wahrheit. Der einverleibte Teilstrahl der göttlichen Weisheit lehrt die ewigen Gesetze auch in den Einzelheiten und zeigt allen Willigen, wie diese in der Welt erfüllt werden können.

Die Zeit ist gekommen. Die Welt schreitet auf das Jahr zweitausend zu. Ich bereite Mein Kommen als Christus vor durch das erwählte Volk Gottes, mit dem der Ewige und Ich, Christus, in der Allkraft, Gott, den letzten Bund geschlossen haben. Nur jene Seelen und jene Menschen werden zu Meiner Rechten stehen, welche die ganze Wahrheit kennen und sie auch erfüllen.

4. Niemand hat Gott je gesehen. Nur in dem allein Geborenen, der aus dem Schoß des Ewigen kommt, ist Gott geoffenbart." Und dies ist die Aussage des Johannes, als die Juden von Jerusalem Priester und Leviten sandten, ihn zu fragen: „Wer bist du?" Und er leugnete nicht, sondern bekannte: „Ich bin nicht Christus."

5. Und sie fragten ihn: „Wer denn? Bist du Elias? »Er sprach: „Ich bin es nicht." „Bist du der Prophet, von dem Moses sprach?" Und er antwortete: „Nein." Da sprachen sie zu ihm: „Wer bist du denn? Dass wir Antwort geben denen, die uns gesandt haben. Was sagst du von dir selbst?" Und er sprach: „Ich bin die Stimme eines Rufers in der Wüste. Bereitet den Weg des Heiligen, wie der Prophet Jesaja gesagt hat."

6. Und die gesandt waren, waren von den Pharisäern und fragten ihn: „Warum taufst du denn, wenn du nicht Christus bist noch Elia noch der Prophet, von dem Moses sprach?"

7. Johannes antwortete ihnen und sprach: „Ich taufe mit Wasser; aber da steht der Eine unter euch, den ihr nicht kennt. Er wird mit Wasser und mit Feuer taufen. Er ist es, der nach mir kommen und doch vor mir hergehen wird; ich bin nicht wert, dass ich Seine Schuhriemen auf- löse."

8. Dies geschah zu Bethabara, jenseits des Jordans, wo Johannes taufte. Und Jesus war zu dieser Zeit dreißig Jahre alt geworden, dem Fleische nach wirklich der Sohn Josephs und Marias, aber dem Geiste nach Christus, der Sohn Gottes, des ewigen Vaters, wie durch den Geist der Heiligkeit mit Macht verkündet war.

9. Und Joseph war der Sohn des Jakob und der Elischeba, und Maria war die Tochter des Eli (genannt Joachim) und der Anna, welche die Kinder Davids und Bathschebas wa- ren, von Juda und Schela, von Jakob und Lea, von Isaak und Rebekka, von Abraham und Sarah, von Seth und Maat, von Adam und Eva, welche die Kinder Gottes waren. (Kap. 8, 4-9)

9. KAPITEL

Die vier Versuchungen

*Die Dunkelheit darf sich am Licht messen (1). Wer in Gott lebt,
ist mit allem Sein verbunden und nie einsam (5)*

*1. Jesus wurde vom Geiste in die Wüste geführt, um
vom Teufel versucht zu werden. Und die wilden Tiere der
Wüste waren um Ihn und dienten Ihm. Und da Er vierzig
Tage und vierzig Nächte gefastet hatte, hungerte Ihn.
(Kap. 9, 1)*

Ich, Christus, erkläre, berichtige
und vertiefe das Wort:

Der Satan durfte Jesus prüfen. Der Geist Meines ewigen
Vaters ließ die Prüfung zu. Auch der Satan sollte sich dabei erkennen und messen können, um zu erfahren, dass
diejenigen, die in Gott leben, stärker sind als die Macht
der Finsternis.

Es ist eine Gesetzmäßigkeit aus Gottes Liebe und Gnade,
dass dann, wenn Menschen Wissen und Weisheit aus
Gott erlangt haben, die Dunkelheit sich an ihnen messen
darf. Dadurch erhält auch die am tiefsten gefallene Seele
die Möglichkeit zur Selbsterkenntnis: An ihrer Niederlage
darf sie an sich selbst erfahren, dass derjenige dem Satan

überlegen ist, der in Gott lebt; ihm dient das Reine. Wer Gottes Geist in seinem Inneren noch nicht zur Entfaltung gebracht hat, der ist dem Satan unterlegen, denn er dient diesem in vielen Aspekten seines irdischen Lebens.

Das Wort „fasten" bedeutet: wenig Speise zu sich nehmen.

2. Und der Versucher trat zu Ihm und sprach: „Bist Du Gottes Sohn, so sprich, dass diese Steine Brot werden; denn es steht geschrieben: Ich will Dich nähren mit dem feinsten Weizen, und mit Honig und aus dem Felsen will Ich Dich sättigen."

3. Aber Er antwortete und sprach zu ihm: „Es steht geschrieben: Der Mensch lebt nicht vom Brot allein, sondern von einem jeglichen Wort, das aus dem Munde Gottes kommt."

4. Dann stellte der Teufel vor Ihn ein Weib von außergewöhnlicher Schönheit und Anmut und feinem Geist und beweglichem Verstand und sprach zu Ihm: „Nimm sie, wenn Du willst, denn ihr Wunsch steht nach Dir, und Du sollst Liebe und Glück genießen all Dein Leben lang und Deine Kindeskinder sehen. Denn stehet nicht geschrieben, es ist nicht gut, dass der Mensch allein sei?"

5. Und Jesus sprach: „Hebe dich hinweg! Denn es steht geschrieben: Lass Dich nicht von der Schönheit des Weibes verführen; denn alles Fleisch ist wie Gras und wie die Blumen auf dem Felde; das Gras verdorrt, und die Blumen

welken dahin, aber das Wort des Ewigen währet für im-
mer. Meine Aufgabe ist, die Menschenkinder zu belehren
und zu heilen, und der, der aus Gott geboren ist, behält
seinen Samen in sich." (Kap. 9, 2-5)

Ich, Christus, erkläre, berichtige
und vertiefe das Wort:

Der Sinn der Worte „behält seinen Samen in sich" ist: Menschen in Gott werden ihre Kraft nicht verschleudern des Genusses und der Reize wegen. Wer in Gott lebt, der liebt die inneren Werte des Menschen, die innere Schönheit und die Tugend. Wer das Innere des Menschen liebt, der ist mit allen Menschen und Wesen verbunden. Er wird nie allein und einsam sein, weil er das Gute seines Nächsten in sich bewahrt. Nur auf diese Weise erfüllt sich das Gebot „Es ist nicht gut, dass der Mensch allein sei".

Gott ist Einheit – und wer in Gott lebt, der lebt in der Verbundenheit mit allem Sein. Und alles Sein, das Reine, ist mit ihm und wirkt durch ihn.
Einsam ist nur der Mensch, der seine Mitmenschen ablehnt und abwertet.

6. Und der Teufel führte Ihn in die heilige Stadt und stellte
Ihn auf eine Zinne des Tempels. Und er sprach zu Ihm:

„Bist Du Gottes Sohn, so stürze Dich hinunter, denn es steht geschrieben: Er wird Seinen Engeln befehlen, dass sie Dich bewahren und auf ihren Händen tragen, auf dass Du nicht etwa Deinen Fuß an einen Stein stoßest."

7. Und Jesus antwortete und sprach zu ihm: „Es steht auch geschrieben: Du sollst den Herrn, deinen Gott, nicht versuchen."

8. Da führte Ihn der Teufel auf einen sehr hohen Berg inmitten einer großen Ebene, und rund um ihn lagen zwölf Städte mit ihren Bewohnern. Von da aus zeigte er Ihm alle Reiche der Welt in einem Augenblicke. Und der Teufel sprach zu Ihm: „Diese Macht will ich Dir alle geben, und ihre Herrlichkeit; denn sie ist mir übergeben. Und ich gebe sie, wem ich will; denn es steht geschrieben: Du sollst herrschen von Meer zu Meer, Du sollst Dein Volk regieren in Rechtschaffenheit und die Armen mit Barmherzigkeit und aller Unterdrückung ein Ende machen. So Du mich nun anbeten willst, so soll all dies Dein sein."

9. Und Jesus antwortete und sprach zu ihm: „Hebe dich weg von Mir, Satan; denn es steht geschrieben: Du sollst Gott anbeten und Ihm allein dienen. Ohne die Macht Gottes kann das Ende des Übels nicht kommen."

10. Und da der Teufel mit allen Versuchungen am Ende war, wich er von Ihm für einige Zeit. Und siehe, es kamen Engel Gottes und dienten Ihm. (Kap. 9, 6-10)

10. KAPITEL

Joseph und Maria bereiten Jesus ein Fest – Andreas und Petrus finden Jesus

An die Menschen der Neuen Zeit:
Die Erlösertat Jesu nicht vergessen (2).
Charakterisierung der Nachfolger Jesu von Nazareth -
Irdische Namensgebung und Strahlungsname der Seele (10)

1. Als Jesus aus der Wüste zurückgekommen war, bereiteten Ihm am gleichen Tage Seine Eltern ein Fest. Sie überreichten Ihm die Gaben, welche die Weisen Ihm in Seiner Kindheit gebracht hatten. Und Maria sprach: „Diese Gaben haben wir bis zu dem heutigen Tage für Dich aufbewahrt." Und sie gaben Ihm das Gold, den Weihrauch und die Myrrhe. Und Er nahm von dem Weihrauch, das Gold aber schenkte Er Seinen Eltern und den Armen, und von der Myrrhe gab Er Maria, genannt Magdalena.

2. Diese Maria nun war aus der Stadt Magdala in Galiläa. Und sie war eine große Sünderin und hatte viele durch ihre Schönheit und Anmut verführt. Und sie kam des Nachts zu Jesus und bekannte Ihm ihre Sünden, und Jesus streckte Seine Hand aus und heilte sie. Und sieben Dämonen trieb Er aus ihr aus und sprach zu ihr: „Gehe hin in Frieden; denn deine Sünden sind dir vergeben!" Und sie erhob sich und verließ alles und folgte Ihm nach und diente Ihm mit ihrer Habe, solange Er in Israel wirkte. (Kap. 10, 1-2)

Ich, Christus, erkläre, berichtige
und vertiefe das Wort:

Zum besseren Verständnis, auf dass das ewige Gesetz
erkannt wird:

Es war Maria, genannt Magdalena, die von den sieben
Dämonen sprach, welche sie verlassen haben sollen. Sie
war der Ansicht, dass dies geschehen sei. Der Erleuchtete
spricht nicht darüber. Er hilft und heilt, soweit es gut ist
für die Seele.

Diese Erklärung ist vor allem für die Menschen der
Gegenwart und der beginnenden Neuen Zeit gegeben,
welche die Gesetze Gottes kennen.

Dieses Buch „Das ist Mein Wort" ist vor allem für die
Menschen der Neuen Zeit von Bedeutung. Denn sie erleben Christus als den Weltenherrscher und nicht mehr als
den Erlöser. Deshalb wird für sie dieses Buch ein historisches Werk sein.

Die Menschen der Neuen Zeit sollen das Fundament,
auf dem das Friedensreich Jesu Christi aufgebaut wurde,
die Erlösung, nicht vergessen.
Das Denken, Leben, Wirken und Leiden des Sohnes
Gottes in Jesus von Nazareth, der nun der Herrscher der
Erde und der Lenker des Reiches Gottes auf Erden ist, sollte
den Menschen der Neuen Zeit in Erinnerung bleiben.

3. Am nächsten Tage sieht Johannes Jesus zu sich kommen und spricht: „Siehe das Lamm Gottes, welches durch die Gerechtigkeit die Sünden der Welt hinwegnimmt. Dieser ist's, von dem ich gesagt habe: Er war eher denn ich. Und ich kannte Ihn nicht, aber auf dass Er offenbar würde in Israel, darum bin ich gekommen, mit Wasser zu taufen."

4. Und Johannes legte Zeugnis ab und sprach: „Ich sah den Geist herabkommen vom Himmel gleich einer Taube und auf Ihm bleiben. Und ich kannte Ihn nicht; aber der mich sandte, mit Wasser zu taufen, der sprach zu mir: Über welchen du den Geist herabkommen und auf Ihm bleiben sehen wirst, der ist es, der mit Wasser und mit Feuer und mit dem Geiste taufen wird. Und ich sah es und bezeuge, dass dies der Sohn Gottes war."

5. Am Tage danach stand Johannes am Jordan mit zwei seiner Jünger. Und als er Jesus wandeln sah, sprach er: „Sehet den Christus, das Lamm Gottes!" Und die beiden Jünger hörten ihn reden und folgten Jesus nach.

6. Jesus wandte sich und sah sie nachfolgen und sprach zu ihnen: „Was suchet ihr?" Sie aber sagten zu Ihm: „Rabbi (das heißt: Meister), wo bist Du zur Herberge?" Er sprach zu ihnen: „Kommet und sehet." Sie kamen und sahen, wo Er wohnte, und blieben bei Ihm an diesem Tag; es war aber um die zehnte Stunde.

7. Einer von den zweien, die von Johannes hörten und Jesus nachfolgten, war Andreas, der Bruder des Simon Petrus. Er findet seinen Bruder Simon und spricht zu ihm: „Wir haben den Messias gefunden (welches heißt: der

Christus)." Und er führte ihn zu Jesus. Und da ihn Jesus sah, sprach Er: „Du bist Simon Bar Jona, du sollst Kephas heißen (das heißt: ein Fels)."

8. Am folgenden Tage geht Jesus nach Galiläa und findet Philippus und spricht zu ihm: „Folge Mir nach!" Philippus nun war von Bethsaida, der Stadt des Andreas und Petrus. Philippus findet Nathanael, genannt Bar Tholmai, und sagt zu ihm: „Wir haben Den gefunden, von welchem Moses im Gesetz und die Propheten geschrieben haben, Jesus von Nazareth, den Sohn Josephs und der Maria." Und Nathanael sagt zu ihm: „Kann denn aus Nazareth etwas Gutes kommen?" Philippus sagte zu ihm: „Komm und sieh!"

9. Jesus sieht Nathanael zu sich kommen und spricht von ihm: „Siehe, ein rechter Israeliter, in dem kein Falsch ist!" Nathanael sagt zu Ihm: „Woher kennst Du mich?" Jesus antwortete und sprach zu ihm: „Ehe denn dich Philippus rief, da du unter dem Feigenbaume warst, sah Ich dich." Nathanael antwortete und sprach zu Ihm: „Rabbi, Du bist Gottes Sohn, Du bist der König von Israel. Ja, unter dem Feigenbaume fand ich Dich."

10. Jesus antwortete und sprach zu ihm: „Nathanael Bar Tholmai, du glaubst, weil Ich dir gesagt, dass Ich dich unter dem Feigenbaume gesehen habe; du wirst noch Größeres denn dieses sehen." Und Er spricht zu ihm: „Wahrlich, wahrlich, Ich sage euch, von nun an werdet ihr den Himmel offen und die Engel Gottes hinauf- und herabkommen sehen auf des Menschen Sohn." (Kap. 10, 3-10)

Ich, Christus, erkläre, berichtige
und vertiefe das Wort:

Das in diesem Buch schon vor längerer Zeit Niedergeschriebene entspricht dem Sinne nach in vielen Aussagen
dem tatsächlichen Geschehen. Deshalb sollte jede Aussage nicht wortwörtlich, sondern dem Sinne nach verstanden werden.

Es gab große Zerwürfnisse zwischen denen, die an Mich
glaubten und Mir nachfolgten – ob sie namentlich aufge-
führt sind oder nicht. Oftmals waren es Glaubensfragen
oder Lebenssituationen, welche die Gemüter erhitzten:
Der eine glaubte sofort an Meine Sendung, der andere
zweifelte daran, da er vieles aus Meiner Rede an ihn und
an seine Nächsten nicht verstehen konnte. Der eine wollte
Mir nachfolgen, der andere hatte noch weltliche Interessen, die ihm wichtiger waren. Wieder andere wollten ihre
ganze Habe auf die Wanderschaft mitnehmen, um sie an
geeigneten Orten zu vermehren. Die Vorstellungen und
Interessen waren mannigfach und das Denken so unterschiedlich wie die Menschen selbst. Bei vielen gab es ein
langes Hin und Her, ein Wenn und Aber. Die Unentschie-
denheit war für viele ein Verhängnis. Sie blieben einige
Zeit – dann trennten sie sich wieder von Mir. Es war ein
kleines, buntes Volk von Gläubigen, Zweiflern, Interessier-
ten und solchen, die durch Mich, durch Mein Denken und
Leben als Jesus von Nazareth, Geschäfte machen wollten.

Die sich von Herzen entschieden und Meine Lehren verwirklicht haben, standen zu Meiner Rechten und blieben an Meiner Rechten. Auch heute stehen sie im Geiste an Meiner rechten Seite. Die Gerechten schauten die Engel, die dem Menschensohne dienten. Viele von ihnen wirken im Geiste für das große Ganze. Einige kamen und kommen – je nach ihrem geistigen Auftrag – immer wieder ins Erdenkleid, um in dem großen Ganzen des Evolutionsgeschehens Mein Kommen vorzubereiten.

Jeder Mensch hat einen Vor- und einen Zunamen, der ihm bei der irdischen Geburt gegeben wird. Dieser Vor- und Zuname entspricht der Seelenschwingung zur Zeit der Einverleibung. Haben Menschen im Laufe der Erdenjahre eine seelische Entwicklungsphase bewältigt, dann verändert sich auch die Strahlung ihrer Seele. Im kosmischen Evolutionsgeschehen verändert sich sodann auch der Strahlungsname der Seele.

Ist z.B. zwischen Menschen einiges bereinigt – so auch zwischen Eltern und Kind –, dann verändern sich auch die Strahlungsnamen der Seelen. Das geschieht sowohl im Evolutionsprozess des Menschen als auch in dem der Seele in den Stätten der Reinigung und in den Vorbereitungsebenen so lange, bis das Geistwesen wieder seinen Urnamen aus Gott trägt, weil es wieder rein geworden ist.

Die Strahlungsnamen des Menschen verändern sich also gemäß der Entwicklung der Seele. In den Stätten der Reinigung wird dies der Seele von Evolutionsstufe zu Evolutionsstufe bewusst.

Auf der Erde gelten in vielen Fällen starre Formen. So behält der Mensch seinen Vor- und Familiennamen – gleichsam als Ausweis – während seines ganzen irdischen Daseins. Nach dem irdischen Gesetz bleibt die starre Form der Namensgebung auch bei der Verehelichung. In einzelnen Völkern trägt die Frau dann den Zunamen des Mannes, der für ihr Leben eine positive oder gegensätzliche Bedeutung haben kann. In wieder anderen Völkern verändern die Menschen ihre Namen nach selbst vorgegebenen Gesichtspunkten und Ritualen.

An dem Geburtsnamen kann viel Menschliches haften – wie alte Traditionen oder Geschehnisse, die schon längst vergangen sind, den Namen jedoch noch als Erinnerung begleiten. Deshalb gab Ich einigen von den Menschen, die Mir nachfolgen wollten, die Namen, die ihrer derzeitigen Seelenstrahlung und auch ihrem neuen Wirkungskreise entsprachen.

Würde das irdische Gesetz den Evolutionsweg der Seele und des Menschen berücksichtigen, dann könnten so manche irdische Namen entsprechend dem Reifegrad der Seele geändert werden. Die Gefahr wäre dann nicht mehr so groß, dass aus Erinnerungen, aus dem, was abgelegt ist, wieder neue Entsprechungen werden.

11. KAPITEL

Salbung Jesu durch Maria Magdalena

*Urteil nach irdischem Maßstab (6).
Der Erleuchtete schaut (10)*

1. Und es bat Ihn einer der Pharisäer, dass Er mit ihm speise. Und Er ging in des Pharisäers Haus und setzte sich zu Tisch.

2. Und siehe, ein Weib von Magdala war in der Stadt, die als Sünderin bekannt war. Da sie vernahm, dass Jesus in des Pharisäers Hause zu Tische saß, brachte sie ein Alabastergefäß mit Salbe und trat hinter Ihn. Weinend benetzte sie Seine Füße mit Tränen, trocknete sie mit den Haaren ihres Hauptes, küsste Seine Füße und salbte sie mit Salbe.

3. Da aber der Pharisäer, der Ihn zu sich gebeten hatte, das sah, dachte er bei sich: „Wenn dieser ein Prophet wäre, so wüsste Er, wer und welch ein Weib das ist, die Ihn anrührt; denn sie ist eine Sünderin."

4. Jesus sprach zu ihm: „Simon, Ich habe dir etwas zu sagen." Er sagte: „Meister, sprich."

5. „Es hatte ein Gläubiger zwei Schuldner. Einer war fünfhundert Groschen schuldig, der andere fünfzig. Und da sie nicht bezahlen konnten, erließ er ihnen beiden ihre Schuld. Sage mir nun, welcher von beiden wird ihn am meisten lieben?"

6. Simon antwortete: „Ich denke, der, dem er am meisten geschenkt hat." Er aber sprach zu ihm: „Du hast recht geurteilt." (Kap. 11, 1-6)

Ich, Christus, erkläre, berichtige
und vertiefe das Wort:

„Du hast recht geurteilt" heißt: Du hast nach irdischen Maßstäben geurteilt.

Erkennet: Jedes Urteil ist eine Verurteilung und gibt Zeugnis von geistiger Unwissenheit. Wenn auch der Schuldner, dem die größere Schuld erlassen wurde, den Gläubiger mehr liebt, so ist es doch nicht Gott, der diese Maßstäbe ansetzt. Er liebt alle gleich. Jener liebt Gott mehr, der Ihm näher ist.

7. Und Er sagte zu Simon: „Siehst du dieses Weib? Ich Bin in dein Haus gekommen, und du hast Mir kein Wasser gegeben für Meine Füße; diese aber hat Meine Füße mit Tränen benetzt und mit den Haaren ihres Hauptes getrocknet. Du hast Mir keinen Kuss gegeben, aber dieses Weib hat nicht abgelassen, seit Ich hereingekommen Bin, Meine Füße zu küssen. Du hast Mein Haupt nicht mit Öl gesalbt; sie aber hat Meine Füße mit Salbe gesalbet.

8. Deshalb sage Ich dir: Ihr sind viele Sünden vergeben; denn sie hat viel geliebet, nicht allein die Menschen, sondern auch die Tiere und die Vögel in der Luft, ja, sogar die Fische im See. Wem aber wenig vergeben wird, der liebt wenig."

9. Und Er sprach zu ihr: „Dir sind deine Sünden vergeben." Und die, die mit Ihm am Tische saßen, begannen, bei sich selbst zu sprechen: „Wer ist dieser, dass Er sogar die Sünden vergibt?

10. Denn Er hat nicht gesagt, ich vergebe dir, sondern, deine Sünden sind dir vergeben; weil Er in ihrem Herzen wirklich Glauben und Reue erkannte." Jesus brauchte nicht, dass irgendjemand für einen anderen Zeugnis gab; denn Er wusste selbst, was im Menschen ist. (Kap. 11, 7-10)

Ich, Christus, erkläre, berichtige
und vertiefe das Wort:

Der Erleuchtete schaut die Seele und den Menschen. Er schaut die Ehrlichkeit und die Aufrichtigkeit und sieht auch die Sünde und die Sühne. Er sieht die Unehrlichkeit und die Heuchelei. Er spricht sie, soweit es gut ist für die Seele und den Menschen, auch unpersönlich an. Wenn ein Mensch von Herzen bereut und nicht mehr in dieselbe Sünde fällt, dann ist sie auch vom ewigen Vater vergeben – wenn der Nächste, an dem gesündigt wurde, ebenfalls vergeben hat. Wem Gott die größte Schuld erlässt, der hat sie in Gott getilgt, und so ist sie ihm vergeben.

12. KAPITEL

Die Hochzeit in Kana –
Die Heilung in Kapernaum

Die inkarnierten Geistwesen und ihr Auftrag im Erlösungswerk (9). Gott ist Liebe, Er verdammt nicht - Gottferne Menschen schaffen Rachegötter - Götzendienst ist auch Verehrung irdischer Mächte und Machthaber - „Ewige Verdammnis" ist Verhöhnung Gottes (11). Himmel und Hölle sind im Menschen selbst - Die Atmosphärische Chronik (12). Leben in der Wahrheit - Die drei Schritte zur Wahrheit (16)

1. Und am nächsten Tage war eine Hochzeit zu Kana in Galiläa, und die Mutter Jesu war dabei. Und Jesus und Maria Magdalena waren dort, und Seine Jünger kamen auch zur Hochzeit.

2. Und da es an Wein gebrach, sagte Seine Mutter zu Jesus: „Sie haben keinen Wein." Jesus spricht zu ihr: „Weib, was kümmert das dich und Mich? Meine Stunde ist noch nicht gekommen." Und Seine Mutter spricht zu den Dienern: „Was Er auch immer euch sagt, das tut."

3. Nun waren sechs steinerne Wasserkrüge aufgestellt nach dem Brauch der jüdischen Reinigung, die für jeden zwei bis drei Maß enthielten. Und Jesus sprach zu ihnen: „Füllet die Wasserkrüge mit Wasser." Und sie füllten sie bis zum Rande. Und Er sprach zu ihnen: „Schöpfet nun und bringet es dem Küchenmeister." Und sie brachten es ihm.

4. Als aber der Küchenmeister dieses Wasser kostete, so war es zu Wein geworden. Er wusste nicht, woher es kam, und rief den Bräutigam und sagte zu ihm: „Jedermann gibt zum Beginn guten Wein, und wenn die Gäste reichlich getrunken haben, alsdann den geringeren. Du aber hast den guten Wein bis zum Schlusse aufbewahrt."

5. Diesen Anfang der Wundertaten vollbrachte Jesus zu Kana in Galiläa und offenbarte Seine Herrlichkeit. Und viele Seiner Jünger glaubten an Ihn.

6. Danach zog Er hinab nach Kapernaum, Er, Seine Mutter und Maria Magdalena, Seine Brüder und Seine Jünger, und blieben dort viele Tage.

7. Und da erhob sich unter einigen Jüngern des Johannes und den Juden eine Frage über die Reinigung. Und sie kamen zu Johannes und sprachen zu ihm: „Meister, der bei dir war jenseits des Jordans, von dem du Zeugnis ablegtest, siehe, der tauft, und jedermann kommt zu Ihm."

8. Johannes antwortete: „Ein Mensch kann nichts empfangen, es werde ihm denn vom Himmel gegeben. Ihr selbst habt mein Zeugnis, dass ich gesagt habe: Ich bin nicht der Christus, sondern ich bin Ihm vorausgesandt.

9. Wer die Braut hat, der ist der Bräutigam. Aber der Freund des Bräutigams steht bei ihm und hört ihn und freut sich sehr über des Bräutigams Stimme. Diese meine Freude ist also erfüllt. Er muss wachsen, ich aber muss abnehmen. Wer von der Erde ist, ist irdisch und spricht von irdischen Dingen. Der aber vom Himmel kommt, der ist über allem." (Kap. 12, 1-9)

Ich, Christus, erkläre, berichtige
und vertiefe das Wort:

Es kamen viele Geistwesen aus den Himmeln. Sie gebaren und gebären sich in das Geschlecht David ein und in andere Geschlechter. Doch die Wesen, die dem Fleische nach aus dem Geschlecht David sind, tragen die Verantwortung für das Entstehen des Friedensreiches Jesu Christi, da sie im Auftrage, im Werk der Erlösung, stehen. Diese und weitere Boten Gottes kamen dafür aus den Himmeln auf die Erde.

Die für Mich ins Fleisch gekommen sind, sind nicht von dieser Erde. Sie bringen die Kräfte der Himmel. Sie bringen in ihren Seelen das vom Himmel mit, was der Erde gegeben ist von Gott, dem Ewigen. Ihnen ist geboten, den Menschen den Weg zum Herzen Gottes zu bringen, das Friedensreich Jesu Christi zu gründen und aufzubauen und die Erde immer mehr in das Licht Gottes zu erheben. Bis deren Substanzen feinstofflich geworden sind und einzugehen vermögen in das Leben, das ewig währt – von Ewigkeit zu Ewigkeit –, wirken die Boten Gottes.

Mein Reich auf Erden wird auch ihr Reich sein. Denn wer vom Himmel kommt, der steht über allem Menschlichen und hat die Kräfte des All-Einen, die er einsetzt für den Himmel auf Erden. Das sind die Selbstlosen um das Jahr zweitausend und auch alle Menschen im Reiche des Friedens.

Mein Werk der Erlösung kam auf diese Erde, um Seelen und Menschen zu erretten. Und alle, die erlöst sind, werden mit Mir die Erde anheben und in höhere Strahlung bringen, so dass die alte Welt vergeht und eine neue Welt entsteht – die des Christus. Und wer das Gesetz der Liebe befolgt, das Ich ihm durch die göttliche Weisheit offenbarte und offenbare, der wird der Sohn und die Tochter Gottes sein, die Mir vorangehen, um Mir die Wege zu bereiten.

10. Und einige von den Pharisäern kamen herbei und fragten Jesus und sagten: „Wie sagtest Du, dass Gott die Welt verdammen werde?" Und Jesus antwortete und sprach: „Also hat Gott die Welt geliebet, dass Er Seinen eingeborenen Sohn gegeben und in die Welt gesandt hat, auf dass alle, die an Ihn glauben, nicht verderben, sondern das ewige Leben haben. Denn Gott hat Seinen Sohn nicht in die Welt gesandt, um die Welt zu verdammen, sondern dass die Welt durch Ihn gerettet werde.

11. Die, welche an Ihn glauben, werden nicht verdammt, die aber, die nicht glauben, sind schon verdammt, denn sie haben nicht geglaubt an den Namen des eingeborenen Sohnes Gottes. Und das ist die Verdammung, dass das Licht in die Welt gekommen ist, und die Menschen liebten die Finsternis mehr als das Licht; denn ihre Werke waren böse. (Kap. 12, 10-11)

Ich, Christus, erkläre, berichtige
und vertiefe das Wort:

Gott ist Liebe!

Gott verdammt nicht! Jedoch der Mensch, der gegen das göttliche Gesetz denkt, spricht und handelt, begibt sich in sein eigenes Gericht und nennt dies Verdammnis.

Die Worte „verdammen" und „Verdammung" entstanden aus der Furcht vor Gott und dem Glauben an Rachegötter. Rachegötter sind nichts anderes als menschliche Vorstellungen, also Götzen, die der Mensch selbst schuf, weil er wegen seiner gottfernen Gedanken und Handlungen energiearm wurde und sich dadurch vom Wahren, Einen, Ewigen entfernte. Die negativen Gedanken brachten ihm Gewissensbisse, denn tief in seinem Inneren erkannte er, dass das Gegensätzliche, das Gottferne, nicht sein wahres Leben ist. Da sein geistiges Erbe, das göttliche Gesetz, wegen seiner Sünde nicht mehr durch ihn wirken konnte, bekam er Angst, weil er die Elemente nicht mehr beherrschte, sondern die Elemente ihn beherrschten. Daraus folgerte er, die Lenker der Elemente seien Götter, denen er Opfer darbringen müsse, um sie wohlgesonnen zu stimmen.

In den folgenden Zeiten erhoben sich dann Menschen selbst zu Göttern, erwarben Reichtum und Ansehen und bauten Macht auf, um damit ganze Völker zu beherrschen.

Schließlich wurden sodann Reichtum, Ansehen und Macht selbst zu Götzen vieler Menschen. Götzen dieser Welt, die das Volk noch in der heutigen Zeit verehrt, sind auch weltliche Macht und kirchliche Obrigkeit. Ihre Amtsträger verfügen über große Vermögen und über Ansehen und Einfluss und üben damit Macht auf das Volk aus. Wer sie verehrt, macht sich von ihnen abhängig und erhebt sie zu Götzen. Denn Bindung an Menschen, an menschliche Neigungen und Vorstellungen ist Götzendienst.

Wenn dann auf den Menschen die Wirkungen zukommen, deren Ursachen er mit seinem gottfernen Denken und Handeln selbst geschaffen hat, bekommt er Angst und klagt Gott an und bezeichnet Ihn als Rachegott, der verdammt und züchtigt.

Du sollst jedoch deinen himmlischen Vater nicht fürchten, denn Er liebt dich! Fürchte deine menschlichen Gedanken, deine Worte und dein gegensätzliches Handeln; denn sie können dich in eine lange „Verdammnis" führen! Gott ist Liebe! Fürchte also Gott nicht, sondern sei Gott gegenüber ehrfürchtig und gib Ihm in allem die Ehre, in deinem Denken, Reden und Tun – jedoch nicht einem Menschen. Die Menschen, deine Nächsten, sollst du achten, nicht jedoch ehren, denn allein Gott, dem Ewigen, All-Einen, gebührt die Ehre.

Gott ist das Licht der Liebe, und in Seinem Lichte ist alles – auch jene, die sich durch ihre Sünde wider das Gesetz des Lebens selbst „verdammen". Jegliche Götzendienste –

auch Verehrungen des menschlichen Ichs – werden vergehen, denn nichts hat Bestand, was nicht aus Gott ist. Auch die vielen Religionen und Konfessionen, die immer noch an der Vorstellung eines Rachegottes festhalten und daraus die ewige Verdammnis ableiten, werden vergehen.

Nur der Mensch, der die Gesetze Gottes hält, erfährt den einen, ewigen Gott in sich. Er erfährt den Gott, der niemals straft und züchtigt, den Gott, der aus Liebe jedem Menschen die Freiheit zur Entscheidung lässt – für oder gegen Ihn. Er erfährt den Gott der Liebe, der keines Seiner Geschöpfe verdammt. Für ihn ist „ewige Verdammnis" eine Verhöhnung Gottes. Er erfährt den Gott, der zu den Menschen vom Gesetz von Saat und Ernte spricht, nach welchem der Mensch erntet, was er selbst gesät hat. Denn der Mensch selbst ist der Sämann für seine guten, weniger guten und schlechten Werke. Er erntet, was er sät. Jede Saat trägt schon die Frucht in sich, und derjenige wird die Frucht ernten, der die Saat in den Acker des Lebens gebracht hat.

Die Zeit ist nahe, in der das sündhafte Leben vergeht und die Menschen eine gute Saat in den Acker des Lebens einbringen. Die Frucht ist dann das Gesetz des Lebens, das sie erfüllen – und das sie erfüllt. Dann bleibt allein die Liebe Gottes unter den Menschen, weil sie die selbstlose Liebe zu Ihm und zu ihren Nächsten leben. Daraus ersteht das Friedensreich Jesu Christi, dessen Herrscher Ich Bin.

12. Alle, die Böses tun, hassen das Licht und kommen auch nicht an das Licht, damit ihre Taten nicht verurteilt werden. Aber die, die das Richtige tun, kommen an das Licht, dass ihre Werke offenbar werden; denn sie sind in Gott getan." (Kap. 12, 12)

Ich, Christus, erkläre, berichtige
und vertiefe das Wort:

Alle, die bewusst wider das Gesetz handeln, sind gegen das Licht des Vaters und wollen auch nicht an das Licht kommen, da sie glauben, dass sie dann nicht verurteilt würden. In Wirklichkeit tragen sie ihr eigenes Gericht in sich, denn Himmel und Hölle sind im Menschen selbst. Alle Menschen jedoch, die das Gesetz erfüllen, stehen im Lichte, und ihre Werke sind offenbar, denn sie sind in Gott getan.

Erlöst* ist der Mensch, der bereut, um Vergebung gebeten, vergeben und gesühnt hat und das Verursachte nicht mehr tut; dann ist alles gelöst. Denn Ich, Christus, Bin gekommen, um zu lösen – und nicht, um zu binden.

---

* *Erlöst heißt: weitgehend die Vollendung erlangt zu haben. Erlösung ist das Erlöserlicht der Seele, das die Seele zur Vollendung führt.*

In der gewaltigen Zeitenwende, die in der heutigen Zeit offenbar wird, reinigt sich auch allmählich die Atmosphärische Chronik. Alles, was dort noch an Sündhaftem verzeichnet ist, geht allmählich auf die Verursacher über, sowohl auf die Seelen in den Stätten der Reinigung als auch auf die Menschen. Alles Ungesetzmäßige – und selbst die ungesetzmäßigen Absichten der Einzelnen, das, was Menschen für die Erde noch vorhaben und durch ihre Gedanken schon in die Atmosphärische Chronik eingegeben haben – wird entweder gelöscht oder kommt auf seinen Urheber zurück, je nachdem, wie sich im weiteren Verlauf die Seele des Menschen entscheidet: für oder gegen Gott. Auch alles Wissen – Bücher- und Bibelwissen – schwindet aus der Atmosphärischen Chronik; nur die gelebte Wahrheit bleibt für Seelen und Menschen offenbar.

13. Und es war da ein Edelmann, dessen Sohn in Kapernaum krank lag. Als er hörte, dass Jesus nach Galiläa gekommen war, ging er zu Ihm hin und bat Ihn, dass Er hinabkäme und seinen Sohn heile; denn er lag im Sterben.

14. Und Jesus sprach zu ihm: „Wenn ihr nicht Zeichen und Wunder sehet, so glaubet ihr nicht." Der Edelmann sagte zu Ihm: „Herr, komme hinab, ehe denn mein Kind stirbt."

15. Jesus sprach zu ihm: „Gehe hin, dein Sohn lebt." Und der Mann glaubte dem Worte, das Jesus zu ihm gesprochen hatte, und ging seines Weges. Und indem er hinabging, begegneten ihm seine Knechte, und sie sagten: „Dein Sohn lebt."

16. Da fragte er sie nach der Stunde, in welcher es besser mit ihm geworden war. Und sie sagten zu ihm: „Gestern um die siebte Stunde verließ ihn das Fieber." Da wusste der Vater, dass es um dieselbe Stunde gewesen war, da Jesus zu ihm gesagt hatte: „Dein Sohn lebt." Und er glaubte nun und sein ganzes Haus mit ihm. (Kap. 12, 13-16)

Ich, Christus, erkläre, berichtige
und vertiefe das Wort:

Der Glaube versetzt Berge und macht Menschen gesund, wenn es gut ist für ihre Seelen.

Wenn Menschen die ewige Wahrheit leben, das Gesetz des Lebens, so holen sie den Himmel auf diese Erde. Wer in der Wahrheit lebt, der ist die Stimme der Wahrheit, das göttliche Gesetz. Er ist frei von jeglichem Übel. Denn die in der Wahrheit Lebenden stehen im Lichte der Wahrheit, und ihre Werke sind Gottes Werke.

Das kommende Reich Gottes auf Erden, das Friedensreich, das sich von Zeitepoche zu Zeitepoche verfeinert, also lichter wird, ist im Lichte des Christus und ist das Licht des Christus. Die in der Wahrheit Lebenden werden bewusst Söhne und Töchter Gottes heißen. Wer in der Wahrheit lebt, der wird den Tod weder fühlen noch schmecken. Er wird all jenen zum Leben verhelfen, die an das Leben glauben und die Werke der selbstlosen Liebe tun.

Seit Anbeginn klammern sich viele Menschen einzig an das Wort „Glaube". Sie sind der Ansicht, das würde genügen. Wer sich jedoch ausschließlich an das Wort „Glaube" klammert, der bleibt blind in seinem Herzen, da er keinen weiteren Schritt über den Glauben hinaus vollzieht.

Der erste Schritt zur Wahrheit ist der Glaube. Er hält den Menschen noch blind. Der zweite Schritt ist das Vertrauen zu Gott, das den Menschen wachsam werden lässt gegenüber seinem gesetzmäßigen oder ungesetzmäßigen Denken, Sprechen und Handeln. Verbinden sich Glaube und Vertrauen, dann erfolgt der dritte Schritt: die Verwirklichung der göttlichen Gesetze. Dadurch wird der Mensch ein Schauender. Wer die Wahrheit in seinem geistigen Leibe zu schauen vermag, der ist der Reine: Ihm ist alles offenbar.

13. KAPITEL

Die erste Predigt in der Synagoge

*Das Evangelium der Liebe, der Weg in die innere Freiheit (2).
Glaube, Vertrauen und Verwirklichung als Basis für Hilfe und
Heilung aus dem Geiste (4)*

1. Und Jesus kam nach Nazareth, wo Er aufgewachsen war, und ging nach Seiner Gewohnheit am Sabbat-Tage in die Synagoge und stand auf, um zu lesen. Da wurde Ihm die Rolle des Propheten Jesaja gereicht.

2. Als Er die Rolle öffnete, fand Er die Stelle, da geschrieben steht: „Der Geist des Herrn ist bei mir, weil er mich gesalbt hat, das Evangelium den Armen zu verkündigen; Er hat mich gesandt, die gebrochenen Herzen zu heilen, den Gefangenen zu predigen, dass sie frei sein sollen, den Blinden das Gesicht wieder zu geben und die da gebunden sind, frei zu machen; zu verkündigen das Gnadenjahr des Herrn." (Kap. 13, 1-2)

Ich, Christus, erkläre, berichtige
und vertiefe das Wort:

Was Jesaja gesprochen und vollzogen hatte, das vertiefte Ich als Jesus von Nazareth.

In der jetzigen Zeit, in dieser großen Zeitenwende, in der sich das Blatt von der alten, sündhaften Welt zur neuen Welt, zur Lichtzeit wendet, ersteht mehr und mehr das Friedensreich in den Herzen der Getreuen, welche die Gesetze Gottes halten; es wird auch in der Welt sichtbar. Trotz des zunehmenden Gnadenlichtes gibt es immer mehr Kranke und Notleidende. Denn in dieser Umbruchszeit vom alten, sündhaften zum neuen, reinen Leben kommt in kürzeren Abständen alles auf die Menschen zu, was noch nicht gesühnt ist.

Doch wer glaubt und vertraut, der wird den Weg nach Innen gehen und das freie Leben in Christus erkennen, das wahrhaft reich macht. Wer in Mir lebt, der wird nicht mehr auf den verweslichen Leib blicken, weil er zum Reiche des Inneren, seinem wahren Erbe, gefunden hat. Wenn die Seele vom Lichte des Christus durchdrungen ist, dann ist auch der Leib gesund.

Deshalb gilt, bis Ich die Herrschaft über diese Erde übernehme: Bereue, vergib, bitte um Vergebung und sündige nicht mehr! Dann wirst du in dir erkennen und erfahren, dass Ich dir durch deinen lebendigen Glauben an Mich gedient habe. Denn Ich, der Erlöser und Heiland aller Menschen, verkündete als Jesus von Nazareth das Evangelium der Liebe, das frei macht. Ich verkünde es wieder als Christus durch jene, die Gottes Willen erfüllen. Auf dem Wege nach Innen, den Ich den Meinen gebracht habe und bringe, kann Mich jeder finden.

Der Sinn der Aussage „... das Evangelium den Armen zu verkünden" bedeutet: Ich brachte und bringe das Evangelium den Armen im Geiste und den Armen des Landes, denn alle Menschen sollen im Herzen reich werden, auf dass sie auch auf Erden das besitzen, was sie benötigen, um als Kinder Gottes zu leben.

„... die gebrochenen Herzen zu heilen" heißt: allen Menschen Trost und Hilfe zu bringen und den Geist der Wahrheit, auf dass ihr Glaube und ihr Vertrauen an Gott wachse und sie friedvoll werden.

„... den Gefangenen zu predigen" heißt: allen Menschen das göttliche Gesetz der Freiheit nahezubringen, damit sie sich allmählich von ihren Meinungen und Vorstellungen lösen, die sie zu Gefangenen ihres Ichs machen, so dass sie in der göttlichen Wahrheit erwachen, die sie frei macht.

„... den Blinden das Gesicht wieder zu geben" heißt: der Seele und dem Menschen das Gesicht, das wahre Sehen, das Schauen, wieder zu geben, das sie erlangen durch die Befolgung der Gesetze des Lebens, der selbstlosen Liebe.

3. Und Er schloss die Rolle, gab sie dem Diener zurück und setzte sich. Und die Augen aller, die in der Synagoge waren, waren auf Ihn gerichtet. Und Er fing an, zu ihnen zu sprechen: „Heute ist diese Schrift vor euren Ohren erfüllt." Und sie bekundeten dies und wunderten sich der liebreichen Worte, die aus Seinem Munde kamen. Sie sagten: „Ist das nicht Josephs Sohn?"

4. Und einige brachten einen Blinden zu Ihm, um Seine Kraft zu erproben, und sagten zu Ihm: „Meister, hier ist ein Sohn Abrahams, der blind ist von Geburt an: Heile ihn, wie Du die Heiden in Ägypten geheilt hast." Und Er, da Er ihn anblickte, bemerkte seinen Unglauben und den der anderen, die ihn hergebracht hatten, und ihren Wunsch, Ihm eine Falle zu stellen. Und Er konnte an diesem Ort keine machtvolle Tat vollbringen wegen ihres Unglaubens. (Kap. 13, 3-4)

Ich, Christus, erkläre, berichtige
und vertiefe das Wort:

„Heute ist diese Schrift vor euren Ohren erfüllt" bedeutet: Jesaja, ein Prophet, von Gott gesandt, verkündete Mein Kommen: den Erlöser und Messias, der die Menschen von ihrer Knechtschaft befreien wird. Das Wort des Jesaja ist erfüllt: Auf das Wort folgten die Taten des Christus. Ich erfüllte und erfülle, was der Ewige durch Jesaja offenbart hat.

Wer zweifelt und seinen Nächsten nur auf die Probe stellen möchte, der kann vom Geiste nicht empfangen, denn er glaubt nicht, sondern prüft nur. Seine Zweifel, die ihm vorauseilen, sind das Hindernis für die Heilung und die Hilfe.

Wer Mich erproben will, der empfängt nicht! So konnte Ich auch als Jesus von Nazareth dort, wo Unglaube herrschte, keine Taten vollbringen. Wo die Basis des Glaubens und des Vertrauens fehlt, wo Zweifel und Ichbezogenheit den Menschen bestimmen, dort fallen weder die Worte der Wahrheit in das Herz, noch kann der Mensch aus dem Geiste Hilfe und Heilung erlangen. Deshalb bedarf es zuerst der Lehren aus der Wahrheit. Hat der Mensch die Lehren aus der ewigen Wahrheit aufgenommen und verwirklicht, dann hat er die echte Basis des Glaubens und des Vertrauens geschaffen — und er kann durch die Kraft des Geistes an Leib und Seele heil werden.

Ob der Mensch seinen Nächsten einen Heiden nennt oder rechtgläubig, darauf achtet der wahre Weise nicht. Wer nicht in das Herz seines Nächsten zu schauen vermag, der sieht nur auf das Äußere und hört nur das Wort. Er schaut nicht tiefer. Wer jedoch tiefer blickt in das Herz seines Nächsten, der schaut, wie dieser wahrlich ist. Er spricht dann nicht mehr vom Heiden, weil dieser eventuell noch heidnische Bräuche hat; er gibt dem, der das Herz für Gott geöffnet hält – ob er von Menschen noch Heide oder schon rechtgläubig genannt wird. So hielt Ich es als Jesus, und so wahre Ich es als Christus.

5. Und sie sagten zu Ihm: „Was immer wir gehört haben von Deinen Taten in Ägypten, das tue auch in Deinem eigenen Lande." Und Er sprach: „Wahrlich, Ich sage euch, kein Prophet wird anerkannt zu Hause oder in seinem eigenen Lande, so wenig, wie ein Arzt die heilen kann, die ihn kennen. (Kap. 13, 5)

Ich, Christus, erkläre, berichtige
und vertiefe das Wort:

Der Sinn ist nicht: „von Deinen Taten in Ägypten", sondern: „von den Taten unter den Ägyptern". Wahrlich, der
Prophet gilt nichts – weder in seiner irdischen Familie
noch in seinem eigenen Lande. Denn die Menschen sehen
nur den Menschen, der einst mit ihnen gelebt hat und
lebt – und der doch im Herzen nicht wie sie dachte, wenn
es um Menschliches ging.

6. *Aber Ich erzähle euch eine wahre Geschichte: Es
waren viele Witwen in Israel in den Tagen des Elia, da der
Himmel drei Jahre und sechs Monate verschlossen war
und eine große Hungersnot im ganzen Lande herrschte.
Aber allein nach Sarepta, einer Stadt in Sidon, wurde Elia
gesandt, zu einem Weibe, das eine Witwe war.*

*7. Und viele Aussätzige waren in Israel zur Zeit, da Elia,
der Prophet, lebte, und keiner ward gereinigt denn allein
Naaman, der Syrier."*

*8. Und als sie das hörten, wurden alle in der Synagoge
mit Zorn erfüllt. Sie standen auf und stießen Ihn zur Stadt
hinaus und führten Ihn an einen Steilhang des Berges, auf
dem ihre Stadt gebaut war, um Ihn hinabzustoßen. Aber
Er, mitten durch sie hindurchschreitend, ging Seinen Weg
und entkam ihnen. (Kap. 13, 6-8)*

14. KAPITEL

Die Berufung des Andreas und Petrus –
Der Hundeabrichter – Die Reichen

Weg in die Nachfolge Christi erst nach Ordnen sämtlicher menschlicher Beziehungen und Verhältnisse (1-3). Voraussetzungen für Heilung (4). Versündigung an der Schöpfung durch Missachtung und Töten der Mitgeschöpfe und die Folgen - In der Umbruchszeit wirken sich die Ursachen rascher aus - Die Möglichkeit zu inkarnieren nimmt mit der Verfeinerung der Erde ab - Umbruchszeit ist Katastrophenzeit - Christus schützt die Seinen - Leben auf der gereinigten Erde (6-7). Äußerer und innerer Reichtum (11-12)

1. Herodes, der Tetrarch, aber fügte zu allen anderen Übeltaten, die er bereits begangen hatte, noch diese hinzu: Er ließ Johannes den Täufer ins Gefängnis werfen, nachdem dieser ihn wegen der Herodia, seines Bruders Philippus Weib, zur Rede gestellt hat.

2. Jesus begann zu predigen und sprach: „Tut Buße, denn das Himmelreich ist nahe." Und wie Er am galiläischen See wandelte, sah Er Simon, genannt Petrus, und Andreas, seinen Bruder, wie sie ein Netz in den See warfen; denn sie waren Fischer. Und Er sagte zu ihnen: „Folget Mir, und Ich will euch zu Menschenfischern machen." Und sie ließen ihre Netze im Stich und folgten Ihm.

3. Wie Er so weiterging, begegnete Er zwei anderen Brüdern, Jakobus, dem Sohn des Zebedäus, und Johannes,

*dessen Bruder, und in einem Schiffe Zebedäus, ihren Vater,
welche Netze ausbesserten. Und Er rief ihnen zu. Und sie
verließen sogleich ihre Netze und das Schiff und ihren
Vater und folgten Ihm nach. (Kap. 14, 1-3)*

Ich, Christus, erkläre, berichtige
und vertiefe das Wort:

In allem sollte der Sinn der Aussage erkannt werden,
so auch in dem Niedergeschriebenen: „Und sie verließen
sogleich ihre Netze und das Schiff und ihren Vater und
folgten Ihm nach." Es soll sinngemäß heißen: Sie gaben
das Fischen auf, ordneten ihre familiären Angelegenheiten
und folgten Ihm.

Bis sie in Mein Gefolge traten, bedurfte es mancher
Hinweise und Aufklärungen, auch für ihre Familien und
Verwandten, die sie nicht ohne weiteres von sich ziehen ließen. Vieles musste zuerst in Haus, Hof, Feld und
am Arbeitsplatz bestellt, geordnet und geklärt werden,
so dass die Zurückbleibenden wegen des Gesinnungs-
wandels derer, die Meinem Rufe folgten, weder Not noch
Entbehrungen auf sich nehmen mussten.

Das Gesetz lautet: Der Weg zur ewigen Wahrheit kann
nur freiwillig beschritten werden. Wer also freiwillig um
der Wahrheit willen den Weg der Wahrheit geht, der wird

alles geordnet und wohlbestellt zurücklassen. Denn in die Nachfolge des Christus Gottes soll der Mensch weder Streit noch Feindschaft noch Unordnung mitnehmen. Trennt sich der Mensch im Streit und in Feindschaft von seinen Nächsten, dann werden ihn auch Streit und Feindschaft begleiten. Was vor dem Gesetze Gottes nicht bereinigt ist, das nimmt der Mensch mit – gleich, an welchen Ort, in welches Land er reist und mit welchem Menschen er wandert. Es bleibt das Ungelöste, und das Ungelöste bleibt an ihm haften.

4. Und Jesus zog umher in ganz Galiläa und lehrte in den Synagogen und predigte das Evangelium des Reiches Gottes und heilte allerlei Seuche und viele Krankheiten unter dem Volke. Und der Ruf Seiner Wundertaten drang durch ganz Syrien, und man brachte viele Kranke zu Ihm, mit Krankheiten, Gebrechen und Qualen aller Art behaftet. Und es waren da Mondsüchtige und Gichtbrüchige, und Er machte sie alle gesund. (Kap. 14, 4)

Ich, Christus, erkläre, berichtige
und vertiefe das Wort:

Nicht allen konnte Ich helfen, und nicht jeden konnte Ich heilen. Das Gesetz des Ewigen lautet: Glaube, denn nach deinem Glauben wird dir gegeben! Bitte um Vergebung und vergib und mache gut, was du verursacht hast – dann gehe hin und sündige nicht mehr! Gesund wurden also nur jene, die erfüllt waren vom Glauben an das Leben und in deren Lebensstrahlung zu lesen war, dass sie sich fortan bemühen werden, nicht mehr zu sündigen.

5. Und es folgten Ihm große Menschenmengen aus Galiläa, aus den zehn Städten und aus Jerusalem, aus Judäa und vom Jordanland.

6. Als Jesus mit einigen Jüngern dahinging, begegnete Er einem Manne, der Hunde zur Jagd auf andere Tiere abrichtete; und Er sprach zu dem Manne: „Warum tust du das?" Und der Mann entgegnete: „Weil ich davon lebe. Was für einen Nutzen haben diese Tiere denn? Diese Tiere sind schwach, die Hunde aber sind stark." Und Jesus sprach zu ihm: „Dir fehlt es an Weisheit und Liebe. Siehe, jedes Geschöpf, welches Gott erschaffen hat, hat seinen Sinn und Zweck. Und wer kann sagen, was Gutes in ihm ist und zu welchem Nutzen für dich oder die Menschheit?

7. Und für dein Auskommen: Siehe die Felder, wie sie wachsen und fruchtbar sind, und die fruchttragenden Bäume und die Kräuter! Was willst du noch mehr als das, was dir die ehrliche Arbeit deiner Hände gibt? Wehe den Starken, die ihre Stärke missbrauchen! Wehe dem Schlauen, der die Geschöpfe Gottes verwundet! Wehe den Jägern! Denn sie sollen selbst gejagt werden." (Kap. 14, 5-7)

Ich, Christus, erkläre, berichtige
und vertiefe das Wort:

Ich Bin die Wahrheit! Wer gegen das Leben handelt, der ist auch gegen sich selbst, da auch er das Leben ist. Denn in ihm wirken alle Kräfte des Lebens – auch das Leben der Tiere und der Pflanzen. Denn alles ist das Leben, das aus dem einen Urquell strömt, aus Gott.

Der Mensch leidet so lange, wie er seinem Nächsten Leid zufügt, ob es Menschen, Tiere oder Pflanzen sind. In den zurückliegenden zweitausend Jahren haben sich Meine Worte an die Menschen über das Gesetz von Saat und Ernte erfüllt, und sie werden sich weiterhin erfüllen – so lange, bis das Gesetz von Saat und Ernte umgewandelt ist, weil alle Menschen einander selbstlos lieben.

Das Reich Gottes kommt auf die Erde! Im Laufe weiterer Zeitepochen werden sich große Bereiche auf der ganzen Erde verfeinern. Darauf werden lichte Menschen leben. Sie werden mit den Tieren sein und die Tiere mit ihnen. Das Lamm wird beim Löwen liegen, und die beiden werden sich verstehen, weil die Menschen weitgehend frei sind von den Sünden.

Viele Tiere nehmen die Schwingungen der Menschen an und verhalten sich ähnlich wie die Menschen. Ändert sich der Mensch und lebt er nach dem göttlichen Gesetz, dann werden auch die Tiere wieder zutraulich und werden des Menschen Freunde sein.

Bis sich die sündhafte Welt zur Gotteswelt gewandelt hat, werden noch viele Menschen, Tiere und Pflanzen zu leiden haben unter der Unbeugsamkeit des Herrenmenschen, der sich gegen Gottes Schöpfung stellt.

Doch alle Macht und Herrlichkeit ist dem Christus Gottes vom Vater gegeben und niemals dem Menschen, der Gottes Gesetze missachtet. Wehe den Jägern, und wehe jenen, die nach der Fleischnahrung verlangen! Sowohl die Jäger als auch jene, die ähnlich wie Kannibalen gierig das Fleisch der Tiere verzehren, werden von dem Weh, dem Leid und dem Schmerz der Tiere gepeinigt und gejagt werden. Das Gleiche gilt für jene, welche die Pflanzen- und die Mineralreiche schänden. Auch sie werden wegen ihrer Missetaten leiden. Was der Mensch sät, wird er ernten – entweder im irdischen Leben oder als Seele in den Stätten der Reinigung. Daher achtet auf eure Gedanken, Worte und Handlungen, denn sie können euch zum Verhängnis werden.

Mein Reich auf Erden wird ein Reich der Einheit und des Friedens sein, so, wie es offenbart ist: Mensch und Tier werden in Frieden miteinander leben, weil die Seelen der Menschen weitgehend rein sind.

Jetzt, in dieser Zeit des gewaltigen Umbruchs, da auch die Folgen der bestehenden Ursachen rascher eintreten, wirke auch Ich, der Christus Gottes, allumfassender in dieser Welt und durch jene, die sich bemühen, Gottes Willen zu erfüllen, damit noch viele Menschen sich selbst erkennen, daraufhin ihre Sünden bereuen und sie nicht mehr begehen.

Erkennet: Die Seelen mancher Menschen, die trotz besseren Wissens weiterhin Gegensätzliches schaffen, drängen immer wieder zur Erde. Nach ihrem Leibestode bleiben deren ungesühnte Ursachen noch in der Atmosphärischen Chronik. Diese Seelen rufen bei einer weiteren Inkarnation das dort Gespeicherte ab und leben wieder mit ihren gleichen Neigungen und Wünschen im Erdenkleid.

Doch jetzt, während der Zeitenwende, wird die Atmosphärische Chronik von allen menschlichen Vorstellungen, Neigungen, Meinungen, Wünschen und allem Unerfüllten gereinigt. Deshalb wird nach dem Gesetz von Ursache und Wirkung das Verursachte, das nicht Gesühnte also, das in der Atmosphärischen Chronik schwingt, rascher auf Mensch und Seele zurückkommen. Daran werden sowohl Menschen als auch Seelen schwer tragen. Das kann für so manche Seele die sogenannte Hölle sein.

In großen Zeiträumen versinkt allmählich die materialistische Welt. In Evolutionszyklen entsteht gleichzeitig das Reich Gottes auf dieser Erde. Das bedeutet für schwerbelastete Seelen, dass sie dann, wenn die Erde lichter wird, nicht mehr auf die Erde zurückkehren können. Die Planetenbahnen zur Erde werden für schwerbelastete Seelen mehr und mehr eingeschränkt und schließlich unterbunden durch die geistige Schicht, die universelle Atmosphäre, die Christusschicht, die das Reich Gottes auf Erden umstrahlt. In das Friedensreich Jesu Christi werden sich einst nur weitgehend reine Seelen eingebären, denn die neue, gereinigte Erde wird auch eine gereinigte Atmosphäre haben.

In dieser gewaltigen Umbruchszeit werden über die ganze Erde Seuchen, Krankheiten und Erdkatastrophen kommen. Doch das ist noch nicht das Ende dieser menschlichen Zeitepoche. Solange der Mensch die Erde beherrschen will, wird sie sich schütteln und auftun.

In dieser Zeitenwende strahlt der ewige Geist verstärkt in alle materiellen Sonnen und Gestirne, und aus dem All strahlt verstärkt das Licht, das einem Feuer gleicht. Es bringt die Meere in stärkere Bewegung, so dass sie aus ihren Becken treten und tief liegende Gebiete überfluten und zudecken. Und Gestirne werden Unreines in Reines umwandeln.

Infolge dieser Einwirkungen des Lichtes Gottes und der Gestirne auf die Meere und die Erde wird der Erdplanet sodann wieder fruchtbar werden.

Das alles wird noch geschehen, bevor sich das Blatt ganz gewendet hat. Wer trotz dieser Wirkungen, die auf die Menschheit zukommen, Gott treu bleibt, Ihn lobt und preist, der ist gerettet und wird die neue Erde erbauen und beleben mit der Saat und dem Samen der Liebe.

In dieser Zeit des Umbruchs von der alten, sündhaften Welt zur Welt des Geistes weiß Ich Meine Getreuen zu schützen. Auch ihre Einrichtungen für das Friedensreich Jesu Christi werde Ich bewahren. Der Geist Gottes wird die Menschen, die im Lichte der Wahrheit stehen, die also das Gesetz Gottes erfüllen, umschließen und von ihnen alles Gegensätzliche fernhalten. Ihnen ist von Mir die Kraft gegeben, das gereinigte Land zu bebauen, Gemeinden in Meinem Geiste zu gründen und sich so das Erdreich in Liebe untertan zu machen. Dann dient ihnen die Erde und alles, was die Erde trägt: die Steine, die Pflanzen, die Tiere. Und nicht zuletzt leben und wirken die Engel der Himmel mit den lichten Menschengeschwistern für das Reich Gottes auf Erden.

Der Mann in Meinem Geiste wird guten Samen tragen, und der Schoß der geistigen Frau wird liebevoll empfangen, und die sich in Gott vereinen, Mann und Frau, werden den Bund mit Gott halten, und ihre Kinder, welche die Kinder des Vater-Mutter-Gottes sind, werden das Licht der Gottheit tragen.

In ihren Seelen ist die Erlösung schon vollendet, da die Seelen aus höheren Lichtebenen kommen. Entsprechend der lichten Seele des Mannes – der den irdischen Leib zeugt – und der lichten Seele der Frau – die das Kind unter dem Herzen trägt und gebiert – werden diese Seelen angezogen. Denn das kosmische Gesetz lautet: Gleiches zieht Gleiches an.

8. Und der Mann war sehr erstaunt und ließ davon ab, die Hunde zur Jagd abzurichten, und lehrte sie, Leben zu retten und nicht, es zu verderben. Und er nahm die Lehre Jesu an und wurde Sein Anhänger.

9. Und siehe, da kamen zu Ihm zwei Reiche, und der eine sagte zu Ihm: „Guter Meister!" Er aber sprach zu ihm: „Nenne mich nicht gut, denn allein Einer ist der Allgütige, und der ist Gott."

10. Und der andere sagte zu Ihm: „Meister, welches gute Werk soll ich tun, auf dass ich lebe?" Jesus aber sprach: „Befolge das Gesetz und die Propheten." Er antwortete: „Ich habe sie befolgt." Jesus antwortete und sprach: „Gehe hin und verkaufe alles, was du hast, teile es mit den Armen, und folge Mir nach." Aber diese Worte gefielen ihm nicht.

11. Und der Herr sprach zu ihm: „Warum sagtest du, dass du das Gesetz und die Propheten befolgt hast? Siehe, viele deiner Mitbrüder sind mit schmutzigen Lumpen bekleidet, sie sterben vor Hunger, und dein Haus ist gefüllt mit vielen Gütern, und jene bekommen nichts davon."

12. Und Er sprach zu Simon: „Es ist schwierig für die Reichen, in das Himmelreich einzugehen; denn die Reichen sorgen für sich selbst und verachten die andern, die nichts haben." (Kap. 14, 8-12)

Ich, Christus, erkläre, berichtige
und vertiefe das Wort:

Ich Bin die Wahrheit und das Leben. Der äußere Reichtum verhärtet die Seele und macht sie arm. Das Leben in materiellem Reichtum ist nicht das Leben in Mir – es ist nur äußerer Schein; es betrifft die Hülle der Seele und nicht das wahre Sein. Menschen, deren Reichtum nur das Hab und Gut dieser Welt, das Äußere, ist, trennen sich von der Einheit mit ihren Nächsten. Dadurch trennen sie sich zugleich von Gott und verarmen in ihren Seelen. Nur der ist wahrhaft reich, der seine Nächsten reich zu machen vermag durch Werke der selbstlosen Liebe. Er bleibt in der Einheit mit seinem Nächsten und ist damit auch in der Einheit mit Gott; denn Gott ist in jedem, und jeder ist ein Teil von Gott. Wer sich von seinem Nächsten trennt, der trennt sich von Gott, weil im Nächsten Gottes Liebe wirkt.

15. KAPITEL

Die Heilung
eines Aussätzigen, eines Gelähmten
und eines Tauben

Die Menschen im Geiste des Herrn

1. Es geschah, als Jesus in einer Stadt war, dass ein Aussätziger sich vor Ihm niederwarf und zu Ihm sagte: „Herr, so Du willst, kannst Du mich reinigen!" Und Jesus streckte Seine Hand aus, rührte ihn an und sprach: „Gesegnet bist du, der du glaubst; Ich will es, sei gereinigt!" Und alsbald verließ ihn der Aussatz.

2. Und Jesus schärfte ihm ein und sprach: „Sage es keinem Menschen, aber gehe hin und zeige dich dem Priester und opfere für dein Reinwerden, wie es Moses befohlen hat, als Beweis für ihn." Aber Sein Ruf verbreitete sich immer mehr, und große Mengen kamen zu Ihm, um Ihn zu hören und von ihren Leiden geheilt zu werden. Er zog sich in die Wüste zurück und betete.

3. Es begab sich eines Tages, als Er lehrte, dass die Pharisäer und Schriftgelehrten dabeisaßen, um Ihn zu sehen. Sie waren aus jeder Stadt gekommen, aus Galiläa und Judäa und von Jerusalem, und die Kraft Gottes war gegenwärtig und heilte sie.

4. Und siehe, sie brachten einen Mann auf einem Bett, der war gelähmt, und sie versuchten, ihn hineinzubringen

und vor Ihn zu legen. Und da sie wegen der großen Volksmenge keinen Weg fanden, um ihn hindurchzubringen, stiegen sie auf das Haus. Sie ließen ihn durch das Dach hernieder mit dem Bette mitten unter sie vor Jesus. Und da Er ihren Glauben sah, sprach Er zu ihm: „Mann, deine Sünden sind dir vergeben."

5. Und die Schriftgelehrten und Pharisäer fingen an, zu überlegen und sagten: „Wer ist der, der solche Gotteslästerungen ausspricht? Wer kann Sünden vergeben als Gott allein?" Da aber Jesus ihre Gedanken wahrnahm, antwortete Er und sprach zu ihnen: „Was denket ihr in eurem Herzen? Kann selbst Gott jemals Sünden vergeben, wenn der Mensch sie nicht bereuet? Wer sprach: Ich vergebe dir deine Sünden? Sagte Ich nicht vielmehr: Deine Sünden sind dir vergeben?

6. Welches ist leichter zu sagen: Deine Sünden sind dir vergeben, oder zu sagen: Stehe auf und wandle? Auf dass ihr aber wisset, dass des Menschen Sohn Macht hat auf Erden zu beurteilen und die Vergebung der Sünden auszusprechen" – sprach Er zu dem Gelähmten: „Ich sage zu dir, stehe auf, nimm dein Bett und gehe heim."

7. Und sofort stand er vor ihnen auf und hob das Bett auf, auf dem er gelegen war, und ging heim und pries Gott. Und sie erstaunten alle und priesen Gott und wurden von Ehrfurcht erfüllt und sprachen: „Wir haben heute erstaunliche Dinge gesehen."

8. Als Jesus in ein Dorf kam, begegnete Er einem Manne, der taub war von Geburt an. Und dieser glaubte nicht an

das Rauschen des Windes oder den Donner oder an die Schreie der Tiere oder die Stimmen der Vögel, die vor Hunger klagten oder weil sie verwundet waren, oder daran, dass andere dies hörten.

9. Und Jesus hauchte in seine Ohren, und sie waren geöffnet, und er hörte. Und er genoss mit unendlicher Freude die Laute, die er früher geleugnet hatte. Und er sagte: „Jetzt höre ich alles!"

10. Doch Jesus sprach zu ihm: „Warum sagst du, du hörest alles? Kannst du etwa die Seufzer der Gefangenen oder die Sprache der Vögel oder der Tiere hören, wenn sie miteinander reden, oder die Stimmen der Engel und der Geister? Denke daran, wie viel du nicht hören kannst, und sei demütig in deinem Mangel an Wissen." (Kap. 15, 1-10)

Ich, Christus, erkläre, berichtige
und vertiefe das Wort:

Die in der Wahrheit leben, erfüllen den Willen Gottes. Sie sind die Reinen, die schon in der heutigen Zeit die Engel der Himmel vernehmen und das Leben in seiner Vielfalt schauen. Sie lesen die Gedanken der Menschen und vernehmen ihre Seufzer und sehen ihre Leiden. In Meinem Namen und aus Meinem Geiste helfen und dienen sie ihren Nächsten.

Menschen im Geiste des Herrn verstehen auch die Sprache der Tiere. Sie erkennen im Rauschen des Windes, in

Blitz und Donner das allwaltende Gesetz, Gott. Wer in diesem hohen göttlichen Bewusstsein lebt, der ist wahrhaft ein Sohn und eine Tochter Gottes. Es sind Meine Getreuen.

In dieser gewaltigen Zeitenwende beginnen die ersten Schritte auf dem Wege zum allmählich werdenden Friedensreich Jesu Christi: Die Urkraft führt immer mehr Menschen auf den Weg nach Innen, zum Reiche Gottes, das inwendig in jedem Menschen ist. Menschen, die auf dem Wege der Evolution sich dem Christusbewusstsein nähern, finden zurück zur Ursprache der Liebe. Ihnen erschließt sich wieder die Sprache des Alls.

16. KAPITEL

Die Berufung des Matthäus –
Neuer Wein in alten Schläuchen

*Die Möglichkeit der Reinkarnation
und Abtragung ist begrenzt*

1. *Und danach ging Er weiter und sah einen Steuereinnehmer mit Namen Levi am Zoll sitzen. Und Er sprach zu ihm: „Folge Mir nach!" Und er verließ alles, stand auf und folgte Ihm. (Kap. 16, 1)*

Ich, Christus, erkläre, berichtige
und vertiefe das Wort:

Auch Levi, so genannt, folgte Mir, dem Jesus, erst dann nach, nachdem er in seiner Familie und an seinem Arbeitsplatz alles bereinigt und Sorge getragen hatte für seine Nächsten, die er nur im Äußeren verließ, um der Wahrheit zu dienen.

2. *Und Levi bereitete Ihm ein großes Festmahl in seinem Hause. Es war eine große Gesellschaft von Zöllnern und anderen, die mit Ihm an der Tafel saßen. Doch die Schrift-*

gelehrten und Pharisäer murrten und sagten zu Seinen Jüngern: „Warum esst und trinkt ihr mit den Zöllnern und Sündern?"

3. Und Jesus antwortete und sprach zu ihnen: „Die Gesunden brauchen den Arzt nicht, sondern die Kranken. Ich Bin nicht gekommen, die Gerechten, sondern die Sünder zur Buße zu rufen."

4. Und sie sagten zu Ihm: „Warum fasten die Jünger des Johannes so oft und beten so viel und ebenso die Jünger der Pharisäer? Aber Deine Jünger essen und trinken?"

5. Er sprach aber zu ihnen: „Womit soll Ich die Menschen dieses Geschlechts vergleichen, und wem entsprechen sie? Sind sie nicht gleich Kindern, die auf dem Marktplatze sitzen, einander zurufen und sprechen: Wir haben vor euch gepfiffen, und ihr habt nicht getanzt, wir haben vor euch getrauert, und ihr habt nicht geklagt?

6. Denn Johannes der Täufer kam, und er aß und trank nicht, und ihr sagtet: Er ist vom Teufel besessen! Der Menschensohn kommt, und Er isst und trinkt die Früchte der Erde und die Milch der Herden und die Frucht des Weinstocks, und ihr sagt: Sehet, welch ein Schlemmer und Weinsäufer, ein Freund der Zöllner und Sünder!

7. Könnt ihr die Hochzeitsgäste fasten lassen, solange der Bräutigam bei ihnen ist? Es wird aber die Zeit kommen, da der Bräutigam von ihnen genommen wird. Dann werden sie fasten in jenen Tagen." (Kap. 16, 2-7)

Ich, Christus, erkläre, berichtige
und vertiefe das Wort:

Der Bräutigam ist der Christus Gottes in Jesus. Und der Bräutigam wird von ihnen gehen. Wer Ihn nicht im Herzen bewahrt, der wird auch nicht die Werke der Liebe erfüllen. Er wird am Tage des Grauens, das über die Menschheit kommt, fasten müssen; denn die Erde, die sich von den menschlichen Machenschaften reinigt, wird jenen kein Brot mehr geben, die mit dazu beigetragen haben, dass sich atmosphärische Schichten auflösen und die Erde und ihre Gewässer verunreinigt sind.

8. Und Er sagte zu ihnen dieses Gleichnis: „Niemand flicket ein Stück von neuem Tuch auf ein altes Kleid. Denn das Neue passt nicht zu dem Alten, und das Kleid ist dadurch schlechter geworden.

9. Und niemand füllt neuen Wein in alte Schläuche; denn der neue Wein zerreißt die Schläuche und wird verschüttet, und die Schläuche verderben. Sondern den neuen Wein soll man in neue Schläuche füllen, so bleiben sie beide erhalten.

10. Und es ist niemand, der vom alten Wein getrunken hat und darauf gleich neuen wünscht. Denn er sagt, der alte sei besser. Aber die Zeit kommt, da der neue alt geworden sein wird, und dann wird der neue Wein verlangt. Denn ebenso, wie man alte Kleider vertauscht gegen neue,

*tauscht man auch den toten Körper gegen den lebendigen
Körper, und was vergangen ist, gegen das, was kommt."
(Kap. 16, 8-10)*

Ich, Christus, erkläre, berichtige
und vertiefe das Wort:

Solange die sündhafte Welt besteht und Seelen im
Rade der Wiedergeburt leben, werden Einverleibungen
von weltverhafteten Seelen noch möglich sein. Sie legen
ihre alten Kleider, die alten Körper, ab und schlüpfen wieder in neue Kleider, in neu geborene Leiber. Sie bringen
jedoch in das neue Kleid immer wieder das Sündhafte mit,
das sie sowohl in den vorhergehenden Einverleibungen
als auch in den Stätten der Reinigung nicht getilgt haben.
Eine Seele kann so lange nicht in höhere und lichtere
Reiche eingehen, bis sie durch Buße, Vergebung, Bitte um
Vergebung und durch Bereinigung das getilgt hat, was sie
sich auferlegt hat.

Wenn im Laufe der Zeitenwende – die sich über große
Zeiträume erstreckt – eine Seele nicht im Erdenkleid bereinigt, was sie sich auferlegt hat, wird sie danach nicht
mehr zur Einverleibung gehen können. Als Seele muss
sie dann in den Seelenreichen das erdulden, was sie im
Erdenkleid eventuell in Jahren hätte bereinigen können.
Denn ihr ist kein neuer Körper mehr beschieden, weil sodann das Licht auf der Erde wohnt und die Schatten dort
vorerst keinen Zugang mehr haben.

17. KAPITEL

Jesus sendet die Zwölf aus

Der Fortschritt des Erlösungswerkes ist abhängig von Treue und Entwicklung der Beauftragten (3). Taufe mit dem Geist der Wahrheit (6). Heilung der Kranken und Erweckung der Toten - Gruppenschuld - Teufel austreiben - Gaben der Liebe nicht aufdrängen (7). Die Hölle ist kein Ort, sondern ein Zustand der Seele (10). Gott ist nichts verborgen - Nur wer im Lichte der Wahrheit lebt, der kennt das Wort der Wahrheit (13). Wer gegen Christus ist, ist gegen seinen Nächsten (14)

1. Und Jesus ging auf einen Berg, um zu beten. Und nachdem Er Seine zwölf Jünger zu sich gerufen hatte, gab Er ihnen die Vollmacht, unsaubere Geister zu vertreiben und alle Arten von Krankheiten und Seuchen zu heilen. Und die Namen der zwölf Apostel, die für die zwölf Stämme Israels standen, waren:

2. Petrus, genannt Kephas, für den Stamm Ruben; Jakob, für den Stamm Naphtali; Thomas, genannt Dydimus, für den Stamm Sebulon*; Matthäus, genannt Levi, für den Stamm Gad; Johannes, für den Stamm Ephraim; Simon, für den Stamm Isaschar.

3. Andreas, für den Stamm Joseph; Nathanael, für den Stamm Simeon; Thaddäus, für den Stamm Sebulon*;

---

* Die wiederholte Nennung dieses gleichen Stammes geht wohl auf einen Fehler im überlieferten Text „Das Evangelium Jesu" zurück.

Jacobus, für den Stamm Benjamin; Judas, für den Stamm Dan; Philippus für den Stamm Asser. Und Judas Ischariot, ein Levite der Ihn verriet, war auch unter ihnen (aber er war keiner von ihnen), und Matthäus und Barsabas waren auch dabei. (Kap. 17, 1-3)

Ich, Christus, erkläre, berichtige
und vertiefe das Wort:

Mit den Worten „unsaubere Geister" sind die unreinen Seelen gemeint, die oftmals an Menschen wie Trauben hängen.

Als Jesus von Nazareth zeigte Ich schon das Kommende auf, indem Ich den zwölf Jüngern zwölf Gemeinden zum Aufbau übertrug. Da auch sie – wie die Menschen in den weiteren Generationen ebenfalls – die Tiefe inneren Lebens kaum erfassen konnten, die besagt: „Erfülle die Gesetze und dann handle", konnten sie vieles nicht erfüllen, was Ich ihnen übertragen habe. Ich habe es ihnen übertragen, weil sie viele göttliche Weisheiten erfahren hatten und es an der Zeit gewesen wäre, diese in materielle Form zu gießen. Trotz allem erfolgten von einer Zeitepoche zur anderen immer weitere Evolutionsschritte des Friedensreiches Jesu Christi.

Auch in der heutigen Zeit, in der auf der Erde die ersten Fundamente des Friedensreiches Jesu Christi sichtbar werden, wirken viele Meiner Getreuen aus dem Stamme

David und aus anderen Geschlechtern in Meinem Werk der Erlösung. Die Getreuen sind mit Mir, und Ich wirke durch sie. So wie damals sind auch heute einige unter ihnen, die nicht sammeln, sondern zerstreuen. Sie bilden immer wieder Einfallspforten für die Finsternis. Daher haben es die Getreuen sehr schwer.

Und doch: Ich Bin mit ihnen der Sieger über die Erde und über die Stätten der Reinigung. So, wie Ich damals die Apostel in die Welt sandte, so werde Ich nach und nach die Meinen, die das Gesetz des Lebens erfüllen, als Geistige Lehrer in die Welt senden. Ich werde durch die Meinen neue Urgemeinden gründen in Mir, Christus, dem Universellen Geist, so dass viele Menschen über diese Stationen der Gemeinden zu dem zentralen Lichte finden: dem Neuen Jerusalem auf dieser Erde mit seinen zwölf Toren.

4. Und Er berief noch weitere zwölf in derselben Weise, Propheten zu sein, Männer des Lichtes mit den Aposteln zu sein, und Er zeigte ihnen die Geheimnisse Gottes. Und ihre Namen waren: Hermes, Aristobulus, Selenius, Nereus, Apollos und Barsabas; Andronicus, Lucius, Apelles, Zachäus, Urbanus und Clementos. Und dann erwählte Er weitere zwölf Männer zu Evangelisten und zwölf zu Hirten. Viermal zwölf berief Er und sandte sie aus zu den zwölf Stämmen Israels, zu jedem vier.

5. Und sie standen um den Meister, gekleidet in weiße Leinengewänder, dazu berufen, eine heilige Priesterschar Gottes zu bilden im Dienste für die zwölf Stämme, zu denen sie gesandt würden.

6. Diese viermal zwölf sandte Jesus aus und beauftragte sie und sprach zu ihnen: „Ich will, dass ihr Meine zwölf Apostel seid mit euren Gefährten, zum Zeugnis für Israel. Gehet hin in die Städte Israels und zu den verlorenen Schafen von Israel. Und wenn ihr dorthin gehet, predigt und sprechet: Das Himmelreich ist nahe. Wie Ich euch mit Wasser getauft habe, so taufet ihr alle, die glauben. (Kap. 17, 4-6)

Ich, Christus, erkläre, berichtige
und vertiefe das Wort:

Es steht im Buche geschrieben: „Wie Ich euch mit Wasser getauft habe ..." Es heißt sinngemäß: So, wie ihr mit Wasser getauft wurdet, so werde Ich als der Christus Gottes alle, die ihr nach den Gesetzen des Lebens belehrt habt und die sie verwirklicht haben, mit dem Geiste der Wahrheit taufen, und sie werden fortan aus dem Geiste der Wahrheit reden.

7. Salbet und heilet die Kranken, reinigt die Aussätzigen, erwecket die Toten, treibet die Teufel aus. Umsonst habt ihr es empfangen, umsonst gebt es. Ihr sollt euch

*nicht mit Gold noch Silber noch Kupfergeld in euren Beuteln versorgen, auch keine Tasche für eure Reise, noch
zwei Röcke, noch Schuhe und selbst einen Stecken. Denn
ein Arbeiter ist seiner Speise wert. Und esset, was euch
vorgesetzt ist; doch rühret nicht an, was Leben gekostet
hat; denn das ist nicht gesetzmäßig für euch. (Kap. 17, 7)*

Ich, Christus, erkläre, berichtige
und vertiefe das Wort:

„Salbet und heilet die Kranken" soll heißen: Reinigt
und heilt Kranke und Aussätzige und salbt sie mit dem
Geiste, indem ihr sie in den Gesetzen des Lebens unterweist und ihnen beisteht, diese zu erkennen und zu verwirklichen – das heißt zu bereinigen und das Sündhafte
nicht mehr zu tun.

„... erwecket die Toten, treibet die Teufel aus" sprach
Ich aus dem „Übergesetz", dem Absoluten Gesetz, das
über allem Menschlichen steht. Tote zu erwecken ist nur
dann möglich, wenn die Seele nicht mit schweren Ursachen und mit Gruppenschuld belastet ist. Diesen Auftrag
erteilte Ich wohl Meinen Aposteln und Jüngern. Doch zugleich sprach Ich auch, dass das nur dem möglich ist, der
im Absoluten Gesetz lebt und aus dem Absoluten Gesetz
wirkt.

Die Erweckung der Toten war zu Meiner Zeit als Jesus
von Nazareth möglich, denn damals hatten die Armen sel-

ten eine Gruppenschuld abzutragen. In der heutigen Zeit tragen die meisten Menschen einen Teil einer Gruppenschuld, so dass die Erweckung der Toten in dieser sündhaften Welt kaum möglich ist.

Eine Gruppenschuld entsteht, wenn Menschen gemeinsam Menschen oder Tiere töten, Pflanzen- und Mineralreiche schänden.

Die Seele eines sogenannten Toten kann nur dann wieder in den Leib zurückgerufen werden, wenn sie geistig erwacht ist und sich zur Rückkehr frei entscheidet. Andernfalls wäre die Erweckung eines Toten gegen das Gesetz des freien Willens der Seele, denn wenn deren geistige Augen durch die Sünde getrübt sind, kann sie sich nicht frei entscheiden. Und die Seele kann auch nur dann zurück, solange sie noch mit dem Leib durch das Informationsband verbunden ist.

„Teufel austreiben" heißt, erdgebundene, umnachtete Seelen aus dem Tempel, dem Menschen, zu treiben. Das ist nur dem möglich, der die Gesetze Gottes erfüllt, der mit Vollmacht spricht – und das auch nur dann, wenn der Mensch, der die erdgebundene Seele angezogen hat, diese nicht mehr hält durch die Gedanken, Worte und Handlungen, die sie angezogen haben.

Die Aussage „Ihr sollt euch nicht mit Gold noch Silber noch Kupfergeld in euren Beuteln versorgen, auch keine Tasche für eure Reise, noch zwei Röcke, noch Schuhe und selbst einen Stecken" bedeutet: Ihr sollt euch nicht mit dem Ballast dieser Welt umgeben und nicht mühsam an dem tragen, was ihr überflüssig habt, denn die Wege sind steinig, und ihr geht sie mit euren Füßen. Alles Überflüssige ist Ballast und hält euch nur auf der Wanderschaft auf.

8. Und in welche Stadt auch immer ihr kommt, da erkundigt euch, ob jemand darinnen sei, der es verdient. Und dort bleibet, bis ihr von dannen zieht. Wo ihr aber in ein Haus geht, da grüßet es. Und wenn es das Haus wert ist, lasset euren Frieden auf es kommen; ist es aber dessen nicht würdig, lasst euren Frieden wieder zu euch zurückkehren. (Kap. 17, 8)

Ich, Christus, erkläre, berichtige
und vertiefe das Wort:

„... ist es aber dessen nicht würdig, lasst euren Frieden wieder zu euch zurückkehren" soll heißen: Bringt die Liebe und den Frieden in jedes Haus. Wer die Gaben der Himmel nicht wünscht, dem drängt sie nicht auf. Und wenn ihr nicht aufgenommen werdet, dann seid nicht ungehalten. Dann wird der Friede, den ihr dem Hause und seinen Bewohnern zugesprochen habt, wieder mit euch sein.

9. Seid klug wie die Schlangen und ohne Falsch wie die Tauben. Seid unschuldig und rein. Der Menschensohn ist nicht gekommen, um zu vernichten, sondern um zu retten, nicht, um das Leben zu nehmen, sondern um das Leben zu geben, dem Körper wie der Seele.

10. Und fürchtet euch nicht vor denen, die den Leib töten, doch die Seele nicht töten können. Fürchtet euch vielmehr vor dem, der Leib und Seele verderben kann in der Hölle. (Kap. 17, 9-10)

Ich, Christus, erkläre, berichtige
und vertiefe das Wort:

Nur der Mensch selbst verdirbt seine Seele und seinen Leib durch sein menschliches Denken, Reden und Handeln, wodurch er die Verbindung zum Finsterling herstellt. Was gegen das göttliche Gesetz ist, bringt dem Menschen Verderben. Daher fürchtet euch einzig vor euren eigenen Zuwiderhandlungen, denn was der Mensch sät, das wird er ernten. Und erkennet: Die Hölle ist kein Ort, sondern der Zustand einer Seele, die sich dem Gegensätzlichen, dem „Fürsten der Finsternis", hingegeben hat.

11. Kauft man nicht zwei Sperlinge um einen Pfennig? Dennoch fällt keiner von ihnen auf die Erde ohne den Willen des Allerhöchsten. Wahrlich, selbst die Haare auf eurem Haupte sind alle gezählt. So fürchtet euch deshalb nicht. Wenn Gott für die Sperlinge sorgt, sollte Er da nicht auch für euch sorgen?

12. Es ist für Jünger genug, dass sie seien wie ihr Meister und die Knechte wie ihr Herr. Haben sie den Hausvater Beelzebub geheißen, wie viel mehr werden sie seine Hausgenossen ebenso heißen! So fürchtet euch denn nicht vor ihnen. Es ist nichts verborgen, das nicht offenbar werde, und ist nichts geheim, das man nicht wissen wird.

13. Was Ich euch sage im Geheimen, das redet im Licht, wenn die Zeit dafür kommt. Und was ihr höret im Ohr, das predigt auf den Dächern. Deshalb, wer auch immer vor den Menschen die Wahrheit bekennt, den will Ich auch bekennen vor Meinem Vater, der im Himmel ist. Wer aber die Wahrheit vor den Menschen verleugnet, den will Ich auch verleugnen vor Meinem Vater, der im Himmel ist. (Kap. 17, 11-13)

Ich, Christus, erkläre, berichtige
und vertiefe das Wort:

Gott ist allgegenwärtig. Und alles, was ist, kennt Er. Denn Er ist das Leben und die Kraft in allem. In jedem Tier ist Seine Kraft, und so ist das Tier Leben aus Ihm. In jedem Haar ist Gottes Kraft, Sein Leben. Er ist. Und da Er ist und in allem ist, kennt Er auch alles und weiß darum. Um wieviel mehr kennt der ewige Vater Sein Kind, das Er nach Seinem Ebenbilde geschaffen hat! Ihm, dem Ewigen, ist nichts verborgen. Auch wenn der Mensch vor anderen Geheimnisse hat, so sind Ihm diese scheinbar geheimen

Dinge nicht verborgen. Wenn es an der Zeit ist, wird alles offenbar werden, das Gute und das weniger Gute.

Deshalb sollte sich der Mensch nur vor seinem Menschlichen fürchten, denn das ist seine Saat. Wenn diese zu sprießen und zu wachsen beginnt, wird sie offenbar und sichtbar für den Menschen selbst, der gesät hat, und auch für den, der daran beteiligt ist oder der dadurch unschuldig in Missachtung kam.

Daher seid wachsam, dass ihr nur guten Samen sät, so dass eure Ernte die innere Reife ist. Die Wahrheit soll ausgesprochen werden. Sie ist das Licht der Seele. Und wer im Lichte der Wahrheit lebt, der kennt das Wort der Wahrheit. Er wird weder urteilen noch richten, sondern seinen Nächsten im Herzen an- und aufnehmen und so mit Mir, dem Christus, sein.

Es soll euch immer wieder aufs Neue bewusst werden, dass menschliche Worte unterschiedliche Bedeutung haben können. Wer im Geiste der Wahrheit lebt, verleugnet seinen Nächsten nicht. Wer ihn verleugnet, hat ihn aus seinem Herzen verbannt. Deshalb sollen die Worte „den will Ich auch verleugnen vor Meinem Vater, der im Himmel ist" heißen: Wer nicht das Gesetz, die Wahrheit, lebt, den kann Ich nicht zu Meinem Vater führen, und Er kann ihn nicht in den Himmel aufheben – denn der Himmel ist die Wahrheit, und die Wahrheit ist das Gesetz.

Erkennet: Wer die Wahrheit verwirft, weil er sie nicht aus den Geboten annehmen und verwirklichen will, der kennt sich nicht als Wesen des Lichtes. Wer sich selbst nicht kennt, der kann auch nicht in den Himmel eingehen, der seine wahre Heimat ist. Erst nach der Reinigung seiner Seele wird er sich selbst kennen und in den Himmel eingehen.

Der Reine ist aus der Wahrheit und spricht aus der Wahrheit. Wer die Wahrheit nicht lebt, der verleugnet die Wahrheit, die Gott ist, dem alles offenbar ist. Weil Gott die offenbare Wahrheit ist, bleibt nichts verborgen und auch nichts geheim.

14. Wahrlich, Ich Bin gekommen, den Frieden auf die Erde zu senden. Doch siehe, wenn Ich spreche, folgt ein Schwert. Ich Bin gekommen, um zu vereinigen; doch siehe, ein Sohn wird wider seinen Vater sein und eine Tochter wider ihre Mutter und eine Schwiegertochter wider ihre Schwiegermutter. Und eines Menschen Feinde werden seine eigenen Hausgenossen sein. Denn die Ungerechten können nicht mit den Gerechten zusammen sein. (Kap. 17, 14)

Ich, Christus, erkläre, berichtige
und vertiefe das Wort:

„Doch siehe, wenn Ich spreche, folgt ein Schwert" heißt: Wer das Wort der Wahrheit hört und dieses nicht befolgt und nur davon redet, handelt gegen die Wahrheit und somit wider den Heiligen Geist. Er schafft sich selbst das Schwert, das auch Ursache genannt wird. Und so sind Meine Worte, welche die Wahrheit sind, das Schwert für jene, die sie nicht verwirklichen.

„Ich Bin gekommen, um zu vereinigen" heißt: alle Menschen und Völker zu einem Volke Gottes zusammenzuführen.

Wer gegen das Gesetz des Lebens, der Einheit, handelt, der ist auch gegen Gott, der die Einheit ist, und gegen Seinen Sohn, Christus, der Ich Bin. Wer gegen Gott und Mein Wirken auf dieser Erde denkt, spricht und handelt, der zerstreut und vereint nicht. Er befolgt nicht die Gesetze des Lebens.

Wer nicht für Mich ist, der ist gegen Mich. Wer gegen Mich, das Leben, ist, der ist auch wider seinen Nächsten. So tritt ein, was geschrieben steht: „... ein Sohn wird wider seinen Vater sein und eine Tochter wider ihre Mutter und eine Schwiegertochter wider ihre Schwiegermutter. Und eines Menschen Feinde werden seine eigenen Hausgenossen sein. Denn die Ungerechten können nicht mit den Gerechten zusammen sein." Das Gesetz Gottes sagt: Gleiches zieht zu Gleichem; Ungerechte ziehen zu Ungerechten, Gerechte zu Gerechten.

15. Und die nicht ihr Kreuz auf sich nehmen und Mir nachfolgen, sind Meiner nicht wert. Wer sein Leben findet, der wird es verlieren; und wer sein Leben verliert um Meinetwillen, der wird es finden." (Kap. 17, 15)

Ich, Christus, erkläre, berichtige
und vertiefe das Wort:

„Wer sein Leben findet, der wird es verlieren; und wer
sein Leben verliert um Meinetwillen, der wird es finden".
Der Sinn dieser Worte ist: Wer sein irdisches Leben als
sein wahres Leben sieht, der wird es verlieren und sich
als Seele nicht kennen und seine Heimat nicht finden.
Wer sein irdisches Leben achtet, doch sein geistiges Leben
über alles stellt, der wird es auch in sich finden. Und er
wird auch seine Heimat kennen, denn er ist bewusst ein
Sohn oder eine Tochter Gottes im Reiche des Lebens.

18. KAPITEL

Die Aussendung der Zweiundsiebzig

Über das Weitergeben der Wahrheit (3). Verhalten als Gast (6).
Maßstäbe für das Zusammenleben der Menschen;
das Ziel: die selbstlose Liebe (10-12)

1. Danach rief der Herr noch zweiundsiebzig Jünger zu sich und sandte sie je zwei und zwei voraus in alle jene Städte und Orte der Stämme, in die Er selbst kommen wollte.

2. Deshalb sprach Er zu ihnen: „Die Ernte ist wahrlich groß, aber es sind wenig Arbeiter. Darum bittet den Herrn der Ernte, dass Er Arbeiter in Seine Ernte sende.

3. Gehet eure Wege, sehet, Ich sende euch fort wie Schafe unter die Wölfe. Traget weder Beutel noch Tasche noch Schuhe und grüßet niemand unterwegs. (Kap. 18, 1-3)

Ich, Christus, erkläre, berichtige
und vertiefe das Wort:

In der Zeit, da Ich, Christus, als Jesus über diese Erde wandelte, wanderten die schlichten Menschen; sie ritten oder fuhren nicht. Die Füße trugen den Körper von Ort zu Ort. Wer viele Lasten mit sich nahm, kam nur langsam voran. Die Worte „Traget weder Beutel noch Tasche noch Schuhe und grüßet niemand unterwegs" besagen:

Nehmt nur so viel mit auf eure Wanderschaft, dass ihr vorankommt auf dem Wege und zu jenen gelangt, die schon geistige Früchte tragen, und auch zu jenen, deren Seelenacker erst bestellt werden soll. So sehen auch die Diebe, dass bei euch nichts zu holen ist, und stellen euch nicht nach.

„... und grüßet niemand unterwegs" heißt: Führt keine unnützen Gespräche, sondern bringt den Menschen das Heil des Lebens, die Wahrheit. Geht zielbewusst weiter, denn die Zeit ist bemessen, in der Ich unter den Menschen weile.

4. Und wenn immer ihr in ein Haus tretet, so sprechet zuerst: Friede sei in diesem Hause! Und wenn dort ein Geist des Friedens sein wird, so wird euer Friede auf ihm ruhen; wenn aber nicht, so wird er wieder zu euch zurückkommen. (Kap. 18, 4)

Ich, Christus, erkläre, berichtige
und vertiefe das Wort:

Kehrt nur dann in ein Haus ein, wenn ihr selbst den Frieden habt. Tragt euren Frieden also von Haus zu Haus. Wo er nicht angenommen wird, da geht er wieder mit euch. Dort, wo der Friede, die Wahrheit des Lebens, nicht angenommen wird, soll auch nicht länger vom Frieden und von der Wahrheit gesprochen werden. Jeder hat den freien Willen, den Frieden aus Gott, die Wahrheit, anzunehmen oder abzulehnen. Deshalb diskutiert nicht über die Wahrheit. Bringt sie! Wird der Friede, die Wahrheit, nicht angenommen, so tragt die Gaben des Heils in ein anderes Haus. Dann wahrt ihr in euch selbst den Frieden.

5. Und in welche Stadt ihr auch kommen werdet, und sie nehmen euch auf, esset das, was euch vorgesetzt wird, außer von Lebendigem. Und heilt die Kranken, die dort sind, und sprechet zu ihnen: Das Reich Gottes ist nahe herbeigekommen.

6. Und in dem Hause bleibt und esset und trinket, was man euch vorsetzt ohne Blutvergießen; denn der Arbeiter ist seines Lohnes wert. Gehet nicht von einem Hause zum andern. (Kap. 18, 5-6)

Ich, Christus, erkläre, berichtige
und vertiefe das Wort:

„... esset das, was euch vorgesetzt wird, außer von Lebendigem", „... esset und trinket, was man euch vorsetzt ohne Blutvergießen" – in beiden Aussagen liegt folgender Sinn: Wenn sie für euch das Blut eines Tieres vergießen, dann lehnt dies rechtzeitig ab, bevor es für euch auf die Schlachtbank geführt wird, denn kein Tier soll geopfert werden – weder Gott noch den Menschen. Menschen- und Tieropfer sind Gott ein Gräuel. Gott, der Eine, sprach gegen die Tier- und Menschenopfer, sowohl im Alten Bund als auch im Neuen Bund.

Wird euch jedoch eine Speise gereicht, die Fleisch und Fisch enthält, und wurden die Gaben schon vor eurem Kommen vorbereitet, dann esst davon und bringt die wenigen Bissen im Gebet dem Vater-Mutter-Gott dar. Seine Kraft wandelt dann das Niedere in Höheres um. Denkt daran: Was aus dem Munde ausgeht, kann zur Sünde werden, nicht, was zum Munde eingeht und im Bewusstsein des Lebens aus Gott dem Leibe zugeführt wird.

7. Und wo ihr aber in einer Stadt nicht aufgenommen werdet, so geht eures Weges durch die Straßen und sagt: „Selbst den Staub, der sich von eurer Stadt an uns gehängt hat, schütteln wir ab auf euch; dennoch sollt ihr des gewiss sein, dass das Reich Gottes nahe zu euch gekommen ist. (Kap. 18, 7)

Ich, Christus, erkläre, berichtige
und vertiefe das Wort:

Worte sind Symbole. Deshalb will Ich auch die Worte, die in dem Buche, genannt „Das Evangelium Jesu", geschrieben sind, jeweils soweit berichtigen, wie sie in der heutigen Zeit verstanden werden sollen, denn Worte haben von Generation zu Generation unterschiedliche Bedeutung.

Wer in der Stadt nicht gern gesehen ist, der soll den Staub von seinen Füßen schütteln. Das heißt: Er soll weitergehen und dennoch den Segen Gottes zurücklassen. Denn die positiven Kräfte positiver Menschen wirken weiter in den Menschen, Orten und Städten, denen sie gebracht wurden. Und so mancher, der geistig reif ist, wird die Frucht, die Wahrheit, aufnehmen. Sie fließt gleichsam jenen zu, die aus der Wahrheit sind. Denn die ewige Wahrheit ist das Reich Gottes, das zu denen kommt, die sich nach dem Reich Gottes sehnen und die Gesetze des Lebens erfüllen.

8. Wehe dir, Chorazin! Wehe dir, Bethsaida! Wären solch mächtige Taten zu Tyrus und Sidon geschehen als bei euch geschehen sind, sie hätten vor Zeiten in Sack und Asche Buße getan. Aber ihnen soll es besser ergehen am Gerichtstage als euch.

9. Und du Kapernaum, die du erhoben bist bis an den Himmel, du wirst bis in die Hölle hinuntergestoßen werden. Die, welche euch hören, hören auch Mich. Und die euch verachten, verachten auch Mich und Den, der Mich gesandt hat. Doch lasset alle in ihrem eigenen Geiste zur Erkenntnis kommen."

10. Und abermals sprach Jesus zu ihnen: „Seid barm-
herzig, so werdet ihr Barmherzigkeit empfangen. Vergebet
den anderen, und euch wird auch vergeben werden. Mit
welchem Maße ihr messet, mit dem werdet auch ihr wie-
der gemessen werden.

11. Und wie ihr den anderen tut, so wird auch euch ge-
tan werden. Und wie ihr gebet, so wird auch euch gegeben
werden. Und wie ihr richtet, so werdet auch ihr gerichtet
werden. Und wie ihr anderen dienet, so wird auch euch
gedient werden.

12. Denn Gott ist gerecht und lohnet jedem nach seinen
Werken. Was ihr säet, das werdet ihr ernten.“ (Kap. 18,
8-12)

Ich, Christus, erkläre, berichtige
und vertiefe das Wort:

Achtet darauf, dass ihr nicht in Versuchung fallet!
Bewahrt Mich in euren Herzen, dann gebt ihr aus der
ewigen Wahrheit. Denn Ich Bin gekommen, die Menschen
die Wahrheit zu lehren und sie vorzubereiten, auf dass sie
das Gesetz Gottes, das allein das Leben, die Wahrheit, ist,
verwirklichen.

Die Wahrheit ist das Leben. Gott ist die Wahrheit, das
Leben. Sein Gesetz, die Wahrheit, das Leben, ist die selbstlose Liebe. Das beachtet, dann werdet ihr nicht in Versuchung fallen.

Nun zu den Worten, die in dem Buche, genannt „Das Evangelium Jesu", lauten:

„Die, welche euch hören, hören auch Mich. Und die euch verachten, verachten auch Mich und Den, der Mich gesandt hat. Doch lasset alle in ihrem eigenen Geiste zur Erkenntnis kommen." „Seid barmherzig, so werdet ihr Barmherzigkeit empfangen. Vergebet den anderen, und euch wird auch vergeben werden. Mit welchem Maße ihr messet, mit dem werdet auch ihr wieder gemessen werden. Und wie ihr den anderen tut, so wird auch euch getan werden. Und wie ihr gebet, so wird auch euch gegeben werden. Und wie ihr richtet, so werdet auch ihr gerichtet werden. Und wie ihr anderen dienet, so wird auch euch gedient werden. Denn Gott ist gerecht und lohnet jedem nach seinen Werken. Was ihr säet, das werdet ihr ernten":

Diese Hinweise und Ermahnungen haben Gültigkeit für alle Menschen, von Generation zu Generation, bis jenes Menschengeschlecht entstanden ist, welches das Gesetz der selbstlosen Liebe lebt. Dann sind diese Hinweise und Ermahnungen nicht mehr nötig.

Bis jedoch dieses Geschlecht des inneren Lebens dem Dunkel entwachsen ist und im Lichte der Wahrheit steht, gelten noch diese Hinweise und Ermahnungen. Sie führen hin zum Gesetz der selbstlosen Liebe, zur Wahrheit, zu dem Licht, das in und durch die Menschen im Friedensreich Jesu Christi strahlt. Es ist das Licht der Wahrheit, das Ich Bin: Christus.

19. KAPITEL

Jesus lehrt beten

Richtiges und falsches Beten (2-4). Die Essenz allen Seins ist im Innersten jeder Seele - Wer bewusst in Verbindung mit Gott lebt, dem dient Seine Allmacht durch alle Lebensformen (6). Das Zurechtweisen aus der Liebe und dem Ernst (8). Achtung vor dem Leben der Pflanzen und Tiere (9). Die Verantwortung eines Geheilten (10)

1. Als Jesus zum Beten auf einem Berg war, kamen einige Seiner Jünger zu Ihm, und einer von ihnen sagte: „Herr, lehre uns, wie wir beten sollen." Und Jesus sprach zu ihm: „Wenn du betest, so gehe in deine stille Kammer. Und wenn du die Türe geschlossen hast, bete zum Vater, der über dir und in dir ist. Und dein Vater, der auch das Äußerste sieht, wird dir offen antworten.

2. Doch wenn ihr beisammen seid und gemeinsam betet, so gebraucht keine leeren Wiederholungen; denn euer himmlischer Vater weiß, was euch nottut, bevor ihr Ihn gebeten habt. Deshalb sollt ihr so beten:

3. ‚Unser Vater, der Du über uns bist und in uns, geheiligt sei Dein Name. Dein Reich komme zu allen in Weisheit, Liebe und Gerechtigkeit. Dein Wille geschehe wie im Himmel, so auf Erden. Lass uns Tag für Tag teilhaben an Deinem heiligen Brot und gib uns die Frucht des lebendigen Weinstockes. Und wie Du uns vergibst unsere Schulden, so mögen auch wir vergeben allen, die gegen uns

Ich, Christus, erkläre, berichtige
und vertiefe das Wort:

Wort für Wort vorgegebene Gebete, die nur nachgespro-
chen werden, haben wenig Kraft, denn sie kommen aus
dem Verstand und nicht aus dem Herzen. Nur so dahinge-
sprochene Worte sind unbeseelt. Sie erreichen nicht Gott
im Innersten des Menschen, da der Mensch sie nicht mit
dem Leben aus Gott beseelt hat. Verstandesgebete können denjenigen noch weiter in die Irre führen, der sich
durch seine falsche Denk- und Lebensweise schon verirrt
hat. Wer betet, sich jedoch anders verhält, als er im Gebet
spricht, der fällt in weitere Belastungen.

Deshalb sollt ihr mit dem Herzen beten. Und so ihr
eure Gebete laut sprecht, sollten sie vom Inneren Leben
beseelt sein, das Ich Bin. Deshalb ist es allein von Bedeutung, von Herzen zu beten, und nicht, nur Worte zu sprechen. Ihr sollt also vorgegebene Gebete nicht wortgetreu
wiederholen. Auch das Gebet, das hier niedergeschrieben
ist, sollte nicht wortwörtlich verstanden und nachgebetet

werden. Jedes Gebet sollte sinngemäß aufgenommen werden, da die Sprache des Herzens die Sprache der Seelenempfindungen ist. Werden die Empfindungen des Herzens in Worte gekleidet, von den Nächsten jedoch wortwörtlich genommen, so verlieren sie an Sinngehalt.

Die Meinen, die Mir treu nachfolgen, werden immer mehr in die Vollendung des Lebens finden. Ihre Gebete werden dann das Leben in Mir sein, das heißt die Erfüllung des ewigen Gesetzes. Wer in sich das Reich Gottes, das Leben, erschlossen hat, zu dem ist auch das Reich Gottes gekommen, und er lebt fortan das Leben aus Gott.

„Lass uns Tag für Tag teilhaben an Deinem heiligen Brot und gib uns die Frucht des lebendigen Weinstockes." Mit diesen Worten ist das Innere Leben gemeint, der Geist, der auch in der materiellen Substanz den materiellen Leib erhält.

Der Sinn der Aussage „In der Stunde der Versuchung erlöse uns vom Bösen" lautet: Herr, Du führst uns in der Versuchung, auf dass wir herausfinden aus dem Labyrinth des menschlichen Ichs, um dann dem Versucher, dem Bösen, nicht mehr hörig zu sein.

5. Und wo immer sieben in Meinem Namen versammelt sind, da Bin Ich in ihrer Mitte; ja, selbst wenn es drei oder zwei nur sind. Und selbst, wenn einer nur im Stillen betet, so Bin Ich mit diesem einen.

6. Hebet den Stein empor, und ihr werdet Mich finden. Spaltet das Holz, und Ich Bin dort. Denn im Feuer und im Wasser, ebenso wie in jeder Lebensform ist Gott offenbar als ihr Leben und ihre Substanz." (Kap. 19, 5-6)

Ich, Christus, erkläre, berichtige
und vertiefe das Wort:

Achtet, schätzet und ehret die Schöpferkraft in allem Sein! Sehet: Alles, was ist an Kraft und Licht, trägt jeder Mensch im Innersten seiner Seele. Der geistige Leib im Menschen ist die Substanz allen Seins, weil Gott, der ewige Vater, jedem Einzelnen Seiner Kinder alles gegeben hat als Essenz, als Erbe. In allen Lebensformen ist der ewige Geist, und Er strömt auch aus allen Lebensformen.

Wenn der Mensch bewusst zum Kinde Gottes geworden ist, dann dient ihm Gottes Allmacht durch alle Lebensformen, durch den Stein, das Holz, das Feuer und Wasser, durch Blumen, Gräser, Pflanzen und Tiere. Alle Gestirne dienen dem, der in Mir, dem Geiste der Wahrheit, lebt. Wenn die Schöpferkraft das Geschöpf zu durchdringen vermag, weil seine Seele licht- und kraftvoll ist, dann ist es wieder bewusst das Kind, der Sohn oder die Tochter der Unendlichkeit, und hat das Erbe, die Allkraft, wieder angetreten.

Jeder Erdentag ist ein Geschenk an den Menschen, damit er sich darin erkennt und findet. Die Naturreiche bieten sich dem Menschen an. Feuer und Wasser dienen ihm und auch die Gestirne bei Tag und bei Nacht. Erkennet, wie reich der Tag für jeden Einzelnen ist! Jeder Mensch ist reich, der den inneren Reichtum erschließt. Reich ist wahrlich derjenige, der mit dem Allmächtigen in Verbindung steht und so wieder zur Allmacht wird. Gott ist allmächtig, weil Er allgegenwärtig ist, und das reine Wesen ist die Allmacht aus Ihm. Es ist göttlich.

7. Und der Herr sprach: „Wenn dein Bruder gesündigt hat in Worten siebenmal des Tages und siebenmal des Tages bereut hat, nimm ihn auf." Da fragte Ihn Simon: „Siebenmal am Tage?"

8. Der Herr antwortete und sagte zu ihm: „Und Ich sage dir, auch siebenmal sieben; denn sogar bei den Propheten, nachdem sie vom Heiligen Geist gesalbt worden waren, fand man noch Äußerungen von Sünde. (Kap. 19, 7-8)

Ich, Christus, erkläre, berichtige
und vertiefe das Wort:

Jede Erregung oder Äußerung, die den Menschen in seine Schranken weisen soll, jedoch nicht dem Feuer des Heiligen Geistes entströmt, die also nicht aus Gottes Liebe, Ernst und Kraft kommt, ist nicht in und aus dem Geiste, sondern aus dem Menschen und ist Sünde.

Daher achtet, dass das, was ihr sagt, dem Feuer des Heiligen Geistes entströmt. Und wenn es noch so ernst ist, was ihr sagt, und den Menschen aufrüttelt, so muss es dennoch aus der selbstlosen Liebe und dem göttlichen Ernst gesprochen sein. Alles andere ist wider den Heiligen Geist. Das gilt für alle Menschen, ob sie Gott zustreben oder nicht oder sogar Berufene sind wie z.B. Propheten.

Es sei euch noch Folgendes gesagt: Wenn ein wahrer Prophet, der von Gott berufen ist und sich Seinem Willen untergeordnet hat, von Mitmenschen so lange gepeinigt und in Handlungen verwickelt wird, bis es an die Substanz seiner inneren Kraft geht, so empfängt er von Gott zusätzliche Energie. Wenn er sich in dieser Situation über Nichtverwirklichung oder Nichterfüllung oder über gegensätzliche Handlungen seiner Nächsten erregt, die trotz besseren Wissens geschahen, dann empfängt er diese zusätzliche Energie, die in ihm das aufhebt, was aus Erregung geschah. Denn es kam nicht aus seiner Entsprechung, sondern an ihm wurde gezehrt.

9. Seid also rücksichtsvoll, gütig, mitfühlend und freundlich nicht allein mit euresgleichen, sondern auch mit aller Kreatur, die in euerer Obhut ist; denn ihr seid für sie wie Götter, zu denen sie aufblicken in ihrer Not. Hütet euch vor dem Zorn, denn viele sündigen im Zorn und bereuen es, wenn ihr Zorn vergangen ist." (Kap. 19, 9)

Ich, Christus, erkläre, berichtige
und vertiefe das Wort:

Das Kind Gottes ist ein Ebenbild Gott-Vaters und ist deshalb – in sich – ewig schöpfende Kraft, denn es trägt in sich alle Substanzen der ewigen Kraft. Sie sind alle in ihm vollkommen entwickelt. Deshalb blicken Tiere, Pflanzen und Steine zum Ebenbilde Gottes empor und wünschen sich die Einheit mit dem ausgereiften Wesen aus Gott, zu dem sich das mehr und mehr formgewordene Leben geistig emporentwickelt.

Fühlt daher die Verbindung mit jeglicher Kreatur und mit allen Steinen und Pflanzen und schützt das Leben, das euch anvertraut ist! Blumen und Gräser sind Opfergaben aus Gottes Hand. Deshalb nehmt sie nur dann für euren Gebrauch, wenn ihr äußeres Leben im Abblühen ist. Und bemüht euch, die Wurzeln im Erdreich zu lassen. Nehmt das, was aus den Wurzeln sprießt, jedoch nur dann, wenn für diese Lebensform die Zeit gekommen ist. Und so ihr sie mit den Wurzeln entnehmt, so lasst diese an einem schattigen Ort liegen, so dass sich das Leben allmählich zurückziehen kann, um in die Ursubstanz zurückzukehren, in welcher alle Kräfte vereint sind. Tut alles in der rechten Liebe und mit Verständnis, denn alles lebt.

Schlachtet nie ein Tier für euren persönlichen Gebrauch. Sehet, die Natur, das Leben der Schöpfung, sorgt für euch.

Die Früchte des Feldes, der Gärten und der Wälder sollen euch genügen. Und zertretet niemals mutwillig Leben, weder das der Tiere noch das der Pflanzen. Wer mutwillig das Leben zertritt, der schafft Ursachen. Er tritt gleichsam auf sein eigenes Leben und wird darunter leiden.

10. Ein Mann, dessen Hand verdorrt war, kam zu Jesus und sagte: „Herr, ich war ein Maurer und verdiente meinen Lebensunterhalt mit meinen Händen. Ich flehe Dich an, gib mir meine Gesundheit zurück, damit ich nicht schmachvoll um mein Brot betteln gehen muss." Und Jesus heilte ihn und sprach: „Es gibt ein Haus, welches nicht mit Händen gebaut ist, sieh zu, dass auch du darinnen wohnest."
(Kap. 19, 10)

Ich, Christus, erkläre, berichtige
und vertiefe das Wort:

Der Mensch, dessen Hand entsprechend dem Gesetz von Saat und Ernte erkrankt war, bekam das Leben in seine Hand zurück, um wieder seinen Lebensunterhalt verdienen zu können. Doch Ich gab ihm diese Lehre auf seinen Lebensweg mit: Kehre ein in das Haus, das nicht von Menschenhand erbaut ist – in dein Inneres, denn es ist der Tempel Gottes. Vollzieht dies der Mensch, dann wirkt die von Mir empfangene Kraft in ihm weiter. Tut er dies nicht, so ist ihm nur vorübergehend gegeben, was Ich ihm schenkte: das Leben in seiner Hand. Wer trotz dieser Gabe des Lebens weiter sündigt, der holt wieder herbei, was Ich aufgehoben habe; denn dann war es nur aufgeschoben.

Gott gibt! Was der Mensch dann daraus macht, liegt einzig im Ermessen der Seele und des Menschen. Der Mensch bekam den Hinweis aus dem ewigen Gesetz, nicht mehr zu sündigen und in den Tempel seines Inneren einzukehren. Somit ist er nicht mehr unwissend. Der Wissende trägt sodann die Verantwortung für das, was er weiß.

20. KAPITEL

Rückkehr der Zweiundsiebzig

Erfolg oder Misserfolg der von Christus Ausgesandten - Verfeinerung der Materie - Erdflecken, Reste negativer Energien: die Basis für den letzten Aufstand der Dämonen am Ende des Friedensreiches - Die Entbindung der Erdseele - Über „Geister" (3). Die „Weisen" der Welt erkennen nicht die Kräfte des Alls; sie werden gesteuert und kämpfen gegen das Licht (4). Christus offenbart Seine eigene Stellung und Sein Verhältnis zu Gott, das Fallgeschehen und Seine Erlösertat (5). Christus im Erdenkleid und Seine Boten konnten und können nur von jenen erkannt werden, die das innere Schauen und Hören entwickelt haben - Wer Christi Gebote hört und verwirklicht, dem enthüllt sich das göttliche Gesetz, und er lebt in Ihm (6). Mächtiges Einstrahlen der ewigen Wahrheit durch die Weisheit in der Zeitenwende (7)

1. Nach einiger Zeit kehrten die Zweiundsiebzig wieder zurück mit Freuden und sagten: „Herr, sogar die Teufel sind uns untertan in Deinem Namen."

2. Und Er sprach zu ihnen: „Ich sah den Satan als einen Blitz vom Himmel fallen.

3. Sehet, Ich habe euch Macht gegeben, auf Schlangen und Skorpione zu treten und über alle Gewalt des Feindes; und nichts wird euch schaden. Doch darüber freut euch nicht, dass euch die Geister untertan sind. Freuet euch vielmehr, dass eure Namen im Himmel geschrieben sind."
(Kap. 20, 1-3)

Ich, Christus, erkläre, berichtige
und vertiefe das Wort:

Nicht alle Männer und Frauen, die Ich dem Sinne nach als Jünger bezeichnet habe, blieben dem Gesetze Gottes treu. Einige unterlagen den Lockungen dieser Welt. Sie kehrten mit leeren Händen zurück. Ihr sollt euch auch nicht an die Zahl zweiundsiebzig binden. Sehet diese Zahl als einen Begriff, der besagt: Es waren viele. Alle, die Ich aussandte und die wieder zurückkehrten, waren einst in Meinem Gefolge. Alle, die im Geiste der Wahrheit blieben, wirkten aus dem Geiste des Vaters und besiegten in vielen Menschen den Satan der Sinne und führten sie so zu höherem Leben. Mit den Worten „sogar die Teufel sind uns untertan in Deinem Namen" meinten sie den Satan der Sinne, da viele, denen sie die Lehre des Lebens brachten, diese annahmen und auch befolgten.

So war es, als Ich im Erdenkleide über diese Erde wandelte: Die Ich ausgesandt hatte und die in Mir, dem Leben, lebten, geboten dem Gegensätzlichen Einhalt. Ihre sogenannten Feinde hatten keine Macht über sie, denn sie waren vom Gesetze des Lebens geschützt, da sie dieses befolgten. So ist es auch in der heutigen Zeit: Alle jene, die dem Satanischen widerstehen, werden bewusst die Kinder Gottes sein, die das Erdreich besitzen. Ihre Namen stehen schon jetzt in den Himmeln geschrieben. Durch Meine Kraft werden sie das erreichen, was für viele Menschen noch unvorstellbar ist: die Umwandlung ihres menschlichen Ichs und die Umwandlung dieser Welt vom Satanischen zum Göttlichen. Ihnen wird alles dienen – die Erde und alles, was auf der Erde ist. Denn sie sind es, die in Meinem Namen das Erdreich besitzen.

Nach Ablauf einiger Zeitepochen des Friedensreiches werden im Reiche Gottes die Menschen eines Geistes sein, weil sie das Satanische in ihren Seelen überwunden haben und bewusst in Mir, dem Christus, leben. Durch sie werde Ich auf Erden die weiteren Werke der Liebe vollbringen.

Obwohl der Erdmantel und die Atmosphäre der Erde von den Gestirnen und den Meeren weitgehend gereinigt werden, so bleiben doch noch Bereiche der Erde bestehen, sogenannte Erdflecken, die gröbere Materie sind. Es sind Ballungszentren negativer Energien. Diese noch vorhandenen negativen Energien sind Restbestände aus Vorzeiten, in denen die Finsternis auf der Erde wirkte, und Reste aus der Atomaufbereitung, Reste von chemischen Substanzen und all dem weiteren Gegensätzlichen, das der Mensch der Erde zugefügt hat. Diese Energien bleiben lange Zeit inaktiv, weil sie von Lava überdeckt sein werden.

Auch in der neuen Atmosphäre bleiben Bereiche bestehen, in denen noch Aspekte von den Leiden der Menschen und der Tiere gespeichert sind. Diese Bereiche bleiben ebenso lange inaktiv wie die Erdflecken auf der Erde.

Am Ende des Friedensreiches mit seiner feineren Materie – bevor sich diese Umwandlung der Erde vollzieht – wird sich mit Hilfe dieser Restbestände an negativen

Energien der Satan – die dämonischen Kräfte also – noch einmal an Menschen und Erde messen dürfen. Noch einmal wird der Ewige in Mir, Christus, dem Widersacher die Möglichkeit geben, sich selbst zu erkennen – bevor er sich in den geistigen Evolutionsfeldern selbst an Ketten legt. Die dämonischen Wesen kämpfen bis zuletzt, um ihr Territorium zu retten. Gott-Vater in Mir, dem Christus, gibt auch diesen Seinen Kindern damit noch einmal die Chance zur Selbsterkenntnis und Umkehr. Jene Seelen, die diese letzte Möglichkeit nicht nutzen, werden sich auf den geistigen Evolutionsfeldern wieder aufbauen müssen, weil die Partikelstruktur ihres geistigen Leibes Schaden genommen hat. Ein solcher, deformierter Seelenleib bedarf also der Regeneration durch die geistigen Bewusstseinskräfte der Tiere, Pflanzen oder gar der Mineralien.

Auch die Erdseele wird sich – jedoch erst nach vielen energetischen Lichtjahren – von der Erde entbinden. Dies vollzieht sich ähnlich, wie sich die Seele des Menschen vom materiellen Körper löst und in feinstoffliche Reiche geht. Der Mensch nennt diesen Vorgang den Tod des Körpers. Wenn sich die Erdseele vom Erdmantel befreit, wird dieser zerbersten; das ist dann die Auflösung der Erde. Bis zu diesem allgewaltigen Umwandlungsprozess jedoch wird die Erde noch vieles zu tragen haben. Sowohl der Mensch als auch die Erde werden noch vieles erleben.

In der Aussage „Doch darüber freut euch nicht, dass euch die Geister untertan sind" will Ich das Wort „Geister" berichtigen:

Vor zweitausend Jahren und auch in späteren Jahrhunderten nannte man belastete Seelen „Geister". Als „Geister" wurden auch Naturwesen und unerklärliche Phänomene bezeichnet. Es sind jedoch geistig formgewordene Energien, die für den Menschen unsichtbar sind.

Die Wirklichkeit ist der ewige Geist, das alldurchströmende Leben, aus dem die Substanzen, die formgewordenen Wesen hervorgehen, wie: Geistwesen, Naturwesen, Tiere, Pflanzen, Mineralien. Der Geist ist das ewige, reine, alldurchströmende Leben, welches Geistwesen, Menschen, Tiere, Pflanzen, Mineralien, ja alles erhält.

4. Zu der Stunde freute sich Jesus im Geist und sprach: „Ich danke Dir, heiliger Vater des Himmels und der Erde, dass Du solches verborgen hast den Weisen und Klugen und es offenbart hast den Unmündigen. Ja, All-Heiliger, denn so scheint es gut in Deinen Augen. (Kap. 20, 4)

Ich, Christus, erkläre, berichtige
und vertiefe das Wort:

Mit dem Wort „Weisen" sind hier jene Menschen gemeint, die sich einzig auf Grund ihres Intellekts, das heißt ihres Verstandeswissens, klug dünken. Wahrhaft weise ist jedoch nur der Mensch, der die Gesetze Gottes erfüllt.

Viele, die sich wegen ihres Intellekts für „weise" und klug halten, haben aus der Erde ein Brachland gemacht. Noch erkennen sie nicht die Kräfte des Vaters und Seines Sohnes, Christus, der Ich Bin — jene Kräfte, die mehr und mehr durch Söhne und Töchter Gottes im Erdenkleid wirksam werden und die Welt verändern. Diese Kräfte des Alls sind jenen noch verborgen, die ihr Herz für den Sinn des Lebens verschlossen halten. Sie glauben immer noch, sie müssten das vollbringen, was ihrem Verstande entspricht und sie deshalb für richtig und wesentlich halten. Darin glauben sie ihre Weisheit und Klugheit zum Ausdruck bringen zu müssen.

Ihr Menschen im werdenden und wachsenden Friedensreich Jesu Christi, die ihr in den nächsten Generationen das Erdreich mehr und mehr besitzen werdet, erkennet: Bis zur vollen Entfaltung des Friedensreiches werden sich die weltlich orientierten Menschen immer wieder mit Eifer verbünden, um gegen die Werke des Herrn zu kämpfen. Viele von ihnen erkennen nicht, dass sie vom Lichte der Wahrheit schon angestrahlt, geblendet sind. Unbewusst und von sklavischem Eifer erfasst, reagieren sie, wie es ihnen von den Dämonen eingegeben wird – und kämpfen gegen das Licht.

Zu den Meinen der heutigen Zeit, die den Weg zur wahren Weisheit Gottes anstreben, spreche Ich: Bleibt wahrhaftig! Denn die Zeit ist angebrochen, in der Ich, Christus, die Menschen, die guten Willens sind, immer mehr mit der göttlichen Liebe und Weisheit durchflute und sie zu echten Gotteswerkzeugen mache.

Der Weg zum Herzen Gottes, den Ich in der Bergpredigt dargelegt und in vielen Offenbarungen erläutert, ergänzt und vertieft habe, ist der Weg zur Liebe und Weisheit Gottes, zum echten Menschentum. Das erfasst in der heutigen Zeit!

Das sollen auch die Menschen in allen Entwicklungsphasen in dem Friedensreich, dem Reich Gottes auf Erden, wissen, auf dass sie erkennen, dass Ich schon in der heutigen Zeit verstärkt mit den Meinen war, dass Ich sie geschult und geführt habe.

5. Es ist Mir alles übergeben von Meinem Vater. Und niemand kennt den Sohn, denn nur der Vater; noch wer der Vater sei, denn nur der Sohn, und welchem der Sohn es offenbaren will." (Kap. 20, 5)

Ich, Christus, erkläre, berichtige
und vertiefe das Wort:

„Es ist Mir alles übergeben von Meinem Vater." Ich Bin des Vaters erstgeschauter und erstgeborener Sohn, der Mitregent der Himmel. Ich Bin in den vier Schöpfungskräften, den vier Wesenheiten Gottes – Ordnung, Wille,

Weisheit und Ernst – allgegenwärtig. In diesen vier Wesenheitsströmen fließt Mein geistiges Erbe. Es ist in den vier Schöpfungskräften die Allgegenwartsstrahlung im Urprinzip Gott.

Somit Bin Ich Gott im Schöpfungsgeist des Vaters in den vier Wesenheiten – Ordnung, Wille, Weisheit und Ernst. Die drei Eigenschaften Gottes – Geduld, Liebe und Barmherzigkeit – sind die Kindschaftseigenschaften. In diesen Bin Ich der Sohn unter allen Söhnen und Töchtern Gottes. Gott heißt: Höchste, allgegenwärtige Energie, die alles hervorbrachte und hervorbringt und die ist von Ewigkeit zu Ewigkeit.

Aus dieser allgegenwärtigen Energie, dem ewig strömenden Urpotential, dem Geist, löste Ich einen großen Teil Meines geistigen Erbes aus und pflanzte es in Funken in die Seelen ein, die sich durch Gesetzesmissachtung in den drei Eigenschaften und in den vier Wesenheiten Gottes – die als Ganzes betrachtet die sieben Grundkräfte der Schöpfung sind – belastet haben, deren Lebensenergie also bis zu den unteren vier Fallreichen heruntertransformiert ist. Diese vier unteren Fallreiche wurden nach Meinem „Vollbracht" zu Reinigungsebenen. Seit dem „Vollbracht" ist den gefallenen Seelen der Erlöserfunke Stütze und Halt, damit sich ihre Geistsubstanz nicht im ewigen strömenden Geist auflöst.

Denn im ersten Fallgedanken lag der Wunsch zur Auflösung aller geistigen Formen. Damit wollten die Gegensatzwesen den Neubeginn der Schöpfung bewirken. Der ewige Vater, dessen Sohn Ich Bin, übergab Mir die Kraft, das zu vollbringen, was in Seinem Willen, dem ewigen Gesetze, steht: alles Sein als Ganzes zu bewahren. Durch die Erlösertat empfing jede tiefbelastete Seele den Erlöserfunken. Damit ist die Seele gestützt, und somit ist die Möglichkeit ausgeschlossen, dass sie sich im allgegenwärtigen Geist, dem Gottesstrom, auflöst und in diesen als strömende Energie übergeht. Durch die Erlösung wird die Seele wieder zum Geistwesen und bleibt in der Geistform das Kind Gottes. Hätte Ich Mein Erbe nicht ausgelöst und als Stütze und Entwicklungskraft den Fallkindern gegeben, dann hätten sich viele Geistkörper infolge der immer mehr werdenden Belastungen aufgelöst. Dadurch wäre das Gleichmaß der Schöpfung ins Wanken gekommen, und die Auflösung aller geistigen Formen wäre unausweichlich die Folge gewesen.

Mir ist also vom Vater gegeben, als Erlöser für alle tiefgefallenen Seelen und Menschen zu wirken und diese Seine Kinder wieder an Sein Herz zurückzuführen. Für jede Seele Bin Ich deshalb so lange der Erlöser, bis sie die vier Reinigungsebenen überwunden hat. Hat die Seele diese vier göttlichen Bewusstseinsstrahlen aktiviert, dann wird sie von den drei Eigenschaftsebenen, den Vorbereitungsebenen – auch Entfaltungsebenen zur Absolutheit genannt – angezogen, welche die Kindschaftskräfte des Vater-Mutter-Prinzips sind. In diesen drei Eigenschaftsebenen aktiviert das werdende Geistwesen wieder das gesamte Strahlungsgesetz, das ewige Urgesetz. Ist das gesamte Urgesetz im Geistleib wieder aktiv, dann geht das reine Wesen wieder ein in die Absolutheit, in das ewige Sein.

Wenn die Seele auf dem Weg zur Vollendung die vierte Reinigungsebene, das Bewusstsein des göttlichen Ernstes, entwickelt hat, dann ist in ihr die Erlösung vollzogen. Der Teil Meines Erbes, der als Erlöserfunke die Seele gestützt, gehalten und geführt hat, geht sodann wieder in die Urkraft, in die Allkraft, zurück. Auf dem Wege durch die drei Vorbereitungsebenen zur Absolutheit nimmt sodann das werdende Geistwesen wieder bewusst die Kindschaft Gottes an.

Als Jesus von Nazareth konnte Ich von der Erlösertat, dem Ausfließen Meines Erbes, noch nicht in allen Einzelheiten lehren, weil Ich das Werk der Erlösung noch nicht vollbracht hatte. Mein Erbe war noch im Urgesetz. Bei Meiner Taufe im Jordan durch Johannes, als der Geist im Symbol der Taube über Mich kam, wurde Mein Erbe im Urgesetz verstärkt aktiv. Auf Golgatha floss es aus bei Meinem Worte „Vollbracht" und teilte sich in geistige Funken auf. Jede tiefgefallene Seele erhielt davon die Stütze, den Erlöserfunken.

Die Bedeutung der Aussage „... niemand kennt den Sohn, denn nur der Vater" ist folgende: Der Mensch, der nur menschlich denkt und die Materie als das einzig Wahre betrachtet und anerkennt, fühlt nicht den Geist des ewigen Vaters in sich. Nur wer sich selbst als Kind Gottes weiß, weil er die Gesetze der Liebe erfüllt, der erfühlt auch den Vater, das Leben, in sich. Der Vater ist daher nur von jenen zu erfühlen, die das Gesetz der Liebe verwirklichen, das Ich als Jesus von Nazareth gelehrt habe und als Christus Gottes denen offenbare und lehre, die Gott mehr lieben als diese Welt.

6. Und Er wandte sich zu Seinen Jüngern und sagte ihnen im Vertrauen: „Selig sind die Augen, die da sehen, was ihr sehet. Denn Ich sage euch: Viele Propheten und Könige wollten sehen, was ihr sehet, und haben es nicht gesehen, und wollten hören, was ihr hört, und haben es nicht gehört. (Kap. 20, 6)

Ich, Christus, erkläre, berichtige
und vertiefe das Wort:

Ich Bin in Gott, eurem und Meinem Vater, der Sohn Gottes und Gott in den ewigen vier Schöpfungskräften.

Die Worte „Selig sind die Augen, die da sehen, was ihr sehet" bedeuten: Ich, der Sohn Gottes, der Mitregent der Himmel, war im Erdenkleid mitten unter den Menschen. Selig war die Seele im Erdenkleid, die Mich, den Sohn Gottes im Erdenkleid, erkannt hat. Der Mensch sah Mich nur so, wie Ich als Mensch unter Menschen war. Die Seelen der Seligen erkannten in Mir das Ebenbild des ewigen Vaters. Viele, die nach Meinem Leibestode auf diese Erde kamen, vernahmen Mich durch Prophetenmund. Doch Ich sprach nicht mehr unmittelbar zu ihnen; denn wer keinen irdischen Leib mehr trägt, hat auch nicht mehr die Stimme der Menschen. Es bedarf dann der Übermittlung der Worte Gottes durch Propheten.

Auch die Innenschau ist nur mittelbar und nicht unmittelbar; sie ist so, wie sie die Menschen in der dreidimensionalen Welt sehen. Ich gab und gebe durch Prophetenmund das Wort des Lebens sowohl nach Meinem Leibestode als auch in der heutigen Zeit, auf dass die Meinen zu Mir finden und die Seligkeit erlangen und nach dem Hinscheiden ihres irdischen Leibes den ewigen Vater von Angesicht zu Angesicht schauen.

Wer also die Worte des Lebens erfüllt, der wird nach dem Leibestod den Vater schauen und Ihn kennen. Er wird bewusst in Ihm sein – so, wie Ich Ihn kenne und in Ihm Bin. Wer jedoch Meine Worte nur hört oder liest und sie nicht in sein Leben einbezieht, der wird weder den Vater in sich erfühlen, noch nach dem Leibestode Ihn schauen und Ihn auch nicht kennen. Denn der Ewige ist das Gesetz des Lebens. Wer es nicht hält, der ist geistig tot. Nur diejenige Seele und derjenige Mensch sind bewusst im Vater, die Meine Worte annehmen und danach leben. Sie werden wieder zu Seinem Ebenbilde.

So ähnlich, wie es in der Zeit Meines Erdenlebens war, ist es auch in der heutigen Zeit. Ich, Christus in Jesus, stand während Meiner Erdenwanderung leibhaftig vor Meinen Aposteln und Jüngern als das Ebenbild des Vaters. Doch die meisten, die Mir nachfolgten und Mich sahen, erkannten Mich nicht. Nur einige der Apostel und Jünger schauten Mich, den Christus in Jesus. So, wie es damals war, so ist es auch in dieser Zeitepoche: Der Christus ist nur für jene schaubar, die ihre geistigen Augen geöffnet haben durch ein Leben nach dem ewigen Gesetz der Liebe.

Vielen Menschen brachte Ich die Botschaft der Himmel und sprach zu ihnen von Meinem Kommen als Christus. Wenige jedoch verstanden die Heilsbotschaft. Sie wollten unter anderem keinen Messias im Kleide eines bescheidenen Mannes, des Jesus von Nazareth, der ein Sohn des Zimmermanns Josef war. Denn sie wollten einen irdischen König, der ihnen ihre Lasten abnimmt, ohne dass sie etwas dazu tun. Viele Menschen haben Mich, den Nazarener, reden hören – und hörten Mich doch nicht, weil sie nur den Nazarener sahen und nur die Worte des Nazareners hörten. Sie erfassten das Wort Gottes nicht, das durch Mich, den Nazarener, sprach, weil sie nur den Jesus, den Nazarener, hörten – und nicht Gott durch Seinen Sohn im Erdenkleid.

Auch in dieser Zeitepoche fließt Mein Wort in der Fülle durch den einverleibten Teilstrahl der göttlichen Weisheit – ein Menschenkind unter den Menschen, das in sich die Gottnähe trägt. Die Einheit mit dem ewigen Vater in ihr wird ebensowenig erkannt, wie einst auch Ich, der Menschensohn unter den Menschen, nicht erkannt wurde.

Es ist eine alte Vorstellung des Menschen, dass jeder seiner Mitmenschen so sein müsste, wie er selbst ist. So unterscheiden viele Menschen nur zwischen Reichtum und Armut im Äußeren, jedoch nicht zwischen innerem Reichtum und seelischer Armut. Sie können die inneren Vorgänge nicht erkennen und unterscheiden. Deshalb sehen sie jeden Menschen aus der Perspektive ihres menschlichen Ichs. Ihre Mitmenschen haben für sie nur die Bedeutung, die ihr Ich ihnen zumisst. Deshalb werden die Boten Gottes im Erdenkleid nicht erkannt, und die Worte des Lebens, die durch sie fließen, werden nur von wenigen als das Wort Gottes, das Gesetz des Lebens, angenommen.

So ist das Wort des Ewigen durch die Boten Gottes im Erdenkleid für viele Menschen nur ein Wort von Menschen – und doch ist und bleibt es das Wort Gottes durch Seine zu den Menschen gesandten Boten.

7. Gesegnet seid ihr in dem inneren Kreise, die ihr Mein Wort hört und denen die Geheimnisse enthüllt werden, die ihr kein unschuldiges Geschöpf gefangen nehmt oder tötet, sondern die ihr das Gute suchet in allem; denn solchen gehört ewiges Leben. (Kap. 20, 7)

Ich, Christus, erkläre, berichtige
und vertiefe das Wort:

Ich erkläre die Aussage „Gesegnet seid ihr in dem inneren Kreise, die ihr Mein Wort hört und denen die Geheimnisse enthüllt werden". Wer das Wort des Vaters durch Mich, Seinen Sohn im Erdenkleid, Jesus, zu hören verstand, der lebte auch danach. Er war wahrlich gesegnet und trat in den inneren Kreis Meiner Schar ein und war bewusst in Mir und Ich in ihm als das Licht der Welt. Wahrlich, der Segen floss reichlich durch Mich, den Jesus, zu vielen Menschen und zu Meinen Aposteln und Jüngern.

Ähnlich fließt der Segen, das Wort des Ich Bin, in dieser Zeit durch den Teilstrahl der einverleibten göttlichen Weisheit. Es ist allen Menschen gegeben und fließt auch heute wieder in den inneren Kreis zu jenen, die sich um Mein heiliges Wort scharen. Ich gebe es durch den Menschen, in dem das Lichtwesen einverleibt ist, das Ich in der heutigen Zeit, am Beginn der mächtigen Zeitenwende, zu den Menschen gesandt habe, auf dass sie Mein Wort durch ihn hören und danach leben. Und so sie Mein heiliges Wort verwirklichen, das Ich sie wieder lehre, und Mein Gebot halten, sich untereinander selbstlos zu lieben – so, wie Ich sie als Christus liebe –, werden sie wieder Meine wahren Jünger sein, die Söhne und Töchter Gottes, die bewusst Mein Kommen vorbereiten.

Als Jesus von Nazareth lehrte Ich Meine Apostel und Jünger die ewigen Gesetze. Wer von ihnen Meine Lehre verwirklichte, dem wurden die sogenannten „Geheimnisse" enthüllt, weil die Schleier des menschlichen Ichs von ihm fielen und er dadurch in der Wahrheit lebte. Auf ähnliche Weise lehre Ich nun wieder als Christus durch den einverleibten Teilstrahl der göttlichen Weisheit das Gesetz der Liebe. Wer es verwirklicht, der enthüllt das ewige Gesetz. Seine Schleier der Ichbezogenheit lösen sich auf, und die Seele und der Mensch stehen dann im Lichte der Wahrheit.

Menschen im Geiste ist alles offenbar, weil sie das Gesetz des Lebens erfüllen. Heute lehre Ich in allen Einzelheiten den Weg zur selbstlosen Liebe und führe alle Willigen, die bereit sind, ihr menschliches Ich zu lassen, um göttlich zu werden, in das Reich Gottes, das inwendig in jedem Menschen ist.

Nur die Seele und der Mensch, die von Meinem Geiste erfüllt sind, halten, was Ich ihnen geboten habe. Menschen des Geistes werden keine unschuldigen Geschöpfe gefangennehmen, gefangenhalten oder gar töten. Wer in der Wahrheit lebt, der weiß, dass in jeder Kreatur die unendliche Liebe waltet und wirkt. Menschen im Geiste der Wahrheit leben mit der Natur und all ihren Geschöpfen.

Auf dem Wege zum Herzen Meines Vaters lehre Ich die Menschen, sich selbst zu erkennen und sich als Wesen aus Gott anzunehmen und in allen Menschen und in allem, was auf sie zukommt, das Gute zu finden. Wer sein wahres Sein erkennt, der hält das Gebot der Gebote: „Liebet euch selbstlos untereinander, so wie Ich euch als Jesus geliebt habe und als Christus liebe." Meine Lehre ist das Gesetz des Lebens. Wer sie verwirklicht, der ist erfüllt vom Geiste des Vaters und lebt in Mir, dem Christus. Alle, die das Gebot der Gebote halten, leben in Mir, und Ich wirke durch sie. Denn durch sie erfülle Ich, was offenbart ist: das Reich Gottes auf dieser Erde.

Die Menschheit steht in einer großen Zeitenwende. Ich, Christus, bereite Mein Kommen vor und gebe Meine Botschaft durch Söhne und Töchter Gottes weiter, die im Auftrage Meiner Erlösung stehen, so dass viele zu Mir finden und eins werden unter dem weiten Mantel des Universellen Lebens — denn Gott ist universelles Leben, universelles Sein.

8. Gesegnet sollen sein, die sich von allem enthalten, was durch Blutvergießen und Töten erlangt wurde, und die Recht und Gerechtigkeit üben. Gesegnet seid ihr; denn ihr werdet Seligkeit erlangen." (Kap. 20, 8)

Ich, Christus, erkläre, berichtige
und vertiefe das Wort:

In der Wende von der alten Zeit, der Zeit unter dem Kausalgesetz, zur Neuen Zeit, der Lichtzeit, offenbare Ich Mich aus allen sieben Grundstrahlen Gottes durch den Teilstrahl der göttlichen Weisheit. Ein mächtiges Strahlenband der ewigen Wahrheit fließt durch die göttliche Weisheit zu den Menschen. Noch einmal wird ihnen Mein Denken und

Leben als Jesus von Nazareth nahegebracht. Auch lehre Ich alle, die auf Mich, den Christus, bauen, wieder die Gesetze des Lebens und deren gesetzmäßige Anwendung. Wer sie verwirklicht, der beginnt, in das erfüllte Leben einzutreten, und ist ein Miterbauer des Friedensreiches Jesu Christi, von welchem in den zurückliegenden Zeitepochen Propheten und Erleuchtete gekündet haben.

Wahrlich, wahrlich, selig sind jene, die es mit Mir, dem Christus, halten, indem sie das Gebot der Gebote erfüllen. Sie werden weder binden noch töten. Sie werden Recht und Gerechtigkeit üben, damit Friede werde unter den Menschen. Denn die Zeit ist gekommen, in der Ich aus allen vier Winden jene sammle, die sich bemühen, das zu halten, was Ich ihnen geboten habe.

Wisset: Trotz Meiner Weisungen und Lehren werden noch viele Menschen durch ihre Ursachen, die sie wider besseres Wissen immer wieder schaffen, sich selbst zerstören. Ihre Seelen jedoch bleiben erhalten durch Mich, den Erlöser. Alle jene, die trotz besseren Wissens die Gebote des Lebens missachten, werden so lange zu Meiner Linken stehen, bis sie Mich, den Erlöser, an- und aufgenommen haben und den Frieden und die Liebe in sich finden und halten – und so zum Gesetz der Liebe werden. Dann wechseln sie von links nach rechts, und sie werden mit Mir sein, bis alle Seelen zu Meiner Rechten stehen, die Ich dann als Ebenbilder Gottes wieder dem Vater zuführe.

Jesus tadelt die Grausamkeit
gegen ein Pferd

Der selbstsüchtige, ichbezogene Mensch beherrscht und quält die Tiere - Wer in Gott lebt, ist mit allen Geschöpfen eins (2-4). Der Mensch schändet und zerstört das Leben auf der Erde - Aussterben vieler Tierarten – Bedeutung vieler Tiere für das ökologische Gleichmaß - Das Gesetz von Saat und Ernte gilt auch im Umgang mit der Schöpfung (5). Selbstlose Liebe, der Schlüssel zu Verständnis und Hilfe für den Nächsten und zur Einsicht in das Kausalgesetz und seine Überwindung - Hunger und Durst der Seele nach der inneren Quelle (7). Töten der Tiere, auch als Opfer, ist Gott ein Gräuel - Jeder Mensch sollte freiwillig sein Ich opfern - Falsches Gottesbild - „Auge um Auge, Zahn um Zahn" (8) und „So will Ich euch verstoßen" richtig verstanden - Überlieferung und Interpretation biblischer Worte (10). Irdische Reichtümer und innerer Reichtum (11). Äußerer Reichtum ist nur geliehen, um ihn für viele einzusetzen (12-13). Das Gesetz Gottes ist absolut und wird sich erfüllen - Die Wassertaufe, ein Symbol - Das „Vollbracht" - Christus lehrt nun die ganze Wahrheit (14). Die Planung und Vorbereitung des Erlöserauftrages und des Werkes der Erlösung - Viele Geistwesen stehen im Auftrag, bis alle Fallwesen zurückgekehrt sind (16)

1. Es geschah, dass der Herr aus der Stadt zog und mit Seinen Jüngern über das Gebirge ging. Und da kamen sie an einen Berg mit sehr steilen Wegen. Dort begegneten sie einem Mann mit einem Lasttier.

2. Das Pferd aber war zusammengebrochen, denn es war überlastet. Der Mann schlug es, bis das Blut floss. Und Jesus trat zu ihm hin und sprach: „Du Sohn der Grausamkeit, warum schlägst du dein Tier? Siehst du denn nicht, dass es für seine Last viel zu schwach ist, und weißt du nicht, dass es leidet?"

3. Der Mann aber erwiderte: „Was hast Du damit zu schaffen? Ich kann mein Tier schlagen, so viel es mir gefällt; denn es gehört mir, und ich kaufte es für eine schöne Summe Geldes. Frage die, die bei Dir sind, sie sind aus meiner Nachbarschaft und wissen es."

4. Und einige von den Jüngern antworteten und sagten: „Ja, Herr, es ist so, wie er sagt, wir waren dabei, als er das Pferd kaufte." Und der Herr erwiderte: „Sehet ihr denn nicht, wie es blutet, und höret ihr nicht, wie es stöhnt und jammert?" Sie aber antworteten und sagten: „Nein, Herr, wir hören nicht, dass es stöhnt und jammert!" (Kap. 21, 1-4)

Ich, Christus, erkläre, berichtige
und vertiefe das Wort:

Selbst wenn der Mensch ein Tier erworben hat, so ist es trotzdem nicht sein Eigentum. So, wie der geistige Leib, die Seele im Menschen, zum ewigen Sein gehört, weil der Ewige den geistigen Leib geschaffen hat und das Geistwesen durch den Ewigen im ewigen Sein lebt, so wurde auch das Tier vom ewigen Schöpfergeist geschaffen und gehört zu dem Leben, das ist und ewig währt – zu Gott.

Die ganze Unendlichkeit ist dienende Liebe, dienendes Leben: Auch der Mensch ist von Mir, Christus, gerufen, seinem Nächsten in selbstloser Weise zu dienen. Dazu gehört auch der Übernächste, das Tier. Denn auch das Tier ist mit den Gaben selbstlosen Dienens ausgestattet und dient gern und bereitwillig dem Menschen, der es liebt.

Wenn der Mensch seine Nächsten, seine Mitmenschen also, nicht selbstlos liebt, wird er ihnen auch nicht selbstlos dienen. Seine Selbstsucht überträgt er dann ebenfalls auf die Tier-, Pflanzen- und Mineralwelt.

Das Tier kann nicht reden. Still leidet und duldet es und kann kaum seinen Schmerz und sein Weh mitteilen. Nur der vernimmt, was das Tier an Schmerz und Pein erduldet, der Menschen, Tiere, Pflanzen und Steine selbstlos liebt.

Der Ichbezogene, der Herrenmensch, erwartet, dass seine Mitmenschen ihm dienen. Er verlangt auch vom Tier, dass es über seine Möglichkeiten und Kräfte hinaus ihm dient. Er selbst bestimmt – und dient nicht. Deshalb fügt er Menschen und Tieren unsagbare Qualen zu. Wenn der Mensch seine Mitmenschen zu seinen Abhängigen – gleichsam zu Sklaven – macht, dann wird er auch die Tiere unterjochen. Wer nicht mehr auf sein Gewissen hört, der wird hartherzig gegenüber Mensch und Tier. Er sieht nur noch auf seine Belange, auf seinen Eigennutz. Er nimmt sich selbst sehr wichtig und vergisst dabei, dass seine Nächsten und Übernächsten, die Tiere, unter seiner ichbezogenen Herrschaft zu leiden haben. Er spürt dann auch nicht mehr, was sein Nächster und das Tier benötigen.

Wenn die Sinne des Menschen verroht sind, dann ist der ganze Mensch gefühlsarm. Um so empfindlicher reagiert er jedoch, wenn sein eigenes Ich angesprochen und sein Tun in Frage gestellt wird.

Erkennet: Wer nur mit dieser Welt ist, der blickt auch nur auf seine kleine, begrenzte Welt des Ichs. Dadurch wird er stumpf gegenüber dem Gesetz des Lebens und wird somit ein geistig Toter. Geistig Tote sind stumm und taub für das wahre Leben. Sie werden so lange, wie es nach den Gesetzen der Einverleibung noch möglich ist, wieder in die Materie eingeboren werden, um im Wandel ihrer Schicksale zu erfahren und zu erleben, dass ihr Nächster, der neben ihnen steht, und ebenso auch das Tier, empfindet und leidet – zumal alle das Leben aus Gott haben.

Wohl jenen, die erkennen, dass ihr weiteres Dasein Qual oder Freiheit bedeuten kann, weil der Mensch erntet, was er sät.

Die Zeit ist nahe herbeigekommen, in der die schwerbelasteten Seelen nicht mehr das Zeitliche aufsuchen können, weil dann das Licht auf der Erde wohnt. Die Schatten menschlichen Ichs können dann nicht mehr die Welt beherrschen, weil Gottes Wille gelebt und sichtbar wird.

Wer sein Leben Gott geweiht hat, der ist selbstlos geworden. Sein Leben steht sodann im selbstlosen Dienst am Nächsten. Der Mensch im Geiste des Herrn spricht nicht mehr von Dein und Mein. Er lebt in Gottes Fülle von Ewigkeit zu Ewigkeit — in dem, was Gott ihm vererbt hat: alles Sein, die Ewigkeit.

Wer also wahrhaft lebt, der schaut, was geistig Tote nicht sehen – er hört, was geistig Tote nicht erhorchen können: das Leben, das strömt, aus Mensch, Tier, Pflanze und Stein, aus der ganzen Unendlichkeit. Denn wer in Mir lebt, ist eins mit allen Menschen, Wesen, Tieren, Pflanzen, Steinen und mit der ganzen Unendlichkeit. Er versteht die Sprache der Liebe.

5. Und der Herr wurde traurig und sprach: „Wehe euch, der Stumpfheit eures Herzens wegen hört ihr nicht, wie es klagt und schreit zu seinem himmlischen Schöpfer um Erbarmen, und dreimal Wehe über den, gegen den es schreit und stöhnt in seiner Qual!" (Kap. 21, 5)

Ich, Christus, erkläre, berichtige
und vertiefe das Wort:

Wehe denen, die gegen Mensch, Tier, Pflanze, Stein und gegen alles sündigen, was ihnen Gott zum Leben in Ihm gegeben hat! Das Gemüt vieler Menschen ist stumpf geworden. Ihr menschliches Ich sinnt nur auf eigene Vorteile. Dabei benachteiligt der eigensüchtige Mensch seine Mitmenschen und beutet auch die Naturreiche aus. Der Mensch dieser Zeit legte und legt Hand an an den großen Erdmenschen, die Erde. Er verunreinigt die Erde, schändet das Leben auf ihr und greift durch seinen Umgang mit der

Atomkraft in die Atmosphäre ein, ebenso mit Chemikalien und anderem. Er schändet also die Erde und alles, was darauf lebt, und zerstört ihren atmosphärischen Mantel, welcher ihr und allem irdischen Leben Schutz bietet.

Gerade in dieser Zeitenwende, der Wende von der alten, sündhaften Zeit zur Lichtzeit, rufen Tier- und Pflanzenarten mit ihren Empfindungskräften, mit der Sprache ihres Bewusstseins, zu ihrem Schöpfer um Hilfe und Rettung. Unvorstellbar leiden die Tiere und Pflanzen unter den Auswüchsen des menschlichen Ichs, der menschlichen Eigensucht. Das geknechtete Leben ruft um Erbarmen und Erlösung.

Gott, Mein Vater, der Schöpfer aller Lebensformen, hat die geknechtete Kreatur erhört. Viele Tierarten sterben wegen der gegensätzlichen Handlungsweise der Menschen aus. Ihre geistigen Kräfte gehen entweder zurück in die Erdseele oder in die reinen Bereiche des ewigen Seins. Das ist für viele Erlösung. Viele von ihnen kommen jedoch dann wieder, wenn das Licht auf der Erde wohnt, weil Menschen in der Einheit mit Gott leben.

Wisset: Jede ungesühnte Missetat und jede Misshandlung – sei es an Menschen, Tieren, Pflanzen, sogar an Steinen, an der ganzen Erde also und an der Atmosphäre – fällt auf den Urheber zurück. Erkennet: Viele Tiere sind den Menschen gegeben, auf dass sie ihnen dienen. Viele sind gegeben, um das ökologische Gleichmaß zu wahren. Doch rechtes, ja gegenseitiges Dienen, kann nur dann sein, wenn der Mensch die Kindschaftsliebe aus dem

Vater-Mutter-Gott und die Schöpferliebe, die im Tier, in den Pflanzen und in den Steinen wirksam ist, entfaltet hat. Dann kann er auch mit allem Sein kommunizieren.

Wo reine Kommunikation ist, dort fließt auch ewige, kosmische Energie. Wo jedoch die Kräfte der Liebe gebunden sind, dort ist Hartherzigkeit, Eigensucht und Sklaverei. Dort gibt es weder Verständnis noch Toleranz, dort ist nur Nehmen und kein Fließen aus Geben und Empfangen.

Es ist Gesetz: Was der Mensch dem Geringsten Meiner Brüder antut, seinem Mitmenschen, das hat er Mir, dem Christus, angetan – und letzten Endes auch sich selbst; denn was der Mensch sät, das wird er ernten. Die Ernte entspricht jeweils der Saat. Wenn der Mensch gegen das ewige Gesetz der selbstlosen Liebe verstößt, wendet er sich ab von den ewigen Energien, die er zu einem gesunden Leben benötigt, zum Wohlergehen seiner Seele und auch seines Leibes. Wer sich also der Welt und ihren Schatten zuwendet, der wendet sich von Mir, dem Lichte, ab. Und wer sich von Mir abwendet, der tritt in die Schatten des menschlichen Ichs ein. Wer im Schatten steht, der leidet und verkümmert und wird zum Sklaven seines Ichs und macht wiederum seine Nächsten zu Sklaven.

Erkennet: Nur der lässt sich zum Sklaven des Herrenmenschen machen, der selbst im Schatten steht und dadurch schon versklavt ist. Er verkauft sich sodann dem Herrenmenschen um ein paar Silberlinge und verrät somit seinen wahren Herrn. Das geschieht gegenüber Menschen, Tieren, Pflanzen, der Erde und der Atmosphäre.

6. Und Er schritt weiter und berührte das Pferd, und das Tier erhob sich, und seine Wunden waren geheilt. Aber zu dem Manne sprach Er: „Gehe nun deinen Weg und schlage es künftig nicht mehr, wenn auch du Erbarmen zu finden hoffest."

7. Und da Er das Volk herankommen sah, sprach Jesus zu Seinen Jüngern: „Des Kranken wegen Bin Ich krank, des Hungrigen wegen leide Ich Hunger, des Durstigen wegen leide Ich Durst." (Kap. 21, 6-7)

Ich, Christus, erkläre, berichtige
und vertiefe das Wort:

„Des Kranken wegen bin Ich krank" heißt: Wer selbstlos liebt, der ist offen für seinen Nächsten und kann auch in seinem Herzen das Weh, das Leid und die Krankheit in seinen Mitmenschen erspüren und nachempfinden. Menschen, die selbstlos für ihre Nächsten da sind, erhalten aus Mir die Kraft, den Kranken Trost und Hilfe zu geben. Menschen in Meinem Geiste dienen selbstlos ihren Nächsten, wenn diese es wünschen.

Erkennet: Jeder Mensch hat den freien Willen, und keiner soll sich seinem Nächsten aufdrängen. Deshalb soll der Mensch nur Hilfe leisten, wenn diese erwünscht ist.

Der Geist der Liebe strömt durch selbstlos dienende Menschen zu vielen Seiner Menschenkinder und lässt ihnen Hilfe zuteil werden. Gott steht Seinen Menschenkindern in jeder Situation bei, auch durch Menschen, deren Herzen selbstlos für Gott und für ihre Mitmenschen schlagen. Wer selbstlos liebt, dient auch selbstlos. Dadurch kommt das Gute in diese Welt: Gott.

Wer seine eigenen Ursachen erkennt, der kennt auch die in dieser Welt ablaufenden Ursachenketten, deren Wirkungen zu mannigfachen Krankheiten, Leiden und Pein führten und führen. Wer den Einblick in das Gesetz von Saat und Ernte hat, der kennt auch den Weg heraus aus den Wirren und Verstrickungen des menschlichen Ichs. Und wer den Weg heraus aus Leid, Pein, Krankheit und Siechtum geht, der wird immer weniger Ursachen schaffen. Dadurch verringert sich die schlechte Saat im Acker des Lebens. In ihm geht dann die gute Saat auf, das Leben in Mir, dem Christus.

„... des Hungrigen wegen leide Ich Hunger, des Durstigen wegen leide Ich Durst" heißt: Ich empfand als Jesus von Nazareth und weiß als Christus, warum es vielen Meiner Menschenkinder an Nahrung mangelt und weshalb sie dürsten. Ich schaute als Jesus die Mängel und weiß sie als Christus. Die Mängel sind das mangelnde Licht der Seele. Die erwachte Seele hungert und dürstet nach Mir, dem Christus. Eine in Mir erwachte Seele wird nicht eher ruhen, bis der Mensch erkennt, weshalb sie hungert und dürstet. Hat der Mensch die Not der Seele erkannt und bereinigt er mit Meiner Kraft das Erkannte, das zur Lichtarmut der Seele geführt hat, dann atmet die Seele auf, und der Mensch gesundet.

Erkennet: Die Seele lebt allein von dem Lichte Gottes. Hat sie davon zu wenig, dann erkrankt der Körper – oder der Mensch muss hungern und dürsten; je nachdem, welche Saat er in den Acker, in seine Seele, gelegt hat.

Jeder Durstige sehnt sich nach der Quelle, nach Wasser. Fließt im Menschen die Quelle inneren Lebens nur spärlich, weil er sich von der Quelle abgewendet hat, dann leiden Seele und Mensch. Wer in Gott lebt, empfindet das Leid seiner Nächsten und wird nicht eher ruhen, bis alle Seelen und Menschen an der Quelle des Lebens angelangt sind und die Seelen sich mit dem Ursprung der Quelle vereinen, um dann wieder die Quelle selbst zu sein.

Bis alle Menschen und Seelen in diesem geistigen Bewusstsein leben, werde Ich als Erlöser mit den Menschen und Seelen sein und ihre Krankheiten, ihren Hunger und ihren Durst mitempfinden, den Hunger stillen und den Durst löschen – bis alles Menschliche gelöst ist und die Seele wieder die Quelle aus Gott selbst ist, das Geistwesen der Himmel, das Ebenbild Gottes.

8. Und Er sagte auch: „Ich Bin gekommen, die Opfer und die Blutfeste abzuschaffen. Wenn ihr nicht aufhören werdet, Fleisch und Blut der Tiere zu opfern und zu verzehren, so wird der Zorn Gottes nicht aufhören, über euch zu kommen; ebenso wie er über eure Vorfahren in der Wüste gekommen ist, die dem Fleischgenusse frönten und von Fäulnis erfüllt und von Seuchen aufgezehrt wurden. (Kap. 21, 8)

Ich, Christus, erkläre, berichtige
und vertiefe das Wort:

„Ich Bin gekommen, die Opfer und die Blutfeste abzuschaffen" heißt: Ich Bin gekommen, euch das Evangelium, das Gesetz der Liebe, zu lehren und es euch vorzuleben, damit ihr erkennt, dass nur jener Mensch im Inneren reich an geistiger Kraft ist, der die Gesetze Gottes hält. Menschen, die innere Werte besitzen, wird es an nichts mangeln. Denn wer in seinem Herzen reich ist, der ist mit seinem Nächsten und nicht gegen ihn – und somit für Gott, das Leben, das die Fülle ist. Menschen mit inneren Werten sind auch mit der Tier- und Pflanzenwelt und nicht gegen die Schöpfungen Gottes. Wer gegen seinen Nächsten ist, wird gegen ihn kämpfen und ihn töten. Und wer gegen seinen Nächsten ist, der wird auch nicht für anderes Leben sein – weder für das der Tiere noch das der Pflanzen und Steine.

Wer gegen das Leben in Mir, dem Christus, ist, den hungert und dürstet es nach Erfolg, Reichtum, Macht und Ansehen. Für seine Feste und Gaumengelüste tötet er Tiere und verzehrt ihr Fleisch. Damit zeigt er, dass er fern von Gott ist.

Gott, dem Ewigen, sind auch Tieropfer ein Gräuel. Er will nicht, dass Ihm Tiere geopfert oder geweiht werden. Gott hat allen Formen des Seins das Leben gegeben, also auch den Tieren. Wozu sollen sie Ihm geopfert werden, wenn doch Er, das Leben, selbst in ihnen wohnt?

Wenn der Mensch jedoch sein menschliches Ich, seine Leidenschaften und Begierden Mir, dem Christus, opfern und ein gottgewolltes, also gottgeweihtes Leben anstreben und führen würde, so würde dies zur Einheit aller Lebensformen beitragen. Gott ist der Geist der Liebe und der Freiheit! Deshalb sollte jeder Mensch freiwillig sein Ich opfern. Dann erst wird er sanftmütig und von Herzen demütig und findet zur großen Einheit: Gott. Diese Entfaltung des Menschen hin zu Ihm liebt Gott an Seinen Kindern.

Und wer sich dem ewigen Vater-Mutter-Gott hingibt, indem er sein Menschliches wandelt in Göttliches, der wird keine Tiere schlachten und ihr Fleisch verzehren und auch kein Tier mutwillig töten. Solche Menschen werden auch der Pflanzenwelt mit selbstloser Liebe begegnen, da auch sie ein Schöpfungsgeschenk Gottes an Seine Menschenkinder ist. Die Pflanzen und die Früchte des Feldes und des Waldes schenken sich dem Menschen bereitwillig und wollen ihm als Nahrung dienen und als Heilmittel für seinen kranken Leib.

Der „Zorn Gottes" kommt aus der Vorstellungswelt der Heiden, die im Alten Bund noch sehr lebendig war: Man glaubte, die „Götter" würden an Menschen Rache nehmen. Es wäre gut, wenn der sündige Mensch erkennen würde, dass er den sogenannten „Zorn Gottes" selbst geschaffen hat. Der „zürnende Gott" ist das menschliche Ich, das Rache übt für das, was es selbst verursacht hat; denn was der Mensch sät, das wird er ernten.

Auch die Worte „Auge um Auge, Zahn um Zahn" wurden und werden falsch gedeutet. Der Mensch soll sich nicht an seinem Nächsten rächen und Gleiches mit Gleichem vergelten. Ihm ist geboten, seinem Nächsten zu vergeben, ihn um Vergebung zu bitten und Gleiches oder Ähnliches nicht mehr zu tun. Wer dieses Gebot nicht befolgt, der begibt sich selbst in das Gesetz der Abtragung. Es lautet: „Auge um Auge, Zahn um Zahn." Dann wird er ernten – „Auge um Auge, Zahn um Zahn" –, was er gesät hat.

Erkennet: Früher oder später wird das zornige, beherrschende Ich, der Ich-Gott des Menschen, zusammenbrechen – spätestens dann, wenn aus der Seele die Ursachen ausfließen: das, was der Mensch gesät hat.

Erkennet weiter: Das Leid der Tiere und das Fleisch der mutwillig getöteten Tiere, das verzehrt wurde, zehren wiederum am Fleische des Menschen. Die Folgen sind Krankheiten und Seuchen. Es sind die Wirkungen auf diese und ähnliche Ursachen.

9. Und Ich sage euch, selbst wenn ihr versammelt seid in Meinem Schoße, haltet aber Meine Gebote nicht, so will Ich euch verstoßen. Denn wenn ihr nicht das verborgene Wissen im Kleinen erfüllen wollt, wie soll Ich euch dann das größere geben?

10. Wer treu ist im Kleinsten, wird auch treu sein im Großen; und wer ungerecht ist im Kleinsten, wird auch ungerecht sein im Großen. (Kap. 21, 9-10)

Ich, Christus, erkläre, berichtige
und vertiefe das Wort:

„Und Ich sage euch, selbst wenn ihr versammelt seid
in Meinem Schoße, haltet aber Meine Gebote nicht, so will
Ich euch verstoßen" soll heißen: Auch wenn der Mensch
„Herr, Herr!" ruft und viel von Mir spricht und vom Evangelium der Liebe, jedoch in seinem Leben nicht verwirklicht und nicht das befolgt, worüber er redet, so wird er
sich selbst – durch sein menschliches Ich – verstoßen. Dadurch tritt er aus dem Gesetz der Liebe heraus und schafft
Ursachen, deren Wirkungen über ihn hereinbrechen werden, wenn er sie nicht rechtzeitig erkennt, bereut und
solches nicht mehr tut. Nicht das Ich Bin, Gott, verstößt
die Seele und den Menschen. Der Mensch wendet sich
selbst vom Gesetz der Liebe und des Lebens ab; er schafft
dadurch sein eigenes Gesetz, unter dem er dann leidet.
Denn der Mensch wird das empfangen, was er gesät hat.
Daher bemüht euch, in Meinem Schoße zu bleiben durch
ein Leben in Mir, dem Christus, durch selbstlose Liebe und
selbstlose Werke.

Die Aussage „so will Ich euch verstoßen" kommt nie-
mals aus dem Geiste Gottes, der Ich Bin. Der Sinn dieser
Aussage ist: Durch euer eigenes kleines Ich stoßt ihr eure
Seele in das Tal der Ursachen, unter denen ihr dann leiden
werdet. Denn allein das Ich des Menschen baut in der
Seele und im physischen Leib das Gesetz von Saat und
Ernte auf.

In viele alte Texte, die in früherer Zeit gegeben und immer wieder redigiert und übersetzt wurden, flossen Redewendungen aus der Zeit vor und nach dem Alten Bund ein. Waren diejenigen, welche diese Texte redigiert und übersetzt haben, noch in dieser Vorstellungswelt verhaftet, dann verwendeten sie auch diese Begriffe wieder und übernahmen sie in die neuen Textfassungen – in dem Glauben, sie hätten den ihnen vorliegenden Text richtig verstanden und deshalb auch richtig redigiert und übersetzt.

Auch in eure sogenannten Bibeln wurden immer wieder solche alten Begriffe übernommen. Das geschieht auch noch heute. Auch deshalb können viele Bibelkundige und Theologen Mein offenbartes Wort für die heutige Zeit und für die Neue Zeit, die Lichtzeit, nicht verstehen. Durch die starre Anwendung solcher Begriffe kam in die Bibeln viel Menschenwerk. Nicht immer wurde bewusst in die Texte hineininterpretiert – es floss oftmals unbewusst, aus menschlicher Überzeugung, mit ein. Die alten Redeformen und die alten Begriffe, mit denen die göttliche Wahrheit in menschlichen Worten wiedergegeben wurde, haben jedoch in der heutigen Zeit oft andere Sinngehalte und Bedeutungen.

Hätte die Menschheit auf die von Gott gesandten Propheten gehört – auch innerhalb der Institutionen Kirche – und hätte sie das erfüllt, was Gott durch Seine Instrumente lehrte; hätte die Menschheit auch auf das gehört, was Ich ihr als Jesus von Nazareth gelehrt und vorgelebt habe, dann wäre diese Zeitepoche voll des Lichts, also der Wahrheit – und es hätte nicht mehr der Propheten bedurft.

Erkennet: Wer das kleinste Gebot, Verständnis und Toleranz gegenüber seinen Mitmenschen zu üben und ihren freien Willen zu beachten, nicht erfüllt, der kann auch das größte Gebot, das Gebot der Liebe, nicht erfüllen. Wer das Gesetz von Saat und Ernte nicht anerkennt und deshalb seinen Nächsten als Schuldigen verurteilt, wie kann der Größeres empfangen, das Gesetz der Liebe, das wahrhaftige Leben?

Wissen ist nicht Weisheit. Die göttliche Weisheit bleibt dem verhüllt, der nur Wissen sammelt.

Wer in den kleinsten Dingen treu, aufrichtig und ehrlich zu sich selbst ist, der ist es auch seinem Nächsten gegenüber. Solche Menschen werden dann auch Großes vollbringen, das von Dauer ist, weil sie in Meinem Willen leben. Wer jedoch im Kleinsten habgierig, neidisch, eifersüchtig und begierig ist, der wird auch dann, wenn es um größere Dinge und Angelegenheiten geht, entsprechend denken, reden und handeln.

Wisset: Aus Neid, Eifersucht, Habgier und Streit entstanden Kriege, Mord, Zerstörung und Entzweiung der Völker.

Gesprochen für die Menschen im lichten Friedensreich: So war es auch noch in der Zeitepoche, in der Ich dieses Werk durch den einverleibten Teilstrahl der göttlichen Weisheit offenbart habe, zu Beginn der mächtigen Zeitenwende.

*11. Und wenn ihr nicht treu gewesen seid in den sünd-
haften irdischen Gütern, wer wird euch die wahren Reichtümer anvertrauen? Und wenn ihr nicht treu gewesen seid
in dem, was eines anderen ist, wer wird euch dann das
Eure geben? (Kap. 21, 11)*

Ich, Christus, erkläre, berichtige
und vertiefe das Wort:

Wenn ihr eure irdischen Güter als euer Eigentum betrachtet und nur darauf bedacht seid, es für eure Zwecke
zu vermehren, so seid ihr im Innersten verarmt, denn ihr
verwaltet den Besitz nicht gesetzmäßig – zum Wohle vieler. Gott wird euch dann nicht die wahren Reichtümer anvertrauen: das Gesetz des Lebens in diese Welt zu tragen.
Denn wer das Gesetz der Liebe und des Lebens nicht erfüllt, der ist geistig verarmt. Und wenn ihr eure Nächsten
übervorteilt habt, also dem Gesetze des Lebens und der
Liebe nicht treu geblieben seid, wie könnt ihr das Himmelreich, das selbstlose Leben, erlangen?

Wer in den Himmel eingehen möchte, der muss im Inneren reich sein – reich an inneren Werten und Göttlichkeit. Wer sich auf Erden Reichtümer erworben hat und
sie als sein Eigentum betrachtet, der ist im Geiste des
Lebens arm. Denn was ihm an äußerem Reichtum gegeben ist, wurde ihm nur deshalb anvertraut, dass er damit

das Gemeinwohl auf Erden fördert, das heißt: Einer für alle – und alle für Einen.

Wer die irdischen Reichtümer als sein Eigentum ansieht und als sein Verdienst, der ist nicht besser als jener, der seinen Nächsten um dessen Hab und Gut beneidet und es ihm hinwegzunehmen trachtet oder sich daran bereichern will.

Wer jedoch zuerst nach dem Himmelreich trachtet, der hat in sich das ewige Leben erkannt und es bewusst an- und aufgenommen.

Wer den inneren Reichtum entwickelt, dem wird es auch als Mensch an nichts mangeln. Denn Gott, der Vater-Mutter-Gott, sorgt für Seine Erdenkinder, auf dass sie nicht darben müssen. Wenn Menschen jedoch darben und hungern, so haben sie in Vorleben ihren Menschengeschwistern das Brot verweigert und die Hilfe versagt oder als Wissende sie oftmals nicht gesetzmäßig geführt nach dem Gebot „Bete und arbeite".

Vielen Menschen hat Gott ein äußeres Vermögen anvertraut, auf dass sie es für das Gemeinwohl einsetzen und in rechter Weise vermehren zum Wohle aller. Wer leidet und darbt, soll von jenen getröstet werden und Hilfe erlangen, denen Gott die Gaben dazu gegeben hat, dass sie diese in rechter Weise an Seine notleidenden und hungernden Kinder verteilen. Es soll jedoch gesetzmäßig verteilt werden nach dem Gebot „Bete und arbeite".

12. Niemand kann zwei Herren dienen. Denn entweder muss er den einen hassen und den anderen lieben; oder er muss zu dem einen halten und den anderen geringschätzen. Ihr könnt nicht Gott und dem Mammon zugleich dienen." Und die Pharisäer, welche habgierig waren, hörten alle diese Worte und verspotteten Ihn.

13. Und Er sprach zu ihnen: „Ihr seid es, die sich vor Menschen rechtfertigen; aber Gott kennt eure Herzen: Denn was unter den Menschen hochgeschätzt ist, ist ein Gräuel im Angesichte Gottes. (Kap. 21, 12-13)

Ich, Christus, erkläre, berichtige
und vertiefe das Wort:

Niemand kann zwei Herren dienen. Wer sich jedoch dem einen Herrn, dem Vater-Mutter-Gott, anvertraut, indem er Gottes Willen erfüllt, der wird Gott auch in seinem Nächsten dienen und wird sich nicht höher schätzen als seinen Nächsten. Wer jedoch den äußeren Reichtum sein Eigen nennt, der wird auf seine Nächsten herabblicken und sie geringer schätzen. Solche Menschen sind oftmals eigensüchtig, ängstlich und engherzig und ihrem Nächsten gegenüber misstrauisch und argwöhnisch; denn sie sind der Ansicht, ihr Nächster könnte sie übervorteilen und ihnen den Reichtum entwenden, den sie nach dem Gesetze des Lebens gar nicht besitzen – der ihnen nur geliehen ist, damit sie ihn in rechter Weise einsetzen für viele. Solche Menschen lieben nur sich und ihren scheinbaren Reichtum und stellen sich gegen alle, von denen sie glauben, sie wollten sie berauben.

Zu allen Zeiten gab und gibt es Pharisäer, die schöne Redenführen und viele Argumente und Ausreden haben, um das zu behalten, was sie sich als ihr scheinbares Eigentum angeeignet haben.

Erkennet: Jeder, der sich verteidigt und rechtfertigt, klagt sich an und gibt Zeugnis davon, wer er ist. Gott kennt alle Seine Kinder! Er schaut nicht auf die Reden der Einzelnen, sondern in ihre Herzen. Dem Ewigen ist nichts verborgen. Wenn es an der Zeit ist, lässt Er alles offenbar werden, damit jeder Sünder sich selbst erkennt, damit er bereut, um Vergebung bittet, vergibt, wiedergutmacht und solches nicht mehr tut, so dass er sich wieder in Gott findet.

Dazu lehre Ich, Christus, in dieser Zeitepoche wieder den Inneren Weg, auf dass alle Menschen, die guten Willens sind, sich erkennen, wieder zu Gott finden und zur Einheit mit Ihm und mit ihren Nächsten gelangen durch den Sohn, der Ich Bin.

14. Das Gesetz und die Propheten galten bis zu Johannes. Und von dieser Zeit an wird das Reich Gottes gepredigt, und jedermann dringet hinein. Es ist aber leichter, dass Himmel und Erde vergehen, denn dass ein Pünktchen des Gesetzes sich nicht erfülle." (Kap. 21, 14)

Ich, Christus, erkläre, berichtige
und vertiefe das Wort:

„Das Gesetz und die Propheten galten bis zu Johannes" heißt: Das Gesetz, das die Propheten gelehrt haben, wurde bis zum Erscheinen des Johannes offenbar. Was die Propheten aus dem Gesetz Gottes darüber hinaus noch gelehrt haben, das habe Ich als Jesus vertieft und lebte es den Menschen vor. Darauf baute Ich als Jesus auf und begann, das Reich Gottes und seine Gesetze zu verkünden, das schon die Propheten vor Johannes angekündigt hatten. Jede Seele geht in das Reich Gottes ein, welche die Gesetze des Lebens verwirklicht und hält.

Das Gesetz Gottes ist absolut. Von ihm kann kein Jota hinweggenommen werden. Das Gesetz des Ewigen wird sich auf und in der Erde und in den Stätten der Reinigung in allen Facetten des Lebens erfüllen. Ich Bin als Jesus von Nazareth gekommen, um das Gesetz Gottes zu erfüllen; und wer in Meine Fußspuren tritt, wird es halten, wie Ich es gelehrt, vorgelebt und somit geboten habe.

In dieser Zeitepoche lehre Ich, Christus, durch Meine Prophetin und Botschafterin wieder das ewige Gesetz und führe die Meinen in das Reich des Inneren ein. Ich lehre sie auch wieder die ewigen Gesetze für das Reich Gottes auf dieser Erde. Wer in Meinen Fußspuren, in denen des Nazareners, wandelt, der ist der Mitgründer und Miterbauer des Friedensreiches Jesu Christi auf Erden.

Ich, Christus, kam also in Jesus in diese Welt, um das Reich Gottes auf Erden zu verkünden und die Gesetze des Reiches Gottes zu lehren.

Mit den Worten „Lehret und dann taufet" meinte Ich die Taufe durch den Heiligen Geist. Denn wer die Lehren aus dem Geiste empfangen und erfüllt hat, der ist der geistig Getaufte; er bedarf nicht mehr der Taufe mit Wasser. Die Wassertaufe kann nur noch als Symbol gelten. Denn jeder Mensch, der die Gesetze Gottes verwirklicht, ist vom Geiste des Lebens getauft und kann in den Himmel eingehen, weil er das Gesetz des Lebens, Gott in Mir, dem Christus, erfüllt.

Ich, Jesus, empfing von Johannes die Wassertaufe als Symbol, und von da an begann Ich zu predigen und zu lehren und den Menschen das Reich Gottes näherzubringen. Zugleich kam auch die Teilkraft aus der Urkraft, das Lichtpotential für alle gefallenen und belasteten Seelen in der Urzentralsonne, mehr und mehr in Aktion. Und so, wie Ich als Jesus von Nazareth das Reich Gottes predigte und den Weg dorthin, das Gesetz der Liebe, lehrte und vorlebte, so taten es alle weiteren Propheten, die Ich nach Meinem „Vollbracht" sandte – und so werde Ich es auch weiterhin tun, bis viele Menschen in der Erfüllung der ewigen Gesetze leben.

Erkennet: Durch das „Vollbracht" ist jeder Seele der Evolutionsweg in die ewigen Himmel vorgegeben. Keine Seele wird zurückbleiben, denn in allen, ja sogar im Dämon, ist das Erlöserlicht – die Leuchte der Seele –, das sie vor der Auflösung bewahrt.

Nur wer wieder zum absoluten Gesetze der Liebe geworden ist, zum Geistwesen, wird in die Wohnungen zurückkehren, die der ewige Vater für es bereithält. Denn jede wieder rein gewordene Seele muss das Gesetz Gottes ganz erfüllen; es darf kein Pünktchen des Gesetzes unerfüllt sein.

Ich, Christus, offenbare Mich wieder in dieser Zeitenwende, die hinführt zum neuen Zeitalter, dem Friedensreich Jesu Christi. Durch die göttliche Weisheit kommt das allumfassende Gesetz Gottes wieder auf diese Erde in allen Einzelheiten. Alle, die guten Willens sind, finden nicht nur aus dem Gesetz von Saat und Ernte heraus; sie erhalten auch die Lehren und Anweisungen, wie sie das ewige Gesetz des Lebens auf dieser Erde allumfassend anwenden können.

Ich, Christus, lehre also in dieser Zeitepoche die ganze Wahrheit. Wer aus der Wahrheit ist, versteht den Sinn des von Mir in Wort und Schrift Offenbarten. Denn Menschen, die dem Ewigen näher kommen, haften nicht mehr am Wort und auch nicht mehr am Buchstaben. Worte und Buchstaben sind nur Zeichen.

Menschen, die den Inneren Weg der Liebe bewusst Schritt für Schritt gehen, werden nicht mehr danach fragen, was hinter den sogenannten Geheimnissen Gottes steht. Für sie wird alles offenbar, weil der Mensch, der dem Inneren Leben näher kommt, sein geistiges Bewusstsein erschließt, also eintaucht in das ewige Gesetz, Gott, das nur jenen verschlossen ist, die es nicht verwirklichen und halten.

Jetzt schon sind die Menschen reich im Geiste des Lebens, die den Weg der Liebe wandeln und die Gemeinschaft mit ihren Nächsten halten. Sie können gewiss sein, dass sie schon jetzt zu Meiner Rechten stehen.

Ich wiederhole: Den hier vorliegenden Text aus dem Buch „Das Evangelium Jesu" erkläre und berichtige Ich, Christus, so weit, wie die damaligen Begriffe und Worte denen der jetzigen Zeit nicht mehr entsprechen, weil ihnen ein anderer Sinngehalt beigemessen wird. Auch wesentliche ungesetzmäßige Interpretationen, die – auch durch Übersetzungen – eingeflossen sind, berichtige Ich. Ich vertiefe auch die Darlegungen und gebe weitere Gesetzmäßigkeiten hinzu. Dadurch sollen all jene, die im Friedensreiche Jesu Christi leben werden, nicht nur einen Einblick in das erhalten, was sich in Meiner Zeit als Jesus von Nazareth zugetragen hat, sondern auch in das, was sich bis hin zum erwachenden Friedensreich Jesu Christi ereignet hat.

15. Und es kamen mehrere Frauen zu Ihm und brachten ihre Kindlein, die sie an der Brust hatten, zu Ihm, damit Er sie segne. Aber einige sagten: „Warum belästigt ihr den Meister?"

16. Doch Jesus verwarnte sie und sprach: „Von diesen da werden jene kommen, die Mich vor den Menschen verkünden werden." Und Er nahm sie in Seine Arme und segnete sie. (Kap. 21, 15-16)

Ich, Christus, erkläre, berichtige
und vertiefe das Wort:

Mit den Worten „Von diesen da werden jene kommen, die Mich vor den Menschen verkünden werden" deutete Ich das Kommen jener an, die mit Mir im Auftrage des Vater-Mutter-Gottes stehen, alle gefallenen und belasteten Seelen und Menschen an das Herz der Liebe zurückzuführen.

Im ewigen Sein, in der ewigen Stadt Jerusalem, wurde in Gegenwart des ewigen Vaters der Erlöserauftrag in allen Einzelheiten geplant und vorbereitet. Jedes Wesen, das sich für diesen Auftrag entschied, brachte einen oder mehrere Bausteine aus dem großen Mosaik des Erlöserplanes als sein Liebe- und Hilfspotential für die gefallenen und belasteten Seelen in die Urzentralsonne und in die Prismensonnen, das heißt in die Wesenheits- und Eigenschaftssonnen, ein. Ausgehend von der Urzentralsonne und den Wesenheits- und Eigenschaftssonnen, welche die Grundkräfte der Unendlichkeit sind, strahlte der Auftrag für die Erlösung in alle Fallwelten und in die Atmosphäre dieser Erde ein.

Während dieses machtvollen Geschehens nahmen die Söhne und Töchter Gottes ihren Anteil am Werk der Erlösung auch in ihren Geistleib auf.

Viele Söhne und Töchter Gottes entschlossen sich, das Erlösungswerk mit Mir, Christus, durchzuführen, bis die letzte Seele wieder im ewigen Sein ist. Doch nicht jedes Geistwesen, das im Erlöserauftrag steht, wird bis zuletzt mit Mir, Christus, wirken, das heißt bis alle Wesen wieder die Reinheit erlangt haben. Diese gewaltige Hilfsaktion – bis die letzte Seele heimgekehrt ist – obliegt jenen Wesen, die sich hierfür verpflichtet haben und die vorwiegend aus dem Zentrum allen Seins, aus dem Heiligtum, kommen, wo der Fall seinen Anfang genommen hat. Es sind jene, die über das Geschlecht David in diese Welt kamen und so lange immer wieder auf die Erde kommen, bis das Friedensreich Jesu Christi seinen Höhepunkt erreicht hat. Sie stehen bis zuletzt mit Mir im Erlöserauftrag und sind mit Mir, Christus, die Hauptverantwortlichen in Meinem Werk der Erlösung.

Jedes Geistwesen, das die Verantwortung für das Erlöserwerk mit auf sich nahm, brachte aus den Anlagen seiner geistigen Mentalität das entsprechende Geistpotential ein. Dieses eingebrachte geistige Potential der Söhne und Töchter Gottes bereitete Mir, Christus, und ihnen selbst die Wege über die Fallreiche, die nach dem „Vollbracht" zu Reinigungsebenen wurden. Ihr eingebrachtes geistiges

Potential sind ihre verschiedenen geistigen Mentalitäten, mit denen sie im Menschenkleide die entsprechenden Fähigkeiten für das Friedensreich Jesu Christi entwickeln.

So haben also viele Söhne und Töchter Gottes, die im Auftrag der Erlösung stehen, einen Teil ihres Geistpotentials für die Heimführung aller Kinder Gottes in den Auftrag eingebracht und wirken nun im Werk der Erlösung. Die erwachten Seelen, die sich im Erdenkleid für Mich entschieden haben, reihen sich entsprechend ihrem Auftrag in das große Ganze ein und dienen im Werk der Erlösung, das auch ihr Werk ist. Sie tragen in sich den strahlenden Auftrag, alle Seelen und Wesen heimzuführen zum großen, ewigen Urlicht, Gott.

Das Geschlecht David und Söhne und Töchter Gottes aus den weiteren Geschlechtern bilden ein großes, mächtiges Volk, das Volk Gottes auf dieser Erde. Manche von ihnen haben sich in Inkarnationen belastet und können von Mir, dem Christus Gottes, noch nicht angesprochen werden, weil ihr Herz noch fern von Mir ist. Andere der Söhne und Töchter Gottes, die im Auftrag stehen, befinden sich noch auf dem Weg, um den Teil des Auftrags zu erfüllen, der ihnen obliegt. Manche von ihnen gingen wieder zurück in die „Welt", da sie noch zu sehr in der Welt verhaftet waren. Ihre Seelen jedoch haben Meinen Ruf vernommen und werden zu gegebener Zeit wieder zurückkehren zu ihrem Auftrag, in das Werk der Erlösung. Ihre Rückkehr muss nicht in dieser Inkarnation, in diesem

Erdendasein, sein. Es kann auch noch in späteren Einverleibungen geschehen, denn Mein Friedensreich auf dieser Erde ist erst im Aufbau.

Wieder andere Söhne und Töchter Gottes wachsen allmählich in ihre Aufgabe hinein und nehmen ihren Auftrag bewusst an.

Weitere stehen schon voll im Auftrag und erfüllen, was sie dafür an geistigem Potential in die Urzentralsonne, in die sieben Grundkräfte der Schöpfung, in die Fallwelten und in die Atmosphäre eingegeben haben.

Viele Söhne und Töchter Gottes, die im Auftrage stehen, und weitere Kinder der Liebe, die im Geiste des Lebens erwacht sind, werden den Sohn Gottes als den Erlöser aller Seelen und Menschen verkünden, bis alle Seelen die Erlösung bewusst angenommen haben und sich auf den Weg zur Vollendung begeben.

Die Söhne und Töchter Gottes, die über das Geschlecht David in die Welt kamen und kommen, bleiben im Auftrag der Erlösung, bis alles vollendet ist. Das deutete Ich schon als Jesus von Nazareth an, als Mir einige Frauen ihre Kinder brachten, auf dass Ich sie segnete. An der Strahlung der Kinder erkannte Ich, welche Seele zum Auftrag der Erlösung gehört. Jedes Wesen, das im Erlöserauftrage steht, hat in seinem Geistleib ein Strahlungssiegel. Dieses strahlt auch durch den irdischen Leib aus, durch das Christuszentrum, das in der Nähe des Herzens wirksam ist.

22. KAPITEL

Die Erweckung der Tochter des Jairus

*Voraussetzungen für Heilung des Leibes - Der Christus
ist in dir (2-5). Die Auferweckung von „Toten" (6-12)*

1. Und siehe, da kam einer der Synagogenvorsteher, mit Namen Jairus. Und als er Ihn sah, fiel er Ihm zu Füßen und flehte Ihn an und sagte: „Meine kleine Tochter liegt im Sterben. Ich bitte Dich, komme und lege Deine Hände auf sie, dass sie gesund werde und lebe." Und Jesus ging mit ihm, und es schlossen sich Ihm viele Menschen an und drängten sich um Ihn.

2. Und da war ein Weib, das hatte seit zwölf Jahren einen Blutfluss und hatte viel erlitten von vielen Ärzten und hatte alles, was sie besaß, dafür ausgegeben; und es war nichts gebessert, sondern sogar schlimmer geworden.

3. Da sie von Jesus gehört hatte, drängte sie sich hinter Ihn und berührte Sein Gewand. Denn sie sagte sich: „Wenn ich nur Sein Gewand berühre, so werde ich gesund werden." Und alsbald hörte das Blut auf zu fließen. Und sie fühlte es in ihrem Leibe, dass sie von ihrer Plage gesund geworden war.

4. Und Jesus spürte sogleich selbst, dass eine Kraft von Ihm ausgegangen war, und wandte sich zu dem Volke, das sich um Ihn drängte, und sprach: „Wer hat Mein Gewand berührt?" Und Seine Jünger sagten zu Ihm: „Du siehst,

dass sich die Menge drängt, und sprichst: Wer hat Mich berührt?"

5. Und Er sah sich um nach der, die es getan hatte. Das Weib aber fürchtete sich und zitterte (denn sie wusste, was an ihr geschehen war), kam und fiel vor Ihm nieder und sagte Ihm die ganze Wahrheit. Er sprach aber zu ihr: „Meine Tochter, dein Glaube hat dich gesund gemacht. Gehe in Frieden, und sei geheilt von deiner Krankheit." (Kap. 22, 1-5)

Ich, Christus, erkläre, berichtige
und vertiefe das Wort:

Was damals geschah, kann auch heute geschehen. Denn sehet, die ihr Meine Worte lest, der Christus wandelt nicht mehr in Jesus über diese Erde – der Christus, o Menschenkind, ist in dir! Und wo du auch bist, wohin du auch gehst: Ich Bin in dir die Kraft der Erlösung, die auch die Heilung deines Leibes bewirkt, wenn dies gut ist für deine Seele. Du, o Mensch, brauchst Mich nicht zu suchen – du findest Mich in dir! Du brauchst nicht dahin oder dorthin zu gehen – Ich Bin in dir! Und überall, wo du bist, da Bin Ich. Ziehe dich in eine stille Kammer zurück und tritt in das Herzenskämmerlein ein, um von Herzen zu beten. Bringe im Gebet Mir, der Ich in dir Wohnung genommen habe, deine Herzensanliegen, und glaube, dass Ich alles vermag.

Und so du in deinem Glauben an Mich keine Zweifel zulässt, wird das geschehen, was für dich gut ist und dem Heil deiner Seele dient. So wie damals gilt auch heute das Gesetz: Dein Glaube hat dir geholfen. Und wenn du nicht mehr sündigst – indem du dich bemühst, die Gebote des Lebens zu halten –, so ist deine Bitte in deiner Seele schon erhört. In deiner Seele und an deinem Leibe wird sich das Heil dann auswirken, wenn es zur Weiterentwicklung deiner Seele dient.

6. Während Er noch sprach, kamen etliche vom Gesinde des Synagogenvorstehers und sagten: „Deine Tochter ist gestorben. Was bemühst du weiter den Meister?"

7. Sobald aber Jesus die Worte hörte, die da gesagt wurden, sprach Er zu dem Synagogenvorsteher: „Fürchte dich nicht, sondern glaube nur!" Und Er erlaubte niemand, Ihm zu folgen, außer Petrus, Jakobus und Johannes, dem Bruder des Jakobus.

8. Und Er kam in das Haus des Synagogenvorstehers und sah den Auflauf und die Sänger des Tempels, und alle weinten und klagten laut.

9. Und als Er hineingekommen war, sprach Er zu ihnen: „Warum lärmt und weint ihr so? Das Mädchen ist nicht gestorben, es schläft nur." Und sie lachten Ihn aus; denn sie dachten, dass sie tot sei, und glaubten Ihm nicht. Doch nachdem Er alle hinausgetrieben hatte, nahm Er zwei Seiner Jünger mit sich und ging hinein, wo das Mädchen lag.

10. Und Er ergriff das Mädchen bei der Hand und sprach zu ihr: „Talitha Kumi!" Das heißt so viel wie: „Mädchen, Ich sage dir, stehe auf!"

11. Und alsbald erhob sich das Mädchen und ging umher. Sie war zwölf Jahre alt. Und sie erstaunten über alle Maßen.

12. Und Er befahl ihnen streng, dass niemand es bekanntmachen sollte, und gebot, ihr etwas zu essen zu geben. (Kap. 22, 6-12)

Ich, Christus, erkläre, berichtige
und vertiefe das Wort:

Erkennet in der Tiefe eurer Herzen Mein Wirken – nicht nur als Jesus von Nazareth, sondern auch als Christus Gottes! Denn Ich Bin wieder zu euch gekommen im Geiste der Liebe, um euch zu helfen und zu dienen.

Solange das Silberband – auch Informationsband genannt –, das Seele und Körper verbindet, noch nicht vom Leibe getrennt ist, besteht noch der geistige Kreislauf und fließen noch die Lebensenergien vom unbelastbaren Wesenskern, Gott, in die Seele – von der Seele in den Körper und vom Körper wieder zurück zur Seele und zum Wesenskern, Gott. Das sah Ich bei dem Mädchen und sprach zuerst still mit der Kraft Meines Vaters in Mir, dem innewohnenden Ich Bin. Dann stellte Ich eine geistige Verbindung zur Seele des Kindes her und ließ über sie dem Silberband vermehrt kosmische Kräfte zufließen. Über den

Wesenskern der Seele floss dann diese verstärkte Lebensenergie in die Seele ein und über die Seele in die Gehirnzellen und in den Organismus des Kindes. So erweckte Ich den Menschen von dem sogenannten Tod.

Auf diese Weise holte Ich alle zurück in das Fleisch, deren Zeit im Erdenkleid noch nicht abgelaufen war. Sie wären nur wegen äußerer Umstände von der Erde gegangen, welche der Seele den Halt nahmen und sie dadurch früher, als ihr nach den kosmischen Gesetzen vorgegeben war, aus dem Körper getrieben hätten.

Im Gesetz des Lebens steht geschrieben, dass jeder Seele im Erdenkleid ein bestimmter irdischer Lebenszyklus vorgegeben ist. Dieser enthält die Möglichkeit eines früheren und eines späteren Todes des Erdenkleides. Der irdische Tod kann auch innerhalb dieser Zeitspanne erfolgen. In dieser Zeitspanne konnte Ich als Jesus von Nazareth mit der Kraft des Geistes die Seelen wieder in ihr Erdendasein zurückrufen.

Diese Werke der Liebe vollbrachte Ich, wenn es gut war für Seele und Mensch. Ich erkannte an der Bewusstseinsstrahlung der Seele, ob sich Seele und Mensch im weiteren Erdendasein neu belasten oder den Glauben an den Ewigen verstärken würden durch Vergeben, Bitten um Vergebung und durch Wiedergutmachen.

Das Gebot für alle Menschen lautet: Ist euer Glaube so groß wie ein Senfkorn, dann kann in und an euch vieles geschehen aus den Werken göttlicher Liebe.

23. KAPITEL

Jesus und die Samariterin

Das Wasser des Lebens, die Wahrheit, eine ewig strömende Kraft (3-7). Wer ernsthaft sucht, findet die Wahrheit - Prüft jene, die über die Wahrheit reden - Über den Wert äußerer Formen der Anbetung - Wer ist heute das Volk Israel? - Das Neue Jerusalem - Der letzte Bund (16)

1. Jesus kam in eine Stadt Samarias, die hieß Sichar, nahe bei dem Felde, das Jakob seinem Sohne Joseph gegeben hatte.

2. Es war aber daselbst Jakobs Brunnen. Da nun Jesus müde war von der Reise, setzte Er sich auf den Brunnenrand. Es war um die sechste Stunde.

3. Und da kommt ein Weib aus Samaria, um Wasser zu schöpfen. Jesus spricht zu ihr: „Gib Mir zu trinken." (Denn Seine Jünger waren in die Stadt gegangen, um Nahrung zu kaufen.)

4. Da sagt das samaritische Weib zu Ihm: „Wie kommt es, dass Du, ein Jude, mich um einen Trank bittest, ein Weib aus Samaria?" (Denn die Juden haben keine Gemeinschaft mit den Samaritern.)

5. Jesus antwortete und sprach zu ihr: „Wenn du erkenntest das Geschenk Gottes, und wer Der ist, der zu dir sagt: ‚Gib Mir zu trinken', so bätest du Gott, der dir lebendiges Wasser gäbe."

6. Da sagt das Weib zu Ihm: „Herr, Du hast doch nichts, damit Du schöpfen kannst, und der Brunnen ist tief;

woher hast Du denn das lebendige Wasser? Bist Du denn *größer* als unser Vater Jakob, der uns diesen Brunnen gegeben hat und daraus trank, er und seine Kinder und seine Kamele und Ochsen und Schafe?"

7. Jesus antwortete und sprach zu ihr: „Wer von diesem Wasser trinket, den wird wieder dürsten. Wer aber das Wasser trinken wird, das Ich ihm geben werde, den wird nimmermehr dürsten, sondern das Wasser, das Ich ihm geben werde, wird in ihm als eine Quelle des Wassers aufbrechen in das ewige Leben hinein." (Kap. 23, 1-7)

Ich, Christus, erkläre, berichtige
und vertiefe das Wort:

Das Wasser des Lebens fließt stärker in diese Welt seit Meinem Wirken als Jesus von Nazareth – und noch stärker seit Meinem „Vollbracht".

Wer vom Wasser des Lebens trinkt, der schöpft aus der Quelle der ewigen Wahrheit, weil er in den Urquell allen Seins zurückgekehrt ist. Ihn wird nie mehr dürsten, noch wird es ihm jemals an etwas mangeln. Er besitzt, was er benötigt, und darüber hinaus.

Menschen im Geiste der Wahrheit sind selbst der geistige Brunnen der Wahrheit. Sie geben und geben – und trocknen nie aus, weil der Geist Gottes, der durch sie wirkt, ewig strömende Kraft ist, der Ursprung der Quelle und die Quelle selbst, die Wahrheit.

Erkennet: Ich Bin das Wasser des Lebens. Wer Mein Leben als Jesus von Nazareth zu seinem Leben macht, indem er das, was Ich ihm geboten habe, hält, der wird in Mir, dem lebendigen Wasser, leben und ein Brunnen des lebendigen Heils sein, aus dem das Wasser des Lebens unaufhörlich fließt. Dann erst kann er vielen Menschen den wahren, frischen Trunk lebendigen Wassers reichen. Diese werden fortan nicht mehr nach der Wahrheit suchen, da sie die Wahrheit, das Ich Bin, gefunden haben. Sie dürsten nicht mehr, denn sie trinken aus der ewigen Quelle der Wahrheit.

Wer vom Wasser des Lebens empfängt, der bleibt kein Einzelgänger; er schwimmt auch nicht mit dem Strom der alten, sündhaften Zeit. Er rudert gegen ihn an, indem er das Menschliche nicht mehr fördert, sondern durch die Kraft der Liebe aufhebt. So findet er in sich die Ewigkeit, das Leben, die Wahrheit, den Urquell, Gott.

Auf diese Weise entsteht allmählich die Lichtzeit und ein neues Menschengeschlecht in Mir, dem Christus: die Menschen, die das Reich des Friedens aufbauen und erhalten werden, da sie selbst friedvoll sind.

8. Da sagt das Weib zu Ihm: „Herr, gib mir dieses Wasser, auf dass ich nicht dürste und ich nicht herkommen müsste, zu schöpfen." Jesus spricht zu ihr: „Gehe hin, rufe deinen Mann und komme her." Das Weib antwortete: „Ich habe keinen Mann."

9. Jesus sieht sie an und spricht zu ihr: „Du hast recht gesagt: Ich habe keinen Mann. Du hast fünf Männer gehabt, und der, den du nun hast, der ist nicht dein Mann. Du hast wahr gesprochen."

10. Da sagte das Weib zu Ihm: „Herr, ich erkenne, dass Du ein Prophet bist. Unsere Väter haben auf diesem Berge gebetet, und ihr sagt, zu Jerusalem sei die Stätte, da man anbeten solle."

11. Jesus spricht zu ihr: „Weib, glaube Mir, es kommt die Zeit, dass ihr weder auf diesem Berge noch zu Jerusalem werdet Gott anbeten. Ihr wisset nicht, was ihr anbetet; wir wissen aber, was wir anbeten. Denn das Heil kommt von Israel.

12. Aber es kommt die Zeit, und sie ist schon da, da die wahrhaftigen Anbeter den All-Vater im Geiste und in der Wahrheit anbeten. Denn solche Anbeter will der All-Heilige haben. Gott ist Geist, und die Ihn anbeten, müssen Ihn im Geiste und in der Wahrheit anbeten."

13. Da sagt das Weib zu Ihm: „Ich weiß, dass der Messias kommt, der da Christus heißt. Wenn dieser kommen wird, so wird Er uns alles verkündigen." Jesus spricht zu ihr: „Ich Bin es, der zu dir redet."

14. Und währenddem kamen Seine Jünger und wunderten sich, dass Er mit dem Weibe redete. Doch fragte niemand: „Was suchst du?" Oder: „Warum unterhältst Du Dich mit ihr?"

15. Da ließ das Weib ihren Krug stehen, nahm ihren Weg in die Stadt und sagte zu den Leuten: „Kommt und

seht einen Mann, der mir alles gesagt hat, was ich jemals getan habe. Ist dieser nicht der Christus?"

16. Da gingen sie und kamen zu Ihm, und viele Samariter glaubten an Ihn und baten Ihn, bei ihnen zu bleiben. Und Er blieb zwei Tage dort. (Kap. 23, 8-16)

Ich, Christus, erkläre, berichtige
und vertiefe das Wort:

Wer aus der Wahrheit spricht, dessen Worte sind ewiges Leben. Sie sind durchdrungen von dem Leben und der Kraft, die Ich im Vater-Mutter-Gott Bin. Wer ernsthaft nach dem Wasser des Lebens, der Wahrheit, sucht, der findet zu dem Menschen, der ihm den Weg zum Ursprung der Quelle zu weisen vermag, und findet das Leben, die Wahrheit, in seinem Innersten.

Worte des Lebens sind Worte der Wahrheit. Wer nach dem Sinn des lebendigen Wortes lebt, der erfüllt das Gesetz des Lebens und wohnt im Geiste der Wahrheit. Daher prüft die Menschen, die von der Quelle lebendigen Heils reden, ob sie das Wasser des Lebens, die Wahrheit, bringen oder ob sie erst am Brunnen der Wahrheit stehen.

Erkennet: Wo das Licht ist, da sammeln sich jene, die dem Lichte zustreben. Doch viele sind auch darunter, die nur von der Wahrheit reden und Dunkles im Sinne haben. Daher prüft mit dem Maßstab eurer Ehrlichkeit, um ihre Werke zu erkennen. Seht und hört nicht auf jene, die unlautere Reden führen – auch dann nicht, wenn sie sich „Rabbi" nennen. Prüft den Sinn ihrer Worte und ihr Verhalten gegenüber ihren Nächsten – und sie werden für euch ein offenes Buch sein. Menschen des Geistes sind bescheiden, demütig und sanftmütig, doch ihr Wesen ist durchstrahlt und überstrahlt von dem, der Ich Bin: Christus, das lebendige Wasser.

Wer in der Wahrheit lebt, der lebt aus der Wahrheit – und der schaut die Wahrheit und sieht auch das Unwahre. Mit den Augen der Wahrheit sah Ich als Jesus von Nazareth die Frau am Brunnen. Ich sah ihr vergangenes und gegenwärtiges Leben. Daraus sprach Ich an, was ihr an diesem Tage zur Erkenntnis dienen sollte.

Zu allen Zeiten und auch noch in der heutigen Zeit schufen und schaffen sich Menschen äußere Zeichen und Merkmale, um Gott anzubeten. Diese äußeren Bilder, Merkmale und Zeichen zur Anbetung wie z.B. Statuen, Synagogen, Kirchen, Plätze, Anhöhen, Berge oder auch Riten und Zeremonien schafft sich der Mensch so lange, bis er Gott, den Geist der Wahrheit, in sich anerkennt und die „Tempelordnung" hält, die Gebote des Lebens.

Jeder Mensch ist ein Tempel Gottes. Es bedarf deshalb keines Ortes, um Gott anzubeten. Bete Gott im Allerheiligsten deines Inneren an, und halte deinen Tempel rein durch edle Gedanken, gotterfüllte Worte und Handlungen; dann hältst du die „Tempelordnung" – und Gott wird dir auf deine Gebete Antwort geben, weil du mit Ihm in Kommunikation stehst.

Auch in der heutigen Zeit wissen viele Menschen noch nicht, wen oder was sie anbeten. Sie sind Nachahmer derer, welche die Kulte geschaffen haben und aufrechterhalten, da sie im Herzen noch verarmt sind. Weil ihnen der wahre, allmächtige Gott, der Gott des Inneren, fremd ist, bedürfen sie eines äußeren Gottes. Dieser jedoch ist niemals der Gott der Wahrheit, sondern ein Götze.

Ich erkläre die Worte „Denn das Heil kommt von Israel". Israel ist dort, wo Menschen Gottes Willen erfüllen.

Das heutige Israel ist nicht mehr jenes Israel, in dem Ich als Jesus von Nazareth gelebt habe. Es ist allein der Name, den dieses Land noch trägt: Ein großer Teil der Israeliten hat den Bund mit Gott nicht gehalten und Mich nicht als seinen Erlöser angenommen. Deshalb hat Gott, der Ewige, den Bund mit einem Teil der Menschen erneuert, die einst im alten Israel einverleibt waren und in der heutigen Zeit in einem anderen Land einverleibt sind und immer noch im Auftrag stehen.

Gott, der Ewige, hat nun den Bund auch mit jenen geschlossen, die in der Zeit Meines Erdendaseins nicht in Israel einverleibt waren, die jedoch in den zurückliegenden Jahrhunderten immer wieder ins Erdenkleid gegangen sind und das Werk der Heimholung vorbereitet haben. Auch diese stehen im Auftrag der Erlösung. Er schloss ebenfalls mit den Menschen den Bund, die im Werk der Erlösung das Heil für ihre Nächsten erfüllen und somit auch am Auftrag der Heimholung teilhaben.

Also ist Israel dort, wo die Menschen einverleibt sind, die im Auftrag der Erlösung stehen und die bereit sind, Gottes Willen zu erfüllen.

Aus dem großen Auftragspotential für die Erlösung waren zur Zeit Mose viele Geistwesen einverleibt und auch in der Zeit Meiner Erdenwanderung im alten Israel. Die Sünde hat viele Menschen, die im Auftrage für das Erlöserwerk stehen, in alle vier Winde zerstreut. Nun sammle Ich sie in einem anderen Land.

Eine neue Generation von Brüdern und Schwestern sammle Ich in dem Lande, wo der einverleibte Teilstrahl der göttlichen Weisheit lehrt und wirkt: im Neuen Jerusalem. Mit den Brüdern und Schwestern im Neuen Jerusalem, im werdenden Israel, hat der Ewige nun den letzten Bund geschlossen.

Das Volk Gottes auf dieser Erde wird ein mächtiges Volk werden. Daher kommen immer mehr Menschen, um mit Gott den ewigen Bund zu schließen. Denn Ich, Christus, rufe sie – und sie kommen. Sie sammeln sich, um für die Neue Zeit, die Lichtzeit, zu wirken. Sie beten den Ewigen nicht mehr vor Denkmälern und Statuen an. Sie haben keine äußeren Kirchen. Sie gehen nicht auf Berge, um den Ewigen dort zu suchen, in dem Glauben, Ihn dort zu finden. Sie haben keine Zeremonien und Riten. Sie beten den Ewigen in ihrem Tempel, in ihrem Inneren, an; denn dort wohnt der Eine Ewige, der Gott Abrahams, Isaaks und Jakobs, der Geist des ewigen Vaters, dessen Kinder alle Geistwesen, Menschen und Seelen sind. Sie treffen sich wohl an Orten, jedoch nicht, um dort Gott zu suchen, sondern um miteinander die Einheit zu leben und miteinander zu Dem zu beten, der das Leben ist: Gott, der Geist der Wahrheit, der in jedem Geistwesen, in jeder Seele und in jedem Menschen wohnt.

Gott ist auch der Schöpfergeist, der alles Sein geschaffen hat, der in jeder Pflanze, in jedem Stein, in jedem Tier, in jedem Atom – in allem Sein – lebt. Gott ist Geist, und die Ihn wahrhaft anbeten, beten Ihn im Geiste und in der Wahrheit an, und sie halten die Gesetze.

Wahrlich, Ich sage euch: Als Jesus ging Ich von euch; als Christus, der Auferstandene, kam Ich zu euch, auf dass ihr in Mir, dem Erlöser, aufersteht, um in Gott, den Urstrom, wieder einzugehen.

Wisset: Als Jesus blieb Ich eine geraume Zeit bei den Menschen – als Christus Gottes wohne Ich in euch. Und Ich bleibe in euch ewiglich; denn Ich Bin im ewigen Vater, und der Vater ist in Mir, und wir sind der eine Geist der Wahrheit, der in allen Menschen wohnt.

24. KAPITEL

Jesus verurteilt Grausamkeit –
Er heilt Kranke und treibt Teufel aus

Alle Verstöße gegen das Gesetz des Lebens fallen auf den Menschen zurück; Natur und Geschöpfe auf Erden sind Geschenke Gottes zum Wohlergehen der Menschen (1). Erklärung des „verdorrten Armes" (3). Heil und Heilung für den Leib, wenn es gut ist für die Seele (7). Pharisäer gestern und heute - Kampf gegen das wachsende Licht auf der Erde und in den Stätten der Reinigung noch in der Zeit des Friedensreiches - In der Zeitenwende wird das Fundament des Friedensreiches gelegt und nimmt Gestalt an - Mahnung an die Menschen im Friedensreich: Vergesst nicht die Pioniere und den einverleibten Seraph der göttlichen Weisheit, Meine Prophetin und Botschafterin - Der Kampf hinter der Nebelwand dauert an (8). Erklärung des „Speisungswunders" (12-13)

1. Als Jesus durch ein Dorf kam, sah Er eine Gruppe von Tagedieben. Diese quälten eine Katze, die sie gefunden hatten, und misshandelten sie in schändlicher Weise. Und Jesus befahl ihnen, dies zu unterlassen, und begann mit ihnen zu schelten; aber sie achteten auf Seine Worte nicht und beschimpften Ihn. (Kap. 24, 1)

Ich, Christus, erkläre, berichtige
und vertiefe das Wort:

Wer Menschen und Tiere quält und misshandelt, der wird einst Qualen und Misshandlungen am eigenen Leibe erfahren. Das Gleiche gilt für die Verfehlungen an den Pflanzen- und Mineralreichen. Denn was als Lebensform in der Materie offenbar ist, das ist auch als Geistsubstanz in der Seele. Wer also gegen das Leben verstößt, der richtet sich selbst, da er einen Teil seines geistigen Erbes belastet. Denn alles, was aus Gott ist, das ist auch als Essenz in der Seele des Menschen.

Erkennet: Die Erde bringt die Nahrung für die Menschen hervor. Menschen bedürfen auch des Obdachs und der Kleidung. Sie können ihre Nahrung, ihr Obdach und ihre Kleidung nicht schaffen wie die Engel im Himmel. Die Erde ist die Lebensträgerin für alles. Sie soll weder geschändet noch ausgebeutet werden. Die Erde und alles, was darauf lebt, Tiere, Pflanzen und Steine, will den Menschen dienen. Voraussetzung ist, dass der Mensch seine Erde an- und aufnimmt, sie also pflegt, denn die Erde ist ein großer lebender Organismus.

Gott, der Ewige, gab den Menschen Tiere und Pflanzen und schenkte ihnen von der Erde Obst, Gemüse und Getreide. Er gab es den Menschen und sprach zu ihnen: „Macht euch die Erde untertan", was in seiner rechten Bedeutung besagt: Achtet und pflegt das Leben aller Lebensformen, und sie werden euch dienen.

Erkennet: Die reinen Lebensformen der Tiere sind von Gott geschaffen, und jede Pflanze gehört zu dem großen Schöpfungspotential Gott, das sich im Evolutionszyklus weiterentwickelt. Somit ist jede Lebensform ein Teil aus dem großen Ganzen.

Es ist dem Menschen von Gott geboten, das Leben zu schätzen und zu lieben und das Gebot „Bete und arbeite" zu halten. Daher ist das Leben der sogenannten Tagediebe eine Vergeudung der Tageskräfte. Es sind Menschen, die Gottes Energie stehlen. Wer den Tag nicht nützt, sondern ihn nur benützt, um seine Mitmenschen auszunützen oder um Tiere und Pflanzen zu schänden, der handelt gegen das Gesetz des Lebens.

Menschen, die nur an ihr Wohl denken, werden die Tiere quälen und die Erde ausbeuten und das Leben auf ihr vergiften, weil ihre Gedanken vergiftet sind von Habgier und Neid. Denn die Menschen, die sich selbst nicht kennen, quälen Menschen und Tiere und sind wider die Natur. Sie tun nur das, wozu ihr egoistisches Denken sie drängt. Sie sind selbst Getriebene und wollen deshalb alles, was um sie herum ist, vertreiben, weil sie alles stört, was nicht in ihre Vorstellungen passt. Ihr menschliches Ich macht solche Menschen gleichsam unzurechnungsfähig.

Sie kennen nicht das Gebot der Bitte um Vergebung, des Vergebens und der Wiedergutmachung. Sie rechnen mit ihrem Nächsten ab: Auge um Auge, Zahn um Zahn. Dabei belasten sie jedoch ihre eigene Seele mit dem, was sie ihrem Nächsten zufügen! Denn was der Mensch seinem Nächsten antut – auch dem Tier, der Pflanze, ja dem gesamten Organismus der Erde –, das fügt er sich selbst zu. So war es und ist es noch in der heutigen, sündhaften Zeit. Doch ein neues Geschlecht wächst heran und schreitet in das neue Zeitalter, in ein Leben miteinander und mit Gott.

2. Da machte Er eine Peitsche aus geknoteten Schnüren und trieb sie weg und sprach: „Diese Erde, die Mein Vater zu Glück und Fröhlichkeit erschaffen hat, habt ihr zur tiefsten Hölle gemacht durch eure Taten von Gewalt und Grausamkeit." Und sie flohen vor Seinem Angesichte. (Kap. 24, 2)

Ich, Christus, erkläre, berichtige
und vertiefe das Wort:

Die Peitsche symbolisiert das Gesetz von Ursache und Wirkung. Wer seine Nächsten und auch seine Übernächsten, die Tiere, missachtet und quält, wer Gewalt und Grausamkeit an Mensch und Tier, an den Pflanzen und Mineralien und an dem weiteren Leben in und auf der Erde verübt, der wird die Wirkungen seiner Ursachen erleben – es sei denn, er tut rechtzeitig Buße.

Das Gesetz von Ursache und Wirkung wird wie mit einer Peitsche alle die schlagen, die das Leben misshandelt haben und misshandeln – in welcher Form und in welchem Bewusstseinsstand es sich auch zeigt. Die Erde ist den Menschen gegeben, damit sie sich wieder bewusst werden, dass sie Kinder Gottes sind, dass ihr Leben – wie alles Leben – aus Gott ist, damit sie das Leben schätzen und lieben lernen. In welcher Form und in welchem Bewusstseinsstand das Leben dem Menschen begegnet und sich offenbart: In allem ist Gott – das Leben.

Alles Reine möchte selbstlos dienen, so auch die Erde mit ihren Naturreichen. Wer erkennt, dass sein Leben aus Gott ist, und entsprechend lebt, hält Frieden mit allen Geschöpfen, mit allem, was aus Gottes Schoß zur Freude und zum Wohlergehen der Menschen gegeben ist. Gott wünscht friedvolle und fröhliche Kinder. Wer jedoch Gott nicht erkennen und Sein Walten nicht annehmen möchte, der ist gegen Ihn und gegen alles, was aus Seinen Händen den Menschen gegeben ist. Dadurch wird er missmutig, unglücklich, sorgenvoll und krank.

3. Doch einer, noch schlimmer als die anderen, kam zurück und bedrohte Ihn. Und Jesus streckte Seine Hand aus, und des jungen Mannes Arm verdorrte. Und große Furcht kam über alle. Und einer sagte: „Er ist ein Zauberer." (Kap. 24, 3)

Ich, Christus, erkläre, berichtige
und vertiefe das Wort:

„Und Jesus streckte Seine Hand aus, und des jungen Mannes Arm verdorrte." Dieses Geschehen wurde missverstanden und deshalb in dieser Weise wiedergegeben.

Niemals greift ein Mensch, der im Gesetze Gottes lebt, in das Gesetz von Ursache und Wirkung ein, um zu beschleunigen und herbeizuführen, was ein Übeltäter sich selbst für sich verursacht und bestimmt.

Wer Gewalt ausübt, der wird Gleiches oder Ähnliches ernten. Hätte Ich den Arm, wie geschrieben steht, verdorren lassen, so hätte Ich in das Gesetz von Saat und Ernte eingegriffen. Der Vorgang lief nach dem Gesetz von Saat und Ernte ab: Bei der Misshandlung eines Tieres hatte der Übeltäter sich seinen Arm an einem rauhen, harten Gegenstand geschlagen. Das Blut stockte, der Arm wurde blau und hing nun schlaff herunter. Ich streckte Meine Hand aus und wies auf die Wirkung hin, um ihm die Ursache zu erklären. Da die Menschen der damaligen Zeit das Gesetz von Saat und Ernte nur in Form der Worte „Auge um Auge, Zahn um Zahn" kannten und zu alledem auch noch falsch deuteten, so glaubten sie, Ich hätte dies heraufbeschworen und sei ein Zauberer.

In dieser Weise zeigte Ich immer wieder den Menschen, dass sie ernten werden, was sie säen: Wer schlechte Saat in den Acker des Lebens bringt, wird auch eine schlechte Ernte haben, denn die Frucht liegt schon im Samen.

Doch wer seine Fehler rechtzeitig erkennt, bereut und sie nicht mehr begeht, der nimmt das Gesetz Gottes an, und er lernt allmählich, alle Lebensformen zu lieben. Dann empfängt er aus den Gnadenhänden des Ewigen, und seine Seele und sein Leib werden Licht, Heil und Heilung erlangen.

Erkennet: Nicht immer bringt die Saat sofort die Ernte hervor. Was der Mensch in diesem Erdenleben sät, also verursacht – auch an den Tier- und Pflanzenreichen –, das wird er ernten; wenn nicht in diesem Erdendasein, dann in einem künftigen Erdenleben oder als Seele in den Stätten der Reinigung.

Daher lebt jeden Tag bewusst! Denn jeder Tag zeigt jedem Menschen, was an ihm gut und weniger gut ist und was er heute, an diesem Tag, wiedergutmachen kann.

4. Am nächsten Tage kam die Mutter des jungen Mannes zu Jesus und bat Ihn, dass Er seinen Arm wieder heile. Und Jesus sprach zu ihnen von dem Gesetz der Liebe und der Einheit allen Lebens in der einen Familie Gottes. Und Er sprach sodann: „Wie ihr in diesem Leben euren Mitgeschöpfen tut, so wird es euch ergehen im künftigen Leben."

5. Und der junge Mann glaubte und bekannte seine Sünden. Und Jesus streckte Seine Hand aus, und der verdorrte Arm wurde so gesund wie der andere. Und das Volk lobte Gott, dass Er solche Macht einem Menschen gegeben hatte.

6. Als Jesus von dannen zog, siehe, da folgten Ihm zwei Blinde. Sie schrien und sagten: „Herr, Du Sohn Davids, erbarme Dich unser." Und als Er in das Haus gekommen war, kamen die Blinden zu Ihm, und Jesus sprach zu ihnen: „Glaubet ihr, dass Ich dazu fähig Bin?"

7. Und sie sagten zu Ihm: „Ja, Herr." Und Jesus rührte ihre Augen an und sprach: „Euch geschehe nach eurem Glauben." Und alsbald wurden ihre Augen wieder geöffnet. Aber Jesus gebot ihnen streng: „Sehet zu, dass ihr es niemand erzählt." Sie aber, nachdem sie hinausgegangen waren, verbreiteten Seinen Ruhm im ganzen Lande. (Kap. 24, 4-7)

Ich, Christus, erkläre, berichtige
und vertiefe das Wort:

Wer glaubt, dem wird gegeben!

Heilungen aus dem Geiste des Lebens sind keine Wunder, sondern Gesetzmäßigkeiten.

Gottes Liebe und Gnade stehen Seinen Menschenkindern bei. Der richtige Glaube kommt aus dem Herzen. Menschen mit einem tiefen Glauben bleiben standhaft, was auch immer auf sie zukommt, und sie empfangen das Heil für ihre Seele – denn die Gnade und Hilfe Gottes ergießen sich zuerst in die Seele. Von dort kommt das Heil und die Heilung für den Leib, wenn es gut ist für die Seele, wenn also der Mensch künftig nicht mehr die gleichen Sünden begeht, die zu dem Leid oder der Krankheit des Körpers geführt haben.

„Alsbald" heißt: Die Heilung geschah nicht unmittelbar, sondern nach dem Gebote des Glaubens; denn zuerst gedenke Ich der Seele. In ihr ist das Lebensgesetz, das

Gesetz, Gott. Wenn es der Mensch so weit hält, wie es ihm bewusst ist, dann erlangt er das Heil und die Heilung auch im und am Leibe.

Nicht immer wirken sich die Gnadengaben für die Seele in diesem Erdendasein in und an diesem Leibe aus. Sie können auch im Seelenreich – dann, wenn die Seele entkörpert ist – zur Entfaltung kommen oder erst in einer weiteren Einverleibung. Dabei wandelt sich das Gegensätzliche in der Seele allmählich in positive Kraft um, die dann dem Körper zuströmt. Das bedeutet, dass die Seele davon befreit ist und auch der Leib nicht mehr das zu tragen hat, was der Mensch einst verursacht hat.

8. Da nun diese gegangen waren, siehe, da brachten sie zu Ihm einen Menschen, der stumm und von einem Dämon besessen war. Und als der Dämon ausgetrieben war, redete der Stumme. Und das Volk wunderte sich und sagte: „Solches ist noch nie in Israel gesehen worden." Aber die Pharisäer sagten: „Er treibt die Teufel aus durch den Obersten der Teufel." (Kap. 24, 8)

Ich, Christus, erkläre, berichtige
und vertiefe das Wort:

Als Jesus von Nazareth wirkte Ich dort, wo Mich Mein Vater hinstellte. Vielen Menschen konnte Ich durch die

Macht des Vaters Linderung und Heilung bringen und sie auch durch das lebendige Wort zur Erkenntnis führen.

Nicht jedem Menschen, der zu Mir kam, konnte Ich helfen und dienen. Vielen legte Ich die Hand auf, und sie wurden nicht gesund. Auch nicht jede dunkle Kraft, die Ich im Menschen ansprach, wich aus ihm. Denn das Gesetz des Lebens lautet: Nach deinem Glauben wird dir gegeben! Und: Sündige fortan nicht mehr! Weiter sagt das Gesetz des Lebens: Glaube auch dann, wenn du an deinem Leibe noch nicht spürst, was sich schon in der Seele vollzogen hat. Im und am Leibe wird nur das wirksam werden, was der Mensch an Fehlern und Sünden erkennt, bereut, wofür er um Vergebung bittet und vergibt – und was er nicht mehr begeht.

Erkennet: Jeder Mensch, der anders redet, als er denkt, ist ein Pharisäer.

Auch noch heute verwenden die Pharisäer die gleichen lästerlichen Reden wie damals, als Ich als Jesus von Nazareth über die Erde wandelte, und gießen den gleichen Hohn und Spott aus, um das Volk zu verhetzen. Wer jedoch in das Herz der Menschen hineinzublicken vermag, der erkennt, dass im Grunde jeder Pharisäer ein verängstigter Mensch ist, der ständig darauf bedacht ist, dass sein Lügengebäude nicht ins Wanken gerät. Gerade die Pharisäer und auch die Schriftgelehrten haben schon viel Unwahres in die Welt gesetzt und unter den Menschen verbreitet.

Die verblendeten Pharisäer, die Führer der Völker und viele Kirchenmänner reden unbewusst und zum Teil auch bewusst viel Unwahres. Bewusst reden sie Falsches aus der Furcht, sie könnten ihr Ansehen verlieren. Unbewusst reden sie Falsches, weil sie ihre Empfindungen und Gedanken nicht kontrollieren und ohne Selbsterkenntnis die irdischen Tage vergeuden. Sie bereinigen nicht ihr Fehlverhalten und lassen ihren Aggressionen, die von ihren Ängsten angeheizt werden, freien Lauf.

Die Pharisäer, viele Schriftgelehrte und Kirchenmänner bezichtigen ihre Mitmenschen der Unwahrheit und verurteilen diejenigen, die aus der ewigen Wahrheit reden. Wer falsches Zeugnis wider seinen Nächsten gibt, der fürchtet sich vor der ewigen Wahrheit, die Gott ist.

Viele Pharisäer, die ein geistliches Gewand tragen, sind überzeugt, in Glaubensfragen kompetent zu sein. Sie bezichtigen ihren Nächsten, satanisch oder „des Teufels" zu sein, weil sie selbst mit ihrem Leben und Denken diesem mehr oder weniger dienen. Daher hütet euch vor denen, die ihre Nächsten verwerfen und ihnen Übles nachsagen, denn sie stehen selbst mit dem Üblen im Bunde.

Für die Menschen, die dann im Friedensreiche Jesu Christi leben werden, ist wichtig zu wissen, dass der Kampf der Finsternis gegen das Licht, wie er in der Zeit Meines Erdenlebens als Jesus von Nazareth stattfand, die darauffolgenden Zeiten über andauerte und sich heute noch einmal steigert.

Alles, was Ich als Jesus von Nazareth erlebt hatte, erlebten in den darauffolgenden Jahrhunderten viele getreue Männer und Frauen. Auch sie wurden verhöhnt, verspottet und verleumdet um der Wahrheit willen. Und doch kamen nach ihrem Leibestode ihre Seelen immer wieder in das Erdenkleid, um das Reich Gottes auf Erden vorzubereiten – und nun zu gründen und zu erbauen.

Die ersten Schritte in die Lichtzeit wurden – für die Weltmenschen zuerst unsichtbar – durch Werke der Nächstenliebe vollzogen. Im Laufe der Zeiten wurden sodann die Werke Gottes auf Erden mehr und mehr sichtbar. Menschen mit höherem Bewusstsein führten ihre Mitmenschen, ihre Mitgeschwister, auf dem Weg nach Innen zu Mir, dem Christus Gottes. Sie erwarben Grund und Boden und gründeten christliche Einrichtungen, in welchen Menschen die Bergpredigt, das Gesetz Gottes für diese Erde, zu verwirklichen begannen. Immer wieder wurden diese Einrichtungen von den Gegensatzkräften zunichte gemacht.

Was in diesen Kampfzeiten ablief, in denen sich auf der Erde Licht und Finsternis begegneten, das vollzieht sich nun – während ihr in der Lichtzeit auf Erden lebt – noch immer auf den für euch unsichtbaren Stufen in den Stätten der Reinigung. Dort wirken immer noch viele ehemalige Schriftgelehrte, Pharisäer und Kirchenmänner, die sich damals im Erdenkleid befanden. Sie beeinflussen weiterhin die Seelen der ihnen einst hörigen Menschen, um auch in den Stätten der Reinigung Unfrieden zu stiften.

Die ihr in der Lichtzeit im Reiche Gottes auf Erden lebt, sollt das wissen, was einst auf Erden geschah und sich immer noch in den unteren Seelenreichen, den Ordnungsbereichen, vollzieht. Wenn ihr nach dem Leibestode das Diesseits verlasst und durch die Nebelwand geht, durch welche das physische Auge nicht hindurchzublicken vermag, sollt ihr davon unterrichtet sein. Denn wer – als Seele – wissend um die noch wirksamen Ursachen die Nebelwand durchschreitet, wird dann nicht erschreckt sein und verzagen, sondern gleich zu lehren beginnen und die Seelen, die ihm zugeführt werden, unterweisen, damit diese vom Lichte der Wahrheit erfahren, das schon auf der Erde wohnt: dem Christus Gottes, der Ich Bin.

Alle, die in den nahezu zweitausend Jahren nach Meinem Leben als Jesus von Nazareth für das Reich Gottes gewirkt und gekämpft haben und verfolgt wurden, sind für euch, die ihr im Friedensreiche Jesu Christi lebt, die Pioniere der Neuen Zeit. Großes vollbrachten sie. In den verschiedenen Epochen nach Meinem Erdenleben kamen sie immer wieder in das Erdenkleid und schufen und vergrößerten immer mehr das geistige Potential für das Reich Gottes auf Erden. Zuerst war es ein unsichtbares geistiges Potential, das sich dann ganz allmählich auf der Erde, vor allem in der Atmosphäre, manifestierte. Hin und wieder wurde davon einiges umgesetzt, also sichtbar: dort, wo Menschen begannen, nach der Bergpredigt zu leben und zu arbeiten.

Dann brach die Zeitenwende an, jene Zeitepoche, die das Friedensreich Jesu Christi in allen Einzelheiten enthüllte. Wieder kamen Pioniere auf diese Erde. Sie sind die eingekleideten Geistwesen, die im Auftrage der Erlösung stehen, aus dem Geschlechte David und aus anderen Geschlechtern. Nun ließen sie das sichtbar werden, was sie in den zurückliegenden Generationen vorbereitet hatten.

Da und dort wurde die große Familie Gottes auf Erden sichtbar. Viele lebten in christlichen Urgemeinden. Das zentrale Urlicht unter ihnen war die Bundgemeinde „Neues Jerusalem", die damals schon für alle entstehenden Urgemeinden und für das werdende Reich Gottes auf Erden die Verantwortung trug. Im lichtstofflichen Friedensreich bildet sie nun als Stadt Jerusalem das Zentrum, von dem aus alle Urgemeinden geführt werden.

Die Urgemeinden im Universellen Leben, die sich noch inmitten der sündhaften Welt gebildet haben, bestanden vor allem aus Menschen des Geistes, die mehr und mehr in Mir, dem Christus, und damit im Gesetze Gottes lebten. Sie schufen die Gemeinschaftseinrichtungen, die sie als Menschen zum Leben benötigten. Sie erwarben und bauten Häuser, in denen sie in Wohngemeinschaften lebten. Sie gründeten Handwerksbetriebe, in denen sie das Gesetz „Bete und arbeite" verwirklichten; gemeinsam gründeten und bauten sie Kliniken, Altenheime, Kindergärten, Schulen, Vater-Mutter-Häuser, Speisehäuser und alles, was sonst noch für die Menschen zum Leben auf dieser Erde notwendig ist.

Unter ihnen gab es weder Vorgesetzte noch Untergebene. Sie alle empfanden sich bewusst als Kinder Gottes; sie bejahten die Sohn- und Tochterschaft in unserem ewigen Vater. Entsprechend ihren Fähigkeiten wirkten sie für das große Ganze, für das Gemeinwohl.

Unter diesen Pionieren für die Neue Zeit in Mir, dem Christus, lebte, wie schon offenbart, eine Frau, der einverleibte Seraph der göttlichen Weisheit. Sie wirkte für Mich als Prophetin und Botschafterin und ging allen als ein leuchtendes Beispiel in der Erfüllung der ewigen Gesetze voran. Durch sie, den inkarnierten Teilstrahl der göttlichen Weisheit, und ihr Geistdual, das Positiv der göttlichen Weisheit, habe Ich die Neue Zeit eingeläutet und eingeleitet. Denn die Liebe und Weisheit wirken im Erlöserwerk und mit ihnen alle Wesen, alle Söhne und Töchter Gottes, die sich zur Aufgabe gemacht haben, das einzubringen, was ihnen von Gott gegeben ist: die Kraft, Liebe und Weisheit, die Ordnung, den Willen, den Ernst, die Geduld und die Barmherzigkeit – für die Neue Zeit.

Alle einverleibten Lichtgestalten wirkten gemäß ihrer geistigen Herkunft, ihren geistigen Mentalitäten, die ihre irdischen Fähigkeiten für das Reich Gottes auf Erden geprägt haben. Diese Pioniere für die Lichtzeit erduldeten ebenfalls Schmach, Hohn und Spott. Auch ihnen wurde viel Übles nachgesagt. Doch sie bemühten sich, in Mir zu leben, und Ich war mit ihnen.*

Ich wiederhole und sage euch, die ihr nun in der Neuen Zeit lebt, damit ihr es in eurem Herzen bewahrt: Immer wieder kämpften die Pharisäer, viele Schriftgelehrte und Kirchenmänner der damaligen Zeit, gegen die Pioniere. Durch üble Nachreden hetzten sie das Volk gegen diese auf. Doch, wie es schon zu Meiner Erdenzeit war, so war es auch in dieser Zeitepoche: Die Wahrheit siegte. Unerschütterlich, was auch immer die Verleumder ihnen angedichtet haben, wirkten sie weiter, um Mir, dem Christus, die Wege in die Lichtzeit zu bereiten. Sie ließen mehr und mehr sichtbar werden, was der Neuen Zeit dient.

Freuet euch, die ihr nun im Frieden lebt – und erfüllt dankbar die Gesetze der Liebe! Gedenkt eurer Brüder und Schwestern, die als Pioniere Mir die Wege in die Neue Zeit bereitet haben und das für euch erwarben, gründeten und erbauten, was sich in der Strahlung immer wieder gewandelt hat für die Lichtzeit – was ihr nun besitzt in Meinem Namen.

---

* *Einige Pioniere gingen wieder ihrer Wege. Doch die, die zu Christus standen, bauten und bauen weiter auf für die Neue Zeit, für das Neue Jerusalem. Alles, was offenbart ist, setzt sich in der Neuen Zeit fort.*

Doch vergesst nicht: Hinter der Nebelwand ist noch nicht das Leben in Mir! Dort besteht noch der Kampf zwischen Licht und Finsternis. Die Atmosphäre der Erde jedoch schützt euch vor diesen Kräften, auf dass ihr auf Erden in Frieden leben könnt.

Durch diese Meine Worte sollt ihr erfahren und erkennen, dass die Erlösung noch nicht in allen Bereichen abgeschlossen ist. Viele von euch werden hinter der Nebelwand in den niederen Seelenreichen Ähnliches antreffen wie das, was sich einst auf Erden zugetragen hat – so, wie Ich es für euch hier offenbart habe und wie es in diesem Buch, „Das ist Mein Wort", als Historie niedergeschrieben ist. Es wird für viele von euch wieder gegenwärtig sein, wenn ihr das Erdenkleid abgelegt habt und mit eurem geistigen Körper hinter die Nebelwand tretet. Denn nach eurem Leibestode sollt ihr gewappnet in diese Reiche kommen und mithelfen, auf dass alles, was noch nicht der göttlichen Ordnung entspricht, geordnet wird und alles, was noch gebunden ist, gelöst wird.

9. Und Jesus ging umher in alle Städte und Dörfer, lehrte in ihren Synagogen, predigte das Evangelium vom Reiche Gottes und heilte jegliche Seuche und alle Krankheit im Volke. (Kap. 24, 9)

Ich, Christus, erkläre, berichtige
und vertiefe das Wort:

Ich heilte viele Seuchen und Krankheiten – jedoch nicht „jegliche Seuche und alle Krankheit" konnte Ich aufheben. Denn viele Menschen dachten nur an ihren Leib. Sie waren nicht bereit, zuerst ihrer Seele zu gedenken. Viele Leidende waren nur darauf bedacht, ihren irdischen Körper zu retten. Wer so dachte, der konnte nicht empfangen. Er erlangte weder Hilfe noch Heilung – weder für seine Seele noch für seinen Körper. Viele zogen deshalb enttäuscht von dannen, weil in und an ihnen nichts geschah. Sie redeten sodann gegen Mich und sprachen gleichzeitig den Pharisäern und Schriftgelehrten nach dem Munde. Auch durch solche Reden Enttäuschter wurden die Pharisäer und viele Schriftgelehrte ermutigt, gegen Mich, den Christus in Jesus, vorzugehen.

10. Aber da Er die Mengen sah, überkam Ihn das Mitleid; denn sie waren träge und verstreut wie Schafe, die keinen Hirten haben. (Kap. 24, 10)

Ich, Christus, erkläre, berichtige
und vertiefe das Wort:

„Mitleid" bedeutet mitleiden: Ich schaute ihr Leid und ihre Not und litt mit ihnen. Das Leid aus der Barmherzigkeit zu schauen heißt, Erbarmen zu haben und zu helfen, wo Hilfe angebracht ist.

11. Da sprach Er zu Seinen Jüngern: „Die Ernte ist wahrhaft übergroß, aber es sind wenige Arbeiter. Darum bittet den Herrn der Ernte, dass Er Arbeiter in Seine Ernte sende."

12. Und Seine Jünger brachten Ihm zwei kleine Körbe voll Brot und Früchte und einen Krug voll Wasser. Und Jesus stellte das Brot und die Früchte vor sie hin und auch das Wasser. Und sie aßen und tranken alle und wurden satt.

13. Und sie wunderten sich; denn jeder von ihnen hatte genug und behielt noch etwas übrig, und es waren ihrer doch viertausend. Und sie zogen von dannen und priesen Gott für alles, was sie gehört und gesehen hatten. (Kap. 24, 11-13)

Ich, Christus, erkläre, berichtige
und vertiefe das Wort:

Es waren viele Menschen, nahezu viertausend. Sie alle hörten die Worte des Allmächtigen durch Mich, Jesus. Das Wort Gottes ist Substanz und Kraft. Viele von ihnen nahmen das Wort Gottes als die Speise aus den Himmeln. Sie nahmen sich vor, von diesem Brot und von diesen Früchten täglich mehr zu essen – das heißt ihr Leben Gott, dem Gesetz des Lebens, zu weihen. Dadurch wurden positive Energien freigesetzt.

Einen Teil dieser positiven Energien – die durch den Wunsch und den Willen vieler Anwesenden entstanden, in sich das geistige Brot und die geistigen Früchte täglich mehr und mehr zu verwirklichen – entnahm Ich und verdichtete die geistigen Energien, die dann für die hungrige Menge Brot, Früchte, Wasser und auch Fische waren, die Hauptnahrung jener Menschen.

Die Verdichtung der geistigen Energie war eine Lichtmanifestation aus dem Geiste Gottes. Sie enthielt allein das geistige Leben, sowohl im Brot als auch in der Frucht, im Wasser und in den Fischen. Was aus dem Geiste manifestiert wird, ist nicht reine materielle Substanz. Es trägt in sich nicht das irdische Leben und so auch nicht das irdische Wachstum. Manifestierte geistige Substanz kann nicht getötet werden.

Die anwesenden Menschen waren in angehobener Schwingung. Sie sahen die vollen Körbe, die vollen Wassergefäße, sahen das Brot, die Früchte, das Wasser vor sich und nahmen die Gaben des Lebens aus den Körben und Gefäßen – und doch erfolgte alles in und aus ihnen. Sie schöpften diese Gaben aus sich, weil sie hierfür die höheren Energien entwickelt hatten – durch ihren guten Willen, ihr Leben Gott, dem Gesetz, zu weihen und die Kräfte Gottes in sich zu vermehren. Sie waren gesättigt, und ihr Durst war gelöscht.

Weil sich also die Menge in einem angehobenen Bewusstsein befand, konnte Ich, Christus in Jesus, die Lichtmanifestation vornehmen.

25. KAPITEL

Bergpredigt (1. Teil)

*Die Bergpredigt, der Innere Weg zur Vollendung -
Die Seligen - Die „Armen" - Trage dein Leid richtig - Die Sanftmut,
Eigenschaft der selbstlos Liebenden - Die Zehn Gebote und die
Bergpredigt als Weg zu Wahrheit und Gerechtigkeit - Die Barmher-
zigkeit, das Tor zum ewigen Sein - Die reinen Seelen im Absoluten
Gesetz Gottes - Die Friedensstifter haben den Frieden in sich -
Kampf der Pioniere an mehreren Fronten - Kirchenmänner, Pha-
risäer, Wölfe im Schafspelz - Kampfplatz hinter der Nebelwand -
Betet für die unerleuchteten Seelen (2-4). Irdischer Reichtum als
Verpflichtung und Aufgabe - Falscher Gebrauch des Reichtums hat
schwere Folgen - Warnung an die Spötter - Reiche, Machthaber,
falsche Propheten, Schönredner, Scheinchristen: Werkzeuge des
Satans (5). Die Gerechten, die das Unrecht ans Licht bringen, sind
das Salz der Erde (6). Berufung und Auftrag der Prophetin und
Botschafterin Gottes - Das Wirken der Pioniere unter der direkten
Schulung und Führung - Das Neue Jerusalem (7). Freiwerden vom
Gesetz von Saat und Ernte durch Christus, Bindung in das Fallgesetz durch Konfessionen und Dogmen - Christus führt heute in alle
Wahrheit (8). Falsche und wahre Lehrer (9). Rettung nur durch
Glauben und Verwirklichung (10). Christus wandelt freiwillig über-
gebene Sünde um (11). Bereinigen, bevor ein schweres Karma entsteht - Der scheinbare Feind, dein Spiegel (12-13). Jeder empfängt,
was er selbst gesät hat (14). Gebt selbstlos Liebe (15). Persönliche Wünsche führen zu Bindung an Menschen und Dinge - „Tümpelleben" (16). Flugsamen in den Seelenacker deines Nächsten -
Der Reinigungsweg der Pioniere bis zum Friedensreich (17-18)*

*1. Da Jesus die Menge des Volkes sah, ging Er auf einen
Berg. Und als Er sich gesetzt hatte, kamen die Zwölf zu
Ihm. Er blickte auf zu Seinen Jüngern und sprach:*

*2. „Selig im Geiste sind die Armen, denn ihrer ist das
Himmelreich. Selig sind, die da Leid tragen, denn sie sollen
getröstet werden. Selig sind die Sanftmütigen, denn sie
werden das Erdreich besitzen. Selig sind, die da hungert
und dürstet nach der Gerechtigkeit, denn sie sollen gesättigt werden.*

*3. Selig sind die Barmherzigen, denn sie werden Barm-
herzigkeit erlangen. Selig sind, die reinen Herzens sind,
denn sie werden Gott schauen. Selig sind die Friedensstifter, denn sie werden Kinder Gottes heißen. Selig sind,
die um der gerechten Sache willen Verfolgung leiden, denn
ihrer ist das Reich Gottes.*

*4. Ja, selig seid ihr, wenn euch die Menschen hassen und
euch ausstoßen werden aus ihrer Gemeinschaft und allerlei
Übles wider euch reden und euren Namen ächten um des
Menschensohnes willen. Freut euch an jenem Tage und hüp-
fet vor Freude, denn siehe, euer Lohn ist groß im Himmel.
Denn Gleiches taten ihre Väter den Propheten. (Kap. 25, 1-4)*

Ich, Christus, erkläre, berichtige
und vertiefe das Wort:

Die Bergpredigt ist der Innere Weg zum Herzen Gottes,
der zur Vollendung führt.

Die Seligen werden den Christus schauen und mit Mir, dem Christus, in aller Sanftmut und Demut das Erdreich besitzen. Wohl dem, der die Herrlichkeit des Vater-Mutter-Gottes in allem schaut! Er ist zum lebendigen Vorbild für viele geworden.

Ich führe die Meinen zur Erkenntnis der Wahrheit.

Wer aus der Wahrheit ist, hört Meine Stimme, weil er die Wahrheit ist und daher auch die Wahrheit hört und schaut.

Die Seligen sind furchtlos und freudig, denn sie schauen und hören, was jene nicht sehen und hören, die sich noch hinter ihrem menschlichen Ich verbergen und dieses mit äußerster Anstrengung halten, um nicht erkannt zu werden.

Doch die Seligen schauen in den Kerker menschlichen Ichs hinein und erkennen die verborgensten Gedanken ihrer Mitmenschen. Sie leuchten mit der Kraft ihres lichten Bewusstseins hinein und rufen ihren Mitmenschen zu:

„Selig im Geiste sind die Armen, denn ihrer ist das Himmelreich!"

Mit den Worten „die Armen" ist nicht materielle Armut gemeint. Nicht diese bringt die Seligkeit im Geiste, sondern die Gottergebenheit, aus welcher der Mensch erfüllt, was Gottes Wille ist. Sie ist innerer Reichtum.

Mit den Worten „die Armen" sind alle jene gemeint, die nicht nach eigenem Besitz streben und keine Güter horten. Ihr Denken und Trachten gilt dem Gemeinschaftsleben, in dem sie die Güter, die Gott allen geschenkt hat, in gesetzmäßiger Weise verwalten. Sie sinnen und trachten nicht nach Weltlichem. Sie dienen dem Gemeinwohl und strecken ihre Arme nach Gott aus und gehen bewusst den Weg zum Inneren Leben. Ihr Ziel ist das Reich Gottes in ihrem Inneren, das sie allen Menschen verkünden und bringen wollen, die guten Willens sind. Ihr innerer Reichtum ist das Leben in Gott, für Gott und für ihre Nächsten. Sie leben das Gebot „Bete und arbeite".

Sie streben dem Geiste Gottes zu und empfangen für ihr irdisches Leben von Gott, was sie benötigen, und darüber hinaus. Das sind die Seligen im Geiste Gottes.

„Selig sind, die da Leid tragen, denn sie sollen getröstet werden."

Das Leid des Menschen ist nicht von Gott, sondern der Leidende hat es entweder selbst verursacht – oder seine Seele hat im Seelenreich einen Teil der Schuld einer Bruder- oder Schwesterseele übernommen, um für diese im Erdendasein abzutragen, damit die Bruder- oder Schwesterseele in höhere Bereiche inneren Lebens einzugehen vermag.

Wer sein Leid trägt, ohne seinen Nächsten zu beschuldigen, und im Leid seine Fehler und Schwächen erkennt, diese bereut, um Vergebung bittet und vergibt, dem wird Gottes Barmherzigkeit zuteil werden. Denn Gott, der Ewige, möchte Seine Kinder trösten und von ihnen das hinwegnehmen, was nicht gut und heilsam für ihre Seele ist. Denn wenn das Leid die Seele verlässt, wenn also die Ursachen, die in der Seele wirksam wurden, getilgt sind, findet der Mensch näher zu Gott.

„Trage dein Leid" heißt: Klage nicht darüber; klage Gott nicht an und auch nicht deine Nächsten. Finde in deinem Leid dein sündhaftes Verhalten, das zu diesem Leid geführt hat.

Bereue, vergib und bitte um Vergebung, und tue das nicht mehr, was du als Sünde erkannt hast. Dann kann die Seelenschuld von Gott getilgt werden, und du empfängst aus Ihm sodann vermehrt Kraft, Liebe und Weisheit.

Wenn du einem leidtragenden und leidgeprüften Menschen begegnest und er dich um Hilfe bittet, so stehe ihm bei und hilf ihm, soweit es dir möglich ist und es gut für seine Seele ist. Und wenn du erkennst, dass dein Nächster die Hilfe dankbar annimmt und sich mit ihr aufbaut, dann gib ihm darüber hinaus, so es dir möglich ist.

Doch du, der du Hilfe bringst, tue dies selbstlos. Wenn du dies nur aus äußerer Verpflichtung tust, so wirst du dafür keinen geistigen Lohn empfangen – und du wirst auch der Seele des Leidtragenden und Leidgeprüften keinen Dienst erweisen, sondern nur dem Körper, dem Gefährt der Seele.

„Selig sind die Sanftmütigen, denn sie werden das Erdreich besitzen."
Sanftmut, Demut, Liebe und Güte gehen Hand in Hand. Wer zur selbstlosen Liebe geworden ist, der ist auch sanft-

mütig, demütig und gütig. Er ist erfüllt von Weisheit und Kraft.

Menschen in Meinem Geiste, die selbstlos Liebenden, werden das Erdreich besitzen. O sehet, der Weg zum Herzen Gottes ist der Weg in das Herz der selbstlosen Liebe. Aus der selbstlosen Liebe strömt der Friede Gottes.

Die Menschen, die zum Herzen Gottes hinwandern, und die Menschen, die schon in Gott leben, wirken für die Neue Zeit, indem sie alle willigen Menschen den Weg zu Gott lehren. Damit nehmen sie das Erdreich mehr und mehr in Meinem Geiste in Besitz.

Die selbstlos Liebenden sind es, die im Reiche Gottes auf Erden, im Friedensreich, leben werden. Freuet euch, die ihr jetzt schon den Weg zum Herzen Gottes wandelt! Ihr seid in Mir die Wegbereiter und Pioniere für die Neue Zeit. Viele von euch werden sich in die Neue Zeit, in das Lichtreich, hineingebären und die Erfüllung in Gott mitbringen, weil sie jetzt schon den Weg dorthin gehen. Freuet euch und seid dankbar für die Läuterung und Reinigung eurer Seelen, denn ihr werdet Mich dann schauen und bewusst in und mit Mir leben und sein.

„Selig sind, die da hungert und dürstet nach der Gerechtigkeit, denn sie sollen gesättigt werden."
Wer nach der Gerechtigkeit Gottes hungert und dürstet, ist ein Wahrheitssuchender, der sich nach dem Leben in und mit Gott sehnt. Er soll gesättigt werden.

Mein Bruder, Meine Schwester, die du dich nach der Gerechtigkeit, dem Leben in und mit Gott, sehnst, sei getrost und erhebe dich aus dem sündhaften menschlichen Ich! Freue dich, denn die Zeit ist angebrochen, in der das Reich Gottes den Menschen näher kommt, die sich bemühen, die Gebote des Lebens zu halten.

Siehe, Ich, dein Erlöser, Bin die Wahrheit in dir selbst. In dir selbst also Bin Ich der Weg, die Wahrheit und das Leben.

Die Wahrheit ist das Gesetz der Liebe und des Lebens. In den Zehn Geboten, welche Auszüge aus dem allumfassenden Gesetz Gottes sind, findest du die Merksätze für den Weg zur Wahrheit. Beachte die Zehn Gebote, und du gelangst immer mehr auf den Weg der Bergpredigt, in welcher der Weg zur Wahrheit grundlegend ausgeführt ist.

Der Weg zur Wahrheit ist der Weg zum Herzen Gottes, zu dem ewigen Leben, das selbstlose Liebe ist. Die Bergpredigt ist der Weg in das Reich Gottes, in die Gesetze für das Friedensreich Jesu Christi. Vertiefst du dich in sie und erfüllst du sie, dann gelangst du zur göttlichen Weisheit.

Du hast schon gelesen, dass sich der Teilstrahl der göttlichen Weisheit im Erdenkleid befindet, um Gottes Wort zu geben und die Gesetze Gottes auszulegen. Über dieses Mein Instrument offenbare Ich nun die Bergpredigt in allen Einzelheiten und führe und begleite die Willigen auf dem Inneren Weg durch Lehren und Lektionen, die –

sofern sie verwirklicht werden – hinführen zum Vater, dem ewigen Licht. Außerdem lehre Ich durch Mein Instrument das Absolute Gesetz, das Gesetz der Ewigkeit.

Erkenne: Keiner soll nach der Gerechtigkeit hungern oder dürsten. Vollziehe den ersten Schritt hin zum Reiche der Liebe, indem du zuerst zu dir selbst gerecht bist. Übe dich im positiven Leben und Denken, und du wirst ganz allmählich ein gerechter Mensch werden. Dann bringst du die Gerechtigkeit Gottes in diese Welt; und du vertrittst diese auch, weil du den Willen Gottes, des Herrn, erfüllst, aus Seiner Liebe und Weisheit.

Erkenne: Die Zeit ist nahe, in der geschieht, was offenbart ist. Der Löwe wird beim Lamme liegen, weil die Menschen den Sieg über sich selbst errungen haben – durch Mich, ihren Erlöser. Sie werden eine große Familie in Gott bilden und mit allen Tieren und der ganzen Natur in Einheit leben.

Freuet euch, das Reich Gottes ist nahe herbeigekommen – und mit dem Reiche Gottes auch Ich, euer Erlöser und Friedensbringer, der Herrscher des Friedensreiches, des Weltreiches Jesu Christi.

„Selig sind die Barmherzigen, denn sie werden Barmherzigkeit erlangen.“

Die Barmherzigkeit Gottes entspricht der Sanftmut und der Güte Gottes und ist für alle Seelen das Tor zur Vollendung des Lebens. Die Menschen, die durch Mich, den Christus, der Ich im Vater-Mutter-Gott lebe, alle sieben

Grundkräfte des Lebens – das Gesetz von der Ordnung bis zur Barmherzigkeit – in ihren Seelen entfaltet haben, werden wieder als reine Geistwesen durch das Tor der Barmherzigkeit in die selbstlose Liebe, in das Reich Gottes, in die Himmel, eingehen und in Frieden leben. Das Tor zum ewigen Sein bildet die siebte Grundkraft, die Barmherzigkeit – im Geiste Gottes Güte und Sanftmut genannt. Alle Menschen, die sich in der Barmherzigkeit üben, werden auch Barmherzigkeit erlangen und jenen beistehen, die sich auf dem Wege zur Barmherzigkeit befinden.

Erkennet: Der Weg zum Herzen Gottes ist der Weg des Einzelnen in der Gemeinschaft mit Gleichgesinnten. Denn Gott ist Einheit, und Einheit in Gott ist Gemeinschaft in und mit Gott und mit den Nächsten.

Wer die ersten Schritte auf dem Wege zur Vollendung getan hat, der wird das Gebot der Einheit erfüllen: Einer für alle, Christus – und alle für Einen, Christus.

Die Bergpredigt ist, wie offenbart, der Evolutionsweg hin zum Inneren Leben. Alle jene, die auf diesem Entfaltungsweg hin zum Herzen Gottes vorangeschritten sind, helfen wieder denen, die erst am Beginn des Weges stehen. In und über allen leuchtet der Christus, der Ich Bin.

„Selig sind, die reinen Herzens sind, denn sie werden Gott schauen."

Das reine Herz ist die reine Seele, die sich wieder zum absoluten Geistwesen emporgeschwungen hat durch Mich, den Christus im Vater-Mutter-Gott.

Die reinen Seelen, die wieder zu Wesen der Himmel wurden, sind dann wieder das Ebenbild des ewigen Vaters und schauen den Ewigen wieder von Angesicht zu Angesicht. Sie schauen, leben und vernehmen zugleich das Gesetz des ewigen Vaters, weil sie wieder Geist aus Seinem Geiste geworden sind – das ewige Gesetz selbst.

Solange Menschen und Seelen den Geist Gottes in sich noch erhorchen müssen, sind sie noch nicht Geist aus Seinem Geiste, noch nicht das Gesetz der Liebe und des Lebens selbst.

Wer jedoch wieder zum Gesetz der Liebe und des Lebens geworden ist, der schaut den ewigen Vater von Angesicht zu Angesicht und steht mit Ihm in ständiger, bewusster Kommunikation. Er schaut auch das Gesetz Gottes, das Leben aus Gott, als Ganzes, weil er selbst das Leben und die Liebe ist und sich darin bewegt. Wer sich im Absoluten Gesetz Gottes bewegt, der hat es auch ganz erschlossen – von der Ordnung bis zur Barmherzigkeit. Ihm dienen alle sieben Grundkräfte der Unendlichkeit, weil er in absoluter Einheit und Harmonie mit allem Sein ist.

„Selig sind die Friedensstifter, denn sie werden Kinder Gottes heißen."
Diese Worte bedeuten dem Sinne nach: Selig sind, die Frieden halten. Sie werden auch den wahren Frieden auf diese Erde bringen, weil sie in sich selbst friedfertig geworden sind. Sie sind bewusst die Kinder Gottes.

Viele der Söhne und Töchter Gottes, die den Frieden in sich tragen und in die Welt bringen, sind die einverleibten Wesen, die im Auftrage Gottes stehen und für die Neue Zeit kämpfen, damit das geistige Menschentum entsteht, das im Friedensreich Jesu Christi lebt, in der Lichtzeit.

Worte des Herrschers des Friedensreiches auf Erden an die Menschen der Neuen Zeit:

Ihr Menschen in der Neuen Zeit, im immer lichter werdenden Friedensreich Jesu Christi, die ihr dieses Buch, „Das ist Mein Wort", lest, erkennt, dass die Pioniere Christi an mehreren Fronten gleichzeitig gegen das Satanische kämpfen mussten, um dem angekündigten Reich Gottes auf Erden zum Durchbruch zu verhelfen.

Ihr also lebt im Frieden, in Mir, dem Christus, eurem göttlichen Bruder, dem Herrscher des Friedensreiches. Doch hinter der Nebelwand leben und wirken jene Seelen, die sich von der Bergpredigt, dem Weg in das Innere Leben, nicht erfassen ließen, die immer noch im Kerker ihres menschlichen Ichs leben. Als Menschen wollten sie den Ruf der Wanderer zum Herzen Gottes nicht hören. Sie hielten ihre Ohren und ihre Herzen für die Wahrheit verschlossen und verbargen sich hinter ihrem menschlichen Ich, hinter ihren Vorstellungen, Meinungen und theologischen Ansichten. Auch in der Vorbereitungszeit von der alten zur Neuen Zeit, der Lichtzeit, blieben sie Pharisäer, Heuchler, Verfolger und Verleumder.

Wisset, in allen Seelen bis hin zur vierten Reinigungsebene leuchtet das Licht der Erlösung. So sind auch sie nicht verloren. Hinter der Nebelwand wirken im Namen des Herrn viele reine Geistwesen – unter ihnen auch viele Söhne und Töchter Gottes, die Mir, dem Christus, auf Erden in verschiedenen Erdenkleidern in verschiedenen Zeitepochen die Wege in das immer lichter werdende Friedensreich bereitet haben. Dort in den Seelenreichen wirken sie weiter im selbstlosen Dienst für ihre Nächsten. Die gerechten Männer und Frauen, die das Gesetz der Liebe und des Lebens in diese Welt gebracht haben, hatten es in jener Zeitepoche sehr schwer.

Erkennet, ihr Brüder und Schwestern, die ihr nun im Reiche Gottes auf Erden lebt: Die Pioniere Christi für die Neue Zeit stellten sich in jener großen Zeitenwende von der alten, materialistisch geprägten Zeit hin zur Neuzeit, der Lichtzeit, auch gegen das Satanische und Dämonische.

„Selig sind, die um der gerechten Sache willen Verfolgung leiden, denn ihrer ist das Reich Gottes."
Was geschah weiter in der damaligen Vorbereitungszeit? Die Pioniere Christi für die Neue Zeit litten um des Reiches Gottes auf Erden willen Verfolgung. Von Pharisäern und Schriftgelehrten, von Kirchenmännern und von allen jenen, die diesen hörig waren, wurden sie missachtet und verleumdet. Die Wahrheit wurde bewusst in ein falsches Licht gebracht und verzerrt. Jene, die treu für die

Wahrheit gekämpft haben, wurden der Wahrheit wegen lächerlich gemacht. Menschen, die Mich, Christus, nur auf den Lippen, jedoch nicht im Herzen trugen, predigten in ihren Kirchen und auch außerhalb der Kirchenmauern gegen sie, verleumdeten und diskriminierten sie. Sie wurden beschimpft und der falschen Lehre beschuldigt.

Den wahren Nachfolgern Christi sprachen die Scheinchristen ab, Christen zu sein, weil sie selbst nicht lebten, was Ich ihnen als Jesus von Nazareth geboten hatte. Wie zu Meiner Zeit als Jesus predigten sie zwar aus ihren Bibeln und frömmelten den Menschen einen Glauben an Mich vor – und waren doch die Wölfe im Schafspelz. Denn sie taten nicht, was Ich den Menschen geboten habe: sich untereinander selbstlos zu lieben, so, wie Ich sie liebe; deshalb sind sie Pharisäer und Heuchler. Und wer das Gebot der Feindesliebe missachtet, der missachtet den Christus, der Ich Bin.

Wer dies später liest, der möge der Christuspioniere gedenken, die das Erdreich und die Atmosphäre der Erde für die Neue Zeit vorbereitet haben. Sie brachten einen Teil des ewigen Strahlungsgesetzes auf die Erde und in deren Atmosphäre. Ihrer gedenkt in Liebe, denn viele von ihnen gehen nicht mehr in das Erdenkleid, um im Friedensreich auf Erden zu leben und zu wirken. Sie kämpfen in den Stätten der Reinigung weiter. Sie ringen um die Seelen, damit auch diese frei werden von ihren Sünden und eingehen können in die Herrlichkeit, die Ich im Vater Bin.

Erkennet: Was die Seelen auf Erden nicht bereinigt haben, das nehmen sie mit hinter die Nebelwand. Dort müssen sie erkennen und abtragen, was sie im Erdenkleid verursacht haben. Wer als Mensch nicht zur Selbsterkenntnis gelangt ist und daher auch nicht Buße getan hat, der vegetiert als Seele hinter der Nebelwand gleichsam traumwandlerisch weiter wie zuvor im Erdenkleid – was er Leben nannte. Viele, die einst Heuchler und Pharisäer im Erdenkleid waren, verleumden ihre Mitgeschwister auch wieder im Seelenreich, machen sie auch dort lächerlich, sprechen ihnen ab, Christen zu sein, und wollen sich selbst damit in ein gutes Licht stellen. Das geschieht so lange, bis sie – wohl gar unter größtem Leid und Schmerz – erkennen, was sie verursacht haben und in welchen Herzen Christus wahrlich auferstanden ist.

Nach dem kosmischen Gesetz der Anziehung wird die Seele an ihrem Seelenleib das erleben, was sie im Erdenkleid an ihren Mitmenschen verursacht und nicht bereinigt hat. Die Seele sieht bildhaft ihre Sünden und erlebt gleichzeitig in ihrem Seelenleib selbst die Leiden und Qualen ihrer Nächsten, die sie ihnen als Mensch zugefügt hat. Die in ihr nun aktiven Sünden wirken so lange auf sie ein, bis die Seele von Herzen bereut, um Vergebung bittet und gewillt ist, ihren Nächsten zu vergeben. Dann erst wandelt sich die sündhafte Energie in göttliche Kraft, und die Seele wird lichter und reiner.

Betet für jene, die sich hinter der Nebelwand ähnlich verhalten wie einst auf Erden im Erdenkleid! Betet, dass sie sich erkennen und Buße tun. Viele der Verleumder werden in ihren Seelen die Not und das Leid der Pioniere erkennen, erleben und eventuell erdulden müssen, bis ihnen zur Gewissheit geworden ist, dass Ich, Christus, mit den Pionieren, mit Meinen Brüdern und Schwestern, war und nun mit ihnen als göttlicher Bruder Bin.

Betet, dass sie rechtzeitig erkennen und spüren, dass sie in der gegensätzlichen, machtgierigen Welt den dunklen Mächten hörig waren! Die Finsternis missbrauchte sogar Meinen Namen, um Menschen zu verführen und den Pionieren, den Söhnen und Töchtern Gottes auf Erden, die Arbeit im Weinberg des Herrn zu erschweren.

Erkennet: Wer Mir nachfolgte, wurde von den Weltlingen nicht geachtet, weil auch Ich als Jesus von ihnen missachtet wurde. Zu allen Zeiten mussten Menschen, die in die wahre Nachfolge des Nazareners traten, viel erdulden und erleiden.

Viele der Pioniere für die Neue Zeit gingen jedoch unerschütterlich voran und blieben in Meinen Fußspuren. Gedenkt jener tapferen Männer und Frauen, die unerschütterlich im Glauben an Mich für die Neue Zeit einen gerechten Kampf geführt haben.

Freuet euch, die ihr in der Neuen Zeit lebt, im Friedensreich, das immer mehr lichtstofflich wird. Ihr seid mit ihnen verbunden. Viele unter euch waren in der großen Zeitenwende als Pioniere im Erdenkleid, um den Durchbruch für das Reich Gottes zu erreichen. Der Kampf und der Sieg für Mich, den Christus, blieb in euren Seelen als

Erinnerung zurück. Intuitiv spüren manche von euch, dass sie in jener Zeitepoche als Pioniere mitgewirkt haben. Sie spüren auch, dass in jener Zeit die Ursachen immer rascher wirksam wurden und das Positive, die Lichtzeit, mit Macht heraufstieg, die Zeit des Christus, in der ihr nun wieder – im Kleid einer feineren Materie – lebt.

5. Wehe euch, die ihr reich seid! Denn ihr habt in diesem Leben euren Trost empfangen. Wehe euch, die ihr satt seid, denn ihr werdet hungern. Wehe euch, die ihr jetzt lacht, denn ihr werdet trauern und weinen. Wehe euch, wenn alle Menschen gut von euch sprechen, denn so machten es auch ihre Väter mit den falschen Propheten. (Kap. 25, 5)

Ich, Christus, erkläre, berichtige
und vertiefe das Wort:

„Wehe euch, die ihr reich seid! Denn ihr habt in diesem Leben euren Trost empfangen."
Menschen, die ihren Reichtum als ihr Eigentum ansehen, sind arm im Geiste. Vielen der an irdischen Gütern Reichen wurde für ihr Erdenleben die geistige Aufgabe in die Wiege gelegt, ein Vorbild für jene Reichen zu sein, die mit verstockten, unnachgiebigen Herzen sich an ihren Reichtum binden und deren einziges Denken und Trachten

es ist, diesen für sich selbst zu vermehren. Ein Mensch, der an irdischen Gütern reich ist und erkannt hat, dass sein Reichtum eine Gabe ist, die er nur dazu von Gott empfangen hat, dass er sie in das große Ganze für das Wohl aller einbringt und sie dort rechtmäßig für alle verwaltet – der verwirklicht das Gesetz der Gleichheit, Freiheit, Einheit und Brüderlichkeit. Er trägt als ein selbstloser Geber mit dazu bei, dass die Armen nicht in Entbehrung und die Reichen nicht in Luxus leben.

Auf diese Weise wird allmählich ein Gleichgewicht, ein gehobener Mittelstand hergestellt für alle, die bereit sind, das Gesetz „Bete und arbeite" selbstlos zu erfüllen. So erwächst ganz allmählich das wahre Menschentum einer Gemeinschaft, deren Glieder keinen auf die Person bezogenen irdischen Reichtum sammeln, sondern alles als Gemeinbesitz betrachten, der ihnen von Gott gegeben ist.

Wenn der Reiche Geld und Gut als sein Eigen betrachtet und in der Welt seines Reichtums wegen angesehen ist, wird er – als Wirkung auf seine Ursachen – in den nächsten Erdenleben in armen Ländern leben und dort um das Brot betteln, das er einst als Reicher Armen versagt hat. Das ist so lange gegeben, wie derartige Einverleibungen noch möglich sind. Die Seele eines solchen Reichen wird auch in den Reinigungsebenen keine Ruhe finden. Die lichtarmen Seelen, die seinetwegen im Erdenkleid Leid und Hunger erdulden mussten, werden ihn als den wiedererkennen, der ihnen vorenthalten hat, was ihnen aus den Verstrickungen menschlichen Ichs hätte heraushelfen können. Viele werden ihn anklagen, und dann wird seine Seele selbst spüren, wie diese gelitten und gehungert haben. Auf diese Weise kann eine Seele, die im Erdenkleid als Mensch reich und angesehen war, große Not erleiden; diese Not ist viel größer, als wenn sie im Erdenkleid um Brot hätte betteln müssen.

Erkennet: Nach den Gesetzen des Ewigen gebührt jedem, der selbstlos das Gebot „Bete und arbeite" hält, das Gleiche; denn Gott gibt jedem, wessen er bedarf, und darüber hinaus. Solange jedoch noch nicht alle Menschen sich an dieses Gebot halten, gibt es auf der Erde die sogenannten Reichen. Ihre Aufgabe ist es, ihren angesammelten Reichtum auszuteilen und ebenso zu leben wie die, die selbstlos das Gebot „Bete und arbeite" erfüllen. Wenn sie in dieser Weise nicht an ihr Wohl denken, sondern an das Wohl aller, dann kehrt sich allmählich der innere Reichtum nach außen, und kein Mensch wird hungern oder darben.

Wehe euch, ihr Reichen, die ihr euer Geld und Gut euer Eigen nennt und eure Nächsten dafür arbeiten lasst, dass euer Vermögen sich vermehrt! Ich sage euch: Ihr werdet Gottes Thron nicht schauen, sondern weiter dort leben, wo Gottes Füße sind – auf Erden, immer wieder in Erdenkleidern, solange dies noch möglich ist. Auch wenn ihr soziale Einrichtungen fördert, selbst jedoch um vieles reicher seid als jene, die daraus unterstützt werden, so seid ihr dennoch dem Satan der Sinne hörig, der die Unterschiede von arm und reich will.

Durch diese Unterschiede entstehen Macht und Unterwürfigkeit, Neid und Hass. Daraus ergeben sich Streit und Kriege. Daher dienen die, welche ihren Reichtum festhalten, auch dann, wenn sie hin und wieder sozial denken, dem Satan der Sinne und handeln gegen das Gesetz des Lebens: gegen Gleichheit, Freiheit, Einheit und Brüderlichkeit.

Wer Geld und Güter als sein Eigen betrachtet und für sich hortet, anstatt diese materiellen Energien fließen zu lassen, der ist nach dem Gesetze des Lebens ein Dieb, da er seinen Nächsten einen Teil ihres geistigen Erbes vorenthält. Denn alles ist Energie. Wer sie bindet durch „Mein und Mir", handelt gegen das Gesetz, das fließende Energie ist.

„Wehe euch, die ihr satt seid, denn ihr werdet hungern."
Der reiche, satte Mensch, der allein „seine" Scheuern füllt, ist im Herzen leer. Er kennt nur das Mein und Dein. Seine Sinne und Gedanken drehen sich um „mein" Eigentum, „meinen" Besitz, „mein" Brot, „meine" Speise. „Das alles gehört mir" – dies ist seine Welt. Ein solcher Mensch wird einst hungern und darben, bis er begreift: Alles ist das Sein; alles gehört Gott und allen Menschen, die sich bemühen, Gottes Werke zu tun: die selbstlose Liebe und das Gesetz des Lebens für die Erde „Bete und arbeite" zu erfüllen.

Menschen, die nur von Mein und Dein sprechen, sind lichtarme Menschen, die schon in dieser Einverleibung einen weiteren Erdenweg vorbereiten oder eine lange Wanderung ihrer Seele im Seelenreich, jeweils im Kleide des Bettlers.

Die vom Materiellen geblendete Seele hungert unbewusst nach Licht, weil sie lichtarm ist. Zwanghaft versucht sie dies mit äußeren Dingen auszugleichen wie mit irdischem Reichtum, Habgier, mit Völlerei, Trunksucht oder anderen Begierden und Genüssen. Sie ist unersättlich.

„Wehe euch, die ihr jetzt lacht, denn ihr werdet trauern und weinen."

Wer über seine Nächsten lacht und spottet, der wird einst sehr traurig sein und über sich selbst weinen – weil er jene verkannt hat, über die er sich lustig gemacht und die er verspottet hat. Er wird erkennen müssen, dass er letztlich sich selbst verlacht, verhöhnt und verspottet hat. Denn wer über seinen Nächsten richtet und urteilt, ihn verlacht, verhöhnt und verspottet, der richtet, verurteilt, verlacht, verhöhnt und verspottet Mich, den Christus.

Erkennet: Wer sich am Geringsten Meiner Brüder versündigt, der versündigt sich am Gesetze des Lebens und wird darunter zu leiden haben. Zugleich hat er sich an jene gebunden, die er missachtet hat. Daher sehet euch vor und übt Selbstkontrolle. Nicht was durch den Mund eingeht, verunreinigt eure Seele, sondern was von eurem Mund ausgeht, das belastet die Seele und den Menschen.

„Wehe euch, wenn alle Menschen gut von euch sprechen, denn so machten es auch ihre Väter mit den falschen Propheten.“

Wenn ihr euren Mitmenschen nach dem Munde redet, damit sie euch loben und ihr bei ihnen angesehen seid, so seid ihr gleich den Falschmünzern, die um ihres Vorteils willen mit falscher Münze zahlen.

Ähnlich verhielt und verhält es sich auch mit den falschen Propheten. Sie waren und sind bei dem Volke angesehen, weil sie ihm nach dem Munde redeten und weil die Angesehenen des Volkes zu ihnen hielten, da sie sich dadurch persönlichen Vorteil und Nutzen versprachen.

Erkennet, ihr Menschen im Friedensreich: In der sündhaften Welt wurden viele gerechte Propheten und auch erleuchtete Männer und Frauen von den irdischen Reichen und den Machthabern dieser Welt, von Kirchenführern und ihren Anhängern verleumdet und verfolgt und viele von ihnen gefoltert und getötet. Das Satanische hat zu allen Zeiten jene als Werkzeuge benützt, die ihren irdischen Reichtum für sich halten und vermehren wollten, die Macht erstrebten, und auch die, welche den Reichen und Machthabern hörig waren. Das müsst ihr wissen, damit ihr versteht, warum die alte, sündhafte Welt auf grausame Art und Weise unterging.

Falsche Propheten waren unter anderem auch jene, die das Evangelium der Liebe wohl predigten, jedoch selbst nicht danach lebten. Und es waren auch all jene, die sich „Christen" genannt haben und sich in ihrem Leben unchristlich verhielten. Sie wurden oft gerühmt wegen ihrer Redekunst und geehrt und gelobt wegen ihres Reichtums und Ansehens.

O sehet, dennoch trugen alle wahren Propheten und Erleuchteten im Laufe der Zeiten dazu bei, dass der Kristall des Inneren Lebens mit seinen vielen Facetten der ewigen Wahrheit immer mehr funkelte und leuchtete. Auf diese Weise baute sich ganz allmählich das Reich Gottes auf Erden auf.

Für euch, liebe Brüder und Schwestern im Friedensreich, gilt es, diesen nun vollkommenen, funkelnden und leuchtenden Kristall, das Innere Leben, wie eine kostbare Blume zu hegen und zu pflegen, zu hüten und zu bewahren: Es ist das Gesetz der Liebe und Weisheit Gottes, Seine Ordnung, Sein Wille, Seine Weisheit, Sein Ernst, Seine Güte, Seine unendliche Liebestrahlung und Seine Sanftmut.

6. Ihr seid das Salz der Erde, denn jegliches Opfer muss mit Salz gesalzen werden, doch wenn das Salz seinen Geschmack verloren hat, womit soll man salzen? Es ist hinfort zu nichts nütze, denn dass es ausgeschüttet und unter den Füßen zertreten wird. (Kap. 25, 6)

Ich, Christus, erkläre, berichtige
und vertiefe das Wort:

Die Gerechten sind das Salz der Erde.

Sie werden immer wieder auf Missstände in dieser Welt aufmerksam machen und den Finger auf die Wunde der Sünde legen. Denn viel Unheil geschah und geschieht in dieser noch sündhaften Welt – und viele Menschen wurden zum Opfer um des Evangeliums willen.

Die Gerechten, die zum Opfer wurden, sollen von gerechten Männern und Frauen rehabilitiert werden, denn alles soll offenbar werden durch das Salz der Erde. Jetzt, in der Zeit des Umbruchs von der alten, sündhaften Welt zur Neuen Zeit, der Lichtzeit, werden die Gerechten das Unrecht ans Licht bringen und es offenbar werden lassen, auf dass jene, die Unrecht getan haben, sich selbst erkennen und Buße tun.

Hütet euch jedoch, ihr Gerechten, die ihr das Salz der Erde seid, dass es nicht an Geschmack verliert, dass ihr also in der Gerechtigkeit bleibt und euch nicht verführen lasst. Denn wer soll die Gerechtigkeit in diese Welt bringen, und wer soll auf die Missstände und Sünden, die Menschen geschaffen haben, hinweisen? Doch nur jene, die Meinen Namen kennen und die im Buche des Lammes stehen.

Wer nicht mehr das Salz der Erde ist, der gerät unter jene, die Meinen Namen für ihre Zwecke missbraucht haben und missbrauchen und die Gerechten verfolgt, verleumdet und getötet haben.

Wenn das Salz der Erde an Geschmack verliert und der Mensch seine Nächsten missachtet, dann wird er seinen eigenen Ursachen erliegen; im Bild gesprochen: Er wird sich selbst zertreten. Seine ungesühnten Ursachen rufen dann Krankheit, Siechtum und Leid hervor. Die lichtarme Seele wird darben und das an ihrem eigenen Seelenleibe spüren, was sie an ihrem Nächsten verursacht hat.

7. Ihr seid das Licht der Welt. Die Stadt, die auf einem Hügel erbaut ist, kann nicht verborgen sein. Man zündet auch kein Licht an und stellt es unter den Scheffel, sondern auf einen Leuchter, und es gibt Licht allen, die im Hause sind. So lasset euer Licht leuchten vor den Leuten, dass sie eure guten Werke sehen mögen und euren Vater im Himmel preisen. (Kap. 25, 7)

Ich, Christus, erkläre, berichtige
und vertiefe das Wort:

Ich Bin das Licht der Welt.

Durch Meine Getreuen, durch Männer und Frauen, die den Willen des Ewigen erfüllen, strahlt es nun verstärkt in diese Welt.

Mein Licht habe Ich auf den Leuchter der göttlichen Weisheit und Gerechtigkeit gestellt, auf dass es allen leuchte, die guten Willens sind.

Meine Brüder und Schwestern im Friedensreich Jesu Christi, es ist wichtig für euch, Folgendes zu wissen: In dem einverleibten Teilstrahl der göttlichen Weisheit habe Ich ganz allmählich Mein Licht zum Leuchten gebracht. Ich rief das Menschenkind, in dem das weibliche Prinzip des Cherubs der göttlichen Weisheit einverleibt war, und teilte ihm seinen geistigen Auftrag mit, der dann in seiner Seele mehr und mehr offenbar wurde.

Wisset, wenn der geistige Auftrag in der inkarnierten Seele zu pulsieren beginnt, will es das Gesetz, dass der Mensch darauf aufmerksam gemacht und gefragt wird, ob er das annimmt, was in seiner Seele aktiv ist.

Das Menschenkind bejahte sinngemäß: Ewiger, ich bin Deine Magd, mir geschehe nach Deinem Willen.

Daraufhin begann für sie der große, allumfassende geistige Auftrag, Meine Prophetin und Botschafterin für die ganze Erde zu sein. Immer heller und kraftvoller wurde Mein Licht in ihrer Seele, bis es den Menschen ganz durchstrahlte. Als auch der Mensch gekräftigt war, um Mein heiliges, ewiges Wort zu geben, sandte Ich sie in diese Welt: Von Meinem Geiste geführt, besuchte sie Länder und Städte auf verschiedenen Kontinenten. Ich gab durch sie Mein heiliges Wort in ungezählten Offenbarungen.

In vielen Facetten der ewigen Wahrheit strahlte Mein Licht in diese Welt, auf diese Erde. Es ist die Weisheit aus Gott.

An Meinem Lichte entzündeten sich in der gewaltigen Zeitenwende immer mehr Herzen. Die Menschen erkannten die ewige Wahrheit in Meinem Worte. Immer mehr Menschen gingen den Inneren Weg und nahmen das Geschenk des Lebens an, die Lehren und Lektionen aus der ewigen Wahrheit, um Gott, dem ewigen Sein, näher zu kommen.

Viele Männer und Frauen wurden Meine Getreuen, denn sie erfüllten Gottes Willen. Sie verbrüderten sich in Meinem Geiste und wurden die Pioniere für die Neue Zeit, die das Fundament des Reiches Gottes auf Erden gründeten und auf diesem aufzubauen begannen.

Immer mehr Menschen wurden zu Lichtsuchern. Auf dem Wege zum inneren Leben entfachten sie mehr und mehr ihre innere Flamme an Meinem Lichte und vereinten sich mit den Pionieren, um mitzuwirken für die Neue Zeit.

Erkennet weiter: Aus den tiefen Belehrungen, die Ich durch die inkarnierte göttliche Weisheit gab, erkannten sie die ewigen Gesetze und blieben mehr und mehr in der Gerechtigkeit Gottes.

Die Pioniere hatten zu allen Zeiten auch einige Niederlagen zu meistern. Doch sie erkannten in jeder Niederlage ihre eigene Schwäche und bewältigten sie dann mit Mir, dem Christus. Sie bereuten ihr gegensätzliches Verhalten, lobten und priesen Gott für Seine unermüdliche Führung – auch heraus aus ihren Niederlagen. Auf diese Weise erstarkten die Männer und Frauen in Mir, dem Christus.

Die Siege in Mir, dem Christus, rechneten sie sich nicht als ihre Siege an. Sie dankten, lobten und priesen den ewigen Namen und freuten sich, dass der Ewige durch Mich und Ich durch sie und mit ihnen das vollbringen konnte, was zu tun war für die Lichtzeit, in welcher ihr nun lebt.

Durch die Verwirklichung der ewigen Gesetze kamen die getreuen Männer und Frauen Mir immer näher und wurden sich Meiner Führung bewusst. Über den einverleibten Teilstrahl der göttlichen Weisheit redeten der Ewige, Gott, unser aller Vater, und Ich, Christus, mit ihnen. Wir ermahnten die Pioniere immer wieder, ihre noch vorhandenen Fehler abzulegen. Gleichzeitig führten Mein Vater und Ich, Christus, sie zur Selbsterkenntnis, indem wir sie – gemäß dem Gesetz des freien Willens – aufmerksam machten, sobald sie gegen das ewige Gesetz verstoßen hatten. Wir erklärten ihnen, wie sie ihre Fehler wiedergutmachen könnten. In allen wesentlichen Fragen und Situationen offenbarten und führten sie der Ewige und Ich, Christus, zur gesetzmäßigen Antwort und Lösung. Sie bereinigten sofort, was anstand, so dass das aufgehoben werden konnte, was nicht dem ewigen Gesetz entsprach.

Die Pionierzeit war eine große Zeit, denn die Pioniere redeten mit Gott, der sich ihnen durch das große Licht der göttlichen Weisheit offenbarte. Durch diese tiefe Verbundenheit mit dem Vater-Mutter-Gott und mit Mir, ihrem Erlöser und göttlichen Bruder, erstarkten sie in ihrem Inneren. Sie wurden mehr und mehr erfüllt von Liebe und Weisheit.

Was Ich hier in diesem Buch, „Das ist Mein Wort", offenbare, vollzog sich in einem Evolutionsprozess über Generationen hinweg. Die ersten Pioniere für die Neue Zeit erkannten das große Licht, das unter ihnen lebte, noch nicht, weil sich der einverleibte Teilstrahl der göttlichen Weisheit als Schwester unter Geschwistern gab, ohne sich hervorzutun. Diese schlichte Geschwisterlichkeit, die einer großen Demut und Ehrfurcht vor Gott entsprang, bewirkte sodann auch unter einigen der Pioniere die echte Geschwisterlichkeit. Für sie war die hohe Lichtträgerin eine Schwester, die sie in jeder Lebenslage und Situation beraten konnte, weil ihr geistiger Leib eins mit Gott, dem Leben, war.

Erkennet, die ihr in der Neuen Zeit lebt: Dies alles – und weit mehr, was nicht aufgezeichnet wurde – musste geschehen, auf dass Mein Licht in dieser Welt immer stärker leuchten konnte. Es leuchtete mächtig in die Zeitenwende hinein und bereitete durch Meine Getreuen die Neue Zeit vor.

Die Pioniere in Mir waren die geistige Kampftruppe, die nach dem Gesetz des Lebens, der Liebe und des freien Willens kämpfte.

Nach dem Bundesschluss mit Gott, dem Ewigen, lebten und wirkten sie aus dem zentralen Urlicht der Bundgemeinde Neues Jerusalem im werdenden Neuen Israel. Aus der Bundgemeinde Neues Jerusalem entstand in den weiteren Generationen die mächtige Stadt Jerusalem auf der immer feiner werdenden Materie der Erde.

Die Stadt Neues Jerusalem, die auf den Hügeln erbaut ist, kann nicht verborgen sein. Sie leuchtet und strahlt als das zentrale Urlicht für die ganze Erde.

Von der Stadt aus, die auf den Hügeln erbaut ist, dem Neuen Jerusalem, werden die Impulse gegeben für das ganze Weltreich Jesu Christi. Die Stadt Neues Jerusalem ist die zentrale Schaltstelle für das Friedensreich Jesu Christi. So wurde es offenbart – und so ist es.

8. Ihr sollt nicht denken, dass Ich gekommen Bin, das Gesetz oder die Propheten zu zerstören; Ich Bin nicht gekommen, zu zerstören, sondern zu erfüllen. Denn wahrlich, Ich sage euch: Bis Himmel und Erde vergehen, wird nicht der kleinste Buchstabe noch ein Tüpfelchen von dem Gesetze und den Propheten vergehen, bis dass alles erfüllt ist. Doch siehe, ein Größerer denn Moses ist hier, und dieser wird euch das höhere Gesetz geben, sogar das vollkommene Gesetz, und diesem Gesetz sollt ihr gehorchen. (Kap. 25, 8)

Ich, Christus, erkläre, berichtige
und vertiefe das Wort:

Als Jesus von Nazareth lehrte Ich die Männer und Frauen, die Mir nachfolgten, und alle, die Mir zuhörten, Teile aus dem vollkommenen Gesetz, dem Absoluten

Gesetz. Ich erklärte ihnen auch, dass das Absolute Gesetz der Liebe in das Gesetz von Saat und Ernte hineinstrahlt, da der Geist allgegenwärtig ist und auch im Gesetz von Saat und Ernte, dem Gesetz des Falles, wirkt.

Durch Mich als Jesus von Nazareth, den einverleibten Christus, und durch alle weiteren wahren Gottespropheten belehrte und mahnte der Ewige Seine Kinder in den unvollkommenen Ebenen, dass das Gesetz des Falles, das Gesetz von Saat und Ernte, beständig aktiv ist. Wer sich nicht rechtzeitig besinnt und umkehrt, der wird seine Ursachen als Wirkungen zu erdulden haben. Der Ewige war und ist bestrebt, auch in der heutigen Zeit Seine Menschenkinder und alle Seelen an Sein Herz zu führen, hin zum Gesetz der ewigen Liebe, bevor die Ernte – die Wirkungen auf die von ihnen gesetzten Ursachen – auf sie zukommt. Der Ewige führte und führt sie durch Mich, Christus, zur Selbsterkenntnis. Er gab und gibt ihnen die Kraft, das zu bereinigen, was sie als Sünde und Fehler erkannt haben und erkennen.

Der Christus, der Ich Bin, kam in Jesus von Nazareth auf diese Erde, in diese Welt, um die Menschen als Menschensohn das ewige Gesetz zu lehren und es vorzuleben, auf dass sie den Weg zum ewigen Vater erkennen und Sein Gesetz erfüllen – damit sie wieder in die ewigen Wohnungen eingehen können, die Er für alle Seine Kinder bereithält. Die Menschen, die Mir in Meiner Erdenzeit nachfolgten und die ewigen Gesetze verwirklichten, waren Meine wahren Nachfolger.

In den darauffolgenden Generationen gab es dann Christentum und Scheinchristentum: die wahren Nachfolger, die freiwillig Mir, dem Christus, nachfolgten, indem sie die Gesetze der Bergpredigt hielten – und die Scheinchristen, die nur von Mir, dem Christus, sprachen und doch gegen die Gesetze handelten. Außerdem gab es noch die sogenannte Zwangsnachfolge: Diese entstand aus der zwangsweise vollzogenen Christianisierung der Massen durch die Kirchen.

Erkennet: Im ewigen Gesetz gibt es keinen Zwang. Gott, der Ewige, hat allen Seinen Kindern den freien Willen gegeben. Wer sich frei entscheidet, der hat mit der freien Entscheidung die Kraft zu dem, was echtes Christentum prägt: Gleichheit, Freiheit, Einheit, Brüderlichkeit und Gerechtigkeit. Alle Zwänge kommen aus dem Gesetz von Saat und Ernte, das auch Fallgesetz genannt wird. Dem Menschen ist geboten, seinen geistigen Weg frei zu wählen. Ich, Christus, bot und biete den Weg zum Herzen Gottes an, doch Ich zwinge keinen Menschen, ihn zu gehen. Wer seine Nächsten zwingt, lebt selbst unter dem Zwang des Fallgesetzes und verkörpert den Fallgedanken.

Einige sogenannte christliche Konfessionen zwingen ihre Gläubigen zur Wassertaufe. Schon die Kleinkinder, deren freier Wille noch nicht entwickelt ist und die deshalb auch noch nicht selbst entscheiden können, werden durch die Wassertaufe in die Mitgliedschaft einer Kirche gezwungen und damit zur Teilnahme an ihren übrigen Ritualen veranlasst.

Das ist ein Eingriff in den freien Willen des Einzelnen, gleichsam eine zwangsweise Christianisierung. Das sind Abläufe im Fallgesetz.

Menschen, die Mich, Christus, nicht freiwillig, aus tiefster innerer Überzeugung, an- und aufnehmen, haben es oftmals sehr schwer, die Zehn Gebote, die Auszüge aus dem ewigen Gesetz, in rechter Weise zu verstehen und anzunehmen, weil diese durch viele Veräußerlichungen, dogmatische Formen, Riten, Bräuche und Kulte in den Hintergrund gedrängt wurden. In den Konfessionen wurden diese Veräußerlichungen zur Hauptsache, sie haben jedoch mit dem inneren Christentum, der Inneren Religion, nichts gemein, sondern stammen zum Teil unmittelbar aus der Zeit der Vielgötterei und des Götzentums und damit aus dem Bereich der Fallebenen.

Erst wenn sich Menschen freiwillig lösen von den ihnen aufgezwungenen Dogmen und starren Formen, von Riten und Kulten sowie von ihren eigenen Gottesvorstellungen, können sie allmählich in ihr Inneres, in ihr wahres Wesen, geführt werden. Dort, in ihrem inneren Sein, finden sie sich dann als wahres Wesen in Gott und als Bewohner des Reiches Gottes, das inwendig in jedem Menschen ist. Dieses Innere Leben ist die wahre Religion, die Innere Religion.

Erkennet: Das ewige, allumfassende, universelle Gesetz, das Gesetz der Himmel, ist unumstößlich. Es ist das Gesetz allen reinen Seins. Durch den Fall entstand das Gesetz von Saat und Ernte und kann nur aufgelöst werden durch die Verwirklichung der ewigen Gesetze. Es kann jedoch nicht umgangen werden. Das Gesetz von Saat und Ernte wirkt so lange in jeder Seele, bis die Sünden erkannt, bereinigt, gesühnt und Mir, dem Christus Gottes, übergeben wurden. Dann ist das Fallgesetz in der Seele aufgehoben. Die Seele ist sodann weitgehend befreit von ihrer Unreinheit. Sie wird wieder das reine Wesen in Gott, welches das Absolute Gesetz lebt, da es wieder dem absoluten, allwaltenden Gesetz der Liebe und des Lebens zustrebt.

Das Gesetz von Saat und Ernte hat so lange Gültigkeit, bis alles Gegensätzliche abgegolten und in positive Energie umgewandelt ist und jedes Wesen wieder in Gott lebt, aus dem es hervorging. In dem Maße, wie alle Wesen aus Gott wieder eingegangen sind in das Herz Gottes, in das Absolute Gesetz, werden sich alle Reinigungsebenen – alle teilmateriellen und materiellen Ebenen, einschließlich der Erde – in kosmische Energie umwandeln und wieder im Absoluten Gesetz schwingen. Dann ist das Fallgesetz aufgehoben, und Gottes Liebe ist bewusst und allwaltend in allem Sein, in jedem Wesen.

Es wird kein „Tüpfelchen" vom ewigen Gesetz hinweggenommen, das die wahren Propheten vor und nach Mir gebracht haben und Ich als Jesus von Nazareth vorlebte.

Wenn es heißt: „nicht der kleinste Buchstabe", so ist damit der einzelne Aspekt der ewigen Wahrheit gemeint, nicht der Buchstabe und das Wort der Menschen als solches. Menschliche Worte sind oft nur Symbole, die das

Innerste verbergen. Erst wenn der Mensch in die Symbolsprache hineinzuspüren vermag, erkennt er die Wahrheit und den Sinn des Lebens, der tief in den menschlichen Worten verborgen liegt.

„Das höhere Gesetz" ist der Schritt in das vollkommene Gesetz. Dieses wird die weitgehend reinen Wesen, die von der Erde und den Seelenreichen her kommen, in den Vorbereitungsebenen gelehrt, die sich vor dem Himmelstor befinden. Das höhere Gesetz ist die letzte Lehrstufe vor dem Himmelstor. Es zeigt den weitgehend reinen Wesen, wie die gesetzmäßige Strahlung im Geistleibe wieder aktiviert wird, damit sie in der Unendlichkeit angewendet werden kann.

Als Jesus von Nazareth habe Ich Teile aus dem vollkommenen Gesetz, dem Absoluten Gesetz, gelehrt. Die ganze Wahrheit musste den damaligen Menschen noch verborgen bleiben, weil sie noch zu sehr am Götterglauben hingen und an den verschiedenen Glaubensrichtungen der damaligen Zeit orientiert waren. Deshalb sprach Ich sinngemäß: Wenn die Zeit gekommen ist, werde Ich, der Geist der Wahrheit, euch in alle Wahrheit führen.

Auf dem Berge Golgatha – das heißt: Schädelstätte – wurde Ich von den Römern gekreuzigt, weil das jüdische Volk Mich nicht als den Messias an- und aufgenommen hat. Obwohl Ich im Jordantal landauf und landab predigte, lehrte, heilte und viele Zeichen Meiner Gottheit gab, blieb das halsstarrige jüdische Volk den Templern hörig und wurde deshalb mitschuldig am Tode des Jesus von Nazareth.

Mit den sinngemäßen Worten „Es ist vollbracht" gingen in alle belasteten und gefallenen Seelen die Erlöserfunken ein. Dadurch wurde und Bin Ich der Erlöser aller Menschen und Seelen.

Als Christus Gottes wirkte und wirke Ich weiter. In allen Generationen bis zur heutigen Zeit offenbarte und offenbare Ich Mich durch wahre Gottesinstrumente, durch Menschen mit weitgehend gereinigten Seelen.

In dieser machtvollen Zeitenwende, in der die Lichtzeit den Menschen immer näher kommt, lehre Ich das ewige Gesetz in allen seinen Facetten, und immer mehr Menschen gehen den Pfad nach Innen zur Liebe Gottes.

Nun ist die Zeit gekommen, die Ich als Jesus von Nazareth ankündigte: „Heute könnt ihr es noch nicht tragen, also erfassen, doch wenn der Geist der Wahrheit kommt, wird Er euch in alle Wahrheit führen." Nun Bin Ich im Geiste unter den Meinen, den treuen Wanderern zum ewigen Sein, zum Bewusstsein Meines Vaters, und lehre sie das absolute, ewige Gesetz, auf dass auch diejenigen, die im Friedensreich leben werden, es erfüllen und somit in Mir leben und Ich durch sie.

Meine Worte sind Leben, sind das ewige Gesetz. Sie bleiben in den Wanderern zum ewigen Leben erhalten und auch in vielen schriftlichen Aufzeichnungen – so auch mit diesem Buch für das Friedensreich Jesu Christi.

Erkennet: Allein das ewige Gesetz der Liebe macht den Menschen frei – nicht das Gesetz von Saat und Ernte. Dieses bringt ihm nur Leid, Krankheit, Not und Siechtum.

9. Wer nun eines von diesen Geboten, die Er geben wird, bricht und lehret die Leute, ebenso zu tun, der wird der Geringste heißen im Himmelreich. Wer sie jedoch hält und lehrt, derselbe wird groß genannt werden im Himmelreich. (Kap. 25, 9)

Ich, Christus, erkläre, berichtige
und vertiefe das Wort:

Die Zehn Gebote, die Gott durch Moses Seinen Menschenkindern gab, sind Auszüge aus dem ewigen Gesetz des Lebens und der Liebe. Wer gegen diese Gebote verstößt, sie seine Mitmenschen nur lehrt, jedoch selbst nicht hält, der ist ein falscher Lehrer. Er sündigt wider den Heiligen Geist. Das ist die größte Sünde. Dieser Falschmünzer gebraucht Gottes Liebe, das Gesetz des Lebens, zum Selbstzweck. Dadurch missbraucht er das ewige Gesetz. Jeder Missbrauch ist Raub; und jeder Räuber ist ein Gejagter und Gehetzter, der von seinen eigenen Taten, von seinen eigenen Ursachen, früher oder später eingeholt und überführt wird. Denn Gott ist ein gerechter Gott; durch Ihn wird alles offenbar, sowohl das Gute als auch das weniger Gute und das Böse.

Wer jedoch das Gesetz der Liebe und des Lebens hält,
das heißt im täglichen Leben erfüllt, und die Menschen
das lehrt, was er selbst verwirklicht hat, der ist ein wahrer Geistiger Lehrer. Er reicht den Menschen das Brot der
Himmel und wird damit viele sättigen. Wer aus der eigenen Erfüllung gibt, der ist von göttlicher Weisheit und
Kraft erfüllt und wird dann, wenn die Zeit gekommen ist,
wie ein Stern am Himmel leuchten. Denn der gotterfüllte
Mensch schöpft aus dem Strom des Heils und gibt selbstlos
denen, die nach der Gerechtigkeit hungern und dürsten.

Erkennet: Durch solche gerechten Männer und Frauen
kommt das ewige Gesetz der Liebe und des Lebens in
diese Welt. Wer also das ewige Gesetz hält und lehrt, der
wird groß genannt werden im Himmelreich; das heißt: Er
wird im Himmel reichen Lohn ernten.

*10. Wahrlich, die glauben und gehorchen, werden ihre
Seelen retten, und die nicht gehorchen, werden sie verlieren. Denn Ich sage euch: Ist eure Gerechtigkeit nicht
größer als die der Schriftgelehrten und Pharisäer, so werdet ihr nicht in das Himmelreich kommen. (Kap. 25, 10)*

Ich, Christus, erkläre, berichtige
und vertiefe das Wort:

Die Aussage: „... die glauben und gehorchen, werden
ihre Seelen retten, und die nicht gehorchen, werden sie

verlieren" bedeutet: Wer glaubt und die Gesetze Gottes befolgt, der wird seine Seele von dem Rad der Wiedergeburt erretten, das ihn so lange in das Fleisch zieht, bis er alles gesühnt hat, was ihn immer wieder in die Einverleibungen gezogen hat.

Erkennet: Allein der Glaube an das Gesetz des Lebens genügt nicht. Nur der Glaube an das Leben und die Verwirklichung der Gesetze des Lebens führen Mensch und Seele heraus aus dem Rad der Wiedergeburt.

Wer die Gesetze Gottes nicht hält, der verrät Gott und verkauft seine Seele an die Finsternis. Dadurch deckt er das Licht seiner Seele, sein wahres Leben, ab. Dieser Mensch lebt sodann in der Sünde und die Seele im Schlaf dieser Welt. Das Gesetz der Einverleibung, das Rad der Wiedergeburt, das die Seele zur Einverleibung zieht, wird noch eine geraume Zeit wirksam sein, damit die einverleibte Seele erkennt, dass sie nicht von dieser Welt ist, sondern im Erdenkleid, um das abzulegen, was menschlich ist – und aufzudecken, was göttlich ist: ihr wahres, ewiges Leben.

Nicht alle, welche die Schriftzeichen kennen, deuten diese nur dem Buchstaben nach – sondern dem Sinne nach. Deshalb soll es heißen: Ist eure Gerechtigkeit nicht größer als die vieler Schriftgelehrten – die vorgeben, gerecht zu sein, und Mein Gesetz lehren, es jedoch selbst nicht halten –, so werdet ihr nicht in das Himmelreich eingehen.

Deshalb bindet euch nicht an Meinungen und Anschauungen der Menschen. Verwirklicht, was ihr aus dem Gesetze des Lebens erkannt habt; dann erkennt ihr die weiteren Schritte zu den höheren Gesetzmäßigkeiten.

Erkennet: Die Gerechtigkeit Gottes ist Gottes Liebe und Weisheit. Wer sie in sich nicht zur Entfaltung bringt, der strahlt sie auch nicht aus, schaut auch nicht in die Tiefen des ewigen Seins und ergründet auch nicht sein wahres Leben. Sein irdisches Leben ist ein Vegetieren. Er vegetiert am wahren Leben vorbei. Sowohl im Diesseits als auch im Jenseits ist er der geistig Tote. Er hat weder in diesem irdischen Dasein noch im jenseitigen Leben die richtige Orientierung, weil er nicht nach den Gesetzen des Lebens gelebt hat. Er ist nicht weise, sondern gibt nur sein gespeichertes Wissen weiter. Dadurch wird er zum Anhänger der Sünde und zuletzt ein Sünder. Er handelt wider das ewige Gesetz und fällt dadurch immer tiefer in das Gesetz von Saat und Ernte.

11. Darum, wenn du deine Gabe auf dem Altare opferst und wirst eingedenk, dass dein Bruder etwas gegen dich hat, so lass deine Gabe vor dem Altare und gehe zuvor hin, versöhne dich mit deinem Bruder, und alsdann komme und opfere deine Gabe. (Kap. 25, 11)

Ich, Christus, erkläre, berichtige
und vertiefe das Wort:

„... wenn du deine Gabe auf dem Altare opferst und wirst eingedenk, dass dein Bruder etwas gegen dich hat, so lass deine Gabe vor dem Altare und gehe zuvor hin, versöhne dich mit deinem Bruder, und alsdann komme und opfere deine Gabe" bedeutet: Wenn du Mir, dem Christus, dein Leben weihen und Mir deine Fehler und Sünden übergeben möchtest und du erkennst, dass du dich mit deinem Nächsten noch nicht versöhnt hast, so lasse die Sünde zunächst vor dem inneren Altar liegen. Gehe zu deinem Nächsten und versöhne dich mit ihm – und dann, wenn du Gleiches oder Ähnliches, das zur Sünde geführt hat, nicht mehr tun willst, dann lege deine Sünde auf den Altar. Der Altar befindet sich im Innersten deines Tempels aus Fleisch und Bein. Der Geist der Liebe und des Lebens wandelt sodann die Sünde in Kraft und Leben um. Denn was du frei, ohne Zwang, bereitwillig Mir übergibst und also Gleiches oder Ähnliches nicht mehr tust, von dem wirst du Befreiung erlangen. Deine Seele empfängt sodann vermehrt das Licht aus Mir.

Beachtet folgende Gesetzmäßigkeit: Wenn ihr gegen euren Nächsten ausschließlich in Gedanken gesündigt habt durch lieblose, neidische, rachsüchtige, eifersüchtige oder hasserfüllte Gedanken, dann gehet nicht auf ihn zu, um mit ihm darüber zu sprechen. Wisset, euer Nächster kennt nicht eure Gedankenwelt. So ihr sie im Wort offenbar werden lasst, denkt er darüber nach. Kommt allein zu Mir, dem Christus, der Ich in eurem Inneren Bin, und bereut eure Gedanken und sendet gleichzeitig der Seele eures Nächsten positive, selbstlose Gedanken, Gedanken der Bitte um Vergebung und Gedanken innerer Verbundenheit. Dann löse Ich, was in Gedanken verursacht wurde. Und so ihr dann Gleiches oder Ähnliches nicht mehr denkt, so ist euch schon vergeben.

Erkennet: Wenn ihr zu eurem Nächsten von euren menschlichen Gedanken sprecht, könnt ihr unter Umständen in ihm Menschliches anrühren, das gerade in der Umwandlung begriffen ist. Es könnte dann in eurem Nächsten wieder aufbrechen. Er beginnt sodann, wieder negativ zu denken und zu sprechen, und belastet sich aufs Neue.

Das Gesetz lautet: Nicht nur der belastet sich, der durch euer falsches Verhalten wieder zum Nachdenken angeregt wurde, sondern auch ihr belastet euch, die ihr eure Gedanken ausgesprochen und dadurch in eurem Nächsten Menschliches angeregt habt, das im Umwandlungsprozess stand.

Wenn jedoch von eurem Munde Ungesetzmäßiges ausgeht, indem ihr euren Nächsten beschuldigt, beschimpft und ihm Übles nachsagt – auch dann, wenn er es über Zweite oder Dritte hört –, so geht hin und bittet ihn um Vergebung. Hat er euch vergeben, so hat euch auch der ewige himmlische Vater in Mir, dem Christus, vergeben.

Hat er euch jedoch nicht vergeben, so wird euch auch euer himmlischer Vater in Mir, dem Christus, nicht vergeben können. Die Liebe des Vater-Mutter-Gottes jedoch wird das noch starre Herz mehr und mehr berühren, auf dass sich der Mensch rascher besinnt und euch vergibt, so dass euch auch Gott in Mir, dem Christus, vergeben kann und dann alles getilgt und umgewandelt ist, was einst gegensätzlich war.

Hütet euch vor eurer eigenen Zunge! Denn was von eurem Munde an Ungesetzmäßigem ausgeht, kann eurem Nächsten und euch selbst einen weit größeren Schaden zufügen als eure Gedanken, die ihr rechtzeitig, bevor sie zur Wirkung kommen, erkennt und Mir, dem Christus in euch, übergeben habt.

Erkennet eine weitere Gesetzmäßigkeit: Gedanken seht und hört ihr nicht – und doch sind sie da. Sie schwingen in die Atmosphäre, und wer Gleiches oder Ähnliches denkt, den können sie beeinflussen. So ihr sie rechtzeitig Mir übergebt, so sind sie aufgehoben – es sei denn, die Seele eures Nächsten hat sie schon in sich registriert. Dann werdet ihr so geführt, dass ihr diesem Menschen, über den ihr negativ gedacht habt, Gutes tun könnt. Und so ihr selbstlos Gutes tut, ohne eure ehemaligen Gedanken auszusprechen, dann wird in der Seele dessen, über den ihr gegensätzlich gedacht habt, das gelöscht, was er schon in seine Seele aufgenommen hatte. Dann ist auch in euch gelöscht, was eure Seele ausgestrahlt hat.

12. Werde schnellstens einig mit deinem Widersacher, solange du noch mit ihm auf dem Wege bist, auf dass dich dein Widersacher nicht einst dem Richter überantwortet, und der Richter überantwortet dich dem Schergen, und du wirst nicht früher herauskommen, bis du nicht den letzten Pfennig bezahlt hast.

13. Ihr habt gehört, dass gesagt ist: Du sollst deinen Nächsten lieben und deinen Feind hassen. Ich aber sage euch, die ihr hört: Liebet eure Feinde, tut Gutes denen, die euch hassen. (Kap. 25, 12-13)

Ich, Christus, erkläre, berichtige und vertiefe das Wort:

„Werde schnellstens einig mit deinem Widersacher, solange du noch mit ihm auf dem Wege bist" heißt: Lass die Sünde, die du an deinem Nächsten begangen hast, nicht anstehen! Bereinige sie so rasch wie möglich, denn noch ist er mit dir auf dem Lebensweg im Erdendasein. Ist seine Seele von der Erde gegangen, dann musst du unter Umständen warten, bis wieder eine Begegnung stattfinden kann und du ihn um Vergebung bitten kannst.

Erkennet: Der Richter ist das Gesetz von Saat und Ernte. Wird dieses wirksam, dann wird der Mensch so lange nicht herauskommen, bis er „den letzten Pfennig" bezahlt hat – bis also alles gesühnt ist, was er verursacht und nicht rechtzeitig bereut hat.

Nutzt deshalb die Chance, euren Nächsten um Vergebung zu bitten und ihm zu vergeben, solange ihr mit ihm noch auf dem Weg über die Erde wandert und die Sünde sich noch nicht in die Seele eingegraben hat und zur Ursache geworden ist. Wer nicht vergibt und nicht um Vergebung bittet, der hat die Wirkung zu tragen, bis er „den letzten Pfennig bezahlt" hat.

Werdet also so rasch wie möglich eins mit eurem Nächsten. Haben die Ursachen – z.B. Streit, Missgunst oder Neid – bereits in eurer Seele Wurzeln gefasst und ist dies auch in eurem Nächsten geschehen, gegen den ihr seid, dann ist es möglich, dass euer Nächster euch nicht so rasch vergibt – auch dann nicht, wenn ihr eure Sünde erkannt und bereut habt. Denn in seiner Seele kann sich der Schuldkomplex verfestigt haben durch die gleiche oder ähnliche Denkweise, die ihr in ihm ausgelöst habt. Durch euer sündhaftes Verhalten, das ihr über längere Zeit genährt habt, hat auch er den Groll gegen euch in seiner Seele gefördert – und hat so, wie auch ihr, ein umfangreiches gegensätzliches Energiefeld geschaffen, einen Schuldkomplex, der nun von euch beiden bearbeitet werden muss. Die Bereinigung kann noch in diesem Erdendasein auf euch zukommen oder erst in den Seelenreichen oder in weiteren Inkarnationen.

Erkennet: Bevor ein Schicksal über den Menschen hereinbricht, wird er vom Geiste des Lebens, der auch das Leben der Seele ist, und auch vom Schutzgeist oder durch Menschen ermahnt. Die Ermahnungen aus dem Geiste sind feinste Empfindungen, die aus der Seele strömen oder die der Schutzgeist in die Empfindungs- oder Gedankenwelt des Menschen einfließen lässt. Sie ermahnen den Menschen, umzudenken oder zu bereinigen, was er verursacht hat. Der ewige Geist des Lebens und der Schutzgeist können auch Menschen anregen, auf denjenigen zuzugehen, der kurz vor einem Schicksalsschlag steht. Sie kommen sodann auf den Betroffenen zu und beginnen ein Gespräch, das sich wie von selbst auf die Angelegenheit bezieht. Daraus könnte dann die Ursache für das sich anbahnende Schicksal erkannt und bereinigt werden.

Ihr erkennt also, dass das ewige Licht auf mannigfache Art und Weise Ermahnungen und Hinweise gibt – sowohl dem Nächsten, mit dem ihr Ursachen geschaffen habt, als auch euch selbst.

Auch durch Impulse über Tagesereignisse wird der Mensch rechtzeitig ermahnt, bevor das von ihm Verursachte als Schicksal über ihn hereinbricht.

Wer solche Hinweise ernst nimmt und das, was er an Sünde erkannt hat, durch Reue, Vergeben, die Bitte um Vergebung und Wiedergutmachen bereinigt, der muss nicht das von ihm Verursachte tragen. Ist die Sünde groß, dann ist es möglich, dass er davon einen Teil zu tragen hat, jedoch nicht das Ganze, das aus der Seele herausbrechen wollte. Wer jedoch alle Ermahnungen übersieht und überhört, weil er sich mit menschlichen Dingen betäubt, der wird seine selbstgeschaffenen Ursachen zu tragen haben, bis „der letzte Pfennig bezahlt" ist.

Das Gebot des Lebens lautet: „Liebet eure Feinde, tut Gutes denen, die euch hassen."

Jeder Mensch sollte in jedem Mitmenschen seinen Nächsten, seinen Bruder und seine Schwester, sehen. Auch in den scheinbaren Feinden sollt ihr eure Nächsten erkennen und euch bemühen, sie selbstlos zu lieben.

Der scheinbare Feind kann dir sogar ein guter Spiegel zur Selbsterkenntnis sein, dann, wenn du dich wegen der Feindseligkeit – die viele Gesichter haben kann – erregst; denn wenn euch etwas an eurem Nächsten erregt, liegt Gleiches oder Ähnliches in euch selber vor.

Kannst du jedoch deinem Nächsten, der dich beschuldigt und angeklagt hat, ohne größere Erregung vergeben, dann liegt bei dir keine Entsprechung vor; du hast also nicht Gleiches oder Ähnliches in dir und deshalb hierfür keine Resonanz in deiner Seele. Es ist möglich, dass du das, wessen du beschuldigt wurdest, schon in Vorleben bereinigt oder gesühnt hast – oder auch noch nie in deiner Seele aufgebaut hast. Es lag dann nur in der Seele dessen, der gegen dich gedacht, gesprochen und dich beschuldigt hat. Wenn also in dir keine Erregung anklingt, kein Echo aus deiner Seele kommt, dann warst du für ihn der Spiegel. Ob er in diesen Spiegel für sein menschliches Ich schaut oder nicht – das überlasse Gott und ihm, Seinem Kind.

Erkenne: Allein schon durch deinen Anblick regte sich sein Gewissen und spiegelte ihm zu, dass er einst über dich z.B. gegensätzlich gedacht und gesprochen hat. Nun hat er die Möglichkeit, das zu bereinigen. Tut er dies, indem er bereut und fortan nicht mehr Gleiches oder Ähnliches denkt oder tut, dann ist es in seiner Seele behoben, also umgewandelt. Dann erst wird er dich mit den Augen des inneren Lichtes sehen.

Ein Zeichen dafür, dass sich in einer Seele Gegensätzliches zum Positiven gewandelt hat, ist das Wohlwollen und Verständnis dem Nächsten gegenüber.

14. Segnet, die euch fluchen, und betet für die, die euch aus Bosheit missbrauchen. Auf dass ihr Kinder seid eures Vaters, der im Himmel ist, und der die Sonne aufgehen lässt über den Bösen und über den Guten und Regen sendet über den Gerechten und den Ungerechten. (Kap. 25, 14)

Ich, Christus, erkläre, berichtige
und vertiefe das Wort:

Wer diese Gebote hält, der ist gegenüber seinen Mitmenschen gerecht und wird durch sein Leben in Gott viele Menschen zum Leben in Gott führen. Gott straft und züchtigt Seine Kinder nicht. Das sagen schon die Worte: „der die Sonne aufgehen lässt über dem Bösen und über dem Guten und Regen sendet über den Gerechten und den Ungerechten".

Gott ist der Geber des Lebens, weil Er selbst das Leben ist. Aus dem ewigen Gesetze des Lebens gab Gott den Menschen den freien Willen zur freien Entscheidung für oder gegen Ihn. Wer für Ihn ist, der hält die ewigen Gesetze der Liebe und des Lebens und wird auch vom ewigen Gesetz die Gaben der Liebe und des Lebens empfangen. Wer gegen das ewige Gesetz empfindet, denkt und handelt, der empfängt das, was er gesät, also empfunden, gedacht, gesprochen und getan hat.

Jeder empfängt also, was er selbst gesät hat. Wer gute Saat sät, also Gottes Gesetze erfüllt, wird auch gute Früchte ernten. Wer menschliche Saat sät, die er als menschliche Empfindungen, Gedanken, Worte und Taten in den Acker seiner Seele einbringt, der wird auch entsprechende Früchte ernten.

Daraus erkennt ihr, dass Gott nicht in den Willen des Menschen eingreift. Er ist Geber, Helfer, Mahner, Führer und Beschützer jener, die sich bemühen, Seinen Willen zu tun, weil sie sich Ihm zuwenden. Wer sich von Ihm abwendet, indem er sein eigenes, menschliches Gesetz schafft, der wird auch von seinem eigenen, menschlichen „Ichheitsgesetz" gesteuert werden.

Gott greift also nicht in das Gesetz von Saat und Ernte ein. Gott kommt Seinen Kindern auf mannigfache Art und Weise entgegen, und die, die Ihn von Herzen bitten und erfüllen, was Ich, Christus in Gott, Meinem Vater, ihnen geboten habe – einander selbstlos zu lieben –, die sind in Gott, und Gott wirkt durch sie.

15. Denn so ihr die liebet, die euch lieben, was für Lohn werdet ihr haben? Denn auch die Sünder lieben, die sie lieben. Und wenn ihr Gutes tut denen, die euch Gutes tun, was für Lohn werdet ihr haben? Denn auch Sünder tun dasselbe. Und so ihr nur eure Brüder grüßet, was tut ihr mehr denn die anderen? Tun so nicht auch die Zöllner? (Kap. 25, 15)

Ich, Christus, erkläre, berichtige
und vertiefe das Wort:

Nimm also deinen Nächsten in deinem Herzen an und auf, auch dann, wenn er dich nicht liebt, auch dann, wenn er dir nicht beisteht und dich missachtet, indem er dir den Gruß verwehrt. Liebe du ihn! Stehe du ihm selbstlos bei, und grüße du ihn – und sei es nur in Gedanken, wenn er mit Worten nicht gegrüßt werden möchte. Auch ein Herzensgruß, der in Gedanken gegeben wird, geht in seine Seele ein und bringt zur rechten Zeit gute Früchte.

Achtet also darauf, dass ihr euch wie die Sonne verhaltet, die gibt – ob der Mensch sie sehen oder nicht sehen möchte, ob er sich Regen oder Sturm wünscht, ob er nach Kälte oder nach Wärme verlangt.

Gebt die selbstlose Liebe, wie die Sonne der Erde gibt, und achtet alle Menschen, alles Sein. Dann werdet ihr den Lohn im Himmel empfangen.

Redet nicht den Menschen nach dem Munde. Macht keine Unterschiede wie die Menschen, die sich nur zu jenen gesellen und nur mit denen sind, die ihr Denken und Tun teilen und die Andersdenkende und Andershandelnde verurteilen.

16. Und wenn du etwas wie dein Leben begehrst, aber es führet dich von der Wahrheit ab, lasse ab davon, denn es ist besser, in das Leben einzugehen und die Wahrheit zu besitzen, als es zu verlieren und in die äußere Finsternis gestoßen zu werden. (Kap. 25, 16)

Ich, Christus, erkläre, berichtige
und vertiefe das Wort:

Was der Mensch für sich persönlich begehrt, ist auf den Menschen, auf sein niederes Ich, bezogen. Alles dies ist Bindung. Bindung heißt gebunden sein an Menschen und Dinge. Wer sich an Menschen und Dinge bindet, wer also an etwas gebunden ist, der verringert den Fluss der kosmischen Energien.

Wenn du einen Menschen allein deiner Vorteile wegen an dich bindest, dann verfolgst du mit deinem Eigenwillen Interessen, die dich vom Leben in Mir, dem Christus, abbringen. Damit verlässt du das unpersönliche, selbstlose Leben, verstrickst dich in Besitzen-, Sein- und Habenwollen und verarmst in deinem Inneren an geistigem Leben. Wenn du nicht rechtzeitig vom Besitzen-, Sein- und Habenwollen ablässt, wirst du einst alles verlieren.

Wenn du dich in den Wirkungen – etwa durch den Verlust deines Hab und Gutes oder in der Krankheit oder in der Not und im Leid – nicht selbst erkennst und dann auch nicht bereust und wiedergutmachst, wirst du als Seele und als Mensch in der Finsternis wandeln, weil du nur auf dich, auf dein persönliches Wohl, bedacht warst.

Deshalb erkenne dich jeden Tag aufs Neue, und verwirkliche täglich die Gesetze Gottes, und lasse davon ab, etwas für dein persönliches Ich zu begehren. Bleibe wahrhaftig – und so dem Gesetze Gottes treu. Dann wirst du in das Leben, das dein wahres Sein ist, eingehen – und du wirst reich sein in dir, weil du in dir den Himmel erschlossen hast.

Wer kein Gefäß der Wahrheit ist, in den kann auch die Wahrheit, die unpersönlich ist, nicht einfließen. Ein solcher Mensch ist nur auf sich selbst bezogen und sammelt nur für sich selbst. Dieses Verhalten führt dazu, dass er sich von Gottes ewig fließender Kraft abwendet und ein „Tümpelleben" führt: In den Tümpel fließt nur Gegensätzliches ein und wenig ab. Das bedeutet, dass er das am eigenen Leib spüren wird, was er in seinem Tümpel angesammelt hat.

Die ewige Wahrheit fließt hingegen in dem Menschen und durch den Menschen, der ein Gefäß der Wahrheit ist. Er empfängt von Gott und gibt aus Gott und wird somit zum Quell des Lebens für viele. Die kosmische Lebensenergie, der Quell allen Seins, fließt durch alle Seinsformen und durch jene Menschen und Seelen, die sich Gott zugewandt haben, also zum Gefäß Gottes geworden sind.

Erkennet: Die ewig strömende Kraft fließt nur durch den Menschen und die Seele, die nicht für eigensüchtige Zwecke sammeln, sondern selbstlos geben. Nur durch den selbstlos Gebenden fließt unaufhörlich der Strom Gottes! Kann Gott durch den Menschen ungehindert hindurchströmen, dann lebt der Mensch in der Wahrheit, in Gott, in dem Leben, das ewig währt. Nur solche Menschen geben aus Mir, dem Leben, weil sie in Mir, dem Leben und der Wahrheit, stehen.

17. Und wenn du etwas begehrst, das anderen Pein und Kummer bereitet, reiß' es aus deinem Herzen. Nur so wirst du Frieden erlangen. Denn es ist besser, Kummer zu erleiden, als jenen Kummer zu bereiten, die schwächer sind als ihr.

18. Seid also vollkommen, wie euer Vater im Himmel vollkommen ist." (Kap. 25, 17-18)

Ich, Christus, erkläre, berichtige
und vertiefe das Wort:

Alles, was an Ungöttlichem von dir ausgeht – wie gegensätzliche Gedanken, Worte und Taten –, kann nicht nur deinem Nächsten Pein und Kummer bereiten, sondern auch dir selbst. Denn was der Mensch sät, das wird er ernten.

Die Ernte entspricht der Saat. Sie wird immer von dem geerntet, der gesät hat – nicht von seinem Nächsten. Dein Nächster hat nicht deine Saat gesät und wird auch nicht deine Ernte ernten.

Deine Samen können jedoch Flugsamen sein – wie die Samen verschiedener Blumenarten, die vom Wind nach der Blütezeit fortgetragen werden und dort Wurzeln fassen, wo sie sich festhalten können. So können auch deine Gedanken, Worte und Taten wie Flugsamen in den Seelenacker deines Nächsten fallen und aufgehen, wenn sie dort gleiche oder ähnliche Bedingungen vorfinden.

Gleiches oder Ähnliches wie in dir liegt in ihm zugrunde, wenn er sich über deine Worte und Handlungen erregt und ärgert, du ihm damit Kummer bereitest und er, angeregt von deinem Flugsamen, Gleiches oder Ähnliches denkt, spricht und tut. Du jedoch hast es ausgelöst und kannst im Gesetz von Saat und Ernte zur Rechenschaft gezogen werden. Dir ist geboten, deinen Nächsten selbstlos zu lieben und ihm zu dienen und zu helfen – und nicht, durch dein Verhalten ihm Pein und Kummer zu bereiten.

Wenn sich dann dein Nächster durch dein ungesetzmäßiges Verhalten belastet, weil du in seinen Seelenacker eingedrungen bist und Ursachen zum Schwingen gebracht hast, unter denen er später schwer zu leiden und zu tragen hat, so bist du an ihn gebunden. Und so er auf

dein Verhalten hin ebenfalls ungesetzmäßig reagiert, ist
er wiederum an dich gebunden. In dieser oder in einer
anderen Daseinsform werdet ihr dies miteinander zu bereinigen haben.

Erkennet: Ein kleiner, unscheinbarer Flugsame mensch-
lichen Ichs kann eine große Ursache schaffen, die ihre
Wirkung schon in sich trägt.
Erkennet also: Jede Ursache muss behoben werden!

Ein weiteres Beispiel: Wenn du deine negativen Gedanken, Worte und Taten gleich Flugsamen aussendest und
dein Nächster hört, was du über ihn sprichst, er jedoch
keine Notiz davon nimmt, weil er im Acker seiner Seele
hierfür keine Entsprechungen hat, dann wirst nur du dich
belasten, und du bist an ihn gebunden — nicht er an dich.
Dein Nächster kann in den Himmel eingehen, weil er deine
negativen Samen nicht an- und aufgenommen hat, da er
nicht Gleiches oder Ähnliches dachte und sprach wie du.
Hast du jedoch in deinem Nächsten durch dein Fehlverhalten Ursachen angestoßen, die in ihm nicht hätten zur
Wirkung kommen müssen, da er sie in späterer Zeit ohne
Pein und Kummer hätte bereinigen können, so trägst du
die größere Schuld und musst den Teil tragen, den du an
deinem Nächsten verursacht hast.
Musst du also Pein und Kummer erdulden, dann gib
nicht deinem Nächsten die Schuld an deinem Zustand. Du
selbst bist der Urheber – und nicht dein Nächster. Deine

Pein und dein Kummer sind das Saatgut in deiner Seele, das aufgegangen ist – und sich in oder an deinem Leib als Ernte zeigt.

Allein Ich, Christus, dein Erlöser, kann dich davon frei machen – und nur dann, wenn du bereust und Gleiches oder Ähnliches nicht mehr tust. Dann ist die Last von deiner Seele genommen, und es wird dir besser ergehen.

Erkennet: Wer seine Pein und seinen Kummer als seine eigene Saat erkennt und sein Leid annimmt, der zeigt wahre innere Größe. Dies ist ein Zeichen geistigen Wachstums; das geistige Wachstum führt allmählich in die Vollkommenheit.

Das reine Wesen ist vollkommen; es ist das Ebenbild des Vater-Mutter-Gottes. Es lebt in Gott, und Gott lebt durch das reine Wesen.

Selig, die reinen Herzens sind, denn sie werden Gott schauen – weil sie wieder Ebenbilder des himmlischen Vaters geworden sind. Aus einem reinen, gottergebenen Herzen entströmen Sanftmut und Demut.

Ich, Christus, der Menschheit Erlöser, führe das immer größer werdende Gottesvolk auf Erden zur inneren Reinheit. Das Gottesvolk besteht aus Männern und Frauen, die zielbewusst den Weg der Liebe nach innen gehen und so Mir, Christus, dem einzigen Hirten, nachfolgen. Nicht mehr alle von ihnen werden sich in den nächsten Generationen wieder einverleiben, sondern viele werden im Geiste der Liebe leben und im Geiste wirken für das große Ganze und für das Friedensreich Jesu Christi.

O erkennet, die ihr im Friedensreiche lebt: Viele von euch waren als Menschen schon in der Pionierzeit mit dabei. Und so mancher von euch hat als Pionier mit den Pionieren die Einheit in Gott gewahrt und ging mit ihnen gemeinsam den Weg nach Innen. Dabei habt ihr viel Menschliches abgelegt, wodurch eure Seelen immer mehr vom Lichte der Wahrheit durchdrungen wurden. Bei der Entkörperung nahmen dann eure Seelen dieses Licht der Wahrheit mit in die höheren Lichtebenen. Von dort seid ihr dann wiedergekommen mit dem Lichte der Wahrheit, um im Erdenkleid im Friedensreiche Jesu Christi zu leben und zu wirken.

Das Licht der Wahrheit strahlt nun wieder durch eure neuen irdischen Körper. Nun erfüllt ihr in diesem Erdendasein das, was ihr in den Vorexistenzen erworben habt: Licht aus Meinem Licht und Kraft aus Meiner Kraft – das Gesetz des Lebens. Erfüllt vom Geiste Gottes, wirkt nun die Seele durch ihr neues Erdenkleid im Friedensreiche Jesu Christi, in dem Ich der Herrscher und das Leben Bin.

26. KAPITEL

Bergpredigt
(2. Teil)

*Die ersten Schritte auf dem Inneren Weg,
ein Evolutionsprozess in die Selbstlosigkeit (2). Gebet als Selbstdarstellung oder beseeltes Gebet (4). Wahre Weise ruhen in sich und diskutieren nicht (5). Über das Vaterunser (6). Vergeben und Um-Vergebung-Bitten; Gerechtigkeit und Gnade Gottes (7-9). Der irdische Tod - Das Bewusstsein der Seele danach - Die Trauernden - Erneute Einverleibung - Bindungen zwischen Menschen und Seelen - Richtige Einstellung (10-11). Schätze sammeln - Ende der Einverleibungen in der Neuen Zeit (12-14). Sorgen um sich selbst, Planen im Vertrauen auf Gott - Rechtes Beten und Arbeiten - Alles Sein ist in Gottes Obhut (15-18)*

1. „Habt acht, dass ihr eure Almosen nicht vor den Leuten gebt, um von ihnen gesehen zu werden. Ihr habt sonst keinen Lohn bei eurem Vater im Himmel. Wenn du Almosen gibst, sollst du es nicht ausposaunen, wie es die Heuchler tun in den Synagogen und auf den Straßen, auf dass sie von den Leuten gepriesen werden. Wahrlich, Ich sage euch, sie haben bereits ihren Lohn.

2. Wenn du aber Almosen gibst, so lass deine linke Hand nicht wissen, was deine rechte Hand tut, damit dein Almosen im Verborgenen bleibe; und der Eine, der ins Verborgene sieht, wird es dir öffentlich anerkennen. (Kap. 26, 1-2)

Ich, Christus, erkläre, berichtige
und vertiefe das Wort:

Die gelebte Bergpredigt ist der Innere Weg zum Herzen Gottes. Was der Mensch nicht selbstlos tut, das tut er für sich selbst. Die Selbstlosigkeit ist Gottesliebe. Der Eigennutz ist Menschenliebe. Wer seinem Nächsten nur dann Gutes tut, wenn dieser ihm dafür dankt und seine guten Taten rühmt, der hat es nicht für seinen Nächsten getan, sondern für sich selbst. Der Dank und das Lob sind sodann sein Lohn. Er ist damit schon entlohnt und wird von Gott keinen Lohn mehr empfangen. Nur die Selbstlosigkeit wird von Gott belohnt. Die Selbstlosigkeit wächst und reift nur in dem Menschen, der die ersten Schritte zum Königreich des Inneren getan, also verwirklicht hat.

Die ersten Schritte dahin sind die Kontrolle der Gedanken: Setze an die Stelle ichbezogener, negativer, grüblerischer oder leidenschaftlicher Gedanken positive, hilfreiche, freudige, edle Gedanken und Gedanken an das Gute im Menschen und in allem, was dir begegnet. Dann wirst du allmählich deine Sinne unter Kontrolle bekommen. Du wirst dann auch von deinem Nächsten nichts mehr begehren und nichts mehr von ihm erwarten. Du wirst im weiteren Verlauf des Inneren Weges nur noch Positives und Wesentliches reden. Dadurch bekommst du dein menschliches Ich unter Kontrolle, weil du in dir zu ruhen gelernt hast. Dann lichtet sich deine Seele immer mehr, und du findest in allem, was auf dich zukommt, das Gute, das du sodann auch in rechter Weise an- und auszusprechen vermagst. Hast du dies gelernt, dann wirst du auch das Gegensätzliche gesetzmäßig ansprechen. Auf diese Weise erwachen in dir Aufrichtigkeit und Ehrlichkeit, und du hältst dabei Gott in allem die Treue.

Dieser geistige Evolutionsprozess zur Selbstlosigkeit ist der Innere Weg zum Herzen Gottes. Alles, was du aus Selbstlosigkeit tust, bringt dir mannigfache Früchte.

Wenn also deine Empfindungen ohne Erwartungen sind und deine Gedanken edel und gut, dann ist in deinen Worten und deinen Taten die Kraft aus Gott. Diese Kraft ist Meine Lebensenergie. Sie geht in die Seele deines Nächsten ein und bewirkt, dass dein Nächster ebenfalls selbstlos wird. Denn was von deiner lichten Seele ausgeht, das geht – früher oder später, je nachdem, wann sich der Nächste dafür öffnet – auch in die Seele und in das Gemüt deines Nächsten ein.

Wer selbstlos gibt, fragt nicht, ob der Nächste auch erfährt, was er gegeben hat. Der Selbstlose gibt! Er weiß, dass Gott, der ewige Vater, in das Herz aller Seiner Kinder schaut und dass der Ewige, dessen Geist in jedem Menschen wohnt, den Selbstlosen dann belohnt, wenn hierfür die Zeit gekommen ist. Das allein ist von Bedeutung.

Erkennet: Alle guten, also selbstlosen Werke werden rechtzeitig offenbar, auf dass es jene erkennen, die es sehen sollen, um ebenfalls selbstlos zu werden, indem

auch sie das Leben in Mir annehmen und anstreben – und
das tun, was Ich ihnen geboten habe: sich untereinander
selbstlos zu lieben, wie Ich, der Christus, sie liebe.

*3. Und wenn du betest, sollst du nicht sein wie die
Heuchler, die gerne beten in den Synagogen und an den
Straßenecken, auf dass sie von den Leuten gesehen wer-
den. Wahrlich, Ich sage euch, sie haben bereits ihren Lohn.*

*4. Wenn du aber betest, so gehe in deine Kammer, und
wenn du die Türe geschlossen hast, bete zu deinem himmlischen Vater, der im Verborgenen ist; und der verborgene
Eine, der ins Verborgene sieht, wird es dir öffentlich anerkennen. (Kap. 26, 3-4)*

Ich, Christus, erkläre, berichtige
und vertiefe das Wort:

Wenn du betest, dann ziehe dich in eine stille Kammer
zurück und versenke dich in dein Inneres, denn in dir
wohnt des Vaters Geist, dessen Tempel du bist.

Wenn du nur betest, um gesehen zu werden, damit
dich deine Nächsten für fromm und gläubig halten, so
sage Ich dir: Das ist keine Frömmigkeit, sondern Frömme-
lei; es ist Heuchelei. Solche veräußerlichten Gebete sind
ohne Kraft. Wer nur mit den Lippen betet oder um gesehen zu werden, der sündigt wider den Heiligen Geist,
denn er missbraucht heilige Worte zum Eigennutz.

Erkenne: Wenn du im Gebet Gott ansprichst und in deinem Leben nicht wahrmachst, worum du gebetet hast, wenn also deine Gebete nur eine Darstellung deines Ichs sind und nicht aus der Tiefe deiner Seele kommen und nicht von der Liebe zu Gott beseelt sind, dann sündigst du wider den Heiligen Geist. Das ist die größte Sünde.

Wenn deine Gebete nicht selbstlos aus dem Herzen strömen, dann wäre es besser, du würdest nicht beten und dir zuerst deine Gedanken und menschlichen Wünsche bewusst machen und sie allmählich Mir übergeben – auf dass die selbstlose Liebe, die in dir ist, in dir wächst und du von Herzen zu beten vermagst. Dann werden deine Gebete mehr und mehr beseelt und durchdrungen sein von der Liebe zu Gott und zu deinem Nächsten.

„... und der verborgene Eine, der ins Verborgene sieht, wird es dir öffentlich anerkennen" heißt: Deine Lichtgedanken und kraftvollen Gebete, die von der Liebe zu Gott beseelt sind, werden noch in dieser Welt Früchte tragen. Du darfst deine Saat der Liebe erkennen, und auch dich werden viele erkennen als einen Quell der Liebe.

5. Und wenn ihr gemeinsam betet, gebraucht keine leeren Wiederholungen wie die Heiden, denn diese meinen, sie werden erhört, wenn sie viele Worte machen. Darum sollt ihr es ihnen nicht gleichtun; denn euer Vater im Himmel weiß, was ihr bedürfet, bevor ihr bittet ... (Kap. 26, 5)

Ich, Christus, erkläre, berichtige
und vertiefe das Wort:

Nur der Mensch, der aus dem Gesetz der Wahrheit wenig verwirklicht hat, gebraucht im Gebet und im täglichen Leben viele Worte und leere, unbeseelte Wiederholungen.

Wer vom Gesetz der Wahrheit und des Lebens viel spricht, also viele Worte darum macht, der kann sie nicht mit Kraft und Leben erfüllen, weil er selbst nicht vom Gesetz Gottes erfüllt ist. Solche Worte sind ichbezogene und deshalb lieblose Worte, auch wenn sie so gewählt sind, als seien sie von der Liebe getragen. Unbeseeltes Reden gelangt nicht in das Innerste der Seele deines Nächsten und hat dadurch auch kein Echo in dem Menschen, der Gottes Liebe in und durch sich walten lässt. Wer unbeseelt über das Gesetz der Wahrheit und des Lebens spricht, das er jedoch nicht verwirklicht, regt bei einem Menschen, der dies hört und der ebenfalls noch nach außen orientiert ist, nur zu Diskussionen an.

Erkennet: Wer über geistige Gesetzmäßigkeiten diskutiert, der kennt die Gesetze Gottes nicht. Jeder, der diskutieren will, ist überzeugt, dass er es besser weiß als sein Nächster, und will sich dies selbst bestätigen. Wer diskutiert, gibt nur Zeugnis von sich selbst, nämlich: dass er nichts weiß und unsicher ist. Deshalb diskutiert er.

Wer jedoch zur Wahrheit gefunden hat, der diskutiert nicht über die Wahrheit, auch nicht über das, was Glaube ist. Das Wort Glaube enthält auch Nichtwissen: Was der Mensch letztlich nicht weiß oder nicht beweisen kann, das glaubt er. Wer an die Wahrheit glaubt, der hat die ewige Wahrheit noch nicht gefunden. Er bewegt sich auch noch nicht im Strom der ewigen Wahrheit. Glaube ist also noch Blindheit.

Wer jedoch zur ewigen Wahrheit gefunden hat, der muss nicht mehr an die Wahrheit glauben – er weiß die Wahrheit, weil er sich im Strom der Wahrheit bewegt. Das ist der wahre weise Mensch, der in sich den Schatz, die Wahrheit, gehoben hat. Wahre Weise ruhen in sich. Das ist innere Sicherheit und Festigkeit. Sie diskutieren nicht über den Glauben, weil sie vom Glauben zur Weisheit, die Wahrheit ist, gefunden haben.

Wer also nur an Gott glaubt, ohne die Tiefe der ewigen Wahrheit, das ewige Gesetz, zu kennen, macht viele Worte um seinen Glauben.

Auch mit seinen Gebeten wird er es ähnlich halten: Er macht viele Worte, da er seine Worte nicht mit selbstloser Liebe beseelt. Er ist der Ansicht, mit vielen Worten Gott überzeugen oder Ihn gar überreden zu können. Er glaubt, sich vor Gott verständlich machen zu müssen, da er annimmt, Gott könnte seine Gebete anders verstehen, als er sie gemeint hat. Ähnlich denken und beten die Heiden.

Erkennet: Je tiefer der Mensch in die göttliche Wahrheit eintaucht, um so weniger Worte gebraucht er auch im Gebet. Seine Gebete sind kurz, doch kraftvoll, weil das Wort gelebte Kraft ausstrahlt.

... Darum sollet ihr, wenn ihr beisammen seid, so beten:

6. Unser Vater, der Du bist im Himmel, geheiligt sei Dein Name. Dein Reich komme. Dein Wille geschehe auf Erden wie im Himmel. Unser tägliches Brot gib uns Tag für Tag und die Frucht des lebendigen Weinstockes. Und wie Du uns vergibst unsere Sünden, so mögen auch wir vergeben die Sünden anderer. Verlasse uns nicht in der Versuchung. Erlöse uns vom Bösen. Denn Dein ist das Reich und die Kraft und die Herrlichkeit in alle Ewigkeit. Amen. (Kap. 26, 5-6)

Ich, Christus, erkläre, berichtige
und vertiefe das Wort:

Das Gemeinschaftsgebet, das Vaterunser, wird mit unterschiedlichen Worten und Inhalten gebetet, weil jede Gemeinschaft es so betet, wie es dem Liebepotential der Gemeinschaft entspricht.

Als Jesus von Nazareth lehrte Ich das Gemeinschaftsgebet, das Vaterunser, in Meiner Muttersprache, also mit anderen Worten und so auch mit anderen Inhalten, als es in späteren Zeiten und anderen Sprachen gebetet wurde.

Die Worte als solche sind unwesentlich. Wichtig ist, dass der Mensch verwirklicht, was er betet! Dann ist jedes Wort, das aus seinem Munde kommt, beseelt mit Liebe, Kraft und Weisheit.

Ihr sollt nicht dem Buchstaben nach beten oder danach trachten, das Vaterunser, das Ich die Meinen gelehrt habe, wortgetreu zu beten. Wesentlich ist, dass ihr die Worte eurer Gebete mit der Liebe zum Ewigen und zu eurem Nächsten beseelt und dass der Inhalt eurer Gebete eurem Leben entspricht.

Menschen, die von der ewigen Wahrheit, der Liebe und Weisheit Gottes, erfüllt sind, werden wieder anders beten als jene, die nur beten, weil es ihnen so gelehrt wurde oder weil sie einer Konfession angehören, in welcher die Gebete entsprechend dem Bewusstsein der Konfession gesprochen werden.

Menschen auf dem Weg zu ihrem göttlichen Ursprung beten frei, das heißt mit selbstgewählten Worten, die von Liebe und Kraft beseelt sind.

Menschen, die in Meinem Geiste leben, die von Gottes Liebe und Weisheit durchdrungen sind, die also Gottes Gesetze im täglichen Leben verwirklichen, werden vor allem Gott für ihr Leben und für alles danken, Ihn loben und preisen und Ihm mehr und mehr ihr Leben weihen – in Empfindungen, Gedanken, Worten und Werken –, weil sie Leben aus Seinem Leben geworden sind.

Menschen im Geiste des Herrn leben das Gebet. Das heißt, sie erfüllen mehr und mehr die Gesetze des Ewigen und sind selbst zum Gebet geworden, das eine Anbetung Gottes ist.

Wer also Gottes Willen erfüllt, lebt immer mehr in der Anbetung Gottes. Solche Menschen halten nicht nur die Gesetze Gottes, sondern sind weitgehend zum Gesetz der Liebe und Weisheit geworden.

Im heranreifenden Friedensreiche Jesu Christi, in dem Ich der Herrscher und das Leben Bin, werden die Menschen das Gesetz Gottes mehr und mehr halten. Viele von ihnen sind zum Gesetz geworden – und so zu Gottmenschen, die das Leben, Gott, in allem verkörpern, was sie denken, reden und tun. Ihre Gebete sind das Leben in Mir, die Erfüllung des ewigen Gesetzes. Mit ihrem Leben, welches das Gesetz Gottes ist, danken sie Gott für das Leben.

Der Dank an Gott ist also das Leben in Gott. Ihr Leben, das ein einziger Dank ist, strömt in das Friedensreich hinein. Sie beten sinngemäß mit folgenden Gebetsworten, die sie im täglichen Leben erfüllen:

Vater unser, Dein Geist ist in uns,
und wir sind in Deinem Geiste.
Geheiligt ist Dein ewiger Name in uns und durch uns.
Du bist der Geist des Lebens,
Du bist unser Vater Ur.
Aus Dir tragen wir unsere ewigen Namen.
Du, Ewiger, hast sie uns gegeben
und in unsere Namen die ganze Fülle
der Unendlichkeit gelegt.

Unsere Namen, die Du uns eingehaucht hast,
sind die Liebe und Weisheit –
die Fülle aus Dir,
das Gesetz in uns und durch uns.
Unser ewiges Reich ist die Unendlichkeit –
die Kraft und die Herrlichkeit in und aus Dir.
Wir sind Erben des ewigen Reiches.
Deshalb sind wir das Reich selbst,
die ewige Heimat.
Sie ist in uns und wirkt durch uns.

Dein unendlicher, herrlicher Wille ist in uns
und wirkt durch uns.
Deine Willenskraft ist unsere Willensstärke.
Sie wirkt in uns und durch uns,
denn wir sind Geist aus Deinem Geiste.
Der Himmel ist nicht Raum und Zeit –
Himmel und Erde sind eins,
weil wir in Dir geeint sind.
Die Liebe und Kraft in uns und durch uns
ist unser täglich Brot.
Du, o ewiger, herrlicher Vater,
hast alles in uns hervorgebracht,
was in der Unendlichkeit schwingt.
Du schaffst durch uns im Himmel
und auf der Erde.
Wir sind in Dir, und Du waltest in uns
und durch uns.

Wir sind erfüllt in Deinem Geiste,
da wir Geist aus Deinem Geiste sind.
Wir sind reich in Dir,
da wir unser Erbe, die Unendlichkeit aus Dir, leben.
Unser ewiges Erbe, Geist aus Deinem Geiste,
bringt für uns das hervor,
was wir als Menschen im Friedensreich
benötigen.
Wir leben in Dir und aus Dir.
Leben verströmt und verschenkt sich.
Wir leben in der Fülle aus Gott,
weil wir selbst die Fülle sind.
Die Erde ist der Himmel
und das Friedensreich der Reichtum der Erde,
in dem wir leben und sind –
Geist aus Deinem Geiste.
Wir leben im Inneren Reich –
und sind doch Menschen, die im Äußeren verkörpern,
was im Inneren strahlt.
Der Name des Herrn ist gepriesen,
Er ist Leben in und durch uns.
Der Name Gottes ist gelebtes Gesetz der Liebe
und der Freiheit.
Die Sünde ist gewandelt –
das Licht ist eingekehrt.
Wir leben aus Seinem Lichte
und leben in und aus Seinem Geiste,
da wir Geist aus Seinem Geiste sind.

In Gott ist alles abgegolten.
Sein Name hat alles rein gemacht.
Gottes Herrlichkeit sei gepriesen!
Gottes Wille, Liebe und Weisheit
durchdringen die Erde und das Land.
Wir selbst sind Erde und Land –
Wille, Liebe und Weisheit.
In uns ist Gottes Güte – das Gute aus Gott.
Wir sind in Gott und wirken aus Gott.

Die Erde ist des Herrn –
sie ist das Reich der Liebe.
Es wirkt in uns und durch uns.
Das Leben, die Herrlichkeit des Vaters,
wirkt in uns und durch uns –
von Ewigkeit zu Ewigkeit.

Sinngemäß ist dieser Lobpreis das Leben derer, die im Friedensreich Jesu Christi leben. Sie leben in Mir, dem Christus, und Ich lebe durch sie; und zusammen leben wir im Vater-Mutter-Gott und der Vater durch uns von Ewigkeit zu Ewigkeit.

7. Denn so ihr Menschen ihre Schuld vergebt, so wird euch euer himmlischer Vater auch vergeben. So ihr aber den Menschen ihre Schuld nicht vergebt, so wird euch euer Vater im Himmel eure Schuld auch nicht vergeben.

8. Auch wenn ihr fastet, sehet nicht niedergeschlagen aus wie die Heuchler. Denn sie verstellen ihr Angesicht, um als Menschen zu erscheinen, die fasten. Wahrlich, Ich sage euch, sie haben bereits ihren Lohn.

9. Und Ich sage euch, ihr werdet niemals das Himmelreich finden, es sei denn, ihr hütet euch vor der Welt und ihrer bösen Art. Und ihr werdet niemals den Vater im Himmel sehen, es sei denn, dass ihr den Sabbat haltet und ablasst von eurem Eifer, Reichtümer zu sammeln. Wenn du aber fastest, so salbe dein Haupt und wasche dein Angesicht, damit du dich nicht darstellst vor den Leuten mit deinem Fasten. Und der heilige Eine, der ins Verborgene sieht, wird es dir öffentlich anerkennen. (Kap. 26, 7-9)

Ich, Christus, erkläre, berichtige
und vertiefe das Wort:

Das Gebot, zu vergeben und um Vergebung zu bitten, hat so lange Gültigkeit, bis alles gesühnt und bereinigt ist, was nicht den ewigen Gesetzen entspricht. Das Gebot, zu vergeben und um Vergebung zu bitten, gehört zum Gesetz von Saat und Ernte. Es ist dann aufgehoben, wenn alles Menschliche abgegolten und jede Seele zum reinen, makellosen Geistwesen geworden ist.

Bis dahin also gilt das Gebot: Vergebt, und ihr werdet Vergebung erlangen. Wenn ihr um Vergebung bittet und euch euer Nächster vergibt, so hat euch auch euer Vater im Himmel vergeben. Doch so ihr um Vergebung bittet, und euer Nächster vergibt euch noch nicht, weil er hierfür noch nicht bereit ist, so wird euch auch euer ewiger Vater nicht vergeben. Wer sich an seinem Nächsten versündigt hat, der muss auch von seinem Nächsten Vergebung erlangen. Erst dann nimmt Gott die Sünde hinweg.

Der ewig Gerechte liebt alle Seine Kinder – auch jene, die noch nicht die Kraft zum Vergeben haben. Würde Er nur dem, der zu einer Sünde Anlass gegeben hat, vergeben und dem nicht vergeben, der von ihm zu einer Sünde verführt worden ist und noch nicht vergeben kann – wo wäre da die Gerechtigkeit Gottes? Beide können erst dann in den Himmel eingehen, wenn ihre Sünden abgegolten sind.

Deshalb achtet darauf, was von eurem Munde ausgeht, und achtet auf eure Taten, ob sie dem ewigen Gesetz entsprechen, also selbstlos sind! Sehr rasch ist etwas Gegensätzliches ausgesprochen oder getan – doch lange kann es dauern, bis es vergeben ist.

Wenn ihr um Vergebung gebeten habt und euer Nächster noch nicht bereit ist, euch zu vergeben, dann wird sich Gottes Gnade in euch verstärken, euch einhüllen und tragen – Er wird jedoch nicht von euch nehmen, was noch nicht bereinigt ist. Gottes Barmherzigkeit wird sich dann auch in eurem Nächsten verstärken und ihn unter Beachtung seines freien Willens so führen, dass er seine Fehler rascher erkennt, bereut und euch vergibt. Erst wenn euch alle vergeben haben, gegen die ihr euch versündigt habt –

wenn also alles abgegolten ist –, dann erst könnt ihr in die Himmel eingehen, weil Gott sodann alles Menschliche in göttliche Kraft umgewandelt hat.

Gott ist allgegenwärtig. So ist Er auch im Gesetz von Saat und Ernte wirksam. Auch in allem Negativen ist das Positive, Gott, das ewige Gesetz. Wenn der Mensch seine Sünden und Fehler erkennt und bereut, dann werden in diesen die positiven Kräfte aktiv und bestärken den zur Erkenntnis seiner Schuld gelangten Menschen, seine Sünden mit der Kraft Christi zu bereinigen.

Erkennet das Gesetz Gottes; es ist ewiges Leben von Ewigkeit zu Ewigkeit – alles in allem: Alles ist in allem enthalten, im Großen das Kleinste und im Kleinsten das Große, in der Sünde die Kraft zur Vergebung und in der Kraft, die durch die Vergebung frei wird, der Aufstieg zu dem Inneren Leben, in das ewige Sein.

Deshalb kann auch im Negativen das Göttliche wirken, dann, wenn der Mensch von Herzen um Vergebung bittet, vergibt und nicht mehr sündigt. Der Mensch muss jedoch den ersten Schritt hin zum Inneren Leben tun.

Erkennet: Alles, was ihr tut – sei es, dass ihr betet, fastet oder Almosen austeilt –, wenn ihr es nicht selbstlos tut, sondern um von euren Mitmenschen gesehen zu werden, so habt ihr schon den Lohn von den Menschen. Gott wird euch dann nicht entlohnen. Und wenn ihr nur fastet eurer Körperfülle wegen, so werdet ihr den Geist eures Vaters in euch nicht vermehren. Wer jedoch die Nahrung im Namen des Allerhöchsten aufnimmt und Maß hält und

von Zeit zu Zeit fastet, um seinen Körper zu entspannen
und zu entschlacken, damit Gottes Kraft alle Zellen und
Organe in rechter Weise zu versorgen vermag, der übt sich
auch in redlicher Weise, das Leben aus Gott an- und aufzunehmen, um darin zu leben. Und er wird gleichzeitig
sein Leben Gott, dem Ewigen, im Gebet weihen, um auf
diese Weise allmählich zum gelebten Gebet zu werden.

*10. Ebenso solltet ihr tun, wenn ihr klagt um die Toten
und trauert, denn euer Verlust ist ihr Gewinn. Tut nicht
wie jene, die vor den Leuten trauern und laut klagen und
ihre Kleider zerreißen, auf dass die anderen ihre Trauer
sähen. Denn alle Seelen stehen in der Hand Gottes, und
alle jene, welche Gutes getan haben, werden ruhen mit
ihren Vorfahren im Schoße des Ewigen.*

*11. Betet lieber für ihre Ruhe und ihren Aufstieg und
bedenket, dass sie in dem Lande der Ruhe sind, das der
Ewige für sie bereitet hat, und gerechten Lohn für ihre
Taten empfangen werden, und murret nicht wie die Hoff-
nungslosen. (Kap. 26, 10-11)*

Ich, Christus, erkläre, berichtige
und vertiefe das Wort:

Wer die Toten beklagt, ist noch fern vom ewigen Leben,
weil er den Tod als Ende des Lebens sieht. Er hat die

Auferstehung in Mir, dem Christus, noch nicht erlangt. Er zählt zu den geistig Toten.

Klagt nicht über eure Toten! Denn wer den Verlust eines Menschen beklagt, der denkt nicht an den Gewinn der Seele, die – sofern sie in Mir, dem Christus, gelebt hat – in höhere Bewusstseinsbereiche des Lebens eingeht. Denn wenn ihr Leben im Erdendasein in Gott war, so wird es auch in einer anderen Daseinsform in Gott sein.

Erkennet: Das Zeitliche, das Leben im Körper, ist nicht das Leben der Seele. Die Seele hat nur für einen kurzen Lebensabschnitt Fleisch angenommen, um im Zeitlichen das zu bereinigen und zu tilgen, was sie sich in verschiedenen Erdenkleidern auferlegt hat. Die Erde ist nur als Durchgangsstation zu sehen, auf der die Seelen im Erdenkleid in Kürze das bereinigen, was sie jenseits der Bewusstseinsschleier – auch Nebelwände genannt – nicht so rasch bewältigen können.

Wenn eine Seele ihr irdisches Kleid verlässt, so beweint der Mensch nur das Kleid der Seele und denkt dabei nicht an die Seele, die dem Kleide entschlüpft ist.

Eine lichte Seele wird nach Ablegen ihres irdischen Körpers von lichten, für den Menschen unsichtbaren Wesen in jene Bewusstseinsebene geleitet, die dem Denken und Leben des Menschen entspricht, in dem diese Seele einverleibt war.

Erkennet: Jede Seele, die den Körper verlassen hat, zieht es noch einige Zeit hin zu den Menschen, mit denen sie als Mensch zusammengelebt hat. Muss sie erfahren, dass ihre ehemaligen irdischen Anverwandten ihre Hülle betrauern, so ist das für die Seele sehr schmerzlich. Die noch erdnahe Seele erkennt sehr wohl, weshalb ihre Anverwandten nur ihre menschliche Hülle beklagen und warum sie als Seele von den Trauernden nicht beachtet wird. Eine Seele, die das erkennen muss, empfindet dabei den ersten tiefen Seelenschmerz nach dem Ablegen des physischen Leibes; denn sie erfährt, weshalb der Mensch trauert und nicht ihrer in Liebe und Verbundenheit gedenkt. Sie schaut dabei so manchen eigennützigen Gedanken ihrer ehemaligen irdischen Anverwandten. Sie kann sich ihnen nicht bemerkbar machen, weil sie von ihnen nicht wahrgenommen wird. Was sie sagt, hört der Mensch nicht, und was sie schaut, sieht er nicht. Die Seele jedoch nimmt vieles wahr.

Ich rege euch zum Nachdenken an: Klagt ihr, wenn sich die Schlange häutet, wenn sie ihre Haut zurücklässt und weiterkriecht?

Ähnlich ist es mit der Seele. Sie verlässt ihren verweslichen Leib, ihre Hülle, und wandert weiter. Ihr trauert also um den Verlust der Hülle und gedenkt nicht der Seele! Wer der Seele gedenkt, der dankt Gott, der die Seele in Seinen Schoß zurückrief, sofern diese im Erdenkleid das Leben in Gott genützt hat und dadurch Ihm näher kam. Denkt daran, dass für eine lichte Seele das Ablegen des Leibes ein Gewinn ist.

Und: So ihr nur vor den Menschen um den Verlust des Menschen trauert, heuchelt ihr ihnen etwas vor. In Wirklichkeit gedenkt ihr weder des Menschen noch der Seele. Ihr denkt nur an euch selbst. Die Seele, die das registriert, erkennt, dass sie nicht selbstlos geliebt wurde, dass sie unter Umständen nur zum Eigennutz ihrer Nächsten da war.

Viele Seelen müssen erkennen, dass sie im Erdenkleid von ihren irdischen Anverwandten und Bekannten gelebt wurden. Das heißt, dass sie als Mensch sich selbst nicht entfalten und ihre Wesensmerkmale nicht leben konnten, weil sie den Willen derer tun mussten, die von ihnen das verlangt haben, was zu ihrem eigenen Vorteil war. Viele dieser Seelen schauen, was sie in ihrem Erdendasein versäumt haben, und kehren auch deshalb wieder in das irdische Dasein zurück. Sie gehen wieder durch die Bewusstseinsschleier zur Erde und halten sich als Seele erneut unter jenen auf, die durch sie gelebt haben. Wieder andere suchen auf der Erde das zu leben, was sie als Menschen nicht entfalten konnten.

Solange Menschen an Menschen oder Dinge – wie Besitz, Reichtum und Macht – gebunden sind, kehren ihre Seelen wieder zur Erde zurück und schlüpfen wieder in neue Erdenkleider. Es bestehen mannigfache Ursachen und Beweggründe, weshalb sich Seelen wieder einverleiben. Erkennt zum Beispiel eine Seele, dass sie mit ihren Angehörigen durch Sünden verkettet ist, so resigniert sie oftmals und lässt den Wunsch zu, wieder einen neuen

Körper anzunehmen. Von diesem Wunsch beseelt, lebt sie in der Bewusstseinsebene, die ihrem Seelenzustand entspricht, und wird dort belehrt. Ihr wird unter anderem das Für und Wider einer erneuten Einverleibung nahegebracht. Sie geht dann zur Einverleibung, wenn die Gestirne, in denen ihr Für und Wider gespeichert ist – und somit auch ihr Erdenweg –, den Weg zur Materie weisen und wenn auf Erden ein Erdenkörper gezeugt ist, der ihrem seelischen Bewusstseinsstand entspricht. In diese menschliche Hülle schlüpft sie dann bei der Geburt hinein.

Der Mann, der den Körper zeugte, und die Frau, in welcher der Embryo heranwuchs, zogen jene Seele an, mit der sie noch einiges gemeinsam zu bereinigen haben – oder um gemeinsam mit ihr im selbstlosen Dienst für ihre Nächsten den Weg des Herrn zu gehen.

Der Mensch möge nicht nur auf seinen Körper schauen, sondern vor allem auf das einverleibte Wesen in ihm und sich bemühen, den Willen Gottes zu tun, und sich nicht den menschlichen Willen von Zweiten oder Dritten aufdrängen lassen.

Erkennet: Auch wenn ihr sagt: „Ich tue den Willen meines Nächsten, um den äußeren Frieden zu wahren", so hindert ihr eure Seele und auch die Seele eures Nächsten, sich so zu entwickeln und zu entfalten, wie es für beide gut ist. Ihr hindert euch und euren Nächsten, die Aufgaben zu erfüllen, die eure Seelen mit ins Erdendasein gebracht haben: sich zu reinigen und sich von der Last der Sünde zu befreien, die eventuell noch aus Vorinkarnationen mit in diese Einverleibung gebracht wurde. Wer sich von seinen Mitmenschen gängeln lässt, wer also tut, was andere sagen, obwohl er erkennt, dass dies nicht sein Weg ist, der wird gelebt und lebt an seinem eigentlichen Erdendasein vorbei. Er nützt nicht die Tage; er wird benützt von jenen, denen er hörig ist, und kennt deshalb nicht seinen Weg als Mensch über diese Erde.

Wer seine Mitmenschen bindet, indem er ihnen seinen Willen aufzwingt, ist mit einem Vampir zu vergleichen, der die Energien seiner Mitmenschen aufsaugt. Er kennt sich selbst nicht und bindet sich gleichzeitig an seine Opfer – und umgekehrt bindet sich auch das Opfer, das sich aussaugen lässt, an ihn. In einem der Leben, entweder im Erdenkleid oder als Seelen in den jenseitigen Bereichen, werden beide wieder zusammengeführt – und das so oft und so lange, bis einer dem anderen vergeben hat.

Wenn sich zwei aneinander binden – einerlei, ob einer gebunden hat oder sich binden ließ –, so haben sich beide belastet, und beide müssen miteinander bereinigen, damit zwischen ihnen die Liebe und Einheit wieder hergestellt werden können.

Keiner kann sagen: „Ich wusste nichts von den Gesetzen des Lebens." Ich sage euch: Mose hat euch die Auszüge aus den ewigen Gesetzen gebracht, die Zehn Gebote. Und so ihr diese haltet, werdet ihr euch nicht aneinander binden, sondern miteinander in Frieden leben.

Erkennet: Einzig die Liebe und die Einheit untereinander zeigen Seelen und Menschen die Wege zu dem höheren Leben.

Gott, der ewig Gütige, reicht jeder Seele und jedem Menschen Seine Hand. Wer sie ergreift, der nützt sein irdisches Leben. Er schätzt die Tage und vermag sie auch nach den Geboten zu leben, indem er das bereinigt, was ihm der Tag zeigt. Er wird einst als Seele mit all jenen in Gott wandeln und in Gott ruhen, die ihr Erdendasein ebenfalls genützt haben, indem sie Tag für Tag das erkannt und mit Mir, dem Christus, bewältigt haben, was der Tag ihnen gebracht und gezeigt hat – Freude und Leid.

Und so ihr nicht euretwegen um die sterbliche Hülle trauert, die euer Nächster abgelegt hat, sondern im Geiste euch freut, dass die Seele im Erdenkleid ihr geistiges Leben erkannt und sich darauf vorbereitet hat, so werdet ihr über Mich, den Christus, für euren Nächsten freudig zum Vater beten. Ihr werdet der Seele, die nun näher bei Gott ist, Kräfte der Liebe senden, auf dass sie weiter wandelt zu höheren Ebenen, um sich mehr und mehr mit Gott zu einen.

Die Seele spürt Freude und Leid ihrer Anverwandten. Die Seelen, die in Mir, dem Christus, entschlafen sind, fühlen sich verbunden über Mich, den Christus, mit allen, die noch im Erdenkleid wandeln. Die Freude der Seele darüber, dass ihre Anverwandten ihrer in Liebe gedenken, erfüllt sie mit Kraft.

Erkennet: Selbstlose, liebende Gebete spenden der wandernden Seele Kraft und Stärke auf ihrem Weg hin zum Göttlichen. In euren selbstlosen Gebeten spürt sie die Verbundenheit und empfängt vermehrt Kraft. Dadurch wird sie das noch an ihr haftende Menschliche rascher ablegen und damit frei werden für Den, der die Freiheit und Liebe ist – Gott, das Leben. Der Lohn aus Gott ist groß für jede Seele, die sich ernsthaft bemüht, Gottes Willen zu erfüllen.

Erkennet: Nur der ist ohne Hoffnung, der von seinem Glauben nur spricht und nicht lebt, woran er scheinbar glaubt. Letzten Endes glaubt der Zweifler das nicht, was er zu glauben vorgibt. Daraus entwickelt sich die Hoffnungslosigkeit.

12. Ihr sollt auch nicht für euch Schätze sammeln auf Erden, die die Motten und der Rost fressen und die Diebe ausgraben und stehlen. Sammelt euch aber Schätze im Himmel, wo sie weder Motten noch Rost fressen und wo die Diebe nicht nachgraben noch stehlen. Denn wo euer Schatz ist, da ist auch euer Herz.

13. Die Lichter des Leibes sind die Augen. Deshalb, wenn du klar siehst, wird dein ganzer Leib voller Licht sein. Wenn dir aber deine Augen fehlen oder wenn sie trüb sind, so wird dein ganzer Leib finster sein. Wenn nun das Licht, das in dir ist, Finsternis ist, wie groß wird die Finsternis sein!

14. Niemand kann zwei Herren dienen. Entweder er wird den einen hassen und den anderen lieben; oder er wird zu dem einen halten und den anderen verachten. Ihr könnt nicht zugleich Gott dienen und dem Mammon. (Kap. 26, 12-14)

Ich, Christus, erkläre, berichtige
und vertiefe das Wort:

Nur der Mensch sammelt auf Erden Schätze, der nicht an Gott, an Seine Liebe, Weisheit und Güte glaubt. Viele Menschen geben vor, an Gott zu glauben; an ihren Werken jedoch werdet ihr sie erkennen! Viele Menschen sprechen von der Liebe und den Werken Gottes – allein an ihrem Tun werdet ihr sie erkennen.

Viele Menschen sprechen von dem inneren Reich und von dem inneren Reichtum, und doch schaffen sie für sich persönlich in die Scheuern und sammeln für sich persönlich die irdischen Reichtümer, um von den Menschen angesehen zu sein.

Wer nur auf sein persönliches Wohl bedacht ist, erspürt noch nicht den Greifvogel, der schon seine Schwingen erhoben hat, um das Nest zu zerstören und den Reichtum zu entwenden, den der Reiche, der Nestbauer, sein persönliches Eigentum nennt.

Wer jedoch zuerst nach dem Reiche Gottes trachtet, der sammelt innere Werte, innere Schätze. Er wird auch im

Zeitlichen alles empfangen, was er benötigt, und darüber hinaus.

Wer im Inneren reich ist, wird im Äußeren nicht darben. Doch wer im Äußeren reich ist und den Reichtum hortet, wird einst darben. Wer Schätze auf Erden sammelt, dem werden sie genommen, damit er sich auf den Schatz des Inneren besinnt und in das Leben, in den inneren Reichtum, einzugehen vermag.

So lange wird es der Seele an göttlichem Lichte mangeln, bis sie zuerst nach dem Reiche Gottes trachtet. Und solange es noch auf Erden möglich ist, wird die lichtarme Seele sich wieder in einen lichtarmen Körper eingebären und eventuell in Armut unter den Armen leben. Die Erkenntnis wird kommen, dass der Schatz, der Reichtum, einzig in Gott ist.

Wessen Herz bei Gott ist, der wird reich an inneren Werten sein und eingehen in das Reich des Friedens.

Ich, Christus, gebe euch einen Maßstab, auf dass ihr erkennt, wo ihr steht – entweder im Licht oder im Schatten: „Denn wo euer Schatz ist, dort ist auch euer Herz", dort wird einst eure Seele sein.

Beachtet: Wer diese Worte liest und in der Wende steht von der alten zur Neuen Zeit, der sollte sich beeilen, dass er noch sein geistiges Leben findet! Denn wenn die Neue Zeit, die Zeit des Christus, auf der ganzen Erde offenbar ist und das Innere Leben gelebt wird, gibt es keine Einverleibungen mehr für jene, die nach äußeren Werten trachten. Es gibt dann auch keine Einverleibungen mehr für die irdisch Reichen, um als Ärmste unter den Armen das zu sühnen, was sie als Reiche versäumt haben.

Hat das Friedensreich Jesu Christi weitere Evolutionsschritte getan, dann wird es weder arm noch reich geben. Alle Menschen sind dann reich in Meinem Geiste, da sie das innere Reich erschlossen haben. Entsprechend werden sie auch auf der neuen Erde leben, unter einem anderen Himmel.

Daher seid bereit, Gott zu dienen und aus Liebe zu Gott auch euren Mitmenschen.

Erkennet: Keiner kann zwei Herren dienen, Gott und dem Mammon. Einzig die selbstlose Liebe eint alle Menschen und Völker. Der Mensch auf Erden und die Seele in den Stätten der Reinigung – beide werden einst zur Entscheidung geführt: Gott oder dem Mammon zu dienen, für Gott oder gegen Gott zu sein. Es gibt nichts dazwischen: entweder für Gott – oder für das Satanische.

15. Darum sage Ich euch: Sorget nicht für euer Leben, was ihr essen und trinken werdet; auch nicht für eueren Leib, was ihr anziehen werdet. Ist nicht das Leben mehr denn die Nahrung und der Leib mehr denn die Kleidung? Und was nützet es einem Menschen, wenn er die ganze Welt gewänne, aber sein Leben verliere?

16. Sehet die Vögel in der Luft: Sie säen nicht und ernten nicht, noch sammeln sie in Scheunen; und euer himmlischer Vater nährt sie doch. Seid ihr denn nicht viel besser behütet denn sie? Wer ist aber unter euch, der seiner Länge eine Elle zusetzen könnte, wenn er das wollte? Und warum sorget ihr so sehr um eure Kleidung? Sehet die Lilien auf dem Felde, wie sie wachsen; sie arbeiten nicht und spinnen auch nicht. Und doch, sage Ich euch, Salomo in all seiner Pracht und Herrlichkeit war nicht so geschmückt wie sie.

17. Warum sollte nicht Gott, der das Gras auf dem Felde kleidet, das doch heute steht und morgen im Ofen verbrannt wird, euch nicht viel mehr kleiden, o ihr Kleingläubigen?

18. Darum sollt ihr nicht besorgt sein und fragen: Was werden wir essen? Was werden wir trinken? oder: Womit werden wir uns kleiden? (Wie es die Heiden tun.) Denn euer himmlischer Vater weiß, dass ihr das alles braucht. Trachtet zuerst nach dem Reiche Gottes und nach Seiner Gerechtigkeit, so wird euch dies alles dazufallen. Darum sorget euch nicht um die Übel von morgen. Es ist genug, dass ein jeder Tag seine eigenen Übel hat." (Kap. 26, 15-18)

Ich, Christus, erkläre, berichtige
und vertiefe das Wort:

Wer sich um sein persönliches Leben, um sein Wohl, Sorgen macht – was er z. B. morgen essen und trinken oder womit er sich bekleiden soll –, der ist ein schlechter

Planer; denn er denkt dabei nur an sich selbst, an sein eigenes Wohl und an seinen Besitz. Damit plant er auch zugleich sein Weh und Ach mit ein.

Wer hingegen den Willen Gottes erfüllt, ist ein guter Planer. Er wird sowohl die Tage als auch die Zukunft planen. Doch er weiß, dass seine Planung nur eine Vorgabe ist, die in Gottes Hand ruht.

Er legt sein Planen in Gottes Hand, arbeitet mit Gottes Kräften und lässt sich im Tagesgeschehen von Gott führen. Denn er weiß: Gott ist der allwissende Geist und der Reichtum seiner Seele. Wer sich Gott anvertraut, sein Tagewerk in Gottes Licht stellt und das Gesetz „Bete und arbeite" erfüllt, der wird den gerechten Lohn empfangen. Er wird alles besitzen, was er benötigt.

Wenn Gott, der Ewige, die Natur schmückt und die Lilien des Feldes kleidet, um wieviel mehr wird Er Sein Kind ernähren und kleiden, das Seinen Willen erfüllt! Sorgt also nicht für morgen, sondern plant und übergebt euren Plan in den Willen Gottes – und Gott, der euren Plan kennt, wird euch das erfüllen, was für euch gut ist.

Ich gebe ein Beispiel: Ein guter Architekt wird sorgfältig das Haus planen und alle Details beachten. Wenn er seinen Plan fertiggestellt hat, wird er ihn noch einmal überprüfen und dann dem Bauherrn zur Prüfung vorlegen. Ist dieser mit dem Plan einverstanden, dann werden die Handwerker nach dem Plan arbeiten. Der Architekt und der Bauherr werden die Durchführung überwachen und nur dann eingreifen, wenn etwas nicht der Planung entspricht.

Ähnlich solltet ihr es mit eurem Leben halten: Plant jeden Tag, und plant gut! Räumt euch auch Zeit für besinnliche Stunden ein, in denen ihr zur inneren Ruhe findet und euer Leben und eure Planung immer wieder überdenken könnt. Eine sorgfältige Tagesplanung, die in den Willen Gottes gelegt wurde, wird Gott auch mit Seinem Willen durchdringen. Wer seinen Plan so ausführt, braucht sich nicht um morgen zu sorgen. Sein Glaube an die Führung Gottes sind die positiven Gedanken; aus ihnen ergeben sich positive Worte und gesetzmäßiges Handeln. Positive Gedanken, Worte und Handlungen sind die besten Werkzeuge, denn in ihnen wirkt Gottes Wille. Das heißt, in jedem positiven Gedanken, in jedem selbstlosen Wort, in jeder selbstlosen Geste und Tat wirkt Gottes Wille, Sein Geist. Gott wird dem guten Planer alles geben, was er benötigt, und darüber hinaus.

Nur der sorgt sich um morgen, der sich nicht Gott anvertraut, der die Tage verstreichen lässt und sie nicht nützt. Wer in den Tag hineinlebt und dann seinem Nächsten die Schuld gibt, wenn ihm manches misslingt, wenn er krank ist, wenn er Hunger hat, wenn er das Notwendige des täglichen Lebens nicht erwerben kann – der ist kein guter Planer. Er ist ein ängstlicher, ichbezogener Mensch, der das herbeizieht, was er nicht möchte — und wovor er Angst hat. Wer nicht mit Gottes Hilfe die Stunden, Tage und Monate plant und seine Planung und sich selbst in den Willen Gottes stellt, den kann Gott nicht führen. Nur wer sein Tagewerk Gott anvertraut und gewissenhaft das

Gebot „Bete und arbeite" erfüllt, der kann von Gott geführt werden, der ist von Ihm erfüllt – der ist gefüllt von Liebe, Weisheit und Kraft. Das heißt, sein Gefäß, sein Leben, ist erfüllt von Vertrauen und Glauben an Gott.

Menschen im Geiste Gottes werden nicht darben. Sie sind gute Planer, sind stark im Glauben und arbeiten mit den Kräften des Geistes. Nur der Ängstliche ist auf sich, auf sein kleines Ich, bedacht. Er sorgt sich um morgen, weil er nicht in Gott gefestigt ist und nicht an Gottes Weisheit und Liebe glaubt. Damit öffnet er unbewusst die Scheune für die Diebe, die kommen und stehlen. Was er für sich persönlich erobert und gehortet hat, wird er verlieren.

Aus Gottes Hand empfangen die Menschen Nahrung, Obdach und Kleidung. Wer sein Leben, sein Denken und seine Arbeit in Gottes Hand legt, der braucht sich nicht um morgen zu sorgen. Er wird besitzen, was er heute, morgen und in Zukunft benötigt – und darüber hinaus.

Wer also im Inneren Reich lebt, der wird auch im Äußeren nicht darben. Wer jedoch im Inneren arm ist, der wird im Äußeren darben. Wenn er heute im Äußeren lebt und weltlichen Reichtum für sich mehrt und für sich persönlich behält, so ist er im Inneren arm und wird in einem anderen Erdenkleide darben, also arm sein.

Daher trachtet zuerst nach dem Reiche Gottes und nach Seiner Gerechtigkeit, dann wird euch alles von Gott gegeben, was ihr benötigt – und darüber hinaus. Sehet die Vögel der Luft: Sie säen und ernten nicht und sammeln nicht in Scheunen; und doch ernährt sie unser himmlischer Vater. „Sehet die Lilien auf dem Felde, wie sie wachsen; sie arbeiten nicht und spinnen auch nicht." Die Natur in ihrer Vielfalt ist schöner gekleidet als der Reichste unter den Reichen. Wer nur an sein Wohl und an seine vollen Scheunen denkt, der wird entweder in dieser irdischen Daseinsform oder in einer anderen Einverleibung – solange dies noch möglich ist – im Schweiße seines Angesichtes sein Brot verdienen.

Rechtes Beten und Arbeiten heißt, für sich und für das Gemeinwohl arbeiten. Erkennt: Die Lilien des Feldes – ja die ganze Natur sind für alle Menschen da und schenken sich ihnen auf das Vielfältigste. Wer das zu erfassen und zu schätzen vermag, der wird nicht im Schweiße seines Angesichtes sein Brot verdienen müssen. Er wird das Gesetz „Bete und arbeite" erfüllen für sich und für seine Nächsten.

Und wenn geschrieben steht „sie arbeiten nicht und spinnen auch nicht", so heißt dies: Der Mensch soll nicht nur an sich denken und nur arbeiten, um für sich allein Gewinn zu erlangen, sich damit zu schmücken und zu zeigen.

Erkennet: Alles Sein ist in Gottes Obhut. Tiere, Bäume, Pflanzen, Gräser und Steine sind in Gottes Obhut. Sie stehen im Evolutionsleben, das vom ewigen Schöpfergott gelenkt ist. Da alles Leben aus Gott ist, so empfinden auch Tiere, Bäume, Pflanzen, Gräser und Steine. Sie erleben in sich die Evolutionskraft des Schöpfers, die sie belebt und im

Zyklus der göttlichen Äonen zur weiteren Entfaltung führt. Die Schöpferkraft, das ewige Sein, schenkt den Naturreichen das, was sie benötigen. Die Gaben des Lebens strömen den Lebensformen in dem Maße zu, wie diese geistig entfaltet sind.

Der ewige Vater gedenkt jeden Grashalms. Um wieviel mehr gedenkt der Ewige Seiner Kinder, welche die Evolutionsstufen der Mineral-, Pflanzen- und Tierreiche in sich schon entfaltet haben! Die Kinder Gottes tragen in sich den Mikrokosmos aus dem Makrokosmos und stehen so mit der ganzen Unendlichkeit in Kommunikation.

Wie arm ist doch der Mensch, der sich um das Morgen sorgt! Er zeigt selbst, dass er das Gestern noch nicht bewältigt hat, da er nicht im Heute, im Jetzt, also in Gott, zu leben vermag.

Das Innere des Menschen, das reine Sein, ist der Inbegriff der Unendlichkeit. Wer das als Mensch erfasst, der schaut nach innen und entfaltet die Gesetze des Lebens, so dass er alles Äußere im Lichte der Wahrheit zu schauen vermag.

Erkennet: Dem Menschen, der allumfassend – also unbegrenzt – denkt und lebt, dient die Unendlichkeit. Menschen im Geiste der Liebe sind nicht auf sich bezogen, sondern all-bewusst. Sie stehen in beständiger Kommunikation mit den Gotteskräften in allem Sein. Was sie tun, tun sie von innen heraus mit der Kraft der Liebe. Sie planen und wirken nach dem Gebot „Bete und arbeite" und vergeuden nicht den Tag. Sie wissen um die Kostbarkeit des Tages, der Stunden und Minuten und nützen die Zeit.

Wer also wahrhaftig lebt, der sorgt sich nicht um morgen; er empfängt schon heute das, was er morgen besitzt. Denn wer in Gott lebt, wird heute und morgen nicht darben. Wer jedoch ängstlich bleibt und seine Habe an sich zieht, der wird morgen arm sein.

Wer sich jedoch als kosmisches Wesen sieht, das uneingeschränkt Gottes Willen erfüllt, der erlangt Weisheit und Kraft. Wer mit Liebe und Weisheit erfüllt ist, dessen Leben ist von der Kraft Gottes durchdrungen. Ihm wird es an nichts mangeln. Wer sich jedoch um morgen sorgt und die Zukunft düster sieht, der zieht das Übel an; er wird jeden Tag seine Last haben.

Denkt also nicht ängstlich an morgen! Plant mit Gottes Kraft – und lasst den Ewigen durch euch wirken. Dann sind eure Gedanken positive Magneten, die wieder Positives und Aufbauendes anziehen. Denn Gedanken, Worte und Taten sind Magneten. Entsprechend ihrer Art ziehen sie wieder Gleiches oder Ähnliches an.

Bergpredigt (3. Teil)

Eure negativen Gedanken, Worte und Taten sind eure eigenen Richter (1). Splitter und Balken - Notwendigkeit der Selbsterkenntnis (2). Missionieren ist Überzeugen-Wollen - Lebt die Wahrheit und seid Vorbild (3). Bitten, Suchen, Anklopfen; die innere Pforte öffnet sich nicht dem Verstand (4). Was du von deinem Nächsten verlangst, besitzt du selbst nicht im Herzen; Erwartungshaltung führt zu Bindung (6). Der Kampf auf dem schmalen Weg zum Leben (7). Unterscheiden von guten und schlechten Früchten (8-9). Nehmt das Wort des Lebens mit dem Herzen auf - „Das ist Mein Wort. Alpha und Omega. Das Evangelium Jesu. Die Christus-Offenbarung, welche inzwischen die wahren Christen in aller Welt kennen": ein Werk des Lebens und der Liebe (13)

1. „Richtet nicht, auf dass ihr nicht gerichtet werdet. Denn mit welcherlei Gericht ihr richtet, werdet ihr gerichtet werden; und mit welcherlei Maß ihr messet, wird euch wieder gemessen werden. Und wie ihr anderen tut, so wird euch getan werden. (Kap. 27, 1)

Ich, Christus, erkläre, berichtige
und vertiefe das Wort:

Ihr habt gelesen: Gedanken, Worte und Handlungen sind Magneten. Wer seinen Nächsten in Gedanken und mit Worten richtet und verurteilt, der wird also Gleiches oder Ähnliches an sich selbst erfahren.

Erkennet: Eure negativen Gedanken, Worte und Handlungen sind eure eigenen Richter. „Mit welcherlei Maß ihr messet" – ob in Gedanken oder in Worten und Handlungen –, so werdet ihr selbst gemessen werden. So, wie ihr euren Nächsten abwertet, um euch selbst aufzuwerten, werdet ihr gewertet werden: Ihr werdet euren Wert erfahren und erleiden. Und wenn ihr sagt: „Dem einen muss genügen, was er hat – der andere soll mehr bekommen", so werdet ihr einst nur so viel besitzen oder noch weniger als der, dem ihr weniger zugestanden habt: Wie ihr eurem Nächsten im Denken, Reden und Tun begegnet, so wird es euch einst selbst ergehen.

2. Was siehst du den Splitter in deines Bruders Auge und wirst des Balkens in deinem Auge nicht gewahr? Oder wie darfst du zu deinem Bruder sagen: Ich will dir den Splitter aus deinem Auge ziehen? Und siehe, ein Balken ist in deinem Auge. Du Heuchler, ziehe zuerst den Balken aus deinem eigenen Auge, dann erst siehst du klar, um den Splitter aus deines Bruders Auge ziehen zu können. (Kap. 27, 2)

Ich, Christus, erkläre, berichtige
und vertiefe das Wort:

Nur der Mensch spricht beständig über den Splitter im Auge seines Nächsten, der des Balkens im eigenen Auge nicht gewahr wird. Nur der befleißigt sich, den Splitter aus dem Auge seines Bruders herausziehen zu wollen, der sein eigenes Denken und Leben nicht kennt. Wer sich nicht kennt und nicht den Balken – die Sünden der Seele, die sich in seinen eigenen Augen widerspiegeln –, der hat keinen Blick für die Wahrheit. Sein Auge ist getrübt von der Sünde. Er sieht dann im Nächsten nur das, was auch er selbst noch ist: einen Sünder. Nur wer den Balken in seinem eigenen Auge bearbeitet, der schaut zunehmend klarer. Dann kann er immer deutlicher den Splitter im Auge seines Bruders erkennen und ihm nach dem Gesetz der Nächstenliebe behilflich sein, diesen zu entfernen.

Wer also über seine Mitmenschen negativ spricht, sie abwertet und ihnen Übles nachsagt, der kennt seine eigenen Fehler nicht.

An den Früchten sollt ihr sie erkennen! Jeder zeigt selbst, wer er ist – also seine Frucht. Wer sich über seine Mitmenschen erregt und diese lächerlich macht, zeigt, wer er wahrlich ist. Wer zuerst seine eigenen Fehler ablegt, der ist auch fähig, seinem Nächsten zu helfen. Deshalb ist jeder ein Heuchler, der abfällig über die Fehler seines Bruders spricht – und dabei den Balken im eigenen Auge nicht bemerkt.

3. Ihr sollt das, was heilig ist, nicht den Hunden geben, noch eure Perlen vor die Säue werfen, auf dass sie diese nicht zertreten mit ihren Füßen und nicht sich umkehren und euch zerreißen. (Kap. 27, 3)

Ich, Christus, erkläre, berichtige
und vertiefe das Wort:

Es entspricht nicht dem ewigen Gesetz des freien Willens, dass ihr mit den Worten der Wahrheit von Ort zu Ort, von Haus zu Haus zieht, eure Überredungs- und Überzeugungskünste anwendet und jeden, dessen ihr habhaft werdet, missioniert. Denn das würde bedeuten, dass ihr die Wahrheit nicht heiligt und es so macht, wie es bildhaft geschrieben steht: „Ihr sollt das, was heilig ist, nicht den Hunden geben, noch eure Perlen vor die Säue werfen." Ihr sollt also das Wort Gottes eurem Nächsten nicht aufdrängen. Wer glaubt, dass sein Nächster das glauben und annehmen müsse, von dem er glaubt, überzeugt zu sein, der hat selbst noch Zweifel und stellt seinen eigenen Glauben in Frage.

Missionieren heißt überzeugen wollen. Wer überzeugen möchte, der ist in seinem Inneren selbst nicht von dem überzeugt, was er anpreist.

Seid jedoch gute Vorbilder in eurem Glauben und keine Missionierenden. Ihr könnt euer Glaubensgut anbieten und jedem freistellen, ob er daran glauben oder nicht glauben möchte, ob er es mit euch halten möchte oder nicht.

Die Freiheit in Gott ist ein Aspekt des ewigen Gesetzes. Wenn euer Nächster aus freiem Willen zu euch kommt und euch nach eurem Glauben fragt, so macht er den ersten Schritt auf euch zu; und wer im Glauben steht, der wird daraufhin auf seinen Nächsten zugehen und ihm antworten. Wer mit seinem Nächsten in einer göttlichen Verbindung steht, der wird ihn nicht an seinen Glauben binden – sondern ihm nur so viel mitteilen, wie er selbst erkannt und verwirklicht hat. Nur derjenige will seinen Nächsten an seinen Glauben binden, der wenig selbstlose Liebe entfaltet hat.

Daher hütet euch vor den Übereifrigen, die euch zu ihrem Glauben überreden wollen. Bietet die ewige Wahrheit an in Wort und Schrift – und lebt selbst danach; dann werden auf euch die zukommen, die das Leben in sich erkannt haben.

4. Bittet, so wird euch gegeben werden; suchet, so werdet ihr finden. Klopfet an, so wird euch aufgetan; denn jeder, der da bittet, wird empfangen, und der da sucht, wird finden, und denen, die da anklopfen, wird aufgetan. (Kap. 27, 4)

Ich, Christus, erkläre, berichtige
und vertiefe das Wort:

Nur der Mensch bittet, sucht und klopft an der Pforte zum Inneren Leben an, der noch nicht sein Inneres, das Königreich der Liebe, betreten hat. Das Reich Gottes ist inwendig in der Seele eines jeden Menschen.

Der erste Schritt auf dem Pfad zum Inneren Leben, auf dem Weg zur Pforte des Heils, ist die Bitte an Gott um Hilfe und Beistand. Der nächste Schritt ist die Suche nach Gottes Liebe und Gerechtigkeit. Der Wanderer findet das Leben, Gottes Liebe und Gerechtigkeit, in den Geboten des Lebens, die Wegweiser sind auf dem Weg nach Innen.

Ein weiterer Schritt ist das Anklopfen im eigenen Herzenskämmerlein, an der inneren Pforte. Diese Pforte zum Herzen Gottes öffnet sich nur dem, der ehrlich gebetet, gesucht und angeklopft hat. Dem Verstandesmenschen, der nur nach äußeren Werten und Idealen trachtet, öffnet sich nicht die innere Pforte. Auch die Zweifler werden nicht empfangen.

Wer also bittet, sucht und anklopft, der muss es aus Liebe zu Gott tun und nicht, um Gottes Liebe zu prüfen.

Erkennet: Wer nur prüfen möchte, ob Gottes Liebe tatsächlich existiert, der wird sehr rasch selbst auf den Prüfstein kommen. Wer in Gott lebt, dem steht die Herzenspforte offen. Er braucht nicht mehr zu bitten – er hat bereits empfangen; denn Gott kennt Seine Kinder. Wer in das Herz Gottes eingekehrt ist, der hat in seiner Seele schon empfangen. Das heißt, der Reichtum aus Gott leuchtet verstärkt in seiner Seele und strahlt durch ihn, den Menschen. Wer in sein Inneres eingekehrt ist, der braucht nicht mehr zu suchen – er ist im Königreich des Inneren zu Hause. Und wer bewusst Wohnung in Ihm genommen hat, der braucht nicht mehr anzuklopfen; er ist bereits eingekehrt und lebt in Gott und Gott durch ihn.

Nur jene werden bitten, suchen und anklopfen, die noch draußen stehen und noch nicht wissen, dass sie tief in ihrer Seele das tragen, was sie wahrhaft reich macht: Gottes Liebe und Weisheit.

5. Welcher ist hier unter euch, der einen Stein gibt, wenn ihn sein Kind um Brot bittet, oder eine Schlange, wenn es um einen Fisch bittet? Wenn ihr, die ihr böse seid, dennoch euren Kindern gute Gaben geben könnt, wie viel mehr wird euer Vater im Himmel Gutes geben jenen, die Ihn bitten.

6. Was auch immer ihr wollt, dass euch die Menschen tun sollen, das tut ihnen ebenso, und was ihr nicht wollt, dass sie euch tun, das tut auch ihr ihnen nicht; denn dies ist das Gesetz und die Propheten. (Kap. 27, 5-6)

Ich, Christus, erkläre, berichtige
und vertiefe das Wort:

Erkennet: Ihr sollt nicht von euren Mitmenschen das verlangen, was zu geben ihr selbst nicht gewillt seid.

Wenn ihr von eurem Nächsten etwas erwartet, das er für euch tun soll, so stellt euch die Frage: Weshalb tut ihr es nicht selbst? Wer von seinem Nächsten z.B. Geld und Gut erwartet, damit er selbst in seiner Bequemlichkeit nicht arbeiten muss, oder wer von seinem Nächsten Treue erwartet und selbst nicht treu ist, oder wer von seinem Nächsten an- und aufgenommen werden möchte, selbst jedoch seine Mitmenschen weder an- noch aufnimmt – der ist selbstsüchtig und arm im Geiste.

Was immer du von deinem Nächsten verlangst, das besitzt du selbst nicht im Herzen.

Es ist ungesetzmäßig, aus Erwartungshaltung seine Mitmenschen zu Handlungen, Aussagen oder Verhaltensweisen zu zwingen, zu denen sie von sich selbst aus nicht bereit wären.

Hast du in deinen Wünschen an deinen Nächsten deine Erwartungshaltung erkannt, so kehre rasch um und leiste du zuerst selbst, was du von deinem Nächsten verlangst.

Jeder Zwang ist ein Druck, der wieder Zwang und Gegendruck erzeugt. Durch ein solches erpresserisches Verhalten gegenüber deinen Mitmenschen bindest du dich an sie und machst sowohl dich als auch den, der sich erpressen ließ, zum Sklaven der niederen Natur. Solche Zwangsmethoden wie: „Ich erwarte von dir, und du erwartest von mir – jeder gibt dem anderen, was dieser verlangt" führen zu Bindung.

Was gebunden ist, hat keinen Platz im Himmel. Beide, die aneinander gebunden sind, werden einander einst wieder begegnen, entweder im feinstofflichen Leben oder in weiteren Einverleibungen.

Diese Form von Bindung gilt nicht am Arbeitsplatz. Hast du dich im Berufsleben freiwillig in einen Arbeitsbereich eingeordnet und der Verantwortliche gibt dir Aufgaben, die du im Rahmen deiner Tätigkeit durchführen sollst, so hast du hierzu schon mit deinem Eintritt in den Betrieb ja gesagt. Du hast dich freiwillig in den Arbeitsbereich und in das Arbeitsteam eingeordnet, um zu tun, was dir aufgetragen wird. Wenn du also einen Arbeitsplatz wählst, dann sollst du auch ausführen, was dir gemäß deinem selbstgewählten Arbeitsbereich aufgetragen wird. Die Aussage „Was auch immer ihr wollt, dass euch die Menschen tun sollen, das tut ihnen ebenso ..." gilt also nicht für den selbstgewählten Beruf oder Arbeitsbereich.

„Was ihr nicht wollt, dass sie [die Menschen] euch tun, das tut auch ihr ihnen nicht" bedeutet: Wenn ihr nicht verlacht und verspottet werden wollt oder nicht bestohlen und belogen werden wollt oder nicht um Hab und Gut gebracht werden wollt oder nicht gegängelt werden wollt oder nicht eures freien Willens beraubt werden wollt oder nicht geschlagen und beschimpft werden wollt, so tut dies auch nicht euren Mitmenschen.

Denn was ihr dem Geringsten eurer Brüder antut, das tut ihr Mir an – und euch selbst. Was ihr nicht wollt, dass man euch tu', das fügt auch keinem eurer Nächsten zu – denn alles, was von euch ausgeht, kommt wieder auf euch zurück. Deshalb prüft eure Gedanken, und hütet eure Zunge!

7. Gehet ein durch die enge Pforte. Denn schmal ist der Pfad und eng ist die Pforte, die zum Leben führen, und wenige sind ihrer, die sie finden. Doch weit ist die Pforte und breit der Weg, der ins Verderben führt, und ihrer sind viele, die darauf wandeln. (Kap. 27, 7)

Ich, Christus, erkläre, berichtige
und vertiefe das Wort:

„... schmal ist der Pfad und eng ist die Pforte, die zum Leben führen" bedeutet: In jedem, der sich bemüht, den schmalen Weg zum Leben zu wandeln, meldet sich der Finsterling und zeigt ihm – wie Mir als Jesus von Nazareth – die Schätze und Annehmlichkeiten dieser Welt. Täglich gilt es aufs Neue, dem Satanischen zu widerstehen und ihm zu widersagen. Wer nicht wachsam ist, der wird ihm hörig.

Erkennet: Jeder, der die ersten Schritte hin zum Leben vollzieht, fühlt sich zuerst eingeengt und eingeschränkt, bis er sich endgültig entschieden hat. Denn was er bisher an Menschlichem gedacht und getan hat, das soll er nun lassen.

Die ersten Schritte gehen in das Ungewisse – sie heißen Glauben und Vertrauen. Bis die ersten Schritte getan sind, ist der Pfad zum Leben schmal und eng. Die ersten Hürden, die auf dem Wege zum Herzen Gottes genommen werden sollten, heißen: Denke um, und unterlasse die alten, menschlichen Gewohnheiten! Bereue, vergib, bitte um Vergebung, und sündige nicht mehr! Das bedeutet für jeden Einzelnen eigene Anstrengung und Umstellung alles dessen, was bei ihm bisher üblich war.

Wer jedoch mit Meiner Kraft durchsteht, der wird den schmalen Pfad verlassen und dann auf die große Lichtstraße in das Reich des Inneren gelangen, auf der er mit den Wanderern in das Licht dem Tor zur Absolutheit zustrebt, dem Leben in Gott.

Jeden Tag wird der Mensch geprüft: für oder wider Gott.

Wer sich gegen Mich entscheidet, indem er alle menschlichen Annehmlichkeiten behält und all das, was ihn menschlich macht, der wird auf der breiten, dunklen Straße nicht in Versuchung geführt werden, da er sich dem Versucher verschrieben hat. Auf dieser Straße ins Verderben wandeln gar viele. Sie werden nicht geprüft wie jene, die den schmalen Pfad zum Leben gehen.

Wer sich dem Versucher verschrieben hat, der sagt damit auch uneingeschränkt zu dem ja, was er auf Grund seiner Saat zu ernten hat.

8. Hütet euch vor den falschen Propheten, die in Schafskleidern zu euch kommen, inwendig aber reißende Wölfe sind. An ihren Früchten sollt ihr sie erkennen. Kann man Trauben lesen von den Dornen oder Feigen von den Disteln?

9. Ebenso bringt jeglicher gute Baum gute Frucht, aber ein fauler Baum bringt schlechte Frucht. Ein jeglicher Baum, der keine gute Frucht bringt, ist nur noch dazu gut, umgehauen und ins Feuer geworfen zu werden. Darum, an ihren Früchten sollt ihr das Gute von dem Schlechten unterscheiden. (Kap. 27, 8-9)

Ich, Christus, erkläre, berichtige
und vertiefe das Wort:

Am Ende der materialistischen Tage, der „Raff- und Gierzeit", werden viele falsche Propheten auftreten. Sie werden viel über die Liebe Gottes reden – und doch sind ihre Werke Menschenwerke. Nicht der ist ein echter Prophet und ein geistig Weiser, der von der Liebe Gottes spricht, sondern allein der, dessen Werke gut sind.

Die Gabe zu prüfen hat jedoch nur derjenige, der zuerst seine eigene Gesinnung prüft: ob er selbst wahrhaft an das Evangelium der selbstlosen Liebe glaubt und auch den Sinn des Evangeliums erfüllt – und was er selbst schon aus selbstloser Liebe an seinem Nächsten verwirklicht hat.

Ihr könnt erst dann eure Mitmenschen erkennen und die Unterschiede von Gut, weniger Gut und Schlecht erspüren, wenn ihr einige Grade geistiger Reife erlangt habt.

Wer seine Nächsten noch verurteilt und über sie negativ denkt und spricht, der kann seine Mitmenschen noch nicht prüfen. Ihm mangelt es an der Unterscheidungsgabe. Er urteilt nur – und prüft nicht.

Wenn ihr selbst noch eine schlechte Frucht seid, wie könnt ihr die guten Früchte erkennen? Wer Gottes Gesetze nicht verwirklicht, dem fehlt es also an der Unterscheidungsgabe, was gut, weniger gut und schlecht ist.

Wer seinen Nächsten prüfen möchte, der prüfe also zuerst sich selbst, ob er die Gabe der Unterscheidung besitzt zwischen gerecht und ungerecht.

Sehr rasch kann eine gute Frucht verworfen werden und die schlechte bejaht: dann, wenn die faule Frucht sich mit viel Reden hervortat und mit viel scheinbar überzeugenden Worten und Gesten wirkt.

Erkennet: Gleiches zieht zu Gleichem. Wer selbst noch eine faule Frucht ist, dem sind die faulen Früchte näher als die guten. Wer jedoch selbstlos ist, der ist eine gute Frucht, dem ist auch das Gute, das Selbstlose, nahe.

Wer selbstlos ist, der hat auch die Unterscheidungsgabe zwischen den guten, den weniger guten und den schlechten Früchten. Wer also die guten von den schlechten Früchten unterscheiden möchte, der muss zuerst selbst eine gute Frucht sein. Nur die gute Frucht kann die schlechte erkennen. Die schlechte Frucht sucht immer wieder ihre gleichgesinnten schlechten Früchte, um gegen die guten vorzugehen. Die schlechten Früchte verurteilen, verwerfen, richten und binden.

Die guten, reifen Früchte haben Verständnis, sind wohlwollend und tolerant und ihrem Nächsten gegenüber gütig. Sie sprechen wohl die Missstände an, doch sie bewahren ihre Nächsten in ihrem Herzen. Das bedeutet: Sie urteilen, verurteilen und richten nicht mehr.

Ich wiederhole: An ihren Früchten sollt ihr sie erkennen.

Die gute Frucht kennt die schlechte Frucht, doch die schlechte Frucht erkennt nicht die gute Frucht. Die gute Frucht schaut einzig auf das Gute, die schlechte Frucht einzig auf das Schlechte. Entsprechend denkt, spricht und handelt der Mensch.

10. Es werden nicht alle, die zu Mir sagen: Herr! Herr! in das Himmelreich kommen, sondern die den Willen tun Meines Vaters, der im Himmel ist. Es werden viele zu Mir sagen an jenem Tage: Herr, Herr, haben wir nicht in Deinem Namen geweissagt? Haben wir nicht in Deinem Namen Teufel ausgetrieben? Haben wir nicht in Deinem Namen viele wunderbare Werke getan? Dann werde Ich zu ihnen sprechen: Ich habe euch noch nie gekannt; weichet alle von Mir, die ihr Böses bewirkt. (Kap. 27, 10)

Ich, Christus, erkläre, berichtige
und vertiefe das Wort:

Wer nur Meinen Namen anruft und nicht den Willen Meines Vaters erfüllt, der ist trotz seiner scheinbar geistig wirkungsvollen Reden und seiner scheinbar verbindlichen

Worte arm im Geiste und wird nicht in das Himmelreich eingehen. Wer jedoch selbstlose Taten vollbringt, ohne Lohn und Anerkennung zu erwarten, der ist es, der den Willen Meines Vaters tut; denn so, wie er handelt, so denkt und spricht er auch.

Selbstlose Taten entstehen einzig aus gotterfüllten Empfindungen und Gedanken. Sind die Gedanken des Menschen unlauter, dann sind auch seine Worte schal und seine Taten ichbezogen.

Erkennet: Wer dem Anschein nach aus dem Ich Bin spricht, also scheinbar Mein Wort spricht, und dem Anschein nach in Meinem Namen Taten vollbringt und davon gut lebt, der hat schon seinen Lohn empfangen. Er wird im Himmel keinen Lohn mehr erhalten. Wer selbstlos Werke der Liebe tut und für sein irdisches Brot arbeitet, der wird im Himmel den gerechten Lohn empfangen.

Erkennet: Das geistige Brot ist die geistige Nahrung der Seele. Das Brot für den Leib soll nach dem Gesetz von „Bete und arbeite" verdient werden.

Das geistige Brot kommt von den Himmeln und wird denen gereicht, die das Gesetz der Liebe und des Lebens wahren und auch das Gebot „Bete und arbeite" erfüllen.

Die irdische Speise schenkt Gott den Menschen durch die Erde. Die Früchte der Erde bedürfen der Zubereitung durch der Hände Arbeit. So ist der Arbeiter seines Lohnes wert.

Erkennt den Unterschied zwischen dem Brot für die Seele und dem Brot für den irdischen Leib! Wohl entströmen beide einer Quelle, jedoch ist das eine geistig und wird der Seele gereicht, und das andere ist verdichteter Stoff, Materie, und wird dem physischen Körper gegeben. Was der große Geist, Gott, den Menschen für ihren physischen Körper schenkt, bedarf menschlicher Arbeit; z.B. muss gesät, bestellt, geerntet und aufbereitet werden. Dafür soll der Mensch auch vom Menschen entlohnt werden.

In das Reich Gottes wird nur der aufgenommen werden, der alles aus Liebe zu Gott und den Menschen tut.

11. Darum, wer diese Meine Worte hört und sie befolgt, den vergleiche Ich mit einem klugen Mann, der sein Haus fest auf einem Felsen baute. Und ein Regen fiel und die Fluten kamen und die Winde bliesen um dieses Haus: und es fiel nicht ein; denn es war auf einen Felsen gegründet.

12. Und wer diese Meine Worte hört und sie nicht befolgt, der sei mit einem törichten Mann verglichen, der sein Haus auf Sand baute. Und ein Regen fiel und die Fluten kamen und die Winde bliesen und stießen an das Haus, und es fiel ein, und groß war sein Sturz. Aber eine Stadt, welche fest gebaut ist, ummauert in einem Kreis fest oder auf dem Gipfel eines Berges und auf einen Felsen gegründet, kann niemals fallen noch verborgen sein."

13. Und es geschah, dass Jesus diese Rede vollendet hatte, erstaunte das Volk über Seine Lehre. Denn Er sprach Kopf und Herz an, wenn Er lehrte, und redete nicht wie die Schriftgelehrten, die nur von Amtes wegen lehrten. (Kap. 27, 11-13)

Ich, Christus, erkläre, berichtige
und vertiefe das Wort:

Wer Meine Worte hört und befolgt, der entwickelt sein geistiges Leben. Er gründet sein Leben auf Mich, den Felsen. Dann wird er auch jeglichen Stürmen und Fluten standhalten. Nach diesem Erdenleben wird seine Seele bewusst in das geistige Leben eingehen und dort kein Fremdling sein, weil der Mensch schon auf Erden im Reiche des Inneren gelebt hat.

Der Prophetische Geist ist das Feuer in dem Propheten und in allen Erleuchteten. Gott sprach und spricht durch sie nicht wie jene, „die nur von Amtes wegen lehrten". Die Propheten und Erleuchteten sprachen und sprechen aus der Vollmacht des Ewigen, des redenden Gottes, ob es die Menschen wahrhaben möchten oder nicht.

Es steht geschrieben: „Er sprach Kopf und Herz an." Was der Intellekt, der Kopf, aufnimmt, das wird von den „Kopfdenkern" beredet und diskutiert. Trotz allem fällt so manch kleiner Same in ihr Herz. Wer das Wort des Lebens mit dem Herzen aufnimmt, der bewegt es auch in seinem Herzen und bringt die gute Saat, das Leben, sofort zum Keimen.

Wer jedoch das Wort Gottes nur mit dem Intellekt erfassen will, der wird später – vielleicht erst nach einigen Schicksalsschlägen – erkennen müssen, was er durch seine Zweifel und durch seinen Verstandesdünkel abgelehnt hat. Er muss erkennen, dass der Same, das Wort Gottes, das aus dem Füllhorn des Lebens durch Propheten und Erleuchtete gegeben wurde, ihm viel erspart hätte.

Das Buch „Das ist Mein Wort" wirkt in die Neue Zeit, in die Zeit des Christus, hinein. Mein Leben einst als Jesus von Nazareth und Mein Wort als Christus heute sind die Grundlage.

Für das Leben und Denken der Menschen der Neuen Zeit im Friedensreich Jesu Christi wird Maßstab sein, wie Ich als Jesus von Nazareth gedacht, gelehrt und gelebt habe. Auf diese Weise Bin Ich ihnen sehr nahe. Sie werden Mich im Geiste als ihren Bruder begrüßen und Mich als Herrscher des Reiches Gottes auf Erden an- und aufnehmen.

Dieses Buch ist ein Werk der Liebe und des Lebens. Aus ihm erfahren die Menschen im Friedensreich auch, wie Ich die Lichtzeit auf der Erde eingeleitet und aufgebaut habe. Sie erfahren, dass Ich durch viele Getreue gewirkt habe, die mit Mir für die Neue Zeit gekämpft und gelitten haben. Dieses Buch, „Das ist Mein Wort", ist damit ein historisches Dokument. Es wird sowohl jetzt – in der zur Neige gehenden alten Welt – als auch dann – in der immer mehr aufbrechenden Neuen Zeit – gelesen werden.

Die Menschen erkennen daraus auch die Erfüllung des göttlichen Erlöserauftrages, angefangen von Meinem Wirken als Jesus von Nazareth, dann als Erlöser, als Christus Gottes – und nun als Erbauer der Neuen Zeit, in der Ich Mein Kommen als Herrscher des Friedensreiches vorbereite, in der Ich denen Bruder Bin, die mit Mir und den vielen, deren Herzen rein sind, in der Bruderschaft Christi leben.

28. KAPITEL

Jesus befreit die Tiere
und bestätigt Johannes den Täufer

*Der Fall: Die Verdichtung der Energie bis zur Materie -
Der Geistleib im Menschenkörper - Die Verrohung der Menschen -
Missbrauch der Geschöpfe und der Schöpfung - Der Herrenmensch -
Aberglaube, strafende Götter, Blutopfer - Die Mahner Gottes weisen
den Weg - Tierversuche sind Gott ein Gräuel (1-3). Der Reine erkennt
das Reine - Die Nahrung, eine Gabe Gottes (4). Kampf der Finsternis
gegen Gottes Plan und Seine gerechten Propheten - Werkzeuge der
Finsternis - Falsche Propheten werden von ihr nicht bekämpft (16).*

1. Einen Tag, nachdem Jesus Seine Rede beendet hatte,
geschah es an einer Stelle bei Tiberias, wo sieben Quellen
sind, dass ein junger Mann Ihm lebende Kaninchen und
Tauben brachte, damit Er sie mit Seinen Jüngern verzehre.

2. Und Jesus blickte den jungen Mann liebevoll an und
sprach zu ihm: „Du hast ein gutes Herz, und Gott wird
dich erleuchten; aber weißt du nicht, dass Gott am Anfang
dem Menschen die Früchte der Erde zur Nahrung gab und
ihn dadurch nicht geringer machte als den Affen oder den
Ochsen oder das Pferd oder das Schaf, dass er seine Mitgeschöpfe tötet und ihr Fleisch und Blut verzehrt?

3. Ihr glaubt, dass Moses zu Recht befahl, solche
Geschöpfe zu opfern und zu verzehren, und so tut ihr es
im Tempel; aber siehe, ein Größerer als Moses ist hier und

kommt, die Blutopfer des Gesetzes und die Gelage abzu-
schaffen und wieder herzustellen die reine Gabe und das
unblutige Opfer, wie es im Anfange war, nämlich Körner
und Früchte der Erde. (Kap. 28, 1-3)

Ich, Christus, erkläre, berichtige
und vertiefe das Wort:

Ich kam als Jesus von Nazareth in diese Welt, um von Gott, Meinem Vater, Zeugnis zu geben und von all dem, was Gott geschaffen hat.

Aus dem ersten Fallgedanken – sein zu wollen wie Gott – entstand der Fall. Die Fallwesen und mit ihnen alle Kinder Gottes, die sich von ihnen durch Lockungen und Versprechungen verführen ließen, empfingen aus den gütigen Händen des Ewigen – der alle Seine Kinder liebt und der sie ewig in Sich als reine Wesen schaut – Teile aus geistigen Sonnen und geistigen Planeten. Diese Teile geistiger Sonnen und Planeten fielen mit den Fallwesen und wurden – in unendlichen Zeiträumen des Absinkens vom Feinstofflichen zur immer gröberen Verdichtung – allmählich zu Materie. Sie enthielten auch geistige Mineral-, Pflanzen- und Tierreiche, welche die gleiche Entwicklung zur Materie nahmen. Das heißt: Das Licht in den geistigen Formen verringerte sich mehr und mehr. So, wie es abnahm, verkleinerten sich die geistigen Körper der Kinder Gottes: Sie zogen sich immer mehr in sich zusammen.

Gleichzeitig formte sich allmählich der Mensch – die äußere Hülle, die dann den lichtarmen und verkleinerten Geistleib umschloss.

Wisset: Der geistige Leib besteht aus geistigen Partikeln. In ihnen befinden sich die geistigen Atome, in denen die Kräfte der geistigen Wesenheiten und Eigenschaften Gottes gespeichert sind. Mit der Verringerung des Lichts begannen viele Partikel, sich ineinanderzuschachteln, indem ein Partikel den anderen in sich aufnahm.

Die gegensätzlichen Empfindungen, Gedanken und Handlungsweisen der Fallkinder und der von ihnen Verführten bewirkten also die Umwandlung kosmischer Energien vom Feinstofflichen zum Grobstofflichen. Je mehr sich die Fallwesen und die von ihnen Verführten durch ihre gegensätzlichen Gedanken, Wünsche und Handlungen von Gott abwandten, um so mehr nahm die Verdichtung zu, so dass sich der feinstoffliche Körper noch mehr verkleinerte und der grobstoffliche noch dichter wurde.

Der Fall bewirkte also eine Art Mutation: Ein Teil der reinen geistigen Kräfte des Leibes verwandelte sich in niedrigschwingende Energien, aus denen dann allmählich der menschliche Körper entstand. Im Laufe dieser Zeiten wurde der Geistleib im Menschenkörper zum geistigen Energieträger für den menschlichen Organismus. Der eingezogene – das heißt auch eingeschachtelte – Geistleib blieb in der Hülle Mensch und ist der Transformator der Lebenskraft für den Menschen. Ohne diesen geistigen Leib, die Seele, kann der Mensch also nicht leben.

Die Mineral- und Pflanzenreiche dieser Erde empfangen ihre Lebenskraft von der Urkraft, dem Allgeist, über den geistigen Teilplaneten in der Erde, der von der Materie, der Erde, umschlossen wird. Die Tiere der Erde, die ebenfalls im Laufe der Verdichtung entstanden, trugen und tragen zum Ausgleich der Kräfte in der Natur bei. Einige Tierarten, die noch keine Teilseele haben, empfangen ihre Lebenskraft ebenfalls aus dem geistigen Teilplaneten in der Erde. Tierarten, die schon Teilseelen, also potenzierte geistige Partikel, haben, werden von der Urkraft unmittelbar belebt, ohne Zwischenschaltung des geistigen Teilplaneten in der Erde.

Gott, der Ewige, gab Seinen Menschenkindern alles – die Erde mit ihren Pflanzen, Früchten, Samen und Wasserquellen –, auf dass sie auch ihre physischen Körper ernähren können. Die ersten Menschen ernährten sich von Pflanzen, Früchten, Samen und tranken aus den Wasserquellen. Die Tiere waren ihre Freunde und Helfer. In diesem Entwicklungsprozess entstand auch die Zeugung für irdische Körper.

Im Laufe der Zeiten verrohte das Menschengeschlecht immer mehr. Es wuchs das Begehren, das Besitzen-, Sein- und Habenwollen, und damit wuchsen zugleich die Sinneslüste und Gelüste. Die Menschen verwandelten die Gaben Gottes mit immer mehr Aufwand an Zubereitung und steigerten damit ihre Gelüste und deren Befriedigung. Der Mann begann, die Frau zu begehren, und nahm

mehrere Frauen. Die „Lust auf das Fleisch", auf den Körper der Frau, nahm zu. Der Zeugung eines Kindes ging
immer mehr die Sinneslust und ihre Befriedigung voraus.

So, wie sich die Sinneslüste steigerten, wendeten sich
die Gelüste des Menschen auch dem Tier zu. Es wurde
gejagt und geschlachtet und sein Fleisch zubereitet und
verzehrt. Der Mensch benahm sich nun ähnlich einem
Kannibalen. Die Tiere wurden Feinde des Menschen, weil
sie von den Menschen gejagt und deshalb verängstigt
wurden.

Durch all dies fielen die Menschengeschlechter immer
mehr von Gott ab. Die Menschen betrachteten nun die
Gaben Gottes – nicht nur Pflanzen und Tiere, sondern auch
die Erde und ihre Mitmenschen – als ihr Eigentum. Sie
waren untereinander nicht mehr Brüder und Schwestern,
sondern sie unterjochten ihresgleichen und nannten sie
ihre Sklaven. Sie ließen sie wie die Tiere im Joch und in
der Knechtschaft arbeiten und handelten sie sogar wie
eine Ware. Auf diese Weise entstand der Herrenmensch.

Die Erde teilten die Herrenmenschen in Parzellen, die
sie als ihr Eigentum betrachteten, und begrenzten sich
in „Mein und Dein". Wer vom großen Kuchen Erde kein
Stück entwendete oder nur ein kleines Stückchen Land
besaß, der war der Knecht, die Magd oder der Sklave des
Herren. Dieser ließ seine Mitmenschen für sich arbeiten
und beutete Menschen und Tiere, seine Sklaven also, aus.
Viele der Sklaven fielen vor Erschöpfung tot nieder. Ihr

Leben war für den Herrenmenschen nichts wert – es sei denn, es war eine Sklavin, die er zur Befriedigung seiner Sinneslüste nahm und sie wie einen Vogel im Käfig gefangen hielt.

Der Herrenmensch bestahl seine Geschwister, indem er ihnen einen Teil der Erde vorenthielt. Im späteren Verlauf wurde die Erde in Länder aufgeteilt, und es entstanden Landesgrenzen.

Infolge der Verrohung der Menschheit begann die Erde, sich zur Wehr zu setzen: Naturereignisse steigerten sich zu Katastrophen – sie sind die Folgen von Gesetzesverstößen der Menschen. Diese waren den Naturkräften nun hilflos ausgeliefert, und immer wieder fielen den Katastrophen Menschen zum Opfer.

Da den Menschen die Einsicht in diese Entwicklung fehlte, stellten sie sich die Naturkräfte als Götter vor, die aus Willkür ihnen wohl oder übel gesonnen waren und ihnen die Katastrophen schickten. Damit wandten sich die Menschen mehr und mehr von dem einen Gott der Liebe und der Wahrheit, dem Schöpfer des Himmels und der Erde, ab, vergaßen Ihn und beteten ihre Götter an.

So begann der Aberglaube. Der Herrenmensch, der das Leben missachtete, der den Tieren und den Menschen, die er seine Sklaven nannte, wenig Bedeutung schenkte, brachte diesen Göttern Menschen und Tiere als Opfer dar, um sie für sich gut zu stimmen. Erkennet: Das alles ist Frevel und Sünde an den Menschen und an den Naturreichen – und gegen Gott, das Gesetz des Lebens.

Mit den Propheten Gottes und vielen erleuchteten Männern und Frauen, die wieder die Wahrheit zu den Menschen brachten, begann ganz allmählich die Umkehr hin zu dem einen Gott.

Moses brachte von dem einen, ewigen Gott der Liebe und Wahrheit die Zehn Gebote. Er befahl den Israeliten, die Geschöpfe Gottes nicht zu töten und nicht zu verzehren. Die Israeliten hörten nicht immer auf Moses. Besonders dann, wenn ihre eigenen Ursachen als Wirkungen über sie hereinbrachen, dachten sie wieder an ihre Götter und begannen von Neuem das alte Ritual des Opferns.

Immer wieder traten die Mahner Gottes auf. Immer wieder wurde dem Volk der eine Gott nahegebracht. Der große Prophet Jesaja, im Himmel der Träger der göttlichen Weisheit, verkündete den Messias, den Lebens- und Lichtbringer für alle Seelen und Menschen.

Die Verkündigung erfüllte sich: Ich, Christus, kam in Jesus zu den Menschen und wurde der Menschensohn. Ich kam, um den Menschen den Weg aus Sünde und Sklaverei zu weisen. Als Jesus von Nazareth lehrte Ich die Gesetze Gottes und lebte sie den Menschen vor. Die Menschheit jedoch erkannte Mich nicht.

Ich lehrte die Menschen, einander zu lieben, die Tiere zu lieben, die Natur zu achten, die Erde als die Mutter anzuerkennen, in deren Schoß die Menschenkinder leben und arbeiten. Ich lehrte die Menschen die Gleichheit, die

Freiheit, die Einheit, die Brüderlichkeit und die Gerechtigkeit; Ich lehrte, dass sie die Erde nicht aufteilen, sondern alles brüderlich miteinander teilen sollten.

Damit begann die Evolution – das heißt, die Menschen wandten sich allmählich wieder Gott zu.

Zuerst wurde der Götterglaube abgeschafft, dann das Menschenopfer und in den weiteren Zeitabläufen das Tieropfer. Heute, in der Zeitenwende von der alten zur Neuen Zeit, werde Ich die grausamen Tierversuche, das Schlachten der Tiere und das Verzehren ihres Fleisches beenden. O erkennet: Es ist eine Zeit der Evolution – das Umstülpen des Alten, damit die Geistigkeit hervorzutreten vermag.

O erfasset: Ich kam als Jesus von Nazareth. Ich legte den Menschen die Gesetze aus und lebte auch das Leben im Gesetz Gottes den Menschen vor. Auf Golgatha wurde Ich der Erlöser aller Seelen und Menschen.

Euer Erlöser ist nun auch euer Führer in die Neue Zeit, in die Zeit des Christus, der Ich Bin. Immer mehr Menschen wenden sich vom Schlachten und Verzehren der Tiere ab. Immer mehr Menschen sehen die Erde als Ganzes, als ihre Ernährerin, als einen Teil ihres Lebens. Sie ernähren sich von dem, was ihnen die Erde schenkt, und bereiten es auch gesetzmäßig zu. Im Laufe der Generationen wird ganz allmählich das Menschengeschlecht entstehen, das die Gesetze Gottes kennt, sie hält und sich auch entsprechend ernährt.

Ich Bin als Jesus von Nazareth gekommen, die Gesetze zu lehren und vorzuleben, und so auch, die Blutopfer und das Verzehren von Tieren abzuschaffen und die Gelage aufzuheben. Ich Bin gekommen, ein neues Menschengeschlecht zu schaffen, das den Willen des ewigen Vaters erfüllt, welcher der eine Gott ist, von Ewigkeit zu Ewigkeit.

4. Von dem, was ihr Gott zum Opfer darbringt in Reinheit, sollt ihr essen, aber was ihr nicht opfert in Reinheit, sollt ihr nicht essen, denn es wird die Stunde kommen, da eure blutigen Opfer und Feste aufhören werden und ihr Gott anbeten werdet mit heiliger Verehrung und reiner Opfergabe. (Kap. 28, 4)

Ich, Christus, erkläre, berichtige
und vertiefe das Wort:

Wer im Herzen rein ist, der lebt von dem, was ihm die Erde schenkt. Er dankt und verehrt Gott in allem. Auch seine Speisen bringt er Gott aus reinem Herzen dar. Er nimmt nur die Nahrung auf, die ihm Gott über die Mutter Erde reicht. Der Reine erkennt das Reine und lebt in ihm und mit ihm.

Der Unreine kennt nur Unreines und schafft dadurch weiteren Unrat und lebt darin.

Mein Kommen ist offenbart. Bereitet Mir, dem Christus Gottes, in euch die Wege, denn das Reich Gottes, aus dem Ich komme, ist inwendig in euch!

Bereitet euch auf Mein Kommen vor, und überprüft Tag für Tag euer Leben, ob es in Gottes Willen ist. Wenn ihr erkennt, dass eure Empfindungen, Gedanken, Worte und Handlungen nicht nach Gottes Willen sind, dann ändert dies sofort. Das sollt ihr auch beim Essen und Trinken beachten.

Die Gaben aus Gott sollt ihr dankbar annehmen und solche Speisen essen, die dem göttlichen Gesetz entsprechen. Weiht Gott euer reines Herz, auf dass ihr Geweihte des Lebens seid, die Gottes Gesetze halten.

Die Stunde ist nahe herbeigekommen, in der jeder Rechenschaft ablegen muss für das, was er den Menschen, der Natur und den Tieren angetan hat. Die Neue Zeit dämmert empor, in welcher die blutigen Opfer und die Tierversuche aufhören werden und auch das Schlachten und Verzehren von Tieren, denn diese sind die Übernächsten der Menschen. Die Erde reinigt sich von allem Niederen. An die Stelle des Gegensätzlichen tritt das höhere Leben, in dem mehr und mehr Gottes Wille erfüllt wird.

Die Menschen in der Neuen Zeit werden Gott nicht nur anbeten, sondern Seine Gesetze halten.

5. Lasset daher die Geschöpfe frei, dass sie sich in Gott freuen und die Menschen nicht in Schuld bringen." Und der Jüngling setzte sie frei, und Jesus zerriss ihre Käfige und ihre Fesseln.

6. Doch, siehe, sie fürchteten, wieder eingefangen zu werden, und wollten nicht weg von Ihm. Aber Er sprach zu ihnen und hieß sie gehen, und sie gehorchten Seinen Worten und enteilten voll Freude.

7. Als sie noch an der mittleren der sieben Quellen saßen, erhob sich Jesus und rief aus: „Lasset jene, die da dürsten, zu Mir kommen und trinken; denn Ich will ihnen vom Wasser des Lebens geben.

8. Aus den Herzen derer, die an Mich glauben, werden Wasserströme fließen, und was ihnen gegeben ist, das sollen sie mit Vollmacht sprechen, und ihre Lehre wird wie lebendiges Wasser sein.

9. (Dieses sagte Er von dem Geiste, den die, welche an Ihn glaubten, erlangen sollten; denn die Fülle des Geistes war noch nicht ausgegossen, da Jesus noch nicht verklärt war.)

10. Wer da trinket von dem Wasser, das Ich geben werde, wird niemals dürsten; denn das Wasser, das von Gott kommt, wird in ihnen sein wie eine Quelle, die aufspringt in das ewige Leben."

11. In jenen Tagen sandte Johannes zwei Jünger, um Ihn zu fragen: „Bist Du, der da kommen soll, oder sollen wir auf einen anderen warten?" Und in dieser Stunde heilte

Er viele Krankheiten und Seuchen und trieb Teufel aus und machte viele Blinde sehend.

12. Jesus antwortete und sprach zu ihnen: „Gehet zurück und berichtet Johannes, was ihr gesehen und gehört habt: Dass die Blinden sehen, die Lahmen gehen, die Aussätzigen rein werden, die Tauben hören, die Toten aufstehen, den Armen das Evangelium gepredigt wird. Und gesegnet ist, der sich nicht an Mir ärgert."

13. Und als die Boten des Johannes gegangen waren, fing Jesus an zu reden zu dem Volk über Johannes. „Was wolltet ihr sehen, als ihr hinausginget in die Wüste? Ein Schilfrohr, das der Wind hin und her weht, oder einen Menschen in weichen Kleidern? Siehe, die da reich geschmückt sind und angenehm leben, sind an den Höfen der Könige.

14. Oder was seid ihr hinausgegangen zu sehen? Einen Propheten? Ja, Ich sage euch, und den größten der Propheten.

15. Denn dieser ist's, von dem geschrieben stehet: Siehe, Ich sende Meinen Boten vor Dir her, der Deinen Weg vor Dir bereiten soll. Aber Ich sage euch: Unter allen, die von Weibern geboren sind, ist kein größerer Prophet als Johannes der Täufer."

16. Und alles Volk, das Ihn hörte, und die Zöllner priesen Gott und ließen sich taufen mit der Taufe des Johannes. Die Pharisäer und Rechtsgelehrten aber wiesen den Plan Gottes ihnen gegenüber von sich und ließen sich nicht von ihm taufen. (Kap. 28, 5-16)

Ich, Christus, erkläre, berichtige
und vertiefe das Wort:

Zu allen Zeiten waren die Pharisäer, Schriftgelehrten und Rechtsverfechter die Feinde der gerechten Propheten. Ihre vorgefassten Meinungen und ihr Geltungsstreben, der Drang, es besser zu wissen als ihre Mitmenschen, rief sie immer wieder auf den Plan, gegen Gottes Boten zu kämpfen. Immer wieder waren und sind es die Pharisäer, Schriftgelehrten und Rechtsverfechter, die Angst um ihre Stellung und ihr Ansehen hatten und haben.

Der Finsterling kennt das Anliegen Gottes und spürt die Kraft, die von den wahren Propheten und Erleuchteten ausgeht. In den Augen und Sinnen derer, die sich vom mächtigen Potential Erde einiges angeeignet haben, sind die großen Propheten und die Erleuchteten ihre Feinde, die ihnen das abnehmen wollen, was ihnen letztlich nicht gehört. Deshalb kämpften und kämpfen sie auch in der heutigen Zeit gegen den gerechten Propheten und die Erleuchteten, missachten und verfolgen sie, machen sie lächerlich und gießen Hohn und Spott über sie aus.

Der Finsterling kennt die Botschaft und die Abstammung aller großen Propheten und Erleuchteten und weiß auch, wessen Blut in ihren Adern fließt. In allen großen Propheten und Erleuchteten – von Abraham über Moses, Daniel, Jesaja, bis hin zur großen Lehrprophetin Gottes heute – wirkt dieselbe Kraft: Gottes Ur-Sein, das Licht aus dem Heiligtum Gottes. Viele Männer und Frauen, so auch Ich als Jesus von Nazareth, kamen und kommen – dem Fleische nach – aus dem Geschlechte David. Dieses Christus-David-Geschlecht hat im Heiligtum Gottes seine Wurzeln und in Mir, dem Christus Gottes, seinen geistigen Auftrag, nämlich: mit Mir alles zu befreien, was gebunden ist.

Ein Echtheitszeichen eines wahren, großen Propheten ist, dass er mit den Mitteln und Methoden, die der jeweiligen Zeitepoche zur Verfügung stehen, verfolgt, verleumdet, missachtet, verhöhnt und verspottet wird.

Das geschah in den vergangenen Zeiten, im Alten Bund, das geschah Mir, als Ich in Jesus von Nazareth über die Erde wandelte – und das geschieht wieder heute an der Prophetin Gottes. Die Vergangenheit wird immer wieder gegenwärtig, weil sich immer wieder jene Seelen einverleiben, die schon in Vorexistenzen als Menschen die Propheten verfolgt und getötet haben. Ihr Auftrag, das zu tun, kommt von unten!

Erkennet: Wenn in der Endzeit die sündhafte Welt vergeht und das neue Menschentum entsteht, werden viele sogenannte Propheten auftreten. Wer nur redet und sich als Prophet ausgibt, jedoch keine Tiefe des Wortes offenbart, ist kein Prophet. Er wird auch von den Pharisäern, Schriftgelehrten und Rechtsverfechtern weder angegriffen, angezweifelt noch verfolgt werden, da er ihnen nach dem Munde spricht.

Solche sogenannten Propheten werden sogar von der Finsternis noch unterstützt, weil sie durch ihre „geistigen" Reden, die nicht vom Feuer des Heiligen Geistes durchdrungen sind, die Menschen verführen. Wer nur redet um seiner selbst willen, dessen Worte sind nicht beseelt vom Geiste der Wahrheit. Es springt auch kein beseelender Funke auf die Zuhörer über, und es findet dadurch in ihnen auch keine Bewegung statt hin zum Geistigen.

Daher prüfet!

Für alle wahren Propheten und Erleuchteten und für all jene, die Gottes Wort, Sein heiliges Gesetz, verwirklichen, gelten Meine Worte: „Haben sie Mich verfolgt, so werden sie auch euch verfolgen."

29. KAPITEL

Die Speisung der Fünftausend –
Jesus schreitet auf dem Wasser

*In Jesus von Nazareth der Christus, die Teilkraft der Urkraft -
Erklärung der Fischvermehrung - Lebende und tote Nahrung -
Kasteiung und Fanatismus - Umwandlung von negativen Gewohn-
heiten auf dem Weg zum höheren Leben (4-7). Angst ist Zweifel an
Gottes Kraft und Liebe (12-13). Es gibt keine Zufälle - Wandlung
des Menschen zum Göttlichen nur durch Arbeit an sich selbst (14).
Nicht jeder empfing Hilfe und Heilung (17-18).*

1. Das Passahfest kam heran, und die Apostel und ihre
Begleiter versammelten sich um Jesus und erzählten Ihm
alles, was sie getan und gelehrt hatten. Und Er sprach
zu ihnen: „Kommet und lasset uns an einen abgelegenen
Platz gehen, und ruhet ein wenig." Denn viele Menschen
kamen und gingen, und sie konnten nicht einmal in Ruhe
essen.

2. Und sie fuhren heimlich mit einem Schiff zu einer
einsamen Stelle. Aber das Volk sah sie wegfahren. Viele
kannten Ihn und liefen zu Fuß dorthin aus allen Städten.
Sie kamen ihnen zuvor und trafen bei Ihm zusammen.

3. Und als Jesus ausstieg, sah Er viel Volk; und Er war
von Mitgefühl bewegt, denn sie waren wie Schafe, die
keinen Hirten haben.

4. Da nun der Tag fast vorüber war, traten Seine Jünger zu Ihm und sagten: „Dies ist ein abgelegener Platz, und die Zeit ist fast vorbei. Schicke sie fort, dass sie ins Land rundum in die Dörfer gehen und sich Brot kaufen; denn sie haben nichts zu essen."

5. Jesus aber antwortete und sprach zu ihnen: „Gebt ihr ihnen zu essen!" Und sie sagten zu Ihm: „Sollen wir hingehen und für zweihundert Groschen Brot kaufen und ihnen zu essen geben?"

6. Er aber sprach zu ihnen: „Wie viele Brote habt ihr? Gehet hin und sehet." Und als sie es festgestellt hatten, sagten sie: „Sechs Brote und sieben Trauben Weinbeeren." Und Er gebot ihnen, dass sie sich alle zu je fünfzig auf das Gras lagerten. Und sie setzten sich in Reihen zu je hundert und zu je fünfzig.

7. Und als Er die sechs Brote und die sieben Weintrauben genommen hatte, blickte Er zum Himmel auf, segnete und brach die Brote und ebenso die Trauben und gab sie den Jüngern, dass sie sie den Leuten vorlegten, und sie teilten alles unter das Volk aus. (Kap. 29, 1-7)

Ich, Christus, erkläre, berichtige
und vertiefe das Wort:

Ich, Christus, wirkte in Jesus aus der Vollmacht des Vaters, denn Ich war in Jesus der Christus, der Ich Bin von Ewigkeit zu Ewigkeit, der Mitregent der Himmel.

In Jesus brachte Ich als Teilkraft der Urkraft die entscheidende Wende in das Fallgeschehen: Die Teilkraft der Urkraft wurde zur Erlöserkraft und ist die Stütze für alle Seelen und Menschen und wirkt als Evolutionsenergie für alle Seelen und Menschen.

Mein Erbe, die Teilkraft der Urkraft, floss in Mir, dem Jesus, und wirkte durch Mich. Ich verband Mich also mit Meinem mächtigen Erbe und konnte mit dieser Kraft auch die großen sogenannten Wunder und die Heilungen tun.

Mein Auftrag umfasste auch das Helfen, das Heilen und das Erwecken von Toten. Das tat Ich aus der Vollmacht Meines Vaters in Verbindung mit Meinem Erbe, der Teilkraft der Urkraft, und zeigte damit den Menschen die Macht des Christus Gottes auf Erden. Mit der Brot-, Frucht- und auch Fischvermehrung zeigte Ich ihnen, dass kein Mensch hungern und darben muss, wenn er Gottes Gesetze erfüllt.

Im sogenannten Wunder der Vermehrung wurde offenbar, dass der Mensch in der Fülle leben könnte, wenn er Gottes Willen erfüllte; denn das universelle Gesetz ist unerschöpflich für Geistwesen und für die Seelen und Menschen, welche den Willen Meines Vaters tun, der auch ihr Vater ist.

Meine Jünger brachten Mir Brote und Trauben zur Vermehrung. An diesem Tage wurden Mir auch tote Fische zur Vermehrung gereicht. Als Ich diese tote Substanz in Meine Hände nahm, klärte Ich die Menschen auf, dass aus ihr das Kräftepotential des Vaters, die hohe Lebenskraft, weitgehend gewichen war und Ich nicht lebende Fische schaffe, damit sie wieder getötet werden.

Ich klärte die Menschen auf, dass das Leben in allen Lebensformen ist und der Mensch diese nicht mutwillig töten soll. Die Menschen, insbesondere die Kinder, schauten Mich traurig an. Sie konnten Mich nicht verstehen, denn sie lebten zum größten Teil von Fisch, Brot und wenig anderem. Da sprach Ich sinngemäß zu ihnen: Die Energien der Erde halten die toten Fische noch zusammen. So werde Ich euch aus des Vaters Geist keine lebenden Fische schenken, sondern aus der Energie der Erde euch Fische, die tot, also schwingungsarm, sind, erschaffen. Sie werden nie Leben tragen und können nicht getötet werden. Ich will euch zeigen, wie Lebendiges – Brot und Früchte – schmeckt, und im Vergleich dazu tote Nahrung.

Und Ich schuf für sie Fische aus den Energien der Erde, die wenig Geistsubstanz trugen. Ich gab ihnen die toten Fische und gebot ihnen, zugleich auch Brot und Früchte zu essen, damit sie den Unterschied erkennen zwischen lebender und toter Nahrung, zwischen hochschwingender und niedrigschwingender Kost.

Auf diese und ähnliche Weise belehrte Ich die Menschen. Weiter zeigte Ich ihnen – und zeige damit auch euch, die ihr Meine Worte lest –, dass jegliches Abbrechen alter Gewohnheiten Fanatismus ist. Wer Altgewohntes von einer Minute zur anderen lässt, in dem erfolgt ein Abbrechen und keine Wandlung. Im Abbrechen liegt der Keim zum Wiederaufbrechen der alten, verdrängten Gewohnheiten, die dann unter Umständen hartnäckiger auftreten und schwerer abzulegen sind als vor der Zeit der Kasteiung.

Das Altgewohnte soll also nicht abgebrochen werden, sondern es soll ein allmähliches Seinlassen zur Wandlung führen, indem der Mensch sich höheren Zielen und Werten zuwendet. Dies ist ein geistiger Aufbruch zu neuen Ufern.

In jeder Kasteiung liegt Fanatismus. Ein Fanatiker verurteilt in Empfindungen und Gedanken seine Nächsten, die noch Ähnliches oder Gleiches haben wie das, was er verdrängt hat. Dadurch nährt er das Verdrängte.

Erkennet: Dem Gewohnheitsmenschen muss oft manches Menschliche noch zugestanden werden, bis er seine Fehler selbst erkennt und durch Selbsterkenntnis und Selbsterfahrung – oder durch Leid – das Alte lässt, um geistig zu reifen. Das ist dann rechtes Verstehen und gesetzmäßige Führung.

So zeigte Ich mit der Fischvermehrung, dass sich der Mensch wandeln und nicht kasteien soll. Jede Wandlung vollzieht sich gesetzmäßig; es ist der Umbruch vom niederen zum höheren Leben. So, wie sich auch ein Stein nicht von einem zum anderen Tag in eine Blume verwandeln kann – sondern erst im Evolutionsgeschehen –, so kann sich auch der Mensch, dessen Gewohnheiten im Blut und in der Seele liegen, nicht von einer zur anderen Stunde zum absoluten geistigen Menschen wandeln. So, wie der

Stein sich im Laufe der Evolutionen wandelt, wandelt sich der Mensch vom Niederen zum Höheren.

Die Wandlung ist also die Umgestaltung vom Menschlichen zum Geistigen. Darin liegt das allmähliche Lassen des Menschlichen und gleichzeitig der Aufbruch des Geistig-Göttlichen.

8. Und sie aßen alle und wurden satt. Und sie sammelten zwölf Körbe voll Brocken auf, die übriggeblieben waren. Und die von den Broten und den Früchten gegessen hatten, waren fünftausend Männer, Frauen und Kinder; und Er lehrte sie viele Dinge.

9. Als das Volk gesehen und gehört hatte, war es voll Freude und sagte: „Wahrlich, dies ist der Prophet, der in die Welt kommen soll." Und als Er merkte, dass sie Ihn mit Gewalt zum König machen wollten, trieb Er Seine Jünger, dass sie in das Schiff stiegen und vor Ihm hinüberführen an das andere Ufer nach Bethsaida, bis dass Er das Volk weggeschickt hätte.

10. Und als Er sie fortgeschickt hatte, ging Er auf einen Berg, um zu beten. Als der Abend gekommen war, war Er dort ganz allein, das Schiff aber war mitten auf dem See und wurde von den Wellen hin und her geschleudert; denn der Wind stand ihnen entgegen.

11. Um die dritte Nachtwache kam Jesus zu ihnen; Er wandelte auf dem See. Und da die Jünger Ihn sahen auf dem See wandeln, erschraken sie und sagten, es ist ein

Geist, und schrien vor Furcht. Aber sogleich redete Jesus mit ihnen und sprach: „Seid guten Mutes. Ich Bin es, fürchtet euch nicht!"

12. Und Petrus antwortete Ihm und sagte: „Herr, wenn Du es bist, so lass mich zu Dir über das Wasser kommen." Und Er sprach: „Komme!" Und als Petrus aus dem Schiffe gestiegen war, schritt er über das Wasser auf Jesus zu. Doch, da der Wind stürmte, erschrak er, und als er zu sinken begann, schrie er: „Herr! Rette mich!"

13. Und sogleich streckte Jesus Seine Hand aus, erfasste ihn und sprach zu ihm: „O, du Kleingläubiger, warum hast du gezweifelt? Habe Ich dich denn nicht gerufen?" (Kap. 29, 8-13)

Ich, Christus, erkläre, berichtige
und vertiefe das Wort:

Erkennet: Jegliche Angst ist Zweifel an Gottes Kraft und an Seiner Liebe. Gott ist das tragende und bewahrende Leben. Wer daran zweifelt, der geht unter. Deshalb ist jeder Zweifel an Gott ein Abfall von Gott, ein Sinken in die Fluten der Menschlichkeit.

Viele Menschen missachten die Gesetze Gottes; sie misstrauen Gott durch ihre Angst und öffnen sich damit den Einflüsterungen des Satanischen. Jede Empfindung, jeder Gedanke, jedes Wort und auch jede Handlung, die gegen das göttliche Gesetz der tragenden und bewahrenden

Allharmonie gerichtet ist, ist ein Loslösen von der Hand Gottes und ein Versinken in die Fluten der Welt.

Daher seid wachsam, und übt euch, Gottes Willen zu erkennen und zu erfüllen. Wenn ihr das Gesetz Gottes noch nicht in allen Details kennt, dann nehmt die Zehn Gebote zur Hand. Sie sind Auszüge aus dem gewaltigen und allumfassenden Gesetz Gottes. Bemüht euch, deren Sinn zu erkennen und danach zu leben, und ihr werdet allmählich das ganze Gesetz Gottes erfahren. Denn es wird heute von Mir gegeben durch die Prophetin Gottes, die zugleich Lehrprophetin und Botschafterin ist für die Neue Zeit.

Wer das Gesetz Gottes hält, steht in Seiner unmittelbaren Führung.

14. Und Er ging zu denen im Schiff, und der Wind legte sich. Und sie verwunderten sich und staunten über alle Maßen. Denn sie waren nicht verständiger geworden durch das Wunder mit den Broten und den Früchten; ihr Herz war nämlich verhärtet. (Kap. 29, 14)

Ich, Christus, erkläre, berichtige
und vertiefe das Wort:

So, wie es damals war, als Ich in Jesus von Nazareth unter den Meinen weilte, so ist es auch heute noch. Täglich geschehen sogenannte Wunder. Der Mensch nimmt sie als selbstverständlich, als sogenannte Zufälle oder Glücksfälle, die, so glaubt er, hin und wieder auftreten, für die es jedoch keine Erklärung gibt.

Erkennet: Es gibt keine Zufälle. Alles beruht entweder auf dem Gesetz von Saat und Ernte – oder es ist Führung und Fügung durch das Gesetz der Liebe. Die Kraft des Christus, die Ich Bin, die einst in Jesus von Nazareth verkörpert war, wirkt weiter in Raum und Zeit. Viele Menschen gesunden durch Meinen Geist, und viele werden vor schweren Unfällen bewahrt. Und mancher Mensch wird so geführt, dass er schwerwiegenden Problemen und körperlichen Leiden aus dem Weg zu gehen vermag. Wer an Mich glaubt und das Gebot des Vergebens und der Bitte um Vergebung hält und gleiche und ähnliche Sünden nicht mehr begeht, der richtet sich auf Meine helfende und heilende Kraft aus – und empfängt.

Das alles sind sogenannte Wunder.

Meine Apostel und Jünger waren täglich um Mich und waren Zeuge, wie Kranke gesundeten und Totgeglaubte wieder zum Leben erweckt wurden. Trotz dieser Erlebnisse blieb das Herz vieler kalt. Sie wunderten sich wohl über diese Geschehnisse – doch dabei blieb es. Sie konnten das große Wirken der kosmischen Kräfte nicht erfassen, weil die Welt ihre Gedanken und Sinne noch gefangenhielt.

Obwohl Ich sie die Gesetze Gottes und ihre Anwendung lehrte, blieben viele von ihnen gefangen im Gesetz von Saat und Ernte und wunderten sich täglich aufs Neue ob solcher Kraft.

Nicht alle verstanden, dass auch in ihnen das Gesetz Gottes lebte und durch sie ähnlich wirken wollte wie durch ihren Lehrer und Meister, durch den Sohn Gottes in Jesus von Nazareth. Immer wieder waren sie mit den gleichen Fragen beschäftigt: Warum und wieso wurde diesen und nicht jenen geholfen?

Da Ich im Gesetz Meines Vaters lebte und wirkte, konnte Ich vielen Menschen Hilfe und Heilung bringen. Vielen anderen jedoch konnte Ich nicht helfen, weil sie in ihren Seelen die Voraussetzung hierfür nicht mitgebracht hatten. Nicht jeder Meiner Apostel und Jünger konnte das verstehen. Einige begannen immer wieder, an Mir zu zweifeln, und wogen das Für und Wider ab.

Im Gebet sprach Ich immer wieder zu Gott, Meinem Vater: Wie lange noch muss Ich unter diesen unbeugsamen, halsstarrigen Menschen verweilen?

Erkennet: Wer in seinem Leben das Gesetz der Liebe nur vernimmt und nicht verwirklicht, der kann Tag für Tag, Stunde um Stunde um einen Erleuchteten sein: Er bleibt doch der Sünder, der er war und ist. Die Wandlung des Menschen vom Sündhaften zum Göttlichen geschieht durch die Verwirklichung, durch die Arbeit an sich selbst.

Die Wandlung zum Göttlichen setzt also die Arbeit an sich selbst voraus. Handle, indem du mit Mir, dem Christus, deine Empfindungen, Gedanken, Worte und Werke in positive Kräfte verwandelst – dann wirst du Erleuchtung erlangen! Durch die Kraft des Heiligen Geistes ist dir dann vieles möglich. Denn wer Mir wahrlich nachfolgt, der wird Ähnliches tun, wie Ich getan habe.

15. Und als sie in das Schiff gestiegen waren, herrschte große Stille. Da kamen sie heran und huldigten Ihm und sagten: „Wahrhaftig, Du bist Gottes Sohn."

16. Da sie hinübergefahren waren, kamen sie in die Landschaft Genezareth und landeten am Ufer. Als sie aus dem Schiff traten, erkannte man Ihn sogleich. Und sie liefen in das ganze umliegende Land und begannen, die Kranken auf Betten herzuführen, wo sie hörten, dass Er es war.

17. Und wo immer Er in Dörfer oder Städte oder auf das Land kam, da legten sie die Kranken auf die Straßen und baten Ihn, dass sie nur den Saum Seines Kleides anrühren dürften, und alle, die Ihn berührten, wurden gesund.

18. Danach kam Jesus mit Seinen Jüngern nach Judäa, und dort blieb Er und taufte viele, die zu Ihm kamen und Seine Lehre annahmen. (Kap. 29, 15-18)

Ich, Christus, erkläre, berichtige
und vertiefe das Wort:

Viele Menschen kamen zu Mir in Jesus von Nazareth; doch nicht jeder empfing, worum er gebeten hatte. Viele kamen und wollten lediglich Hilfe für ihren Leib – um dann doch wieder im Fleische so zu leben wie ehedem: in Sünde. Viele berührten den Saum Meines Kleides, doch nicht alle empfingen Hilfe und Heilung. Die den Saum Meines Kleides berührten und an Gottes Liebe glaubten und im Herzen weiterhin das Gute bewahrten, denen wurde Hilfe und Heilung zuteil. Wer den Saum Meines Kleides berührte und nur an seinen Körper dachte und im Herzen die Sünde bewahrte und in weiteren Erdenjahren weiter sündigte, dem wurde weder Hilfe noch Heilung zuteil.

Es steht geschrieben: „... und dort blieb Er und taufte viele." Das Wort „Taufe" bedeutet Segnung des Herzens, des inneren Seins, durch den Heiligen Geist. Ich sah in die Herzen der Meinen und erkannte, dass die, welche in der Verwirklichung der Gesetze Gottes lebten, das Licht und die Kraft Gottes in sich täglich vermehrten. Mein Segen bewirkte, dass in ihnen weiterer Same Inneren Lebens keimte und sie der Vollendung zustrebten, um in ihrem derzeitigen Erdendasein und in weiteren Einverleibungen das den Menschen weiterzugeben, was sie in und an sich verwirklicht haben.

30. KAPITEL

Das Brot des Lebens
und der lebendige Weinstock

*Christus gibt geistiges Brot für das Innere Leben -
Der Weg zum Friedensreich: Kampf und Opfer der Gerechten (5).
Die Kraft des Lebens empfängt, wer sich auf Gott ausrichtet (6).
In Christus sind Erlösung und Gnade - Krankheit, Leid oder
Schicksal sind sichtbar gewordene Schuld - Der Jüngste Tag (7).
Das menschliche Auge sieht nur die irdische Hülle, die vergeht -
Das Hineinschlüpfen und Heraustreten des Geistleibes - Der Kreuz-
weg der Prophetin Gottes in der Zeitenwende - Entwicklung des
veräußerlichten Christentums (8-10)*

1. Des anderen Tages sah das Volk, das an der anderen
Seite des Sees stand, dass kein anderes Schiff da war als
das eine, in das Seine Jünger getreten waren, und dass
Jesus nicht mit Seinen Jüngern im Schiff war, sondern dass
Seine Jünger allein weggefahren waren. Und da nun das
Volk sah, dass Jesus nicht da war noch Seine Jünger, nah-
men sie ebenfalls ein Schiff und fuhren nach Kapernaum
und suchten Jesus.

2. Als sie Ihn auf der anderen Seite des Sees fanden,
sagten sie zu Ihm: „Rabbi, wie bist Du hergekommen?"
Jesus antwortete ihnen und sprach: „Wahrlich, wahrlich,
Ich sage euch, ihr suchet Mich nicht darum, dass ihr Wunder gesehen habt, sondern weil ihr von dem Brote und den

Früchten gegessen habt und satt geworden seid. Mühet euch nicht für die vergängliche Nahrung, sondern für jene Speise, die da bleibet bis zum ewigen Leben, welche euch geben wird des Menschen Sohn, der auch das Kind Gottes ist; denn diesen hat Gott, der All-Vater, eingesetzt."

3. Da fragten sie Ihn: „Was sollen wir machen, dass wir Gottes Werke tun?" Jesus antwortete und sprach zu ihnen: „Das ist Gottes Werk, dass ihr an Den glaubet, den Er gesandt hat, und der euch die Wahrheit und das Leben gibt."

4. Sie sagten darauf zu Ihm: „Was tust Du denn für ein Zeichen, damit wir sehen können und Dir glauben? Was wirkest Du? Unsere Väter haben Manna gegessen in der Wüste, wie geschrieben steht: Er gab ihnen Brot vom Himmel zu essen."

5. Da sprach Jesus zu ihnen: „Wahrlich, wahrlich, Ich sage euch, nicht Moses hat euch das rechte Brot vom Himmel gegeben, sondern Mein Vater gibt euch das rechte Brot vom Himmel und die Frucht des lebendigen Weinstocks. Denn dies ist die Speise Gottes, die vom Himmel kommt und der Welt das Leben gibt." (Kap. 30, 1-5)

Ich, Christus, erkläre, berichtige
und vertiefe das Wort:

Wahrlich, Gott, Mein Vater, der große All-Eine, hat Mich, Seinen erstgeschauten und erstgeborenen Sohn, als Mitregenten der Himmel eingesetzt und Mir die allgegenwärtige Kraft in Seinen vier Wesenheiten gegeben. Sie sind die Evolutionsstufen zur Kindschaft Gottes.

Meine allgegenwärtige Kraft ist somit auch Evolutionsenergie. Ein Teil dieser Evolutionsenergie wurde die Erlöserkraft für alle gefallenen und belasteten Seelen und Menschen.

Die Erlösung ist Evolution; sie ist auch Stütze, Befreiung und Führung für alle Seelen und Menschen hin zum Vater-Mutter-Gott; denn alle Geistwesen, Seelen und Menschen sind Seine Kinder.

Ich wurde Mensch, um den Menschen den Weg ins Vaterhaus zu weisen. Ich kam ins Erdendasein und gab Zeichen von der inneren Kraft, mit welcher der Mensch alles vermag, wenn er in das Innere Leben einkehrt. Ich vermehrte Brot, Früchte und Fische. Ich verwandelte Wasser in Wein; Ich half, und Ich heilte viele Menschen; Ich erweckte manchen vom sogenannten Tod, wenn das geistige Informationsband – das Seele und Leib verbindet – noch nicht vom Leibe getrennt war. Ich belehrte die Menschen, dass sie nur dann in der Welt in der Fülle leben können, wenn sie das Gesetz Gottes auch im täglichen Leben erfüllen; denn das Gesetz Gottes ist die Fülle.

Viele wollten Mich nicht verstehen, denn sie waren nur auf ihren Leib und sein Wohlergehen bedacht. Deshalb konnten und wollten sie Mich auch nicht verstehen, als Ich vom geistigen Brot für das Innere Leben sprach. Sie begehrten nicht das Brot, das vom Himmel kommt und das allein Speise der Seele ist. Sie wollten so sündhaft bleiben, wie sie waren, und wollten das irdische Brot für ihren materiellen Körper und weitere Annehmlichkeiten für ihr irdisches Dasein.

Gott, Mein Vater, der Vater-Mutter-Gott aller Seiner Kinder, setzte Mich im Himmel als Mitregenten der ganzen Schöpfung ein und sandte Mich zu allen Seelen und Menschen als Erlöser. Wer zu Mir kommt und Mich, seinen Erlöser, an- und aufnimmt, wer zu dem inneren Reiche zurückkehrt, der ist auch im Inneren reich; er wird weder hungern noch dürsten. Er wird das empfangen, was seine Seele an Licht und Kraft erschlossen hat. Er wird im Erdendasein zu essen und zu trinken haben und erhalten, was er für seinen Körper benötigt: Kleidung, Obdach – und darüber hinaus. Wer also zuerst nach dem Reich Gottes trachtet, der wird auch als Mensch nicht darben.

Ich sprach zu den Menschen von dem Reiche Gottes, das inwendig in ihnen ist. Mit der Kraft dieses inneren Reiches half Ich ihnen sowohl im Inneren als auch im Äußeren. Die meisten Menschen jedoch wollten einen Wundertäter, der ihnen das irdische Leben angenehm macht. Sie wollten einen König für ein irdisches Reich und nicht den inneren König, den Mitregenten der Himmel.

Meine Brüder und Schwestern, die ihr in einer anderen Zeit, in der Lichtzeit, lebt, ihr könnt das, was hier geschrieben steht, kaum verstehen. Doch die Erde, der Boden, auf dem ihr im Erdenkleid lebt, wurde mit Meinem Blute erkauft und mit dem Blut und dem Leib und dem

Opfer vieler gerechter Propheten und gerechter Männer und Frauen. Jede Schmach, die sie erduldet haben, und jeder Tropfen Blut, der für die Gerechtigkeit geflossen ist, war für die Erlösung aller.

Die Erde, der Stützpunkt der Dunkelheit, wurde durch diese selbstlosen Taten und göttlichen Werke vom Lichte erobert, und das Dämonische wurde gebunden. Über viele Generationen hinweg floss das Blut, opferten sich Menschen für die Gerechtigkeit und verhalfen dem Gottesplan, der Erlösung, zum Durchbruch.

Es waren die Pioniere für die Neue Zeit in immer neuen Inkarnationen. Immer wieder wurden sie verfolgt, auch noch während der Niederschrift dieser Worte.

Von Generation zu Generation verstärkte sich das Licht auf der Erde durch jene Menschen, die Gottes Gesetze mehr und mehr erfüllten. Aus dem Chaos menschlichen Ichs strömte das Licht und nahm auf der Erde Form und Gestalt an.

Die Pioniere für die Neue Zeit banden mit Meiner Kraft und in Meinem Namen das Satanische.

Die Erde ist zurückerobert von Brüdern und Schwestern aus dem Geschlecht David, dem Stamme für das Friedensreich Jesu Christi, und von vielen gerechten Männern und Frauen aus anderen Geschlechtern. Der Satan, das Dämonische, ist gebunden. Die Männer und Frauen, die im Erdenkleid unvorstellbar viel gelitten haben, stehen nun im Geistkleide zu Meiner Rechten und leuchten wie die Sterne am Himmel.

6. Da sagten sie zu Ihm: „Herr, gib uns immerdar solches Brot und solche Früchte." Und Jesus sprach zu ihnen: „Ich Bin das rechte Brot und der lebendige Weinstock, und wer zu Mir kommt, den wird nimmermehr hungern, und wer an Mich glaubt, den wird nimmermehr dürsten. Und wahrlich, Ich sage euch: Es sei denn, ihr esset das Fleisch und trinket das Blut Gottes, sonst werdet ihr nicht das Leben haben. Doch ihr habt Mich gesehen und glaubet nicht. (Kap. 30, 6)

Ich, Christus, erkläre, berichtige
und vertiefe das Wort:

„... ihr esset das Fleisch und trinket das Blut Gottes" bedeutet: Ihr esst die Speisen des Himmels, ihr empfangt also Gottesenergie, und trinkt aus der Quelle des Lebens, aus dem Geiste Gottes.

Erkennet: Gott hat die Erde mit Früchten, Kräutern und Wasser ausgestattet für das Wohl des menschlichen Körpers. Wer die Gaben Gottes dankbar annimmt, indem er die Gesetze Gottes erfüllt, der sättigt nicht nur seinen Leib, sondern nährt auch seine Seele. In jeder irdischen Gottesgabe ist zugleich Gottes Kraft, das Brot der Himmel und das Wasser des Lebens.

Das Brot und die Früchte der Erde ernähren nur dann alle Menschen, wenn die Menschen sie nicht als ihr persönliches Eigentum beanspruchen, sondern die Gaben Gottes als Sein Geschenk für alle Menschen ansehen. Die Voraussetzung hierfür ist, dass der Mensch nicht nur an die Sättigung des Körpers denkt, sondern die Quelle der Seele zum Fließen bringt: den Geist Gottes, der das lebendige Brot und die lebendige Frucht ist. Wer zum Geiste Gottes in Mir, dem Christus Gottes, dem Erlöser aller Seelen und Menschen, kommt, der wird vom ewigen Brot empfangen und weder hungern noch dürsten.

Denn auch das Brot und die Frucht der Erde wachsen einzig durch das Leben in und aus Gott. Nichts kommt von sich aus. Alles Gute kommt von Gott. Wer nicht an Gott glaubt, der wird auf die Dauer auch nicht von Gott empfangen, weil er sich nicht auf das Innere Leben, auf den gebenden Gott, ausrichtet.

Viele Menschen haben Mich als Jesus von Nazareth gehört und gesehen und glaubten doch nicht an die Kraft des Lebens, von der Ich lehrte und die Ich verkörperte.

7. Alle, die Mir Mein Vater gegeben hat, werden zu Mir kommen, und wer zu Mir kommt, den werde Ich nicht verstoßen. Denn Ich kam vom Himmel herunter, nicht, dass Ich Meinen Willen tue, sondern den Willen Gottes, der Mich gesandt hat. Dies aber ist der Wille Gottes, der Mich gesandt hat, dass Ich keinen verliere von allen, die Mir gegeben sind, sondern dass Ich sie wieder auferwecke am Jüngsten Tage." (Kap. 30, 7)

Ich, Christus, erkläre, berichtige
und vertiefe das Wort:

Mein Vater, der auch euer Vater ist, sandte Mich zu den Menschen. Ich wurde Mensch, um unter den Menschen zu wohnen und mit der Sprache der Menschen zu verkünden, was ewiges Leben ist.

Der Sohn Gottes, der als Mensch der Menschensohn wurde, kam vom Himmel, um die Erlösung zu bringen. Da Gott, Mein Vater, alle Kinder in gleicher Weise liebt, so gab Er Mir auch die Macht und die Kraft, alle Seelen an Sein Herz heimzuführen. Ich kam vom Himmel, um den Menschen den Willen Gottes zu offenbaren und unter den Menschen Seinen Willen zu erfüllen.

Kein Mensch und keine Seele wird von Mir verstoßen, denn allen habe Ich die Erlösung gebracht. Nur der Mensch stößt sich selbst in sein Schicksal, der Gottes Willen ablehnt und im Eigenwillen, in der Sünde, weiterlebt. Trotz alledem trägt er die Erlösung in sich und wird einst an Meiner Hand zurückfinden, und Ich werde ihn zum Vater führen, denn in Mir und durch Mich sind alle Seelen und Menschen erlöst.

Wer sich Mir, dem Christus, hingibt, der muss nicht jede begangene Sünde tragen. Denn: Wer von Herzen zu Mir, dem Christus, kommt, der bemüht sich auch, in jeder Situation Gottes Willen zu erkennen und zu erfüllen. Und wer sich redlich bemüht, Gottes Willen zu tun, der hat von Gott schon empfangen.

Zu Mir kommen heißt, nicht nur zu Mir zu beten, sondern auch das Gesetz des Lebens an sich und an seinem Nächsten zu verwirklichen. Wer die Gesetze Gottes beachtet, der ist Mir, dem Christus Gottes, zugewandt. Er wird seine menschliche Saat nicht ernten müssen.

Wer sich Mir zuwendet, erfährt in und um sich die Gnade des Allerhöchsten. Sie steht jedem Menschen bei, in jeder Lebenslage. Sie baut den Menschen auf, stärkt ihn und hilft ihm, die Sünden zu erkennen und zu bereinigen, bevor sie am Leibe sichtbar werden.

Einst begangene Sünden werden dann am Körper sichtbar, wenn der Mensch uneinsichtig ist und die vielen Mahnungen und Hinweise wissentlich übersieht. Ist die Sünde am Leibe sichtbar geworden durch Krankheit, Leid oder Schicksal, dann sollte sie auch vom Menschen getragen werden.

Verzagt jedoch nicht! Betet zu Gott, und begebt euch in Seinen heiligen Willen. Dann können Gottes Liebe und Gnade wirken, die Krankheit aufheben oder euch Kraft geben, so dass ihr die ausgeflossene Sünde zu tragen vermögt.

Jede sichtbar gewordene Sünde ist mit einer Geburt zu vergleichen: Die Sünde zeigt sich im Körper als Ausgeburt dessen, was die Seele in sich trug. Die Hebamme hierfür ist die Unbeugsamkeit des Menschen, welche die Sünde aus der Seele entbindet. Der Mensch gewährt der Sünde Raum, sich im Körper auszubreiten.

Der „Jüngste Tag" der Seele ist nicht die Todesstunde des Menschen, auch nicht eine vorbestimmte Zeit, sondern er ist das Erwachen der Seele zum Göttlichen und das Eingehen in höhere, lichtere Lebensbereiche, bis hin zum Vater-Mutter-Gott, der das absolute Leben ist.

Alle Menschen, Seelen und Wesen, auch Ich, Christus, der Erlöser, sind Kinder des ewigen Lebens. Als Gottes Sohn und als der Erlöser Bin Ich das allgegenwärtige Leben in Gott, Meinem Vater. Durch Seine Kraft führe Ich jede Seele in das Einheitsbewusstsein mit und in Gott, in das ewige Leben.

8. Da murrten die Juden darüber, dass Er sagte: „Ich Bin das Brot, das vom Himmel heruntergekommen ist." Und sie sagten: „Ist dieses nicht Jesus, der Sohn des Joseph und der Maria, dessen Eltern wir kennen? Wie kann Er nun sagen: Ich Bin vom Himmel heruntergekommen?"

9. Darauf antwortete Jesus und sprach zu ihnen: „Murret nicht untereinander. Es kann niemand zu Mir kommen, es sei denn, dass ihn heilige Liebe und Weisheit ziehe. Und diese werden auferstehen am Jüngsten Tage. Es stehet geschrieben bei den Propheten: Sie werden alle von Gott gelehrt werden. Jeder, der die Wahrheit hört und erfasst hat, der kommt zu Mir.

10. Nicht, dass jemand das Heiligste je gesehen habe, es sei denn jene, die vom Heiligsten sind: die allein sehen das Heiligste. Wahrlich, wahrlich, Ich sage euch: Wer an die Wahrheit glaubt, der hat das ewige Leben." (Kap. 30, 8-10)

Ich, Christus, erkläre, berichtige
und vertiefe das Wort:

Die Worte „Ich Bin das Brot, das vom Himmel herunter-gekommen ist" besagen: Allein das Leben in und mit Gott ist wahres Leben. Alles andere sind menschliche Vorstellungen vom Leben oder Projektionen von Wünschen und Sehnsüchten.

Das Brot, das Ich als Jesus von Nazareth den Menschen brachte, ist der Geist Gottes, die Nahrung der Seele – das Leben, das Ich im Vater Bin. Wer zur Wahrheit geworden ist, der ist die Wahrheit und lebt in der Wahrheit. Er wird niemals darben, denn die Wahrheit ist Gott, und Gott ist die Fülle.

Ich Bin die Wahrheit und das Brot der Seele. Die ewigen Himmel sind das Gesetz der Wahrheit. Ich kam aus der Wahrheit und Bin die Wahrheit.

Jesus war das Fleisch, das aus der materiellen Substanz hervorging – der irdische Leib, welcher der Wahrheit als Instrument diente. Diesen nur sahen die Menschen und sprachen es auch aus, sinngemäß, mit den Worten: „Ist dieses nicht Jesus, der Sohn des Joseph und der Maria, dessen Eltern wir kennen?"

Der Mann zeugt den Leib, und die Frau trägt ihn unter dem Herzen und gebiert das äußere Leben, die Form, in welcher das Wesen aus Gott, die Seele, wohnt.

Das menschliche Auge sieht nur auf das Fleisch, und der menschliche Mund spricht vom Fleisch. Das menschliche Auge nimmt nicht das Innere wahr, das von der Hülle, dem Fleisch, umschlossen ist. Wer jedoch auf den Geist Gottes blickt, indem er die Gesetze Gottes erfüllt, der wird das Innere des Menschen gewahr und fragt nicht nach Ansehen und Stand eines Menschen und nach seinen Eltern. Er schaut, was das Fleisch nicht sieht, und weiß, dass es nicht auf Stand und Ansehen in dieser Welt ankommt, sondern einzig auf das Innere des Menschen.

Erkennet: In einem Reichen, der nur auf Besitz und Ansehen sinnt und dessen Herz erkaltet ist, lebt keine erwachte Seele. Sie liegt noch im Schlaf und dämmert unerwacht vor sich hin und erfasst daher auch noch nicht ihre Herkunft.

Doch auch für den Reichen, dessen einziges Sinnen und Trachten dem Besitz und dem Ansehen gilt, kommt einmal die Zeit der Umkehr, und seine Seele wird geschüttelt und gerüttelt werden, auf dass sie im Geiste der Wahrheit erwacht und allmählich ihre Herkunft erkennt. Zu Gott, in das Herz des Inneren Lebens, können nur jene einkehren, die ihr Herz für die Gottesliebe und Weisheit geöffnet haben.

Alle werden einst die Belehrungen aus dem Geiste der Liebe und Weisheit an- und aufnehmen und den Weg zum Vater wandeln, der Ich, Christus, Bin. Ich Bin der Weg, die Wahrheit und das Leben. Nur wer Mich, den Christus Gottes, den Erlöser, an- und aufnimmt, findet in das unmittelbare Herz des Ewigen.

Wer an die Wahrheit glaubt und die Gesetze Gottes erfüllt, der besitzt jetzt schon bewusst das Leben. Für ihn gibt es nicht den Tod, den der Unerwachte das Ende nennt. Der Tod ist für den Erwachten das Tor zum Inneren Leben, das er auf dem Weg nach Innen schon als Mensch erschlossen hat.

Wisset: Im ewigen Sein ist Leben universelle Gotteskraft. Es ist das Bewusstsein des Vater-Mutter-Gottes, aus dem die Geistform hervorging. Die reine Geistform, die geistige Urform, ist schwerelose Ursubstanz, ist komprimiertes ewiges Gesetz. Es ist das Geistwesen in den Himmeln. Erst wenn dieses zur Einverleibung in die Materie geht, ummantelt sich sein geistiger Leib mit Substanzen der Reinigungsebenen, wird zur Seele und tritt dann in den verweslichen Leib ein.

Keine Seele wird mit ihrem irdischen Leib auferstehen, denn diesen hat sie abgelegt. Und wenn die Seele wieder in das Fleisch zurückkehrt, wird für sie ein neuer Körper gezeugt und geboren, in den sie hineinschlüpft und aus dem sie auch wieder herausschlüpfen wird, weil kein physischer Leib in die feinstofflichen Welten einzugehen vermag. Es gibt nur das Hineinschlüpfen in den Leib und das Heraustreten aus dem Fleische.

Ich kam in das Fleisch, um unter den Menschen zu leben und ihnen in der Sprache der Menschen das Evangelium der Liebe nahezubringen. Es macht den Menschen frei, der danach lebt und nach der Liebe und Weisheit Gottes strebt.

Wer erfüllt, wird gefüllt von Gottes Liebe und Weisheit. Er ist der wahre Weise geworden. Er lebt bewusst in Gott, und Gott lebt durch ihn. Ein solcher Mensch hat schon die geistige Auferstehung erlangt. In der Stunde, da er den irdischen Leib verlässt, wird sein geistiger Leib bewusst in die Herrlichkeit des ewigen Vaters eingehen. Sein geistiger Leib wird den ewig Heiligen schauen, weil das Kind Gottes zur Wahrheit geworden ist. Die erwachte und mit Gott vereinte Seele wird dann keinen irdischen Leib mehr aufsuchen – es sei denn, sie hat noch einen göttlichen Auftrag für Menschen und Seelen zu erfüllen.

Ich spreche nun zu Meinen Brüdern und Schwestern in der Neuen Zeit, in der Zeit des Christus:

Meine Brüder und Schwestern in Mir, Christus: Im Buch „Das ist Mein Wort" lest ihr immer wieder, dass sich das weibliche Prinzip der göttlichen Weisheit im Erdenkleid befand. Der Mensch diente Mir als Instrument, um – wie Ich als Jesus – mit der Sprache der Menschen das an- und auszusprechen, was in der damaligen Zeit von Bedeutung war. Sie kam mit dem Auftrag in diese Welt, mit Mir, Christus, und mit ihrem Geistdual – das sich, wie Ich, im Geiste Gottes befand und aus Gottes Allmacht wirkte – die Neue Zeit vorzubereiten.

Das Leben der göttlichen Weisheit im Erdenkleid entsprach in vielen Situationen Meinem Leben als Jesus von Nazareth. Das hohe Wesen im Erdenkleid, die Magd Gottes, musste Ähnliches erdulden wie Ich als Jesus von Nazareth. Ihr Leben im Dienste Gottes für die Menschen war ein täglicher Kreuzweg. Sie trug das Kreuz des Spottes, der Verachtung, der Verleumdung und der bewussten Lüge von jenen, die sich christlich nannten. Darunter waren viele Vertreter der damaligen kirchlichen Institutionen.

Es war ein veräußerlichtes Christentum, eine sogenannte Staatsreligion, die in eine katholische und eine protestantische Großkirche gespalten war. Beide Konfessionen stützten sich auf eine Bibel, die nur Teile aus der ewigen Wahrheit enthielt. Dieses Buch war jedoch nicht der Maßstab für ihr Leben, obwohl sie es als das Wort Gottes bezeichneten. Sie sprachen von der Bibel und lasen ihren Gläubigen daraus das Evangelium vor. Doch die wenigsten unter jenen, die sich Hirten nannten, befolgten selbst, was sie von ihren Gläubigen erwarteten.

Vor Meiner Zeit als Jesus von Nazareth und nach Meinem Erdenleben wurde vieles aus der ewigen Wahrheit offenbart. Viele Menschen schrieben die Wahrheit nieder, auch in den sogenannten Evangelien. Was geschah? Einzelne Gelehrte, die von der Institution Kirche beauftragt waren, wählten aus der Vielzahl der vorhandenen geistigen Schriften einige wenige aus, die sie für die Wahrheit hielten, und machten daraus ein Buch, das sie „Bibel" nannten. Entsprechend ihrem Verständnis strichen sie nach Gutdünken viele Wahrheiten heraus und fügten Unwahres hinein.

Somit wurde es ein Buch wie viele andere Bücher; denn es enthielt nur Teile der Wahrheit. Wer daraus die Wahrheit finden wollte, der hätte zuerst den Weg der Bergpredigt, den Inneren Weg, wandeln müssen. Die Folge wäre jedoch gewesen, dass es in der Kirche keine Hierarchie mit Macht und Autorität über Mitmenschen mehr gegeben hätte. Die Vertreter der Kirche hätten auf ihr hohes irdisches Einkommen und die Institutionen auf ihr Vermögen verzichten müssen – gemäß dem Wort: „Ihr sollt euch keine Schätze sammeln, die Motten und Rost fressen, wo Diebe nachgraben und stehlen. Sammelt euch Schätze im Reiche Gottes." Sie hätten Brüder unter Brüdern und Schwestern sein müssen.

Die Vertreter beider Konfessionen nannten sich auch Hirten ihrer Herden. Viele verwendeten Meinen Namen, Christus, auch dazu, um mit ihm Geschäfte zu machen und ihre Mitmenschen zu unterjochen, zu verleumden, zu verunglimpfen und zu töten. Wohlgemerkt, sie verwendeten Meinen Namen für unlautere Zwecke, jedoch nicht für Mich, den Christus.

Vielen Vertretern der Kirche mangelte es an Demut; sie zeichneten sich sogar durch Hochmut aus und missbrauchten den Glauben ihrer Untertanen.

Im Laufe vieler Jahrhunderte löste sich diese sogenannte christliche Welt allmählich auf. Sie zersetzte sich von innen heraus, denn Ich, Christus, konnte nicht mit den sogenannten christlichen Kirchen sein, da sie nicht mit Mir sein wollten. Trotz der Widerstände der beiden

Großkirchen siegte Ich, Christus, mit der göttlichen Weisheit und mit vielen Brüdern und Schwestern im Erdenkleid, allen voran mit jenen aus dem Geschlechte David.

Meine Brüder und Schwestern in der Neuen Zeit: Der Kampf ist beendet – das Leben aus Gott ist geboren. Ihr lebt in der Neuen Zeit einzig mit Mir, dem Christus, und wir in Gott, unserem Vater, ohne äußere Religion und ohne Dogma. Das Leben ist das Leben aus Gott; das Gesetz der Liebe verbindet und eint uns. Diese Worte, Meine Worte des Christus, gab Ich in der Wende des Zeitalters von der alten, sündhaften Welt zur Neuen Zeit, zu Beginn des Friedensreiches Jesu Christi.

Ich wiederhole, so dass es sich euch einprägt: Als Instrument diente Mir der Seraph der göttlichen Weisheit, der für diese und weitere Aufgaben das Fleisch angenommen hatte, um Gott-Vater und Mir, dem Christus, als Magd Gottes zu dienen. Das Leben dieser Frau im Erdenkleid war eine einzige Entbehrung. Trotz vieler Widerstände – vor allem seitens der damaligen Kirchenvertreter – und trotz mancher Niederlagen – durch Menschen, die Mir zwar ihr Ja gegeben hatten, jedoch wieder die Welt aufsuchten – erhob sie sich immer wieder zum Kampf, richtete sich aufs Neue auf und kämpfte gegen alle Widerwärtigkeiten und Widerstände, die ihr entgegengebracht wurden. Tag und Nacht lauerten die Finsterlinge, um sie zu quälen und so zum Schweigen zu bringen.Die Frau, das hohe Geistwesen im Erdenkleid, die Magd Gottes, jedoch schwieg nicht. Nach jedem Kampf, wenn er auch den Körper erschöpfte, richtete sie sich auf und kämpfte weiter für die Gerechtigkeit, das Reich Gottes auf Erden, das Friedensreich – in dem ihr nun lebt.

Ich wiederhole so manches, wenn es um die Mitträgerin der göttlichen Weisheit im Erdenkleid geht. Ihr sollt sie in eurem Herzen tragen; denn wenn ihr die physischen Augen schließt, werdet ihr vor euren geistigen Augen einen leuchtenden Kristall sehen: Es ist der Seraph der göttlichen Weisheit im Strahlengewand des Inneren Lebens. Mit euch wird er in den feinstofflichen Bereichen weiter dem Ewigen dienen, um alle Seelen an das Vaterherz heimzuholen in Mir und durch Mich, Christus, euren göttlichen Bruder.

31. KAPITEL

Das Brot des Lebens – Das Bekenntnis des Petrus – Der Kameltreiber

Geistig tot - Im Reiche der Seelen gibt es keine Masken - Worte sind nur Symbole und Wegweiser - Kasteiung ist Verdrängung - Jeder Mensch besitzt den freien Willen: Gute Saat bringt gute Ernte - Gott ermahnt, Er straft nicht (1-3). Mose Zug mit dem Volk Israel durch die Wüste: Ein Gleichnis für die Wanderung der Menschheit - Die heutigen Menschen unterscheiden sich nicht vom Volk Israel - Der Weg ins Friedensreich (4). Wer Gott mehr liebt als diese Welt, der lebt in Gott - Wer aus der Wahrheit ist, empfängt aus der Wahrheit (5-6). An die Menschen im Friedensreich - Die Evolution der Menschen und der Erde hin zur Feinstofflichkeit - Veränderung der Zeitmaße - Erdflecken, Reservate der Dämonen - Die Rückführung der Fallreiche - Das Buch „Das ist Mein Wort" wird immer wieder erhoben, bis hin zur Lichtstofflichkeit - Das Für und Wider vieler Menschen dient der Finsternis (7-9).
Liebe auch die Tiere! (12-16)

1. Und abermals sprach Jesus: „Ich Bin das wahre Brot und der lebendige Weinstock. Eure Väter haben Manna gegessen in der Wüste und sind gestorben. Dies ist die Speise Gottes, die vom Himmel herabkommt, auf dass nicht sterben wird, wer davon isst. Ich Bin die lebendige Speise, die vom Himmel herabkam. Wer von dieser Speise essen wird, der wird leben auf ewig. Und das Brot, das Ich geben werde, ist Meine Wahrheit, und der Wein, den Ich geben werde, ist Mein Leben."

2. Da stritten sich die Juden untereinander und sagten:
„Wie kann sich dieser uns zur Speise geben?" Jesus sprach
zu ihnen: „Glaubet ihr, dass Ich spreche vom Fleischessen,
wie ihr es unwissend im Tempel Gottes tut?

3. Wahrlich, Mein Leib ist göttliche Substanz, und dies
ist die wahre Speise, und Mein Blut ist das Leben Gottes,
und dies ist der wahre Trank. Nicht wie eure Vorväter,
die nach Fleisch verlangten, und Gott in Seinem Zorn gab
ihnen Fleisch, und sie aßen es in ihrer Verderbtheit, bis es
in ihren Nasen stank. Von der Seuche fielen Tausende, und
ihre Leichname lagen in der Wüste. (Kap. 31, 1-3)

Ich, Christus, erkläre, berichtige
und vertiefe das Wort:

Die Speise des Himmels ist das Gesetz Gottes – die
Wahrheit. Der Trank ist das ewig strömende Leben – Gott.
Wer Gottes Gesetz annimmt und verwirklicht, der wird
weder hungern noch darben, noch den Tod fühlen und
schmecken.

Wer an den Tod glaubt, der ist geistig tot, weil seine
Seele von der Sünde geblendet ist. Wer jedoch das Leben
in sich entfaltet hat, der wird den Tod weder fühlen noch
schmecken, weil das unmittelbare Leben in Gott für ihn
ohne Ende ist.

Wer jedoch unbelehrbar ist und seine irdischen Tage
vergeudet und einzig sein irdisches Leben als den Maß-

stab aller Dinge sieht, der wird auch als Seele sein, was
er als Mensch war: geistig tot, geblendet von der eigenen
Sünde und unbelehrbar – bis er seine Werke am eigenen
Seelenkörper spürt und erkennen muss, welche Gnade
der Seele im Erdenkleid zuteil gewesen war.

Erkennet: Im Reiche der Seelen gibt es keine Masken.
Alles, womit sich der Mensch tarnt, damit seine Gedanken
und sein Tun nicht erkannt werden, fällt im Augenblick
des physischen Todes von ihm ab. Die Seele nimmt die
Masken des menschlichen Ichs nicht mit in das Seelenreich. Dort ist alles offenbar. Sie selbst ist allen anderen
Seelen ein offenes Buch – und jede Seele ist auch für sie
im Gewande ihrer Werke offenbar.

Wer von der geistigen Speise, von der ewigen Wahrheit,
isst, indem er Gottes Willen erfüllt, der wird zum lebendigen Quell wahren Lebens und wird sowohl Menschen als
auch Seelen das Brot der Wahrheit reichen und den Trank
des ewig strömenden Lebens: Christus. Das Leben, das Ich
als Jesus den Menschen brachte, ist göttliche Substanz,
die wahre Speise, und der göttliche Strom, der Trank, das
Leben in und aus Gott.

Wer jedoch die Worte, die Ich als Jesus von Nazareth
gesprochen habe, wörtlich nimmt, der wird auch heute
noch irregehen; denn die Worte waren und sind nur Symbole und Wegweiser zur inneren Wahrheit.

Wer das Wort wörtlich nimmt, der missversteht seine
Mitmenschen und wertet sie ab – so, wie die Pharisäer
und Schriftgelehrten Meine Worte als Jesus missverstan-

den und Mich abgewertet haben. Der Sinn der Worte des Lebens kann nur von solchen Menschen erfasst und richtig gedeutet werden, die sich nach der Wahrheit sehnen und auch nach ihr streben. Wer jedoch gegen seinen Nächsten ist, indem er ihn abwertet und ihm verständnislos begegnet, der wird immer wieder in die Irre gehen. Wer seine Mitmenschen ablehnt, gleich, aus welchen Gründen – der kennt weder seinen Nächsten noch sich selbst.

In diesem Bewusstsein lebten auch einige der Juden, denn sie sprachen sinngemäß: „Wie kann sich dieser uns zur Speise geben?" Ich sprach jedoch nicht vom Fleische als materieller Substanz, sondern von der göttlichen Substanz, der wahren Speise, und vom Trank, dem ewig strömenden Leben, dem Geist, Gott.

Wer Fleisch und Fisch zu seinen Hauptgerichten macht, dessen Seele stumpft allmählich gegenüber den feinen, kosmischen Schwingungen ab; sein physischer Leib wird in seiner Struktur gröber, und der Mensch wird ichbezogener und brutaler gegenüber seiner Umwelt.

Erkennet: Ist der Körper des Menschen an das Fleischessen gewöhnt, dann soll er dies nicht von einem zum anderen Tage lassen. Das wäre Kasteiung, die wieder zu anderen Auswüchsen führt. Deshalb hat Moses Zugeständnisse an die Menschen gemacht und auch Ich als Jesus von Nazareth – wie z.B. bei der Fischvermehrung.

Es ist besser, der Mensch erkennt seine Fehler und Schwächen und verliert sie allmählich durch die Verwirklichung der ewigen Gesetze, als dass er sich kasteit und dadurch eventuell weitere Gegensätzlichkeiten und auch Unsittlichkeiten aufbaut.

Wer die Gesetze Gottes verwirklicht, von dem fällt allmählich wie von selbst ab, was menschlich, also ungöttlich, ist. Es ist eine Gesetzmäßigkeit: Wenn du die Gebote Gottes verwirklichst, dann wird deine Seele lichter; deine Sinne werden feiner, und dein Wesen wird selbstlos. Durch Kasteiung wird das Menschliche nur verdrängt, jedoch nicht umgewandelt.

„Wahrlich, Mein Leib ist göttliche Substanz, und dies ist die wahre Speise" deutet an: Der geistige Leib ist geformte göttliche Urenergie. Durch ihn strömt das Leben, die Urkraft – er ist Speise und Trank in einem.

Die Worte „Gott in Seinem Zorn gab ihnen ..." sind wie folgt zu verstehen: Gott hat allen Geistwesen, ebenso allen Seelen und Menschen, den freien Willen gegeben. Deshalb besitzt auch jeder Mensch den freien Willen: Er kann die Gesetze der Freiheit und des Lebens annehmen und verwirklichen – oder sie missachten und auch gegensätzlich handeln. Dafür hat er dann das zu tragen, was er ausgesät hat.

Die gute Saat bringt eine gute Ernte, die schlechte Saat eine schlechte Ernte. Jeder Mensch kann frei wählen, welche Saat er sät: eine gute, eine weniger gute oder eine schlechte. Die daraus hervorgehenden Früchte erntet jeder selbst – und nicht sein Nächster; jeder erntet einzig die Früchte seiner eigenen Saat. Viele Menschen, welche die Wirkungen ihrer Ursachen zu tragen haben, wissen nicht, dass es die Früchte ihrer eigenen Saat sind, und sind deshalb der Ansicht, der Zorn Gottes hätte sie getroffen.

Gott ist Liebe und zürnt nicht.

Gott nimmt dem Menschen seine Laster, jedoch nur dann, wenn dieser sie bereut, sie Ihm übergibt, wenn er wiedergutmacht und sie nicht mehr tut. Gott bestraft Seine Kinder nicht. Gott ermahnt Sein Kind auf vielfältige Art und Weise, umzukehren, sich zu verfeinern und zu veredeln – sowohl in den Empfindungen, Gedanken, Worten und Werken als auch in der Art der Nahrung. Gott straft Sein Kind auch dann nicht, wenn es auf vielfältige Ermahnungen und Hinweise nicht hört. Wer jedoch nicht hören will, der hat nach dem Gesetz von Saat und Ernte das zu tragen, was er selbst verursacht hat. Gott hat in das Gesetz von Saat und Ernte nicht die Kasteiung eingegeben, sondern die Umwandlung des Niederen in Höheres.

So beruhen Krankheiten, Seuchen auf falschem Empfinden, Denken, Sprechen und Handeln – und auch auf falscher Ernährung und tierischer Kost. Ernährt sich ein Mensch einzig mit den Gaben der Natur, welche die Erde den Menschen schenkt, verstößt er jedoch in seinem Empfinden, Denken, Reden und Handeln gegen das göttliche Gesetz, so hebt auch dieser Mensch die positiven Kräfte in der Nahrung auf – das heißt, er transformiert sie zu negativer Kraft herunter.

4. Denn davon stehet geschrieben: Sie sollen wandern neunundvierzig Jahre in der Wüste, bis sie von ihren Begierden gereinigt sind, bevor sie in das Land der Ruhe einziehen, ja siebenmal sieben Jahre sollen sie wandern, denn sie haben Meine Wege nicht gekannt, noch Meine Gebote befolgt. (Kap. 31, 4)

Ich, Christus, erkläre, berichtige
und vertiefe das Wort:

Moses erhielt von Gott den Auftrag, die geknechteten Israeliten aus Ägypten in das Gelobte Land, in das Land ihrer Väter, zu führen.

Ein großer Teil des Volkes, das Gott Moses anvertraut hatte, war halsstarrig. Deshalb machte Moses einige Zugeständnisse an das Volk, um damit so manchen über seine Halsstarrigkeit zur Erkenntnis und zur inneren Reife zu führen. Nachdrücklich belehrte er sie, dass diese Zugeständnisse nicht Gottes Gesetze seien, sondern nur Hilfen, damit sie durch Selbsterkenntnis auf den Weg der Gebote finden sollten.

Einige fanden zu den Geboten und befolgten sie; andere blieben den Geboten treu, so auch Moses und Aaron; jedoch viele aus dem Volk Israel sündigten trotz besseren Wissens weiter. Weiterhin aßen sie Fleisch, tranken scharfe Getränke und folgten ihren Begierden und Leidenschaften. Viele blieben auch ihren Götzen treu und hielten an den Gewohnheiten der Ägypter fest. Lange Zeit blieb so das wandernde Volk eine Menschenmenge ohne innere Einheit.

Was der Mensch sät, das wird er ernten. Das traf auch bei den Israeliten zu: Zu Tausenden starben sie in der Wüste auf dem Weg in das sogenannte Gelobte Land. Ihre Seelen gingen von der Erde. Viele von ihnen erkannten im Seelenreich ihr Fehlverhalten, taten Buße und kehrten dann freier und lichter wieder in ein neues Erdenkleid zurück; denn die Israeliten zeugten und gebaren auf dem Weg ins Gelobte Land. Auf diese Weise vermehrte und regenerierte sich das Volk. Im Wechsel von Geburt und Tod nahmen immer mehr Israeliten den einen Gott an und verfeinerten ihre Sitten. Nach siebenmal sieben Jahren waren nur noch wenige von der ersten Generation im Erdenkleid und kamen in das Land, das für sie bestimmt war.

In diesen neunundvierzig Jahren musste Moses, der Prophet, unvorstellbar vieles erdulden. Er litt um des Volkes willen. Er betete für das Volk; er rang mit Gott um Gnade für das Volk, und er bat Gott immer wieder, ihm Zugeständnisse machen zu dürfen. Das Volk sah Moses, erkannte und erfasste jedoch letztlich nicht, wer in Moses mit ihnen war. Moses brachte die Zehn Gebote und lehrte das Volk, wie es diese halten sollte. Doch viele verstanden ihn nicht. Viele beteten und sündigten zugleich. Viele redeten von Gottes Geboten und hielten sie nicht. Viele klagten Moses wegen seiner Führung an, nannten ihn einen falschen Propheten oder einen halsstarrigen

Weisen, weil er ihnen nicht alles gewährte, was sie von ihm erwarteten. Viele klagten aus demselben Grund auch Gott an, blieben dennoch in der Herde und vergifteten immer wieder das Herz anderer Israeliten. Viele Israeliten behielten ihr Goldenes Kalb. Spätestens als Seelen mussten sie erkennen, dass sie sich Gott und Moses widersetzt hatten. Sie bereuten – und kamen wieder in das Fleisch zu den Kindern Israels und waren wieder im Zuge mit dabei, als Säuglinge, dann als Jugendliche und Ältere. Als die Israeliten nach vielen Jahren in das scheinbar Gelobte Land einzogen, konnten sich viele nicht mehr an den Auszug aus Ägypten erinnern.

Ich, Christus, der Herrscher des Friedensreiches, spreche nun zu den Menschen der Neuen Zeit, die Mein Wort lesen werden und sich über das Volk Gottes Gedanken machen, das heute wieder aus seiner Versklavung herausgeführt wird in die Neue Zeit, in die Zeit des Christus.

Zu Mose Zeiten waren die Israeliten nicht nur die Sklaven der Ägypter, sondern auch in ihrem Denken versklavt. Die anderen Völker waren in ihrem Denken ebenso versklavt wie die Israeliten. Die Menschen dachten nur an sich, rafften für sich und lagen mit dem Nächsten im Streit.

Menschen kämpften mit Waffen gegen Menschen; sie waren einander Feind und nicht Bruder. Volk kämpfte gegen Volk. Viele Menschen bekämpften einander auch mit gegensätzlichen Gedanken. Sie grenzten sich durch Hass, Feindschaft und Streit gegeneinander ab und schufen sich

Rechtsordnungen, die sie zu ihren Gesetzen machten. Sie begrenzten sich auch in „Mein und Dein" und beanspruchten damit Eigentum für den Einzelnen und für ihr Volk. Deshalb zogen sie Landesgrenzen und kontrollierten alle, die diese überschreiten wollten. So war einer gegen den anderen. Wer nicht das Recht, das Gesetz des Landes, beachtete, wer anders dachte oder leben wollte, wurde, je nach seinem Vergehen, bestraft – entweder an seiner Habe, seiner Freiheit oder gar mit dem Tode.

Die Ausschreitungen der Menschen waren vielfältig. Immer mehr verwilderten die Völker der alten, sündhaften Welt. Wie zu Noahs Zeiten freiten sie und ließen sich freien. Sie völlerten und tranken scharfe Getränke. Sie töteten Tiere und verzehrten sie. Sie schändeten das Pflanzen- und das Tierreich. Dies setzte sich auf der ganzen Erde fort – auch nach Meinem Erdengang.

In der Wende von der sündhaften zur Neuen Zeit manipulierten sie an Pflanzen, Tieren und Menschen und machten Genversuche an ihnen. Sie schufen Kinder aus der sogenannten Retorte. Sie zerstörten die Natur durch Atomversuche und errichteten Atommeiler, um Energie zu gewinnen. Sie verunreinigten die Flüsse, Seen und Meere durch chemische Stoffe und bewirkten, dass das irdische Leben in großen Teilen der Gewässer starb.

In allen Völkern vergaßen viele Menschen Gottes Existenz. Ihr Gott war der Eigennutz. Sie rechneten in Lebensjahren, denn sie sahen das irdische Dasein als die einzige Möglichkeit des Lebens an. Deshalb arbeiteten sie nur für ihren Vorteil und zogen auf Beute aus, um so rasch wie möglich so viel wie möglich in ihren Besitz zu nehmen, damit sie so leben konnten, wie es ihnen angenehm erschien; denn sie hielten dies für das Glück. Sie hatten ihre Götzen, obwohl sie zu e i n e m Gott beteten. Ihre Götzen waren Geld und Gut, Ansehen, Macht und höhergestellte Menschen. Was sich in der Entwicklung der Menschheit über lange Zeiträume danach vollzog, wies ganz ähnliche Erscheinungsformen auf wie das Leben im Volk Israel zu Mose Zeiten.

Unter der Führung von Moses erreichten die Israeliten die erste Station des Gelobten Landes. Von der Zeit des Moses an ging die Wanderschaft der Menschen in das Gelobte Land weiter. Generationen um Generationen durchwanderten die „Wüste Welt", das heißt ihren eigenen menschlichen Sumpf. Trotz alledem erwachten immer mehr Menschen zur Geistigkeit und entwuchsen so dem Sumpf ihres eigenen Ichs.

Nach Moses und auch nach Meinem Erdendasein sandte Gott, der Allmächtige, immer wieder Propheten, Prophetinnen und erleuchtete Männer und Frauen. Sie alle waren der Menschheit Künder und Mahner für das Reich Gottes. Sie lehrten den Weg nach Innen und legten die Gebote des Herrn aus, in der Sprache der jeweiligen Zeit.

Viele dieser Mahner und Künder bereiteten auch dem Teilstrahl der göttlichen Weisheit den Weg auf die Erde –

der Botin Gottes, die in der mächtigen Zeitenwende wirkte und einen ähnlichen Auftrag hatte wie damals Moses und Ich als Jesus von Nazareth.

Ich, Christus, und der Cherub der göttlichen Weisheit offenbarten durch das einverleibte weibliche Prinzip der göttlichen Weisheit die ewigen Gesetze und sammelten so das Volk Gottes, um es in das Innere zu führen, in das Königreich Gottes, das inwendig in jedem Menschen ist.

Wieder war es ähnlich wie zu Mose Zeiten. Jene, die sich von Gott berühren ließen und – entsprechend ihrem Bewusstsein – das Wort Gottes und die Führung durch Mich, Christus, verstehen konnten, bemühten sich – allein auf das Wort hin –, Gottes Wege zu gehen. In dem Augenblick jedoch, in dem sie an sich selbst hätten arbeiten sollen, um das auch zu erfüllen, was Ich ihnen geboten habe – zu bereuen, zu vergeben, um Vergebung zu bitten und die gleichen Fehler und Sünden nicht mehr zu tun –, wurden viele halsstarrig; denn sie wollten ihre Fehler und Schwächen nicht ansehen und so auch nicht bereinigen. Sie wollten nur das Wort Gottes hören und über das Gehörte diskutieren, jedoch die alten bleiben. Sie hingen an Besitz und Eigentum und stellten Geld und Gut vor die Fülle Gottes. So zweifelten sie – ähnlich wie die Kinder Israels – Gottes Wort an und stellten die Prophetin Gottes an den Pranger.

Eine weitere Gruppe von Menschen wollte das Niedere, das Menschliche, behalten und danach leben, und gleichzeitig auch das Höchste anstreben. Der Mensch kann jedoch nicht zwei Herren dienen, dem Mammon und Gott. Dadurch entstanden große Schwierigkeiten und Diskrepanzen.

Wieder andere Menschen deckten ihre gegensätzlichen Gedanken mit heuchlerischen Worten zu, indem sie Geistigkeit vorgaben. Wieder andere Menschen sprachen von der Nachfolge Christi und handelten entgegengesetzt, indem sie die wahren Nachfolger verfolgten.

Jedoch aus diesem bunten Gemisch von menschlichem Ich, von Heuchlern, Wortverdrehern, Verleumdern, Zweiflern und Frömmlern kristallisierte sich allmählich das Volk Gottes heraus:

Söhne und Töchter Gottes traten bewusst die Nachfolge des Christus an. Sie waren vorwiegend aus dem Geschlecht David, das zum Stamme David für das Friedensreich wurde. Ihr Auftrag, im Werk der Erlösung mit Mir, Christus, zu wirken, wurde in ihnen immer konkreter und aktivierte sie.

Gemeinsam mit ihrer Schwester, der Prophetin und Botschafterin Gottes, sammelten sie weitere Söhne und Töchter Gottes aus dem Stamme David und aus anderen Geschlechtern.

Entsprechend Meinen Weisungen gründeten sie – wie schon offenbart – die Inneren Geist=Christus-Kirchen: Sammelbecken für alle suchenden Menschen. Sie lehrten den Weg zum Herzen Gottes, der in Meinem Auftrag von dem Cherub der göttlichen Weisheit – von den Menschen Bruder Emanuel genannt – offenbart wurde. Um die

Gesetze Gottes in allen Bereichen des Lebens erfüllen zu können, errichteten sie Handwerksbetriebe und erwarben Bauernhöfe. Sie gründeten Kindergärten, Vater-Mutter-Häuser, Schulen, Kliniken und Heime für ältere Menschen. Sie begannen also mit dem Aufbau all dessen, was Menschen für die Neue Zeit und in der Neuen Zeit benötigten. Alle für das Reich Gottes gegründeten und erstandenen Aktivitäten stellten sie in das Gesetz Gottes, das lautet: Bete und arbeite und halte Frieden mit deinem Nächsten.

Durch sie gründete Ich die Urgemeinde Neues Jerusalem, die zur Bundgemeinde und zum zentralen Licht für alle weiteren Urgemeinden im Universellen Leben und im entstehenden Friedensreich Jesu Christi wurde.

Mitten in dieser Auf- und Umbruchszeit stand die Prophetin und Botschafterin Gottes. Von den einen Menschen wurde sie geliebt und geachtet, von anderen verachtet, angezweifelt, verleumdet und lächerlich gemacht. So, wie zu Meiner Zeit als Jesus von Nazareth wiegelten die Pharisäer und Schriftgelehrten wieder das Volk gegen Mich, den Universellen Geist, auf, um Mich zum Schweigen zu bringen. Vergebens! Sie vergingen – und die Neue Zeit erstand, das Friedensreich Jesu Christi.

Dies festzuhalten ist wichtig: Mein Instrument, der einverleibte Teilstrahl der göttlichen Weisheit, und viele Söhne und Töchter Gottes aus dem Stamme David und aus anderen Geschlechtern, die sich um das zentrale Licht,

Mich, Christus in Gott, Meinem Vater, in der Bundgemeinde Neues Jerusalem versammelt hatten, widerstanden den Lockungen und Angriffen des Satanischen. Mit vielen gerechten Männern und Frauen begannen sie, mitten in dem allmählichen Zerfall der sündhaften Welt das Volk Gottes zu gründen, das über Generationen hinweg zu einem mächtigen gereinigten Volk in Christus wurde.

Es geschah wie zu Mose Zeiten: Die Seelen legten ihre irdischen Körper ab und schlüpften wieder in neugeborene Leiber. Generationen gingen, und neue, lichtere Generationen kamen auf die Erde. Aus ihnen erstanden allmählich das gereinigte Gottesvolk und das Friedensreich Jesu Christi. Das werdende Gottesvolk zeugte und gebar Kinder, in denen die Seelen wiederkamen, die schon in den ersten und weiteren Generationen einige Schritte auf dem Weg nach Innen vollzogen hatten.

So wurde im Wandel der Generationen das Friedensreich Jesu Christi, das Reich Gottes auf der gereinigten, lichten Erde, auf der ihr lebt. Das Dämonische ist gebunden. In und aus den Herzen der Seligen strahlt die selbstlose Liebe. Friede und Freude sind unter ihnen.

5. Wer aber dies Fleisch isset und trinket dies Blut, der wohnet in Mir und Ich in ihm. Wie Mich der lebendige Vater gesandt hat, aus dem Ich lebe, ebenso werden die leben aus Mir, die Mich essen, der Ich die Wahrheit und das Leben Bin.

6. Dies ist das lebendige Brot, das vom Himmel herab-gekommen ist, und Leben gibt der Welt. Nicht wie eure Vorväter, welche Manna gegessen haben und gestorben sind. Wer dieses Brot und diese Frucht isset, der wird leben auf ewig." Solches sagte Er in der Synagoge, da Er lehrte zu Kapernaum. Viele Seiner Jünger nun, als sie das hörten, sagten: „Das ist eine harte Sprache; wer kann sie annehmen?" (Kap. 31, 5-6)

Ich, Christus, erkläre, berichtige
und vertiefe das Wort:

„Wer aber dies Fleisch isset und trinket dies Blut, der wohnet in Mir und Ich in ihm" heißt dem Sinne nach:

Wer im Geiste Gottes lebt, wer also Gottes Willen tut, der empfängt die geistigen Gaben. Und wer Gott mehr liebt als diese Welt, der lebt in Gott und in Mir, dem Christus Gottes. Denn der Vater sandte Mich, Seinen Sohn, zu den Menschen, damit Ich den Menschen vorlebe, was sie im Herzen reich macht, und ihnen bringe, was sie wieder zu Kindern Gottes erhebt: die Erlösung und die Führung hin zum Herzen Gottes.

„.... ebenso werden die leben aus Mir, die Mich essen, der Ich die Wahrheit und das Leben Bin" heißt:

Wer in Christus lebt, durch den lebt Christus, und wer in Mir lebt, der gibt Zeugnis von der Wahrheit. Denn wer aus der Wahrheit ist, empfängt aus der Wahrheit und wird weder hungern noch dürsten, da er in Mir, der Wahrheit und dem Leben, ist. Die ewige Wahrheit ist die ewige Liebe Gottes, das Urgesetz.

Wer in der selbstsüchtigen Liebe gefangen ist, der kann das absolute, konsequente ewige Gesetz nicht verstehen. Sein trügerisches Ich, die selbstsüchtige Liebe, spricht dann von der Härte des ewigen Gesetzes, da sein menschliches Ich es nicht anerkennt.

Wer im Gesetz Gottes lebt, der spricht die Wahrheit, weil er zur Wahrheit geworden ist. Die Wahrheit kann nur der verstehen und freudig annehmen, der zu sich selbst und zu seinem Nächsten ernsthaft und gerecht ist. Wer jedoch in seinen Vorstellungen und Meinungen befangen ist, der spricht von der Härte des Gesetzes und von der Strafe, weil er für sich persönlich es anders sehen und haben möchte.

7. Da Jesus aber erkannte, dass Seine Jünger darüber murrten, sprach Er zu ihnen: „Ärgert euch das? Wie, wenn ihr des Menschen Sohn werdet auffahren sehen dahin, wo Er zuvor gewesen ist? Der Geist ist es, der lebendig macht, Fleisch und Blut gewinnen nichts. Die Worte, die Ich zu euch rede, die sind Geist und sind Leben.

8. Aber es sind etliche unter euch, die glauben nicht." Denn Jesus wusste von Anfang, welche nicht gläubig waren und wer Ihn verraten würde. Darum sprach Er zu ihnen: „Niemand kann zu Mir kommen, es sei ihm denn von Meinem Vater gegeben."

9. Von da an gingen viele Seiner Jünger weg und wandelten hinfort nicht mehr mit Ihm. Da sprach Jesus zu den Zwölfen: „Wollt auch ihr Mich verlassen?" (Kap. 31, 7-9)

Ich, Christus, erkläre, berichtige
und vertiefe das Wort:

Erkennet, Meine geliebten Brüder und Schwestern, die ihr im Friedensreich eures Bruders Christus lebt:

Was Ich als Jesus von Nazareth erlebt und durchlitten habe, geschah weiter in allen Generationen – so lange, bis Menschen und Erde lichtstofflicher wurden.

In diesem Buche, „Das ist Mein Wort", lest ihr, was sich in der alten, der satanischen Zeit wiederholt zugetragen hat.

Erkennet: Das Friedensreich Jesu Christi wurde gegründet und über viele Generationen hinweg aufgebaut. Immer wieder erlebten die Menschen sowohl den Niedergang dessen, was im Geiste Gottes geschaffen worden war, als auch wieder den Aufstieg. Jedoch nach jedem Niedergang stand das Friedensreich Jesu Christi strahlender und vollkommener auf, mehr und mehr weltumspannend in seiner Lichtart. Denn so, wie alles eine Evolution ist hin zum Ewigen, hatte auch das Friedensreich Jesu Christi seine Evolution – vom Beginn an bis hin zur Lichtstofflichkeit großer Bereiche der Erde. Lichtstoff ist feinere Materie. In den ersten Generationen des Aufbaus nach der Gründung, noch in der tiefsten Verdichtung der Materie, verführte immer wieder der Satan der Sinne Menschen, um Hand an die Teilfundamente des Friedensreiches Jesu Christi zu legen.

Was geschrieben steht, hat sich erfüllt: Im Laufe ungezählter Generationen ereigneten sich auf der Erde Expansionen und Polsprünge. Dabei verfeinerten sich viele Substanzen der Erde; sie erlangte einen immer höheren Schwingungsgrad. Ganz allmählich wurde also ein großer Teil der grobstofflichen Formen hinweggenommen – und feinere, subtilere Formen traten an ihre Stelle. Auf diese Weise veränderten sich auch ganz allmählich die Naturreiche und die Menschen.

So wurde über ungezählte Generationen hinweg auf der Erde alles verfeinert – bis allmählich der Lichtstoff, die feinere Materie, entstand. Alles, was zunächst auf der grobstofflichen Materie für das Friedensreich Jesu Christi geschaffen worden war, und die Art und Weise, wie sich die Menschen und die Erde verfeinert hatten, ging ein in die universelle atmosphärische Schicht und in den neuen Himmel, der durch die Veränderung der Planeten und ihrer Bahnen entstand, und auch in die Erdseele, die eine neue Erde – eine Lichtstofferde, eine feinere Materie – hervorbrachte. Es ist diese Erde im Gewande der Lichtstofflichkeit, auf der ihr nun lebt.

In diesem Wandel der Zeiten verfeinerten sich ebenfalls viele materielle Gestirne. Infolge der intensiven Umwandlung des Ganzen – von der Vollmaterie zur Lichtstofflichkeit der feineren Materie – bescheinen die lichtstoffliche Erde auch eine andere Sonne und andere Gestirne.

Ihr im lichtstofflichen Friedensreich könnt euch in diese Zustände kaum mehr hineinempfinden, denn euer Erdenkleid, also euer Erdenleib, besteht nicht mehr aus der grobstofflichen, stark verdichteten Materie, wie ihn die Menschen zu Beginn des Friedensreiches Jesu Christi trugen, sondern aus Lichtstoff.

Ich wiederhole: Der Lichtstoff ist eine materiell feinere, strahlende Substanz. Mancher, der Meine Worte heute – in der Vollmaterie zu Beginn des Friedensreiches Jesu Christi – liest, glaubt nun, es bedürfe unendlicher Zeiten, bis das Friedensreich Jesu Christi in voller Blüte steht:
Ihr habt gehört, dass sich die Gestirne verändern und auch die Vollmaterie, die Erde; denn es steht geschrieben: „Es entsteht ein neuer Himmel und eine neue Erde." So wird auch die Berechnung der Zeit, wie sie die Menschen in der Vollmaterie haben, ungültig sein. Eine andere Sonne wird sein, und verwandelte Gestirne werden die neue Erde umschließen. Das bedeutet, dass auch die sogenannte Zeitrechnung eine andere sein wird. Es wird nach Monden gerechnet, so dass die Lichtzeitspanne der sogenannten irdischen Jahre vollkommen anders ist. Das Jahr hat dann nicht mehr die zwölf Monate, die es für die Menschen in der grobstofflichen Zeit hatte, sondern wesentlich kürzere Lichtzeiten; denn am Ende des Friedensreiches sind die

Tage länger und die Nächte der lichtstofflichen, transparenten Erde viel kürzer.

Ich sage euch: Auch auf der lichtstofflichen Erde gibt es noch Bereiche gröberer Materie, sogenannte Erdflecken. Auf einigen werden eine geraume Zeit noch stärker verdichtete Menschen leben, die nicht den gleichen Reinheitsgrad haben wie die Menschen unter der unmittelbaren Sonne des Friedensreiches Jesu Christi. Denn, wie schon offenbart, ist Mein Vater, der auch euer Vater ist, Gnade, Liebe und Barmherzigkeit und lässt noch einmal das Drängen des Satanischen zu, die Erde zu erobern. Am Ende des Friedensreiches weiten sich diese Erdflecken auf der Erde aus; doch sie werden nicht mehr die ganze Erde umfassen. Auf ihnen darf sich die dämonische Welt noch einmal mit der göttlichen messen.

Dann kommt das Ende der Erde. Sie bricht auf wie eine Nussschale – und das Innere Licht, die feinstoffliche Substanz, der geistige Teilplanet aus dem ewigen Jerusalem, strebt himmelwärts, und mit ihm all jene, die vom Lichte der Wahrheit durchdrungen sind.

Erkennet: Mein Wort, das durch viele gerechte Propheten floss, richtete nicht nur viele Seelen und Menschen auf das Innere Licht aus, sondern auch Teile der materiellen Substanz – infolge der Verwirklichung des ewigen Gesetzes durch viele Menschen.

Vom Fallgeschehen an waren es unzählige Lichtspannen und unendliche Zeiten, bis sich die Vollmaterie herauskristallisiert hatte. Denn sie entstand entsprechend der

Verhärtung der Herzen der Geistwesen und entsprechend den Belastungen der Seelen und Menschen.

Erkennet: Die Auflösung der Materie und das Zurückführen der Fallreiche wieder hin zum ewigen Reich Gottes dauert hingegen nicht mehr so lange wie einst das Fallgeschehen bis zur Bildung der Vollmaterie. Denn von Beginn des Falles an setzte auch schon die Rückführung von Fallwesen und Fallwelten ein. Wenn ihr also an die Gesamtdauer der Rückführung denkt, dann müsst ihr in euer Denken sämtliche Licht- und Zeitspannen mit einbeziehen, da von Beginn des Falles an schon die Rückführung begann; das heißt, es geht auch schon unzählige Zeitspannen licht- und himmelwärts. Das bedeutet, dass es bis zum lichtstofflichen Friedensreich Jesu Christi und dann bis zur Auflösung der Materie nicht mehr ebenso viele Licht- und Zeitspannen sind.

Meine Erklärungen und Darlegungen in dem Buch „Das ist Mein Wort" wurden über Generationen hinweg immer wieder abgeschrieben und in die Sprache der jeweiligen Generation erhoben. Das geschah bis zur Lichtstofflichkeit. Mein Wort ist Wahrheit – und es bleibt, da es ewig ist. Doch die Sprache der Menschen änderte sich und auch der Werkstoff der Bücher.

In der materiellen Zeit war der Werkstoff des Buches grobstoffliche Substanz – die Menschen nannten ihn Papier. In der Lichtzeit bis hin zur Lichtstofflichkeit entsprach der Werkstoff dieses Buches der jeweiligen Lichtstoffsubstanz.

Im Friedensreich Jesu Christi, in der Lichtstofflichkeit, gibt es andere Lichtquellen und Materialien als in der Vollmaterie und der beginnenden Verfeinerung der Materie. Mein Wort jedoch ist und blieb die Wahrheit.

Meine Brüder und Schwestern im Friedensreich Jesu Christi, ihr lest über Mein Denken und Leben als Jesus von Nazareth. Ihr stellt immer wieder fest, dass jeder Mensch in jeder Generation den freien Willen besitzt. Kein Mensch und keine Seele wurden und werden zur Annahme der ewigen Wahrheit, des lebendigen Seins, gezwungen. Wer zur inneren Wahrheit finden wollte, der musste in sein Inneres hineinwandern und sie in und an sich selbst erfahren und sie selbst erleben. So gab auch Ich als Jesus von Nazareth nur Zeugnis von der ewigen Wahrheit.

Die Menschen, die sich in allen Generationen für Mich, die Wahrheit, klar entschieden, blieben auch bei Mir, der Wahrheit und dem Leben. Jene, die weder warm noch kalt waren, gingen von Mir, weil sie Meine Rede nicht verstehen konnten. Sie wollten die Gebote nicht verwirklichen, denn sie waren der Ansicht, ihnen müsse das geschenkt werden, was ihre Nächsten täglich in die Tat umsetzen: die selbstlose Liebe, das Gesetz Gottes, die ewige Wahrheit.

In allen Generationen verließen so immer wieder Menschen, die sich nicht für die ewige Wahrheit entscheiden konnten, Meine Herde. Meinungsbildner und Besserwisser glaubten, die Wahrheit könne gekauft oder durch Hören allein erworben werden.

Das Brot der Himmel musste jedoch gegessen und in rechter Weise verdaut werden; das heißt, das Gesetz des Lebens musste demütig angenommen und verwirklicht werden. Nur auf diese Weise fanden Seele und Mensch zum Inneren Leben. Die Verwirklichung der ewigen Gesetze brachte also nur denen geistigen Gewinn, die sich für das Leben in Mir, dem Christus Gottes, entschieden und nicht im Für und Wider verharrten, also einmal „kalt" und dann wieder „warm" waren.

Über Generationen hinweg wurde das Gesetz des freien Willens gelehrt: Der Mensch findet nur dann zu Gott, wenn er sich auch für Gott, die Wahrheit, entscheidet, indem er sich unablässig bemüht, Gottes Willen zu tun.

Das Für und Wider vieler Menschen, die einmal „warm" und dann wieder „kalt" waren, ermöglichte der Finsternis immer wieder den Einbruch in die Reihen der Gerechten. Immer wieder verführte das Satanische die Sinne vieler Menschen. Sie begannen dann, an der Wahrheit zu zweifeln, und verließen die Getreuen. Dieses Für und Wider zog sich so lange durch die Generationen, bis die Zeit gekommen war, in der sich nur noch lichte Seelen in das Friedensreich einverleiben konnten. Sie gingen mit dem Ziel in das Erdenkleid, die neue Welt weiter aufzubauen und zu bevölkern. Das Friedensreich Jesu Christi entstand also im Evolutionsprozess. Weil die Seelen immer lichtvoller und friedvoller ins Erdenkleid kamen, wurde jede Generation lichter und das Friedensreich größer und vollkommener.

Erkennet: Worte ändern ihre Bedeutung – doch die Wahrheit bleibt. Das Wort, das Ich als Jesus von Nazareth gesprochen und als Christus Gottes über Mein Instrument offenbart habe, ist die ewige Wahrheit. Nur der erfasst die Wahrheit, der zur Wahrheit gewandert ist – hinein in das Reich Gottes, das im Innersten jedes Menschen ist.

Einzig der Geist Gottes ist es, der das Wort lebendig macht, nicht der Mensch, das Fleisch und Blut.

Zu allen Zeiten, in allen Generationen, erfolgte Gleiches und Ähnliches wie zu der Zeit, als Ich im Erdenkleid als Jesus wandelte. Die einen glaubten an das Wort der Wahrheit, andere wieder verlachten die Wahrheit und ihren Übermittler. Zu allen Zeiten fanden Menschen zur Wahrheit, und zu allen Zeiten wandten sich Menschen von ihr ab. So erging es auch Mir als Jesus von Nazareth. Viele Menschen kamen zu Mir, wurden Meine Jünger – und viele der Jünger verließen Mich wieder.

Wer die Wahrheit nur anhörte und sie nicht in sein tägliches Leben einbezog, der wandelte weiter in der Finsternis, und die Finsternis hat ihn dann auch wieder zu sich geholt.

10. Da antwortete Ihm Simon Petrus: „Herr, zu wem sollen wir gehen? Du hast die Worte ewigen Lebens. Und wir haben geglaubt und sind gewiss, dass Du bist Christus, der Sohn des lebendigen Gottes."

11. Jesus antwortete ihnen: „Habe Ich nicht euch Zwölfe erwählet? Und einen darunter, der ein Verräter ist?" Er redete von Judas Ischariot, dem Sohne Simons, des Leviten; denn dieser war es, der Ihn hernach verriet.

12. Jesus zog nach Jerusalem und begegnete einem Kamel mit einer schweren Last Holz. Das Kamel konnte sie nicht den Berg hinaufschleppen, und der Treiber schlug es und misshandelte es grausam, aber er konnte das Tier nicht von der Stelle bringen.

13. Und als Jesus es sah, sprach Er zu ihm: „Warum schlägst du deinen Bruder?" Und der Mann erwiderte: „Ich wusste nicht, dass es mein Bruder ist. Ist es nicht ein Lasttier und dazu gemacht, mir zu dienen?"

14. Und Jesus sprach: „Hat nicht derselbe Gott aus dem gleichen Stoffe dieses Tier geschaffen und deine Kinder, die dir dienen, und habet ihr nicht denselben Atem beide von Gott empfangen?"

15. Und der Mann staunte sehr über diese Rede. Er hörte auf, das Kamel zu schlagen, und befreite es von einem Teil seiner Last. So schritt das Kamel den Berg hinan, und Jesus ging vor ihm, und es blieb nicht mehr stehen bis an das Ende seiner Tagesreise.

16. Das Kamel erkannte Jesus; denn es hatte die Liebe Gottes in Ihm gefühlt. Und der Mann wollte mehr von der Lehre wissen, und Jesus lehrte ihn gerne, und er wurde Sein Anhänger. (Kap. 31, 10-16)

Ich, Christus, erkläre, berichtige
und vertiefe das Wort:

Alles ist Energie. An der Ausstrahlung der Menschen erkannte Ich, der Christus Gottes in Jesus, wer sich als Mensch bemühte, gottgerecht zu leben, und wer trotz besseren Wissens gegen das Gesetz des Lebens verstieß.

Als Jesus von Nazareth sprach Ich zu vielen Menschen vom Gesetz des Lebens, so auch von den Tieren, die ähnlich wie die Menschen Schmerz, Leid und Freude empfinden. So, wie der Mensch nicht gegen, sondern für seinen Nächsten sein soll, so soll er auch für die Tiere sein und ihnen gegenüber Verantwortung tragen, da sie dem Menschen dienen. Immer wieder lehrte Ich die Menschen, dass auch die Tiere Geschöpfe Gottes sind, die der Mensch nicht missachten, sondern lieben soll. Wer sie schlägt und quält, der wird einst an seiner Seele und an seinem Leibe Gleiches oder Ähnliches erfahren. Denn was der Mensch seinen Mitmenschen und Mitgeschöpfen, den Tieren, antut, das tut er sich selbst an.

Viele Menschen erkannten ihre Rohheiten und begannen, Meine Lehre zu verwirklichen. Sie bereuten und nahmen die Tiere als ihre Freunde an. Und so mancher verstand Meine Worte und folgte Mir nach.

32. KAPITEL

Gott als Speise und Trank –
Bedeutung von Fleisch und Blut

Ernährung und Gesundheit nach Gottes Willen (1-6).
Die Verrohung der Menschen, die Schärfe des menschlichen Ichs -
Umkehr der Menschen zur Einheit mit der Natur (8-12)

1. Und es geschah, da Er mit Seinen Jüngern bei der Abendmahlzeit saß, dass einer von ihnen zu Ihm sagte: „Meister, warum sagtest Du, dass Du uns Dein Fleisch willst zu essen geben und Dein Blut zu trinken? Denn es ist schwer zu verstehen für viele."

2. Und Jesus antwortete und sprach: „Die Worte, die Ich zu euch gesprochen habe, sind Geist und sie sind Leben. Für den Unwissenden und fleischlich Gesinnten klingen sie nach Blutvergießen und Tod; aber gesegnet sind, die sie verstehen.

3. Sehet das Getreide, wie es wächst bis zur Reife und abgeschnitten und in der Mühle gemahlen und im Feuer zu Brot gebacken wird. Aus diesem Brot ist Mein Leib gemacht, welchen ihr sehet. Und sehet die Weintrauben, welche an dem Weinstock wachsen bis zur Reife, gepflückt werden und in die Weinpresse kommen und die Frucht der Rebe schenken! Aus dieser Frucht des Weinstockes und aus Wasser ist Mein Blut gemacht.

4. Denn von den Früchten der Bäume und der Saat der Pflanzen allein genieße Ich, und diese werden vom Geiste in Mein Fleisch und in Mein Blut verwandelt. Von diesen allein und Ähnlichem sollt ihr, die ihr an Mich glaubt und Meine Jünger seid, essen, denn von diesen, im Geiste, kommen den Menschen Leben und Gesundheit und Heilung.

5. Wahrlich, Meine Gegenwart soll mit euch sein in der Substanz und im Leben Gottes, sichtbar geworden in diesem Leib und in diesem Blut; und von diesen sollt ihr alle, die ihr an Mich glaubt, essen und trinken.

6. Denn an allen Orten werde Ich auferstehen zum Leben der Welt, wie es geschrieben steht in den Propheten. Vom Aufgang der Sonne bis zu ihrem Untergang soll überall in Meinem Namen eine reine Opfergabe mit Weihrauch geopfert werden. (Kap. 32, 1-6)

Ich, Christus, erkläre, berichtige
und vertiefe das Wort:

Erkennet: Das Wort Gottes im Worte der Menschen ist Geist und Leben. Es wird den Menschen offenbart und gegeben, auf dass sie erfassen, dass nicht das Wort allein selig macht, sondern der Sinn des Wortes, das von Gott den Menschen gegeben ist und das täglich verwirklicht werden soll.

Menschen im Geiste des Ewigen wissen: In den Früchten des Feldes und des Waldes ist die Substanz des Lebens, die den Körper des Menschen, seine fleischliche Substanz und das Blut, gesund erhält – nicht jedoch in den getöteten Tieren, die verzehrt werden, denn das Fleisch ist tote Nahrung. Der Mensch soll weder Menschen töten noch bewusst Tiere töten oder sie zum Verzehr schlachten, denn sie sind als Geschöpfe Gottes seine „Übernächsten".

Wenn der Mensch sein irdisches Leben Gott weiht, dann erhält der Geist Gottes den Körper des Menschen, das Stoffliche, das Fleisch und das Blut, gesund; dann wird auch sein Empfinden, Denken, Sprechen und Handeln edel und gut sein. Allein daraus kommen die hohe Ethik und Moral. Die ethisch-moralischen Werte eines solchen Menschen werden dann auch bei der Wahl der Nahrung von Bedeutung sein. Er wird vom Fleisch- und Fischessen Abstand nehmen und auch vom Genuss scharfer Getränke.

Dann wird Gottes Gegenwart sichtbar sein, sowohl im und am Leibe als auch im Blut. Der Mensch wird gesund sein, weil er gesund denkt und gesund speist. Das heißt, seine Empfindungen, Gedanken, Worte und Handlungen sind im Gesetz, ebenso wie das, was er an Nahrung und Getränken zu sich nimmt. Wer an Mich glaubt und den Willen Gottes tut, wird in Gottes Werken leben und auch das essen und trinken, was die Natur ihm schenkt.

„... an allen Orten werde Ich auferstehen zum Leben der Welt" heißt: An allen Orten dieser Welt wird das Evangelium der Liebe verkündet werden, und alle Menschen, die guten Willens sind, werden Meine Lehre verwirklichen, die Ich als Jesus gab und als Christus wieder gebe. Sie werden bewusst Kinder Gottes sein, denn sie haben ihr Leben Gott geweiht und opfern gern und freudig ihr noch bestehendes Menschliches, indem sie es Mir übergeben und dafür das Reich Gottes gewinnen.

In dem Wort „Weihrauch" liegt der Sinn: geweihtes Leben.

7. Wie im Körperlichen, so auch im Geistigen. Meine Lehre und Mein Leben sollen Speise und Trank sein für euch, das Brot des Lebens und der Wein der Erlösung.

8. Ebenso wie das Getreide und die Weintrauben in Fleisch und Blut verwandelt werden, so müssen auch eure irdischen Gedanken in geistige verwandelt werden. Strebet die Verwandlung des Körperlichen in das Geistige an! (Kap. 32, 7-8)

Ich, Christus, erkläre, berichtige
und vertiefe das Wort:

„Strebet die Verwandlung des Körperlichen in das Geistige an!" heißt: Übergebt Mir euer Menschliches, eure menschlichen Empfindungen, Gedanken, Worte, Handlungen, eure Regungen, Neigungen und Leidenschaften. Alles Menschliche ist auf das Fleisch, also auf den Körper, bezogen. Wer dem Göttlichen in seinem Inneren zustrebt, der ist auf Gott, auf das Gesetz des Lebens, ausgerichtet. Er erfüllt das Gesetz der selbstlosen Liebe in seinem Empfinden, Denken, Sprechen und Handeln.

9. Wahrlich, Ich sage euch, zu Anfang haben alle Geschöpfe Gottes ihren Unterhalt allein in den Pflanzen und Früchten der Erde gefunden, bis die Unwissenheit und die Selbstsucht der Menschen viele davon abgebracht hat und zu dem gekehrt, was der ursprünglichen, von Gott gegebenen Ordnung widersprach. Aber selbst jene werden wieder zurückkehren zu der natürlichen Nahrung, wie es geschrieben steht in den Propheten. Denn deren Worte sollen nicht angezweifelt werden.

10. Wahrlich, Gott gibt ewig vom ewigen Leben und der ewigen Substanz, auf dass die Formen des Weltalls sich immer erneuern. Deshalb also habt ihr alle Anteil an dem Fleisch und Blut und der Substanz und dem Leben des Ewigen, und Meine Worte sind der Geist und das Leben.

11. Und wenn ihr Meine Gebote haltet und das Leben der Gerechtigkeit führet, werdet ihr glücklich sein in diesem Leben und im kommenden Leben. Wundert euch nicht über das, was Ich euch gesagt habe. Es sei denn, ihr esset das Fleisch und trinket das Blut Gottes, sonst habt ihr nicht das Leben in euch."

12. Und die Jünger antworteten: „Herr, gib uns immerdar zu essen von diesem Brote und zu trinken aus diesem Kelche; denn Deine Worte sind wahrlich Speise und Trank.

Durch Dein Leben und durch Deine Substanz werden wir leben immerdar." (Kap. 32, 9-12)

Ich, Christus, erkläre, berichtige
und vertiefe das Wort:

Wahrlich, in Gott zu leben heißt: Gottes ewige Gesetze zu erfüllen. Das heißt auch, von dem zu leben, was die Natur dem Menschen schenkt.

Die Menschen und die Tiere entwickelten sich ganz allmählich auf dieser Erde. Beide, der Mensch und das Tier, ernährten sich im Garten Gottes von den Pflanzen. Als der Mensch immer tiefer in Sünde fiel, fiel er damit in das Dunkel der Unwissenheit und verfiel der Selbstsucht. So, wie das Grobstoffliche immer dichter wurde, vergröberten sich auch die Sinne des Menschen, und damit veränderten sich auch ganz allmählich seine Organe.

In seiner Selbstsucht suchte der Mensch nach Genüssen aller Art und begann, nach Scharfem, Saurem und Tierischem zu trachten. Die harte Schale, das menschliche Ich, die groben Sinne, brachten die Sinnlichkeit hervor, die nach Befriedigung verlangte. Damit versuchten die Menschen, das auszugleichen, was sie an Lebensenergie ungesetzmäßig abgaben.

Den Sinnenmenschen, dessen Gedanken immer ichbezogener wurden, drängte es dann nach einer Nahrung, die seinem Denken und Handeln entsprach. Weil er sich immer mehr von Gott entfernte, wurde er in seinem Reden und Handeln schärfer. Die verrohten Sinne spiegelten die Schärfe des menschlichen Ichs wider und suchten deshalb entsprechend scharfe Gewürze und Speisen. Wenn dem Menschen etwas misslang, reagierte er verbittert, und seine Sinne suchten Befriedigung in immer neuen Genüssen. Die verkrampften Nerven des Menschen suchten nach Entspannung in der Sinnlichkeit.

Immer mehr verlangte der Körper nach dem, was der Mensch in seinen Empfindungen, Gedanken, Worten und Handlungen ausstrahlte: süß und sauer, scharf und leidenschaftlich. Deshalb begann er, die Substanzen der Natur durch Zubereitung mehr und mehr in Saures, Scharfes und Süßes zu verändern.

Die Folge von alledem war, dass der Mensch die Tiere zu jagen begann, sie tötete, ihr Fleisch würzte und verzehrte. Dadurch wurde der Mensch zum Jäger und Wilderer. In seiner immer stärker werdenden Sinnlichkeit begehrte er das „Fleischliche", das männliche oder das weibliche Geschlecht.

All das geschah und geschieht auch noch in dieser Generation. Erst wenn der Mensch zum Geist des Lebens zurückkehrt, indem er seine Gedanken zu Gott erhebt, wird er auch seine Sinne verfeinern.

Ich Bin gekommen, den Menschen das Gesetz des Lebens zu bringen. Wer es annimmt und an sich selbst anwendet, der kehrt zurück zum Leben in Gott. Das Leben in Gott und mit allem Sein ist die höchste und feinste Ethik und Moral.

Alle Seelen werden wieder zu diesem Sein finden, weil sie aus Gott, dem ewigen Sein, dem Leben, hervorgegangen sind und ewig in sich das Leben aus Gott besitzen.

Wer die Gebote, die Auszüge aus dem ewigen Gesetz, hält, der lebt in und aus Gott und ist allen Lebensformen gegenüber gerecht.

Wahrlich, das Wort Gottes ist Speise und Trank, ist das Leben. Wer in Gott lebt, der lebt auch aus Gott. Er lebt im Sein. Die Erde ist ein Teil des ewigen Seins, deshalb wird der bewusst lebende Mensch sie auch rechtmäßig besitzen und bebauen, da er mit der Erde lebt und nicht gegen die Erde ist und gegen alles, was auf ihr lebt.

Die Seele lebt aus der rein geistigen Substanz, der irdische Leib lebt aus dem Leben, das aus der geistigen zur materiellen Substanz geworden ist. Beide, die rein geistige wie die geistig-materielle Substanz, sind Gaben Gottes für die Seele und den Menschen. Gott gab den Menschen die Früchte und die Pflanzen. Sie sind das Leben für den Körper. Der Mensch wird wieder zurückkehren zur Natur und mit der Natur leben, weil er erkennen wird, dass das Leben und die Gesundheit des Körpers allein aus Gott sind, aus dem Leben, das sich in der Natur den Kindern Gottes schenkt.

Die Natur schenkt dem gesunden Körper Kraft und dem kranken Heilung. Voraussetzung ist jedoch, dass die Gedanken des Menschen, seine Worte und Handlungen heil sind.

Im Friedensreich Jesu Christi leben die Kinder Gottes mit den Naturreichen in absoluter Einheit, und Gott ernährt sie mit den Früchten und den Pflanzen, dem Leben der Natur.

33. KAPITEL

Über Blutopfer und Sündenvergebung – Heilung am Teich Bethesda

Zeitbedingte Zugeständnisse von Moses wurden zu Gesetzen (1-3). Tieropfer und Fleischnahrung - Menschliche Vorschriften binden; Gott ist unbegrenzte Liebe und Freiheit (4-14).

1. Jesus lehrte Seine Jünger im äußeren Hofe des Tempels, und einer von ihnen sagte zu Ihm: „Meister, es wird gesagt von den Priestern, ohne Vergießen von Blut gebe es keine Vergebung von Sünden. Können denn die gesetzlichen Blutopfer die Sünden hinwegnehmen?"

2. Und Jesus antwortete: „Kein Blutopfer von Tier oder Vogel oder Mensch kann Sünden hinwegnehmen. Denn wie kann eine Schuld durch das Vergießen von unschuldigem Blut getilgt werden? Nein, es wird die Schuld noch vergrößern.

3. Die Priester empfangen sehr wohl solche Opfer zur Versöhnung von den Gläubigen für die Vergehen gegen das Gesetz des Moses, aber für die Sünden gegen das Gesetz Gottes gibt es keine Vergebung, es sei denn durch Reue und Besserung. (Kap. 33, 1-3)

Ich, Christus, erkläre, berichtige und vertiefe das Wort:

Moses brachte die Zehn Gebote von Gott. Als er erkannte, dass die Israeliten die Zehn Gebote nicht in kurzer

Zeit umsetzen konnten, weil die meisten jahrzehntelang entgegen den Zehn Geboten gedacht und gehandelt hatten, machte er ihnen einige Zugeständnisse, um sie über Selbsterkenntnis zur inneren Erfahrung zu führen. Viele der Israeliten beachteten jedoch auch die Zugeständnisse nicht und frönten weiter dem Götzendienst. Nach weiteren Generationen wurden diese Zugeständnisse von den halsstarrigen Israeliten zu Gesetzen erhoben.

Tieropfer sind gegen das Gesetz Gottes und auch gegen die Zehn Gebote.

4. Steht nicht geschrieben in den Propheten: Nehmt eure Blutopfer und eure Brandopfer und weg mit ihnen! Höret auf, Fleisch zu essen; denn Ich sprach darüber nicht zu euren Vätern noch habe Ich es ihnen befohlen, als Ich sie aus Ägypten führte. Aber dies habe Ich befohlen:

5. Gehorchet Meiner Stimme und wandelt die Wege, die Ich euch befohlen habe, und ihr werdet Mein Volk sein, und es wird euch wohl ergehen. Doch sie waren nicht geneigt und horchten nicht.

6. Und was befiehlt euch der Ewige anders, als Gerechtigkeit und Barmherzigkeit zu üben und demütig zu wandeln mit eurem Gott? Stehet nicht geschrieben, dass Gott am Anfange die Früchte der Bäume und die Samen und Kräuter zur Nahrung bestimmte für alles Fleisch?

7. Aber sie haben das Bethaus zu einem Haus von Dieben gemacht, und an Stelle des reinen Opfers mit Weih-

rauch haben sie Meine Altäre mit Blut besudelt und das Fleisch der geschlachteten Tiere gegessen.

8. Ich aber sage euch: Vergießet kein unschuldiges Blut, noch esset das Fleisch. Seid aufrichtig, liebet die Barmherzigkeit und tut recht, und eure Tage werden lange währen im Lande.

9. Das Korn, das aus dem Erdreich wächst mit dem anderen Getreide, wird es nicht durch den Geist verwandelt in Mein Fleisch? Die Beeren des Weinberges und die anderen Früchte, werden sie nicht verwandelt durch den Geist in Mein Blut? Lasset dieses mit euren Körpern und Seelen euer Denkmal an den Ewigen sein.

10. Darin ist die Gegenwart Gottes sichtbar als Substanz und als das Leben der Welt. Davon sollt ihr alle essen und trinken zur Vergebung der Sünden, und für das ewige Leben für alle, die Meinen Worten gehorchen.“

11. Nun ist aber zu Jerusalem bei dem Schafmarkt ein Teich, der heißt Bethesda. In fünf Hallen lag eine große Menge gebrechlichen Volkes von Blinden, Lahmen, Verdorrten und wartete, dass sich das Wasser bewege.

12. Denn zu einer bestimmten Zeit kam ein Engel herab in den Teich und bewegte das Wasser. Wer nun als erster, nachdem das Wasser bewegt war, hineinstieg, der ward geheilt von jeglicher Krankheit, von der er befallen war. Da war auch ein Mann, welcher von Geburt an lahm war.

13. Und Jesus sprach zu ihm: „Bringen dir die Wasser keine Heilung?“ Er sagte zu Ihm: „Doch, Herr, aber ich habe niemanden, der mich in den Teich bringt, wenn das

Wasser sich bewegt. Und wenn ich versuche zu kommen, so steigt ein anderer vor mir hinein." Und Jesus sprach zu ihm: „Steh' auf, nimm dein Bett, und wandle." Und sogleich stand er auf und ging. Und an diesem Tage war Sabbat.

14. Und die Juden sagten zu ihm: „Es ist heute Sabbat, und es ist gegen das Gesetz, dass du dein Bett trägst." Und der Geheilte wusste nicht, dass es Jesus war. Und Jesus war hinweggegangen, denn auf dem Platze waren viele Menschen. (Kap. 33, 4-14)

Ich, Christus, erkläre, berichtige
und vertiefe das Wort:

Im Gesetze Gottes steht weder etwas von Blut- noch von Brandopfer, noch vom bewussten Töten der Tiere und auch nicht vom Verzehren des Fleisches der Tiere.

Nur der wandelt in Gott und gehört zum Volke Gottes, der Seiner Stimme gehorcht, indem er die Gesetze Gottes erfüllt. Es ist Gesetz: Der Mensch soll Gerechtigkeit und Barmherzigkeit üben und demütig wandeln zum Reiche Gottes des Inneren, wo die wahre und ewige Heimat der Seele ist. Wer die Gesetze Gottes hält, ernährt sich auch von dem, was das Gesetz Gottes in der Natur hervorbringt. Er wird auch sein Leben, sein Empfinden, Denken, Reden und Handeln in Übereinstimmung mit dem ewigen Gesetz bringen.

Von Anfang an hat Gott den Menschen die Früchte, die Samen und die Kräuter zur Nahrung gegeben. Dieses Gesetz ist gültig, bis alle Seelen in den feinstofflichen Bereichen leben und keine Menschen mehr leben, welche die formgewordene Energie, das Leben aus der Natur, für ihre Körper benötigen.

Das Bethaus soll ein Gebetshaus sein, in welchem der Mensch im Gebet und in der Anbetung Gottes die Einheit mit seinem Nächsten pflegt. Er gewinnt daraus für das tägliche Leben die Kraft, ein geweihtes, reines Leben zu führen und in Einheit mit seinen Nächsten zu leben.

Zu Meiner Zeit als Jesus von Nazareth besudelten die Menschen die steinernen Altäre in ihren Bethäusern mit Blut und aßen dann auch noch das Fleisch der Tiere, die sie getötet hatten. Ihre Tempel aus Fleisch und Bein besudelten sie mit gegensätzlichen Empfindungen, Gedanken, Worten und Handlungen. Das tun auch noch die Menschen in dieser Zeit immer wieder. Ebenso besudeln auch sie sich noch immer mit dem Blut der Tiere, die sie wider besseres Wissen töten und ihr Fleisch verzehren.

Erkennet: Das Gesetz Gottes ist und wird ewig sein. Was in Vorzeiten Gültigkeit hatte, das gilt auch heute, denn Gott ist dasselbe Gesetz – heute, morgen und in alle Ewigkeit.

Wer unschuldiges Blut vergießt, wer Fleisch verzehrt, der ist unbarmherzig und wird an sich selbst seine Unbarmherzigkeit zu erdulden haben.

Das Denkmal für den Ewigen sind eine reine Seele und ein gesunder Leib, den die reine Seele gesund erhält.

Die natürliche Nahrung enthält die Substanz Gottes. Sie ist das Leben des irdischen Leibes.

Wer seine Sünden bereut und sie nicht mehr tut, der wird auch seine Empfindungen, Gedanken, Worte und Handlungen in Gott belassen und das essen, was Gott ihm geschenkt hat.

Ich berichtige: Nicht ein Engel bewegte den Teich, sondern die Elemente bewegten und bewegen das Wasser. Nicht das Wasser heilt, sondern einzig der Glaube an den, der auch im Wasser als Substanz ist.

So wie die Juden, so hielten und halten auch die Menschen aller Generationen den Sabbat nur im Äußeren, weil es für sie so Gewohnheit ist. In ihrem täglichen Verhalten jedoch verstießen und verstoßen sie gegen das, was sie nur in Worten lehren. Ihre Gedanken waren und sind unrein und so auch ihre Werke, die sie hinter Mauern verrichten, auf dass sie nicht gesehen werden. Sie redeten und reden von Sabbat-Geboten, doch selbst hielten und halten sie den Sabbat nicht, weder in ihren Empfindungen noch in ihren Gedanken, ihren Worten und ihrem Handeln.

Das Benetzen mit irdischem Wasser ist nur ein Symbol. Wer an Gottes geistigen Strom glaubt und sein Leben Gott weiht, der erlangt Linderung und Heilung durch das Leben aus Gott – ob er in das Wasser, das nur ein Symbol ist, eintaucht oder ob er Gott von Herzen anruft, einerlei, wo er sich auch befindet.

Gott ist allgegenwärtige Kraft. Gott hilft, lindert und heilt. Er fragt nicht, ob es Alltag oder Sabbat ist. Wer von Herzen bittet, der empfängt, gleich, an welchem Tag und zu welcher Stunde. Nur der engstirnige Mensch hat viele Vorschriften. Damit möchte er den allumfassenden Geist begrenzen.

Erkennet: Gott ist unbegrenzte Liebe und Freiheit. Das Gesetz der unbegrenzten Liebe und Freiheit kennt nicht die Engstirnigkeit des menschlichen Ichs. Das menschliche Ich ist das Ichheitsgesetz, das sich der Mensch selbst geschaffen hat. Es ist die Saat, die schon die Frucht in sich trägt. Der Mensch selbst hat sie in den Acker des Lebens, in seine Seele, eingebracht.

34. KAPITEL

Die Liebe Jesu für alle Geschöpfe

*Wen Gott durchströmt, der wird zum Segen (2-6).
Achtung vor allem Geschaffenen; Missachtung untersteht
dem Kausalgesetz (7-10).*

1. Als Jesus erkannte, wie die Pharisäer murrten und Anstoß nahmen, dass Er mehr Jünger gewann und taufte als Johannes, verließ Er Judäa und ging wieder nach Galiläa.

2. Und Jesus kam zu einem Baum, unter dem Er mehrere Tage verweilte. Und dorthin kamen auch Maria Magdalena und andere Frauen und dienten Ihm mit ihrer Habe, und Er lehrte täglich alle, die zu Ihm kamen.

3. Und die Vögel sammelten sich um Ihn und begrüßten Ihn mit ihrem Gesang, und andere Geschöpfe kamen zu Seinen Füßen, und Er fütterte sie, und sie fraßen Ihm aus der Hand.

4. Und als Er fortzog, segnete Er die Frauen, die Ihm ihre Liebe bezeugt hatten, und Er wendete sich zu dem Feigenbaume und segnete auch ihn. Und Er sprach: „Du gabst Mir Obdach und Schatten gegen die brennende Hitze, und zu alledem gabst du Mir auch Nahrung.

5. Sei gesegnet, wachse und sei fruchtbar und lasse alle, die zu dir kommen, Ruhe, Schatten und Nahrung

finden und lasse die Vögel der Luft ihre Freude finden in deinen Zweigen."

6. Und siehe, der Baum wuchs und gedieh ganz ungewöhnlich, und seine Äste breiteten sich immer mehr aus nach oben und nach unten, so dass kein ähnlicher Baum von solcher Schönheit und Größe zu finden war und keiner mit einer solchen Fülle und einer solchen Güte der Früchte wie dieser. (Kap. 34, 1-6)

Ich, Christus, erkläre, berichtige
und vertiefe das Wort:

Wer den Segen, die Kraft Gottes, durch sich strömen lässt, der ist eine Quelle der Kraft für Menschen, Tiere, Pflanzen und Steine.

Wenn Gott einen Menschen zu durchströmen vermag, dann ist dieser ein Segen für alle und alles. Wen Gott durchströmt, der liebt selbstlos die Menschen, die Tiere, die Pflanzen und die Steine. Wer die Menschen und die Naturreiche in sein Leben mit einbezieht, der steht in Kommunikation mit dem All-Leben. Das Leben in seiner Vielfalt dankt ihm, indem es sich in Fülle schenkt, und es wird alle beschenken, die zum Quell des Lebens kommen.

Wer das Leben achtet, der kennt auch die ewige Heimat. Er lebt schon auf Erden mitten im Paradies Gottes, denn es dienen ihm die Naturreiche, und die Elemente gehorchen ihm.

7. Jesus kam in ein Dorf und sah dort eine kleine Katze, die herrenlos war, und sie litt Hunger und schrie zu Ihm. Und Er nahm sie hoch, hüllte sie in Sein Gewand und ließ sie an Seiner Brust ruhen.

8. Und als Er durch das Dorf ging, gab Er der Katze zu essen und zu trinken. Und sie aß und trank und zeigte Ihm ihren Dank. Und Er gab sie einer Seiner Jüngerinnen, einer Witwe mit Namen Lorenza, und sie sorgte für sie.

9. Und einige aus dem Volke sagten: „Dieser Mann sorgt für alle Tiere. Sind sie Seine Brüder und Schwestern, dass Er sie so liebt?" Und Er sprach zu ihnen: „Wahrlich, diese sind eure Mitbrüder aus der großen Familie Gottes, eure Brüder und Schwestern, welche denselben Atem des Lebens von dem Ewigen haben.

10. Und wer immer für einen der kleinsten von ihnen sorgt und ihm Speise und Trank gibt in seiner Not, der tut dieses Mir, und wer es willentlich duldet, dass eines von ihnen Mangel leidet, und es nicht schützt, wenn es miss-handelt wird, lässt dieses Übel zu, als sei es Mir zugefügt. Denn ebenso wie ihr in diesem Leben getan habt, so wird euch im kommenden Leben getan werden." (Kap. 34, 7-10)

Ich, Christus, erkläre, berichtige
und vertiefe das Wort:

Wahrlich, Ich sage euch, das Leben ist Gottes Odem. Ob Mensch oder Tier – sie alle werden von e i n e r Kraft beatmet, von Gott.

Gott ist Leben, und Leben ist Odem. Wer seinem Nächsten mutwillig den Atem raubt, indem er ihn tötet, der wird in den geistigen Tod fallen. Im Reiche der Seelen wird er ein Fremder sein, denn er kennt sein eigenes Bewusstsein nicht und weiß daher auch nicht, ob er lebt oder tot ist. Allein schon, wenn der Mensch willentlich und wissentlich duldet, dass Menschen und Tiere gequält, missachtet und misshandelt werden, wird ihm Gleiches oder Ähnliches widerfahren.

Was also der Mensch seinen Nächsten und Übernächsten, das heißt Tieren, Pflanzen und Steinen, antut, das tut er Mir an – und damit sich selbst.

Erkennet: Auch Steine sind Schöpfungskräfte Gottes; auch ihnen sollte Achtung entgegengebracht werden.

Die Saat des Menschen wird also seine Ernte sein.

35. KAPITEL

Das Gleichnis vom barmherzigen Samariter – Maria und Martha

Was du deinem Nächsten antust, das tust du Christus und dir selbst an - Über das Verhalten zum Nächsten (1-8). Bete und arbeite; das rechte Maß (9-11). Bild für den Bau des Hauses Gottes, des Neuen Jerusalem auf Erden - Die göttliche Weisheit ruft die Söhne und Töchter Gottes; sie bereitet den Inneren Weg und bringt die allumfassenden göttlichen Gesetze - Die in Mir leben, werden zum lebendigen Quell (12-15).

1. Ein Schriftgelehrter trat Ihm entgegen, der Ihn überführen wollte: „Meister, was muss ich tun, dass ich das ewige Leben erwerbe?" Er sprach zu ihm: „Was steht im Gesetz geschrieben? Wie liesest du?"

2. Er antwortete und sagte: „Du sollst keinem anderen tun, was du nicht willst, dass er dir tue. Du sollst Gott, deinen Herrn, lieben von ganzem Herzen, von ganzer Seele und mit deinem ganzen Gemüte. Du sollst anderen tun, was du willst, dass andere an dir tun."

3. Und Jesus sprach zu ihm: „Du hast recht geantwortet. Tue das, so wirst du leben. An diesen drei Geboten hängen alle Gesetze und die Propheten, denn, wer Gott liebet, der liebet auch seinen Nächsten."

4. Er aber wollte sich selbst verteidigen und sagte zu Jesus: „Und wer ist mein Nächster?" Jesus antwortete und

sprach: „Es war ein Mensch, der ging von Jerusalem hinab nach Jericho und fiel unter die Räuber; die zogen ihm
sein Gewand aus, verwundeten ihn und gingen davon und
ließen ihn halbtot liegen.

5. Es begab sich aber, dass ein Priester diese Straße
herunterkam; und da er ihn sah, ging er an ihm vorüber.
Desgleichen auch ein Levit, da er herunterkam und ihn
sah, ging er auf der anderen Seite vorbei.

6. Aber auch ein Samariter kam auf der Reise dahin, wo
er lag, und da er ihn sah, hatte er Mitleid mit ihm. Er ging
zu ihm, goss Öl und Wein auf seine Wunden und verband
sie. Darauf setzte er ihn auf sein Tier und brachte ihn in
eine Herberge und pflegte ihn.

7. Am anderen Morgen, da er weiterreiste, zog er zwei
Groschen heraus, gab sie dem Wirte und sprach zu ihm:
‚Sorge für ihn, und was du mehr brauchst, will ich dir zu-
rückzahlen, wenn ich wieder komme.'

8. Welcher, dünkt dich, war unter diesen dreien der
Nächste gewesen dem, der unter die Räuber gefallen war?"
Er sagte: „Der ihm Barmherzigkeit erwies." Da sprach Jesus
zu ihm: „So gehe hin und tue desgleichen." (Kap. 35, 1-8)

Ich, Christus, erkläre, berichtige
und vertiefe das Wort:

Auch diese Aussage sollte dir – wie viele andere auch –
auf deiner Erdenwanderung zum Geleit dienen: „Ein

Schriftgelehrter trat Ihm entgegen, der Ihn überführen wollte."

Erkenne: Du sollst deinem Nächsten keine Falle stellen, denn damit gibst du dem Versucher die Möglichkeit, dich selbst zu Fall zu bringen.

Wenn du nicht wachsam bist, also deine Empfindungen und Gedanken nicht kontrollierst, dann wird sich der Versucher über diese deine eigenen Empfindungen und Gedanken, über deine Menschlichkeiten, dein menschliches Ich, einschleichen und dich zu dem verführen, was deinem derzeitigen menschlichen Wesen entspricht.

Erkenne das Gesetz: Was du deinem Nächsten antust, das tust du dir selbst an. Die Wirkung kann über Zweite oder Dritte kommen oder über die unsichtbare dunkle Kraft, den Versucher.

Und: „Du sollst keinem anderen tun, was du nicht willst, dass er dir tue" heißt: Beachte jeden Augenblick in deinem irdischen Leben. Dann hast du Einblick in deine Empfindungs- und Gedankenwelt und kannst rechtzeitig Mir, dem Christus, dein Menschliches übergeben, bevor du deinem Nächsten das antust, was wieder auf dich zurückfällt. Was du deinem Nächsten antust, das tust du auch Mir, dem Christus, an – und dir selbst, denn dein Nächster ist ein Teil von Mir und auch ein Teil von dir.

Wer Gott von ganzem Herzen und von ganzer Seele liebt, der liebt auch seinen Nächsten selbstlos aus der Tiefe seiner Seele und seines Herzens. Dies heißt: Du sollst deinem Nächsten das tun, was du willst, dass er dir tu'. Du sollst also den Nächsten achten und ihm das tun, was dem ewigen Gesetz entspricht – jedoch nicht das, was er an Ungesetzmäßigem von dir verlangt.

Erkennet weiter: Ihr sollt nicht nur die lieben und denen Gutes tun, die euch lieben und euch Gleiches oder Ähnliches entgegenbringen. Liebet alle eure Mitmenschen, und tuet allen Gutes nach dem Gesetz der selbstlosen Liebe und des rechten Gebens und Empfangens. Liebet also auch jene, die euch nicht lieben, und tuet auch denen Gutes, die euch missachten und verwerfen.

Doch beachtet im Gebot des Gebens den freien Willen eurer Nächsten: Wollen sie eure selbstlose Hilfe nicht, dann unterlasst diese. Wollen sie eure selbstlose Hilfe jedoch, um sich an euch zu bereichern – z.B. damit sie nicht zu arbeiten brauchen, um ihr Brot zu verdienen –, dann bietet ihnen die Hilfe an, Arbeit zu finden, damit sie das selbst verdienen, was sie von euch erwartet haben.

Wenn es um eure Mitmenschen geht, so denkt in jeder Situation an das Gebot der Einheit mit allen Menschen. Habt ihr Selbstlosigkeit geübt, wenn ihr nur die liebt, die euch lieben, und nur denen helft, die auch euch behilflich waren oder sind? Das gleiche tun die Pharisäer.

So ihr die Gebote der Selbstlosigkeit mehr und mehr erfüllt, beginnt ihr, wahrlich zu leben.

Die Gebote des Gebens, der Willensfreiheit, der Einheit und Selbstlosigkeit sind Grundelemente des ewigen Gesetzes Gottes. Sie gelten für alle Wesen und Menschen. Auch die gerechten Propheten erfüllten und erfüllen sie.

Erkennet: Jeder, ohne Ausnahme, ist euer Nächster.

Ich habe schon offenbart, dass von Generation zu Generation die Menschheit vielen Wörtern immer wieder einen anderen Sinngehalt, also eine andere Bedeutung, beigelegt hat.

So hat das Wort „Mitleid" im Gesetz des Lebens eine andere Bedeutung, als der Mensch ihm heute beimisst:

Mitleid bedeutet im Gesetz des Lebens mit-leiden, sich in den Leidtragenden hineinempfinden, um zu erspüren, was er benötigt.

Das Wort „mit-leiden" bedeutet auch, Barmherzigkeit zu üben – jedoch nicht mitzujammern und den Nächsten als „Armen" zu beklagen und zu bedauern. Denn wer so handelt, der kann damit das Selbstmitleid im Leidenden wecken – und auf diese Weise mit dazu beitragen, dass dieser sich durch Selbstbedauern in seinem Leid verstrickt.

Wer wahrhaft selbstlos mit-leidet, der empfindet in seinem Herzen die Situation seines Nächsten. Er wird selbstlose Hilfe leisten und nach dem Gesetz des Lebens das Bestmögliche für seinen Nächsten tun.

9. Nun begab es sich unterwegs, dass sie in ein Dorf kamen. Ein Weib mit Namen Martha nahm Ihn auf in ihr Haus. Und sie hatte eine Schwester, die hieß Maria; die setzte sich auch zu Jesu Füßen und hörte Seinem Wort zu.

10. Martha aber machte sich viel zu schaffen, Ihm zu dienen. Und sie trat hinzu und sagte: „Herr, fragst Du nicht

*danach, dass mich meine Schwester allein dienen lässt?
Sage ihr doch, dass sie mir helfe."*

*11. Und Jesus antwortete und sprach zu ihr: „Martha,
Martha, du bist besorgt und plagst dich um viele Dinge;
eines aber nur ist nötig. Und Maria hat dieses gute Teil
erwählt, und das soll nicht von ihr genommen werden."
(Kap. 35, 9-11)*

Ich, Christus, erkläre, berichtige
und vertiefe das Wort:

„Und Maria hat dieses gute Teil erwählt, und das soll
nicht von ihr genommen werden" besagt: Nicht allein
die Geschäftigkeit und äußeres Dienen bringen dem
Menschen geistigen Gewinn, sondern das rechte Maß in
allen Dingen. Entscheidend ist, dass der Mensch alles von
Herzen und mit der Kraft Gottes vollbringt.

Wer in Gott ruht, durch den wirkt Gott. Sein selbstloses
Wirken ist dann Segen für viele.

*12. Wieder einmal, als Jesus mit Seinen Jüngern in einer
Stadt bei der Abendmahlzeit saß, sprach Er zu ihnen: „Wie
ein Tisch auf zwölf Pfeilern, ebenso Bin Ich in eurer Mitte.*

*13. Wahrlich, Ich sage euch, die Weisheit bauet ihr Haus
und behauet ihre zwölf Pfeiler. Sie bereitet ihr Brot und ihr
Öl vor und mischet ihren Wein. Sie bestellt ihren Tisch.*

14. Und sie steht auf den erhabenen Plätzen der Stadt und ruft die Söhne und Töchter der Menschen. Wer immer will, den lasst hierher führen, lasst ihn essen von Meinem Brote und von Meinem Öl nehmen und von Meinem Weine trinken.

15. Sage dich los von den Törichten, und lebe und gehe auf dem Weg der Einsicht. Die Verehrung Gottes ist der Anfang der Weisheit, und die Erkenntnis des Heiligen ist Verstehen. Durch Mich werden eure Tage vermehrt, und die Jahre eures Lebens werden wachsen." (Kap. 35, 12-15)

Ich, Christus, erkläre, berichtige
und vertiefe das Wort:

„Wie ein Tisch auf zwölf Pfeilern, ebenso Bin Ich in eurer Mitte" bedeutet: Der Tisch auf zwölf Pfeilern symbolisiert das Heiligtum Gottes in der Tragkraft der zwölf Ältesten, in deren Mitte Ich, der Christus Gottes, Bin. Ebenso war Ich als Jesus von Nazareth in der Mitte der zwölf Apostel, welche die zwölf Ältesten des Heiligtums symbolisierten.

Ich Bin der Weg, die Wahrheit und das Leben, das Brot, das Öl und der Wein.

„Wahrlich, Ich sage euch, die Weisheit bauet ihr Haus und behauet ihre zwölf Pfeiler" besagt: Die Weisheit aus Gott – Seine Wesenheit in dem Engelfürsten der göttlichen Weisheit und dessen Geistdual im Erdenkleid – baut das geistige Haus, das Zelt Gottes unter den Menschen: das Neue Jerusalem.

Die göttliche Weisheit bereitet den Menschen, die guten Willens sind, den Weg in das Innere Leben, zu Mir, dem Christus Gottes, dem Erlöser aller Seelen und Menschen. Es ist der Innere Weg.

Gemeinsam mit Mir, dem Christus, ruft sie die Söhne und Töchter Gottes aus dem Geschlechte David und aus anderen Geschlechtern, um das Friedensreich Jesu Christi zu gründen und zu erbauen. Das Geschlecht David ist gleich der Stamm David für Mein Friedensreich auf dieser Erde.

Die göttliche Weisheit mit den Männern und Frauen aus dem Geschlecht David und aus anderen Geschlechtern behauen die zwölf Pfeiler. Das heißt, sie schaffen das Fundament für das Friedensreich Jesu Christi, in dem das Haus, das Zelt Gottes, das Neue Jerusalem, die Mitte, der tragende Pfeiler für das Friedensreich Jesu Christi ist. Die zwölf Pfeiler symbolisieren auch die zwölf Tore der ewigen Stadt Gottes und des Neuen Jerusalem auf der lichten Erde im Friedensreiche Jesu Christi.

„Sie bereitet ihr Brot und ihr Öl vor und mischet ihren Wein" bedeutet: Die göttliche Weisheit bringt den Menschen die allumfassenden Gesetze Gottes. Wer nach den Gesetzen Gottes lebt, der steht zu Meiner Rechten und sitzt am Tische des Christus Gottes und der göttlichen Weisheit mit allen gerechten Männern und Frauen.

Wer am Tisch des Lebens sitzt, der empfängt auch vom Tische Gottes. Das Brot, das Öl und der Wein symbolisieren die Gaben des Lebens, die allen gereicht werden, die in Mir, dem Christus Gottes, leben.

Die Worte „Sie bestellt ihren Tisch" besagen: Die göttliche Weisheit lädt zum Gastmahl des Herrn ein im Hause Gottes, dem Neuen Jerusalem auf Erden. Und die ehrlichen Herzens sind, speisen mit Mir, dem Christus, am Tische Gottes. Sie sind bewusst die Träger der kommenden Generationen.

Dieser Tisch Gottes im Hause Gottes ist schon bestellt. Die am Tische des Herrn sitzen, sind die Brüder und Schwestern der Urgemeinde Neues Jerusalem, welche mit dem Ewigen und mit Mir, dem Christus Gottes, den Bund für das Friedensreich Jesu Christi geschlossen haben.

Wie offenbart, rufen Ich, Christus, und die göttliche Weisheit alle Söhne und Töchter Gottes aus dem Geschlecht David und aus anderen Geschlechtern.

Der Tisch Gottes ist für alle Menschen bestellt, die guten Willens sind, und diese werden alle kommen, denn sie spüren, dass sie willkommen sind.

Ich berichtige die Aussage: „Und sie steht auf den erhabenen Plätzen der Stadt und ruft die Söhne und Töchter der Menschen." Auf den vorbereiteten Plätzen vieler Städte und Gemeinden ruft die göttliche Weisheit die Söhne und Töchter der Menschen zur Umkehr und Einkehr und ruft die Söhne und Töchter aus dem Geschlecht David und aus anderen Geschlechtern, damit sie ihren göttlichen Auftrag erfüllen.

Jeder, der guten Willens ist, ist gerufen. Das besagen die Worte: „Wer immer will, den lasst hierher führen, lasst ihn essen von Meinem Brote und von Meinem Öl nehmen und von Meinem Weine trinken."

Die Gaben aus dem Ursprung der Quelle Gott, gereicht durch die göttliche Weisheit, sind die Fülle aus dem Gesetz Gottes. Wer Gottes Gesetze erfüllt, der lebt in Gott und in Seiner Fülle. Ihm wird es an nichts mangeln.

„Sage dich los von den Törichten, und lebe und gehe auf dem Weg der Einsicht" heißt: Sage dich los vom menschlichen Ich und von allen, die dich an sich binden wollen durch ihre Vorstellungen und Meinungen, und von all den Törichten, die trotz besseren Wissens so bleiben wollen, wie sie sind: töricht und engherzig. Lossagen bedeutet: im Äußeren lassen, im Inneren bewahren.

Gehe auf dem Wege der Einsicht, und du kehrst dich nach innen – zum Leben, das inwendig in jedem Menschen ist.

Die göttliche Weisheit brachte den allumfassenden Inneren Weg, auf dass der wahrhaft Suchende sich in Mir, dem Christus Gottes, findet und von der nie versiegenden Quelle Gott zu schöpfen vermag. Wer den Inneren Weg wahrhaftig wandelt, den Ich, der Christus Gottes, durch die göttliche Weisheit den Menschen offenbart habe, der erlangt wahre Größe.

Er wird Gott in allen Dingen erkennen, Ihn verehren und in Seinem heiligen Willen leben. Dadurch lebt er im Gesetz der selbstlosen Liebe und wird alle Dinge und alles, was ist, im Lichte der Wahrheit erkennen und verstehen.

Durch Mich werden in diesen Tagen die Menschen, die in Mir, dem Christus Gottes, leben, zum lebendigen Quell. Ich werde ihre Tage vermehren, weil sie in Mir leben und durch Mich das Heil in diese Welt bringen zu ihren Mitbrüdern und Mitschwestern.

In der Folge der Generationen werden sie in den Jahren ihres irdischen Daseins gemeinsam wirken und all jenen zum Zeugnis sein, die noch in der materialistischen Welt leben.

36. KAPITEL

Die Ehebrecherin –
Der Pharisäer und der Zöllner

*Das Gesetz der Entsprechung - Wer sich selbst kennt,
erkennt auch den Widersacher - Verführung durch den Satan
der Sinne vor und auch nach den großen Umwälzungen (1-6).
Aus der Demut erwächst geistige Größe (7-10).*

1. Eines Tages kam Jesus früh am Morgen wieder in den Tempel, und alles Volk kam zu Ihm; und Er setzte sich und lehrte sie.

2. Und die Schriftgelehrten und Pharisäer brachten ein Weib zu Ihm, im Ehebruch ergriffen, und stellten sie in die Mitte und sagten zu Ihm: „Meister, dieses Weib ist ergriffen worden beim Ehebruch auf frischer Tat. Nun hat Moses uns im Gesetz geboten, solche zu steinigen. Aber was sagst Du?“

3. Das sagten sie aber, Ihn zu versuchen, auf dass sie eine Anklage gegen Ihn fänden. Aber Jesus bückte sich nieder und schrieb mit dem Finger auf die Erde, als hörte Er sie nicht.

4. Als sie fortfuhren, Ihn zu fragen, richtete Er sich auf und sprach zu ihnen: „Wer unter euch ohne Sünde ist, der werfe den ersten Stein auf sie.“

5. Und Er bückte sich abermals nieder und schrieb auf die Erde. Und die das hörten, wurden von ihrem eigenen

Gewissen überführt und gingen hinaus, einer nach dem anderen, von den Ältesten an bis zu den Letzten; und Jesus ward allein gelassen, nur das Weib stand noch da.

6. Als Jesus sich aufrichtete und niemanden sah als das Weib, sprach Er zu ihr: „Weib, wo sind sie, deine Ankläger? Hat dich niemand verdammt?" Sie sagte zu Ihm: „Niemand, o Herr." Und Jesus sprach zu ihr: „So verdamme Ich dich auch nicht. Sündige hinfort nicht mehr, gehe in Frieden." (Kap. 36, 1-6)

Ich, Christus, erkläre, berichtige
und vertiefe das Wort:

Noch besteht die alte, sündhafte Welt mit ihren Erscheinungsformen und Gepflogenheiten. Viele Menschen sind immer noch darin gefangen. Der Satan der Sinne hält immer noch Ernte unter ihnen. Denn er ist darauf bedacht, dass die Menschen gegen das Gesetz Gottes verstoßen. Immer wieder versucht der Finsterling, sie zu verführen, und die sich verführen lassen, hält er mit eisernen Krallen fest.

Wie zu Meiner Zeit als Jesus von Nazareth geschieht dies auch noch in der Zeitenwende.

Trotz des Wandels von der alten, sündhaften zur Neuen Zeit, der Zeit des Geistes, herrscht immer noch die gleiche Sünde: Der Finsterling tarnt sich in Anschuldigungen und

Verleumdungen gegen seine Nächsten. Jedoch immer mehr Menschen erkennen das Gesetz der Entsprechung: Wer seinem Nächsten eine Sünde vorwirft und ihn deswegen beschuldigt und anklagt, steht in gleicher oder ähnlicher Sünde. Wer seinen Nächsten anklagt, der klagt sich selbst an.

Wer kein Erbarmen und kein Verständnis mit seinem Nächsten hat, der lebt in der Sünde. Der Sünder hat nur für sich selbst Erbarmen und Verständnis und hat viele Entschuldigungen, wenn es um sein menschliches Ich geht.

Erkennet: Jeder Mensch gibt durch seine Gestik, Mimik, durch seine Redeweise und sein Verhalten Zeugnis von dem, wer und was er ist. Daran erkannte und durchschaute Ich die Heuchler.

Als die Pharisäer zu Mir, dem Jesus, eine Frau brachten, die sie angeblich auf frischer Tat beim Ehebruch ertappt hatten, las Ich aus der Strahlung ihrer Seelen, ihrer Auren, und aus ihren Worten, dass sie gleiche und ähnliche Sünden begangen hatten.

Deshalb sprach Ich zu ihnen: „Wer unter euch ohne Sünde ist, der werfe den ersten Stein auf sie."

Erkennet: Kein wahrhaft geistiger, also weiser, Mensch wird seinen Nächsten anklagen und verwerfen. Er wird auch nicht seine Mitmenschen in Versuchung führen wollen. Wer selbst den Widersacher überwunden hat, der kennt ihn und seine Verführungskünste und Schliche. Der

Mensch jedoch, der seine Sünde nährt, kennt weder sich selbst noch den Widersacher, der ihn verführt – und ist gleichsam dessen Handschuh.

Deshalb lehre Ich als der Christus Gottes in Verbindung mit der göttlichen Weisheit abermals: Erkenne dich selbst! Dann weißt du, durch welche Pforten und Kanäle deines menschlichen Ichs sich der Widersacher einschleicht, um dich zu verführen und dich für seine Sache zu gewinnen.

Erkennet, die ihr in Mir im Friedensreiche Jesu Christi lebt und die Wahrheit und die vielen Begebenheiten lest, die Ich in der Zeitenwende durch das einverleibte weibliche Prinzip der göttlichen Weisheit offenbart habe: Was ihr im Buch „Das ist Mein Wort" lest, dies alles und vieles mehr geschah bis zu den großen Erdkatastrophen und weltumwälzenden Geschehnissen – und auch noch danach. Auf einigen Teilen der Erde stand der Satan der Sinne immer wieder auf und verführte die Menschen, die sich verführen ließen. Immer wieder sündigten sie mannigfach. Sie freiten, ließen sich freien und brachen ihre Ehen und sündigten – bis weitere Seuchen, Erd- und Weltkatastrophen immer mehr das Sündhafte hinwegnahmen.

Was übrigblieb, waren jeweils die Fundamente und Ansätze für das Friedensreich Jesu Christi, welche die Pioniere für die Neue Zeit in der alten Welt mit Kampf und Opfermut gegen die Finsternis geschaffen hatten. Immer wieder kamen Pioniere für die Lichtzeit in das Erdenkleid. Über viele Generationen bauten sie am Friedensreich Jesu Christi. Auf diese Weise nahm Mein Licht auf der Erde zu.

7. Dieses Gleichnis sagte Er zu einigen, die sich selbst für rechtschaffen hielten und andere verachteten: „Es gingen zwei Männer hinauf in den Tempel zu beten, der eine ein reicher Pharisäer, des Gesetzes kundig, der andere ein Zöllner, der ein Sünder war.

8. Der Pharisäer stand und betete bei sich selbst so: ‚Gott, ich danke Dir, dass ich nicht bin wie andere Leute sind, Wucherer, Ungerechte, Ehebrecher oder auch wie dieser Zöllner. Ich faste zweimal in der Woche und gebe den Zehnten von allem, was ich besitze.'

9. Und der Zöllner stand weit davon, wollte seine Augen nicht aufheben gen Himmel, sondern schlug an seine Brust und sprach: ‚Gott sei gnädig zu mir, einem Sünder.'

10. Ich sage euch: Dieser ging hinab in sein Haus gerechtfertigter denn der andere. Denn, wer sich selbst erhöhet, der wird erniedrigt werden; und wer sich selbst erniedrigt, der wird erhöhet werden." (Kap. 36, 7-10)

Ich, Christus, erkläre, berichtige
und vertiefe das Wort:

Der selbstzufriedene Mensch kennt sich nicht, weil er nur darauf blickt, wie er vor anderen erscheint, und nicht betrachtet, warum er so scheinen will. Wer jedoch seine Sünden erkennt und den ewigen Vater um Hilfe bittet, damit er die Kraft erlangt, sie lassen zu können, der hat vom Ewigen schon Gnade und Hilfe empfangen.

Nur aus der Demut erwächst geistige Größe. Der Hochmut ist die Sünde selbst, denn das kleine Ich stellt sich über Gott. So ist Hochmut die Basis zu weiteren Verführungen. Wer innere Größe hat, wird mit seinem menschlichen Ich so lange ringen, bis sein Leben zu Meinem Leben geworden ist, zum kosmischen Bewusstsein.

Wer innere Größe erlangt hat, der begnügt sich nicht mehr damit, hin und wieder in die Quelle der Erkenntnis einzutauchen. Er wird so lange an sich arbeiten, bis er zum Ursprung der Quelle gelangt und in Ewigkeit in Gott wohnt.

37. KAPITEL

Die Wiedergeburt der Seele

*Durch Leid und Sühne zur Vollkommenheit -
Die Gnade des Vaters wirkt auf der Erde verstärkt -
Das Ende der Inkarnationsmöglichkeit für schwerbelastete
Seelen - Die Wiedergeburt in den Geist Gottes (1-10)*

1. Jesus saß in der Vorhalle des Tempels, und viele kamen, um Seine Lehre zu erfahren. Und einer fragte Ihn: „Herr, was lehrest Du über das Leben?"

2. Und Er sprach zu ihnen: „Gesegnet sind, die viele Erfahrungen durchmachen, denn sie werden durch Leiden vollkommen werden. Sie werden sein wie die Engel Gottes im Himmel, und sie werden nicht mehr sterben, noch werden sie wiedergeboren werden; denn Tod und Geburt haben keine Herrschaft mehr über sie.

3. Die da gelitten und überwunden haben, werden zu Pfeilern gemacht werden im Tempel Meines Gottes, und sie werden ihn nie wieder verlassen. Wahrlich, Ich sage euch, wenn ihr nicht wiedergeboren werdet durch Wasser und Feuer, so werdet ihr das Reich Gottes nicht sehen."

4. Und ein Rabbi (Nikodemus) kam zu Ihm während der Nacht aus Furcht vor den Juden und fragte Ihn: „Wie kann ein Mensch wiedergeboren werden, wenn er alt ist? Kann er ein zweites Mal in seiner Mutter Leib gehen und geboren werden?"

5. Jesus antwortete: „Wahrlich, Ich sage dir, es sei denn, dass jemand wiedergeboren werde aus dem Fleische und dem Geiste, sonst kann er nicht in das Reich Gottes kommen. Der Wind bläst, wo er will, und du hörest sein Sausen wohl, aber du weißt nicht, von wo er kommt und wohin er geht.

6. Das Licht scheinet vom Osten zum Westen; aus der Finsternis steigt die Sonne empor und geht wieder hinab in die Finsternis. So ergehet es dem Menschen von Lebenszeit zu Lebenszeit.

7. Wenn sie aus der Finsternis kommt, so war sie vorher da, und wenn sie wieder hinuntergeht in die Finsternis, so geschieht es, um ein wenig zu verweilen und danach wieder da zu sein.

8. So müsset ihr durch viele Wandlungen hindurch vollkommen werden; so wie es geschrieben steht in dem Buche Hiob: Ich bin ein Wanderer und wechsle einen Platz nach dem andern und ein Haus nach dem andern, bis ich in die Stadt und in das Haus komme, die ewig sind.“

9. Und Nikodemus fragte Ihn: „Wie kann dieses geschehen?“ Und Jesus antwortete und sprach: „Bist du ein Lehrer in Israel und verstehest dies nicht? Wahrlich, wir reden, was wir wissen, und bezeugen, was wir gesehen haben, und ihr nehmet unser Zeugnis nicht an.

10. Wenn Ich euch von irdischen Dingen sage und ihr glaubet nicht, wie würdet ihr glauben, wenn Ich euch von himmlischen Dingen sagte? Niemand ist zum Himmel

aufgestiegen; aber der ist vom Himmel herabgekommen, der im Himmel ist, nämlich der Menschensohn." (Kap. 37, 1-10)

Ich, Christus, erkläre, berichtige
und vertiefe das Wort:

„Gesegnet sind, die viele Erfahrungen durchmachen, denn sie werden durch Leiden vollkommen werden" heißt: Der Mensch, der seine Sünden, die auch als Leiden in Erscheinung treten können, annimmt und sich in Leid, Krankheit und Not als sündig erkennt, der bereut, um Vergebung bittet, vergibt, wiedergutmacht und die Sünden nicht mehr begeht, der wird durch die Sühne erstarken und vollkommen werden. Über den Sünder herrschen Tod und Geburt nur so lange, bis er seine Sünden abgelegt hat und Gottes Willen erfüllt. Dann beginnt seine Seele zu leuchten. Beide, Seele und Mensch, blicken dann himmelwärts. Und so sie überwunden haben – wenn auch durch Leid –, wird die Seele in das Reich Gottes eingehen.

Erkennet: Wenn die Seele aus der Finsternis kommt, das heißt, wenn sie sich in ihren Vorexistenzen im Erdendasein belastet und die Sünden nicht bereinigt hat, dann wird sie vorübergehend in den Seelenreichen verweilen und dann wieder ins Erdendasein kommen. Sie wird so lange das Fleisch, ein Erdenkleid, anstreben, bis sie das bereinigt hat, was sie immer wieder zur Erde in das Erdenkleid gezogen hat.

501

Die Erde ist also so lange für die Seelen ein magnetischer Anziehungspunkt, bis sie auf ihr das gesühnt und umgewandelt haben, was sie immer wieder ins Erdendasein zog. Denn es gibt Belastungen, welche „erdschwer“ sind und welche die Seelen immer wieder zur Erde ziehen, bis diese Belastungen aufgehoben sind. Viele Seelen finden in den Reinigungsebenen so lange keine Ruhe, bis sie diese Erdanziehung überwunden haben. Die nicht erdschweren Belastungen hingegen, welche die Seelen im Erdenkleid verursacht haben, können im Jenseits rascher getilgt werden.

Wohl jenen Seelen und Menschen, die ihre Erdenschuld – das, was sie verursacht haben – auf Erden wiedergutmachen durch die Gnade des Vaters; denn diese wirkt auf der Erde verstärkt.

Erkennet: Die Zeit rückt immer näher, in der schwerbelastete Seelen nicht mehr ohne weiteres die Erde aufsuchen können. Denn die Erde wird gereinigt, und der ganze Erdplanet einschließlich des gesamten Sonnensystems wird angehoben und in seiner Struktur verfeinert werden. Dann ist eine Einverleibung von schwerbelasteten Seelen nicht mehr möglich. Sie werden sich dann in den Reinigungsebenen auf jenen Planeten, die ihrem Seelenstand, ihrem Bewusstseinsstand also, entsprechen, wie Gebundene fühlen. Dort werden sie durchleiden, was sie auf Erden ohne große Pein hätten abtragen können.

Die Wiedergeburt in den Geist Gottes erlangt die Seele im Menschen, die himmelwärts blickt und in ihrem Erdendasein Stunde um Stunde, Tag für Tag ihr Empfinden und Denken auf Gott ausrichtet und sich damit einstimmt auf Gott. Die Worte und Handlungen eines solchen Menschen sind dann göttlich. Nach dem Leibestode wird diese Seele allmählich in den Himmel aufsteigen, weil sie in sich den Himmel erschlossen hat.

Der Weg zum Herzen Gottes ist die selbstlose Liebe. Wie sie zu erlangen ist, lehren Ich und die göttliche Weisheit auf Erden durch Offenbarung. Das Wort der Wahrheit strömt durch Mein Instrument in diese Welt. Mein Wort dient all denen zur Hilfe, zum Heil und zur Freude, die den Weg der selbstlosen Liebe wandeln.

Was niedergeschrieben ist, erklärt das Kommen und Gehen der Seelen. Niemand kann in den Himmel aufsteigen, der nicht den Himmel in sich erschlossen hat.

Alle Seelen und Menschen sind jedoch vom Himmel herabgekommen und werden wieder in den Himmel eingehen, weil sie aus dem Himmel sind. Mein Auftrag als Erlöser ist, alle wieder zum ewigen Vater in die ewigen Himmel zurückzuführen.

38. KAPITEL

Über das Töten von Tieren – Auferweckung des Jünglings von Nain

*Wer Gottes Gesetze nicht erfüllt, belastet seine Seele;
er kann auch nicht das Gesetz der Himmel lehren und auslegen -
Die Spreu wird vom Weizen getrennt werden (1-2). Die Jakobsleiter -
Mit der Verfeinerung der Gedanken und Sinne fällt Ungesetzmäßiges
ab (3). Über Gewaltanwendung und Blutvergießen (4). Mit-Leiden
mit den Tieren - Töten der Tiere, um sie von Leiden zu erlösen (5).
Wer sich erkennt und bereinigt, der lernt, das Leben
zu lieben (6). Erweckung von Toten (8-10)*

1. Und einige Seiner Jünger kamen zu Ihm und sprachen zu Ihm über einen Ägypter, einen Sohn des Belial, der lehrte, dass es nicht wider das Gesetz sei, die Tiere zu quälen, wenn ihr Leiden den Menschen Nutzen bringe.

2. Und Jesus sprach zu ihnen: „Wahrlich, Ich sage euch, wer Vorteile zieht aus dem Unrecht, das einem Geschöpf Gottes zugefügt wird, der kann nicht rechtschaffen sein. Ebensowenig können die mit heiligen Dingen umgehen oder die Geheimnisse des Himmels lehren, deren Hände mit Blut befleckt sind oder deren Mund durch Fleisch verunreinigt ist. (Kap. 38, 1-2)

Ich, Christus, erkläre, berichtige
und vertiefe das Wort:

Erkennet: Alles, was lebt, empfindet. Ähnlich wie der Mensch empfinden alle Lebensformen Freude und Leid – ob es Tiere, Pflanzen oder Steine sind. Das Leben ist Bewusstsein. Das Bewusstsein strahlt unzählige Evolutionsfacetten des Ich Bin aus. Bewusstsein ist auch Bewusstwerdung. Menschen, Tiere, Pflanzen und Steine empfinden entsprechend ihrem Bewusstsein.

Erkennet: Wer Tiere jagt, wird einst selbst gejagt werden. Wer Tiere quält, wird einst selbst gequält werden. Wer das Leben der Erde ausbeutet, wird zur Beute derer, die ihn hierfür anleiten.

Jede Saat hat ihre Ernte. Was der Mensch sät, geht in den Acker seiner Seele ein; von dort aus sprießt und wächst es. In jedem Samen ist schon die Frucht.

Wer also wider seinen Nächsten und wider die Naturreiche ist, der ist auch gegen Gott – denn Gott, das Leben, ist in allem Sein.

Erkennet: Wer Gottes Gesetze nicht erfüllt, der belastet seine Seele. Wer Tiere quält oder tötet, dessen Hände sind mit Blut befleckt. Wer das Fleisch der Tiere verzehrt, die Natur verunreinigt und schändet, der ist unrein. Solche Menschen können weder mit heiligen Dingen umgehen noch die sogenannten „Geheimnisse" der Himmel erfahren und so auch nicht das Gesetz der Himmel lehren und auslegen.

Wer das Heiligste, die Gesetze der Himmel, lehrt und seine Mitmenschen anweist, diese zu halten, und sie selbst nicht hält, der wird nur von denen Zustimmung ernten, die ähnlich leben und denken wie er.

Alles Gottlose hat auf die Dauer keinen Bestand. Es wird weichen, so, wie die Nacht vor dem Tag weicht. Die Zeit ist nahe herbeigekommen, in der das Licht alles an den Tag bringt und die Menschen das gottferne Leben derer erkennen, die zwar sie belehrt und ihnen geboten haben, die Gesetze des Lebens zu halten, jedoch sie selbst nicht hielten, deren Hände mit Blut befleckt sind und deren Körper durch das Verzehren von Fleisch verunreinigt sind.

Gottes Mühlen mahlen langsam. Eines Tages wird die Spreu vom Weizen getrennt, und die Gotterfüllten werden zu Meiner Rechten stehen, und die Spreu, die Gottlosen, werden der Läuterung anheimfallen nach dem Gesetz von Saat und Ernte.

3. Gott gibt die Körner und die Früchte der Erde zur Nahrung; und für den rechtschaffenen Menschen gibt es keine andere rechtmäßige Nahrung für den Körper. (Kap. 38, 3)

Ich, Christus, erkläre, berichtige
und vertiefe das Wort:

„Gott gibt die Körner und die Früchte der Erde zur Nahrung; und für den rechtschaffenen Menschen gibt es keine andere rechtmäßige Nahrung für den Körper" bedeutet: Gott gibt den Menschen aus dem Schoße der Mutter Erde alles, was der irdische Leib zum Leben benötigt. Wer die Gesetze der Liebe und des Lebens im Empfinden, Denken, Sprechen und Handeln erfüllt, der lebt auch von dem, was ihm die Mutter Erde schenkt.

Auf der Jakobsleiter hinein in den reinen Tempel des Lebens stehen gar viele. Viele Menschen sind sowohl im Inneren als auch im Äußeren noch große Sünder und bleiben es über Jahrzehnte oder sogar über mehrere Einverleibungen oder Seelenaufenthalte hinweg, bis sie das als Wirkung trifft, was sie an Ursachen aufgebaut haben.

Vom Tempel der Liebe aus reicht jedoch Gott jedem die Hand, auch dem größten Sünder. Immer wieder lehrt das ewige Sein, der Allvater, durch Mich, den Christus, das Evangelium der Liebe. Immer wieder werden Seelen und Menschen unterwiesen, miteinander zu leben, den Gemeinschaftssinn Inneren Lebens zu entwickeln und auch das Töten der Tiere und das Essen ihres Fleisches zu lassen. Immer wieder werden sowohl Seelen als auch Menschen angehalten, ihre Empfindungen und Gedanken zu veredeln, damit sich auch ihre Sinne verfeinern. Denn solange noch ein Jota Unreines in der Seele ist, kann sie nicht in den Himmel eingehen.

Es ist eine Gesetzmäßigkeit, dass der Mensch, der seine Gedanken und Worte rein hält und sein Handeln zu Gott erhebt, immer mehr Abstand von toter Nahrung nimmt, vom Fleisch- und Fischessen, bis er so weit gereinigt ist, dass er dankbar die Gaben aus dem Schoße der Mutter Erde annimmt.

Den Reinen wird das Unreine nicht verunreinigen, wenn er z.B. zum Mahl eingeladen ist und er von der Fleischspeise nimmt, welche die Gastgeber mit viel Freude und Mühe zubereitet haben und ihm reichen. Das ist dann eine Geste der Achtung gegenüber dem Gastgeber. Hier gilt sinngemäß die Aussage: Nicht was in den Mund eingeht – z.B. einige wenige Bissen Fleisch –, verunreinigt den Körper, sondern das, was vom Munde ausgeht: lieblose, hasserfüllte, neidvolle Gefühle, Gedanken und Worte; sie verunreinigen die Seele und den Leib.

Die Befriedigung jedoch der Gier nach Fisch, Fleisch und Alkohol belastet die Seele und verunreinigt den Leib.

In einem allgemeinen Gespräch mit den Gastgebern könnte sodann darauf hingewiesen werden, dass du, der Gast, immer mehr Abstand von Fleisch- und Fischnahrung nimmst, weil du erkannt hast, dass tote Nahrung der Seele und dem Leibe nicht dient, weil das Gesetz Gottes Leben ist. Durch solche oder ähnliche allgemeine Hinweise kommt auch der Gastgeber zum Nachdenken, so dass auch er, der ja auch auf der Jakobsleiter steht, sich reinigen und Sprosse für Sprosse erklimmen kann.

Jedes selbstlose Wort und jede selbstlose Tat dienen dem Nächsten zum Heil. Bei guten, selbstlosen Gesprächen kann so mancher erkennen, was Ich, Christus, als Jesus den Menschen geboten habe: Für den selbstlosen, rechtschaffenen Menschen gibt es keine andere Nahrung für den Körper als die gesetzmäßige Nahrung, welche die Natur hervorbringt: Körner und Früchte.

Außerdem habe Ich den Meinen geboten, sich nicht zu kasteien, sondern ihre Gedanken und Sinne zu verfeinern. Dann reduziert sich auch die Aufnahme von toter Nahrung, von Fisch und Fleisch. Mit der Verfeinerung der Seele und des Menschen fällt sodann das ab, was ungesetzmäßig ist. Dann ist es nicht verdrängt, sondern aufgehoben durch das Leben in Mir, dem Christus.

4. Der Räuber, der in ein Haus einbricht, das von Menschen gebaut ist, ist schuldig; aber selbst die geringsten von denen, die in ein Haus einbrechen, das von Gott gebaut ist, sind die größeren Sünder. Deshalb sage Ich zu allen, die Meine Jünger werden wollen: Haltet eure Hände frei vom Blutvergießen und lasset kein Fleisch über eure Lippen kommen; denn Gott ist gerecht und gütig und hat befohlen, dass die Menschen leben sollen allein von den Früchten und den Saaten der Erde. (Kap. 38, 4)

Ich, Christus, erkläre, berichtige
und vertiefe das Wort:

So lautet das Gesetz des Lebens: Wer in ein Haus einbricht, das von Menschen gebaut ist, macht sich schuldig vor Gottes Gesetz und vor dem Recht, dem Gesetz der

Menschen. Der Mensch soll weder stehlen noch plündern. Er soll die Habe seines Nächsten achten. Wer in Not gerät, der soll um Hilfe bitten – jedoch nicht stehlen und plündern. Wer seinen Nächsten bestiehlt – auch wenn dieser noch so große Reichtümer besitzt –, der wird schuldig am geistigen und irdischen Gesetz.

Wer in das Haus Gottes, in den Tempel des Heiligen Geistes, einbricht, der ist ein weit größerer Sünder. Das Haus Gottes, der Tempel des Heiligen Geistes, sind der menschliche Körper und die Seele, die aus Gott ist und die im menschlichen Leibe wohnt. Tief in der Seele ist Gottes Liebe, Weisheit und Gerechtigkeit. Gott wohnt also in der Seele. Demzufolge sind Seele und Körper des Menschen der Tempel Gottes. Wer also in das Haus aus Fleisch und Bein einbricht, indem er Menschen Gewalt antut, sie unterjocht, als Sklaven behandelt oder sie gar tötet, der versündigt sich gegen den Heiligen Geist. Das ist die schwerste Sünde.

Haltet also eure Hände und eure Seele rein – nicht nur von Diebstahl und Raub. Sondern vor allem wendet keine Gewalt an – sei es an Menschen oder an Tieren –, und hütet euch, ihr Blut zu vergießen.

Wer seinen Nächsten selbstlos liebt, der wird ihm weder Gewalt antun noch ihn töten. Und wer seinen Nächsten selbstlos liebt, der wird auch Tiere nicht mutwillig töten. Wer Mensch und Tier achtet, der hat auch keine kriegerischen Absichten, weil er Gottes Gesetze achtet, zu denen auch die Naturgesetze gehören. Wer sich bemüht, die Gesetze Gottes zu verwirklichen, der wird mehr und mehr von der Fleischnahrung Abstand nehmen und die Gaben der Erde dankbar annehmen – also jene Nahrung, die von Gott kommt für Seine Menschenkinder.

5. Aber wenn ein Tier sehr leidet, so dass sein Leben ihm eine Qual ist, oder wenn es gefährlich wird für euch, so erlöset es von seinem Leben rasch und mit so wenig Schmerz, als ihr könnt. Schicket es hinüber in Liebe und Barmherzigkeit und quält es nicht, und Gott, euer Vater, wird euch Barmherzigkeit zeigen, ebenso wie ihr Barmherzigkeit gezeigt habt denen, die in eure Hände gegeben sind. (Kap. 38, 5)

Ich, Christus, erkläre, berichtige
und vertiefe das Wort:

Ich, Christus, gebe dieses Mein Offenbarungswort in der mächtigen Zeitenwende, um unter anderem abermals darauf aufmerksam zu machen, dass, ebenso wie das Leben der Menschen auch das Leben der Tiere, Pflanzen, Steine und Mineralien in Gottes Hand ist:

Viele Menschen haben sich vom Vater-Mutter-Gott abgewandt und sich dem Materialismus verschrieben.

Infolge dieser Veräußerlichung werden auch die Sinne des Menschen immer gröber. Der Mensch verliert dadurch das feine Empfinden gegenüber seinen Mitmenschen und auch gegenüber der Natur. Er hat nur noch ein Ohr, einen Sinn für sich selbst, für sein Ich. Die Folge ist, dass er einzig nur noch auf sich selbst achtet und alles daran setzt, seine eigenen Wünsche zu befriedigen – ohne daran zu denken, wie es seinem Nächsten und auch seinem Übernächsten, dem Tier, ergeht.

Die Tiere leiden unter den Herrenmenschen. Deshalb kann in dieser Zeit nicht ohne weiteres gesagt werden: „Aber wenn ein Tier sehr leidet, so dass sein Leben ihm eine Qual ist, oder wenn es gefährlich wird für euch, so erlöset es von seinem Leben rasch und mit so wenig Schmerz, als ihr könnt." Denn heute leiden viele Tiere ständig Qualen und Schmerzen durch die Brutalität des menschlichen Ichs. Hier gilt nicht: Erlöst diese Tiere, indem ihr sie rasch von ihren Qualen und Leiden befreit. Ich, Christus, sage euch: Versucht, ihre Qualen und Leiden in eurer Empfindungswelt zu erleben! Spürt in ihre Qualen und Leiden hinein, und erkennt, wie sie leiden durch euer menschliches Tun!

Es ist euch geboten, dass ihr euch ändert, indem ihr euch Gott hingebt, so dass ihr euren Nächsten und euren Übernächsten, das Tier, in eurem Inneren empfinden und verstehen könnt.

Erkennet: Auch was ihr den Tieren antut, das tut ihr Mir an, dem Christus – und ebenfalls euch selbst. Die Qualen und Leiden der Tiere werden einst eure Qualen und Leiden sein. Gott, der Ewige, hat dem Menschen auch die Tiere in die Hand gegeben – jedoch nicht, dass er sie quält, sondern mit ihnen lebt. Der Mensch soll f ü r das Tier sein, dann ist das Tier auch f ü r den Menschen. Dann wird es ihm auch freudig dienen.

Wenn ein Tier wegen eines Unfalls oder wegen seines Alters sehr zu leiden hat, dann soll der Mensch rasch und mit Zufügen von wenig Schmerz das geistige Leben des Tieres, die Teilseele oder den Teilstrahl, aus dem irdischen Leib erlösen und diese in Liebe und Barmherzigkeit in die Hände des ewigen Schöpfers übergeben. Er, der große All-Eine, kennt jedes Tier. Er hat es geschaffen und lebt als Kraft in der Teilseele oder im Teilstrahl. Die Teilseele oder der Teilstrahl des Tieres sind entfaltete Bewusstseinskräfte des Allgeistes, die geistige Form geworden sind.

6. Und was ihr immer tuet dem geringsten Meiner Kinder, das tuet ihr Mir. Denn Ich Bin in ihnen, und sie sind in Mir. Ja, Ich Bin in allen Geschöpfen, und alle Geschöpfe sind in Mir. An allen ihren Freuden erfreue auch Ich Mich, und an allen ihren Schmerzen leide auch Ich. Darum sage Ich euch: Seid gütig miteinander und mit allen Geschöpfen Gottes." (Kap. 38, 6)

Ich, Christus, erkläre, berichtige
und vertiefe das Wort:

Was der Mensch sät, das wird er ernten, heißt auch:
Was der Mensch dem geringsten seiner Mitmenschen antut – auch den Tieren, den Pflanzen und den Steinen –, das
tut er Mir und sich selbst an.

Jeder Tag ist den Menschen zur Selbsterkenntnis gegeben, denn an jedem Tag kann jeder Mensch erfahren,
was er heute an sich erkennen und bereinigen soll. Wer
das tut, der wird sensitiv für das Leben. Er erfährt an sich
selbst, was es bedeutet, das Leben zu lieben.

Wer Gott liebt, ist bewusst in Gott und Gott in ihm.
Seine Tage werden für ihn als Mensch lichter, weil seine
Seele freier wird. Dann begreift er auch die Aussage: „Ich
Bin in allen Geschöpfen, und alle Geschöpfe sind in Mir."

Der gütige Mensch ist der barmherzige Mensch, der mit
seinen Mitmenschen, mit den Tieren und allen Lebens-
kräften und Lebensformen in Harmonie lebt.

*7. Es begab sich am nächsten Tage, dass Er in eine
Stadt mit Namen Nain ging. Und viele Seiner Jünger gingen
mit Ihm und viel Volk.*

*8. Als Er aber nahe an das Stadttor kam, siehe, da trug
man einen Toten heraus, den einzigen Sohn seiner Mutter;
sie war eine Witwe. Und viele Menschen aus der Stadt
gingen mit ihr.*

9. Da sie der Herr sah, hatte Er Mitleid mit ihr und sprach zu ihr: „Weine nicht! Dein Sohn schläft!" Und Er trat hinzu und rührte den Sarg an, und die ihn trugen, hielten an. Er sprach: „Jüngling, Ich sage dir, stehe auf!"

10. Und der, den man für tot hielt, richtete sich auf und fing an zu reden. Und Jesus gab ihn seiner Mutter. Da kam sie alle eine Furcht an, und sie priesen Gott und sagten: „Es ist ein großer Prophet unter uns aufgestanden, und Gott ist zu Seinem Volke gekommen." (Kap. 38, 7-10)

Ich, Christus, erkläre, berichtige
und vertiefe das Wort:

Auf diese und ähnliche Weise wirkte Ich, der Sohn Gottes, der Mitregent der Himmel, im Erdenkleid mit Meinem Erbe, der Teilkraft der Urkraft.

Viele sogenannte Tote, die Ich aus dem Tiefschlaf erweckt habe, waren noch nicht im Reiche der Seelen, sondern die Seele war noch durch das Silberband, auch das geistige Informationsband genannt, mit dem Körper verbunden. Der Tiefschlaf gleicht einer Ohnmacht. Er tritt ein, bevor sich das Band vom Körper löst. Er wird von den Menschen schon als der Eintritt des Todes bezeichnet.

Erst wenn das Informationsband vom Leibe getrennt ist, ist auch die Seele vollkommen vom Leibe gelöst. Dann zerfällt das Haus der Seele, der Körper, allmählich in seine Bestandteile: Wasser und Erde.

39. KAPITEL

Sieben Gleichnisse vom Himmelreich

*Der Weg zum Königreich Gottes -
Wer in seiner Entscheidung schwankend ist, der wird
den Schatz im Himmel nicht finden (1-6)*

1. Wieder saß Jesus unter dem Feigenbaume und Seine Jünger rund um Ihn und um sie auch eine große Menschenmenge, die Ihn hören wollte. Und Er sprach zu ihnen: „Womit soll Ich das Himmelreich vergleichen?"

2. Und Er sagte dieses Gleichnis: „Das Himmelreich gleicht einem Samen, einem kleinen Samenkorn, das ein Mensch nahm und auf seinem Acker aussäte. Wenn es aber gewachsen ist, wird es ein großer Baum, der seine Zweige ausbreitet. Und seine Absenker biegen sich zur Erde, schlagen Wurzeln und wachsen empor, bis das Feld von dem Baume zugedeckt ist. Und die Vögel der Luft kommen und nisten in seinen Zweigen, und die Geschöpfe der Erde finden in seinem Schatten Zuflucht."

3. Ein anderes Gleichnis gab Er ihnen und sprach: „Das Himmelreich ist gleich einem großen Schatz, der in einem Acker vergraben liegt. Den findet ein Mann und versteckt ihn, und aus Freude darüber gehet er hin und verkauft alles, was er hat, und kauft jenen Acker; denn er weiß, wie groß sein Reichtum daraus sein wird.

4. Ebenso ist das Himmelreich gleich einer Perle von hohem Wert. Die findet ein Kaufmann, als er nach guten Perlen suchte. Und der Kaufmann, als er sie fand, verkaufte alles, was er besaß, und kaufte sie; denn er erkannte, wieviel wertvoller sie ist als alles, was er für sie hergab."

5. Und abermals sprach Er: „Das Himmelreich ist gleich einem Sauerteige, den nahm ein Weib und verbarg ihn unter drei Maß Mehl. Als das Ganze durchsäuert und im Feuer gebacken war, wurde es ein Laib Brot. Oder wieder ist es gleich einem Manne, der ein Maß reinen Traubensaftes nimmt und gießet es in zwei oder vier Maß Wasser, bis das Ganze zur Frucht des Weines gemischt wird.

6. Das Himmelreich ist gleich einer Stadt; die wurde sorgfältig auf den Gipfel eines hohen Berges gebaut und auf Felsen gegründet, mit einer starken Mauer umgeben und mit Türmen und Toren, die im Norden und im Süden, im Osten und im Westen liegen. Eine solche Stadt wird nicht fallen, noch kann sie verborgen bleiben, und ihre Tore sind für alle offen, und alle, die Schlüssel haben, werden eintreten." (Kap. 39, 1-6)

Ich, Christus, erkläre, berichtige
und vertiefe das Wort:

Wer Gott liebt, der hortet nicht für sich. Er teilt brüderlich mit seinem Nächsten, der das gleiche Ziel hat wie er: für das Leben aus Gott zu wirken.

Wer alles hingibt, um das Himmelreich zu erlangen, der hat den Schatz gefunden: das Reich Gottes in ihm selbst. Es strahlt aus seinem Inneren heraus als selbstlose Liebe, als Tugend und Güte und schenkt sich dem, der danach hungert und dürstet. Wer das Himmelreich besitzt, der empfängt alles, was er benötigt. Wer sich nicht um morgen sorgt, sondern mit Gott plant, der ist in Gott – und Gott wirkt durch ihn für das Wohl aller, die ehrlichen Herzens nach dem Reiche Gottes trachten.

Erkennet: Solange ihr noch mit einer Faser eures Herzens an dieser Welt haftet, werdet ihr den inneren Schatz nicht finden, weil eure Gedanken zu diesem Fünkchen in der Welt ziehen. Es gleicht einem Strohhalm, an dem ihr euch festhaltet. Nur wer sich mit all seinen Empfindungen, Gedanken, Worten und Taten nach innen wendet, der wird den Schatz finden, der den Menschen selig macht.

Nur auf diese Weise gelangt ihr zu dem Schlüssel, der zu den Toren des Lebens passt.

Wer die innere Stärke erlangt hat, der öffnet das Tor zum Himmel, und er steht, von Licht umflutet, in der ewigen Heimat, die ihm schon als Mensch offenbar ist.

In vielen Gleichnissen wurde und wird den Menschen immer wieder nahegebracht, dass nur der das Himmelreich erlangen kann, der sich für Gott allein entscheidet. Alles andere, wie z.B. das Für und Wider – einmal für Gott, dann jedoch wieder für die Welt –, ist zwiespältig und ist nicht der Weg zum Königreich Gottes, das inwendig in jeder Seele ist. Es ist die Aufgabe aller Seelen und Menschen, die sich durch das Für und Wider – einmal Geist, dann wieder Welt – von Gott entfernt haben, das Reich Gottes wieder in sich zu erwecken und zu erschließen. Durch Mich, Christus, wird die Seele wieder in den Himmel eingehen, weil Ich der Weg, die Wahrheit und das Leben Bin.

Wie viele Umwege der Mensch geht und wie viele Schmerzen er durch sein gegensätzliches und zwiespältiges Leben erdulden wird, das liegt einzig im Ermessen jedes einzelnen Menschen, denn jeder hat den freien Willen zur freien Entscheidung, wann er den unmittelbaren Weg gehen möchte, der zur Befreiung und Freiheit führt.

7. Und Er legte ihnen ein anderes Gleichnis vor und sprach: „Das Himmelreich ist gleich dem guten Samen, den ein Mensch auf seinen Acker säte. Aber in der Nacht, als die Leute schliefen, kam sein Feind und säte Unkraut zwischen den Weizen und ging davon. Da nun die Halme wuchsen und die Ähren Frucht bildeten, da wurde auch das Unkraut sichtbar.

8. Da traten die Knechte zu dem Hausvater und sprachen: Herr, hast du nicht guten Samen auf deinen Acker gesät? Woher hat er denn das Unkraut? Und er sprach zu ihnen: Dies hat ein Feind getan.

9. Da sprachen die Knechte: Willst du nicht, dass wir hingehen und es ausjäten? Er antwortete: Nein, auf dass

ihr nicht beim Herausreißen des Unkrauts den guten Weizen zugleich entwurzelt.

10. Lasset beides miteinander wachsen bis zu der Ernte. Und zur Erntezeit will ich zu den Schnittern sagen: Sammelt zuvor das Unkraut und bindet es in Bündel, dass man es verbrenne, und es die Erde fruchtbar mache; aber den Weizen sammelt mir in meine Scheuer."

11. Und abermals sprach Er: „Das Himmelreich ist gleich der Aussaat. Siehe, ein Sämann ging aus, um zu säen. Und indem er säte, fiel etliches von dem Samen an den Wegrand. Da kamen die Vögel und fraßen es auf.

12. Und anderes fiel auf steinigen Boden, wo nicht viel Erde war, und ging bald auf, weil es nicht tiefe Erde hatte. Als aber die Sonne schien, verbrannte es, und weil es keine Wurzel hatte, wurde es dürr.

13. Etliches fiel unter die Dornen, und die Dornen wuchsen auf und erstickten es. Und etliches fiel auf guten Boden, der wohl vorbereitet war, und trug Früchte, manches hundertfältig, manches sechzigfältig, manches dreißigfältig. Wer Ohren hat, zu hören, der höre!" (Kap. 39, 7-13)

40. KAPITEL

Jesus enthüllt die Gleichnisse vom Himmelreich

*Gleichnis vom Himmelreich; die gute Saat;
Erkennen und Entfernen des Unkrauts zur rechten Zeit - Durch
Verwirklichung in die Fülle des Reiches Gottes (1-2). Die große
Ernte: Trennen von Spreu und Weizen; Höllenqualen (3-7).
Der Samen am Wegrand: Die Wahrheit nur hören (9)*

1. Und die Jünger kamen und sagten zu Ihm: „Warum sprichst Du zu der Menge in Gleichnissen?" Er antwortete und sprach zu ihnen: „Weil es euch gegeben ist, die Geheimnisse des Himmelreiches zu wissen, jenen aber nicht.

2. Denn, der da hat, dem wird gegeben werden, auf dass er mehr Fülle habe; doch dem, der nichts hat, dem soll auch das genommen werden, was er zu haben scheint. (Kap. 40, 1-2)

Ich, Christus, erkläre, berichtige
und vertiefe das Wort:

Ich, Christus, gab als Jesus den guten Samen aus dem Himmelreich in diese Welt und in die Seelen aller Kinder Gottes. Der gute Same geht nur in jenen Kindern des Himmelreichs auf, die sich Tag für Tag bemühen. Das Unkraut ist die Saat des Bösen. Es geht in jenen Kindern dieser Welt auf, die nicht in Einigkeit mit den Kindern leben, die das Himmelreich anstreben. In der Endzeit, wenn die materialistische Welt zu Ende geht, erfolgt die alles umfassende Ernte. Die Schnitter sind die Engel und alle jene Menschen, die sich nach innen wenden und sich bemühen, Gottes Willen zu erfüllen.

Auch folgendes Gleichnis sollt ihr in eurem Inneren betrachten: Das Himmelreich ist der gute Same, der den Menschen gegeben wird. Er fällt in den Acker des Lebens, in die Seele, um diese wieder für das Himmelreich vorzubereiten. Seid wachsam, und hütet die gute Saat! Denn der Finsterling, der Feind des Guten, ist allezeit bestrebt, in den Acker des Lebens, in die Seele, Unkraut zu säen, dass das Gute vom Unkraut überwuchert werde. Geht jedoch nicht hin und zieht das Unkraut heraus – es sei denn, es ist euch heute gegeben zu erkennen, was ihr an Unkraut entfernen sollt. Dann werdet ihr auch nur das Unkraut entfernen, da ihr hierfür die klare Sicht gewonnen habt. Die gute Saat bleibt dann erhalten.

Erkennet: Jeder Tag hat seine Stunden, Minuten und Sekunden. Wenn ihr die Tage nützt und wachsam seid, so werdet ihr jeden Tag erfahren, auf welchem Acker des Lebens ihr ein Unkraut entfernen sollt. Dann werdet ihr die gute Saat nicht entwurzeln.

Jeder Tag ist dem Menschen zur Erkenntnis gegeben, ein oder mehrere Unkräuter, Sündhaftes also, zu erkennen und zu bereinigen. Wer den Tag hierfür nützt, der wird die gute Saat nicht entwurzeln, weil er heute das Unkraut klar zu erkennen und auch klar zu fassen vermag, da es heute zur Entwurzelung reif geworden ist.

Und so ihr selbst sät, seid darauf bedacht, dass ihr die gute Saat, das Gesetz des Lebens, auf guten Boden sät. Dann wird sie auch vielfältige, gute Früchte bringen. Die gute Saat, das Gesetz des Lebens, fällt nur dann in die Seele eures Nächsten, das heißt auf guten Boden, wenn ihr das, was ihr aussät – also weitergebt –, selbst verwirklicht und mit eurem Innenleben durchtränkt habt.

Ich erkläre folgendes Wort: „Denn, der da hat, dem wird gegeben werden, auf dass er mehr Fülle habe; doch dem, der nichts hat, dem soll auch das genommen werden, was er zu haben scheint." Wer vom Gesetz des Lebens schon viel verwirklicht hat und wer weiter danach strebt und selbstlos gibt, dem wird noch mehr gegeben werden, auf dass er in der geistigen Fülle lebe.

Wer nur materielle Güter besitzt und hortet und nur sie erstrebt, der hat vor dem Gesetz des Lebens nichts. Er ist arm an geistiger Kraft. Ihm wird auch das genommen werden, was er zu besitzen glaubt, auf dass er erlerne, nach dem Reiche Gottes zu trachten.

3. Darum spreche Ich zu jenen in Gleichnissen, denn sie sehen nicht und hören nicht und verstehen nicht.

4. Denn in ihnen wird erfüllt die Prophezeiung des Jesaja, welcher sagt: ‚Ihr werdet hören, aber nicht verstehen, ihr werdet sehen, aber nichts bemerken; denn das Herz dieses Volkes ist verstockt geworden, und ihre Ohren sind harthörig, und ihre Augen haben sie geschlossen, bis zu jener Zeit, da sie sehen werden mit ihren Augen und hören mit ihren Ohren und verstehen mit ihren Herzen und bekehret werden und Ich sie heilen werde.'

5. Gesegnet aber seien eure Augen, weil sie sehen, und eure Ohren, weil sie hören, und eure Herzen, weil sie verstehen. Denn wahrlich, Ich sage euch: Viele Propheten und Rechtschaffene haben das zu sehen gewünscht, was ihr sehet, und haben es nicht gesehen, und das zu hören gewünscht, was ihr höret, und haben es nicht gehört."

6. Dann sandte Jesus die Menge fort, und Seine Jünger kamen zu Ihm und sprachen: „Erkläre uns das Gleichnis vom Acker." Und Er antwortete und sprach zu ihnen: „Er, der die gute Saat sät, ist der Menschensohn, der Acker ist die Welt, die gute Saat sind die Kinder des Himmelreiches, das Unkraut sind die Kinder des Bösen. Der Feind, der das Unkraut säte, ist der Teufel. Die Ernte ist das Ende der Welt, und die Schnitter sind die Engel.

7. Ebenso wie das Unkraut gesammelt und verbrannt wird im Feuer, wird es am Ende der Welt geschehen. Der Menschensohn wird Seine Engel aussenden, und sie werden aus Seinem Reiche sammeln alle Ärgernisse und alle, die Böses tun, und sie in einen brennenden Ofen werfen, und die nicht gereinigt werden, werden völlig verzehrt werden. Dann werden die Gerechten leuchten wie die Sonne im Himmelreich. (Kap. 40, 3-7)

Ich, Christus, erkläre, berichtige
und vertiefe das Wort:

Das Wort Gottes für alle Menschen sollte dem Sinne nach erfasst werden.

Der Gottferne, der im Buchstaben die Wahrheit sieht, ist von der Wahrheit geblendet, denn er blickt auf die Wahrheit – und kann sie doch nicht erfassen, weil er einzig den Buchstaben anerkennt. Für solche Menschen sprach Ich als Jesus und spreche Ich als Christus immer wieder in Gleichnissen. Das geschieht auch heute durch Offenbarung. Auch in dieser Zeit hören viele Menschen Mein Wort und verstehen es nicht, weil sie einzig auf den Buchstaben blicken.

Viele erkennen die Wahrheit und leben doch nicht nach der Wahrheit. Viele sehen, dass das Gesetz Gottes Erfüllung bringt, und leben doch nicht nach dem Gesetz der Wahrheit. Viele glauben an die Wahrheit und leben weiter in der Täuschung des menschlichen Ichs. Doch die Zeit ist nahe, in der viele bereitwillig das Gehörte annehmen und verwirklichen und das, was sie sehen, im Herzen bewegen.

Die Zeit ist nahe, in der auf der ganzen Erde die ehemalige Saat geerntet und die Spreu vom Weizen getrennt wird. Dann werden viele Seelen und Menschen den brennenden Ofen erleiden müssen, der inwendig in ihnen ist.

Der brennende Ofen symbolisiert den Zustand der belasteten, weltverhafteten Seele. Es sind Höllenqualen, welche die Seele zu erdulden hat, wenn sie nicht rechtzeitig ihre Sünden bereut und das wiedergutgemacht hat, was sie im Erdenkleid verursacht hat. Und diejenigen, die sich trotz besseren Wissens immer und immer wieder gegen das Gesetz der Liebe und des Lebens verhalten, werden einst ihren Geistleib in den geistigen Entwicklungsebenen wieder regenerieren müssen, da sie die Partikelstruktur ihres geistigen Leibes nicht mehr voll zur Entfaltung bringen konnten. Das ist die Auslegung des Wortes „völlig verzehrt werden".

Die Gerechten werden wie die Sonnen im Himmelreich leuchten. Jedoch auch die Ungerechten werden nicht ewig in ihren eigenen, selbst verursachten Höllenqualen leben müssen. Einst werden auch sie erkennen, dass sie Kinder Gottes sind – und werden die Gnadenhand des Vaters erfassen und den Weg gehen zu Ihm, der auch sie geschaut und geschaffen hat.

8. Höret auch das Gleichnis vom Sämann. Der Samen, der auf den Weg fiel, gleicht jenen, die das Wort vom Himmelreich hören, es aber nicht verstehen. Dann kommt der böse Feind und stiehlt hinweg das, was in ihr Herz gesät war. Es sind die, welche den Samen am Wegrand erhielten. (Kap. 40, 8)

Ich, Christus, erkläre, berichtige
und vertiefe das Wort:

Wer das Wort Gottes nur hört und nicht selbst danach lebt, der wird es auch nicht verstehen. Er lehrt dann auch seine Vorstellungen oder die Begriffe anderer.

In allen Zeiten empfingen viele Menschen die Worte der Wahrheit, so auch in der gegenwärtigen Zeit.

Viele hörten und hören die Worte der Wahrheit. Sie bereicherten und bereichern sich an ihr. Sie lehrten und lehren. Sie predigten und predigen die Wahrheit – lebten und leben jedoch nicht nach ihr und lassen sich deshalb auch dafür entlohnen. Wer nach der Wahrheit lebt und aus seiner Verwirklichung lehrt, aus seinem erfüllten Herzen, der empfängt den Lohn aus dem Reiche der Wahrheit. Nur derjenige, der die Wahrheit lehrt und nicht danach lebt, trägt Sorge, dass seine Taschen gefüllt werden. Das sind jene, die am Wegrand stehen, die Samen des Lebens aufnehmen, sie weitergeben und nicht erfüllen.

Wenn der Same in das Herz fällt, dann beginnt er zu sprießen und zu wachsen und bringt auch selbstlose Früchte hervor.

9. Und die den Samen auf dem steinigen Boden empfangen haben, das sind jene, welche das Wort hören und es sogleich mit Freude aufnehmen. Doch es schlägt keine Wurzeln in ihrem Inneren, und es dauert nicht lange, denn sobald Leid und Verfolgung sich erheben wegen des Wortes, werden sie nach und nach abfallen. (Kap. 40, 9)

Ich, Christus, erkläre, berichtige
und vertiefe das Wort:

Viele hörten und hören die Worte der Wahrheit, nahmen und nehmen sie freudig an. Wer die Wahrheit jedoch nur hört und nicht danach lebt, der ist und bleibt ein schwankendes Rohr im Wind. Wenn er dann für das, was er gehört und angenommen hat, auch einstehen soll, verleugnet er die Wahrheit und fällt von ihr ab. Und wenn er um des Evangeliums willen verfolgt wird, dann begibt er sich auf das scheinbar sichere Ufer. Er will sich retten, indem er der Wahrheit absagt, die Welt wieder aufsucht und in ihren Fluten untertaucht, um nicht mehr gesehen und angegriffen zu werden. Wer also die Wahrheit nur hört, der nimmt sie nur an und nicht auf.

Aufnehmen heißt, danach zu leben. Wer die Wahrheit lebt, der wird, wenn die Stürme kommen – Leid und Verfolgung –, auch ein Fels in der Brandung sein.

10. Und auch die, welche Samen unter den Dornen empfingen, sind jene, welche das Wort hören, und die Sorgen dieser Welt und der Trug des Reichtums ersticken das Wort, und sie werden unfruchtbar.

11. Die aber den Samen auf gutem Boden empfangen haben, sind die, welche das Wort hören und es verstehen, welche Früchte hervorbringen und tragen, etliche dreißigfältig, etliche sechzigfältig und etliche hundertfältig.

12. Dies alles erkläre Ich euch, die ihr vom inneren Kreise seid. Denen vom äußeren aber sage Ich es in Gleichnissen. Lasset sie hören alle, welche Ohren haben zu hören." (Kap. 40, 10-12)

41. KAPITEL

Bekehrung des Vogelfängers –
Heilung eines Blinden

*Mit Tieren Geschäfte machen; Menschenhandel -
Den Sabbat heiligen - Strafmaß für Wissende und Unwissende (1-9.)
Wer das Gesetz Gottes erfüllt, schaut in die Tiefen
des Seins (10-13)*

1. Und als Jesus nach Jericho ging, begegnete Ihm ein Mann mit jungen Tauben und einem Käfig voller Vögel, welche er gefangen hatte. Und Er sah ihren Jammer darüber, dass sie ihre Freiheit verloren hatten und außerdem Hunger und Durst litten.

2. Und Er sprach zu dem Manne: „Was tust du mit diesen?" Und der Mann antwortete: „Ich lebe davon, dass ich die Vögel verkaufe, die ich gefangen habe."

3. Und Jesus sprach zu ihm: „Was denkst du, wenn ein Stärkerer oder Klügerer, als du bist, dich gefangen nehmen und dich fesseln würde oder auch dein Weib oder deine Kinder und dich ins Gefängnis werfen würde, um dich zu seinem eigenen Vorteile zu verkaufen und seinen Lebensunterhalt damit zu verdienen?

4. Sind diese da nicht deine Mitgeschöpfe, bloß schwächer als du? Und sorget nicht derselbe Gott, Vater und Mutter, für sie ebenso wie für dich? Lasse diese deine kleinen Brüder und Schwestern in Freiheit, und siehe zu,

dass du solches nie wieder tust, sondern dass du ehrlich dein Brot verdienst."

5. Und der Mann erstaunte über diese Worte und Seine Vollmacht und ließ die Vögel frei. Als die Vögel herauskamen, flogen sie zu Jesus, setzten sich auf Seine Schultern und sangen Ihm.

6. Und der Mann fragte weiter nach Seiner Lehre, und er ging seines Weges und erlernte das Korbflechten. Durch seine Arbeit erwarb er sich sein Brot und zerbrach seine Käfige und Fallen und wurde ein Jünger Jesu.

7. Und Jesus erblickte einen Mann, der am Sabbat arbeitete, und sprach zu ihm: „Mann, wenn du weißt, was du tust, so sei gesegnet, denn du brichst nicht das Gesetz im Geiste. Wenn du es aber nicht weißt, dann bist du verdammt und ein Übertreter des Gesetzes."

8. Und wiederum sprach Jesus zu Seinen Jüngern: „Was soll mit jenen Knechten geschehen, welche den Willen ihres Herrn kennen und sich dennoch nicht vorbereiten auf Sein Kommen, und auch nicht handeln nach Seinem Willen?

9. Wahrlich, Ich sage euch, die ihres Meisters Willen kennen, ihn aber nicht befolgen, sollen geschlagen werden mit vielen Streichen. Jene aber, die ihres Meisters Willen nicht kennen und ihn darum nicht tuen, sollen mit weniger Streichen geschlagen werden. Wem viel gegeben worden ist, von dem wird auch viel verlangt werden. Und welchem wenig gegeben worden ist, von dem wird nur wenig verlangt werden." (Kap. 41, 1-9)

Ich, Christus, erkläre, berichtige
und vertiefe das Wort:

Wer mit seinen Nächsten und seinen Übernächsten, den Tieren, Geschäfte macht, der versündigt sich am Gesetze der Freiheit. Wenn der Mann seine Frau einem anderen Manne und die Frau ihren Mann einer anderen Frau anbietet, weil beide keine Gemeinsamkeiten mehr haben, dann gleicht dies einem Sklavenhandel. Oder wenn die Eltern ihre Kinder nach ihrem Gutdünken verheiraten oder die Tochter mit einem Manne verehelichen, der für sie Geld und Güter gegeben hat, dann sind das Geschäfte mit Menschen. Das gleicht dann dem Menschenhandel. Und wer mit seinem Übernächsten, dem Tier, Geschäfte macht, der ist nicht viel besser als der, der seine Nächsten weggibt, einerlei, aus welchen Gründen.

Die Mitgeschöpfe, die Tiere, sind ihrem geistigen Bewusstseinsstand nach deshalb die Schwächeren, weil sie noch nicht die entwickelten Seelenpotenzen einer Kindschaftsseele haben wie z.B. der Seele im Menschen. Deshalb sollte der Mensch den Tieren Schutz bieten und mit ihnen, seinen Mitgeschöpfen, leben und sie weder verstoßen noch mit ihnen Geschäfte machen.

So, wie der Mensch denkt, so ist auch seine Seele beschaffen – licht oder dunkel. Entsprechend verhält er sich auch zu seinen Mitmenschen und zu den Tieren und zu der gesamten Natur.

Die Worte „Mann, wenn du weißt, was du tust, so sei gesegnet, denn du brichst nicht das Gesetz im Geiste. Wenn du es aber nicht weißt, dann bist du verdammt und ein Übertreter des Gesetzes" besagen:

Wer am Sabbat selbstlos unaufschiebbare Hilfen und Arbeiten für seine Nächsten verrichtet – z.B. an Menschen, die am Sabbat in Not geraten oder erkrankt sind oder Leid und Schmerz erdulden –, der verstößt nicht gegen das Gesetz des Lebens.

Wenn der Mensch jedoch um seiner Vorteile willen den Sabbat entheiligt, dann übertritt er das Gesetz, das Gott den Menschen gegeben hat: Du sollst am Ende einer Woche einen Tag ruhen und noch bewusster in Gott leben, um Kräfte für die Tage der Arbeit zu sammeln.

Die Aussage „Wahrlich, Ich sage euch, die ihres Meisters Willen kennen, ihn aber nicht befolgen, sollen geschlagen werden mit vielen Streichen" hat folgende Bedeutung: Wer die Gesetze Gottes kennt – und seien es nur die Zehn Gebote, die Auszüge aus dem Gesetze Gottes – und sie nicht hält, also Gottes Willen nicht erfüllt, der richtet sich selbst. Sein Gericht wird seinen Körper peitschen, also schlagen mit dem, was er ausgesät und nicht gesühnt hat. Denn wer wissentlich gegen das Gesetz Gottes handelt, der sündigt wider den Heiligen Geist. Das ist die schwerste Sünde.

„Jene aber, die ihres Meisters Willen nicht kennen und ihn darum nicht tuen, sollen mit weniger Streichen geschlagen werden" heißt: Sie sind infolge ihrer Belastung, der Sünde, welche die Seele schwächt, noch nicht imstande, die Gesetze Gottes zu erfassen und zu verwirklichen. Und doch werden auch sie ihre Sünden erkennen und bereuen und wiedergutmachen müssen. Und so sie dies in der ihnen gegebenen Zeit der Erkenntnis nicht tun, werden sie diese abtragen müssen, das heißt, sie werden ebenfalls Geschlagene sein. Jedoch auch sie werden einst erwachen und dann viel erfassen können. Und auch von ihnen wird dann viel verlangt werden – zu erfüllen, was sie angenommen haben: das Gesetz des Lebens.

Wer die Gesetze des Lebens verwirklicht, wird reich im Inneren. Wer sie nicht verwirklicht, bleibt arm oder wird arm werden. Doch jeder, der das Gesetz des Lebens annimmt, muss einst vor dem Gesetze Rechenschaft ablegen, denn was er vom Gesetz annimmt, verpflichtet zur Verwirklichung.

10. Und es war ein Mann, welcher von Geburt an blind war. Und er bestritt, dass es so etwas gebe wie die Sonne, den Mond und die Sterne, oder dass es Farben gebe. Und sie versuchten vergeblich, ihn zu überzeugen, dass andere Menschen das sähen. Und sie brachten ihn zu Jesus, und Er salbte seine Augen und machte ihn sehend.

11. Und er freute sich mit Staunen und Furcht und bekundete, dass er zuvor blind war. „Und jetzt, danach", sagte er, „sehe ich alles, ich weiß alles, ich unterscheide alle Dinge, ich bin ein Gott."

12. Und Jesus sprach zu ihm: „Wie kannst du alles wissen? Du kannst nicht sehen durch die Wände deines Hauses noch lesen die Gedanken deiner Mitmenschen, noch verstehen die Sprache der Vögel oder der wilden Tiere. Du kannst nicht einmal die Ereignisse deines früheren Lebens, deine Empfängnis oder deine Geburt in dein Gedächtnis zurückrufen.

13. Denke mit Demut daran, wie viel dir unbekannt bleibt, ja unsichtbar. Und wenn du also tuest, dann wirst du klarer sehen." (Kap. 41, 10-13)

Ich, Christus, erkläre, berichtige
und vertiefe das Wort:

Erkennet euer Leben in dem, was geschrieben steht! Obwohl viele von euch die Sonne, den Mond, die Sterne und die Farben sehen, so sind eure Augen doch gehalten. Denn solange der Mensch nicht Gottes Willen erfüllt, schaut er auch nicht Seine Herrlichkeit. Er sieht nur auf die Oberfläche des Lebens und schaut nicht in die Tiefen des Seins.

Nur wer Gottes Gesetz erfüllt, der wird klarer und schaut in die Tiefen des Lebens und schaut die Gedanken der Menschen und versteht die Sprache der Tiere. Er versteht auch die Pflanzen, die ihr Empfinden und ihre Kraft ausströmen und sich ihm so mitteilen. Er kennt die

Wege in die Unendlichkeit und kennt die Wirksamkeit der Gestirne, und er weiß, welche als Stationen dienen, um in die Unendlichkeit zu gelangen.

Wer das Gesetz Gottes erfüllt, wird klarer sehen, und wer zum Gesetze Gottes geworden ist, der ist in der Unendlichkeit zu Hause.

42. KAPITEL

Jesus lehrt über die Ehe –
Heilung der zehn Aussätzigen

Verbundensein von Ehepartnern auch bei äußerer Trennung - Polarität und Dualität - Innere Werte (1-5). Ehelosigkeit (6-8). Bleibende Heilung nur durch Verwirklichung der ewigen Gesetze (13)

1. Nach diesen Reden verließ Jesus Galiläa und kam an das Jordanufer in Judäa. Und eine große Menschenmenge folgte Ihm, und Er heilte dort viele.

2. Auch Pharisäer kamen zu Ihm, um Ihn zu versuchen, und sagten zu Ihm: „Ist es recht nach dem Gesetze, dass ein Mann sein Weib aus irgendeinem Grund verstößt?"

3. Und Er antwortete und sprach zu ihnen: „Bei manchen Völkern hat ein Mann viele Frauen und verstößt, welche er will, aus einem berechtigten Grund. Und bei manchen Völkern hat die Frau mehrere Ehemänner und verstößt, welchen sie will, aus einem berechtigten Grund. Und in anderen Völkern ist der Mann mit einer einzigen Frau verbunden in gegenseitiger Liebe, und das ist der bessere und höchste Weg.

4. Denn habt ihr nicht gelesen, dass Gott im Anfang den Menschen so schuf, dass ein Mann und ein Weib sein sollte, und sprach: Darum soll ein Mann oder eine Frau Vater und Mutter verlassen und an seinem Weibe oder Gatten hangen und werden die zwei ein Fleisch sein?

5. So sind sie nun nicht mehr zwei, sondern ein Fleisch. Denn, was Gott zusammengefügt hat, das soll der Mensch nicht scheiden." (Kap. 42, 1-5)

Ich, Christus, erkläre, berichtige
und vertiefe das Wort:

Wahrlich, Ich sage euch: Auch wenn der Grund, den Nächsten zu verstoßen, berechtigt scheint, so hat jener doch kein Recht, seinen Nächsten aus seinem Leben auszuschließen. Denn wer ohne Fehler ist, der werfe den ersten Stein.

Wer seinen Nächsten aus seinem Leben ausschließt, der verschließt sein Herz vor Gottes Liebe.

Deshalb sollte der Mensch seinen Nächsten nicht verstoßen – auch dann nicht, wenn dafür Gründe vorzuliegen scheinen. Er soll seinem Nächsten vergeben und ihn um Vergebung bitten. Denn bei keiner Zwistigkeit ist nur einer schuldig. Es sind immer mindestens zwei Menschen daran beteiligt.

Wenn sich Menschen trennen, einerlei, aus welchen Gründen, dann sollte es nur eine äußerliche Trennung sein, jedoch kein endgültiges Lossagen voneinander.

Wer sich mit seinem Nächsten im Inneren eint durch Bereinigen all dessen, was zur Zwietracht geführt hat, der bleibt mit ihm verbunden, auch dann, wenn beide im Äußeren voneinander getrennt sind.

Die Ehe mit mehreren Frauen oder Männern, in der ein Mann mehrere Frauen hat oder eine Frau mehrere Männer, ist gegen das Gesetz der göttlichen Liebe.

Gott schuf im reinen Sein die Polarität und die Dualität: In den Himmeln einen sich zwei göttliche Wesen in Gott und lieben einander in Gott. Diese Verbindung in Gott ist ein Schöpfungsakt Gottes. Er geht aus dem Polaritäts- und Dualitätsprinzip hervor. Die zwei göttlichen Wesen sind in Gott auf ewig verbunden, als Kinder Gottes und somit auch als Geschwister.

Wie im Himmel, so soll es auch auf Erden sein.

Wenn sich zwei Menschen vor Gott die Treue versprechen zur Verehelichung oder wenn sich mehrere Menschen zu einer Geschwistergemeinschaft zusammenschließen – es sind Menschen, die untereinander die absolute Reinheit pflegen, zur Erfüllung gemeinsamer Aufgaben oder zur Erfüllung des Gesetzes –, so sollten sie einander auch die Treue halten. Denn wer sich vor Gott die Treue verspricht, der schließt das Treuebündnis auch mit Gott. Wer das Treuebündnis hält, der wird auch seinen Nächsten als den Tempel Gottes sehen und ihn auch achten.

In der gegenseitigen Achtung liegt das Erkennen der inneren Werte des Menschen. Wer die inneren Werte im Nächsten lieben lernt, der hält auch die innere Verbindung zum Nächsten. Und wer diese innere Verbindung hält, der ist auch mit Gott verbunden.

Eine solche Ehe oder auch eine Geschwistergemeinschaft hat in diesem Erdendasein Bestand und geht in die Ewigkeit ein, weil Gott das Gesetz der Einheit und der Gemeinsamkeit ist.

Menschen, die im Geiste des Herrn zu leben bereit sind, werden gemeinsam ihr irdisches Leben gestalten, sich gegenseitig tragen und einander in vertrauensvoller, selbstloser Liebe zugetan sein. Eine solche Ehe oder Geschwistergemeinschaft führt nicht zur Bindung, sondern lebt die Verbindung zueinander und die Verbindung mit Gott.

Mann und Frau in der Ehe sind eines Geistes und eines Fleisches – und doch sind sie zwei Seelen. Nach dem Leibestode leben sie als Geschwister und kehren im reinigenden Evolutionsprozess wieder zu ihrem geistigen Dual zurück.

Himmlische Duale sind zwei Wesen aus Gott, die ewig in Gott vereint sind. Das männliche ist das gebende Prinzip und das weibliche das empfangende Prinzip. Sie sind verbunden in Gott als ein himmlisches Paar von Ewigkeit zu Ewigkeit.

Jedes Wesen und jeder Mensch besitzt den freien Willen zur freien Entscheidung für oder gegen die Gesetze Gottes. Es ist im Gesetz des Lebens, dass sich die Partner in den Ehen dieser Welt nicht trennen. Da jedoch jedes Wesen und jede Seele – so auch jeder Mensch – den freien Willen hat, ist es ihnen auch nach dem Gesetz des freien Willens selbst überlassen, ob sie sich trennen. Meist schauen sie dabei auf äußere Werte, orientieren sich nach äußeren Dingen oder messen mit menschlichen Maßstäben. Eine solche Trennung bringt die Menschen in das Gesetz von Saat und Ernte. Die Folgen dieser menschlichen Entscheidung müssen beide tragen, doch der größere Anteil lastet auf dem, der sich aus menschlichen Motiven von seinem Nächsten getrennt hat.

Wer sich von seinem Ehepartner trennt, um mit einem anderen das menschliche Zusammensein wieder zu leben, der hat die Ehe gebrochen. Auch die sogenannten Partnerschaften unterliegen dem gleichen Gesetz. Daher achtet auf euer Denken und Tun – und prüft euch, bevor ihr eine Ehe oder Partnerschaft eingeht, welche Gründe und Motive vorliegen, die euch dazu bewegen. Ist es der Körper, der danach verlangt? Sind es die materiellen Güter, die euch zusammenführen? Oder ist es die selbstlose Liebe, die als Keim inneren Lebens in den inneren Werten beider aktiv ist, die höheren Idealen und Zielen zustreben?

Erkennet: Auf den höheren Evolutionsstufen zum göttlichen Leben gelten höhere Gesetze. Sie umschließen auch die Ehen und die Familien, die höheren Idealen und Werten zustreben. Sie richten sich nach den inneren Werten und nach den Evolutionsschritten des Einzelnen auf dem Weg zu Mir.

6. Und sie entgegneten Ihm: „Warum hat denn Moses geboten, einen Scheidebrief zu geben?" Und Er sprach zu ihnen: „Wegen der Härte eurer Herzen litt Moses, dass ihr euch von euren Weibern scheidet, ebenso wie er auch erlaubte, Fleisch zu essen in vielen Fällen; aber von Anfang an ist es nicht so gewesen.

7. Und Ich sage euch: Wer immer sein Weib verstößt, es sei denn aus einem berechtigten Grund, und heiratet eine andere an ihrer Stelle, der bricht die Ehe." Da sagten Seine Jünger zu Ihm: „Wenn die Sache eines Mannes mit seinem Weibe so stehet, so ist es nicht gut, zu heiraten."

8. Aber Er sprach zu ihnen: „Die Worte fassen nicht alle, sondern nur die, denen es gegeben ist. Denn es gibt Ehelose, die sind als solche aus dem Mutterleibe geboren, und solche, die zu Ehelosen gemacht werden von den Menschen, und solche, die sich selbst zu Ehelosen machen um des Himmelreichs willen. Wer es fassen mag, der fasse es!" (Kap. 42, 6-8)

Ich, Christus, erkläre, berichtige
und vertiefe das Wort:

Wenn ein Mensch ehelos ist, einerlei, aus welchen Gründen, dann liegt das in dem von ihm selbst gewählten Evolutionsweg oder auch im Gesetz von Saat und Ernte. Die Ehelosigkeit kann z.B. darauf beruhen, dass er in Vorleben manches verursacht hat, was in diesem Erdendasein zur Auswirkung kommt und was er nun tragen muss, damit seine Seele reift.

Löst der Mensch seine Ehe oder geht keine Ehe ein, um dadurch das Himmelreich zu erlangen, so unterliegt er einer Täuschung. Er ist an falsche Vorstellungen, Meinungen und Satzungen gebunden. Auch wer seiner eigenen Vorteile wegen ehelos bleibt, versündigt sich am Gesetz der Einheit.

Wahrlich, Ich sage euch: Die Verbindung zweier Wesen ist von Gott eingesetzt. Im Himmel wird die Verbindung von zwei Geistwesen Dualität genannt. Auf der Erde nennt man die Verbindung von zwei Menschen Ehe oder Partnerschaft. Die Verbindung zweier Geistwesen oder zweier Menschen ist zugleich ein Bündnis mit Gott und bedeutet: gemeinsame Erfüllung der Gesetze Gottes, der göttlichen Liebe und Reinheit. Wer dieses Gesetz missachtet, indem er z.B. durch Treulosigkeit oder Besitzanspruch gegen die Einheit in Gott verstößt, der widersetzt sich dem Gesetz der selbstlosen Liebe.

Wer glaubt, durch Ehelosigkeit in den Himmel zu kommen, der schließt für sich den Himmel zu. Er sieht die Ehe als eine Entweihung, weil er in ihr nur auf das Menschliche, das Sündhafte, sieht. Wer in der Ehe nicht das göttliche Gesetz anerkennt, der sieht auf seine eigenen Schwächen und Sünden und entwürdigt damit das, was Gott eingesetzt hat: die Verbindung zweier Menschen, die gleich einem Bündnis in und mit Gott sein soll.

Erkennet: Keiner kann das Himmelreich erlangen, der nicht an sich selbst arbeitet, um das Menschliche mit Mir, dem Christus, in Geistig-Göttliches umzuwandeln. Das gilt für Ehen und für Ehelose.

9. Dann kamen kleine Kinder zu Ihm, damit Er ihnen die Hände auflege und sie segne. Die Jünger aber wehrten sie ab.

10. Aber Jesus sprach: „Lasset die Kindlein zu Mir kommen und verbietet es ihnen nicht, denn ihrer ist das Himmelreich." Und Er legte ihnen Seine Hände auf und segnete sie.

11. Als Er in eine Stadt kam, da begegneten Ihm zehn Aussätzige, welche abseits vom Wege standen. Und sie erhoben ihre Stimmen und riefen: „Jesus, Meister, habe Erbarmen mit uns!"

12. Und als Er sie sah, sprach Er zu ihnen: „Gehet und zeiget euch den Priestern." Und es geschah, dass sie gereinigt waren, als sie fortgingen. Und einer von ihnen, als er sah, dass er geheilt war, kehrte um und pries Gott mit lauter Stimme und fiel vor Jesus auf sein Angesicht nieder und sagte Ihm Dank. Und dieser war ein Samariter.

13. Und Jesus sprach: „Wurden denn nicht zehn rein? Wo sind die andern neun? Diese sind nicht umgekehrt und haben Gott gepriesen wie jener Fremde." Und Er sprach zu ihm: „Stehe auf und gehe deines Weges. Dein Glaube hat dich gesund gemacht." (Kap. 42, 9-13)

Ich, Christus, erkläre, berichtige
und vertiefe das Wort:

Was geschah mit jenen, die geheilt wurden und die Gott dafür nicht gedankt haben?

Aus der Liebe und Gnade Gottes, des Allmächtigen, der durch Mich, Jesus, wirkte, erlangten sie Heilung und mit der Heilung die Möglichkeit, ihr wahres Wesen zu erkennen, um Gott, dem Ewigen, zu danken durch Verwirklichung der ewigen Gesetze.

Nur der eine fand Gott in sich und blieb gesund. Die anderen wandten sich wieder der Welt zu, zogen ihre ehemaligen Krankheiten wieder an und erkrankten erneut.

43. KAPITEL

Der Reiche und das Himmelreich –
Die Reinigungsgebote

Eigentum und Nachfolge Christi (1-4). Alle Dinge sind möglich dem, der das Geistig-Göttliche als sein wahres Wesen erstrebt (6). Gott oder Mammon - Das Streben nach Materiellem und seine Folgen (7). Wer dem Materialismus entsagt, wird vielfältig empfangen im ewigen Sein (8-9). Äußere Reinigung und innere Reinheit - Treue zum Buchstaben lässt auf Untreue gegenüber Gott schließen (10-16)

1. Und siehe, es kam einer zu Ihm und sagte: „Guter Meister, was soll ich Gutes tun, auf dass ich das ewige Leben erlange?" Und Er sprach zu ihm: „Was heißest du mich gut? Niemand ist gut denn Gott. Doch willst du zum Leben eingehen, so halte die Gebote." Da sagte er zu Ihm: „Welche sind es?"

2. Jesus sprach: „Was lehrt Moses? Du sollst nicht töten; du sollst nicht ehebrechen; du sollst nicht stehlen; du sollst nicht falsches Zeugnis ablegen; du sollst Vater und Mutter ehren; du sollst deinen Nächsten lieben wie dich selbst." Da sagte der Jüngling zu Ihm: „Das habe ich alles gehalten von meiner Jugend an. Was fehlt mir noch?"

3. Jesus sprach zu ihm: „Willst du vollkommen sein, so gehe hin, verkaufe, was du im Überfluss hast, und gib es denen, die nichts haben, so wirst du einen Schatz im Himmel haben. Dann komm und folge Mir nach."

4. Da der Jüngling aber diese Worte hörte, ging er betrübt von Ihm; denn er hatte große Güter, ja mehr, als er benötigte. (Kap. 43, 1-4)

Ich, Christus, erkläre, berichtige
und vertiefe das Wort:

Wer nach irdischen Gütern trachtet und wer die Taler, die er besitzt, als sein Eigentum ansieht und diese einzig für sein materielles Wohl vermehrt, der ist schon von der Welt entlohnt und kann im Himmel keinen Lohn mehr empfangen. Er kann auch Mir, dem Christus, nicht nachfolgen.

Menschen, die im Für und Wider leben, indem sie zum einen ihren Besitz und ihre Taler als Eigentum halten und zum anderen Mir, dem Christus, nachfolgen wollen, sind zweigeteilt. Zum einen sind ihre Herzen bei ihren materiellen Gütern, zum anderen sind ihre Sinne beim Evangelium der Liebe. Beides lässt sich nicht in Übereinstimmung bringen. Diese Verhaltensweise bringt dem Menschen nur Schwierigkeiten und der Seele Belastungen. Denn keiner kann zwei Herren dienen – dem Geiste Gottes und dem Mammon. Jeder Mensch und jede Seele wird früher oder später zur Entscheidung geführt: entweder Gott zu dienen oder dem Mammon.

5. Daraufhin sprach Jesus zu Seinen Jüngern: „Wahrlich, Ich sage euch, ein Reicher wird schwerlich in das Himmelreich gelangen. Und weiter sage Ich euch: Es ist leichter, dass ein Kamel durch das Tor des Nadelöhrs gehe, denn dass ein Reicher in das Reich Gottes gelange." (Kap. 43, 5)

Ich, Christus, erkläre, berichtige
und vertiefe das Wort:

Dieser Vergleich mit dem Nadelöhr hat inzwischen eine symbolische Bedeutung. Er bezieht sich auf damalige Gegebenheiten in Israel, als Ich, Christus, in Jesus einverleibt war: In Jerusalem gab es eine schmale Pforte, einem Nadelöhr gleich, durch die gerade noch ein Mensch hindurchzugehen vermochte.

6. Als das Seine Jünger hörten, wunderten sie sich sehr und sagten: „Wer kann dann selig werden?" Jesus aber sah sie an und sprach zu ihnen: „Für den leiblichen Sinn ist es unmöglich, aber für den geistigen sind alle Dinge möglich. (Kap. 43, 6)

Ich, Christus, erkläre, berichtige
und vertiefe das Wort:

Mit der Aussage: „Für den leiblichen Sinn ist es unmöglich, aber für den geistigen sind alle Dinge möglich" sind die menschlichen und die geistigen Sinne gemeint. Die menschlichen Sinne trachten nach irdischem Wohlergehen – die geistigen Sinne jedoch sind die feinen Seelenkräfte, die mit dem Ewigen in Verbindung stehen.

Wer seine menschlichen Sinne verfeinert und sich Gott in seinem Inneren zuwendet, der erlangt den rechten Sinn für das wahre Leben, da er das Geistig-Göttliche als sein wahres Wesen erstrebt. Für den geistigen Menschen, der einzig das tut, was Gottes Wille ist, sind alle Dinge möglich, denn er empfängt aus dem Reich des Inneren. Wer im Reiche des Inneren lebt, der wird auch im Äußeren alles haben, was er benötigt, und darüber hinaus.

Der Mensch ist ein Kind Gottes und hat seinem wahren Wesen nach den Reichtum Gottes in sich. Wenn ein Mensch diesen erschließt – indem er seine erkannten Sünden bereut, indem er vergibt und um Vergebung bittet, bereinigt und mehr und mehr dem Sündhaften widersagt –, dann strahlt durch ihn die Fülle aus Gott nach außen und bewirkt, was der Seele und dem Menschen zum Wohle gereicht.

7. Und Ich sage euch, machet euch nicht zu Freunden des Mammons der Ungerechtigkeit, dass er euch nicht, wenn ihr umkommt, in seinen irdischen Behausungen vereinnahmt. Machet euch lieber zu Freunden des wahren Reichtumes, welcher ist die Weisheit Gottes, auf dass ihr aufgenommen werdet in den Wohnstätten, die ewig währen." (Kap. 43, 7)

Ich, Christus, erkläre, berichtige
und vertiefe das Wort:

Die Aussage „Und Ich sage euch, machet euch nicht zu Freunden des Mammons der Ungerechtigkeit, dass er euch nicht, wenn ihr umkommt, in seinen irdischen Behausungen vereinnahmt" bedeutet: Wer sich den Mammon zum Freunde macht, der ist auch an den Mammon gebunden und somit an diese Welt. Denn der Mammon ist diese irdische Welt mit ihren Reichtümern.

Wer nach dem Mammon strebt, wird allmählich ungerecht gegenüber seinen Mitmenschen und gegenüber dem, was ihn umgibt, den Kräften und Lebensformen der Erde. Er schätzt nicht mehr das Leben seines Nächsten und der Erde. Er denkt allein an sein Ich, das sich immer mehr bestätigen möchte durch Reichtum und Ansehen.

Wohin die Sinne des Menschen ziehen, dort ist sein Herz, dort ist sein Schatz: Wenn die Seele eines ichbezogenen Menschen ihr Haus, den menschlichen Leib, verlässt – wenn also die Hülle, der Mensch, stirbt –, wird sie von jenen in Empfang genommen werden, die dem Menschen im Erdendasein gedient haben. Das können Menschen oder Seelen gewesen sein. Die Seele dieses Menschen wird dann entweder im Seelenreich mit diesen Seelen zusammenkommen, die ihr während ihres Erdendaseins die Wege zum Erfolg bereitet haben – oder sie wird mit den Seelen dieser Menschen zusammen wieder einverleibt, das heißt in neuen Menschenkörpern zusammengeführt, werden und mit ihnen gemeinsam in irdischen Behausungen wohnen.

„Machet euch lieber zu Freunden des wahren Reichtums, welcher ist die Weisheit Gottes, auf dass ihr aufgenommen werdet in den Wohnstätten, die ewig währen" besagt: Weiht euer Leben und Denken dem Ewigen, und übt euch vor allem anderen darin, das Reich Gottes zu erlangen. Dann werdet ihr weise und werdet schon im Erdenkleide bewusst im Reiche des Inneren leben. Nach dem Leibestod werdet ihr zu den ewigen Wohnstätten wandern, die eure wahre Heimat sind. Die Wanderschaft über die Erde in immer wieder neuen Gewändern, in neuen Erdenkörpern, und die Wanderschaft durch die Seelenreiche sind dann zu Ende, wenn die Seele ihre innere Heimat gefunden hat.

8. Da sagte Petrus zu Ihm: „Siehe, wir haben alles verlassen und sind Dir nachgefolgt." Und Jesus sprach zu ihnen: „Wahrlich, Ich sage euch, dass ihr, die ihr Mir nachgefolgt seid, in der Wiedergeburt, wenn der Menschensohn auf dem Throne Seiner Herrlichkeit sitzen wird, auch sitzen werdet auf zwölf Thronen und richten die zwölf Stämme Israels. Aber die Dinge dieser Welt zu geben, ist nicht Meine Sache.

9. Und wer Güter, Häuser oder Freunde verlässt um des Himmelreiches und Seiner Gerechtigkeit willen, der wird hundertfältig empfangen im kommenden Leben und das ewige Leben ererben. Aber viele, die da die Ersten sind, werden die Letzten, und die Letzten werden die Ersten sein." (Kap. 43, 8-9)

Ich, Christus, erkläre, berichtige
und vertiefe das Wort:

Ich, Christus, sage euch: Wer alles verlässt u n d ein gerechtes Leben führt, indem er sein Empfinden, Denken, Sprechen und Handeln vergöttlicht, der ist im Inneren wiedergeboren, denn er hat die Wiedergeburt im Geiste erlangt. Seine Seele wird nach dem Leibestode das Fleisch nicht mehr aufsuchen.

Wenn Ich im Geiste wiederkommen werde, dann sehen Mich die Gerechten auf dem Throne der ewigen Herrlichkeit, denn Ich komme in aller Macht und Herrlichkeit, und all jene werden mit Mir sein, welche im Reiche des Inneren leben.

Die zwölf Throne sind unter anderem Symbole für die zwölf Stämme Israels, welche die hohe Aufgabe verschmäht haben, Gottes Volk zu sein. Gott richtet nicht. Ebenso ist allen Menschen und Wesen geboten, nicht zu richten. Wer Ursachen schafft, ist selbst sein Richter; er ist sein eigenes Gericht.

„Die Dinge dieser Welt zu geben, ist nicht Meine Sache." Ich Bin das Licht der Welt und bringe das Licht in diese Welt – und nicht das, was die Welt arm macht: den Mammon.

Wer dem Materialismus, dem Mammon, entsagt, wer also Güter, Häuser oder Freunde verlässt um des Himmelreiches und Seiner Gerechtigkeit willen, der wird vielfältig empfangen im kommenden Leben, im ewigen Sein, und wird bewusst auch dort zu Hause sein. Deshalb trachtet zuerst nach dem Reiche Gottes, welches das Innere Leben ist.

10. Und es kamen zu Ihm Schriftgelehrte und Pharisäer, welche einen von Seinen Jüngern mit ungewaschenen Händen hatten essen sehen.

11. Und sie nahmen Ärgernis daran; denn die Juden essen nicht, bevor sie nicht ihre Hände gewaschen haben, und sie befolgen zudem eine Menge anderer Gebräuche beim Waschen der Becher, Gefäße und Tische.

12. Und sie sagten: „Warum folgen nicht alle Deine Jünger der Überlieferung der Alten? Wir sahen, wie sie mit ungewaschenen Händen aßen."

13. Und Jesus sprach: „Gewiss hat Moses euch befohlen, euch zu reinigen und euren Körper und eure Gefäße rein zu halten, aber ihr habt Dinge hinzugefügt, welche oftmals nicht von allen zu allen Zeiten und an allen Orten befolgt werden können.

14. Höret Mich also: Nicht allein unreine Sachen, welche in den Körper eingehen, verunreinigen den Menschen, sondern vielmehr die üblen und unreinen Gedanken, welche aus ihren Herzen strömen, verunreinigen den inneren Menschen und ebenso andere. Darum achtet auf eure Gedanken und reinigt eure Herzen und lasset eure Nahrung rein sein.

15. Dies sollt ihr tun und dabei die anderen Gesetze nicht unterlassen. Wer die Gesetze der Reinheit bricht, weil es unvermeidlich ist, ist frei von Tadel, denn er tut es nicht aus Eigenwillen, noch, um das Gesetz zu missachten, das gut und gerecht ist. Denn Reinlichkeit in allen Dingen ist ein großer Gewinn.

16. So übernehmt nicht die schlechten Bräuche der Welt, auch nicht zum Schein. Denn viele werden zum Übel geführt durch den äußeren Anschein und die Verkleidung des Bösen." (Kap. 43, 10-16)

Ich, Christus, erkläre, berichtige
und vertiefe das Wort:

Das Waschen der Hände und das Reinigen der Becher, Gefäße und Tische ist in dieser Welt eine Notwendigkeit, denn die Erde ist Materie aus Steinen, Erdreich und Staub. Diese und weitere Lebenssubstanzen sind notwendig, damit der menschliche Körper zu leben vermag. So, wie der Wind und der Regen die Atmosphäre und die Erde immer wieder reinigen, so bedarf auch der irdische Leib der Reinigung, ebenso die Becher, Gefäße, Tische und alle weiteren Gegenstände. Alle diese äußeren Dinge sollen gepflegt werden, denn die Sauberkeit des Äußeren ist auch ein Ausdruck des Inneren.

Doch die äußere Sauberkeit allein bewirkt nicht die Reinigung der Seele. Wenn der Mensch im Inneren verunreinigt ist durch die Sünde, dann legt er oftmals großen Wert auf die Gesetze der äußeren Reinigung, um die Unreinheit seiner Gedanken, Worte und Handlungen zu verbergen. Wer jedoch im Inneren rein ist, wird auch im Äußeren auf Reinheit und Sauberkeit achten.

Vor dem Mahl die Hände zu waschen ist wegen äußerer Umstände nicht immer möglich. Das hat jedoch nichts mit Unreinheit der Seele zu tun. Wer solche äußeren Dinge immer wieder beanstandet, insbesondere dann, wenn keine Möglichkeit zur Reinigung gegeben ist, der hat nur einen Blick für das Äußere, weil bei ihm noch die inneren Werte durch die Sünde verschüttet sind.

Moses hat den Menschen befohlen, sowohl das Innere als auch das Äußere reinzuhalten. Wer jedoch nur für das Äußere, für die Welt und ihre Gepflogenheiten, ein Auge hat, der schafft auch nur äußere Gesetze und vergisst dabei, worum es in Wirklichkeit geht. Wer die Aussagen gerechter Männer und Frauen nicht zu erfassen vermag, der kann sie auch nicht deuten und bezieht dann alles auf diese Welt und auf deren Einrichtungen, Gepflogenheiten und Gebräuche.

Hütet euch davor, allein das Wort und seine buchstäbliche Aussage als die Wahrheit anzusehen! Erkennet: Im Wort liegt zwar die Wahrheit, doch es ist nur ein Symbol und nicht die Wahrheit selbst.

Wer nur auf das Wort und den Buchstaben blickt und diese für Wahrheit hält und weitergibt, der wird nach seinem Gutdünken das Wort Gottes auslegen und deshalb auch das hinzufügen, von dem er nach seinem Bewusstsein glaubt, dass es die Wahrheit sei.

Ich wiederhole: Wer auf das Wort allein blickt, findet darin nicht die Wahrheit.

Die Treue zum Buchstaben gibt Aufschluss über die Untreue gegenüber Gott. Der Mensch, der die Gesetze Gottes nicht verwirklicht, hält sich deshalb am Buchstaben fest. Dieses buchstabengetreue Denken hat die Welt in ein Chaos geführt. Das geschah zu allen Zeiten und an allen Orten, und es geschieht auch in der heutigen Zeit.

Beachtet: Nicht das Unreine, was z.B. noch an Händen, Gefäßen oder Nahrung ist und durch den Mund hineingeht, verunreinigt den Menschen und die Seele, sondern vielmehr die üblen, die negativen, gesetzwidrigen Empfindungen, Gedanken, Worte und Handlungen verunreinigen die Seele und den Menschen. Denn sie gehen in die Seele des Menschen ein und von dort auch wieder aus. Sie befallen den Leib, und der Mensch muss dann tragen, was er gesät hat. Deshalb achtet auf euer Empfinden, Denken, Sprechen und Handeln, und nehmt nur die Nahrung zu euch, die euch Gott geschenkt hat. Der Ewige reicht sie euch aus der Natur. Daran sollt ihr euch halten.

Erkennet: Die innere Reinheit ist entscheidend. Unterlasst dabei jedoch nicht die weiteren Gesetze: die selbstlose Liebe, die Barmherzigkeit und Güte, den freien Willen und die Einheit mit dem Leben.

Wer Gesetze der äußeren Reinheit dann nicht hält, wenn es nicht möglich ist, der belastet damit nicht seine Seele, denn er tut es nicht im Eigenwillen. Der Eigenwille missachtet die ewigen Gesetze.

Das Gesetz Gottes gebietet, die Reinheit in allen Dingen anzustreben: Der Mensch soll weder seinen Körper noch seine Seele, noch seine Umgebung vernachlässigen; denn in allem ist das Leben aus Gott und soll in allem geachtet werden.

Haltet nicht an den Bräuchen der Welt fest, auch nicht zum Schein. Wahret in allem die Gerechtigkeit Gottes, und ihr seid offen und ehrlich und geradlinig im äußeren Tun.

Der Finsterling hüllt sich in viele Gewänder, um zu „scheinen". Nur der erkennt untrüglich den Schein, der nach dem Sein strebt, nach Gottes Weisheit und Gerechtigkeit. Er unterliegt nicht der Täuschung, dem Schein.

44. KAPITEL

Das Bekenntnis der Zwölf –
Die Grundpfeiler der Gemeinde

Gott hat keine Geheimnisse; die Sünde verschleiert die Wahrheit (2-3). Wahre Urgemeinden gründen auf dem Felsen Christus (4). Verfälschung der Wahrheit durch die Kirche - Die Gerechtigkeit Gottes gibt jedem Sünder lange Zeit Möglichkeit zur Umkehr (7-8). Das Gesetz Gottes kommt in diese Welt; die Wahrheit wird sichtbar (10-12). Die Menschheit wird in die Einheit mit Mir, dem Christus, finden (13-15)

1. Jesus saß abermals nahe dem See inmitten von zwölf Palmbäumen, wo Er oft ausruhte. Und die Zwölf und ihre Begleiter kamen zu Ihm, und sie saßen im Schatten der Bäume, und der Heilige lehrte sie in ihrer Mitte.

2. Und Jesus sprach zu ihnen: „Ihr habt gehört, was die Menschen über Mich reden; doch was sagt ihr, wer Ich sei?" Petrus stand auf mit Andreas, seinem Bruder, und sagte: „Du bist Christus, der Sohn des lebendigen Gottes, der vom Himmel herabgestiegen ist und in den Herzen derer wohnet, die glauben und Ihm gehorchen um der Gerechtigkeit willen." Und die übrigen standen auf und sprachen, jeder nach seiner Art: „Diese Worte sind wahr, so glauben auch wir."

3. Und Jesus antwortete ihnen und sprach: „Gesegnet seid ihr, Meine Zwölf, die ihr glaubt; denn Fleisch und Blut

Ich, Christus, erkläre, berichtige
und vertiefe das Wort:

Wer aus der Wahrheit ist, der spricht die Worte der Wahrheit, da er in die Tiefen der Wahrheit zu schauen vermag. Wessen Herz bei Gott ist, dem offenbart Gott auch alle scheinbaren Geheimnisse. Denn nichts ist dem ein Geheimnis, der in Gott lebt. Er kennt die Gesetze Gottes, weil er selbst zum Gesetz geworden ist. Wer in Mir, dem Christus, lebt, der weiß auch, dass Ich aus den Himmeln kam, um als Jesus den Menschen das Evangelium der Liebe zu verkünden, welches der Weg, die Wahrheit und das Leben ist.

„Und die Wahrheit weiß alle Dinge" bedeutet: Die Seele und der Mensch, die in der Wahrheit, im Gesetz Gottes, leben, kennen auch die Wahrheit und wissen auch um alle Dinge der Wahrheit. Solche Menschen sind die gerechten Verkünder der Wahrheit.

Erkennet: Viele Menschen sprechen von den „Geheimnissen" Gottes, weil sie auf die Sünde blicken, welche die Wahrheit verschleiert. Gott hat keine Geheimnisse, weder im Himmel noch auf Erden. Gott hat allen Seinen Kindern die ewige Wahrheit, das göttliche Gesetz, als Erbe geschenkt. Dadurch wurde das Kind Gottes das Ebenbild des Vaters. Nur der Mensch, der im Schatten der Sünde lebt, spricht von den Geheimnissen Gottes. Er sieht nur auf den Schatten, die Sünde, und kennt nicht die Wahrheit, die hinter den Schleiern seiner Sünde ihm verborgen ist. Wer Tag für Tag seine Sünden Mir, dem Christus, übergibt, wer bereut, vergibt, um Vergebung bittet und die erkannten Sünden nicht mehr tut, der findet zur inneren Wahrheit, die ihn frei macht.

Wenn die Sünden getilgt werden, kann das Licht der Seele, die Wahrheit, immer stärker durch den Menschen strahlen. Dann hält der Mensch mehr und mehr der Wahrheit die Treue im Empfinden, Denken, Sprechen und Handeln. Wer in der Wahrheit lebt, der weiß alle Dinge, weil er der Wahrheit, Gott, in seinem täglichen Verhalten die Treue hält. Nur auf diese Weise findet die Seele wieder zu ihrem Ursprung zurück, zu ihrem Wesen, das göttlich ist.

Gott also verbirgt sich nicht vor den Menschen. Der Mensch jedoch verbirgt sich vor Gott wegen seiner Sünde.

Es gibt keine Geheimnisse Gottes. Die Werke Gottes sind nur für jene Menschen Geheimnisse, welche die Werke Gottes nicht tun.

4. Alle Wahrheit ist in Gott, und Ich zeuge für die Wahrheit. Ich Bin der wahre Fels, und auf diesem Felsen werde Ich Meine Gemeinde erbauen, und die Pforten der Hölle

sollen sie nicht überwältigen, und von diesem Felsen wer-
den Ströme lebendigen Wassers fließen, um den Völkern
dieser Erde Leben zu spenden.

5. Ihr seid Meine erwählten Zwölf. Auf Mir, dem Haupte
und dem Eckstein, sind die zwölf Grundpfeiler Meines Hau-
ses auf dem Felsen erbaut; und auf euch in Mir soll Meine
Gemeinde erbaut werden, und in Wahrheit und Gerechtig-
keit soll Meine Gemeinde errichtet werden.

6. Und ihr werdet sitzen auf zwölf Thronen und Licht
und Wahrheit aussenden zu allen zwölf Stämmen Israels
durch den Geist. Und Ich will bei euch sein bis an das Ende
der Welt. (Kap. 44, 4-6)

Ich, Christus, erkläre, berichtige
und vertiefe das Wort:

Die getreuen Apostel sind die Gründer der Urgemeinde
in Mir, dem Christus. Die Gemeinden Christi, die in Mir,
dem Christus, leben, stehen auf dem Felsen Christus.

Eine Gemeinde in Christus wird von den Menschen gebildet, welche sich bemühen, Gottes Willen zu erfüllen.
Seit Meinem Leben als Jesus von Nazareth entstanden in
allen Zeiten immer wieder freie Urgemeinden, die sich
außerhalb der kirchlichen Institutionen bildeten.

Viele dieser Urgemeinden, die auf Mir, der Wahrheit
und dem Leben, dem Evangelium der selbstlosen Liebe,
gegründet waren und in denen der Geist Gottes, die Wahr-

heit, unmittelbar sprach und wirkte, wurden von der äußeren Macht der satanischen Herrschaft in ihren äußeren Einrichtungen wieder zerstört; nicht jedoch wurde zerstört die Kraft, welche sie hervorbrachte.

Erkennet: Es war nur ein äußerer Untergang der Urgemeinden. In Wirklichkeit baute sich, unsichtbar, das geistige Potential mehr und mehr auf. Immer wieder trat diese Kraft dann aus dem Unsichtbaren hervor, und aufs Neue flammten Urgemeinden in der Welt auf. Sie verschwanden wieder – jedoch im Geiste wuchs das Potential christlichen Lebens. Diese kleinen oder größeren Evolutionsschritte gehören zu den ersten Schritten für das Friedensreich Jesu Christi.

In dem heutigen Aufbruch für eine neue Zeit fließt ein weit größerer Strom urchristlichen Lebens in diese Welt und wird mehr und mehr sichtbar. Dieser unversiegbare göttliche Strom – das Christusbewusstsein in Verbindung mit der göttlichen Weisheit – erfasst allmählich die ganze Welt, die ganze Erde, und bereitet die Neue Zeit vor.

Auch in der heutigen Zeitenwende gibt es noch immer das Für und Wider des menschlichen Ichs, denn auch die Menschen in den werdenden und wachsenden Urgemeinden haben noch Menschliches in und an sich.

Trotz alledem werden auf der Erde immer mehr Menschen vom Geiste Gottes berührt, und viele gehen schon den Weg nach Innen zum Königreich des Inneren, um in Mir, dem Christus, zu leben. Das Menschliche vergeht, und

Gottes Wille wird mehr und mehr offenbar durch den sich verschenkenden Strom: den Christus in Verbindung mit der göttlichen Weisheit.

Ich, Christus, Bin der wahre Fels, und auf Mir, Christus, dem wahren Felsen, sind alle Gemeinden erbaut, welche die Gesetze Gottes verwirklichen und im täglichen Leben halten. Diejenigen Menschen bilden die Gemeinden in Mir, die sich um Mich, das Leben, scharen durch Verwirklichung der ewigen Gesetze und die einzig auf Mich bauen – denn Ich Bin der Weg, die Wahrheit und das Leben und im Vater die Gerechtigkeit.

In der Einheit mit Mir, dem Christus, bilden Menschen die Gemeinden Christi. So war es, so ist es wieder, und so wird es in der Zukunft auf der immer lichter werdenden Erde sein. Menschen, welche die Gesetze Gottes erfüllen, bedürfen keiner äußeren Führer. Sie haben Mich, Christus, das Gesetz des Lebens, und sind dadurch füreinander und nicht gegeneinander. Die gegeneinander sind, sind gegen Mich und sind daher auch nicht Meine Gemeinde.

7. Aber nach euch werden Menschen kommen, von verderbter Gesinnung, und aus Unwissenheit oder durch Gewalt werden sie vieles unterdrücken, was Ich euch gesagt habe, und werden Mir Worte zuschreiben, welche Ich niemals gesprochen habe; und so säen sie Unkraut unter den guten Weizen, den Ich euch gegeben habe, damit ihr ihn in die Welt säet.

8. Dann muss die Wahrheit Gottes den Widerspruch der Sünder erdulden; denn so ist es gewesen, und so wird es sein. Aber es wird die Zeit kommen, da alles, was sie verborgen haben, enthüllt und bekannt wird, und die Wahrheit wird frei machen alle, die gebunden waren. (Kap. 44, 7-8)

Ich, Christus, erkläre, berichtige
und vertiefe das Wort:

Das Gesetz von Saat und Ernte wird so lange wirksam sein, bis das Gegensätzliche vergangen ist und das Göttliche auf der Erde wohnt, bis also alle Menschen auf der gewandelten, der neuen Erde Gottes Willen erfüllen. Ganz allmählich geht die Zeit zu Ende, in der Mein Wort verdreht und zurechtgebogen wurde, um es jenen dienstbar zu machen, die damit wähnten, über der Wahrheit zu thronen, und sich Untergebene schufen.

Erkennet: Das Unkraut wurde von Meinungsbildnern gesät, die Meine Worte, Meine Aussagen, nicht verstanden und die Wahrheit – teilweise bewusst und auch unbewusst – verdrehten. Viele legten die Wahrheit zu ihren Gunsten aus. Daraus entstanden unter anderem auch die von Dogmen, Glaubens- und Lehrsätzen geprägten kirchlichen Institutionen, die das Evangelium jeweils so auslegten und auslegen, wie es für ihre Institution zweckdienlich war und noch ist. Zu diesen Institutionen hatten und haben nur jene Menschen Zugang, die sich unter ihre Dogmen, Glaubens- und Lehrsätze stellen. Dies allein schon gibt Einblick in das, was Ich eben offenbart habe: Sie haben Mein Wort verdreht und zurechtgebogen, um es sich dienstbar zu machen.

Die Wahrheit ist die Kraft der Unendlichkeit und ist für alle Menschen da. Die Wahrheit strahlt in unzähligen Facetten in diese Welt. Wer behauptet, dass die Facetten ewiger Wahrheit sich in Dogmen und Formen pressen lassen?

Es kam also Unkraut unter die gute Saat. Obwohl in den Jahrhunderten das Unkraut die gute Saat überwuchert hat, so blieb diese doch im Verborgenen erhalten. Die Zeit ist gekommen, in welcher das Unkraut ganz allmählich vom Acker des Lebens entfernt wird, damit die gute Saat sprießen und eine gute Ernte bringen kann. Ganz allmählich und mit viel Mühe und Geduld wird die schlechte Saat vom Acker des Lebens genommen, damit kein Körnchen der guten Saat verlorengeht und mit in den Ofen geworfen wird, in welchem das Unkraut verbrennt. Das ist die Gerechtigkeit Gottes.

Wenn auch viele Menschen nicht verstehen können, dass der Übergang von der sündhaften Welt zur Lichtzeit einen sehr langen Zeitraum umfasst, so entspricht dies doch der Gerechtigkeit. Denn Gott gibt jedem Sünder immer wieder die Möglichkeit zur Umkehr. Jedes noch so kleine Fünkchen echter Reue wird beachtet und genährt. Das ist Gottes Liebe und Gerechtigkeit. Jeder Seele und jedem Menschen wird Gott, der Ewige, gerecht.

Die Wahrheit Gottes muss wohl den Widerspruch der Sünder erdulden – doch nicht in alle Ewigkeit. Die Zeit ist da, in der alles, was die Gegensatzkraft verborgen hat, enthüllt und bekannt wird, denn alles ist schon in der atmosphärischen Strahlung offenbar. Auf diese Weise wird die Wahrheit frei – und sie wird alle frei machen, die sich von der Wahrheit, von Gott, frei machen lassen.

9. Einer ist euer Meister, und ihr alle seid Brüder, und keiner ist größer als der andere an dem Platze, den Ich euch gegeben habe; denn ihr habt einen Meister, nämlich Christus, welcher über euch ist und mit euch und in euch, und es gibt keine Ungleichheit unter Meinen Zwölf oder ihren Schülern.

10. Alle sind Mir gleich nahe. Strebet also nicht nach dem ersten Platze, denn ihr alle seid erste, weil ihr die Grundsteine und Pfeiler der Gemeinde seid, welche auf der Wahrheit auferbaut ist und welche in Mir ist und in euch. Und die Wahrheit und das Gesetz, wie sie euch gegeben worden sind, sollt ihr aufrichten für alle.

11. Wahrlich, wenn ihr und eure Brüder euch einig seid, etwas in Meinem Namen zu beginnen, so werde Ich in eurer Mitte und mit euch sein.

12. Wehe der Zeit, wo der Geist der Welt in die Gemeinde eintritt und Meine Lehren und Gebote durch die Verderbtheit von Männern und Frauen für ungültig erklärt werden. Wehe der Welt, wenn das Licht verborgen wird! Wehe der Welt, wenn dies geschehen wird!" (Kap. 44, 9-12)

Ich, Christus, erkläre, berichtige
und vertiefe das Wort:

Und es geschah immer wieder, dass sich der eine größer dünkte als der andere, der eine sich näher bei Gott glaubte und seinen Bruder aus dieser Eitelkeit heraus missachtete.

Ich sage euch: Das Gesetz Gottes ist für alle, und die es halten, sind demütig und machen keine Unterschiede. Das Gesetz Gottes kommt in diese Welt, und die es halten, sind in und mit Mir, dem Christus. Und die es nicht halten, werden von dieser Erde gehen und sich in den Seelenreichen wiederfinden. Denn die Erde reinigt sich von jeglicher Unwahrheit und jeglichem Tand dieser Welt.
Wer will sich der Wahrheit, dem Felsen Christus, widersetzen?

Das Wasser umspült den Felsen, und die Wogen decken ihn nur kurze Zeit zu. Doch der Fels, die Wahrheit, die Ich Bin, wird immer wieder sichtbar werden und hervortreten. Und all jene, die sich trotz aller Widerstände am Felsen, an Mir, dem Christus, festhalten, werden sich auch in Mir festigen und Meine Gemeinde bilden, die auf Mir, dem Felsen, gebaut ist durch den standhaften Glauben der unzähligen Männer und Frauen, die unerschütterlich an die Wahrheit glaubten und glauben und der Wahrheit dienten und dienen.

13. Dann erhob Jesus Seine Stimme und sprach: „Ich danke Dir, o gerechter Vater, Schöpfer Himmels und der Erde. Du hast dies alles verborgen den Weisen und Klugen, aber Du offenbarst es den Kindern.

14. Niemand kennet Dich außer Deinem Sohne, der der Menschensohn ist. Keiner kennt den Sohn außer jenen, denen Christus geoffenbaret ist.

15. Kommet her zu Mir, alle, die ihr mühselig und beladen seid, und Ich will euch Frieden geben. Nehmet Mein Joch auf euch und lernet von Mir, denn Ich Bin sanftmütig und demütig im Herzen, und ihr werdet Frieden finden in euren Seelen. Denn Mein Joch ist gleichmäßig und leicht, und Meine Last gering und lastet nicht ungleich." (Kap. 44, 13-15)

Ich, Christus, erkläre, berichtige
und vertiefe das Wort:

Den „Weisen und Klugen", das heißt den intellektuellen und ichbezogenen Menschen, ist die Wahrheit verborgen, da sie diese mit ihrem ichbezogenen Denken und Handeln zudecken. Den demütigen und sanftmütigen Menschen jedoch, die nach der Wahrheit streben, wird sie vom Ewigen durch Mich in allen Facetten offenbar – und ist ihnen offenbar für ihr Leben in Gott.

Keiner kennt den Vater, außer der Sohn, der im Vater lebt. Ich, der Sohn, verkörperte in Jesus die Menschheit, die in die Sohn- und Tochterschaft – die eine Bruderschaft ist – finden wird, in die Einheit mit Mir, dem Christus. Denn wer den Sohn, Mich, den Christus Gottes, an- und aufgenommen hat, der kennt auch den Vater, der im Sohn und durch den Sohn lebt – und in jenen und durch all jene, die das Evangelium der Liebe leben und im täglichen Leben verkörpern.

Wer zu Mir, dem Christus, kommt, der im Innersten jedes Menschen wohnt, und Mir seine Mühsal und seine Last übergibt und fortan mehr und mehr in Mir lebt, der wird durch Mich den inneren Frieden erlangen – und in die Welt den Frieden bringen. Nur der wird sanftmütig und demütig, der zu Mir kommt und in Mir bleibt. Sein Joch ist auch ein Teil Meines Joches; es wird dann für ihn leichter zu tragen sein, denn Ich Bin die tragende Kraft für alle Seelen und Menschen. Und auch seine Last wird gering und lastet nicht ungleich auf ihm, denn Ich trage für alle Seelen und Menschen.

45. KAPITEL

Suchen nach Zeichen – Der unreine Geist – Jesu Eltern und Geschwister – Irdischer Reichtum

Der „Blinde" erwartet Wunder - Die Gefahr der Beeinflussung durch gegensätzliche Kräfte (1-6). Sünde wider den Heiligen Geist ist Handeln wider besseres Wissen (7). Glied der Familie Gottes oder Einzelgänger und Verfechter des menschlichen Ichs (8-10). Der materielle Reichtum; Auswirkungen der Habgier (11-16)

1. Mehrere Schriftgelehrte und Pharisäer sagten zu Ihm: „Meister, wir möchten ein Zeichen von Dir sehen." Aber Er antwortete und sprach zu ihnen: „Ein böses und verdorbenes Geschlecht suchet nach einem Zeichen, und es soll ihnen kein Zeichen gegeben werden außer dem Zeichen des Propheten Jona.

2. Ja, ebenso wie Jona drei Tage und drei Nächte im Bauche des Walfisches war, so wird der Menschensohn drei Tage und drei Nächte im Herzen der Erde verweilen und dann wieder auferstehen.

3. Die Männer von Ninive werden auferstehen und dieses Geschlecht richten und es verurteilen; denn sie bereuten bei der Predigt des Jona, und siehe, hier ist ein Größerer als Jona.

4. Die Königin des Südens wird auferstehen und dieses Geschlecht richten und verurteilen; denn sie kam aus den

fernsten Teilen der Erde, um die Weisheit Salomons zu hören, und siehe, ein Größerer ist hier als Salomo."

5. Und Er sprach ferner: „Wenn der unreine Geist aus einem Menschen hinausgegangen ist, gehet er durch dürre Stätten, um Ruhe zu finden; und da er sie nicht findet, spricht er: ‚Ich will zurückkehren in mein Haus, aus welchem ich gekommen bin.' Und wenn er dorthin gekommen ist, so findet er es leer, gekehrt und geschmückt, denn sie haben nicht den guten Geist gebeten, darin zu wohnen und ihr ewiger Gast zu sein.

6. Dann gehet er fort und nimmt sieben andere Geister mit sich, die noch böser sind als er, und sie ziehen ein und wohnen dort, und der letzte Zustand von allen solchen ist schlechter als der erste. Ebenso wird es auch jenem bösen Geschlechte ergehen, welches dem Geiste Gottes den Eingang verwehrt. (Kap. 45, 1-6)

Ich, Christus, erkläre, berichtige
und vertiefe das Wort:

Wer von Gott Zeichen und Wunder erwartet, erkennt sich selbst nicht als das Werk Gottes, das Er geschaffen hat. Wer Zeichen und Wunder sehen möchte, der betrachte sein Haus aus Fleisch und Blut und erkenne daran die unzähligen Funktionen, die nur durch den Geist Gottes in ihm möglich sind.

Wer – wie Ich, Christus in Jesus – im ewigen Sein lebt, der bedarf keiner sichtbaren Zeichen und Wunder mehr. Schon im Erdenkleid schaut er die Realität Gottes, die ihm in unzähligen Begebenheiten und Formen zustrahlt. Nur der Blinde will sehen, ohne die Binde der Sünde von seinen Augen zu nehmen.

Daher achtet auf eure Gedanken, Worte und Sinne, die euch die Augen für die Wahrheit verschließen und die Tore für die Sünde öffnen! Denn allzu rasch lässt sich der Mensch verführen und öffnet damit Tür und Tor für den Satan der Sinne.

Seele und Mensch sind das Haus Gottes. Wenn dieses durch Gedanken des Neides, des Hasses und der Feindschaft verunreinigt ist, wenn der Mensch diese wohl erkennt, jedoch nicht ändert, wenn den guten Grundsätzen und Vorsätzen nicht die entsprechenden Taten folgen – dann zieht in den Menschen das Böse ein, das ihm dann zum Joch und zur Last wird.

Wer nicht rechtzeitig sein Denken, Reden und Tun erkennt und umkehrt, der hält es für weitere Finsterlinge offen. Sie kehren dann in das für sie geschmückte Haus ein und bestimmen den Menschen, dass er das tut, was sie wollen. Der Mensch verliert dabei die Herrschaft über sein Denken und Reden. Dann wird durch ihn gedacht, gesprochen und gehandelt. Er ist dann nicht mehr er selbst, sondern es sind jene, die durch ihn denken und reden, denen er durch sein gottfernes Verhalten Einlass bot.

Durch gegensätzliches Denken, Reden und Handeln zieht also der Mensch die entsprechenden Kräfte an, die ihn dann beeinflussen. Denn Gleiches zieht Gleiches an.

Auch jeglicher Hochmut ist gefährlich, denn er ist der Schmuck des Dunklen.

So und ähnlich erging und ergeht es Menschen in vielen Geschlechtern, und so wird es noch vielen ergehen, die dem Geist Gottes den Eingang verwehren.

7. Denn Ich sage euch, dem, der den Menschensohn lästert, dem soll vergeben werden. Wer aber den Heiligen Geist lästert, dem soll nicht vergeben werden, weder in dieser Lebenszeit noch im nächsten Leben; denn sie widerstehen dem Lichte Gottes wegen der falschen Überlieferungen der Menschen." (Kap. 45, 7)

Ich, Christus, erkläre, berichtige
und vertiefe das Wort:

Ich erkläre folgende Aussage: „Wer aber den Heiligen Geist lästert, dem soll nicht vergeben werden, weder in dieser Lebenszeit noch im nächsten Leben."

Die Sünde wider den Heiligen Geist ist die schwerste Sünde. Wenn dem Menschen die Wahrheit, das Gesetz Gottes, offenbar ist – sei es durch die Zehn Gebote oder durch die Bergpredigt oder durch Meine Offenbarungen in der heutigen Zeit – und er trotzdem bewusst gegen das Gesetz Gottes denkt, spricht und handelt, so sündigt er wider den Heiligen Geist. Eine Sünde wider den Heiligen Geist kann, je nach ihrer Intensität, nicht in einem Erdendasein allein getilgt werden. Es können, je nach Umständen, mehrere Einverleibungen notwendig sein, um das abzutragen und zu sühnen, was der Mensch verursacht hat.

Auch wenn ein Mensch überlieferte Unwahrheiten gelehrt hat, so ist er an diese Unwahrheiten gebunden – und somit an die Menschen und Seelen, die er falsch belehrt hat. Dennoch wird ihm Tag für Tag die Möglichkeit gegeben, umzudenken und in sich selbst zu finden, was Wahrheit und Leben bedeuten.

8. *Während Er noch zu dem Volke sprach, siehe, da standen Seine Eltern und Seine Brüder und Schwestern draußen und wollten mit Ihm sprechen. Da sagte einer zu Ihm: „Siehe, Dein Vater und Deine Mutter und Deine Brüder und Schwestern stehen draußen und wollen mit Dir sprechen."*

9. *Aber Er antwortete und sprach zu ihm: „Wer ist Mein Vater, und wer ist Meine Mutter? Und wer sind Meine Brüder und Schwestern?"*

10. *Und Er zeigte mit Seiner Hand auf Seine Jünger und sprach: „Sehet Meinen Vater und Meine Mutter, Meine Brüder und Schwestern und Meine Kinder! Wer den Willen Meines Vaters im Himmel tut, der ist Mein Vater und Meine*

*Mutter, Mein Bruder und Meine Schwester, Mein Sohn und
Meine Tochter." (Kap. 45, 8-10)*

Ich, Christus, erkläre, berichtige
und vertiefe das Wort:

Jedes Kind Gottes, ob es im Himmel oder auf Erden als
Mensch oder als Seele in den Stätten der Reinigung lebt,
ist ein Glied der großen Familie Gottes. Wer Gottes Willen
erfüllt, den zieht es von innen her dorthin, wo Menschen in
und mit Gott leben, denn diese gehören zur Familie Gottes.

Wer den Willen der Menschen tut, der wendet sich
von jenen ab, die sich bemühen, Gottes Willen zu erfüllen. Er wird zum Einzelgänger und zum Verfechter seines
menschlichen Ichs.

Der Maßstab für jeden Menschen ist sein Leben und
Denken. Daran erkennt er sich selbst:

Wer sich wahrhaft bemüht, Gottes Willen zu erfüllen
in seinem Empfinden, Denken und Handeln, den zieht es
auch dorthin, wo jene Menschen leben, die Gottes Willen
tun. Dort wächst dann auch das Werk Gottes, die Liebe.

*11. Und es waren mehrere Pharisäer da, welche auf
ihren Reichtum stolz waren, und Er sprach zu ihnen: „Gebt
acht und hütet euch vor der Habgier; denn des Menschen
Leben bestehet nicht in der Fülle der Dinge, welche er besitzt."*

12. Und Er sprach in einem Gleichnis zu ihnen: „Das Land eines reichen Mannes trug im Überfluss, und er dachte bei sich selbst und sprach: Was soll ich tun? Denn ich habe keinen Platz, wo ich meine Ernte aufbewahren könnte.

13. Und er sprach: Das will ich tun: Ich will meine Scheunen niederreißen und größere erbauen. Und darin will ich alle meine Früchte und Güter unterbringen.

14. Und ich werde zu meiner Seele sprechen: Du hast viele Güter gesammelt, für viele Jahre, lasse es dir wohl ergehen, iss, trink und sei fröhlich.

15. Aber Gott sprach zu ihm: Du Narr, diese Nacht wird dein Leben von dir gefordert werden. Wem sollen nun diese Dinge gehören, welche du gehortet hast?

16. So ergehet es denen, welche Schätze sammeln für sich selbst, aber nicht reich sind an guten Werken für die, welche Not und Mangel leiden." (Kap. 45, 11-16)

Ich, Christus, erkläre, berichtige
und vertiefe das Wort:

Was hier berichtet wird, geschah und geschieht in allen Generationen: Die Reichen vermehren ihren Reichtum. Viele von ihnen wurden mitten aus ihrem materiellen Reichtum hinweggenommen und standen als arme Seelen vor ihrer materiellen Hülle, die sie nun nicht mehr nutzen konnten, und mussten ihre eigene Armut an Licht und

Kraft erkennen. Zugleich erlebten und erfuhren sie in sich selbst, wie vielen Seelen und Menschen sie mit ihrem irdischen Reichtum hätten helfen können. Die Not derer, denen sie durch ihr Horten nicht geholfen haben, wurde dann die Not ihrer eigenen, armen Seele.

Für die Menschen der Neuen Zeit erkläre Ich, Christus:

In der sündhaften Zeit waren viele Menschen im Äußeren sehr reich, doch ihre Herzen waren kalt und berechnend. Die Reichen trachteten nach immer mehr Reichtum, und die Armen neideten ihnen ihr Hab und Gut. Viele von ihnen mussten für sie schwere Dienste verrichten, um mit dem Lohn ihr irdisches Leben fristen zu können.

In den Ländern des sogenannten Wohlstandes gab es auch einen Mittelstand zwischen Arm und Reich. Auch viele Menschen des Mittelstandes strebten nach Reichtum und Ansehen und arbeiteten einzig dafür, reich zu werden.

Durch die Reichen kam viel Neid und Leid in diese Welt; selbst Kriege wurden von machthungrigen Reichen ausgelöst, die ihre Macht demonstrieren und ihr Ansehen vergrößern wollten. Unter solcher Machtgier und Herrschsucht mussten oftmals ganze Völker leiden; denn durch die Kriege kamen Hungersnot, Leid, Krankheit und Seuchen in die Völker, die unter ihren Machthabern und Führern litten. Auch in Notzeiten bereicherten sich so manche Reiche, wogegen die Armen noch ärmer wurden.

Einige wenige wurden sogar durch die Rüstung und den Krieg noch reicher, während ein Großteil der Völker in den Zwängen des Jochs und der Unterdrückung weiterlebte. Trotz des äußeren Kampfes blieb der Mittelstand erhalten.

Im Verhältnis zur Anzahl der Menschen auf dieser Erde bemühten sich nur wenige, Gottes Willen zu erfüllen. Es sprachen jedoch viele von den Gesetzen Gottes und von Mir, dem Christus Gottes – doch ihre Reden waren leer. Die Menschheit war nicht erfüllt vom Geiste der Liebe, der allein durch Verwirklichung in die Worte und Taten der Menschen Einzug hält.

Im Laufe von Generationen suchten immer mehr Menschen und Seelen das Licht der Wahrheit und lebten auch danach. So kam ganz allmählich der Umbruch von der sündhaften Zeit zur Lichtzeit. Es war ein langes Ausgären des Dunklen, das sich über viele Jahrhunderte hinzog.

46. KAPITEL

Jesu Verklärung – Die zwölf Gebote

*In der Verklärung Jesu wurde Ihm Sein Leidensweg,
Sein weiterer Auftrag als Christus und die Zukunft der Menschheit
und der Erde enthüllt (1-6). Das Neue Israel (7-21). Das neue Gesetz der Liebe - Keine Seele geht verloren (22-24). Die Läuterung der
Seele (25). Alle wahren Propheten werden verkannt (26-28)*

1. Nach sechs Tagen, als das Laubhüttenfest nahe war,
nahm Jesus die Zwölf zu sich und führte sie mit sich auf
einen hohen Berg. Und als Er dort betete, veränderte sich
das Aussehen Seiner Gestalt, und Er wurde vor ihnen verwandelt, und Sein Angesicht leuchtete wie die Sonne, und
Seine Kleider waren weiß wie das Licht.

2. Und siehe, da erschienen ihnen Moses und Elias und
redeten mit Ihm und sprachen von dem Gesetze und von
Seinem Hinscheiden, das in Jerusalem geschehen sollte.

3. Und Moses sprach: „Dieser ist es, von Dem ich euch
vorhersagte: Einen Propheten aus der Mitte deiner Brüder,
mir ähnlich, wird der Ewige zu euch entsenden, und was
der Ewige Ihm sagt, das wird Er euch sagen, und Ihn sollt
ihr anhören, und die, die Ihm nicht gehorchen wollen, bereiten sich ihren eigenen Untergang."

4. Petrus sprach zu Jesus: „Herr, hier ist es gut sein,
willst Du, so wollen wir hier drei Hütten bauen: Dir eine,
Moses eine und Elias eine."

5. Und da er noch redete, siehe, da überschattete sie eine lichte Wolke, und zwölf Strahlen gleich der Sonne brachen hinter den Wolken hervor, und eine Stimme kam aus der Wolke, welche sprach: „Dies ist Mein geliebter Sohn, an dem Ich Mein Wohlgefallen habe. Höret auf Ihn."

6. Da die Jünger dieses hörten, fielen sie auf ihr Angesicht nieder und erschraken sehr. Jesus trat zu ihnen, berührte sie und sprach: „Stehet auf und fürchtet euch nicht!" Da sie aber ihre Augen aufhoben, sahen sie niemand, denn Jesus allein. Und die sechs Strahlen waren auf Ihm zu sehen. (Kap. 46, 1-6)

Ich, Christus, erkläre, berichtige
und vertiefe das Wort:

Von Cherubim der Wesenheiten Gottes wurde Mir, Jesus von Nazareth, Mein Hinscheiden zu Jerusalem angekündigt und Mein weiterer Werdegang als der Christus Gottes offenbart. Gleichzeitig sah Ich in Bildern Meinen Leidensweg und was er für alle Seelen und Menschen bedeutet. Ich sah auch Mein Wirken als Christus Gottes im Himmel und auf Erden. Ich sah auch die weiteren Leiden der Menschen trotz der Erlösertat. Ich sah das Licht der Erde, wie es ganz allmählich Form und Gestalt annimmt, und sah die vielen Menschen, die immer mehr Gottes Willen erfüllen. Ich sah den gesamten Auftrag und sah auch das Geschlecht David – aus dem Ich, Jesus, dem Fleische nach stammte – und sein Wirken mit Mir, dem Christus Gottes, auf dieser Erde und in den Stätten der Reinigung.

Ich sah auch das Ende der Erde und aller materiellen Formen. Alles wurde Mir enthüllt.

Die zwölf Strahlen bedeuten unter anderem die zwölf Tore des ewigen Seins, die sich auf die Erde mehr und mehr herniedersenken und aus denen die Strahlung für das Friedensreich Jesu Christi hervorgeht.

Die sechs Strahlen bedeuten die sechs Grundkräfte der Himmel, wobei der siebte Grundstrahl, die Barmherzigkeit, unter den Menschen wohnte. Die Strahlen sind als Symbole zu verstehen. Sie sind in Mir, dem Christus Gottes, aktiv und werden in der Welt sichtbar: das Gesetz des Lebens und das Wirken des Lichtes unter den Menschen im Friedensreich Jesu Christi.

7. Und Jesus sprach zu ihnen: „Siehe, Ich gebe euch ein neues Gesetz, welches aber nicht neu ist, sondern alt. Ebenso wie Moses die Zehn Gebote gab dem Volk Israel dem Fleische nach, so will Ich euch die zwölf Gebote geben für das Reich Israel dem Heiligen Geiste nach.

8. Wer ist dieses Israel Gottes? Alle aus jedem Volk und jedem Stamme, welche Gerechtigkeit üben, Liebe und Barmherzigkeit und Meine Gebote befolgen, diese sind das wahre Israel Gottes.“ Und sich erhebend, sprach Jesus:

9. „Höre, o Israel, Jehova, dein Gott, ist der Eine. Ich habe viele Seher und Propheten. In Mir leben und bewegen sich alle und haben ihr Dasein.

10. Ihr sollt nicht das Leben nehmen irgendeinem Geschöpfe aus Vergnügen oder zu eurem Vorteil, noch es quälen.

11. Ihr sollt nicht das Gut eines anderen stehlen, auch nicht für euch selbst Länder und Reichtümer sammeln, mehr, als ihr bedürfet.

12. Ihr sollt nicht das Fleisch essen noch das Blut eines getöteten Geschöpfes trinken, noch etwas anderes, welches Schaden eurer Gesundheit oder eurem Bewusstsein bringt.

13. Ihr sollt keine unreinen Ehen schließen, wo keine Liebe und Reinheit sind, noch euch selbst verderben oder irgendein Geschöpf, das von dem Heiligen rein geschaffen worden ist.

14. Ihr sollt kein falsches Zeugnis geben gegen euren Nächsten, noch willentlich jemand täuschen durch eine Lüge, um ihm zu schaden.

15. Ihr sollt niemandem tun, was ihr nicht wollt, dass man euch tue.

16. Ihr sollt anbeten den Einen, den Vater im Himmel, von dem alles kommt, und ehren Seinen heiligen Namen.

17. Ihr sollt ehren eure Väter und Mütter, welche für euch sorgen, ebenso alle gerechten Lehrer.

18. Ihr sollt lieben und beschützen die Schwachen und Unterdrückten und alle Geschöpfe, welche Unrecht erleiden.

19. Ihr sollt mit euren Händen alles erarbeiten, was gut und geboten ist. So sollt ihr essen die Früchte der Erde, auf dass ihr lange lebt in dem Land.

20. Ihr sollt euch reinigen alle Tage und am siebenten Tage ausruhen von eurer Arbeit und den Sabbat und die Feste eures Gottes heilig halten.

21. Ihr sollt den anderen das tun, was ihr wollt, dass man euch tue.“ (Kap. 46, 7-21)

Ich, Christus, erkläre, berichtige
und vertiefe das Wort:

Wer diese Gebote hält, der wird zum Bewohner des Friedensreiches Jesu Christi. Dieses hat seine Gesetze, die der Ewige offenbart hat.* Denn Mein Friedensreich ist das Neue Israel – nicht mehr das alte Israel. Das Neue Israel entsteht in einem anderen Land auf der Erde und mit den Menschen, die den Bund mit Gott für das Friedensreich Jesu Christi geschlossen haben und auch halten. Das alte Israel blieb in der Sünde.

David wurde also zum Stamm-Vater dem Fleische nach für das Friedensreich Jesu Christi; die göttliche Weisheit wurde zur Stamm-Mutter dem Geiste nach für das Friedensreich Jesu Christi. Das Geschlecht David ist zugleich das Geschlecht und der Stamm für Mein Reich auf Erden: das Friedensreich.

---

* *Wortlaut dieser Offenbarung: Seite 1136*

Aus den Trümmern der alten, sündhaften Welt entsteht die Neue Zeit: das Neue Israel mit dem Neuen Jerusalem – zuerst als die Bundgemeinde in Gott, Meinem Vater, und in Mir, dem Christus Gottes, dann als Stadt Jerusalem, und in der Lichtzeit – dann, wenn das Materialistische seinem Ende zugeht – als der Staat Christi, der Christusstaat für das Weltreich Jesu Christi.

Wortbedeutungen ändern sich. So gilt folgende Berichtigung: Das Wort „ehren" in dem Gebot „Ihr sollt ehren eure Väter und Mütter, welche für euch sorgen, ebenso alle gerechten Lehrer" ersetzt durch das Wort „achten". Allein Gott gebührt die Ehre. Die Menschen sollen untereinander Achtung vor ihrem Leben aus Gott haben.

22. Und als die Jünger diese Worte hörten, schlugen sie an ihre Brust und sagten: „Vergib uns, o Gott, wenn wir gefehlt haben, und möge Deine Weisheit, Deine Liebe und Wahrheit in uns unsere Herzen geneigt machen, Deine heiligen Gebote zu lieben und zu befolgen."

23. Und Jesus sprach zu ihnen: „Mein Joch ist gleichmäßig und Meine Last ist gering, und wenn ihr sie tragen wollt, so wird sie euch leicht werden. Leget denen, die in das Reich Gottes eintreten, keine weiteren Lasten auf außer denen, welche notwendig sind.

24. Das ist das neue Gesetz für das Israel Gottes, und das Gesetz ist in Ihm; denn es ist das Gesetz der Liebe und

*ist nicht neu, sondern alt. Achtet wohl, dass ihr diesem
Gesetze nichts Neues hinzufügt noch etwas davon weg-
nehmet. Wahrlich, Ich sage euch, alle, welche glauben und
dieses Gesetz befolgen, werden erlöst werden, und die es
kennen und nicht befolgen, werden verloren sein. (Kap. 46,
22-24)*

Ich, Christus, erkläre, berichtige
und vertiefe das Wort:

Aus den Geboten Gottes für das Reich Israel entstand
das Gesetz, das in Ihm ist, für das Neue Israel Gottes. Es
ist das Gesetz der Liebe. Es ist wohl neu für viele Menschen, welche die ersten Schritte hin zum Gesetz für das
Neue Israel tun. Es ist jedoch aus dem ewigen Gesetz des
Lebens gegeben für die Menschen der Neuen Zeit. Das
ewige Gesetz ist im Wort [im Text des „Evangelium Jesu"]
als „alt" bezeichnet; dies bedeutet in diesem Zusammenhang „ewig".

Ich berichtige: Ersetzt die Worte „verloren sein" durch
die Worte „sich verlieren", denn so ist es gemeint. Wahrlich, Ich sage euch: Alle, welche glauben und dieses Gesetz befolgen, werden Erlöste sein. Und die es kennen
und nicht befolgen, werden sich in der Welt verlieren
und das erdulden müssen, was sie gesät haben – bis sie
sich in Mir, dem Christus Gottes, als Kinder Gottes wieder
finden.

Keine Seele geht verloren. In jeder Seele ist der Erlöserfunke; er ist ihre Leuchte in die innere Heimat, in den
inneren Frieden, woher sie als Wesen des Lichtes kam und
wohin sie als wieder reines Wesen des Lichtes, als Kind
Gottes, geht.

*25. Doch ebenso wie alle in Adam sterben, also werden
alle in Christus lebendig gemacht werden. Und die Ungehorsamen werden durch viele Feuer geläutert werden; und
die, die hartnäckig bleiben, werden hinuntersteigen und
verloren sein für einen Äon."* (Kap. 46, 25)

Ich, Christus, erkläre, berichtige
und vertiefe das Wort:

„Doch ebenso wie alle in Adam sterben, also werden
alle in Christus lebendig gemacht" bedeutet: Die Hülle der
Seele, der materielle Leib, der allmählich durch den Fall
entstand und von dieser Erde ist, wird sterben. Die Seele
jedoch, die nicht von dieser Erde ist, sondern als reines
Wesen, als Geistwesen von Gott, aus den Himmeln kam,
wird durch Mich, Christus, wieder das Licht ihrer Heimat
erkennen und dorthin als reines Wesen zurückkehren.

„Und die Ungehorsamen werden durch viele Feuer
geläutert werden; und die, die hartnäckig bleiben, werden hinuntersteigen und verloren sein für einen Äon"

besagt: Das Feuer ist der Läuterungsprozess. Es sind die Qualen der Seelen, die sich an ihren Mitmenschen, an Tieren, Pflanzen und Steinen versündigt haben. Alles, was nicht gesühnt ist, bedarf der Läuterung. Die Qualen der Seele sind die Bilder von all dem, was ungesühnt ist. Was Menschen, Tiere, ja die ganze Natur durch den Menschen erdulden mussten, ersteht dann in der Seele des Verursachers in Bildern. Die Seele erlebt in ihrem eigenen Geistleib das Leid, den Schmerz und das Weh – all das, was sie als Mensch den Menschen, Tieren, Pflanzen, Steinen und Mineralien zugefügt hat. Das ist dann das Feuer, die Läuterung der Seele.

Die Hartnäckigen, die Uneinsichtigen „werden hinuntersteigen" heißt: Sie werden sich in lichtarme Einverleibungen begeben und im Wechsel von Geborenwerden und Sterben das abtragen, was sie verursacht haben. Dies kann nicht nur einen Äon, sondern mehrere Äonen dauern. Äonen können auch als kosmische Lichtzyklen bezeichnet werden.

26. Und da sie vom Berge herabgingen, gebot ihnen Jesus und sprach: „Ihr sollt von dieser Erscheinung zu niemand sprechen, bis des Menschen Sohn wieder von den Toten auferstanden ist."

27. Und Seine Jünger fragten Ihn: „Warum sagen denn die Schriftgelehrten, Elias müsse zuvor kommen?" Und

*Jesus antwortete und sprach zu ihnen: „Elias soll wahr-
haftig zuvor kommen und alles wiederherstellen.*

*28. Doch Ich sage euch: Es ist Elias schon gekommen,
und sie haben ihn nicht erkannt, sondern haben an ihm
getan, was sie wollten. Ebenso wird auch des Menschen
Sohn leiden müssen von ihnen." Da verstanden die Jünger,
dass Er von Johannes dem Täufer zu ihnen geredet hatte.*
(Kap. 46, 26-28)

Ich, Christus, erkläre, berichtige
und vertiefe das Wort:

Zu allen Zeiten kündigten die wahren Propheten die
großen Geistwesen, Lichtboten Gottes im Erdenkleid, an,
und die Menschen warteten auf sie. Solange die wahren
Künder, die Propheten, jedoch unter den Menschen waren,
wurden sie nicht erkannt, sondern angezweifelt, diskrimi-
niert, verfolgt oder gar getötet. Die Menschen glaubten
nicht an ihre Botschaft, denn die Propheten waren Menschen unter Menschen, wenn auch mit einem hohen, göttlichen Bewusstsein, das der Weltbezogene nicht schauen
und nicht erfassen konnte. Erst wenn diese großen Künder
Gottes nicht mehr im Zeitlichen waren, wurden ihre Worte
in so manchem Ohr wieder lebendig. Dann erst, nach ihrer
Diskriminierung, Verfolgung und nach ihrem Tode, wurden viele als wahre Propheten und Künder Gottes anerkannt und gingen in die Geschichte der Menschheit ein.

Wenn dann die angekündigten großen Geistwesen im Erdenkleid, die vom Volk erwartet worden waren, vor den Menschen auftraten, wurden auch sie nicht erkannt, sondern ebenso verhöhnt, verspottet oder auch getötet. Waren sie dann nicht mehr im Zeitlichen, dann gedachte man ihrer und sprach von ihnen als den wahren Propheten und großen Wesen aus Gott im Erdenkleid. Weil der Mensch nur auf den Menschen, das Äußere, sieht und nur das Wort des Menschen hört und sich nicht bemüht, den Sinn der Worte zu erfassen, hielt die Masse der Menschen alle großen Geistwesen im Erdenkleid für Aufwiegler, Hochstapler, falsche Propheten oder Lehrer, die sich nur hervortun wollten, und rief im übertragenen Sinne: Kreuzigt sie!

So erkannten die Menschen weder Johannes – in dem nicht Elias war, sondern der vom Geiste des Elias überstrahlt wurde – noch ihren Erlöser und ebensowenig die gerechten Propheten und die erleuchteten Männer und Frauen. Erst wenn die großen Geistwesen nicht mehr als Menschen unter ihnen waren, wurden viele erkannt und mit Worten gepriesen. Die Menschen nahmen die Worte einiger auch in das Buch der Institutionen auf, das sie Bibel nannten und nennen. Doch die Verwirklichung dessen, was die großen Geistwesen lehrten, stand und steht noch an; denn bis zum heutigen Tage haben viele vergessen, das zu leben, was die Lichtboten der Himmel der Menschheit brachten: die Gesetze der selbstlosen Liebe.

Was bedeutet schon der Ruhm, wenn die Menschen das nicht erfüllen, was die von ihnen Gerühmten verkündet haben? Die göttlichen Seelen im Erdenkleid, die wahren Propheten, die großen Geistwesen, gingen zurück in das Reich Gottes und bekamen den Lohn von Gott. Was nützt es der Menschheit, wenn sie ruhmreich in ein Buch eingehen, in welchem von ihrer Größe geschrieben ist und in welchem ihre Verkündigungen niedergeschrieben sind – wenn diese jedoch kaum ein Echo bei den Menschen finden, also kaum ernst genommen und verwirklicht werden?

47. KAPITEL

Richtiges Verständnis der Gebote –
Gleichnis vom reichen Manne und dem Bettler Lazarus

Über das richtige Verständnis der geschriebenen Gesetze; Beispiel: Töten (1-3). Neid ist Diebstahl - Zeugung kranker Kinder - Ehebruch (4-5). Achtung vor allen Lebensformen (6). Die Wahrheit sagen; jedoch nicht bloßstellen - Den freien Willen des Nächsten achten (7). In Gott leben (8-9). Unterschiede zwischen Arm und Reich: Ursachen und Wirkungen (10-17)

1. Und als sie vom Berg herabgekommen waren, fragte Ihn einer Seiner Jünger: „Meister, wird ein Mensch in das Leben eingehen, wenn er nicht alle Gebote hält?" Und Er sprach: „Das Gesetz ist gut dem Buchstaben nach, aber es ist noch besser dem Geiste nach. Denn der Buchstabe ohne den Geist ist tot, aber der Geist macht den Buchstaben lebendig.

2. Habt acht, dass ihr im Herzen und im Geiste der Liebe alle Gebote befolgt, welche Ich euch gegeben habe.

3. Es stehet geschrieben: Du sollst nicht töten. Ich aber sage euch, die da hassen und wünschen zu töten, sind schuldig am Gesetz. Ja, wenn sie unschuldigen Geschöpfen Schmerz und Qual bereiten, so sind sie schuldig. Aber wenn sie töten, nur um Leiden, die nicht geheilt werden können, ein Ende zu bereiten, so sind sie nicht schuldig, wenn sie es rasch und in Liebe tun. (Kap. 47, 1-3)

Ich, Christus, erkläre, berichtige
und vertiefe das Wort:

„Das Gesetz ist gut dem Buchstaben nach, aber es ist noch besser dem Geiste nach" bedeutet: Das Gesetz Gottes ist die Wahrheit. Die Wahrheit ist ewig, weil Gott das Gesetz, die Wahrheit, ist.

Wer das Gesetz Gottes dem Buchstaben nach anerkennt, der glaubt an das Gesetz Gottes. Er ist jedoch noch nicht selbst zum Gesetz Gottes geworden. Wer das Gesetz Gottes mit seiner wachen Seele, mit dem Geiste der Wahrheit also, durchdringt, der haftet nicht mehr am Buchstaben. In diesem Menschen wird der Buchstabe lebendig, weil er erfüllt, was der Buchstabe aussagt: das Gesetz Gottes. Wie ihr gelesen habt: „Denn der Buchstabe ohne den Geist ist tot, aber der Geist macht den Buchstaben lebendig."

Der Buchstabe wird erst dann lebendig, wenn der Mensch die Gebote zu erfüllen beginnt. Dadurch reift er ganz allmählich in das allumfassende Gesetz der Liebe und des Lebens hinein. Nur wer mit dem Herzen und im Geiste der Liebe die Gebote erfüllt, der wird das allumfassende Gesetz erkennen und so zur Wahrheit finden, die inwendig in der Seele des Menschen ist.

Erkennet: Die Wahrheit, das göttliche Gesetz, macht den Menschen frei – der Buchstabe allein nicht, in welchem das Gesetz enthalten ist.

„Du sollst nicht töten" – weder Menschen noch mutwillig Tiere. Dazu sage Ich euch: Schon wer seine Nächsten und Übernächsten hasst und zu töten wünscht – ob Menschen oder Tiere –, der macht sich ebenfalls schuldig am Gesetz Gottes. Wer Menschen und Tieren Qualen bereitet, macht sich ebenfalls schuldig am Gesetz Gottes.

„Aber wenn sie töten, nur um Leiden, die nicht geheilt werden können, ein Ende zu bereiten, so sind sie nicht schuldig, wenn sie es rasch und in Liebe tun" gilt nur für die Tierwelt.

Erkennet: Die Tiere haben keine Seelenschuld, also keine Ursachen geschaffen. Wenn sie leiden, dann leiden sie nur, weil der Mensch ihre Lebensgewohnheiten missachtet. Deshalb hütet euch, Tiere mit der Begründung zu töten, sie würden leiden. In der heutigen Zeit leiden viele Tiere durch die Folgen der Technik und wegen der qualvollen Tierversuche. Daher prüfet, aus welchem Motiv heraus ihr Tiere tötet! Auch hier gilt das Gesetz: Was der Mensch sät – sowohl in seinem Verhalten zu Menschen als auch zu Tieren und zu der Natur –, das wird er ernten.

4. Es wird gesagt, du sollst nicht stehlen. Ich aber sage euch, alle, welche nicht zufrieden sind mit dem, was sie haben, und wünschen und begehren das, was andere haben, oder welche dem Arbeiter vorenthalten, was ihm gebührt, diese haben bereits gestohlen in ihrem Herzen, und ihre Schuld ist größer als diejenige eines Menschen, welcher ein Laib Brot stiehlt aus Not, um seinen Hunger zu stillen.

5. Und Ich habe euch gesagt, ihr sollt nicht ehebrechen. Aber Ich sage euch, wenn ein Mann und ein Weib sich in Ehe verbinden mit kranken Körpern und kranke Nachkommen zeugen, so sind sie schuldig, selbst wenn sie nicht ihres Nächsten Weib oder Mann genommen haben. Und auch solche, welche kein Weib genommen haben, das einem anderen angehört, aber es in ihrem Herzen wünschen und sie begehren, die haben bereits im Geiste die Ehe gebrochen. (Kap. 47, 4-5)

Ich, Christus, erkläre, berichtige
und vertiefe das Wort:

Erkennet: Das Gesetz Gottes wirkt in jede Einzelheit eures irdischen Lebens, in jeden Augenblick des Diesseits, hinein. In allem, was ihr empfindet, denkt, sprecht und tut, ist das waltende Gesetz Gottes. Gemäß eurem Verhalten wird es aktiv.

Wendet ihr euch gegen das Gesetz Gottes, dann verstärkt ihr euer menschliches Ich; dies geht sodann als Schuld in eure Seele ein. Lasst ihr in eurem Empfinden, Denken, Sprechen und Handeln das Gesetz Gottes walten, dann hilft es und bereitet euch auf mannigfache Art und Weise die Wege zur selbstlosen Liebe, zum inneren Glück, zur Zufriedenheit und zur Genügsamkeit. Dann wird eure

Seele lichter, euer Leib strahlender, und ihr werdet im Diesseits haben, was ihr benötigt – und darüber hinaus.

Gedenket der Worte: „... welche nicht zufrieden sind mit dem, was sie haben, und wünschen und begehren das, was andere haben"; oder wer seinem Nächsten das vorenthält, was ihm gebührt – der hat bereits im Herzen gestohlen.

Neid ist also bereits Diebstahl und geht als solcher in die Seele ein. Denkt daran, dass diese Schuld größer ist, als wenn ein Mensch einen Laib Brot stiehlt aus Not, um seinen Hunger zu stillen.

Ich erkläre folgende Aussage: „Aber Ich sage euch, wenn ein Mann und ein Weib sich in Ehe verbinden mit kranken Körpern und kranke Nachkommen zeugen, so sind sie schuldig, selbst wenn sie nicht ihres Nächsten Weib oder Mann genommen haben." Wer seine Krankheit kennt und weiß, dass sie ansteckend ist, und sich trotzdem verehelicht und Kinder zeugt, die dann von der gleichen Krankheit befallen sind, der macht sich vor dem Gesetz des Lebens und der Freiheit schuldig.

Auch das ist Gesetz: Wer ein Weib nicht genommen hat, weil es einem anderen angehört, es jedoch in seinem Herzen wünscht und begehrt, der hat bereits im Geiste die Ehe gebrochen.

Ich wiederhole: Das Gesetz des Lebens durchdringt alle Fasern des materiellen Seins. Die Seele ist das Buch des Lebens; das Gesetz Gottes schreibt alles Für und Wider hinein. So geht nichts verloren – weder das Gute noch das weniger Gute und auch nicht das Böse. Alles steht im Buche des Lebens, in der Seele.

6. Und Ich sage euch wiederum: Jeder, der den Körper irgendeines Geschöpfes zur Nahrung, zum Vergnügen oder zum Gewinn zu besitzen sucht, verunreinigt sich hierdurch. (Kap. 47, 6)

Ich, Christus, erkläre, berichtige
und vertiefe das Wort:

Mit der Aussage „verunreinigt" ist die Belastung der Seele gemeint. Denn wer Mensch oder Tier Gewalt antut und das Leben missachtet, der versündigt sich am Leben des Menschen oder des Tieres. Das gleiche gilt für Pflanzen, Steine und Mineralien. Alle Lebensformen tragen in sich das Leben aus Gott. Sie spüren, was ihre Nächsten mit ihnen vorhaben, und empfinden es als Freude oder Schmerz. Was der Mensch einem Nächsten oder einer Lebensform antut, das fällt auf ihn zurück.

7. Und wenn ein Mann seinem Nächsten die Wahrheit sagt in der Absicht, ihm zu schaden, so ist er schuldig, auch wenn es buchstäblich wahr ist. (Kap. 47, 7)

Ich, Christus, erkläre, berichtige
und vertiefe das Wort:

Wenn ein Mensch seinem Nächsten die Wahrheit mit dem Vorsatz sagt, ihn zu beschämen, ihn bloßzustellen oder zu verletzen – also ihm zu schaden –, so versündigt er sich am Gesetz des freien Willens und schadet sich dadurch selbst. Denn alles, was aus ichbezogenen Motiven heraus vorsätzlich geschieht, ist Sünde – auch dann, wenn dabei buchstäblich die Wahrheit gesagt wird. Das gilt – abgeschwächt – auch dann, wenn es aus ichbezogenen Motiven unabsichtlich erfolgt – denn viele kennen die Zehn Gebote Gottes.

Erkennet: Die Wahrheit sollte nur dann dem Nächsten gesagt werden, wenn dies selbstlos geschieht, also ohne wertende Absicht – und dann auch nur, wenn der Übermittler der Wahrheit mit seinem Nächsten allein ist; denn jeder Mensch hat den freien Willen, und was er tut, betrifft einzig Gott und Sein Kind.

Du kannst deinen Nächsten selbstlos auf sein sündhaftes Verhalten aufmerksam machen – und dies auch nur, wenn du es beweisen kannst. Wirke jedoch nicht auf ihn ein, dieses oder jenes zu tun oder zu lassen.

Wer in der Öffentlichkeit das aufdeckt, was sein Nächster verschweigen wollte, der macht sich ebenfalls am Gesetz des freien Willens schuldig. Jeder soll freiwillig seine Fehler offen bekennen und umkehren, wenn dies notwendig ist.

Wenn du z.B. deinen Nächsten öffentlich als Dieb bezeichnest, weil du von dem Diebstahl weißt, so verstößt du gegen das Gesetz des freien Willens. Gehe zum Dieb und berichte ihm, dass du von seinem Diebstahl weißt, und bitte ihn, dass er sich dazu offen bekenne und zurückgebe, was er entwendet hat. So er dies nicht tut, so kannst du vor den irdischen Gesetzeshütern allgemein reden, doch niemals mit dem Finger auf ihn deuten und ihn einen Dieb nennen. Das ist die Auslegung aus dem ewigen Gesetz – doch wie der Mensch es hält, obliegt wiederum seinem freien Willen.

8. Wandelt im Geiste, so werdet ihr das Gesetz erfüllen und reif für das Reich Gottes werden. Lasset das Gesetz lieber in euren Herzen sein denn auf Gedenktafeln, welches ihr nichtsdestoweniger tun sollt und nicht ungetan lassen. Denn das Gesetz, welches Ich euch gegeben habe, ist heilig, gerecht und gut, und gesegnet seien alle, welche ihm gehorchen und in ihm wandeln.

9. Gott ist Geist, und welche Gott anbeten, müssen Ihn im Geiste und in der Wahrheit anbeten zu allen Zeiten und an allen Orten." (Kap. 47, 8-9)

Ich, Christus, erkläre, berichtige
und vertiefe das Wort:

„Wandelt im Geiste" heißt: Bemüht euch, täglich die Gebote Gottes zu erfüllen, und ihr werdet immer mehr in das ewige Gesetz hineinwachsen und in ihm leben. Seid also bestrebt, in der Gegenwart zu leben und selbstlos das zu erfüllen, was euch jeder Tag aufträgt. Dann werdet ihr frei von drängenden Wünschen und werdet weder in der Vergangenheit noch in der Zukunft leben. Ihr werdet euch auch nicht um morgen sorgen und auch nicht eure Zukunft sichern wollen, da ihr in der Gegenwart, in Gott, lebt. Wer mit Gott durch den Tag geht, der empfängt immer mehr Kraft von Gott, weil er Gott gehorsam ist. Er wird dann in Ihm, dem großen Geist, Gott, wandeln.

Wer in Gott wandelt, der betet Gott auch im Geiste und in der Wahrheit an, weil er weiß: Gott ist Geist. Sein Licht ist an allen Orten und in jedem Augenblick des Tages – so auch in jeder Situation, in allem, was ihm begegnet.

10. Und zu den Reichen sprach Er dieses Gleichnis: „Es war ein reicher Mann, der kleidete sich mit Purpur und feinem Linnen und lebte alle Tage herrlich und in Freuden.

11. Es war aber auch ein Bettler mit Namen Lazarus, der lag vor seiner Türe voller Schwären. Und er begehrte, sich zu sättigen von den Brosamen, die von des Reichen Tische fielen. Doch kamen die Hunde und leckten ihm seine Schwären.

12. Es begab sich aber, dass der Bettler starb und von Engeln in Abrahams Schoß getragen wurde. Der Reiche aber starb auch und ward mit großer Pracht begraben.

Als er nun im Hades seine Augen aufhob in seinen Qualen, sah er Abraham in der Ferne und Lazarus in seinem Schoße.

13. Und er rief und sprach: Vater Abraham, erbarme dich mein und sende Lazarus, dass er die Spitze seines Fingers ins Wasser tauche und meine Zunge kühle; denn ich leide Pein an diesem Ort.

14. Abraham aber sprach: Bedenke, Sohn, dass du in deinem Leben dein Gutes empfangen hast, Lazarus dagegen hat Böses empfangen. Nun aber wird er getröstet, und du wirst gepeinigt. Und so sind die Wechsel im Leben zur Läuterung der Seele. Und überdies ist zwischen uns und euch eine große Kluft gelegt, so dass, die da wollten von hier zu euch hinabkommen, es nicht können, und ebensowenig von euch zu uns herüberkommen, bis sich ihre Zeit erfüllt hat.

15. Da sprach er: So bitte ich dich, Vater, dass du ihn sendest in meines Vaters Haus; denn ich habe noch fünf Brüder, damit er ihnen Zeugnis gebe, auf dass sie nicht auch an diesen Ort der Qual kommen.

16. Abraham sprach zu ihm: Sie haben Moses und die Propheten. Lass sie diese hören. Er aber sprach: Nein, Vater Abraham; aber wenn einer von den Toten zu ihnen ginge, so würden sie Buße tun.

17. Abraham sprach zu ihm: Wenn sie Moses und die Propheten nicht hören, so werden sie auch nicht glauben, wenn jemand von den Toten auferstände. (Kap. 47, 10-17)

Ich, Christus, erkläre, berichtige
und vertiefe das Wort:

Jeder Mensch ist ein Kind Gottes und sollte nicht im Bettlergewand über die Erde gehen. Der Mensch soll jedoch auch nicht in Luxus und Reichtum schwelgen und dafür allein seine Mitmenschen arbeiten lassen, dass es nur ihm wohlergehe. Denn jeder Mensch sollte das Gebot „Bete und arbeite" erfüllen.

Jeder Arbeiter ist seines Lohnes wert. Wer rechtschaffen arbeitet, der ist auch zu seinem Nächsten gerecht. Er wird nicht für sich allein Geld und Gut horten und sich irdischen Reichtum und große Güter verschaffen. Sein Bestreben wird sein, dass alle Menschen wie Kinder Gottes leben können: im Inneren und im Äußeren in Harmonie und Ordnung.

Wer nur an sich denkt, nur für sich arbeiten lässt und den rechtschaffenen Arbeiter ungerecht entlohnt, der wird so lange „in Freuden" leben, bis ihn entweder in dieser Einverleibung oder in weiteren oder als Seele in den Stätten der Reinigung das trifft, was er verursacht hat. Dies sagt das Gleichnis vom reichen Mann und dem armen Lazarus aus: Wer in dieser Einverleibung auf Kosten seiner Nächsten in Freuden lebt, der wird entweder als Seele in den Stätten der Reinigung oder in einer der weiteren Einverleibungen als Bettler vor der Tür derer liegen, die, wie er selbst einst, dem Reichtum frönen.

Es wird so lange Arm und Reich geben, bis sich die Seelen und Menschen dem Licht Gottes zuwenden und vom Licht der Wahrheit empfangen, von dem Gesetz des Lebens. Dann werden alle in Einheit miteinander leben und werden das besitzen, was sie benötigen – und darüber hinaus.

Ist die Seele reich an Innerem Licht, dann ist auch der Mensch nicht arm. Ist die Seele arm an Licht und Kraft Gottes, dann ist es wohl möglich, dass der Mensch in diesem Leben im Äußeren reich ist – z.B. weil er Menschen ausbeutet und den Gewinn in seine Tasche steckt. Entweder im Seelenreich oder in einer anderen irdischen Einverleibung wird die Seele – oder der Mensch – die innere Armut erkennen und das Leid und die Qualen zu tragen haben, die er einst als Mensch an seinen Nächsten verursacht hat. Dann wird die Seele im Erdenkleid entweder in Armut oder in Krankheit leben oder beides zu tragen haben, und so mancher wird sich mit den Brosamen begnügen, die von dem Tisch der Reichen fallen – bis er mit den Menschen am Tische des Herrn speist, die sich dem Lichte zuwenden.

Die Unterschiede zwischen Reich und Arm wird es so lange geben, bis alle in Mir, dem Christus, leben, im Gesetz der Liebe, das alle im ewigen Vater eint.

Die Kluft zwischen den unterschiedlichen Bewusstseinsgraden besteht einzig vom geringeren Bewusstsein aus: Es kann nicht hinauf in höhere Bewusstseinsbereiche.

Die Seelen in höheren Bewusstseinsebenen hingegen können sich zu den Seelen in niederen Bewusstseinsebenen begeben. Das geschieht jedoch nur dann, wenn sie erkennen, dass sie ihrem Nächsten mit noch niederem Bewusstsein helfen können, da dieser hierfür offen ist.

48. KAPITEL

Jesus speist tausend Menschen und heilt am Sabbat

Mit-Leiden (1-9). Krankenheilung - Verleumderische Reden gegen Jesus und gegen die Nachfolger Christi (10-13)

1. Und es geschah, als Jesus die Menschenmengen lehrte und sie hungrig geworden waren und unter der Hitze des Tages litten, dass eine Frau des Weges kam mit einem Kamel, das mit Melonen und anderen Früchten beladen war.

2. Und Jesus erhob Seine Stimme und rief: „Oh, ihr, die ihr dürstet, suchet das lebendige Wasser, welches vom Himmel kommt; denn das ist das Wasser des Lebens, und wer es trinket, der wird niemals mehr durstig sein."

3. Und Er nahm fünf Melonen und verteilte sie unter dem Volke, und sie aßen, und ihr Durst wurde gelöscht. Und Er sprach zu ihnen: „Wenn Gott die Sonne scheinen und das Wasser diese Früchte der Erde füllen lässt, soll dann nicht Er selbst die Sonne eurer Seelen sein und euch mit Wasser des Lebens erfüllen?

4. Suchet die Wahrheit und lasset eure Seelen zufrieden sein. Die Wahrheit Gottes ist das Wasser, welches vom Himmel kommt, ohne Geld und ohne Preis, und die es trinken, werden befriedigt sein." Und die Er satt machte, waren tausend Menschen – Männer, Frauen und Kinder –,

und niemand ging hungrig oder durstig nach Hause. Und viele, die Fieber hatten, wurden geheilt.

5. Zu dieser Zeit ging Jesus an einem Sabbat durch die Kornfelder, und Seine Jünger waren hungrig und begannen, Ähren abzureißen und zu essen.

6. Aber als die Pharisäer dieses sahen, sagten sie zu Ihm: „Siehe, Deine Jünger tun etwas, was sich nach dem Gesetze am Sabbat nicht geziemt."

7. Und Jesus antwortete und sprach zu ihnen: „Habet ihr nicht gelesen, was David tat, da ihn und seine Gefährten hungerte? Wie er in das Haus Gottes ging und die Schaubrote aß, die nur die Priester allein essen sollten, aber nicht David und die mit ihm waren?

8. Oder habet ihr nicht gelesen im Gesetze, dass an den Sabbattagen die Priester im Tempel ungestraft Arbeit tun? Aber, Ich sage euch, dass an diesem Orte einer ist, der größer ist als der Tempel.

9. Doch, wenn ihr erkenntet, was dies bedeutet: Ich will Mitleid und kein Opfer, so würdet ihr die Schuldlosen nicht verurteilt haben. Der Menschensohn ist der Herr auch über den Sabbat." (Kap. 48, 1-9)

Ich, Christus, erkläre, berichtige
und vertiefe das Wort:

Die Darlegung von den „Melonen" bedeutet: Wer in Gott lebt und aus der ewigen Wahrheit gibt, der wird auch von der ewigen Wahrheit empfangen. Weder die Seele, die einzig von der Kraft Gottes lebt, noch der Mensch, der seine irdische Speise von der Kraft Gottes empfängt, wird hungern oder dürsten.

„Mitleid" ist Bedauern. Wer seinen Nächsten nur bedauert, der verstärkt dessen Selbstmitleid. Deshalb sollte das Wort „Mitleid" als Mit-Leiden verstanden werden.

Wer seinen Nächsten so, wie er ist, anzunehmen vermag und sein geistiges Wesen, das aus Gott ist, in sich aufgenommen hat, der wird nicht mitleidig und bedauernd auf ihn herabblicken. Er wird mit-fühlen, das heißt mitleiden, und gleichzeitig erkennen, was sein Nächster wirklich benötigt. Er wird dann selbstlos helfen und geben – so, wie es ihm selbst gegeben, also möglich, ist. Das ist das schönste und das gerechte Opfer, das Gott wohlgefällig ist.

Wer sich jedoch zum Richter über seine Nächsten erhebt, der verurteilt seine Mitmenschen. Wer Gerechtigkeit übt, der lässt Gerechtigkeit vor Recht ergehen; denn die Gerechtigkeit ist Gott. Das Recht ist von Menschen gemacht.

10. Er ging weiter und kam in ihre Synagoge. Und da war ein Mensch, dessen Hand war verdorrt. Und die Schriftgelehrten und Pharisäer fragten Ihn: „Ist es nach dem Gesetz erlaubt, an einem Sabbat zu heilen?" Dass sie Ihn anklagen könnten.

11. Und Er sprach zu ihnen: „Ist einer unter euch, welcher nur ein einziges Schaf besitzt, und dieses fällt an einem Sabbat in eine Grube, und er lässt es darin liegen und holt es nicht heraus? Und wenn ihr einem Schafe helft, warum sollt ihr nicht einem Menschen helfen, der in Not ist?

12. Deshalb ist es nach dem Gesetze, Gutes zu tun am Sabbat." Dann sprach Er zu dem Manne: „Strecke deine Hand aus!" Und er streckte sie aus, und sie wurde wieder wie die andere.

13. Und die Pharisäer gingen hinaus und berieten sich gegen Ihn, wie sie Ihn vernichten könnten. Aber als Jesus es bemerkte, ging er mit Seinen Jüngern fort; und eine große Menschenmenge folgte Ihm, und Er heilte ihre Kranken und Hinfälligen, und Er trug ihnen auf, dass sie es nicht bekannt machten. (Kap. 48, 10-13)

Ich, Christus, erkläre, berichtige
und vertiefe das Wort:

Als Jesus heilte Ich viele Menschen – doch vielen konnte Ich auch nicht helfen. Manchem wurde in der Stunde der Selbsterkenntnis geholfen. Wenn jedoch der Alltag wieder bei ihm einkehrte und er die alten Laster wieder lebte, brach die Krankheit erneut hervor. Denn wer die gleichen Sünden, die zur Krankheit geführt hatten, wieder begeht, in dem bricht wieder auf, was schon in der Seele in der

Umwandlung begriffen war: das alte Leid oder die Krankheit.

Das hörten und sahen die Schriftgelehrten und Pharisäer und nahmen es als Begründung, um das Volk gegen Mich aufzuhetzen: Ich wäre ein Scharlatan, der das Volk täuschte und mit dem Satan im Bund stünde. Weiter sprachen sie sinngemäß: Wäre dieser Jesus göttlich, so würden die scheinbar Geheilten gesund bleiben. So sind es nur Täuschungen, die Er erzeugt, um die Massen an sich zu binden. Es ist der Satan, so sprachen sie sinngemäß weiter; er schafft die Heilungshysterie unter dem Volk und legt auf die Wunden unsichtbare Kräfte. Lässt dann die sogenannte Heilungshysterie – die sie als Hypnose erklärten – nach, dann müssen die scheinbar Geheilten erkennen, dass sie immer noch die alten Leiden tragen.

Solche und andere verleumderische Reden der damaligen Pharisäer und Schriftgelehrten wiederholten sich durch alle Generationen bis hin in die heutige Zeit.

Auch heute, in der großen Zeitenwende, geschieht Ähnliches wie während Meines Erdendaseins. Pharisäer und Schriftgelehrte – heute sind es intellektuelle kirchliche Obrigkeiten und die ihnen Hörigen – verleumden wiederum jene, die Mir, dem Christus, nachfolgen und sich bemühen, ein echtes christliches Leben zu führen, ihren Mitmenschen selbstlos zu helfen, die Frohbotschaft zu verkünden, dass das Reich Gottes nahe herangekommen ist.

14. Und es erfüllte sich, was Jesaja gesprochen hatte:
„Sehet Meinen Knecht, den Ich erwählt habe, Meinen Geliebten, an welchem Meine Seele* Wohlgefallen hat. Ich
will Meinen Geist über Ihn ausgießen, und Er wird Gerechtigkeit bringen den Ungläubigen.

15. Er soll nicht rufen noch schreien, noch soll irgend
jemand Seine Stimme hören in den Straßen. Ein geknick-
tes Rohr soll Er nicht brechen, und brennenden Flachs soll
Er nicht löschen, bis Er Gerechtigkeit und Sieg verbreitet
hat. Und Seinem Namen werden die Heiden vertrauen."
(Kap. 48, 14-15)

---

* Als die Evangelien verfasst wurden und auch bei der Niederschrift des „Evangelium Jesu" wurde der Begriff „Seele" des
   Öfteren für den reinen Geistleib verwendet.

49. KAPITEL

Der wahre Tempel Gottes

*Über die Zerstörung des Tempels (1-3).
Jeder Mensch ist ein Tempel Gottes, ein Tempel des Heiligen
Geistes (4). Bedeutung äußerer Formen (5-7). Blutvergießen
und Blutopfer (8-10). Nur wer sich täglich um ein Leben in Gott
bemüht, erkennt Christus und versteht die Sprache
des Gesetzes (11-12)*

1. Das Passahfest war nahe. Und es geschah, dass einige der Jünger, welche Maurer waren, die Räume des Tempels ausbesserten. Jesus kam vorbei, und sie sagten zu Ihm: „Meister, siehst Du diese großen Bauwerke und was für Arten von Gestein hier sind und wie wunderbar das Werk unserer Vorfahren ist?"

2. Und Jesus sprach: „Ja, es ist wunderschön, und sorgfältig sind die Steine gefügt, aber die Zeit wird kommen, da nicht ein Stein auf dem anderen bleiben wird; denn der Feind wird die Stadt und den Tempel überwältigen.

3. Aber der wahre Tempel ist der Leib des Menschen, in welchem Gott wohnt durch den Geist. Und wenn dieser Tempel zerstört wird, wird Gott in drei Tagen einen noch schöneren Tempel errichten, welchen das Auge des natürlichen Menschen nicht erkennen kann. (Kap. 49, 1-3)

Ich, Christus, erkläre, berichtige
und vertiefe das Wort:

Ich Bin der Christus Gottes, der Sohn des ewigen Vaters, der vom ewigen gerechten Gott durch Jesaja und weitere gerechte Männer und Frauen angekündigt wurde. Ich kam als Jesus von Nazareth in diese Welt, nicht um zu brechen, sondern aufzurichten, nicht um zu löschen, was nicht getilgt ist, sondern um alle aus der Sünde herauszuführen und sie Dem zuzuführen, der Mich gesandt hat: dem ewigen Vater. Denn alle Geistwesen, Seelen und Menschen sind Seine Kinder. Mein Name ist in allen Seelen eingeschrieben, und alle werden Mich, den Christus, an- und aufnehmen, weil Ich ihr Erlöser und ihre Erlösung Bin. Auch die Heiden werden Mich an- und aufnehmen; denn keiner kommt zum Vater, nur durch Mich, Christus, Seinen Sohn.

Alles Irdische wird vergehen, auch das Werk der Vorfahren. Denn was Materie – also grobstofflich – ist, besteht nicht auf Dauer, sondern nur, bis die Ursubstanz der Erde wieder zurückkehrt in das ewige Sein, das rein und feinstofflich ist.

Der Feind des Guten legt von Generation zu Generation Hand an die Bauwerke von Menschen und zerstört das, was sie als gut und wertvoll schätzen. Das wird so lange geschehen, bis der Feind ein Freund des Guten wird. Dann kann nach den Gesetzen Gottes die Umwandlung zum feineren und höheren Leben geschehen.

Der wahre Tempel ist der Tempel aus Fleisch und Bein, der Leib des Menschen, in dessen Seele und in dessen Zellen der Geist Gottes wohnt.

„Und wenn dieser Tempel zerstört wird, wird Gott in drei Tagen einen noch schöneren Tempel errichten, welchen das Auge des natürlichen Menschen nicht erkennen kann" bedeutet: Wenn die Seele vom Leibe getrennt wird, wenn also der Tod den irdischen Körper heimsucht, dann wird die lichte Seele innerhalb von drei Tagen die noch bestehenden Bande an die Erde – die Erdanziehung – überwunden haben und dann durch die Schleier gehen, welche die Bewusstseinsebenen voneinander trennen, da sie diese Hüllen schon im Erdenkleid abgelegt hat. Ihrem Bewusstseinsstand entsprechend wird sie dann dort Wohnung nehmen, wohin sie geleitet und von wo sie angezogen wird. In diesen drei Tagen, in denen die lichte Seele ihre noch bestehenden Bande an die Erde löst, ändert sich entsprechend auch ihr geistiges Kleid in Farbe und Form.

4. Wisset ihr denn nicht, dass ihr die Tempel des Heiligen Geistes seid? Und dass selbst zerstört werden soll, wer einen von diesen Tempeln zerstört?" (Kap. 49, 4)

Ich, Christus, erkläre, berichtige
und vertiefe das Wort:

Jeder Mensch ist ein Tempel Gottes, denn der Geist Gottes wohnt in jeder Seele und in jeder Zelle des irdischen Leibes.

Wer also seinen Nächsten, den Tempel Gottes, missachtet, der missachtet auch seinen eigenen Tempel – und damit Gott. Denn so, wie ein Mensch sich seinem Nächsten gegenüber verhält, so verhält er sich auch Gott gegenüber. Jede Missachtung eines Nächsten, eines Tempels Gottes also, ist Sünde wider den Heiligen Geist.

Wer seinen Nächsten tötet, der zerstört damit einen Tempel Gottes. Die Seele des Getöteten hat dann in ihrem Erdenkörper nicht mehr die Möglichkeit, das abzutragen – oder auch das zu vollbringen –, was ihr in diesem irdischen Dasein aufgegeben war.

Wer seinen Nächsten, den Tempel Gottes, tötet oder töten lässt, der wird Gleiches oder Ähnliches erfahren. Die Ängste, das Leid, die Schrecken und der Tod werden auch über ihn kommen. In seiner Todesstunde wird er keine Ruhe haben, denn die Seele, deren Erdenkörper er getötet hat und die ihm noch nicht vergeben hat, wird vor ihm stehen. Dann wird er an seinem Seelenleib das erleben, was sein Nächster, den er getötet hat oder töten ließ, dabei erleiden musste.

613

Ich wiederhole: Jeder Mensch ist ein Tempel des Heiligen Geistes. So ist jedem Menschen geboten, seinen eigenen Tempel rein zu halten und den Tempel seines Nächsten zu achten. Wer dieses Gebot hält, der wird weder leiden, noch wird sein Tempel durch Krankheit, Not oder Gewalt zerstört werden.

5. Und mehrere der Schriftgelehrten, welche Ihn hörten, suchten Ihm eine Falle zu legen aus Seinen Worten und sagten: „Wenn Du die Opferung von Schafen und Rindern und von Vögeln verwirfst, zu welchem Zwecke wurde denn dieser Tempel von Salomon für Gott gebaut, an dem nun seit sechsundvierzig Jahren erneuert wird?"

6. Und Jesus antwortete und sprach: „Es steht geschrieben bei den Propheten: Mein Haus soll ein Gebetshaus aller Völker sein für das Lob- und Dankopfer. Ihr aber habt ein Schlachthaus daraus gemacht und es mit Gräuel erfüllt.

7. Und es steht weiter geschrieben: Vom Aufgange der Sonne bis zu ihrem Untergange soll Mein Name groß sein unter den Heiden, und Weihrauch mit einer reinen Opfergabe soll Mir dargebracht werden. Doch ihr habt daraus eine Stätte der Trostlosigkeit gemacht mit euren Blutopfern und den süßen Weihrauch nur verwendet, um den üblen Geruch des Blutes zu verdecken. Ich Bin gekommen, um das Gesetz zu erfüllen, nicht, um es aufzulösen. (Kap. 49, 5-7)

Ich, Christus, erkläre, berichtige
und vertiefe das Wort:

Solange der Mensch noch nicht selbst zum Tempel des Inneren Lebens geworden ist, in welchen er einkehrt, um dem großen All-Einen sein Denken und Tun zu weihen und Ihm den Dank für sein irdisches Leben darzubringen, braucht er äußere Formen. In mächtigen Bauwerken, die er Tempel oder Kirchen nennt, opfert er nach äußeren Bräuchen. In Vorzeiten waren es die Schlachtopfer; in der heutigen Zeit sind es Rituale und Zeremonien, sinnentleerte Gesänge und Prozessionen. Auch in der heutigen Generation sind solche äußerlichen, zum Teil noch heidnischen Bräuche noch nicht abgeschafft und werden immer noch „im Namen des Herrn" vollzogen. Das alles ist dem ewigen Vater und Mir, dem Christus, ein Gräuel.

Der ewige Gott, der Gott Isaaks und Jakobs, wünscht weder prachtvolle Kirchen noch Tempel. Er wünscht, dass Seine Kinder die Tempel des Heiligen Geistes sind, dass sie sich reinigen und rein halten und ihre sündhaften Gedanken und Handlungen Ihm opfern. Sie sollen sich in einem Gebetshaus zusammenfinden, das allen Menschen zum Gebet offen steht – nicht nur einigen wenigen, die sich mit den Hütern einer Lehre, die nicht mehr Meine Lehre ist, solidarisch erklären.

Wer die Wahrheit lehrt und danach lebt, braucht nichts zu verbergen. Nur der verschließt die Tore seiner Kirchen und Tempel, der seine eigene Lehre verbreitet und nicht die ewige Wahrheit, die allen offensteht, da in jeder Seele das Gesetz, die Wahrheit selbst, ist und die Seele wieder zur Wahrheit finden soll, um als Geistwesen wieder das ewige Gesetz zu sein.

Wer Ohren zu hören hat, der höre!
Wer Augen zu schauen hat, der schaue!
Wer Gerechtigkeit übt, der erkennt den Finsterling, der sich mit Meinem Namen – Christus – schmückt, um die Menschen zu täuschen und zu verführen. Wer zu schauen gelernt hat, der erkennt, wo die Wahrheit fließt. Er wird sich zur Wahrheit bekennen und mit denen sein, die sich bemühen, nach der Wahrheit zu leben.

Mein Name wird groß bleiben unter den Völkern, denn es wird von Generation zu Generation immer mehr gerechte Männer und Frauen geben, die der falschen Schlange, die sich christlich nennt, den Kopf zertreten werden. Was aus dem Geiste gegeben ist, ist die Wahrheit und wird bleiben; alles Heidnische wird vergehen.

Wenn dann eine andere Sonne scheint, Bin Ich, der Christus Gottes, bewusst erhoben – das heißt, Ich, das Ich Bin, werde zum Bewusstsein der Menschen geworden sein – und werde Herrscher des Reiches Gottes auf Erden sein. Dann wird es weder Heiden noch Rituale geben. Alle Menschen sind dann in selbstloser Liebe geeint, und ihr Leben ist geweiht, weil sie die Gesetze des Ewigen erfül-len.

Mit dem Wort „Weihrauch" ist das geweihte Leben der Menschen gemeint, die sich auf Gott, den Ewigen, ausrichten. Der Mensch soll sein irdisches Leben Gott weihen, seine menschlichen Empfindungen, Gedanken, Worte und Handlungen. Dann wird er reinen Herzens in Gott leben.

8. Wisset ihr nicht, was geschrieben stehet? Gehorsam ist besser als Opfer, und horchen besser als das Fett der Widder. Ich, der Herr, Bin überdrüssig eurer Brandopfer und eurer nichtigen Opfergaben, denn eure Hände sind voll Blut.

9. Und stehet nicht geschrieben: Was ist das wahre Opfer? Waschet euch und reinigt euch und entfernet das Böse vor Meinen Augen; höret auf, Übles zu tun, und lernet, Gutes zu tun. Übet Gerechtigkeit an den Vaterlosen und den Witwen und an allen, welche unterdrückt werden. Und auf diese Weise werdet ihr das Gesetz erfüllen.

10. Der Tag wird kommen, wo alles, was in dem äußeren Hofe ist und zu den Blutopfern gehört, hinweggenommen wird und die reinen Anbeter den Ewigen in Reinheit und in Wahrheit anbeten werden." (Kap. 49, 8-10)

Ich, Christus, erkläre, berichtige
und vertiefe das Wort:

Solange die Seelen der Menschen unrein sind, sind auch ihre Hände mit Blut befleckt. Was der Mensch an

Üblem, also an Sündhaftem, in seine Seele gesät hat, sind seine Ursachen; danach sind auch seine Werke, die ihn zeichnen. So, wie er gesät hat, wird er sich in seinem irdischen Leben verhalten – und ebenso nach dem Leibestod als Seele in den Stätten der Reinigung: Der Blutrünstige bleibt blutrünstig und sinnt auf Rache und möchte weiter das Blut seiner Nächsten vergießen. All jene, die sich rächen wollen, sind die Streitsüchtigen, die vor nichts haltmachen, auch nicht vor dem Leben ihrer Nächsten. In ihrem Wahn sehen sie das Vergießen des Blutes anderer sogar als ehrenhaft an und scheuen sich nicht, auch Tiere dem Ewigen als Brandopfer darzubringen. Jedes Blutopfer ist satanisch und eine Entweihung des Lebens aus Gott. Durch solche rachsüchtigen Finsterlinge will die Finsternis Gott verhöhnen.

Gott, der Ewige, wünscht, dass der Mensch sein triebhaftes, niederes Ich opfert und Ihn, den Ewigen, in seinem Herzen anbetet durch Gedanken, Worte und Werke der selbstlosen Liebe.

Mit den Worten „in dem äußeren Hofe" ist unter anderem auch die Veräußerlichung der Menschen gemeint und alles, was sie durch ihr veräußerlichtes Leben geschaffen haben – einschließlich dessen, was zu den Blutopfern gehört. Denn alle Vorhöfe, welche die Welt symbolisieren, werden sich auflösen, da es nur noch e i n Volk geben wird: das Volk des Christus Gottes.

Der Tag ist nahe, wo alles Triebhafte und Leidenschaftliche hinweggenommen wird; denn was verheißen ist, nimmt allmählich Form und Gestalt an: Die Erde wird sich reinigen, und das Leben auf der Erde wird sich erneuern, und Gottes Reich wird auf die Erde kommen zu den Kindern Gottes, die reinen Herzens sind.

11. Und sie entgegneten: „Wer bist Du, der Du die Opfer abschaffen willst und die Saat Abrahams verachtest? Hast Du diese Gotteslästerung von den Griechen und den Ägyptern gelernt?"

12. Und Jesus sprach: „Ehe Abraham war, Bin Ich." Und sie weigerten sich zu hören, und einige sagten: „Er ist von einem Dämon erfüllt." Und andere sagten: „Er ist verrückt." Und sie gingen ihres Weges und erzählten alles den Priestern und Ältesten. Und diese wurden wütend und sagten: „Er hat Gott gelästert." (Kap. 49, 11-12)

Ich, Christus, erkläre, berichtige
und vertiefe das Wort:

Wer nur auf das Äußerliche blickt und die Sprache dieser Welt spricht und in der Welt lebt, der kennt nicht das ewige Gesetz und auch nicht die Sprache des Gesetzes. Wer Mich nicht erkennt, der erkennt auch nicht den Vater, der Mich zu den Menschen gesandt hat. Wer Mich nicht erkennt, der versteht auch nicht Meine Sprache, das Gesetz, das Ich Bin. So war es zu allen Zeiten, so ist es auch noch in der heutigen Zeit: Die Sprache des ewigen Gesetzes versteht nur der, welcher sich täglich bemüht, zu dem gerechten Leben, zu Gott, zurückzukehren.

Nur der nennt seinen Nächsten dämonisch, der selbst noch Dämonisches in sich hat. So konnten Mich, den Christus in Jesus, all jene nicht verstehen, die ein veräußerlichtes Leben führten und deshalb der Ansicht waren, Meine Rede sei dämonisch. Doch Ich Bin der Ich Bin in Gott, Meinem Vater, der von Ihm Erstgeschaute und Erstgeborene. Ich war in Ihm geschaut vor Abraham. Ich Bin in Gott und in den vier Wesenheitskräften Gottes allgegenwärtig. Somit Bin Ich ein Teil des Erbes aller Kinder Gottes, die sind von Ewigkeit zu Ewigkeit.

50. KAPITEL

Christus, das Licht der Welt

Menschliches Richten und Urteilen; die Gerechtigkeit Gottes (1-4). Das wahre Selbst in jedem: Gott - Wer seinen Nächsten nicht liebt, der liebt auch Gott nicht (5-8). Wer glaubt, ohne zu verwirklichen, wird nicht den ewigen Vater schauen (9-15)

1. Da redete Jesus abermals zu ihnen und sprach: „Ich Bin das Licht der Welt: Wer Mir nachfolgt, der wird nicht in der Finsternis wandeln, sondern wird das Licht des Lebens haben."

2. Die Pharisäer aber sagten zu Ihm: „Du zeugest von Dir selbst; Dein Zeugnis ist nicht gültig."

3. Jesus antwortete und sprach zu ihnen: „Wenn Ich auch von Mir selbst zeuge, so ist Mein Zeugnis doch gültig. Denn Ich weiß, woher Ich kam und wohin Ich gehe; ihr aber wisset nicht, woher Ich komme und wohin Ich gehe.

4. Ihr richtet nach dem Fleische, Ich richte niemand. Wenn Ich aber richte, ist Mein Urteilsspruch gültig: Denn Ich Bin nicht allein, sondern Ich komme von Meinem Vater, der Mich gesandt hat. (Kap. 50, 1-4)

Ich, Christus, erkläre, berichtige
und vertiefe das Wort:

Mit den Worten „... woher Ich komme und wohin Ich gehe" ist das Wesen aus Gott gemeint. Denn wer reinen

Herzens ist, dem ist bewusst, dass er von Gott kommt und wieder zu Gott zurückkehrt.

Der Mensch, dessen Seele von Sünde umhangen ist, weiß nicht, woher sein wahres Wesen kam und wohin es geht. Er blickt nur auf seinen verweslichen Leib, von dem er sagen kann, dass er von dem Schoße seiner Mutter kam und in den Schoß der Erde zurückkehren wird. Weiter jedoch reicht seine Erkenntnis nicht. Doch die in Mir, dem Christus, leben, wissen, woher sie kommen und wohin sie gehen.

Wer „nach dem Fleische richtet", der ist ein Richter. Wer Gerechtigkeit walten lässt, der ist ein Gerechter und aus Gott.

Nur jene richten, die ihr eigenes Gericht, ihre Ursachen, noch in sich tragen, nach denen sie leben und nach denen sie ihre Nächsten verurteilen. Mit den Worten „Wenn Ich aber richte, ist Mein Urteilsspruch gültig" ist die Gerechtigkeit Gottes gemeint. Gott ist vollkommen. Gott ist gerecht.

Jede Seele und jeder Mensch empfangen das, wonach sie sich ausrichten. Richten sich Seele und Mensch auf Gott aus, dann werden sie von Gottes Liebe und Weisheit empfangen.

Richtet der Mensch sich auf das Äußere, auf die Welt, aus, dann wird er auch von der Welt empfangen – und damit auch alles, was in der Welt ist: Leid, Krankheit und Not. Nach dem Gesetz von Saat und Ernte nimmt jeder Mensch sein Leben selbst in die Hand und gestaltet es entsprechend seinem Empfinden, Denken, Reden und Tun. Und so, wie er es nach seinem Willen gestaltet, so kommt es auch auf ihn zurück.

5. Auch steht in eurem Gesetze geschrieben, dass zweier Menschen Zeugnis gültig sei. Ich Bin es, der Ich von Mir selbst zeuge. Johannes zeugte von Mir, und er ist ein Prophet. Und der Geist der Wahrheit, welcher Mich sandte, zeuget von Mir.“

6. Darauf sagten sie zu Ihm: „Wo ist Dein Vater?“ Jesus antwortete: „Ihr kennet weder Mich noch Meinen Vater: Wenn ihr Mich kennen würdet, so würdet ihr auch Meinen Vater kennen.“

7. Und einer sagte: „Zeige uns Deinen Vater, und wir wollen Dir glauben.“ Und Er antwortete und sprach: „Wenn du deinen Bruder erkannt und seine Liebe gefühlt hast, so hast du den Vater gesehen, und ebenso, wenn du deine Schwester erkannt und ihre Liebe gefühlt hast.

8. Nahe und fern kennt der Allerheiligste die Seinen, ja, in jedem von euch kann die Vaterschaft erkannt werden; denn der Vater ist der eine Gott.“ (Kap. 50, 5-8)

Ich, Christus, erkläre, berichtige
und vertiefe das Wort:

Wer im Vater lebt, der zeugt vom Vater. Er gibt im Wort und in der Tat Zeugnis von Gott.

Wer in Gott lebt, dessen Seele ist eingekehrt in Gottes Heiligtum, in das Innerste des Tempels, und gibt über ihren Menschen, ihre Hülle, Zeugnis von sich, da sie das Selbst ist, Gottes Ebenbild. Dann spricht nicht der Mensch, sein niederes Ich, sondern Gott, das Ich Bin, das ewige Gesetz, spricht durch den Menschen. Dann kann der Mensch sagen, so wie Ich, Christus, sinngemäß sprach:

„Ich Bin es, der Ich von Mir selbst zeuge." Das „selbst" ist das Selbst, Gott, weil die Seele wieder göttlich geworden ist. Der ewige Vater wird nur von jenen geschaut, die reinen Herzens sind und daher auch ihre Nächsten an- und aufnehmen. Denn der Geist des ewigen Vaters wohnt in jeder Seele und somit in jedem Menschen.

Wer seinen Nächsten nicht an- und aufnimmt, weil er gegen ihn Vorurteile hat, ihn verwirft, abwertet oder gar hasst, der schaut weder den ewigen Vater, noch kennt er Mich, den Sohn des Vaters, Christus – und auch nicht seine Nächsten und auch sich selbst nicht. Denn auch in ihm wohnt der Geist des ewigen Vaters, den er jedoch in seinem Nächsten weder an- noch aufnimmt.

Erkennet: Wer seinen Nächsten nicht selbstlos liebt – einerlei, wie er ist, was er sagt und tut –, der liebt auch Gott nicht.

Wer seinen Nächsten verachtet, der verachtet Gott.

Wer seinen Nächsten verwirft, also in seinem Herzen nicht an- und aufnimmt, der nimmt auch nicht Gott, seinen Vater, an und auf. Denn was ihr dem Geringsten Meiner Brüder antut, das habt ihr Mir angetan – und somit Gott, Meinem Vater, in dem Ich, Christus, lebe.

9. *Diese Worte sprach Jesus in der Schatzkammer, als Er im Tempel lehrte. Und niemand legte Hand an Ihn, denn Seine Stunde war noch nicht gekommen. Da sprach Jesus abermals zu ihnen: „Ich gehe Meinen Weg, und ihr werdet Mich suchen und in euren Sünden sterben. Wo Ich hingehe, da könnet ihr nicht hinkommen."*

10. *Da sagten die Juden: „Will Er sich denn selbst töten, dass Er spricht: Wohin Ich gehe, da könnet ihr nicht hinkommen?" Und Er sprach zu ihnen: „Ihr seid von unten her, Ich Bin von oben her; ihr seid von dieser Welt, Ich Bin nicht von dieser Welt.*

11. *Deshalb habe Ich euch gesagt, dass ihr sterben werdet in euren Sünden; denn so ihr nicht glaubet, dass Ich von Gott Bin, so werdet ihr sterben in euren Sünden."*

12. *Darauf sagten sie zu Ihm: „Wer Bist Du denn?" Und Jesus sprach zu ihnen: „Kein anderer, als Ich euch von Anfang an gesagt habe.*

13. *Ich habe euch viel zu sagen, was euch richten wird: Der heilige Eine, der Mich sandte, ist wahrhaftig; und Ich rede zu der Welt, was Ich von oben gehört habe."*

14. *Dann sprach Jesus zu ihnen: „Wenn ihr des Menschen Sohn erhöht habt, dann werdet ihr erkennen, dass Ich von Gott gesandt Bin und dass Ich nichts von Mir*

selber tue; sondern wie Mich der All-Heilige gelehrt hat, so spreche Ich. Und der Mich gesandt hat, ist mit Mir: Der All-Heilige lässt Mich nicht allein. Denn Ich tue allezeit, was dem Ewigen gefällt."

15. Da Er solches redete, glaubten viele an Ihn, und sie sprachen: „Er ist ein Prophet, den Gott gesandt hat. Lasset uns Ihn hören." (Kap. 50, 9-15)

Ich, Christus, erkläre, berichtige
und vertiefe das Wort:

Die Worte „Ich gehe Meinen Weg, und ihr werdet Mich suchen und in euren Sünden sterben" haben folgende Bedeutung:

Wer den Weg des Christus Gottes geht, den Weg zum Vater, den Ich, Christus, als Jesus der Menschheit vorgelebt habe, der wird nicht in der Sünde sterben, denn er hat seine Seele gereinigt und empfängt das Licht Gottes, das von „oben" kommt.

Wer jedoch den Weg zum Herzen Gottes nicht geht, der bleibt in seinen Sünden und wird in den Sünden sterben; er nimmt diese dann als Seele in die Orte und Stätten mit, die er sich selbst bereitet hat durch seine Sünden.

Mit den Worten: „Wo Ich hingehe, da könnet ihr nicht hinkommen" deutete Ich an, was dann auch geschah: Nach der Hinrichtung Meines Leibes ging Ich zum ewigen Vater, weil Meine Seele, Mein Geistleib, im Vater lebt.

Wessen Seele nicht im Vater lebt, sondern in der Sünde, der kann nicht zum ewigen Vater, weil ihn die Sünde von Gott fernhält.

„Ihr seid von unten her, Ich Bin von oben her; ihr seid von dieser Welt, Ich Bin nicht von dieser Welt" besagt: Wer auf die Welt baut, der lebt mit der Welt und wird immer wieder zu dieser Welt zurückkehren und immer wieder seinen Einverleibungsweg von unten, von der Welt her, nehmen.

Wer in dieser Welt lebt, jedoch nicht mit dieser Welt ist, der lebt in Gott – und wenn er wieder zu dieser Welt zurückkehrt, so wird er von Gott, von oben, kommen – so wie Ich, Christus, von oben kam und Mich in Jesus, den Menschenkörper, einverleibte.

„Ich habe euch viel zu sagen, was euch richten wird" heißt: Ich will euch über das Gesetz von Saat und Ernte aufklären, damit ihr erkennt, dass ihr eure eigenen Richter seid: Eure Richter sind eure Empfindungen, Gedanken, Worte und Werke, die gegen das ewige Gesetz der Liebe gerichtet sind. Mit dem Maß, mit dem ihr messt, wird euch gemessen werden.

Erkennet: Der Glaube allein führt nicht zur Seligkeit.

Viele Menschen glaubten an Mich, den Jesus von Nazareth. Als jedoch die Stunde Meiner Hinrichtung kam, fielen viele von diesem Glauben ab, begannen an Mir zu zweifeln und wurden so zu Verrätern.

Wer nur glaubt, das Erkannte jedoch nicht verwirklicht, der kann nicht zu dem werden, was Gott ihm verheißen hat: zu einem Schauenden, der den ewigen Vater von Angesicht zu Angesicht schaut.

Der Glaube allein macht weder selig noch schauend. Der Glaube ist nur der erste Schritt hin zum Inneren Leben. Wer allein auf den Glauben baut und in ihm verharrt, jedoch die Schritte der Verwirklichung zu Gott hin nicht tut, der wird immer wieder an der Wahrheit zweifeln, weil er noch nicht die Gesetze der Liebe erfahren hat; denn sie müssen gelebt werden, um Gott, unseren ewigen Vater, zu schauen.

Wer den Glauben an Gott nicht durch selbstlose Liebe in die Tat umsetzt, der ist beeinflussbar. Nur wer das Erkannte, den Glauben an Gott, verwirklicht, der wird stark im Geiste des Herrn und widersteht den Angriffen der Finsternis.

Der All-Heilige, Gott, lässt kein Kind allein, einerlei, wie es denkt und lebt, denn der Geist Gottes wohnt in jeder Seele und in jedem Menschen. Er ist das Gute, das dann entflammt, wenn der Mensch sich bemüht, Gottes Willen zu erfüllen. Wer allezeit Gottes Willen erfüllt – so wie Ich es als Jesus getan habe und als Christus im Willen des Vaters lebe –, der wird von sich, dem ewigen Selbst, Zeugnis geben, da er als das Selbst in Gott, der Wahrheit, lebt.

Das Selbst ist Gott, und wer in Gott lebt, ist göttlich, er ist das göttliche Gesetz, das Selbst.

51. KAPITEL

Die Wahrheit macht frei –
Vom rechten Verständnis der Gebote

„In Meinem Wort bleiben" (1). Der Sünde Knecht ist fern von Gott und von der ewigen Heimat (2). Vor Gott gilt nur die Verwirklichung der selbstlosen Liebe (3-6). Der Satan, der Vater der Lüge; der Satan der Sinne (7-8). Keine Seele geht verloren (9). Nur wer nach der Wahrheit strebt, versteht das Wort Gottes (10). Moses bejahte nicht das Tieropfer - Missachtung und Achtung des Lebens - Altes und neues Menschentum (11-13). Geistliche Autoritäten und Buchstabengläubige, die nicht verwirklichen, was sie lehren - Zugeständnisse der Propheten an das Volk (14-18)

1. Da sprach Jesus zu den Juden, die an Ihn glaubten: „Wenn ihr in Meinem Wort bleiben werdet, so seid ihr Meine rechten Jünger, und ihr werdet die Wahrheit erkennen, und die Wahrheit wird euch frei machen." (Kap. 51, 1)

Ich, Christus, erkläre, berichtige
und vertiefe das Wort:

„... in Meinem Wort bleiben" bedeutet: das Wort Gottes mit Leben erfüllen, es verwirklichen. Einzig durch die Verwirklichung des Wortes Gottes findet der Mensch zur ewigen Wahrheit, die ihn frei macht, unabhängig von Menschen und Dingen.

2. Da antworteten sie Ihm: „Wir sind Abrahams Samen, und wir sind nie jemandes Knechte gewesen. Warum sagst Du: Ihr sollt frei werden?" Jesus antwortete ihnen: „Wahrlich, wahrlich, Ich sage euch: Wer Sünde tut, der ist der Sünde Knecht. Der Knecht bleibt nicht ewiglich im Hause: Aber der Sohn und die Tochter bleiben ewig. (Kap. 51, 2)

Ich, Christus, erkläre, berichtige
und vertiefe das Wort:

„Wer Sünde tut, der ist der Sünde Knecht" heißt: Wer sündigt, ist an das Fleisch gebunden und dient dem Fleisch – nicht Gott. Wer dem Fleische dient, wird in der Knechtschaft leben, weil er vom Fleische abhängig wird, von Menschen, die ebenfalls auf das Fleisch bauen, weil auch sie in der Sünde leben.

Erkennet: „der Sünde Knecht" ist das menschliche Ich, das nach Anerkennung und Bestätigung trachtet und sich deshalb wieder anderen Sündern unterwirft. Wer in der Sünde lebt, der lebt in und mit dieser Welt und glaubt auch an diese Welt. Seine Heimat ist daher auch diese Welt. Deshalb kann er nicht in das Haus des ewigen Vaters einkehren, in die ewige Heimat. Der Sünde Knecht kann nicht im Hause des Vaters sein. Nur der Sohn und die Tochter, die Gottes Willen erfüllen, bleiben in Gott, im Vater, der die ewige Heimat ist.

3. Wenn euch nun der Sohn frei macht, so seid ihr wirklich frei. Ich weiß wohl, dass ihr Abrahams Samen seid nach dem Fleische; aber ihr suchet Mich zu töten, denn Mein Wort hat keinen Platz in euch.

4. Ich rede, was Ich von Meinem Vater gesehen habe; und ihr tut, was ihr von eurem Vater gesehen habt." Sie antworteten und sagten zu Ihm: „Abraham ist unser Vater." Jesus sprach zu ihnen: „Wenn ihr Abrahams Kinder wäret, so tätet ihr Abrahams Werke.

5. Nun aber suchet ihr, Mich zu töten, einen Menschen, der euch die Wahrheit gesagt hat, die Ich von Gott gehört habe. Das tat Abraham nicht. Ihr tut die Taten eures Vaters." Da sprachen sie zu Ihm: „Wir sind keine Hurenkinder; wir haben einen Vater, nämlich Gott."

6. Jesus sprach zu ihnen: „Wäre Gott euer Vater, so liebtet ihr Mich: Denn Ich Bin ausgegangen und komme von Gott. Ich kam nicht von Mir selber, sondern der All-Heilige sandte Mich. Warum könnt ihr denn Meine Sprache nicht verstehen? Weil ihr Mein Wort nicht ertragen könnt. (Kap. 51, 3-6)

Ich, Christus, erkläre, berichtige
und vertiefe das Wort:

Der Sohn, der Ich Bin, kam vom Vater, um alle Seelen und Menschen zu befreien. Deshalb ist nur einem Macht und Kraft gegeben, Seelen und Menschen zum Inneren

Licht, zu Gott, unserem ewigen Vater, zu führen – dem, der dafür ausgegangen ist. Es ist der Christus Gottes, der Ich Bin.

Ich habe den Auftrag von Gott, Meinem Vater, alle Seelen und Menschen heimzuführen in ihr Inneres, wo des Vaters Geist wohnt. Ich Bin die Erlösung jeder Seele und der Weg zum ewigen Vater. Keiner kommt zum Vater, dem großen All-Einen, Einzigen, es sei denn durch Mich, Christus, der Ich der Erlöser aller Seelen und Menschen Bin und der Weg ins ewige Vaterhaus.

Die Juden sagten, sie seien Abrahams Same – und doch taten sie die guten Werke Abrahams nicht. Sie waren und sind nur dem Fleische nach von Abraham, jedoch nicht dem Gesetze nach, um dessen Erfüllung sich auch Abraham bemühte.

Die neuen Menschen in den Generationen des Friedensreiches Jesu Christi stammen zum großen Teil vom Samen Davids ab. Sie sind weder jüdisch noch muselmanisch, noch hinduistisch, noch buddhistisch, noch katholisch, noch evangelisch, noch orthodox. Sie gehören keiner der vielen äußeren Religionen an. Sie sind wahrhaftige Christen, denn sie erfüllen das Gesetz Gottes, das Ich ihnen als Jesus von Nazareth gebracht und vorgelebt habe – und als Christus Gottes wieder in allen Details, in allen Facetten des Inneren Lebens, offenbare durch den Strahl der göttlichen Weisheit. Sie folgen Mir, dem einzigen Hirten, Christus, nach.

Wessen Worte nicht von dem Gesetz des Lebens erfüllt sind, der redet nur aus seinem menschlichen Ich – auch wenn er Worte der Wahrheit verwendet. Was nicht vom Leben, von Gott, erfüllt ist, das ist nicht von Gott, dem Leben, durchdrungen. Das gilt auch für die Worte der Wahrheit, die von dem, aus dessen Munde sie fließen, nicht gelebt sind. Sie haben keine Kraft. Wer nicht im ewigen Gesetze lebt, der spricht aus seinem Menschen und gibt auch nur Zeugnis als Mensch – eventuell von seinen irdischen Eltern, die ebenfalls nach dem Wort der Menschen gelebt und gedacht haben.

Die Worte „Wäre Gott euer Vater, so liebtet ihr Mich", besagen: Wer Gott, seinen ewigen Vater, liebt, der liebt auch seinen Nächsten und alles Leben; denn alles Leben – ob Menschen, Tiere, Pflanzen, Steine oder Mineralien – ist aus Gott. Wer seinen Nächsten nicht selbstlos liebt, der liebt auch Gott nicht.

Erkennet: Die Sprache des Gesetzes kann nur der verstehen, der das Gesetz des Lebens und der Liebe lebt.

Für jene, welche die Sprache der Welt sprechen und sich selbst mehr lieben als Gott, ist das Gesetz der Liebe kaum zu ertragen. Sie verstehen die Liebe entsprechend ihrem Ich und lieben gemäß ihrem Ich, das nur gibt, um zu empfangen. Wer nicht mit Gott ist, ist gegen Gott – und kann somit auch die Sprache des Gesetzes, die absolute Liebe, nicht verstehen.

7. Ihr seid von eurem Vater, dem Teufel, und nach eures Vaters Verlangen wollt ihr tun. Dieser war ein Mörder von Anfang an und stand nicht in der Wahrheit; denn die Wahrheit ist nicht in ihm.

8. Wenn er eine Lüge redet, so redet er von seinem Eigenen: Denn er ist ein Lügner und der Vater der Lüge. Und weil Ich die Wahrheit sage, so glaubet ihr Mir nicht. (Kap. 51, 7-8)

Ich, Christus, erkläre, berichtige
und vertiefe das Wort:

Die Worte „Ihr seid von eurem Vater, dem Teufel, und nach eures Vaters Verlangen wollt ihr tun" haben folgende Bedeutung:

Mit dem Wort „Vater" ist hier der Erzeuger des Bösen gemeint, der Satan, der darauf bedacht war und ist, alle Menschen zu verführen. Es ist das Satanische, die Saat und die Brut des Satans, welches sich Seele und Mensch angeeignet haben – auch noch nach Meinem Vollbracht. Im weitesten Sinne entstand einst daraus das Gesetz von Saat und Ernte, das satanische Gesetz. Jeder Mensch, der sich das Satanische, das Böse, angeeignet hat, unterliegt nun seinem eigenen Gesetz: Was er sät, das erntet er.

Der Urheber des Bösen gab sich – und die Dämonen geben sich – männlich, obwohl der Urheber ein weibliches Prinzip war und es im Geiste ewig ist: ein Wesen aus dem göttlichen Strom. Durch die ewige Liebe und durch das Vollbracht wird auch dieses wieder als Geistwesen aus Gott in den Urstrom zurückkehren.

Die Worte „Dieser war ein Mörder von Anfang an und stand nicht in der Wahrheit; denn die Wahrheit ist nicht in ihm" besagen Folgendes: Von Anfang des Falles an wollte der Satan, dass sich das Göttliche ihm unterwerfe. Da das Böse, die Zuwiderhandlung gegen das Gesetz des Lebens, nicht im Gesetz der Wahrheit steht, so hat es auf die Dauer keine Kraft. Weil in der Wahrheit das Böse keinen Platz hat, deshalb kam Ich, der Erlöser, und brachte allen Seelen und Menschen die Erlösung, so dass sie wieder zur Wahrheit und in die Wahrheit zurückfinden. Denn von der Wahrheit gingen alle aus, und alles, was dem Fallgeschehen angehört, wird sich durch das Gesetz Gottes wandeln und wieder zurückkehren zur Wahrheit.

Die Lüge stammt nicht aus der Wahrheit. Wer lügt, der lügt aus sich, aus seiner Sünde – weil er die Lüge, die Sünde, in sich trägt. Der Erzeuger der Sünde ist die Lüge.

Wer lügt, der belügt nicht nur seinen Nächsten, sondern auch sich selbst. Die Lüge kommt vom Lügner und geht auch wieder in den Lügner ein. Sie trifft nicht nur den Belogenen, sondern auch den Lügner.

Der Satan ist der Erzeuger der Lüge und somit auch der verführten Sinne. Die Menschen, die der Lüge, der Sünde, verfallen, sind die „Sinnesverführten", denn sie ließen sich vom Satan verführen. Das Böse im Menschen wird daher der „Satan der Sinne" genannt.

Daher hüte sich jeder vor der Lüge! Denn deren teuflische Abkömmlinge sind gar viele. Sie breiten sich aus wie das Wurzelwerk eines Baumes. Eine solche Seele wird, solange es noch möglich ist, ins Fleisch zurückkehren, bis sie jede Wurzel, einschließlich der Pfahlwurzel, erfasst hat: bis sie bereut, um Vergebung gebeten, vergeben und wiedergutgemacht hat. Dann wandelt sich, Schritt für Schritt, das Menschliche in Göttliches, und die Seele kehrt zu Gott zurück.

9. So wie Moses in der Wüste die Schlange erhöhte, so muss des Menschen Sohn erhöht werden, damit alle, die gläubig auf Ihn blicken, nicht verloren werden, sondern das ewige Leben haben. (Kap. 51, 9)

Ich, Christus, erkläre, berichtige
und vertiefe das Wort:

Der Menschensohn ist erhöht. Meine Kreuzigung als Jesus und Meine Wiederkunft als Christus bedeuten: Durch Mich werden alle erhöht werden, denn kein Schaf geht verloren. Durch die Erlösung werden alle Seelen wieder erhöht, also göttlich, werden: Nach der Läuterung und Reinigung von ihren Sünden werden sie wieder als unbefleckte Wesen des Lichts in das Land des Lichtes, der ewigen Liebe, zurückkehren.

10. Welcher unter euch kann Mich wegen einer Sünde verurteilen? Wenn Ich aber euch die Wahrheit sage, warum glaubt ihr Mir nicht? Wer von Gott ist, der höret Gottes Worte. Ihr hört diese nicht, weil ihr nicht von Gott seid."
(Kap. 51, 10)

Ich, Christus, erkläre, berichtige
und vertiefe das Wort:

An die Wahrheit glaubt nur der Mensch nicht, der nicht wahrhaftig lebt und denkt.

Wer in der Sünde lebt, kennt nicht die Wahrheit und verurteilt jene, die aus der Wahrheit reden. Wer die Wahrheit nicht kennt, der versteht auch nicht die Worte der Wahrheit. Er wird sie als unwahr abtun, weil er nicht wahrhaftig ist und daher alles als unwahr bezeichnet, was nicht seiner Vorstellung von der Wahrheit entspricht.

Wer jedoch nach der ewigen Wahrheit strebt, der versteht das Wort Gottes, weil er Gottes Stimme, die Wahrheit, kennt. Wer sie nicht kennt, der hört sie nicht. Seine Worte sind auch nicht von Gott, sondern aus seinem menschlichen Ich, das nur von sich spricht.

Im Friedensreich Jesu Christi, im Reich Gottes auf Erden, werden die Bewohner des Reiches Gottes die Stimme ihres Vaters und ihres himmlischen Bruders, Christus, nicht nur hören, sondern sie werden das Wort Gottes selbst sein, das Gesetz der Liebe.

11. Da antworteten die Juden und sagten zu Ihm: „Haben wir nicht recht, dass du ein Samariter bist und den Teufel hast?" Jesus antwortete: „Ich habe keinen Teufel, sondern Ich ehre den All-Heiligen, und ihr verunehrt Mich. Ich suche nicht Meinen eigenen Ruhm, sondern den Ruhm Gottes. Aber hier ist einer, der richtet."

12. Und einige der Ältesten und Schriftgelehrten des Tempels kamen zu Ihm und sagten: „Warum lehren Deine Jünger die Menschen, dass es wider das Gesetz ist, das Fleisch von Tieren zu essen, da sie doch nach dem Befehl des Moses als Opfer dargebracht werden?

13. Denn es ist geschrieben: Gott sprach zu Noah: Furcht und Schrecken vor euch soll auf jedes Tier des Feldes kommen und auf jeden Vogel der Luft und jeden Fisch im Wasser, wenn sie in eure Hände gefallen sind."
(Kap. 51, 11-13)

Ich, Christus, erkläre, berichtige
und vertiefe das Wort:

Moses hat das Opfern von Tieren weder befohlen noch gutgeheißen. Er griff jedoch nicht in den satanischen Willen derer ein, die Fleisch essen wollten. Er belehrte und unterwies sie, dass sowohl das Verzehren als auch das Opfern von Tieren Sünde ist. Da die halsstarrigen Israeliten jedoch darauf bestanden, musste Moses schweigen, denn auch die Israeliten waren Kinder Gottes und hatten den freien Willen. Sie sahen alles nur aus ihrer Sünde heraus und hielten deshalb das Schweigen von Moses für Zustimmung.

Ich berichtige: Worte sind Symbole und ändern von einer zur anderen Generation die Bedeutung. Was die Menschen einer Generation jeweils in das Wort hineinlegen, das ist für sie die Bedeutung.

So haben viele Worte in jenem Buch, das Ich erkläre, berichtige und vertiefe, für euch heute, die ihr in der Zeit der Wende von der alten zur Neuen Zeit lebt, wieder eine andere Bedeutung als in den vergangenen Epochen. Z.B. ist der Sinn der nachstehenden Aussage: „Gott sprach zu Noah: Furcht und Schrecken vor euch soll auf jedes Tier des Feldes kommen und auf jeden Vogel der Luft und jeden Fisch im Wasser, wenn sie in eure Hände gefallen sind" folgender: Furcht und Schrecken erfasst jedes Tier des Feldes, jeden Vogel der Luft und jeden Fisch im Wasser, der in eure Hände fällt. Damit sind die Hände jener Menschen gemeint, die das Leben missachten und töten.

Erkennet: Jedes Tier empfindet und spürt, was der Mensch mit ihm vorhat.

In der Zeitenwende, in der Ich den Inhalt jenes Buches erkläre, berichtige und vertiefe, hat die Brutalität gegenüber der Tier- und Pflanzenwelt ein unvorstellbares Ausmaß erreicht. Die Tiere und die Pflanzen leiden unter der Willkür der Menschen. Viele Menschen haben nicht nur vor ihrem eigenen Leben keine Achtung mehr, sondern auch nicht vor der gesamten Schöpfung. Als Folge des menschlichen Verhaltens sind z.B. die Magnetströme gestört. Vielen Tieren fehlt es aufgrund dessen an der Orientierung, insbesondere den Zugvögeln, die in wärmere Länder fliegen. Durch die Verunreinigung der Flüsse, Seen und Meere sowie auch der Erdatmosphäre sterben viele Tier- und Pflanzenarten aus – im Wasser, in der Luft und auf der Erde.

Da ein großer Teil der Menschheit in der Sünde weiterlebt, stirbt die alte Welt – und mit ihr sterben unter großen Schmerzen viele Menschen, die das Zeitliche für die einzige Realität hielten und verantwortungslos mit allem Leben umgingen.

Doch Ich, Christus, mache alles neu. Die neue Welt ist Meine Welt, die des Christus, der Ich Bin. In der neuen Welt werden Menschen leben, die von innen her erneuert, also gereinigt sind und die das Erdreich gesetzmäßig bevölkern und bebauen.

Wer Meine Worte in der Neuen Zeit lesen wird, der erfährt dadurch von den Schatten und den lichten Seiten der alten Welt und vom Umbruch in die Neue Zeit. Dem Menschen in der Neuen Zeit soll die alte, sündhafte Welt zur Warnung dienen.

Wer dann dieses Buch mit den Erklärungen, Berichtigungen und Vertiefungen aufmerksam liest, der bekommt einen Einblick in das Gesetz von Saat und Ernte, das einst auf der Erde Gültigkeit hatte. Der neue Mensch soll sich dies immer wieder bewusst machen, da in den feinstofflichen Welten, in denen noch die belasteten Seelen leben, die Ernte – die Wirkungen auf die gesetzten Ursachen – weiterhin im Gange ist. Denn was der Mensch gesät, nicht rechtzeitig bereinigt oder noch nicht abgetragen hat, das wird er dann als Seele ernten. Deshalb ist es gut und wichtig, dass die Menschen der Neuen Zeit die Abläufe in den Stätten der Reinigung kennen. Denn wenn die Seelen der neuen Menschen nach dem Leibestode durch die Bewusstseinsschleier wandeln, erleben sie dort jene Seelen, die ihre Saat noch zu tilgen haben.

14. Und Jesus sprach zu ihnen: „Ihr Heuchler, wohl sprach Jesaja von euch und euren Vorvätern: Dieses Volk ist Mir nahe mit seinem Munde und ehret Mich mit seinen Lippen, aber ihr Herz ist ferne von Mir, denn sie beten Mich vergeblich an und lehren in Meinem Namen als göttliche Lehren, was Gebote der Menschen sind, um ihre eigenen Gelüste zu befriedigen.

15. Und ebenso gibt Jeremia Zeugnis, wenn er über die Blutopfer sagt: Ich, euer Gott, befahl nichts davon in den Tagen, als ihr aus Ägypten gekommen seid, sondern Ich befahl euch nur Rechtschaffenheit, Festhalten an den alten Gebräuchen, Gerechtigkeit zu pflegen und demütig vor eurem Gott zu wandeln.

16. Ihr aber habt nicht auf Mich gehört, der euch von Anfang an alle Arten von Samen gab und Früchte der Bäume und Kerne für die Nahrung und zur Heilung von

Mensch und Tier." Und sie entgegneten: „Du sprichst wider das Gesetz."

17. Und Er sprach abermals über Moses: „Wahrlich, Ich spreche nicht wider das Gesetz, sondern gegen die, welche sein Gesetz verdarben, das er wegen der Härte eurer Herzen erlaubte.

18. Doch siehe! Ein Größerer denn Moses ist da!" Und sie gerieten in Zorn und hoben Steine auf, um sie auf Ihn zu werfen. Aber Jesus ging mitten durch sie hindurch und war vor ihrer Gewalt verborgen. (Kap. 51, 14-18)

Ich, Christus, erkläre, berichtige
und vertiefe das Wort:

Schon vor nahezu 2000 Jahren sprach Ich als Jesus von Nazareth zu den Pharisäern und Schriftgelehrten, die nur am Buchstaben hingen und ihr Herz in der Welt hatten, und nannte sie Heuchler. Auch der Prophet Jesaja, der Mein Kommen angekündigt hat, sprach ähnliche Worte wie Ich als Jesus von Nazareth.

Jetzt, in der Umbruchszeit, spreche Ich, Christus, durch Mein Instrument zu den Meinen und muss für die heutigen Pharisäer und Schriftgelehrten wieder ähnliche Worte gebrauchen. Heute noch lehren viele Pharisäer und Schriftgelehrte, Theologen, Bibelkundige und Laienprediger nach dem Buchstaben der Bibel – und wieder spricht nur ihr Mund, und wieder ehren sie Mich nur mit den Lippen und mit frömmelnden oder intellektuellen Gebeten. Ihr Herz ist ebenso fern von Gott wie zu Meiner Erdenzeit und vorher, als die großen Propheten den Menschen das Wort Gottes gebracht haben.

Viele Würdenträger lehren heute noch im Namen des Allerhöchsten und in Meinem Namen; doch ihre Worte sind nicht von der ewigen Kraft beseelt, da sie selbst nicht vom Geiste der Wahrheit durchdrungen sind.

Die Leiter der Amtskirchen, die in Meinem Namen lehren, haben ein Dogmengebäude geschaffen, in welchem sie sich verbergen, um der Wahrheit nicht ins Angesicht sehen zu müssen. In dieses Dogmengebäude laden sie ihre Gläubigen ein, erlegen ihnen in Meinem Namen diese dogmatischen Lehrsätze auf und verpflichten sie – unter Androhung der sogenannten ewigen Verdammnis –, diese einzuhalten.

Dieses Dogmengebäude ist jetzt morsch und im Zusammenbrechen; es gleicht einem Kartenhaus, das nur noch von äußerer Macht und äußerem Reichtum gehalten wird – jedoch nicht von Mir, Christus, der Ich das Reich des Inneren Bin.

Jahrtausendelang wurde in vielen Machtstrukturen der Name des Ewigen für menschliche Machenschaften missbraucht. Seit Meinem Vollbracht wird auch Mein Name – Christus – missbraucht, indem Meine Lehre, mit welcher Ich zur Nachfolge aufrufe, in das Dogmengebäude eingesponnen wurde.

So kann gesagt werden: Der Satan der Sinne missbraucht den Namen des Einen, Heiligen, Ewigen und den Namen Seines Sohnes, um die Menschen zu verführen. Doch alle Scheinblüten menschlicher Machenschaften welken dahin, weil Ich den Menschen das Innere Leben bringe; es sind die Schritte des Inneren Weges, auf dem weder Dogmen noch menschliche Gesetze Gültigkeit haben, sondern allein das Gesetz, welches Ich schon als Jesus von Nazareth gelehrt und gelebt habe: das universelle, ewige Gesetz, Gott.

Da jeder Mensch den freien Willen hat, mussten auch vor Meinem Erdendasein die großen Propheten Zurückhaltung üben, wenn es das Volk anders wollte, als es Gottes Wille war, den sie verkündeten. Vor Meinem Erdendasein war der Vielgötterglaube noch sehr lebendig unter den Menschen und somit auch das Blutopfer. Daher mussten manche Propheten Zugeständnisse machen – einmal, um nicht den freien Willen der Menschen zu brechen, zum anderen, um sie über die Selbsterkenntnis zur Wahrheit zu führen. Dies bedeutete oftmals Schmerz und Leid, bis sich die Menschen auf den Weg machten zu Dem, der ist von Ewigkeit zu Ewigkeit.

Jedes Zugeständnis enthält jedoch eine Karenzzeit. In ihr erhält der Mensch die Kraft Gottes, um das in Kürze bewältigen zu können, was noch menschlich ist. Nutzt er sie jedoch nicht und sündigt weiter, dann wird er nach

Ablauf der Karenzzeit alles erdulden und erleiden müssen, was er an Gegensätzlichem gesät und noch nicht gesühnt hat.

Wer sich gegen Gott, gegen das Gesetz des Lebens, verhält, der hat das zu tragen, was er gesät hat.

Was der Landwirt in seinen Acker sät, das erntet er, und was der Mensch in den Acker seiner Seele einbringt, das wird auch er ernten.

Mit der Aussage „Festhalten an den alten Gebräuchen" ist Folgendes gemeint:

Der Mensch soll seine Gebetszeiten einhalten und sich täglich bemühen, seine Gebete fruchtbar werden zu lassen, indem er das verwirklicht, wofür er gebetet hat. Dann wird er auch die Zehn Gebote, die Auszüge aus dem ewigen Gesetz, immer besser verstehen und erfüllen und somit hineinreifen in das allumfassende, universelle Gesetz, Gott.

52. KAPITEL

Jesus erklärt Seine Vorexistenz –
Glauben heißt Verstehen

Leibestod und geistiger Tod (1). Nur wer die Gebote erfüllt, erkennt und erfährt Gott in sich (2-3). Das Reich Gottes ist siebendimensional - Der unendliche Kristall: Alles ist in allem (9-11). Verständnis der Wahrheit nur durch Verwirklichung (12)

1. Ein anderes Mal sprach Jesus: „Wahrlich, wahrlich, Ich sage euch: So jemand Meine Worte halten wird, wird er den Tod niemals sehen." Da sagten die Juden zu Ihm: „Nun erkennen wir, dass Du einen Teufel hast. (Kap. 52, 1)

Ich, Christus, erkläre, berichtige
und vertiefe das Wort:

Als Jesus von Nazareth sprach Ich vom lebendigen Wort, das beseelt ist vom Geiste Gottes. Wer das lebendige Wort, das Leben aus Gott, lebt, der wird den Tod niemals sehen, weil er in das ewige Leben blickt und nur seine physische Hülle abstreift, die von der Erde ist und wieder zur Erde zurückkehrt.

Erkennet: Der irdische Leib gehört der Erde, weil er von der Erde ist. Der geistige Leib jedoch gehört Gott an, weil er aus Gott ist. Wer nur auf den verweslichen Leib blickt, der versteht Meine Worte nicht, weil für ihn nur das irdische Leben das Leben ist.

Das wahre Leben jedoch ist Gott, und der geistige Leib ist aus Gott, dem ewigen Strom; in Ihm bewegt er sich und stirbt nie.

Die Seele kann jedoch lange in der Finsternis weilen, wenn der Mensch nur düster gedacht, gesprochen und gehandelt hat. Das ist dann der geistige Tod, weil die belastete Seele nur auf das Verwesliche blickt und dieses als das wahre Leben betrachtet.

Doch all jene, die ihr Leben Gott weihen, indem sie edel denken, rein sprechen und gesetzmäßig handeln, tragen in sich das Licht und werden nach dem Leibestode in das Licht eingehen, also nicht in der Finsternis, im geistigen Tod, bleiben.

Wer also das Gesetz Gottes, das Wort aus Gott, hält, der wird den geistigen Tod nicht schmecken, denn er lebt schon im Erdenkleid in Gott.

Der physische Leib ist nur die Umhüllung des geistigen Leibes; er kann jedoch nicht leben ohne den geistigen Leib, die Seele, in welcher die Quelle des Lebens ist, der Zustrom aus dem Leben, Gott.

Der geistige Mensch, der einzig auf Gott blickt, indem er Sein Wort hält und das Gesetz des Lebens erfüllt, wird seine Hülle, den physischen Leib, abstreifen, wenn für diesen die Zeit gekommen ist, in der er wieder zur Erde wird.

Nur der Teufel verteufelt seinen Nächsten. Wer selbst noch im Satanischen gefangen ist, der unterstellt dies auch seinem Nächsten.

Wer im Lichte der Wahrheit steht, der blickt allezeit auf den guten Kern in seinem Nächsten, auf die Wahrheit, und wird ihm selbstlos dienen und helfen. Er wird zwar nicht über das Dunkle hinwegsehen, es jedoch aus dem Lichte der Wahrheit betrachten und, so es angezeigt ist, auch ansprechen.

2. Abraham ist gestorben und die Propheten, und Du sprichst: So jemand Mein Wort hält, der wird den Tod niemals erfahren. Bist Du größer denn unser Vater Abraham, welcher gestorben ist? Und auch die Propheten sind gestorben. Zu wem machst Du Dich selbst?"

3. Jesus antwortete: „Wenn Ich Mich selber ehre, so ist Meine Ehre nichts. Es ist Mein Vater, der Mich ehrt, von welchem ihr sprecht, Er sei euer Gott. Und ihr kennt Ihn nicht; Ich aber kenne Ihn. Wenn Ich sagen würde: Ich kenne Ihn nicht, so wäre Ich ein Lügner gleich wie ihr. Aber Ich kenne den All-Heiligen, und Ich Bin dem Ewigen bekannt." (Kap. 52, 2-3)

Ich, Christus, erkläre, berichtige
und vertiefe das Wort:

Wer nur von Gott spricht und Gottes Gebote nicht hält, der kennt Gott nicht, denn Gott ist das universelle, ewige, allgegenwärtige Gesetz der Liebe. Er wird Gott, das Gesetz, auch nicht anderweitig erfahren. Das Gesetz der Liebe und des Lebens ist in jeder Seele und in jedem Menschen. Deshalb kann der Mensch nur in sich selbst Gottes Gesetze erfahren und nur durch die Erfüllung Seiner Gebote Gott in sich näher kommen.

Jeder Mensch kann Gott in sich erfahren und an sich erleben, wenn er nach dem Gesetz des Lebens – also: selbstlos – empfindet, denkt, spricht und handelt.

In allem, was vom Menschen selbstlos ausgeht, wirkt Gott. Wer selbstlos ist, der erfährt Gott und wird sich auch seiner Gott-Sohn- oder Gott-Tochterschaft bewusst.

Das Wort „ehren" sollt ihr durch das Wort „achten" ersetzen. Ehre gebührt allein Gott.

Auch das Wort „ehren" hatte in früheren Zeiten eine andere Bedeutung als heute. Deshalb solltet ihr euch bemühen, in jeder Aussage den Sinn zu erfassen, auf dass ihr zum Urgrund des Lebens findet, zum ewigen Gesetz, das tief in jeder Aussage wurzelt. Das ist jedoch nur dem Menschen möglich, der sich täglich bemüht, Gottes Gebote zu erfüllen. Wer das Wort Gottes nur dem Buchstaben nach erfasst, der wird heute ebenso denken und reden wie damals die Schriftgelehrten und ihre Anhänger.

4. Abraham, euer Vater, freute sich, Meinen Tag zu sehen. Und er sah ihn und war froh." Da sagten die Juden zu Ihm: „Du bist noch nicht fünfundvierzig Jahre alt und Du hast Abraham gesehen?"

5. Jesus sprach zu ihnen: „Wahrlich, wahrlich, Ich sage euch: Ehe denn Abraham war, BIN ICH."

6. Und Er sprach zu ihnen: „Der All-Heilige hat euch viele Propheten gesandt, aber ihr habt euch gegen sie erhoben, da sie euren Begierden entgegentraten, und ihr habt einige geschmäht und andere getötet."

7. Da hoben sie Steine auf, um sie auf Ihn zu werfen: Aber Jesus wurde verborgen und ging zum Tempel hinaus, mitten durch sie hindurch, und entfernte sich wieder, ohne von ihnen gesehen zu werden.

8. Als Seine Jünger wieder mit Ihm an einem einsamen Orte waren, fragte Ihn einer über das Reich Gottes, und Jesus sprach zu ihnen:

9. „So wie es oben ist, so ist es unten. So wie es innen ist, so ist es außen. Wie zur Rechten, so auch zur Linken. Wie es vorne ist, so ist es hinten. Wie mit dem Großen, so mit dem Kleinen. Wie mit dem Manne, so mit dem Weibe. Wenn dies erkannt wird, dann werdet ihr das Reich Gottes sehen.

10. Denn in Mir ist weder männlich noch weiblich, aber beide sind Eins, vollkommen in dem All. Das Weib ist nicht ohne den Mann, noch ist der Mann ohne das Weib.

11. Weisheit ist nicht ohne Liebe, noch ist Liebe ohne Weisheit. Der Kopf ist nicht ohne das Herz, noch ist das Herz ohne den Kopf, in dem Christus, der alles versöhnt. Denn Gott schuf alle Dinge nach Zahl und Gewicht und Maß, eines mit dem anderen übereinstimmend. (Kap. 52, 4-11)

Ich, Christus, erkläre, berichtige
und vertiefe das Wort:

Gott ist die All-Einheit. Die Ewigkeit ist ein unendlicher Kristall, der in unzähligen Facetten leuchtet. Die Worte „So wie es oben ist, so ist es unten. So wie es innen ist, so ist es außen. Wie zur Rechten, so auch zur Linken. Wie es vorne ist, so ist es hinten. Wie mit dem Großen, so mit dem Kleinen" wurden den Menschen zum besseren Verständnis gegeben. Wer jedoch in das Reich des Inneren eingekehrt ist, der weiß und erfährt in sich: Der vom Lichte Gottes durchdrungenen Seele bedeuten die drei Dimensionen nichts.

Erkennet: Das Reich Gottes ist siebendimensional. Die dreidimensionalen Formen bestehen allein in der Materie; in ihr gibt es das Oben und Unten, das Innen und Außen, das Rechts und Links, das Vorne und Hinten, das Große und das Kleine. In Gott ist das Leben ein mächtiger Kristall, der in unzähligen Facetten funkelt. Er strahlt, und in seiner Strahlung ist alles offenbar. Er kennt keine Begrenzung. Unbegrenzt strahlt er, denn unbegrenzt ist die Ewigkeit.

In dir, o Mensch, ist alles – das Kleinste und das Größte. In dir erfüllt sich jeder göttliche Impuls, jede göttliche Urempfindung und jeder göttliche Gedanke. Was vorne, hinten, oben und unten, rechts und links ist, das ist in dir. Somit ist in dir selbst alles offenbar, was ist.

651

Was ist, das ist ewig – und ewig bleibt es offenbar im Geistwesen und in der ganzen Schöpfung. Worte sind Begriffe. So muss für die Menschen auch das Innere Leben mit Worten ausgedrückt werden.

Alles, was vom reinen Wesen, von Gott, ausstrahlt, die Unendlichkeit, das nimmt Form und Gestalt an im ganzen Universum.

Und wenn es heißt: „das Große" und „das Kleine", so sind darin die Evolutionsschritte der geistigen Formen im reinen Sein gemeint: Ein Lichtfunke nimmt Form und Gestalt an und wird allmählich zur Allkraft, zur aktiven Ausstrahlung; aus ihr geht der geistige Leib hervor, der eins ist mit der Urstrahlung, der Strahlung der Ewigkeit.

Wer sein Leben Gott weiht und seine Seele reinigt, dem ist das alles wieder bewusst, weil er dann wieder in der Bewusstheit lebt, in Gott.

Gott ist das Vater-Mutter-Prinzip für alle und in allen Geistwesen. Der ewige Vater, der auch Mutter ist, schenkte und schenkt jedem Seiner Kinder die Allstrahlung, die Essenz der Unendlichkeit, als Erbe.

Im Wort „schenkt" sind alle weiteren Evolutionskräfte angedeutet, in denen wieder Geistwesen geistig gezeugt werden durch das Vater-Mutter-Prinzip in den Geistwesen. Sie alle empfangen vom Ewigen die ganze Unendlichkeit als Erbe.

Erkennet: Der geistige Leib ist komprimiertes ewiges Gesetz, Gott. Er besteht aus der Essenz des Alls, die alle Facetten der Unendlichkeit birgt.

Im Gesetz, Gott, gibt es nicht das männliche und weibliche Geschlecht. Gott schuf das positive, das gebende Prinzip, aus Seiner Vaterstrahlung – und das negative Prinzip, das empfangende, aus Seiner Mutterstrahlung. Die Geistwesen sind jeweils positive oder negative Prinzipien. In der Allstrahlung, so auch in der Dualität, sind es zwei – und doch sind sie eins im All, da beide gemäß dem Strom des ewigen Gesetzes empfinden und darin leben.

Beide, das gebende und das empfangende Prinzip, sind auf ewig eins. Das empfangende Prinzip ist nicht ohne das gebende Prinzip und das gebende Prinzip nicht ohne das empfangende. In den Worten der Welt gesagt: Frau und Mann sind ewig eins. In der Einheit wirken sie; in der Einheit entstehen die geistigen Zeugungen aus dem Prinzip des Gebenden und Empfangenden, dem Vater-Mutter-Prinzip, das in jedem Geistwesen aktiv ist.

Gottes Gesetze sind im Großen, also in der vollaktiven Strahlung, wie im Kleinsten, im ersten Evolutionsschritt, enthalten. Alles ist in allem:

In dem Strahl der Ordnung sind die Strahlen des Willens, der Weisheit, des Ernstes, der Geduld, der Liebe und der Barmherzigkeit. Im Strahl des Willens sind Ordnung, Weisheit, Ernst, Geduld, Liebe und Barmherzigkeit. Im Strahl der Weisheit sind Ordnung, Wille, Ernst, Geduld, Liebe und Barmherzigkeit. Ebenso verhält es sich in den Strahlen des Ernstes, der Geduld, der Liebe und der Barmherzigkeit.

Alle Kräfte sind also in jeder Kraft enthalten. Alles in allem betrachtet, bilden diese Kräfte die Allstrahlung, Gott, den mächtigen universellen Kristall der Ewigkeit.

Mit den Worten „Denn Gott schuf alle Dinge nach Zahl und Gewicht und Maß, eines mit dem anderen übereinstimmend" ist die Allstrahlung ausgedrückt: alles in einem. Somit ist alles in allem.

12. Diese Dinge können jene glauben, die sie begreifen. Wenn sie sie nicht verstehen, dann sind sie nicht für sie. Denn glauben heißt verstehen, und nicht-glauben heißt nicht-verstehen." (Kap. 52, 12)

Ich, Christus, erkläre, berichtige
und vertiefe das Wort:

„Diese Dinge können jene glauben, die sie begreifen" soll heißen: Die Wahrheit kann nur der begreifen, also verstehen, der nach der Wahrheit strebt. Der Glaube allein begreift nicht die Wahrheit, weil Glaube erst der Schritt hin zur Wahrheit ist, jedoch noch nicht die Wahrheit selbst.

Wer glaubt, der nimmt zunächst das Wort der Wahrheit an. Erst wer es dann verwirklicht, wird die Wahrheit verstehen, weil er durch die Verwirklichung der Wahrheit zur Wahrheit, dem Gesetz, Gott, findet.

Glauben heißt also: zuerst die Wahrheit annehmen. Die Verwirklichung des Glaubens führt dann zum Verständnis der Wahrheit.

53. KAPITEL

Die Heilung des Blindgeborenen –
Die Frage der Sadduzäer nach der Auferstehung

Frage nicht nach den Sünden deiner Nächsten - Nützt die Augenblicke des Tages (1-2). Der äußere Arzt und der Innere Heiler (3-6). Sich verheiraten oder sich vor Gott vermählen (7-11)

1. An einem andern Tage begegnete Jesus einem Mann, der von Geburt an blind war. Und Seine Jünger fragten Ihn und sagten: „Meister, wer hat gesündigt, dieser oder seine Eltern, dass er blind geboren ist?"

2. Jesus antwortete: „Was besagte es, ob dieser gesündigt hat oder seine Eltern, sofern die Werke Gottes offenbar werden an ihm? Ich muss wirken die Werke Meines Vaters, der Mich gesandt hat, solange es Tag ist; es kommt die Nacht, da niemand wirken kann. Solange Ich in der Welt Bin, Bin Ich das Licht der Welt." (Kap. 53, 1-2)

Ich, Christus, erkläre, berichtige
und vertiefe das Wort:

Die Worte „Was besagte es, ob dieser gesündigt hat oder seine Eltern, sofern die Werke Gottes offenbar werden an ihm?" bedeuten: Ihr sollt nicht auf die Sünde blicken und nicht fragen, wer gesündigt hat. Keiner kann für den

anderen abtragen – es sei denn, er kam als Dulderseele
für einen anderen Menschen in diese Welt.

Wenn jedoch Menschen durch Sünde aneinander gebunden sind, dann sind alle an der Sünde beteiligt, z.B.
Eltern und Kind. Dann tragen sie gemeinsam ab, was sie
auch gemeinsam verursacht haben.

Erkennet: Jedem Menschen ist jeder Tag gegeben, um
Teile seiner Sünden und Fehler zu erkennen und zu bereuen.
Daher soll keiner fragen, wer die Sünde begangen hat und
wann oder wo. Jetzt ist die Seele im irdischen Dasein, um
das zu bereinigen, was dem Menschen heute gesagt wird
durch die Zeichen des Tages oder durch Krankheit, Leid, Not,
Blindheit oder durch düstere Gedanken, Worte und Taten.

Ich Bin das Licht der Welt. Wer erkennt, bereut, sein
Menschliches Mir übergibt und es in Mir lässt und somit
die Tage nützt, der wird in Mir leben und durch Mich auferstehen, denn Ich Bin der ewige Tag.

Hat der Mensch die Tage nicht genützt, dann bricht
über ihn die Nacht der Seele herein, dann werden Seele
und Mensch leiden. Daher nützt die Augenblicke des
Tages, denn jeder Augenblick Bin Ich, die Ewigkeit. Wer
die Augenblicke nützt, der lebt in Mir, und er wird Frieden
haben und Heil erlangen.

*3. Da Er solches gesagt hatte, spie Er auf die Erde und
mischte Lehm mit dem Speichel und bestrich des Blinden
Augen damit. Und Er sprach zu ihm: „Gehe hin und wasche*

dich im Teich Siloah" (das ist verdolmetscht: Gesandt). Da ging er hin und wusch sich und kam sehend.

4. Die Nachbarn und die zuvor gesehen hatten, dass er blind war, sagten: „Ist es nicht dieser, der da saß und bettelte?" Einige sagten: „Er ist es", einige aber: „Er ist ihm ähnlich." Er selbst aber sagte: „Ich bin es."

5. Deshalb fragten sie ihn: „Wie wurden deine Augen geöffnet?" Er antwortete: „Ein Mann namens Jesus machte einen Brei und bestrich meine Augen und sprach: Geh hin und wasche dich im Teiche Siloah. Ich ging hin und wusch mich und erhielt die Sehkraft."

6. Da fragten sie ihn: „Wo ist Er?" Er sagte: „Ich weiß nicht, wo Er ist, der mich gesund machte." (Kap. 53, 3-6)

Ich, Christus, erkläre, berichtige
und vertiefe das Wort:

Die Darlegung über Lehm und Speichel symbolisiert die äußere Heilung.

Erkennet: Vieles, was über Mich als Jesus von Nazareth berichtet und niedergeschrieben wurde, geschah nicht so, wie es wörtlich geschrieben steht. So sind auch hier Lehm und Speichel Symbole dafür, dass die Erde und alles, was auf ihr wächst, Kräuter und Früchte, und ebenso das Wasser heilen und reinigen, wenn die Ursache der Krankheit nicht mehr aus der Seele fließt, sondern nur noch den Leib zeichnet.

Wenn die Seele die Ursache als Wirkung in den Leib weitergegeben hat und nichts mehr an Ursachen nachfließt, dann kann von außen Heilung erfolgen durch die Erde und durch alles, was sie hervorbringt, so auch durch das reinigende Wasser, das viele heilende Substanzen enthält.

Die Frage: „Wo ist Er?" zeigt, dass viele Menschen nur auf die Hilfe von außen blicken und die Kräfte des inneren Heilwerdens nicht erfassen. Suchet also den wahren Heiler für Seele und Leib nicht unter den Menschen; suchet Ihn nicht an diesem oder jenem Ort. Wollt ihr Ihn finden, dann geht in euer Inneres. Dort Bin Ich, der Christus Gottes, der Erlöser, der Innere Arzt und Heiler.

Betet, bereut und tut Buße, vergebt und bittet um Vergebung und macht wieder gut, wenn ihr eurem Nächsten geschadet habt – dann werdet ihr Gleiches und Ähnliches erleben und empfangen wie die Menschen zu jener Zeit, in der Ich als Jesus unter ihnen weilte.

Der Sohn Gottes, der Christus Gottes, ist auferstanden, und die Kraft des Christus Gottes hat sich in jede Seele eingeboren, auf dass sie Gleiches oder Ähnliches erfahren und erlangen kann wie die Menschen und Seelen zur Zeit Meines Wirkens als Jesus von Nazareth.

Erkennet: Ich Bin Christus, euer Erlöser und Wegbereiter hin zum ewigen Sein, zur Einswerdung mit dem ewigen Vater. Ich Bin auch euer Innerer Arzt und Heiler – die Kraft, die euch von Krankheit, Not, Leid, Pein und Trübsal frei machen kann.

7. Da traten einige Sadduzäer zu Jesus, welche leugneten, dass es eine Auferstehung gäbe, und sie sagten zu Ihm: „Meister, Moses hat geschrieben, wenn jemandes Bruder stirbt, und er besaß ein Weib und hinterlässt keine Kinder, da soll sein Bruder dieses sein Weib nehmen und seinem Bruder Samen erwecken.

8. Nun waren da sechs Brüder, und der erste nahm ein Weib, und er starb kinderlos. Und der zweite nahm sie zum Weibe und starb auch kinderlos. Und der dritte bis zum sechsten nahmen sie alle, ohne Kinder zu hinterlassen. Zuletzt starb auch das Weib.

9. Wem wird sie nun gehören bei der Auferstehung? Denn sechs haben sie zum Weibe gehabt."

10. Da antwortete Jesus und sprach zu ihnen: „Ob ein Weib mit sechs Ehemännern oder ein Ehemann mit sechs Weibern, das ist gleich. Denn die Kinder dieser Welt heiraten und werden geheiratet.

11. Die aber würdig sein werden, die Auferstehung von den Toten zu erleben, werden nicht heiraten noch sich heiraten lassen, noch können sie jemals sterben, sondern sie sind wie die Engel und sind die Kinder Gottes, die Kinder der Auferstehung. (Kap. 53, 7-11)

Ich, Christus, erkläre, berichtige
und vertiefe das Wort:

Erkennet: Die Kinder dieser Welt freien und lassen sich freien und verheiraten sich. Freien und sich freien lassen und sich verheiraten heißt: genommen werden und sich nehmen lassen und so leben, wie die Welt lebt: in der Sünde.

Doch jene, die nicht nur die irdischen Gesetze der Eheschließung beachten, sondern sich vor Gott vermählen, haben auf den Geist gesetzt und nicht auf das Fleisch. Sie haben mit Gott den Bund für ihre irdische Ehe geschlossen.

Vermählung bedeutet Verbindung in und mit Gott. Es ist also ein Bündnis mit Gott.

Im ewigen Sein sind alle Bruder und Schwester. Die Vermählung vor Gott bedeutet Geschwisterlichkeit und innere Treue. Auch wenn sie auf Erden Kinder zeugen, bleiben sie im Geiste des Herrn Bruder und Schwester. Wenn die Seele gereinigt und wieder frei von ihrer Belastung ist, wird sie nach dem irdischen Leibestod als Geistwesen wieder in die Himmel eingehen und wieder zu ihrem Dual zurückkehren und mit ihm im Geiste Gottes die Einheit verkörpern – so, wie es in ihnen geschrieben steht von Ewigkeit zu Ewigkeit.

12. Aber dass die Toten auferstehen werden, bezeugte selbst Moses bei dem Busch, als er Gott anrief und Gott zu ihm sprach: Ich Bin der Gott Abrahams, Isaaks und Jakobs. Gott ist aber nicht der Toten, sondern der Lebendigen Gott. Denn alle leben durch Ihn." (Kap. 53, 12)

54. KAPITEL

Das Verhör des Blindgeborenen –
Die Jünger als geistiger Leib des Christus

Die Blinden und die Sehenden (1-16).
Im kosmischen Sein ist alles in allem enthalten
und gleich wichtig (17-24)

1. Da führten sie den zu den Pharisäern, der früher blind war. Es war aber Sabbat, da Jesus den Lehm anrührte und seine Augen öffnete.

2. Da fragten ihn auch die Pharisäer, wie er sein Augenlicht erhalten hätte. Er aber sagte zu ihnen: „Er strich den Brei auf meine Augen, und ich wusch mich und bin nun sehend."

3. Einige Pharisäer sagten: „Dieser Mann ist nicht von Gott, weil er den Sabbat nicht hält." Andere aber sagten: „Wie kann ein sündiger Mensch solche Wunder tun?" Und es war Uneinigkeit unter ihnen.

4. Sie sagten wieder zu dem Blinden: „Was sagst du von Ihm, der deine Augen aufgetan hat?" Er sagte: „Er ist ein Prophet."

5. Die Juden aber glaubten nicht von ihm, dass er blind gewesen und sehend geworden wäre, und sie riefen die Eltern des Sehend-Gewordenen.

6. Und sie fragten sie und sagten: „Ist das euer Sohn, von welchem ihr sagt, er sei blind geboren? Wieso ist er

denn nun sehend?" Seine Eltern antworteten ihnen und sagten: „Wir wissen, dass dieser unser Sohn ist und dass er blind geboren ist; warum er aber nun sieht, wissen wir nicht; und wer ihm seine Augen aufgetan hat, wissen wir auch nicht. Er ist alt genug, fragt ihn, lasst ihn selbst für sich reden."

7. Solches sagten seine Eltern, denn sie fürchteten sich vor den Juden; denn die Juden hatten schon vereinbart, wenn jemand Ihn als den Christus bekenne, würde er aus der Synagoge ausgestoßen. Darum sagten seine Eltern: „Er ist mündig, fragt ihn selbst."

8. Da riefen sie zum andernmal den Mann, der blind gewesen war, und sagten zu ihm: „Gib Gott die Ehre: Wir wissen, dass dieser Mensch ein Sünder ist." Er antwortete und sagte: „Ob Er ein Sünder ist oder nicht, weiß ich nicht; eines aber weiß ich, dass ich blind war und nun sehend."

9. Da fragten sie ihn wieder: „Was tat Er dir? Wie tat Er deine Augen auf?" Er antwortete ihnen: „Ich habe es euch schon gesagt, und ihr habt es nicht gehört. Was wollt ihr es abermals hören? Wollt ihr auch Seine Jünger werden?"

10. Da schmähten sie ihn und sagten: „Du bist Sein Jünger; wir aber sind Moses Jünger. Wir wissen, dass Gott mit Moses geredet hat. Woher aber dieser ist, wissen wir nicht."

11. Der Mann antwortete und sagte zu ihnen: „Sieh da, das ist erstaunlich, dass ihr nicht wisst, woher Er sei, und Er hat doch meine Augen aufgetan. Nun wissen wir doch, dass Gott die Sünder nicht erhört.

12. Sondern, so jemand gottesfürchtig ist und Seinen Willen tut, den erhört Er. Seit Anfang der Welt hat man noch nicht gehört, dass einem Blindgeborenen die Augen geöffnet wurden. Wäre dieser Mensch nicht von Gott, Er könnte nichts tun."

13. Sie antworteten und sagten zu ihm: „Du bist ganz in Sünden geboren, und du willst uns belehren?" Und sie stießen ihn hinaus.

14. Jesus hörte, dass sie ihn ausgestoßen hatten; und da Er ihn fand, sprach Er zu ihm: „Glaubst du an den Sohn Gottes?" Er antwortete und sprach: „Herr, welcher ist es, dass ich an Ihn glaube?"

15. Jesus sprach zu ihm: „Du hast Ihn zweimal gesehen, und Er ist es, der mit dir redet." Und er sprach: „Herr, ich glaube." Und er betete Ihn an.

16. Und Jesus sprach: „Ich Bin zum Gerichte in diese Welt gekommen, auf dass die, welche nicht sehen, sehend werden, und die da sehen, blind werden." Und einige Pharisäer, die bei Ihm waren, hörten diese Worte und sagten zu Ihm: „Sind wir denn auch blind?" (Kap. 54, 1-16)

Ich, Christus, erkläre, berichtige
und vertiefe das Wort:

Erfasst den Sinn des Geschriebenen – und ihr werdet erkennen, dass die geistig Blinden und ihre Blindenführer zu allen Zeiten blind reagiert haben. Auch in der heutigen

Zeit reagieren die geistig Blinden und ihre Blindenführer wie zur Zeit Meines Erdenlebens: blind.

Sie kennen nicht die Wahrheit und können deshalb auch die Gesetze Gottes nicht anwenden.

Wer jedoch die Gesetze Gottes kennt, da er in der Wahrheit lebt, ist sehend und vermag vieles aus der Wahrheit zu tun. Wer jedoch geistig blind ist, weil er sich von dieser Welt blenden lässt und daher in Sünde lebt, der verurteilt, verwirft und bezichtigt jene des Bösen, die aus der Wahrheit reden und handeln.

„Ich Bin zum Gerichte in diese Welt gekommen, auf dass die, welche nicht sehen, sehend werden, und die da sehen, blind werden" bedeutet: Ich Bin in die Welt gekommen, um die Gerechtigkeit Gottes offenbar werden zu lassen durch die Verwirklichung des ewigen Gesetzes. Wer in seinem irdischen Leben die Gerechtigkeit Gottes nicht erfüllt, der begibt sich in sein eigenes Gericht und wird zu seinem eigenen Richter – denn er erntet, was er gesät hat.

Der Christus weist den Menschen den Weg zu Gott, weil Er ihr Erlöser ist. Die Willigen, die sich bemühen, die Gesetze Gottes zu leben, werden das Leben schauen, denn alles vollzieht sich in der Seele des Menschen. Aus der Seele fließen das Licht und der Schatten – das, was sie sich selbst auferlegt haben. Wer die Schatten durch Mich, den Erlöser, auflöst, an dem wird das Heil offenbar. Und wer sich dem Ursprung der Göttlichkeit nähert, dem bleibt nichts verborgen.

Jene jedoch, die glauben, sie wären Sehende, weil sie das Evangelium lehren, sind die Blinden, weil sie nicht danach leben. Sie führen große Reden und sprechen vom Gesetz Gottes und vom Wirken des Moses. Doch sie kennen in Wirklichkeit weder das Gesetz Gottes noch die Weisungen Gottes durch Moses: Wer nur von Gott spricht, der ist nicht in Gott und ist daher geistig blind. Der Schauende ist der Gotterfüllte, weil er in Gott lebt.

17. Jesus kam an einen Ort, wo sieben Palmbäume wuchsen, und versammelte Seine Jünger um sich und gab einem jeden eine Zahl und einen Namen, welche nur der kannte, der sie empfing. Und Er sprach zu ihnen: „Stehet wie Pfeiler in dem Hause Gottes und führet aus die Befehle gemäß den Ziffern, die ihr erhalten habt."

18. Und sie standen rings um Ihn, und sie bildeten ein Viereck und zählten die Ziffern; aber sie konnten es nicht. Und sie sagten: „Herr, wir können es nicht." Und Jesus sprach: „Lasset den, welcher der Größte unter euch ist, gleich sein dem Geringsten und das Zeichen des Ersten gleich dem Zeichen des Letzten."

19. Und so taten sie, und in jeglicher Weise ward Gleichheit, und doch trug jeder eine andere Zahl, und die eine Seite war wie die andere, und die obere war wie die untere, und die innere war wie die äußere. Und der Herr sprach: „Es ist genug. So ist das Haus des weisen Baumeisters. Viereckig ist es und vollkommen. Der Räume sind viele, aber es ist nur ein Haus.

20. *Betrachtet wieder den Leib des Menschen, welcher ein Tempel des Geistes ist. Denn der Leib ist eins mit dem Kopfe, und es ist ein Körper. Und er hat viele Glieder, doch alle sind zusammen ein Körper, und der Geist beherrscht und regiert alles. Ebenso ist es im Reiche Gottes.*

21. *Und der Kopf spricht nicht zu dem Busen, ich brauche dich nicht, noch die rechte Hand zu der linken, ich brauche dich nicht, noch der linke Fuß zum rechten Fuß, ich brauche dich nicht; weder sprechen die Augen zu den Ohren, wir brauchen euch nicht, noch der Mund zu der Nase, ich brauche dich nicht. Denn Gott hat jegliches Glied dorthin gesetzt, wo es am besten taugt.*

22. *Wenn der Kopf das Ganze wäre, wo wäre die Brust? Wenn die Eingeweide das Wichtigste wären, wo wären die Füße? Ja, diese Glieder, welche etliche für weniger ehrenwert halten, hat Gott mit der meisten Ehre versehen.*

23. *Und jenen Teilen, welche manche für unschön halten, denen ist um so mehr Anmut gegeben worden, auf dass sie füreinander sorgten; so leiden alle Glieder, wenn auch nur eines von ihnen leidet, und wenn eines der Glieder geehrt wird, so erfreuen sich dessen alle andern Glieder.*

24. *Nun seid ihr Mein Körper; und jeder von euch ist ein besonderes Glied von Mir, und jedem von euch gebe Ich seinen angemessenen Platz, einen Kopf über allen und ein Herz als Mittelpunkt von allen, auf dass nirgendwo eine Lücke sei, auf dass ebenso wie eure Körper, eure Seelen und euer Geist auch ihr preiset den All-Vater durch*

den Heiligen Geist, der da wirket in allen und durch alle."
(Kap. 54, 17-24)

Ich, Christus, erkläre, berichtige
und vertiefe das Wort:

Als Jesus von Nazareth, als der einverleibte Christus Gottes, bezog Ich Mich in Meinen Lehren immer auf das ganze ewige Gesetz, denn: Alles ist in allem enthalten – das Kleinste im großen Ganzen und das große Ganze als Essenz im Kleinsten. Wenn der Weise von einem Aspekt des Lebens spricht, dann schaut er auch im Aspekt das Ganze, also alle Gesetze des Lebens.

Die sieben Palmbäume symbolisieren die sieben Grundkräfte Gottes von der Ordnung bis zur Barmherzigkeit. In einer Grundkraft sind alle Grundkräfte wirksam. Das ist das große Ganze, das Allgesetz Gott, in dem alles in allem enthalten ist. Ob Zahl oder Name – alles ist in allem enthalten.

Ich wiederhole: Im Größten ist das Kleinste, das im Evolutionszyklus lebt und wirkt, und in den ersten Evolutionsschritten ist bereits das Große, das Ausgereifte, enthalten.

So, wie jedes Organ und jeder kleinste Baustein des Leibes von Bedeutung ist, so ist auch im Reiche Gottes das Kleinste von Bedeutung, denn es enthält alle Aspekte der Unendlichkeit. Es gibt im kosmischen Sein nichts, was keine Bedeutung hätte, weil das Große als allumfassendes Gesetz im Kleinsten ist und das Kleinste, das sich zum Großen, zum vollaktiven göttlichen Gesetz, hin entwickelt, bereits in diesem großen, allumfassenden aktiven Gesetz ist.

Wer das Kleinste, das im Evolutionsprozess auf dem Weg zum Großen ist, anspricht, der spricht damit zugleich das Große an, das vollentfaltete Gesetz, Gott. Auf diese wunderbare, absolut vollkommene Weise ist das Haus des universellen Baumeisters geschaffen: die Unendlichkeit. Deshalb gibt es kein Oben und Unten, kein Hinten und kein Vorne, kein Rechts und kein Links, keine Armut und keinen Wohlstand, weder ein Kleines und Unbedeutendes noch ein Großes, das sich darüber erhebt.

Gott ist Gleichheit, Freiheit und Einheit. Im ewigen Sein gibt es weder Herren noch Knechte. Alle Wesen des Lichts sind Brüder und Schwestern, Kinder des einen Vaters, welcher der einzige Herr des Lebens ist, der Schöpfer des Himmels und der Erde.

55. KAPITEL

Christus, der Gute Hirte –
Eins mit dem Vater

*Christus, der wahre Hirte und einzige Weg ins Vaterhaus -
Meine Schafe kennen Meine Stimme - Ich führe die Schafe in das
ewige Gesetz - Hinweis auf Anmaßung und Missbrauch
des Hirtenamtes (1-16)*

1. Eines Tages zog ein Hirte vorüber, der seine Herde in den Pferch trieb. Und Jesus nahm eines der jungen Lämmer in Seine Arme und sprach zu ihm voller Liebe und drückte es an Seine Brust. Und Er sprach zu Seinen Jüngern:

2. „Ich Bin der Gute Hirte und kenne Meine Schafe, und sie kennen Mich. Wie der Vater von allen Mich kennt, ebenso kenne Ich Meine Schafe und lasse Mein Leben für die Schafe. Und Ich habe noch andere Schafe, die sind nicht aus dieser Hürde; und diese muss Ich auch herführen, und sie werden Meine Stimme hören, und es wird eine Herde und ein Hirte sein.

3. Ich lege Mein Leben hin, auf dass Ich es wieder aufnehme. Niemand nimmt es Mir, sondern Ich lege es selber hin. Ich habe die Macht, Meinen Körper abzulegen, und habe die Macht, ihn wieder zu nehmen.

4. Ich Bin der Gute Hirte; der Gute Hirte weidet Seine Herde, Er nimmt die Lämmer in Seine Arme und trägt sie

an Seiner Brust und führet sanft die, welche trächtig sind. Ja, der Gute Hirte lässt Sein Leben für die Schafe.

5. Der Mietling aber, der nicht der Hirte ist, dem die Schafe nicht zu eigen sind, sieht den Wolf kommen und verlässt die Schafe und flieht. Und der Wolf packt und zerstreut die Schafe. Der Mietling flieht; denn er ist ein Mietling und sorgt nicht für die Schafe.

6. Ich Bin die Tür: Alle, die durch Mich eintreten, werden sicher sein und werden ein- und ausgehen und Weide finden. Der Böse kommt nicht, es sei denn, um zu stehlen, zu töten und zu zerstören. Ich Bin gekommen, dass sie das Leben und volle Genüge haben.

7. Der aber zur Türe hineingeht, der ist ein Hirte der Schafe, welchem der Türhüter auftut, und die Schafe hören Seine Stimme, und Er ruft Seine Schafe mit Namen und führt sie heraus, und Er kennt ihre Zahl.

8. Und wenn Er Seine Schafe herausgelassen hat, geht Er ihnen voraus, und die Schafe folgen Ihm nach; denn sie kennen Seine Stimme. Einem Fremden aber folgen sie nicht, sondern sie fliehen vor ihm; denn sie kennen der Fremden Stimme nicht.“

9. Dieses Gleichnis sagte Jesus zu ihnen; sie vernahmen aber nicht, wovon Er zu ihnen sprach. Da sprach Jesus noch einmal zu ihnen: „Meine Schafe hören Meine Stimme, und Ich kenne sie, und sie folgen Mir. Und Ich gebe ihnen das ewige Leben. Und sie werden nimmermehr umkommen, und niemand wird sie Mir aus Meiner Hand reißen.

10. Mein Vater, Der sie Mir gegeben hat, ist größer als alles; und niemand kann sie aus Meines Vaters Hand reißen. Ich und Mein Vater sind eins.“

11. Da hoben die Juden abermals Steine auf, um Ihn zu steinigen. Jesus fragte sie: „Viel gute Werke habe Ich euch getan von Meinem Vater, um welches dieser Werke steinigt ihr Mich?“

12. Die Juden antworteten Ihm: „Für ein gutes Werk steinigen wir Dich nicht, aber für die Gotteslästerung; und dass Du ein Mensch bist und machst Dich gleich mit Gott.“ Jesus antwortete ihnen: „Habe Ich gesagt, dass Ich Gott gleich Bin? Nein, aber Ich Bin eins mit Gott. Steht nicht geschrieben in der Schrift: Ich habe gesagt, ihr seid Götter?

13. So Er die Götter nennt, zu welchen das Wort Gottes kam, und die Schrift doch nicht gebrochen werden kann, was sprecht ihr denn zu Dem, den der Vater geheiligt und in die Welt gesandt hat: ‚Du lästerst Gott‘, weil Ich sage: Ich Bin Gottes Sohn und darum eins mit dem All-Vater?

14. Tue Ich nicht die Werke Meines Vaters, so glaubet Mir nicht; tue Ich sie aber, so glaubet doch den Werken, wollt ihr auch Mir nicht glauben, auf dass ihr erkennet und glaubet, dass der Geist des großen Vaters in Mir ist und Ich in Meinem Vater.“

15. Deswegen suchten sie abermals, Ihn zu ergreifen; aber Er entging ihren Händen und zog wieder jenseits des Jordans an den Ort, da Johannes zuerst getauft hatte, und blieb dort.

16. Und viele kamen zu Ihm und sprachen: „Johannes tat keine Wunder; aber alles, was Johannes von diesem Manne gesagt hat, das ist wahr. Er ist der Prophet, der da kommen soll." Und viele glaubten an Ihn. (Kap. 55, 1-16)

Ich, Christus, erkläre, berichtige
und vertiefe das Wort:

Der Gute Hirte kennt alle Seine Schafe, denn sie sind ein Teil von Ihm. Und die Schafe, die des Hirten Stimme kennen, folgen Ihm nach.

Die Stimme des Guten Hirten Christus ist das ewige Gesetz der Liebe. Wer es hält, der kennt das Gesetz der Liebe und somit die Stimme des Gesetzes, die Stimme des Hirten, Christus.

Als Jesus von Nazareth gab Ich Mein irdisches Leben für alle Menschen. Als Christus Gottes gab Ich Mein göttliches Erbe hin, um allen Seelen und Menschen Stütze und Weg ins Vaterhaus zu sein.

Da nun in allen Seelen und Menschen der Erlöserfunke, ein Lichtstrahl Meines geistigen Erbes, leuchtet, so finden alle wieder den Weg zum ewigen Vater. Wenn in der Seele die Erlösung abgeschlossen und das Geistwesen in den inneren Tempel zurückgekehrt ist, dann bringt es den Lichtstrahl, den Erlöserfunken, wieder in die Ursubstanz ein, in der sich Mein geistiges Erbe wieder aufbaut.

Die Schafe, die Meine Stimme noch nicht kennen, und die noch auf den Weiden der Welt ihr Heil suchen und so den Einflüsterungen des Satanischen hörig sind, tragen ebenfalls den Funken der Erlösung in sich. Auch sie werden ins Vaterhaus zurückkehren und den Erlöserfunken wieder in die Ursubstanz einbringen – wenn sie durch die Kraft und Macht des Christus erwachen und umkehren, indem sie den Weg zum Inneren Leben nehmen und ihre Weiden im Gesetz des Lebens finden. Dann hören sie Meine Stimme, das Gesetz, und folgen Mir nach, dem Gesetz.

Ich, der Christus Gottes, gehe jedem Schaf nach; denn jedes Schaf ist ein Teil von Mir. Kein Mensch und keine Seele ist auf ewig verloren.

„Ich habe die Macht, Meinen Körper abzulegen, und habe die Macht, ihn wieder zu nehmen" bedeutet: Wenn die Zeit für den Menschen – Jesus – gekommen ist, wird der Christus Seinen irdischen Leib ablegen und wieder in Seinem göttlichen Leib sein. Der göttliche Leib ist der makellose Leib, der ohne Sünde ist. Nach dem Hinscheiden Meines irdischen Leibes wandelte Ich wieder als der Christus Gottes, der göttliche, makellose Leib; denn Ich erfüllte als Jesus den Willen Meines Vaters und war ohne Sünde.

Die Worte „welche trächtig sind" besagen: die erfüllt sind durch die Erfüllung des ewigen Gesetzes.

Der Mietling ist der Mensch, der sich die Schafe aneignen möchte oder sie mieten oder hüten möchte. Wie auch immer – die Schafe gehören ihm nicht; er kann nicht der

Hirte sein. Einzig der Christus ist der wahre Hirte; nur Er ist der Weg ins Vaterhaus – denn Er ist das Licht und die Leuchte der Seele auf dem Weg ins ewige Leben.

Wer den Weg ins ewige Leben nicht kennt, der kann auch die Schafe nicht zu Mir, dem Christus, führen. Wenn dann der Wolf, das Satanische, in die Herde einbricht, um die Schafe zu verführen und zu zerstreuen, dann gibt der Mietling auf und flieht, da er nicht den Weg zum Leben, das Gesetz des Lebens, kennt. Wer jedoch das Gesetz des Lebens und der Liebe kennt, weil Ich, Christus, ihn nach innen zum Vater geführt habe und er im Gesetz Gottes lebt, indem er es täglich selbstlos erfüllt, der kennt den Weg dorthin, weil er ihn schon gegangen ist.

Eine solche lichte Seele und ein solch lichter Mensch werden dann zum Wegweiser, der Meinen Schafen den Weg zu Mir, dem Christus, zeigt und ihnen den Guten Hirten nahebringt, das Gesetz Gottes, die Stimme der Liebe. Er wird nicht selbst Hirte sein, auch nicht Führer der Schafe hin ins Vaterhaus, sondern einzig ein Wegweiser, der auf Mich, den Christus, hinweist. Er kann die Schafe bis hin zu Mir begleiten. Er ist also nur der Begleiter, jedoch nicht der Hirte.

Nur jene maßen sich an, Hirten Meiner Schafe zu sein, die sich über Mich, den Christus, stellen, in dem Glauben, Ich hätte ihnen hierfür die Vollmacht übertragen. So, wie es nur e i n e n Heiligen Vater gibt, den Vater im Himmel, den Schöpfer des Lebens, so gibt es nur e i n e n Hirten: Christus, den Erlöser aller Seelen und Menschen. Er ist der einzige Weg hin zum Herzen Gottes.

Ich, Christus, das Gesetz des Lebens, Bin auch die Pforte, die Tür, und der Türhüter zum ewigen Leben. Wer durch die Tür in das Gottesreich eingeht, der geht durch Mich in das ewige Leben ein. Denn keiner kommt zum Vater, nur durch Mich, den Christus Gottes, den Mitregenten der Himmel, der im Vater lebt. Ich, der Christus Gottes, hole Meine Schafe zurück ins ewige Sein, denn Ich kenne sie alle, weil Ich sie in Mir aufgenommen habe durch die Erlösung.

Ich Bin die Tür und der Türhüter und der Hirte. Wer Mir wahrlich nachfolgt, der kennt Meine Stimme.

Wenn die Schafe Mir folgen, indem sie das Gesetz des Lebens und der Liebe erfüllen, dann entfalten sie die Unterscheidungsgabe zwischen der Stimme des ewigen Gesetzes und der fremden Stimme, die sie lockt und mit Verlockungen verführen möchte. Der Böse kann Meine Schafe nicht mehr verführen, weil sie ihn erkennen. Er umschleicht sie wohl und möchte sie mit honigsüßer Stimme abwerben – doch sie verwirklichen und erfüllen das Gesetz der Liebe. So sind sie sicher in Mir.

Wer also Gottes Gesetze verwirklicht und erfüllt, der hört Meine Stimme und wird durch Mich, den Christus, selbst zur Stimme des Gesetzes werden. Denn Ich führe die Schafe in das ewige Gesetz. Und so sie zum Gesetz geworden sind, sind sie die Stimme des Gesetzes, des Lebens und der Liebe. Dann bedarf es nicht mehr des Hörens Meiner Stimme; sie sind zu Meiner Stimme geworden.

Wer sich selbst nicht kennt, der wirft mit Steinen auf seine Nächsten. Viele Juden erkannten Mich, den Christus Gottes in Jesus, nicht, weil sie sich selbst nicht kannten. Da sie selbst nicht wussten, wer sie waren, hatten sie für ihre Fehltritte, die Ich ihnen im Spiegel ihres eigenen Denkens und Tuns zeigte, unzählige Entschuldigungen. Sie trachteten nur nach ihrem leiblichen Wohl und ihrem irdischen Ansehen. Da sie nur auf sich bedacht waren, legten sie deshalb das Gesetz Gottes so aus, wie es ihnen richtig erschien.

In der heutigen Zeit halten es die Pharisäer und viele Schriftgelehrte, die sich jetzt Theologen nennen, ebenso. Sie legen das Buch, das sie Bibel nennen und das Teile aus der ewigen Wahrheit enthält, entsprechend ihren Vorstellungen und ihrem Gutdünken aus. Wer gegen ihre theologischen Fabeln spricht, der steht für sie – auch heute noch – mit dem Satan im Bunde. Auch in der heutigen Zeit heben sie Steine auf und werfen sie auf jene, die sich bemühen, Gottes Willen zu erfüllen: Sie verleumden, sie verdrehen die Wahrheit und machen das Gotteswort lächerlich. Sie verachten und diskriminieren jene Menschen, die nicht ihren Lehrsätzen folgen, ebenso, wie es zu Meiner Zeit als Jesus von Nazareth die Pharisäer taten.

Erkennet: Niemals kann das Wort Gottes durch den Mund von Sündern fließen. Wer kein Kanal der Liebe ist, der ist ein Kanal des Bösen. Wer ein Kanal der Liebe ist, indem er für seinen Nächsten und nicht gegen ihn ist, der hört die Stimme der Liebe. Wer jedoch gegen seinen

Nächsten ist, der ist für das Böse, der hört auch die Stimme des Bösen, die vielseitigen Einflüsterungen der Dunkelheit; sie missbraucht sogar Meinen Namen: Christus.

Viele sprechen über die Evangelien und halten nicht, was darin an Wahrheit steht. Sie nehmen sogar ihre Evangeliumstexte zur Grundlage, um daraus ihre eigenen Vorschriften abzuleiten. Es sind die Institutionen der Kirche, die Vorschriften machen – es ist jedoch nicht Gott.

Die Pioniere für die Neue Zeit haben also mit ähnlichen satanischen Methoden zu ringen wie Ich als Jesus von Nazareth. So erfüllt sich wieder Mein Wort: Haben sie Mich verfolgt, so werden sie auch euch verfolgen. Wer von Gott nicht nur spricht, sondern sich bemüht, Gottes Willen zu tun, der wird Verfolgung erleiden, denn er ist dem Widersacher ein Dorn im Auge.

Solange der Mensch im Sumpf seines menschlichen Ichs lebt, blickt er nur auf den Sumpf und schaut nicht das Licht hinter der Materie. Deshalb kennen viele Menschen die Werke des Herrn nicht. Sie sehen nur ihren eigenen Sumpf und sind daher der Ansicht, alle müssten im gleichen Sumpf des menschlichen Ichs waten. Dabei wird die Wahrheit verkannt und Gottes Werk, die Wahrheit, verachtet.

Wer sich selbst nicht achtet als Wesen aus Gott, der verachtet sich und verachtet auch seine Nächsten. Wer jedoch Gottes Willen erfüllt, der achtet sein Leben, weil es von Gott ist. Er lebt bewusst im Vater, und der Vater lebt und wirkt durch ihn.

56. KAPITEL

Die Auferweckung des Lazarus

Über die Erweckung von Toten (1-18)

1. In Bethanien, dem Ort Marias und ihrer Schwester Martha, lag ein Kranker, mit Namen Lazarus. Maria aber war die, welche den Herrn gesalbt und Seine Füße mit ihrem Haar getrocknet hat.

2. Deshalb sandten seine Schwestern zu Jesus und ließen Ihm sagen: „Herr, siehe, den Du lieb hast, der liegt krank." Da Jesus das hörte, sprach Er: „Die Krankheit ist nicht zum Tode, sondern dass Gottes Herrlichkeit in ihm sichtbar werde." Jesus aber hatte Maria und ihre Schwester und Lazarus lieb.

3. Obwohl Er hörte, dass er krank war, blieb Er noch zwei Tage an dem Orte, an dem Er sich gerade aufhielt. Danach sprach Er zu seinen Jüngern: „Lasset uns wieder nach Judäa ziehen."

4. Seine Jünger sagten zu Ihm: „Meister, das letzte Mal wollten die Juden Dich steinigen, und Du willst wieder dahin gehen?" Jesus antwortete: „Hat der Tag nicht zwölf Stunden? Wer am Tage wandelt, der strauchelt nicht; denn er siehet das Licht dieser Welt.

5. Wer aber des Nachts wandelt, der strauchelt, denn es ist kein Licht in ihm." Solches sagte Er, und danach sprach Er zu ihnen: „Unser Freund Lazarus schläft; aber Ich gehe hin, dass Ich ihn aus seinem Schlaf aufwecke."

6. Da sagten Seine Jünger: „Herr, wenn er schläft, so wird es gut mit ihm." Aber ein Bote kam zu Ihm und sprach: „Lazarus ist gestorben."

7. Und als Jesus ankam, erfuhr Er, dass Er schon vier Tage im Grabe gelegen hatte (Bethanien war nahe bei Jerusalem, etwa eine Wegstunde). Und viele Juden waren zu Martha und Maria gekommen, um sie zu trösten wegen ihres Bruders.

8. Sowie Martha hörte, dass Jesus kommt, ging sie Ihm entgegen, Maria aber blieb daheim noch sitzen. Da sagte Martha zu Jesus: „Herr, wärest Du hier gewesen, mein Bruder wäre nicht gestorben. Aber ich weiß auch, was Du bittest von Gott, das wird Dir Gott geben."

9. Jesus spricht zu ihr: „Dein Bruder schläft, und er soll auferstehen." Martha sagt zu Ihm: „Ich weiß wohl, dass er auferstehen wird in der Auferstehung am Jüngsten Tage."

10. Jesus spricht zu ihr: „Ich Bin die Auferstehung und das Leben; wer an Mich glaubt, der wird leben, ob er gleich stürbe. Ich Bin der Weg, die Wahrheit und das Leben, und wer da lebet und glaubet an Mich, der wird nimmermehr sterben."

11. Sie sagt zu Ihm: „Ja, Herr, ich glaube, dass Du Christus bist, der Sohn Gottes, der in die Welt gekommen ist." Und da sie das gesagt hatte, ging sie hin und rief ihre Schwester Maria heimlich und sprach: „Der Meister ist da und rufet nach dir." Als jene das hörte, stand sie eilends auf und kam zu Ihm.

12. Denn Jesus war noch nicht in dem Ort, sondern war noch an der Stelle, an der Martha Ihn getroffen hatte.

Die Juden, die bei ihr im Hause waren und sie trösteten, sahen Maria eilends aufstehen und hinausgehen. Sie folgten ihr nach und sagten: „Sie geht hin zum Grabe, um zu weinen."

13. *Als nun Maria Jesus sah und zu Ihm kam, fiel sie zu Seinen Füßen nieder und sagte zu Ihm: „Herr, wärest Du hier gewesen, mein Bruder wäre nicht gestorben." Als Jesus sie und auch die Juden, die mit ihr kamen, weinen sah, seufzte Er im Geiste und war bekümmert. Und Er sprach: „Wo habt ihr ihn hingelegt?" Sie sagten zu Ihm: „Herr, komm' und sieh' es!" Und Jesus weinte.*

14. *Da sagten die Juden: „Siehe, wie Er ihn so lieb gehabt hat!" Etliche unter ihnen aber sagten: „Konnte Er, der dem Blinden die Augen aufgetan hat, nicht bewirken, dass auch dieser Mann nicht hätte sterben müssen?" Da seufzte Jesus abermals und kam zum Grabe. Es war eine Höhle, und ein Stein lag davor.*

15. *Jesus sprach: „Nehmt den Stein weg!" Martha, seine Schwester, hielt ihn für tot und sagte: „Herr, jetzt stinkt er schon; denn er ist schon vier Tage tot." Jesus spricht zu ihr: „Habe Ich dir nicht gesagt, so du glauben würdest, du solltest die Herrlichkeit Gottes sehen?" Da hoben sie den Stein hinweg, da Lazarus lag.*

16. *Und Jesus hob Seine Augen empor und rief singend den großen Namen an und sprach: „Mein Vater, Ich danke Dir, dass Du Mich erhört hast. Doch Ich weiß, dass Du Mich allezeit hörest, aber um des Volkes willen, das umhersteht, rufe Ich Dich an; dass sie glauben, dass Du Mich*

gesandt hast." Und da Er das gesagt hatte, rief Er mit lauter Stimme: „Lazarus, komm' heraus!"

17. Und der Verstorbene kam heraus, gebunden mit Grabtüchern an Händen und Füßen, und sein Angesicht verhüllt mit einem Schweißtuch.

18. Jesus spricht zu ihnen: „Bindet ihn auf und lasset ihn gehen. Wenn der Lebensfaden durchschnitten ist, so kommt das Leben nicht wieder; doch wenn er noch ganz ist, so ist noch Hoffnung." Viele nun von den Juden, die zu Maria gekommen waren und sahen, was Jesus tat, glaubten an Ihn. (Kap. 56, 1-18)

Ich, Christus, erkläre, berichtige
und vertiefe das Wort:

Ich, Christus in Jesus, zeigte den Menschen, dass Gott alles vermag, wenn sich der Mensch bemüht, Gottes Werke der Liebe und Barmherzigkeit zu tun. So war es Mir, dem Christus in Jesus, gegeben, die Werke Gottes offenbar werden zu lassen – auch durch Heilung und durch Erweckung von Totgeglaubten. Denn die Herrlichkeit des Vaters sollte durch den Sohn und Mitregenten der Himmel in der Welt offenbar werden.

Wer am Tage, das heißt im Lichte Gottes, wandelt, der strauchelt nicht. Wer jedoch in der Finsternis ist, der strauchelt, da er die Werke der Liebe nicht erfüllt und deshalb sein Inneres Licht nicht entfaltet hat. Wer in der Finsternis ist, der sieht nur auf den Schatten des Lichtes. Er erkennt auch nicht, in wessen Seele das Licht Gottes hell leuchtet. Wer jedoch im Lichte der Wahrheit wandelt, der ist eins mit dem Licht, und Gott, das Licht, wirkt durch ihn. Gott strahlt die lichte Seele an und erweckt den Menschen wieder zum Leben, der Gottes Werke erfüllt.

Solange die Seele noch durch das Silberband – das geistige Informationsband – mit dem irdischen Leibe verbunden ist, so ist sie noch in der Nähe des scheinbar toten Körpers und kann, so es Gottes Wille ist, wieder zurück in den Leib gerufen werden.

Im menschlichen Leben gibt es Phasen des Glaubens und Phasen des Zweifels. Lebt der Mensch bewusst im Augenblick und im Glauben an Gott, der das Licht ist, dann ist sein ganzes Sinnen und Trachten licht, weil es auf Gott ausgerichtet ist.

Wer in Gott lebt, der empfängt von Gott. Er wird das Leben bewahren, und, so es Gottes Wille ist, einen Menschen für das Innere Leben erwecken. Zum Inneren Leben erwecken heißt nicht nur, das irdische Leben zu erwecken und zu bewahren, also die Seele in den scheinbar toten Leib zurückzuholen – sondern heißt vor allem, den Menschen auf Christus aufmerksam zu machen, also als Wegweiser zu dienen, hin zu Mir, dem Erlöser aller Seelen und Menschen, der Ich das Leben Bin. Wer durch einen lichten Menschen das Licht Gottes findet, der ist ebenfalls zum Leben erweckt worden.

Ich Bin Christus, das Leben aller Seelen und Menschen. Ich Bin die Auferstehung der Seele zum ewigen Leben. Wer an Mich glaubt und Gottes Werke der Liebe erfüllt, der wird leben. Wenn sein irdischer Leib hinscheidet, wird die Seele nicht geistig tot sein, sondern im Lichte der Wahrheit wandeln und im Glanze der Herrlichkeit stehen.

Erkennet: Ich Bin der Weg, die Wahrheit und das Leben. Wer an Mich glaubt und die Gesetze des Lebens und der Liebe erfüllt, der wird nimmermehr sterben – das heißt, er wird nicht dem geistigen Tod anheimfallen.

Wenn die Herztöne eines Menschen nicht mehr zu hören sind, dann erklärt der irdische Arzt den Menschen für tot. Solange die Seele jedoch noch mit dem Menschen durch das geistige Informationsband verbunden ist, fließt dem Körper Lebensenergie zu. Diese Lebenskraft, die kaum noch wahrzunehmen ist, erhält bestimmte Stammzellen des Gehirns aktiv, über welche sich dann das Leben im Körper wieder aufbauen kann.

Der Innere Arzt und Helfer, der Christus Gottes, ist das Leben der Seele. Er kann alle jene zurück ins irdische Leben holen, die ihr weiteres irdisches Dasein auf Gott ausrichten werden, indem sie sich bemühen, die noch vorhandenen Belastungen der Seele mit Mir, dem Christus, zu beheben und nicht mehr zu sündigen. Diese Gesetzmäßigkeit gilt auch für Leidende und Kranke.

57. KAPITEL

Von den kleinen Kindern –
Gleichnis von den Fischen – Vergebung der Sünden

Führt die Kleinen Mir zu - Wer ist „der Größte im Reiche Gottes"? (1-2). Dem Nächsten Ärgernis verursachen und die Folgen (3). Aufgabe der Eltern (4-5). Die irdischen Augen und das geistige Auge - Gott ist die Allstrahlung, das allströmende Gesetz (6-9). Bereinigen nach dem Gebot des Friedens - Binden und Lösen - Bitten an Gott und ihre Erfüllung (10-12). Jeder ist sein eigener Richter - Vergeben, Recht und Gerechtigkeit - Mensch und Staat (13-20)

1. Zur selbigen Zeit kamen die Jünger zu Jesus und fragten Ihn: „Wer ist der Größte im Reiche Gottes?" Und Jesus rief ein kleines Kind zu sich und setzte es mitten unter sie und sprach: „Wahrlich, Ich sage euch, wenn ihr euch nicht verändert und werdet so unschuldig und gelehrig wie dieses kleine Kind, werdet ihr nicht in das Himmelreich eingehen.

2. Wer aber einfältig wird wie dieses Kind, der ist der Größte im Himmelreich. Und wer ein solches Kind in Meinem Namen aufnimmt, der nimmt Mich auf. (Kap. 57, 1-2)

Ich, Christus, erkläre, berichtige
und vertiefe das Wort:

Viele Seelen kommen in diese Welt mit dem Vorsatz, das im Erdenkleid zu bereinigen, was an ihnen noch gegensätzlich ist. Sie kommen auch mit dem Wissen, dass sie geprüft und verführt werden können. Sie spüren in ihrem Erdenkörper, der sich noch entwickelt, sehr genau das Gute und das weniger Gute. Seelen, die sich bewusst einverleibt haben, sind sehr sensitiv, denn sie kamen mit dem Wunsch beseelt, wieder göttlich zu werden.

Wer eines dieser kleinen Kinder missachtet oder gar verführt, indem er es auf diese Welt ausrichtet, der versündigt sich gegen den Heiligen Geist. Für ihn wäre es besser gewesen, er hätte die Erdengeburt nicht angestrebt. Wer sich jedoch um ein gesetzmäßiges Leben bemüht und darauf bedacht ist, die kleinen Kinder, deren Erdenkörper sich noch entwickeln, Mir zuzuführen, der ist selbst ein lichtes Wesen, das der Vollendung, der Wiedergeburt im Geiste Gottes, zustrebt.

Der Sinn des Wortes „einfältig" ist: einsichtig, schlicht, barmherzig und gütig.

Wer weder an Gott zweifelt noch seinem Nächsten gegenüber hochmütig ist oder ein Besserwisser sein möchte, sondern die Gebote Gottes verwirklicht – der wird weise. Der Weise dient seinem Nächsten selbstlos. Er fragt nicht nach Anerkennung und Lohn. Er schenkt sich aus dem Leben Gottes, das die Fülle ist. Er „ist der Größte" im Reiche Gottes, weil er Gottes Gesetze erfüllt.

Das Wort „der Größte" ist auf das Allgesetz bezogen. „Im Himmelreich der Größte zu sein" bedeutet: nach dem Leibestod wieder in das Absolute Gesetz einzugehen, zu den Wesen des Lichtes, die im Allgesetz leben, im Größten, im Ewigen, im All-Einen, Gott.

3. Wehe der Welt um ihrer Ärgernisse willen! Es ist unmöglich, dass nicht Ärgernisse kommen, aber wehe dem, durch welchen Ärgernis geschieht! Darum, wenn deine Begierden oder dein Vergnügen anderen Ärgernis bereiten, wirf sie weg von dir; denn es ist besser für dich, in das Leben einzugehen ohne sie, als mit denselben in das ewige Feuer geworfen zu werden. (Kap. 57, 3)

Ich, Christus, erkläre, berichtige
und vertiefe das Wort:

Seid also darauf bedacht, dass von eurem Munde nichts ausgeht, das ungöttlich ist, oder dass ihr etwas tut, was euren Nächsten und den Naturreichen schadet. Übt keinen Druck auf euren Nächsten aus, um euren Begierden und Leidenschaften frönen zu können.

Seid also niemandem ein Ärgernis mit eurem menschlichen Verhalten, mit euren Neigungen und Regungen. Denn wenn euer Nächster euch nicht vergibt, so könnte es sein, dass ihr lange die Leiden und Qualen erdulden müsst, die euer Nächster euretwillen tragen und erdulden musste.

Die Erkenntnis dessen, was ihr eurem Nächsten zugefügt habt, kann in eurer Seele sehr schmerzhaft sein, dem

Feuer gleich – je nachdem, welche Ursachen durch euch geschaffen wurden.

Der Sinn der Aussage „ewiges Feuer" ist: ein äonenlanges Leiden.

4. Habet acht, dass ihr keines von diesen Kleinen vernachlässigt; denn Ich sage euch, ihre Engel sehen immerwährend das Angesicht Gottes. Denn des Menschen Sohn ist gekommen zu retten das, was verloren war. (Kap. 57, 4)

Ich, Christus, erkläre, berichtige
und vertiefe das Wort:

„... ihre Engel" bedeutet: Die lichte Seele eines Kindes lebt noch bewusst in Gott und schaut in das Innere Leben, das Gott ist.

5. Ebenso ist nicht der Wille eures Vaters im Himmel, dass eines von diesen Kleinen Schaden erleide." (Kap. 57, 5)

Ich, Christus, erkläre, berichtige
und vertiefe das Wort:

Die Worte „Ebenso ist nicht der Wille eures Vaters im Himmel, dass eines von diesen Kleinen Schaden erleide" besagen: Die Kinder sind die Kinder des Vater-Mutter-

Gottes und ihren irdischen Eltern für dieses Erdendasein nur anvertraut. Bei der Zeugung des Erdenkörpers und bei der Geburt des Kindes überträgt der Ewige den Eltern die Aufgabe, für den Leib des Kindes in rechter Weise zu sorgen, das Kind an- und aufzunehmen, es zu bewahren und zu behüten und es auf seinem Lebensweg zu begleiten – durch ein vorbildliches Leben und durch gute Werke in der Familie und an ihren Nächsten.

6. Da kamen einige, die voll Zweifel waren, zu Jesus und sagten: „Du hast uns gesagt, dass unser Leben und Sein von Gott sei, aber wir haben niemals Gott gesehen, noch kennen wir einen Gott. Kannst Du uns Ihn zeigen, den Du den Vater nennst und den einzigen Gott? Wir wissen nicht, ob es einen Gott gibt."

7. Jesus antwortete ihnen und sprach: „Hört dieses Gleichnis von den Fischen. Die Fische eines Flusses sprachen miteinander und sagten: Man erzählt uns, dass unser Leben und Sein vom Wasser komme, aber wir haben nie Wasser gesehen, wir wissen nicht, was es ist. Da sprachen etliche von ihnen, welche klüger waren als die anderen: Wir haben gehört, dass im Meere ein kluger und gelehrter Fisch lebt, der alle Dinge kennt. Lasset uns zu ihm gehen und ihn bitten, dass er uns das Wasser zeige.

8. So machten sich einige von ihnen auf, um den großen und weisen Fisch zu suchen, und sie kamen endlich in die See, wo der Fisch lebte, und sie fragten ihn.

9. Und als er sie gehört hatte, sprach er zu ihnen: Oh, ihr dummen Fische, dass ihr nicht denkt! Doch klug seid ihr wenigen, die ihr sucht. Im Wasser lebt ihr und bewegt ihr euch und habt ihr euer Dasein; aus dem Wasser seid ihr gekommen, zum Wasser kehret ihr wieder zurück. Ihr lebt im Wasser, aber ihr wisst es nicht. In gleicher Weise lebt ihr in Gott, und doch bittet ihr Mich: Zeige uns Gott. Gott ist in allem, und alles ist in Gott." (Kap. 57, 6-9)

Ich, Christus, erkläre, berichtige
und vertiefe das Wort:

Der Zweifler sieht die Dinge und Geschehnisse innerhalb der Grenzen der Materie. Die irdischen Augen nehmen nur das Irdische wahr, den verdichteten Stoff, die Materie. Nur die Dinge und Geschehnisse dieser Welt also werden von den irdischen Augen wahrgenommen und von den Zellen des Gehirns registriert.

Das geistige Auge, das Auge der Seele, blickt hinter die Stofflichkeit; es blickt durch die Materie hindurch, und schaut die Dinge und Geschehnisse dieser Welt im Lichte des ewigen Gesetzes. Und die feinen Sinne der Seele erkennen das Wahre und das Unwahre.

Gott ist Gesetz – und wer im Gesetz Gottes lebt, der schöpft und gibt aus der Quelle ewigen Lebens, aus der Wahrheit. Der Mensch im Ozean Gott schaut die Stofflichkeit als Reflexion, als Abglanz der Wahrheit, der durch das gegensätzliche Wirken der Dunkelheit entstand. Der Zweifler dagegen betrachtet diese Grobstofflichkeit als das wahre Leben und sieht nur die Reflexe des menschlichen Ichs.

Wer die Materie als das Wahre betrachtet, der nimmt ungesetzmäßige Reflexe als Realität, weil er in diesem Scheinlicht, in dieser Gedankenwelt, lebt.

Die Seele und der Mensch, die in Gott leben, fragen nicht: Wer oder was ist Gott? – oder: Gibt es einen Gott? Sie leben in Gott, und Gott wirkt durch sie.

Gott ist der kosmische Ozean. Gott ist Strahlung, Gott ist Licht, Gott ist Energie, Gott ist Liebe und Weisheit. Gott ist die Natur, die Tierwelt und das Sternenzelt. Gott ist das Alpha. Er ist das Omega für die Grobstofflichkeit; denn die Wahrheit ist Ewigkeit – und die Ewigkeit ist feinstofflich.

Das Sein – die Urkraft –, in dem alle reinen Geschöpfe und Wesen leben, ist ewig, von Ewigkeit zu Ewigkeit, weil Gott Ewigkeit ist.

Der Mensch lebt und bewegt sich einzig durch das Leben, Gott, das in ihm und überall ist – allgegenwärtig. Und alles, was lebt, lebt aus Gott.

Gott ist Allstrahlung, Gott ist alles in allem, der Ozean, das Leben und die Liebe. Alles Reine besteht aus unzähligen Aspekten des Lebens und der Liebe. Auch die reinen Wesen, die Geistwesen, sind – als Ebenbilder des Vaters – die Allstrahlung, das Gesetz. Gott ist das allströmende Gesetz. Die göttlichen Wesen, die Geistwesen, sind komprimiertes ewiges Gesetz; sie bewegen sich im Allstrom, Gott.

Wer nur im Flussbett des Zeitlichen schwimmt, der lebt nicht bewusst im Ozean Gott; deshalb fragt er nach Dem, der ihn erhält, ernährt und durchpulst. Es gibt kein Leben ohne Gott, den All-Ozean.

10. Nochmals sprach Jesus zu den Jüngern: „Wenn dein Bruder oder deine Schwester gegen dich sündigen, gehe hin und mache deinen Bruder oder deine Schwester allein auf ihren Fehler aufmerksam; wenn sie dich anhören, so hast du sie gewonnen. Doch wenn sie dich nicht anhören wollen, dann nimm zwei oder mehr mit dir, dass im Munde von zwei oder drei Zeugen jegliches Wort bestätigt werde.

11. Und wenn sie diese nicht hören wollen, sage es der Gemeinde, und wenn sie auch die Gemeinde nicht hören wollen, dann betrachtet sie wie solche, die außerhalb der Gemeinde stehen. Wahrlich, Ich sage euch, was immer ihr rechterweise auf Erden bindet, das soll auch im Himmel gebunden sein, und was immer ihr rechterweise auf Erden löset, das soll auch im Himmel gelöset sein.

12. Und Ich sage euch abermals: Wenn sieben oder auch nur drei von euch eins sind auf Erden in dem, was sie erbitten, so ist es getan für sie von Meinem Vater, der im Himmel ist. Denn wenn nur drei in Meinem Namen beisammen sind, so Bin Ich mitten unter ihnen, und wenn es selbst nur einer ist, so Bin Ich im Herzen dieses einen." (Kap. 57, 10-12)

Ich, Christus, erkläre, berichtige
und vertiefe das Wort:

Solange es Grobstofflichkeit und Menschen gibt, die noch nicht im Gesetz, in Gott, dem Sein, der ewigen Liebe, leben, wirkt das Gesetz von Saat und Ernte.

Den Menschen, die im Gesetz von Saat und Ernte leben, gab Gott ein Gebot, das zum Frieden und zur Erhaltung des Friedens beiträgt, wenn der Mensch es befolgt:

Wenn dein Bruder oder deine Schwester gegen dich sündigen, so gehe hin und mache deinen Bruder oder deine Schwester – ohne Beisein von Zweiten oder Dritten – auf ihre Fehler aufmerksam. Wenn sie dich anhören und annehmen, was du ihnen – ohne Emotionen – geraten hast, und dann nach dem Gebot des Friedens handeln, so hast du sie für Gott gewonnen. Doch wenn sie dich nicht anhören wollen, wenn das, was vorliegt, jedoch von Bedeutung ist für dein Leben oder für das Leben deiner Nächsten oder für die Welt, dann nimm zwei oder mehrere mit dir, so dass diese deine Worte hören und bestätigen können.

Will dein Bruder oder deine Schwester dich auch dann nicht hören und das nicht annehmen, was du vorbringst, dann trage es der Gemeinschaft vor in Anwesenheit aller Beteiligten. Und will der oder die Betreffende auch die Gemeinschaft nicht hören, dann stellt er oder sie sich damit außerhalb der Gemeinschaft, die sich bemüht, Gottes

Willen zu erfüllen. Dann soll er oder sie im Vorhof außerhalb der Gemeinschaft leben, in der Welt.

Dieses Gebot ist wichtig. Wenn ihr nach diesem Gebot gehandelt habt, euer Anliegen jedoch nicht angehört und angenommen wird, so wird es spätestens in den Stätten der Reinigung für die Seele oder die Seelen offenbar, dass sie sich geweigert haben, diesem Gebot zu folgen. Dann treten auch die Zeugen wieder auf.

Wer sich jedoch nicht ändern möchte und sein Sündhaftes beibehält und trotz der Bitte und Anregung, die Gemeinschaft zu verlassen, diese nicht verlässt, der wird von der Gemeinschaft so betrachtet, als wäre er nicht mehr ein Glied der Gemeinschaft. Wenn er jedoch durch seine gegensätzliche Ausstrahlung und sein gegensätzliches Reden und Tun Glieder der Gemeinschaft vergiftet, die sich dann mit ihm gegen die Gottzustrebenden auflehnen, so trägt er die Hauptschuld für die Unruhe innerhalb der Gemeinschaft und wird vom Gesetz von Saat und Ernte zur Rechenschaft gezogen werden. Denn wenn du nicht mit deinen Nächsten bist, dann bist du gegen sie. Dann sollst du auch die Konsequenzen ziehen.

Die Worte „rechterweise auf Erden bindet" bedeuten: Wenn ihr glaubt, dass das, was ihr rechtmäßig erworben habt, euer Eigentum sei – das heißt, wenn ihr es an euch bindet –, dann steht dies gegen das himmlische Gesetz der Freiheit, der Ungebundenheit, und ist in dem Gesetz von Saat und Ernte registriert. Keine Bindung – sei es an Menschen oder Dinge – hat im Himmel Platz. Das irdische

Wort „Bindung" besagt: Der Mensch bindet sich an das, was ihm in der Welt lieb und wert ist, an das, was er über Gottes Gaben stellt.

Bindung ist der Gegensatz von Freiheit, von Gelöstsein. Wer sich von Irdischem löst, indem er es nicht als sein Eigentum und seinen Besitz betrachtet, der wird als Geistwesen in die Himmel eingehen und in der Fülle aus Gott leben.

Nachfolgende Weisungen von Gott, dem ewigen Gesetz, sind zugleich Gebote für die Menschen, Hilfen, um das Innere Leben zu erschließen:

Wenn Menschen, wie viele es auch sind, in Meinem Namen zusammenkommen und sich gemeinsam bemühen, Gottes Gesetze zu erfüllen, so ist das, worum sie Gott bitten, schon in ihren Seelen erfüllt – so es gut für Seele und Mensch ist. Es wird dann für sie offenbar, wenn die Zeit dafür reif geworden ist.

Ich, der Christus, Bin mitten unter den Menschen und Seelen, die in ihrem Denken und Tun dem Allerhöchsten die Ehre geben. Und selbst wenn es nur einer ist, der die Gaben des Heils erbittet und sich bemüht, Gottes Gesetze zu erfüllen, dann ist auch in seiner Seele die Bitte schon erfüllt, bevor er gebeten hat. Denn der ewige Vater schaut Seine Kinder im Lichte des ewigen Gesetzes und kennt sie; und Er wird ihren ehrlichen Herzen das geben, was für sie gut ist.

Deshalb seid getrost: Gott kennt alle Seine Kinder. Er schaut in jedes Herz. Und wenn eines Seiner Kinder – aus Liebe zu Ihm – Ihm in allem die Ehre erweist, so wirke Ich, der Christus, in seinem Herzen.

13. Da kam Petrus zu Ihm und fragte: „Herr, wie oft darf mein Bruder wider mich sündigen, dass ich ihm vergebe? Siebenmal?" Jesus sprach zu ihm: „Ich sage dir, nicht siebenmal, siebzigmal sieben. Denn auch bei den Propheten war Ungerechtigkeit, sogar, nachdem sie vom Heiligen Geiste gesalbt worden waren."

14. Und Er erzählte dieses Gleichnis: „Es war da ein König, welcher mit seinen Dienern abrechnen wollte. Und als er begonnen hatte abzurechnen, da wurde einer zu ihm gebracht, welcher ihm tausend Talente schuldete. Doch da er nicht zahlen konnte, befahl sein Herr, dass er verkauft werde und sein Weib und seine Kinder und alles, was er besaß, damit die Schuld bezahlt werde.

15. Da fiel der Diener seinem Herrn zu Füßen und bat ihn und sprach: Herr, habe Geduld mit mir, und ich will dir alles bezahlen! Da wurde der Herr von Mitleid ergriffen, und er ließ ihn frei und erließ ihm seine Schuld.

16. Doch derselbe Knecht ging hinaus und traf einen von seinen Mitknechten, welcher ihm hundert Groschen schuldete, und er ergriff ihn und fasste ihn an der Gurgel und rief: Bezahle mir deine Schuld!

17. Und sein Mitknecht fiel vor ihm auf die Knie und flehte ihn an und sprach: Habe Geduld mit mir, und ich will dir alles bezahlen! Jener aber wollte nicht, sondern ging hinweg und ließ ihn ins Gefängnis sperren, bis er seine Schuld bezahlt hätte.

18. Als nun seine Mitknechte sahen, was er getan hatte, wurden sie sehr traurig und erzählten ihrem Herrn alles, was geschehen war.

19. Da ließ der Herr ihn rufen und sprach zu ihm: Oh, du böser Knecht, ich erließ dir deine Schuld, weil du mich gebeten hast; solltest du nicht auch Mitleid haben mit deinem Mitknecht, ebenso wie ich Mitleid hatte mit dir? Und sein Herr ward zornig und übergab ihn den Folterknechten, bis er alles bezahlt hätte, was er schuldig war.

20. Ebenso wird euch der himmlische Vater richten, wenn ihr nicht von Herzen jedem seine Schuld vergebet, ob Bruder oder Schwester. Nichtsdestoweniger lasset jeden darauf achten, dass er bezahle, was er schuldig ist; denn Gott liebt die Rechtschaffenen." (Kap. 57, 13-20)

Ich, Christus, erkläre, berichtige
und vertiefe das Wort:

Das Vergeben und die Bitte um Vergebung machen den Menschen frei und die Seele licht.

Wer vergibt, einerlei, wie oft sein Nächster sich gegen ihn versündigt hat und versündigt, der belastet seine

Seele nicht und hält auch seinen Körper von Belastung frei. Wer von Herzen vergibt, der wird immer wieder vergeben – einerlei, wie oft an ihm gesündigt wird durch Empfindungen, Gedanken, Worte oder Handlungen. Wer seinem Nächsten vergibt, ohne gegensätzlich über ihn zu denken, der ist nicht an den Sünder gebunden. Wer jedoch über den Sünder negativ denkt, ist entsprechend der Intensität seiner Gedanken an den Schuldner gebunden.

Der Richterspruch lautet: Mit dem Maße, mit dem du misst, wirst auch du gemessen werden. Das heißt: Das Maß deiner gegensätzlichen Empfindungen, Gedanken, Worte und Handlungen ist dein Richter – jedoch nicht Gott.

Deshalb mache dir keine gegensätzlichen Gedanken über jene, die sich an dir versündigen. Vergib, und vergib immer und immer wieder – und du bleibst von der Last der Sünde frei und bist auch nicht an den Sünder gebunden.

Der Sünder ist jedoch so lange an dich gebunden, bis er einsichtig geworden ist und das, was ihm schon längst von dir vergeben wurde, an dir und an anderen Mitmenschen nicht mehr begeht.

Vergib und bitte um Vergebung. Lass die Ursachen nicht anstehen. Sobald du sie erkennst, sollst du sie bereinigen.

„Ebenso wird euch der himmlische Vater richten, wenn ihr nicht von Herzen jedem seine Schuld vergebet, ob Bruder oder Schwester" heißt: Ebenso wird euch der himmlische Vater nicht vergeben, wenn ihr nicht von Herzen jedem seine Schuld vergebt.

Erkennet: Gott ist nicht das Recht, sondern die Gerechtigkeit.

Der Mensch hat seine irdischen Gesetze; sie sind für ihn das Recht. Solange der Mensch nicht das Gesetz des Lebens, die Gerechtigkeit, kennt, glaubt er oft, recht zu handeln. Doch damit verstrickt er sich immer wieder im Gesetz von Saat und Ernte, weil das Recht nicht immer der Gerechtigkeit entspricht. Das Recht der Menschen ist noch lange nicht die Gerechtigkeit Gottes.

Wer auf sein Recht pocht, setzt auf das Recht des menschlichen Gesetzes, jedoch nicht auf die Gerechtigkeit. Was er mit dem Pochen auf sein Recht fordert, erreicht und vollbringt, kann nicht bestehen vor dem Gesetz Gottes, der Gerechtigkeit. Nicht der himmlische Vater richtet den Menschen, sondern er selbst, der Mensch, richtet sich gemäß seiner Saat.

Diese Gesetzmäßigkeiten gelten von Mensch zu Mensch und nicht von Mensch zum Staat, dem „Kaiser". Denn solange das einverleibte Geistwesen Mensch ist, untersteht es den Rechten und Pflichten des irdischen Staates, dem „Kaiser", und soll als Mensch dem Staat – also dem „Kaiser" – gegenüber das erfüllen, was nicht gegen das Gesetz Gottes steht. Deshalb heißt es: Gib dem Kaiser, was des Kaisers ist, und Gott, was Gott gebührt.

Hält der Mensch die Gesetze des Staates, so kann er auch die Gesetze des Staates in Anspruch nehmen; so ist auch der Staat, der „Kaiser", verpflichtet, dem zu geben, der ihm gibt.

58. KAPITEL

Freude über den reuigen Sünder – Gleichnis vom verlorenen Sohn

*Die wahren Söhne und Töchter Gottes -
Das Volk Gottes auf Erden (1-2). Gott schuf und schaut Seine Kinder
vollkommen - Jedes Kind kehrt zu Ihm zurück durch Christus (3-15)*

1. Jesus sprach zu Seinen Jüngern und dem Volke rings um Ihn: „Wer ist Gottes Sohn, wer ist Gottes Tochter? Es sind die Menschen, welche sich von allem Übel abkehren und das Rechte tun, die Barmherzigkeit lieben und voll Ehrfurcht mit ihrem Gotte wandeln. Diese sind die Söhne und die Töchter der Menschen, die aus Ägypten gekommen sind und welchen es gegeben ist, dass sie die Söhne und die Töchter Gottes geheißen werden sollen.

2. Und sie werden gesammelt werden aus allen Stämmen, Nationen, Völkern und Sprachen, und sie kommen vom Osten und vom Westen und vom Norden und vom Süden, und sie wohnen auf dem Berge Zion, und sie essen Brot und trinken die Frucht des Weines am Tische Gottes, und sie sehen Gott von Angesicht zu Angesicht." (Kap. 58, 1-2)

Ich, Christus, erkläre, berichtige
und vertiefe das Wort:

Alle Menschen und Wesen sind Söhne und Töchter Gottes. Denn durch Meine Erlösertat habe Ich alle

Menschen und Seelen wieder zur Sohn- und Tochterschaft Gottes erhoben.

Viele Menschen wissen dies jedoch nicht, weil sie noch in der Knechtschaft der Sünde leben und sich noch die Söhne und Töchter der Menschen nennen.

Wer sich jedoch bemüht, Gottes Willen zu erfüllen, der ist sich seiner Sohn- oder Tochterschaft in Gott bewusst. Er wird sich auch Sohn oder Tochter Gottes nennen, weil er in Gott lebt durch die Verwirklichung und Erfüllung der ewigen Gesetze.

Die Zeit ist angebrochen, in der Ich, Christus, aus allen Stämmen, Nationen und Völkern jene Menschen sammle, die sich bemühen, Gottes Gesetze zu befolgen und bewusst in der Sohn- und Tochterschaft Gottes leben, im Gesetz Gottes, dem Gesetz des Lebens und der Liebe.

Sie kommen von Osten, von Westen, von Norden und von Süden und bilden e i n Volk: das Volk Gottes auf Erden. Und sie wohnen in der Stadt Zion, die auf gesegneten Anhöhen erbaut ist, in der Stadt Neues Jerusalem und in den Gemeinden, die der Strahlung des Neuen Jerusalem gleichen. Allein aus Mir, dem Christus, kommt dann das Neue Israel, das wahre Gelobte Land, das nach der Reinigung der Erde den Erdball umschließen wird.

Die Menschen in Gott leben mit der Natur; und die Natur, die aus Gott ist, bereitet ihnen den Tisch. Sie essen, was ihnen die Natur bietet, die Gaben aus Gott.

Nach diesem Leben in Gott im Friedensreich Jesu Christi erfolgt allmählich die Umwandlung und die Auflösung aller noch dichten Formen. Dann werden alle Wesen in Gott den ewigen Vater von Angesicht zu Angesicht schauen, da sie im ewigen Gesetz, Gott, leben.

3. Da kamen die Zöllner und Sünder alle näher zu Ihm heran, um Ihn zu hören. Aber die Pharisäer und Schriftgelehrten murrten und sagten: „Dieser Mann nimmt die Sünder zu sich und speist mit ihnen."

4. Und Er sagte ihnen dieses Gleichnis: „Welcher ist unter euch, der hundert Schafe hat und er verliert eines und er verlässt nicht die neunundneunzig in der Wüste und suchet das eine verlorene, bis er es gefunden hat? Und wenn er es gefunden hat, legt er es auf seine Schultern und freut sich.

5. Und wenn er nach Hause kommt, so ruft er seine Nachbarn und Freunde zusammen und spricht zu ihnen: ‚Freuet euch mit mir, denn ich habe mein Schaf gefunden, welches verloren war!' Ich sage euch, dass ebenso im Himmel mehr Freude herrschen wird über einen reuigen Sünder denn über neunundneunzig Gerechte, welche keiner Reue bedürfen.

6. Und welches Weib, welches zehn Silberstücke hat und verliert eines davon, wird nicht ein Licht anzünden und eifrig danach suchen, bis sie es gefunden hat? Und hat sie es gefunden, wird sie nicht ihre Freunde und Nachbarn zusammenrufen und sagen: ‚Freuet euch mit mir, denn ich habe das Silberstück gefunden, welches ich ver-

loren hatte'? Ebenso, sage Ich euch, wird Freude herrschen unter den Engeln Gottes über einen reuigen Sünder."

7. Und Er brachte noch dieses Gleichnis: „Ein Mann hatte zwei Söhne, und der jüngere von ihnen sprach zu seinen Eltern: ‚Gebt mir den Teil der Güter, der auf mich zufällt!' Und sie teilten mit ihm ihr Vermögen. Und wenige Tage später packte der jüngere Sohn all seine Habe zusammen und wanderte in ein fernes Land und verschwendete dort sein Vermögen in einem liederlichen Leben.

8. Und nachdem er alles aufgebraucht hatte, kam eine schwere Hungersnot über das Land, und er geriet in Not. Und er zog hinweg und verdingte sich bei einem Bürger dieses Landes. Der sandte ihn auf seine Weiden, um die Schweine zu hüten. Und er hätte gern seinen Hunger gestillt mit der Spreu, welche die Schweine fraßen, aber niemand gab sie ihm.

9. Und als er sich selbst besann, sprach er: Wie viele Knechte meines Vaters haben Brot genug und im Vorrat, und ich gehe zugrunde vor Hunger! Ich will mich aufmachen und zu meinem Vater und meiner Mutter gehen und will zu ihnen sagen: Mein Vater und meine Mutter, ich habe wider den Himmel gesündigt und vor euch und bin nicht mehr wert, euer Sohn zu heißen. Nehmet mich als einen eurer Knechte zu euch!

10. Und er brach auf und kam zu seinen Eltern. Doch als er noch ein großes Stück Weges vom Hause entfernt war, erblickten ihn seine Eltern und empfanden Mitleid mit ihm und liefen ihm entgegen und fielen ihm um den

Hals und küssten ihn. Und der Sohn sprach zu ihnen: Mein Vater und meine Mutter, ich habe gesündigt wider den Himmel und in euren Augen, und ich bin nicht mehr wert, euer Sohn zu heißen.

11. Der Vater aber sprach zu seinen Knechten: Bringet das beste Kleid herbei und ziehet es ihm an und stecket einen Ring an seine Hand und Schuhe an seine Füße und bringet die schönsten Früchte herbei und Brot und Öl und Wein und lasset uns essen und fröhlich sein. Denn dieser mein Sohn war tot und ist wieder lebendig; er war verloren und ist gefunden. Und sie begannen alle, froh zu werden.

12. Nun war aber der ältere Sohn auf dem Felde, und als er zurückkam und sich dem Hause näherte, hörte er Musik und Tanz. Und er rief einen der Knechte und fragte, was dies zu bedeuten habe. Und er sprach zu ihm: Dein Bruder, der verloren war, ist heimgekehrt, und dein Vater und deine Mutter haben ihm Brot und Öl und Wein und die schönsten Früchte gebracht, da sie ihn heil und wohlbehalten wiederhaben.

13. Und er ward zornig und wollte nicht in das Haus gehen. Und sein Vater kam heraus und bat ihn dringend. Und er sprach zu seinem Vater: Sieh, viele Jahre lang habe ich dir gedient und habe niemals deine Gebote übertreten, aber du hast mir niemals ein solch aufwendiges Fest gegeben, dass ich mit meinen Freunden fröhlich wäre.

14. Doch sobald dein Sohn zurückgekehrt ist, welcher sein Erbteil mit Huren verschwendet hat, bereitest du ihm ein Fest von dem Besten, was du hast.

15. Und sein Vater sprach zu ihm: Mein Sohn, du bist immer bei mir, und alles, was ich besitze, ist dein. Es geziemt sich aber jetzt, dass wir heiter und froh sind, denn dein Bruder war tot und ist wieder lebendig, er war verloren und ist gefunden." (Kap. 58, 3-15)

Ich, Christus, erkläre, berichtige
und vertiefe das Wort:

Diese Gleichnisse sind zugleich Gebote. Wer sie hält, indem er vergibt und seinen Nächsten in sein Herz aufnimmt, der befolgt damit die Gebote, die ihm den Weg in das ewige Leben weisen.

Wer die Gebote hält, der sieht nicht nur auf das Sündhafte, sondern schaut auch in das Herz, das echte Reue zeigt – so, wie auch der himmlische Vater nicht auf die Mängel und Sünden Seiner Kinder schaut, sondern einzig auf das, was Er geschaffen hat: das Reine, Edle und Gute. Wenn Sein Kind durch Seine ewig strahlende Liebe alle Mängel abgestreift und alle Sünden getilgt hat, wird Gott es in Seine Herrlichkeit aufnehmen. Und Gott, der Ewige, wird nicht nach dem fragen, was war; es ist vollbracht. Im Ewigen ist das Jetzt, die Ewigkeit, und Sein Kind ist das Kind der Ewigkeit. So hat Er, der große Geist, es geschaffen, und so schaut Er es ewiglich. Weshalb soll Gott nach der Vergangenheit fragen, wenn Er Sein Kind immer gegenwärtig rein, edel und gut schaut?

Weil Gott, der ewige Vater, jedes Seiner Kinder in Seinem Herzen bewahrt, werden sie auch wieder als Kinder Gottes, als Söhne und Töchter des Ewigen, zurückkehren, und Ich, der Hirte aller Seelen und Menschen, werde sie Ihm zuführen.

59. KAPITEL

Über die Wachsamkeit –
Der Zöllner Zachäus

Der Schatz im Himmel und der irdische Besitz (1-3).
Bereit sein für das Kommen Christi (4-6). Der gute Haushalter (7-8).
Wem viel gegeben ist, von dem wird viel gefordert (9-10).
Wider besseres Wissen sündigen ist Sünde wider den
Heiligen Geist (11-12). Keine Seele und kein Mensch
geht verloren (13-18)

1. Jesus stieg auf einen Berg und setzte sich dort mit Seinen Jüngern und lehrte sie. Und Er sprach zu ihnen: „Fürchte dich nicht, du kleine Schar, denn es ist eures Vaters gütiger Wille, euch das Reich zu geben.

2. Verkaufet alles, was ihr habt, und tut, was gut ist, denen, welche nichts haben. Seht euch mit einem unverwüstlichen Beutel vor, einem Schatz im Himmel, der nicht abnimmt, wo kein Dieb an ihn gelangt, und den keine Motten fressen. Denn wo euer Schatz ist, da wird auch euer Herz sein.

3. Lasset eure Lenden umgürtet sein und eure Lichter brennen. Und seid gleich den Männern, die auf ihren Herrn warten, wenn er von der Hochzeit zurückkehrt; damit sie ihm sogleich öffnen, wenn er kommt und anklopft. (Kap. 59, 1-3)

Ich, Christus, erkläre, berichtige
und vertiefe das Wort:

Die Aussage „Verkaufet alles, was ihr habt, und tut, was gut ist, denen, welche nichts haben. Seht euch mit einem unverwüstlichen Beutel vor, einem Schatz im Himmel, der nicht abnimmt, wo kein Dieb an ihn gelangt, und den keine Motten fressen" bedeutet: Ihr sollt nur das haben, was ihr benötigt. Ihr sollt nicht irdische Schätze sammeln und diese euer Eigen nennen. Denn so ihr irdische Schätze sammelt und sie euer Eigen nennt, ist auch dort euer Herz. Ein enges, ichbezogenes Herz schlägt beständig in der Angst, es könnte ihm genommen werden, was doch nicht sein Eigen ist.

Wie kann der Mensch den Bräutigam empfangen, wenn sein Herz verschlossen ist für Ihn, den Bräutigam, der die Gaben der Himmel mit sich bringt für alle, die ihre Herzen für Gott, die innere Fülle, den inneren Reichtum, geöffnet haben?

Wer sein Herz für Gott offenhält, der wird auch in dieser Welt nicht darben. Er wird empfangen, was er benötigt – und darüber hinaus. Er wird jedoch nicht an dem hängen, was er auf Erden besitzt, weil er erkennt, dass es Gottes Gaben sind. Solche Menschen grenzen sich nicht ab in eine Vorstellungswelt von Mein und Dein, sondern verwalten die Gaben Gottes so, dass sie auch ihren Mitmenschen Früchte bringen. Sie leben in Gott – und aus

Gott geben sie dem, der gerecht arbeitet nach dem Gebot „Bete und arbeite".

Wer in sein Inneres eingekehrt ist, der ist in Mir, dem Christus, und Ich Bin in ihm, und zwischen uns ist nichts Trennendes mehr.

4. Selig sind die Knechte, die der Herr wach findet, wenn er kommt. Wahrlich, Ich sage euch, er wird sich aufschürzen und wird sie zu Tisch laden und wird kommen und wird ihnen dienen.

5. Und so er kommt in der zweiten Wache oder in der dritten Wache, und wird sie so finden: gesegnet sind diese Knechte.

6. Das sollt ihr aber wissen: Wenn der Hüter des Hauses wüsste, zu welcher Stunde der Dieb kommt, so wachte er und ließe nicht in sein Haus einbrechen. Deshalb also seid auch ihr bereit, da des Menschen Sohn kommen wird zu einer Stunde, da ihr es nicht erwartet." (Kap. 59, 4-6)

Ich, Christus, erkläre, berichtige
und vertiefe das Wort:

Selig sind die Menschen, die wachsam sind und dem Niederen, dem menschlichen Ich, den Zugang in ihr Inneres verwehren. Sie halten ihr Inneres, ihr Haus, gereinigt und offen für den Bräutigam. Wann Er auch kommt –

sie sind bereit; denn sie wachen über sich selbst und sind dadurch wachen Sinnes, wenn Ich, Christus, erscheinen werde.

In der heutigen Zeit sind schon viele Menschen wach und auf Mich ausgerichtet und bereiten sich so auf Mein Kommen vor. Viele Seelen und Menschen haben sich also schon aufgemacht, um Mich in ihrem Inneren zu empfangen, denn das Reich Gottes ist ein Reich des Inneren. Es nimmt im Äußeren Form und Gestalt an durch die Menschen, die im Reiche des Inneren leben.

Erkennet: Das Reich Gottes auf Erden steht vor der Tür. Ich, Christus, kehre in viele Herzen ein; denn immer mehr Menschen gehen den Weg nach Innen, um sich mit Mir, dem Christus Gottes, zu vereinen. Mein geistiges Kommen kündigt sich nicht nur am Firmament an, sondern zuerst in den Herzen derer, die sich für Mich und das Reich Gottes auf Erden entschieden haben.

7. Da sagte Petrus zu Ihm: „Herr, gibst Du dieses Gleichnis uns oder auch allen andern?" Und der Herr sprach: „Wer also ist jener treue und kluge Haushalter, den der Herr setzt über sein Gesinde, dass er ihnen zur rechten Zeit ihren Anteil gäbe?

8. Gesegnet sei der Knecht, den sein Herr wach findet, wenn er kommt. Wahrlich, Ich sage euch, er wird ihn über alle seine Güter setzen. (Kap. 59, 7-8)

Ich, Christus, erkläre, berichtige
und vertiefe das Wort:

Wer mit den Gaben aus Gott gesetzmäßig zu haushalten vermag, der ist der Haushalter vieler. Er ist der, welcher das Gesetz Gottes kennt und hält und zur rechten Zeit aus dem Gesetz des Lebens jedem Menschen das sagt und gibt, was seine Seele annehmen und erfüllen kann. Oftmals lehnt ein Mensch die Hilfe aus dem Gesetze Gottes noch ab. Trotzdem hat seine wache Seele es aufgenommen und wird es zur gegebenen Zeit ihrer Hülle, dem Menschen, zuspiegeln. Der Herr wird den belohnen, dessen Seele wach und reif ist für die Gaben des Lebens. Dieser wird die Güter des Lebens auf der Erde gut verwalten, indem er für das Wohl aller sorgt, die rechtschaffen arbeiten, indem sie das Gebot „Bete und arbeite" erfüllen.

Wer wachen Herzens ist, der ist auch klaren Sinnes. Er ist in Mir, und Ich Bin in ihm. Und wer in Mir lebt, durch den wirke Ich. Er wird das Erdreich besitzen.

9. Wenn aber dieser Knecht sich sagen wird: Mein Herr zögert sein Kommen hinaus und fängt dann an, die andern Knechte und Mägde zu schlagen und zu essen und sich zu betrinken: so wird der Herr dieses Knechtes kommen an einem Tage, da er ihn nicht erwartet, und zu einer Stunde, die er nicht weiß; und er wird ihm seinen Anteil mit den Ungetreuen geben.

10. Und der Knecht, der seines Herrn Willen weiß, und hat sich nicht vorbereitet und auch nicht nach seinem Willen getan, der wird viel Schläge leiden müssen. Der es aber nicht weiß, hat aber getan, was der Schläge wert ist, wird wenig Schläge bekommen. Denn welchem viel gegeben ist, von dem wird man viel fordern; und welchem wenig gegeben ist, von dem wird man nur wenig fordern. (Kap. 59, 9-10)

Ich, Christus, erkläre, berichtige
und vertiefe das Wort:

Wer den Willen des Herrn, also die Gesetze des Lebens, kennt und sie nicht hält, der wird auch viele Ursachen schaffen und die entsprechenden Wirkungen zu tragen haben; er wird viele Schläge erleiden, denn er hat wissentlich gegen das Gesetz Gottes verstoßen.

„Denn welchem viel gegeben ist, von dem wird man viel fordern" bedeutet: Die Seele, welche innere Stärke und Kraft besitzt und die nicht zum Knecht der Sünde geworden ist, sollte für jene da sein und jenen geben und helfen, die noch am Beginn des geistigen Weges stehen, deren Seelen sich erst allmählich reinigen und sich für Gott und Seine Werke öffnen. Deshalb werden jene, die noch am Beginn des geistigen Weges zum Herzen Gottes stehen, weniger „Schläge bekommen", da ihre Seelen gleich einem Pflänzchen noch schwach sind und geschützt werden müssen, bis sie durch die Verwirklichung des ewigen Gesetzes die innere Reife erlangt haben.

Die ewige Liebe schützt das keimende Leben in der Seele und im Menschen, damit es vom Widersacher nicht angefallen werden kann. Erst wenn die Seele gekräftigt ist, wird sie den äußeren Einflüssen ausgesetzt, um sich zu bewähren. Denn wenn Seele und Mensch viel Göttliches bekamen, das heißt ihnen die Gesetze des Inneren Lebens nahegebracht wurden und sie diese verwirklicht haben, dann sind Seele und Mensch gestärkt und können den Stürmen und Angriffen der Finsternis standhalten. Sie können dann auch jenen geben, die noch behütet werden müssen, um zu erstarken. So sind also die noch schwachen Seelen, die erst am Beginn des geistigen Weges stehen, von der Kraft der Liebe geschützt, da sie die Schläge der Finsternis noch nicht tragen können. Wer jedoch vom Gesetz des Inneren Lebens empfängt und dieses annimmt, der nimmt sich damit selbst in die Pflicht, das empfangene ewige Gesetz zu verwirklichen.

Wer es wider besseres Wissen nicht verwirklicht und erfüllt, der wird eines Tages ebenfalls den Stürmen ausgesetzt werden. Für seine Nachlässigkeit wird er dann das ernten, was er gesät hat in der Zeit des geistigen Schutzes, in welcher er das geistige Wissen hätte verwirklichen können.

11. Darum werden die, welche die Gottheit kennen und den Weg des Lebens und die Geheimnisse des Lichtes gefunden haben und dennoch in Sünde gefallen sind, mit schwereren Strafen bestraft werden als jene, welche den Weg des Lebens nicht kannten.

12. Diese werden zurückkehren, wenn ihr Rad vollendet ist, und ihnen wird die Zeit gegeben werden zum Überlegen und um ihre Leben zu verbessern und die Geheimnisse zu lernen und einzutreten in das Reich des Lichtes."
(Kap. 59, 11-12)

Ich, Christus, erkläre, berichtige
und vertiefe das Wort:

Wer die Gesetze Gottes kennt und wider besseres Wissen sündigt, wird sich mehr belasten, das heißt weit schwerere Wirkungen zu tragen haben, als jene, die vom Weg in das Innere Leben weniger wissen.

Erkennet: Jeder kennt die Gebote zum Leben. Daher ist keiner unwissend. Wer die Gebote erfüllt, der lernt auch den Weg nach Innen kennen, die Evolutionsstufen zur ewigen Seligkeit.

Wer jedoch den Inneren Weg kennt und schon einige Evolutionsstufen gegangen ist und dann trotz besseren Wissens sündigt, der sündigt wider den Heiligen Geist. Wie alle anderen Menschen, die in tiefen Sünden leben, wird er, wenn er gestorben ist, als Seele am Rad der Wiederverkörperung haften, bis das abgegolten ist, was die Seele an dieses Rad bindet.

Deshalb bedeutet die Aussage „Diese werden zurückkehren, wenn ihr Rad vollendet ist": Sie werden erst dann allmählich in das Licht eingehen, wenn sie das Rad der Wiederverkörperung verlassen haben.

13. Jesus kam durch Jericho. Und siehe, da war ein Mann, genannt Zachäus, der war ein Oberster der Zöllner und war sehr reich.

14. Und er wollte sehen, wer in der Menge Jesus wäre, und konnte es nicht, denn er war klein von Gestalt. Und er lief voraus und stieg auf einen Maulbeerbaum, um Ihn zu sehen; denn dort sollte Er vorbeikommen.

15. Und als Jesus an die Stelle kam, blickte Er hoch und sah ihn und sprach zu ihm: „Zachäus, eile dich, komme herunter, denn Ich muss heute in deinem Hause einkehren." Und er stieg eilends herab und nahm Ihn auf mit Freuden.

16. Da sie das sahen, murrten sie alle, dass Er bei einem Sünder als Gast einkehrte.

17. Zachäus aber stand da und sprach zu dem Herrn: „Siehe, Herr, die Hälfte meiner Güter gebe ich den Armen; und so ich jemand betrogen habe, das gebe ich vierfach wieder."

18. Und Jesus sprach zu ihm: „Heute ist deinem Hause Heil widerfahren; wenn du ein gerechter Mann bist, bist auch du Abrahams Sohn. Denn des Menschen Sohn ist gekommen, zu suchen und selig zu machen das, was verloren war." (Kap. 59, 13-18)

Ich, Christus, erkläre, berichtige
und vertiefe das Wort:

„Denn des Menschen Sohn ist gekommen, zu suchen und selig zu machen das, was verloren war" besagt: Ich, Christus, kam in Jesus in diese Welt, um alle Menschen und Seelen zu sammeln und sie zu vereinen in Meinem Erlöserlicht.

In Mir sind nun alle Seelen und Menschen geeint. Deshalb geht keine Seele und kein Mensch verloren. Ich, Christus, trage sie in Mir. Jede Seele und jeder Mensch ist durch Meine Erlösertat eine Zelle an Meinem Leibe geworden. Jede Seele – auch dann, wenn sie sich verloren glaubt – wird einst die Herrlichkeit des Vaters schauen, dann, wenn sie das Rad der Wiederverkörperung verlassen hat; denn dann hat sie Mich, ihren Erlöser und göttlichen Bruder, auch bewusst an- und aufgenommen. Jede Seele wird einst die Sehnsucht nach ihrem Vaterhaus entfalten, denn dort ist ihr geistiges Geburtsland und ihre Heimat.

Erkennet: Jetzt schon ist der Sohn verherrlicht in den Söhnen und Töchtern Gottes, die des Vaters Willen erfüllen.

60. KAPITEL

Jesus verurteilt Schriftgelehrte und Pharisäer als Heuchler

Missbrauch des Namens Christi
für unchristliche Zwecke - Es gibt keine „Heiligen" -
Die reißenden Wölfe im Schafspelz -
Der Antichrist - Christus siegt (1-18)

1. Dann sprach Jesus zu dem Volke und zu Seinen Jüngern: „Die Schriftgelehrten und Pharisäer sitzen auf Moses Stuhl. Alles nun, was sie euch gebieten, das ihr beachten sollt, das beachtet und tut auch. Jedoch tut nicht nach ihren Werken; denn sie reden, aber tun es nicht. Denn sie selbst binden schwere und unerträgliche Bürden und legen sie den Menschen auf die Schultern; aber sie selbst wollen diese nicht mit einem einzigen Finger bewegen.

2. Alle ihre Werke aber tun sie, damit sie von den Leuten gesehen werden. Sie machen ihre Gebetsriemen breit und vergrößern die Bordüren ihrer Gewänder. Sie lieben den Ehrenplatz bei Festessen und in den Synagogen den Vorsitz. Sie lassen sich gerne auf dem Markt grüßen und von den Menschen Rabbi, Rabbi nennen.

3. Aber ihr sollet euch nicht Rabbi nennen lassen. Denn Einer ist euer Rabbi, Christus. Ihr aber seid alle Brüder.

Und ihr sollet niemand Vater heißen auf Erden, denn auf Erden sind die Väter nur dem Fleische nach Väter, aber im Himmel ist der Eine, der euer Vater ist, der den Geist der Wahrheit hat, den die Welt nicht empfangen kann.

4. Und ihr sollt euch nicht Meister nennen lassen, denn Einer ist euer Meister, Christus. Doch die Größten unter euch sollen eure Diener sein. Denn wer sich selbst erhöhet, der wird erniedrigt werden. Und die in sich demütig sind, werden erhöhet werden.

5. Wehe euch, Schriftgelehrte und Pharisäer, ihr Heuchler! Denn ihr schließet das Himmelreich zu vor den Menschen! Ihr kommet nicht hinein, und die hinein wollen, lasset ihr nicht hineingehen.

6. Wehe euch, Schriftgelehrte und Pharisäer, ihr Heuchler! Die ihr der Witwen Häuser fresset und lange Gebete sprechet zum Schein! Darum werdet ihr desto mehr Verdammnis empfangen.

7. Wehe euch, Schriftgelehrte und Pharisäer, ihr Heuchler! Die ihr See und Land durchziehet, dass ihr einen zum Judenanhänger gewinnt; und wenn er's geworden ist, machet ihr aus ihm zweimal mehr ein Kind der Hölle, denn ihr seid!

8. Wehe euch, ihr blinden Führer, die ihr sagt: ‚Wer immer schwöret bei dem Tempel, das ist nichts; wer aber schwöret bei dem Golde am Tempel, der ist schuldig.‘ Ihr Narren und Blinden! Was ist größer, das Gold oder der Tempel, der das Gold heiligt?

9. Und: ‚Wer immer schwöret bei dem Altar, das ist nichts. Wer aber schwöret bei dem Opfer, das darauf ist, der ist schuldig.' Ihr Narren und Blinden, was ist größer? Das Opfer oder der Altar, der das Opfer heiligt?

10. Darum, wer also schwört bei dem Altar, der schwört bei demselben und bei allem, was desselben ist. Und wer schwöret bei dem Tempel, der schwöret bei demselben und bei dem, der darinnen wohnet. Und wer schwöret bei dem Himmel, der schwöret bei dem Throne Gottes und bei dem Einen, der darauf sitzet.

11. Wehe euch, Schriftgelehrte und Pharisäer, ihr Heuchler! Die ihr den Zehnten für Minze, Anis und Kümmel zahlt, und das Schwerste des Gesetzes, nämlich Gericht, Barmherzigkeit und Glauben, unterlasst! Dies sollte man tun und jenes nicht unterlassen. Ihr verblendeten Führer, die ihr Mücken seihet und Kamele verschluckt!

12. Wehe euch, Schriftgelehrte und Pharisäer, ihr Heuchler! Die ihr die Außenseite von Bechern und Schüsseln reinigt, aber innen sind sie gefüllt mit Erpressung und Ausschweifung! Du blinder Pharisäer, reinige zuerst das Innere des Bechers und der Schüssel, auf dass auch das Äußere rein werde!

13. Wehe euch, Schriftgelehrte und Pharisäer, ihr Heuchler! Ihr gleichet übertünchten Gräbern, welche außen schön aussehen; innen sind sie gefüllt von Totengebeinen und allem Unrat. Also scheinet auch ihr äußerlich vor den Menschen rechtschaffen, aber inwendig seid ihr voller Heuchelei und Verstellung.

14. Wehe euch, Pharisäer und Schriftgelehrte, die ihr baut die Grabmäler der Propheten und schmücket die Grabstätten der Gerechten und saget: Hätten wir in den Tagen unserer Väter gelebt, so wären wir nicht mit ihnen schuldig geworden am Blut der Propheten!

15. So gebet ihr über euch selbst Zeugnis, dass ihr als Kinder derer handelt, die die Propheten getötet haben. So erfüllet auch ihr das Maß eurer Väter!

16. Daher sagt die heilige Weisheit: Siehe, Ich sende zu euch Propheten und Weise und Schriftgelehrte; und einige werdet ihr töten und kreuzigen, und einige werdet ihr geißeln in euren Synagogen und werdet sie verfolgen von Stadt zu Stadt. Und über euch komme all das gerechte Blut, das auf die Erde vergossen ist, vom Blute des gerechten Abel an bis auf das Blut des Zacharias, des Sohnes von Barachias, welchen ihr getötet habet zwischen dem Tempel und dem Altar. Wahrlich, Ich sage euch, das alles wird über dieses Geschlecht kommen.

17. O Jerusalem, Jerusalem, das du tötest die Propheten und steinigst, die zu dir gesandt sind! Wie oft habe Ich deine Kinder versammeln wollen, wie eine Henne versammelt ihre Küchlein unter ihre Flügel, und ihr habt nicht gewollt!

18. Siehe, euer Haus soll euch wüst gelassen werden! Denn Ich sage euch: Ihr werdet Mich von jetzt an nicht sehen, bis ihr sprechet: Heilig, heilig, heilig! Gelobet sei, der da kommt im Namen des Einen Gerechten!" (Kap. 60, 1-18)

Ich, Christus, erkläre, berichtige
und vertiefe das Wort:

Was Ich als Jesus von Nazareth zu den Pharisäern und
Schriftgelehrten und ihren Anhängern sprach, das gilt
auch noch heute: So, wie sie Mich, Christus, in Jesus von
Nazareth des Satanischen bezichtigt haben, Mich verfolgt und lächerlich gemacht haben, ebenso werden die
Meinen in der heutigen Zeit von Theologen, scheinbaren
Bibelkundigen und ihren Anhängern behandelt. Wieder
sind die heutigen Schriftgelehrten und Pharisäer viele
kirchliche und teilweise auch weltliche Obrigkeiten. Da sie
ihre Dogmen und ihre Kirchengesetze als das Fundament
des Christseins ansehen, verstehen sie nicht, was wahres
Christentum bedeutet.

Viele Vertreter der kirchlichen und weltlichen Obrigkeiten betreiben Politik und verwenden das Wort „christlich"
für unchristliche Zwecke. Sie verwenden Meinen Namen,
um ihrem Namen Ehre zu machen. Sie reden zum Volk
vom Evangelium der Liebe, jedoch die wenigsten von
ihnen leben danach. Sie erlassen manche Gesetze, die
dem göttlichen Gesetz entgegenstehen, und treten so
das Heiligste, das Gesetz der Liebe und des Lebens, mit
Füßen. Sie lassen zu, dass Tiere getötet werden. Sie essen
in großen Mengen Fleisch und trinken scharfe Getränke.
Viele von ihnen sind mitverantwortlich für die Schändung,
Ausbeutung und Vergiftung der Erde, und viele, die sich
christlich nennen, rüsten für Kriegszwecke.

Sogenannte Christen, die ihren Obrigkeiten blind ergeben sind, lassen sich im Gebrauch von Waffen für kriegerische Zwecke ausbilden, um dann, wenn der Kriegsruf erschallt, Menschen zu töten. Blind gegenüber der ewigen Wahrheit, handeln sie wie Sklaven und tun, was ihnen befohlen ist. Benommen und trunken von ihrem niederen Ich, schänden viele den großen Erdmenschen, die Erde, und greifen in dessen gesetzmäßige Abläufe ein. Damit stören und zerstören sie die Magnetfelder der Erde und die Erdatmosphäre. Alles dies sind satanische Auswüchse – das niedere Ich von Menschen, die sich für Christen halten.

Heute noch sitzen die kirchlichen Obrigkeiten an Ehrenplätzen, sowohl beim Festmahl als auch in ihren Kirchen, und lassen sich von ihren Gläubigen mit Ehrentiteln anreden. Noch in der heutigen Zeit verehren sie noch immer einen Menschen mit dem Titel „Heiliger Vater", obwohl Ich als Jesus von Nazareth lehrte, dass es nur e i n e n Heiligen Vater gibt: Es ist der Vater im Himmel, der Vater-Mutter-Gott aller Wesen und Menschen. Sie verehren auch ihre „Heiligen", obwohl Ich lehrte, dass es keine „Heiligen" gibt – nur selige Wesen, die in Gott leben.

Auf der Erde gibt es den Vater dem Fleische nach, das männliche Geschlecht als das zeugende Prinzip. Der Mann, der ein Kind zeugt, gibt den Samen für den irdischen Leib einer sich einverleibenden Seele. Er nennt sich dann dem Fleische nach Vater – so, wie sich das weibliche Geschlecht, das den Samen des Mannes für die werdende fleischliche Hülle empfängt und diese unter dem Herzen trägt und gebiert, dem Fleische nach Mutter nennt.

Die Erde ist die Abtragungsstätte für die Seelen im Erdenkörper. Jetzt sind viele dieser damaligen Heuchler wieder in einer fleischlichen Hülle, um ihre Intrigen gegen Mich, den Christus, fortzusetzen, indem sie wieder jene Menschen verfolgen, die sich bemühen, die Wahrheit offenbar werden zu lassen. Heute noch gelten Meine Worte: Haben sie Mich verfolgt, so werden sie auch euch verfolgen.

Getrieben von Ehrgeiz, Macht und eitlem Wahn, gehen diese Seelen immer wieder in Erdenkörper, um von Neuem dort zu beginnen, wo sie aufgehört haben, als sie der irdische Tod erfasst hat. Das wird sich so lange fortsetzen, bis Einverleibungen für solche niedere Seelen nicht mehr möglich sind – oder bis in der noch bestehenden Einverleibungsspanne sich die ehrgeizigen und machthungrigen Seelen beugen, um die Geringsten unter ihren Brüdern und Schwestern zu werden. Denn wer sich selbst erhöht, muss über die „Erniedrigung" zur Einsicht kommen.

Es sind also in vielen Fällen immer wieder dieselben Heuchler wie zu Meiner Zeit, in der Ich als Christus in Jesus auf Erden wandelte. Es geschehen immer wieder gleiche und ähnliche Verbrechen, allerdings – entsprechend dem Wandel der Zeit – mit anderen Argumenten und Methoden. Der Zweck jedoch ist der gleiche: Schaltet all jene aus, welche die ewige Wahrheit offenbar werden lassen und ein wahres christliches Leben verwirklichen.

Erkennet: Den Dämonen sind jene, die das wahre Christentum verwirklichen, die größte Gefahr. Deshalb hat sich der Satan der Sinne in das Mäntelchen „christlich" gehüllt, um eine große Verwirrung anzustiften, so dass nicht gleich jeder erkennt, was wahrhaft christlich ist. Denn das wahre christliche Leben ist das Leben nach den Gesetzen Gottes, die Ich als Jesus von Nazareth lehrte und lebte.

Ähnlich wie Ich als Jesus mussten zu allen Zeiten viele gerechte Propheten und gerechte Männer und Frauen leiden.

Wer das Evangelium der Liebe und des Lebens nicht nur predigt, sondern auch praktiziert und vielen Menschen die Gesetze der Liebe und des Lebens aus seiner Verwirklichung nahebringt – ihnen also den Weg zu Mir, dem Christus Gottes in ihrem Inneren, weist, damit sie Mir nachfolgen können –, der ist eine Gefahr für jene, die sich nur mit dem Mäntelchen „Christsein" umkleidet haben.

Weil die Frau im Erdenkleid, die Mitträgerin der göttlichen Weisheit, von der Ich schon berichtet habe, die ewigen Gesetze und den Weg in das ewige Gesetz wieder in die Welt zu den Menschen bringt, muss sie – ähnlich wie Ich und viele Propheten – Hohn, Spott, Verachtung und Verleumdung tragen. Trotz alledem wird sich die ewige Wahrheit durchsetzen und der Christus, verbunden mit der göttlichen Weisheit, als Sieger hervorgehen.

Wer die reißenden Wölfe im Schafspelz des Scheinchristen erkennen möchte, der prüfe die kirchlichen

Obrigkeiten und ihre Anhänger – unter ihnen sind auch viele Regierende dieser Welt, die Meinen Namen als Mittel zum Zweck verwenden:

Sind diese kirchlichen und weltlichen Amtsträger Nachfolger des Nazareners?

Macht die Lehre der kirchlichen Obrigkeiten die Menschen gesund und glücklich?

Ist die Mutter Erde gesund, und bietet die Erdatmosphäre der Erde und den Menschen Schutz?

Wer sind jene, die das Töten befürworten?

Suchet die Wölfe im Schafspelz des Scheinchristen! Dann findet ihr den Antichristen, der euch mit Meinem Namen – Christus – entgegentritt und euch täuscht und in die Irre führt.

Seit Meiner Zeit als Jesus von Nazareth bis heute sind es immer wieder dieselben Heuchler – nur in anderen Erdenkörpern –, die sich der dämonischen Gewalt und dem Satan der Sinne verschrieben haben, um mit einem christlichen Mäntelchen die Menschen zu verführen. Wer sich der Finsternis verschreibt, der dient auch der Finsternis. Sie wird die Ihren immer wieder in die Welt schicken, um die Menschen zu täuschen und sie in die Irre zu führen.

Viele Völker sind als Herde menschlichen Hirten gefolgt und wurden von ihnen in das Chaos geführt. Doch selbst im Chaos ist die Hoffnung auf das Gute, auf die Neue Zeit, die Zeit des Christus.

Ich Bin die Hoffnung, Ich Bin die Wahrheit und das Leben.

Ich Bin im Geiste den Meinen sehr nahe und bereite durch sie Mein Kommen vor. Das führte und führt zum Kampf. Denn der gibt nicht ohne weiteres auf, der jahrhundertelang das christliche Mäntelchen umgelegt hatte und noch trägt, um damit noch viele zu verführen.

Ich, Christus, Bin das Leben; Ich zerstöre nicht. Ich kläre auf, so dass diejenigen, welche die Schlange erblicken, sie erkennen und ihr den Kopf zertreten. Auf diese Weise entlarve Ich die Heuchler und gebe ihnen dabei zugleich die Möglichkeit, ihr Haupt zu beugen und die Geringsten unter ihren Brüdern und Schwestern zu werden.

Erkennet: Ich siege durch Menschen, die mit Mir sind und die Neue Zeit vorbereiten. Ausgestattet mit Meiner Kraft, kämpfen sie jetzt noch gegen ihre eigenen Fehler und Schwächen und zugleich mit der Kraft der Liebe gegen die Heuchler im christlichen Mäntelchen.

Der Kampf in und mit Mir ist ein gerechter Kampf. Ich, Christus, gehe denen voran, die sich bemühen, den Willen des Vaters zu tun. Die Erde wird gereinigt und lichter werden, weil Ich, der Christus Gottes, komme.

Das Wort „schwören" soll sinngemäß verstanden werden. Es entspricht dem Wort „bejahen".

61. KAPITEL

Jesus prophezeit das Ende des Zeitalters

An ihren Früchten werdet ihr sie nun erkennen (1). Reinkarnationen von Machthungrigen und von Gottesboten im Laufe der Zeit (2-3). Die Finsterlinge kämpfen mit allen Methoden (4-5). Weisungen für die Schreckenszeit (6-7). Die Wiederkehr Christi: Lernt zu unterscheiden (8-9). Veränderungen im Sonnensystem und auf der Erde (10). Die bevorstehende Endzeit - Der Evolutionsweg der Menschheit und der Erde in die Lichtstofflichkeit - Das Friedensreich - Letztes Aufbäumen des Satans - Das Es Werde Gottes: Auflösung alles Grobstofflichen - Vorbereitung der Wiederkunft Christi durch die göttliche Weisheit - Das Kommen Christi, das größte Ereignis (11). Erkennt die Zeichen der Zeit (12-14). Wer wacht, versäumt nicht die Stunde (15-19)

1. Und als Jesus auf dem Ölberge saß, kamen die Jünger allein zu Ihm und sagten: „Sage uns, wann wird dies geschehen? Und was soll das Zeichen Deines Kommens sein und das für das Ende der Welt?" Jesus antwortete und sprach zu ihnen: „Sehet zu, dass euch nicht jemand verführe. Denn es werden viele kommen unter Meinem Namen und sagen: ‚Ich bin Christus', und sie werden viele verführen. (Kap. 61, 1)

Ich, Christus, erkläre, berichtige
und vertiefe das Wort:

Jeder, der seinen eigenen Namen ehren lässt und sich als den Größten ausgibt und verehren lässt, dem glaubet nicht. Und jeder, der sagt, er sei der wiederinkarnierte Christus, dem glaubet nicht; denn Ich komme nicht mehr in das Fleisch, sondern Bin im Geiste mit den Meinen.

Jeder jedoch, der dient, allein den Namen des Herrn preist, gute Werke tut und diese in die Welt bringt, so dass die guten Früchte sichtbar sind für viele, der ist ein gerechter Wegweiser; durch ihn wirke Ich. Nicht an ihren Worten sollt ihr sie erkennen, sondern an ihren Früchten.

Die Zeitenwende, in der Ich den Meinen immer näher komme, ist mit dem Spätsommer und dem Herbst zu vergleichen, denn die Zeit der Wende von der alten, sündhaften Welt zur Neuen Zeit ist eine Erntezeit.

Die in Mir leben, bringen gute Früchte, und die Meinen Namen für ihre Zwecke missbraucht haben und missbrauchen, zeigen nun ihre schlechten Früchte. Die Zeitenwende lässt sehr deutlich die guten und die schlechten Früchte erkennen.

Erkennet! Der Spätsommer und der Herbst sind für die sündhafte Zeit schon angebrochen. Die Früchte werden sichtbar – die Ernte ist im Gange.

2. Und ihr werdet von Kriegen und Kriegsgerüchten hören; sehet zu, dass ihr nicht verwirrt werdet. Denn dieses alles muss geschehen, aber es ist noch nicht das Ende. Denn es wird sich empören ein Volk über das andere und ein Reich über das andere; und es werden sein Hungersnot und Seuchen und Erdbeben an verschiedenen Orten. Und das wird erst der Anfang der Not sein.

3. Und in diesen Tagen werden die Machthaber die Länder und die Reichtümer der Erde zusammenbringen zu ihrem eigenen Genuss und werden die vielen anderen, die Not leiden, unterjochen und sie in Fesseln halten und sie benützen, um ihre Reichtümer zu vermehren, und sie werden sogar die Tiere des Feldes unterjochen und das Furchtbare aufrichten. Aber Gott wird ihnen Seine Boten senden, und diese werden Seine Gesetze verkünden, welche die Menschen durch ihre Überlieferung verdeckt haben, und die sie übertreten, werden sterben. (Kap. 61, 2-3)

Ich, Christus, erkläre, berichtige
und vertiefe das Wort:

Was vorausgesagt ist, hat schon begonnen. Ähnlich wie ein Uhrwerk läuft das Vorhergesagte ab. Eine Katastrophe greift in die andere, und ein Schicksal reicht dem anderen die Hand. Daran ist der Wandel der Zeit zu erkennen.

Die sündhafte Welt vergeht. In ihr dämmert schon die Geburt des neuen Zeitalters herauf, und es zeigen sich die geistig erwachten Generationen an, aus denen das geistige Menschentum der Neuen Zeit hervorgehen wird.

In der heutigen Zeit ist es wie zu den Zeiten Noahs oder des Untergangs von Pompeji. Die Mehrzahl der Menschen freien und lassen sich freien. Sie hören wohl von den Zeichen der Zeit – und bleiben doch die sündhaften Menschen. Mit ihrem Reichtum und ihrer äußeren Macht gingen und gehen sie unter.

Im Laufe der zurückliegenden Zeitepochen kamen viele dieser Seelen immer wieder in Erdenkörper, und viele begannen, wieder dort zu wirken, wo sie zuvor in der Todesstunde aufgehört hatten – nur jeweils in einer anderen Zeit, mit anderen Mitteln und anderen Methoden. Viele bekleideten und bekleiden immer wieder dieselben Ämter, ob als Regierende von Nationen und Staaten oder als Kirchenführer. Immer wieder drängte und drängt sie ihr Machthunger auf die Erde in diese Positionen.

Als Menschen versuchten und versuchen sie dann immer wieder, das Rad der Welt, die äußeren Strukturen, in dem gewohnten Gang zu halten. So erließen und erlassen sie über Jahrhunderte hinweg ähnliche Gesetze für das Volk. Und die Völker ließen und lassen sich mehr oder weniger von ihren Obrigkeiten unterjochen und gehorchen immer wieder den Führern, die schon in Vorinkarnationen Gleiches oder Ähnliches getan haben. Weil es immer dieselben sind, welche Länder regieren und sich als Kirchenführer hervortun, wiederholen sich in manchen Ländern immer wieder die gleichen Abläufe wie in vergangenen Zeiten. Schicksale, Katastrophen und chaotische Zustände haben nur andere Namen. In vielen Fällen jedoch sind sie heute schlimmer als in der Vergangenheit.

In allem Negativen ist auch das Positive: In der Zeit des Vergehens und Werdens bricht immer wieder das Licht Christi hindurch, die Zeit des Geistes Gottes, die Neue Zeit, die Zeit des Christus, der Ich Bin.

Erkennet: Im Wandel von der alten, sündhaften Welt zur Neuen Zeit kamen und kommen auch immer wieder Gottesboten. Viele gerechte Männer und Frauen stehen nun in Meinem Dienst für die Neue Zeit.

Die ganze Wahrheit wird offenbar werden – wenn sie auch über viele Jahrhunderte von gottfernen Menschen bewusst und unbewusst abgedeckt wurde: Gottes Boten verkünden wieder die Gesetze Gottes und bemühen sich, das Evangelium der Liebe rund um die Erde zu tragen – von Kontinent zu Kontinent, von Stadt zu Stadt, von Gemeinde zu Gemeinde, von Dorf zu Dorf. Sie bereiten das Reich Gottes auf dieser Erde vor. Viele Menschen werden durch die Tätigkeit der Boten Gottes erwachen und den Weg zum Inneren Leben beschreiten.*

---

* *Das „Es werde" schreitet voran. Im messianischen, sophianischen Zeitalter entstehen weltweit freie Gemeinschaften im Zeichen der Lilie – Gott in uns –, denen es überlassen ist, zu Urgemeinden heranzureifen. Außerdem strahlen Rundfunk- und Fernsehstationen zu Millionen von Menschen rund um den Globus die Worte: Gott in uns.*

*4. Alsdann werden sie euch dem Gepeinigtwerden über-
antworten und werden euch töten. Und ihr werdet gehasst
werden von allen Völkern um Meines Namens willen. Und
dann werden viele angegriffen werden und sich gegenseitig
verraten und sich gegenseitig hassen. Und es werden sich
viele falsche Propheten erheben und werden viele verführen.*

*5. Und weil die Ungerechtigkeit überhandnehmen wird,
wird die Liebe in vielen erkalten. Wer aber beharret bis an
das Ende, der wird gerettet. Und es wird gepredigt werden dieses Evangelium vom Reiche Gottes in der ganzen
Welt zum Zeugnis für alle Völker, und dann wird das Ende
kommen. (Kap. 61, 4-5)*

Ich, Christus, erkläre, berichtige
und vertiefe das Wort:

So geschah es in den zurückliegenden Jahrhunderten:
Die Meinen wurden gepeinigt und getötet.

Was war, setzt sich fort. Es sind immer wieder dieselben Wölfe im Schafspelz, die mit ihrem Machthunger in
die Welt kommen. Sie wollen auch das Christuslicht auslöschen, das ihnen ein Dorn im Auge ist, und missbrauchen auch hierfür Meinen Namen. Ihr Heulen könnt ihr
dann hören, wenn ihnen die Gottesboten ihre satanischen
Werke vor Augen halten, die sie – wie sie sogar sagen – in
Meinem Namen tun.

Erkennet: Einst wurden die Gottesboten gepeinigt, gefoltert und getötet. In der heutigen Zeit werden sie verleumdet, lächerlich gemacht, verhöhnt und verspottet. Die wahren Christen werden jetzt nur mit anderen Mitteln und Methoden verfolgt, durch üble Nachreden in den Medien, die sie Presse, Rundfunk und dergleichen nennen. Hinter diesen stehen die sich von der Wahrheit bedroht fühlenden Vertreter der Kirchen, die Pfarrer, Priester und die sogenannten Sektenbeauftragten, ebenso die sogenannten Politiker, Journalisten und Reporter – und alle übrigen, die ihnen Glauben schenken. Auch in der heutigen Zeit werden von denen, die sich Christen nennen, viele gerechte Männer und Frauen gehasst, weil sie Mir, dem Christus, nachfolgen.

Erkennet: Wie es zu allen Zeiten war, so ist es auch im Wandel von der alten, sündhaften Welt zur Neuen Zeit. Viele Menschen sprechen von Mir, dem Christus. Trifft sie jedoch ein kleiner Hauch, z.B. eine Verleumdung, so fallen sie um und verraten Mich. Aus Angst um ihr irdisches Leben, um Ansehen und Stellung verraten und hassen sie sich auch gegenseitig.

Der Finsterling greift mit den verschiedensten Methoden in die Völker ein und hetzt ein Volk gegen das andere auf. Das ist möglich, weil die Menschen untereinander uneins sind. Die Völker sehen einander als Feinde an, entwickeln Aggressionen und Ängste vor der Zukunft. Dies alles wird von den Finsterlingen immer wieder geschürt, denn sie wollen die Massen in Bewegung halten. Dann kommen sie als falsche Propheten und geben sich als Heilbringer aus, binden die Menschen an ihre „Sendung" und an ihre Person – richten sie jedoch nicht auf Mich, den Christus, aus.

Im Wandel von der alten, sündhaften Welt zur Neuen Zeit, der Lichtzeit, greift der Finsterling auf breiter Front das Licht an. Wer kann jedoch dem Licht auf die Dauer widerstehen? Kein Mensch und auch keine Seele, keine finstere Macht – auch dann nicht, wenn sie Meinen Namen missbraucht und sich gegen die wahren Christen stellt. Das Licht, das Ich Bin, ist stärker.

Erkennet: Ich Bin das Licht der Welt, das nicht an die Zeit gebunden ist. Das Licht durchdringt Raum und Zeit und wird alles neu machen. Die Zeit kommt, in der es für den Finsterling weder ein Zurück noch ein Vorwärts gibt, sondern einzig die Kapitulation und – wie für jeden einzelnen Menschen und jede Seele – die Kehrtwendung zum Licht, das Ich Bin.

Auch wenn in diesem Endkampf die Ungerechtigkeiten überhandnehmen und die Liebe in vielen Herzen der Menschen immer mehr erkaltet – so ist doch schon das Licht sichtbar: Es ist der Christus, der Ich Bin, der durch Boten, durch die Pioniere der Neuen Zeit, das Licht auf die Erde bringt. Viele Menschen werden hinscheiden. Doch auch viele werden gerettet werden, die den Kampf mit den Mächten der Finsternis durchgestanden haben. Die Mir treu blieben, werden das Evangelium der Liebe halten und das Reich Gottes weiter auf der ganzen Erde verkünden und Zeugnis geben von der Wahrheit, die Ich Bin, die in ihnen wohnt, die durch sie spricht und handelt: Christus.

6. Wenn ihr deshalb den Gräuel der Verwüstung, von dem gesagt ist durch den Propheten Daniel, stehen seht an der heiligen Stätte (wer das liest, der begreife es!), dann fliehe in die Berge, wer in Judäa ist. Und wer auf dem Dache ist, der steige nicht hernieder, etwas aus seinem Hause zu holen; und wer auf dem Felde ist, der kehre nicht um, um seine Kleider zu holen.

7. Wehe aber den Schwangeren und den stillenden Müttern in diesen Tagen! Bittet, dass eure Flucht nicht im Winter oder am Sabbat geschehe. Denn es wird dann eine große Trübsal sein, wie sie nicht gewesen ist von Anfang der Welt bis dahin und auch nie mehr werden wird. Und wenn diese Tage nicht verkürzt würden, so würde kein Fleisch gerettet werden. Aber um der Auserwählten willen werden diese Tage verkürzt. (Kap. 61, 6-7)

Ich, Christus, erkläre, berichtige
und vertiefe das Wort:

Nun steht das unmittelbar bevor, was den Menschen zu allen Zeiten von dem Ewigen über Propheten offenbart wurde – wenn auch die Mahnungen und Hinweise des Ewigen durch die Propheten bei den meisten Menschen kein Gehör fanden. Diese große Zeitenwende ist angebrochen.

Wer sich immer noch um sein Äußeres sorgt, es halten und vermehren möchte, der bleibt nicht nur daran gebunden – er wird auch mit seinem Hab und Gut untergehen. Im gleichen Maße, wie die Welt untergeht, entsteht ganz allmählich – trotz Trübsal und Not – das Reich Gottes auf Erden.

Wenn ihr erkennt, dass die Welt aus den Fugen gerät, dann kehrt nicht um und haltet euch nicht auf, um dieses oder jenes zu holen oder zu ordnen. Gehet zur Stätte Gottes, die in euch ist, und lasst euch führen von Dem, der in euch wohnt.

Es steht geschrieben: „Wehe aber den Schwangeren und den stillenden Müttern in diesen Tagen!" Wenn die Frucht im Leibe der Mutter licht- und kraftvoll ist, weil Vater und Mutter in Gott leben, dann wird sie bewahrt bleiben. Ist die Frucht im Leibe der Mutter jedoch von dieser alten, sündhaften Welt, ist sie also lichtarm, wie der Vater und die Mutter lichtarm sind, dann kann sie ihnen genommen werden – je nachdem, was an Ursachen zugrunde liegt. Auch so mancher Körper, der eine lichtarme Frucht trägt, wird in dieser Schreckenszeit, wie sie die Welt noch nicht erlebt hat, hinweggenommen werden.

Bittet, dass die Posaune der Ordnung nicht an einem Sabbat ertönt, dann, wenn die Menschen sich noch mehr ihrem Wohlleben hingeben, anstatt zu Gott zu beten und Ihm für Seine Führung und Hilfe zu danken. Viele, die äußere Hilfe geben könnten, werden dann nicht erreichbar sein. Bittet, dass das große Aufräumen auf der Erde nicht im Winter geschieht, denn viele haben kaum eine Habe bei sich, und vieles ist zerstört, so dass sie eine Zuflucht oftmals nicht in einem Hause finden, sondern im Freien oder in Unterständen. Dann würden viele frieren und erfrieren, auch die Schwangeren.

Viele Menschen haben sich auf diese Welt und ihre Regierungen verlassen und werden über Nacht alles verlieren, von dem sie glaubten, dass es ihr Eigentum und ihre Sicherheit sei. Der ewige gütige Gott, euer und Mein Vater, hat die Zeit für Seine Getreuen schon verkürzt und wird dann, wenn die Wirrnisse ihren Höhepunkt erreicht haben, diese noch einmal verkürzen. Viele, die das Malzeichen der Liebe auf der Stirn tragen, werden auf den Trümmern und dem Chaos dieser Welt das Friedensreich Jesu Christi weiterbauen und in der ganzen Welt aufrichten zum Zeichen des Sieges.

8. Wenn dann jemand zu euch sagen wird: Siehe, hier ist Christus oder da, so glaubet nicht voreilig. Denn es werden falsche Christusse und falsche Propheten aufstehen und große Zeichen und Wunder tun, dass wo möglich auch die Auserwählten getäuscht werden. Siehe, Ich habe es euch zuvor gesagt!

9. Darum, wenn sie zu euch sagen werden: Siehe, Er ist in der Wüste, so gehet nicht hinaus; siehe, Er ist in geheimen Kammern, so glaubet nicht voreilig. Denn gleich wie das Licht ausgeht vom Osten und scheint bis zum Westen, so wird auch die Zukunft des Menschensohnes sein. Denn wo immer ein Aas ist, dort sammeln sich die Geier. (Kap. 61, 8-9)

Ich, Christus, erkläre, berichtige
und vertiefe das Wort:

Wisset, dass Ich im Geiste zu den Meinen kommen werde – jedoch nicht mehr in der Hülle des Fleisches.

Wenn einer sagt, da oder dort sei Christus, so denkt daran: Ich habe es euch zuvor gesagt. Ich komme nicht mehr in das Fleisch. Ich habe als Jesus das Fleisch für euch angenommen und habe es für euch überwunden, so dass auch ihr es überwinden könnt durch Mich, den Christus, und auch ihr die Auferstehung erlangt und die geistige Wiedergeburt und damit wieder die Vereinigung mit Gott, eurem und Meinem Vater.

Wenn ihr die ewigen Gesetze verwirklicht, lernt ihr zu unterscheiden; denn es werden nicht nur falsche Propheten sein. Gerade in dieser großen Zeitenwende gibt es viele gerechte Männer und Frauen – Menschen, die Ich zu euch gesandt habe, die sich ehrlich und aufrichtig bemühen, euch die Gesetze Gottes zu bringen, und die mitten in Trübsal und Weltuntergang das Friedensreich gründen. Es sind die, welche das Evangelium der Liebe erfüllen und so das Reich Gottes auf diese Erde bringen.

An ihren Früchten sollt ihr sie erkennen.

10. Unmittelbar nach dem Leiden dieser Tage wird die Sonne verfinstert sein, und der Mond wird sein Licht verlieren, und die Sterne werden vom Himmel fallen, und die Kräfte der Himmel werden erschüttert werden. (Kap. 61, 10)

Ich, Christus, erkläre, berichtige
und vertiefe das Wort:

Bei mächtigen Erschütterungen im gesamten Sonnensystem werden die Planeten aus ihren Bahnen treten und sich vorerst noch in einem anderen Lauf um die derzeitige Sonne gruppieren. Auch der Mond wird eine andere Zuordnung erhalten, und er wird in ein anderes Gravitationsverhältnis zur Erde treten. Dadurch verändern sich auf der Erde Tag- und Nachtrhythmus, die Jahreszeiten und die Gezeiten. Bei diesen Ereignissen entsteht eine vorübergehende Verfinsterung der Sonne.

„Die Sterne werden vom Himmel fallen" heißt: Mächtige Meteore werden auf die Erde fallen. Auch dadurch wird sich der Erdplanet entsprechend verändern. Die Meere werden sich andere Becken suchen.

Die Hochgebirge werden vergehen; neue Höhen und
Täler werden entstehen. Die Erde wird in ihrem Gesamt-
bild lieblicher werden.

Erkennet: Ich mache alles neu.

*11. Und dann wird das Zeichen des Menschensohnes
am Himmel erscheinen; und dann werden alle Völker auf
Erden trauern und werden den Menschensohn in den
Wolken des Himmels mit großer Kraft und Herrlichkeit
kommen sehen. Und Er wird Seine Engel senden mit lauter
Stimme wie von einer Posaune, und sie werden Seine Auserwählten sammeln von den vier Winden von einem Ende
des Himmels zu dem andern. (Kap. 61, 11)*

Ich, Christus, erkläre, berichtige
und vertiefe das Wort:

Das Zeichen des Menschensohnes ist das Licht des
Christus, der Ich Bin. Im Geiste komme Ich zu den Meinen, die Mir im Erdenkleid dienen und das Reich Gottes
bewohnen, dessen Herrscher Ich Bin.

Erkennet: Ich komme nicht von einem zum anderen Tag,
nicht von heute auf morgen. Alle großen Ereignisse senden ihr Licht oder ihre Schatten voraus. Ich Bin das Licht
der Welt. Mein Kommen im Geiste ist das größte Ereignis

für die Erde und die Menschen. Ich, der Christus, habe Mich bereits aufgemacht, denn Mein Licht wirkt schon auf der Erde und in der Atmosphäre, weil Propheten Gottes und getreue Männer und Frauen Mir mehr und mehr die Wege bereiten.

Die Propheten Gottes im Alten Bund und alle Propheten Gottes und erleuchtete Männer und Frauen in den zurückliegenden zweitausend Jahren warnten immer wieder die Menschheit vor ihrer eigenen Saat und riefen zur Umkehr auf. Der Menschheit wurde aus vielen Facetten der ewigen Wahrheit ihre satanische Saat offenbart und ihre entsprechende Zukunft, falls sie nicht umkehrt und die Gesetze Gottes erfüllt. In immer geringeren Abständen wurde und wird von der bevorstehenden Endzeit gesprochen. Die Masse der Menschen jedoch lebte und lebt weiter in der Sünde und tanzte und tanzt weiter um ihr Goldenes Kalb: um ihr Ich, das nach Mein, Mir und Wohlleben trachtet. Die Mahnungen erfüllen sich. Die Menschheit steht in der sogenannten Endzeit.

Erkennet: Das Wort „Endzeit" meint nicht das Ende der Materie, das Ende des Erdplaneten, sondern das Ende all dessen, was wider Gott ist: Der Materialismus geht zu Ende.

So, wie ganz allmählich das Friedensreich auf der Erde entsteht, werden sich ganz allmählich auch große Teile der Materie verfeinern, denn es steht geschrieben: Ich mache alles neu. Ein neuer Himmel und eine neue Erde werden entstehen, und die Menschen werden in eine neue Zeit, die Lichtzeit, hineinwachsen. Auf diesem Evolutionsweg hin zu lichteren und feineren Formen wird sich alles mehr und mehr vergeistigen – bis hin zur Lichtstofflichkeit, zur feineren Materie. Denn die Menschen der Neuen Zeit werden das Licht in und auf der Erde vermehren und durch ihr geistiges Leben die Erde und das gesamte Sonnensystem weiterhin in der Schwingung anheben. Ist dann das Friedensreich auf der feineren Materie, der lichtstofflichen Erde, erstanden, wird auch eine andere Sonne scheinen.

Erkennet: Nach dem Friedensreich darf sich das Satanische, der Dämon, noch einmal mit Mir, dem Christus, messen, denn auch noch dann ist er darauf bedacht, die Erde zurückzuerobern. Dann jedoch muss er erkennen, dass das Es Werde Gottes in vollem Gange ist und dass er die Zeitspanne, die Gnadenfrist, die ihm von Gott, unserem Vater, noch einmal gegeben wurde, voll verbraucht hat.

Nach diesem erdumspannenden Geschehen werden nach und nach alle stark verdichteten Planeten zerbersten, und die rein geistigen Substanzen in den materiellen Planeten werden aus ihren Hüllen treten, ähnlich wie die Seelen der Menschen, deren Körper hingeschieden sind. Die verlassenen materiellen Planetenteile werden sich dann mehr und mehr auflösen. Nach und nach wird dann alles Grobstoffliche feinstofflich, denn Gott ist reine feinstoffliche Energie. Gott ist Geist, Kraft, Liebe und Weisheit.

Die göttliche Weisheit hat die große Aufgabe übernommen, Mein Licht des Friedens und der Einheit vorauszutragen und es allen Völkern dieser Erde zu bringen und somit allen Menschen, die guten Willens sind. Durch sie strahlt Mein Licht in unzähligen Facetten des Lebens hinaus: Es ist Mein Wort, das offenbar ist und wird durch den Mund Meiner Prophetin, die zugleich Botschafterin Gottes ist, und durch viele gerechte Männer und Frauen. Mein Licht bringt auch den Menschen den Inneren Weg hin zum Herzen Gottes. Es verkündet auch das Friedensreich und bewirkt, dass die Söhne und Töchter Gottes, die im Auftrag der Erlösung stehen – allen voraus das Geschlecht David sowie Menschen aus weiteren Geschlechtern –, das Werk der Erlösung verbreiten, das Friedensreich gründen und aufbauen.

Ich komme den Meinen immer näher. In dem Maße, wie sie auf dem Weg nach Innen voranschreiten und so von Generation zu Generation das Friedensreich immer weiter bauen, Bin Ich immer näher, immer unmittelbarer mit ihnen. Da durch die göttliche Weisheit nach Meinem Willen schon vieles auf Erden vollbracht ist, strahlt Mein Licht jetzt schon in diese Welt und kündigt Mein Kommen an.

Erkennet: Engel der Himmel und Getreue im Erdenkleid künden schon jetzt mit lauter Stimme vom Herrscher des Friedensreiches und vom Friedensreich selbst. Jetzt schon sammeln sich viele Männer und Frauen aus den vier Winden, um miteinander zu leben und sich vorzubereiten für das größte Ereignis in der Atmosphäre und auf der Erde: Mein Kommen. Wenn dann die Posaunen aus den Himmeln erschallen, wenn aus dem Geiste Gottes die Cherubim der vier Wesenheiten Mich ankündigen, werde Ich mit aller Macht und Herrlichkeit erscheinen und die Herrschaft antreten. Dann werden die Menschen e i n e Herde sein, und Ich werde ihr Hirte sein – Christus.

Bevor dies jedoch alles geschieht, wird noch ein großes Weheklagen über die Erde kommen, und alle werden hinweggenommen werden, die das Malzeichen nicht auf der Stirn tragen. Als Seelen werden sie dann ihren Weg weitergehen.

Erkennet: Das Licht Christi ist das Licht der Neuen Zeit. Ich kündige Mein Kommen an, indem Ich Mein Licht vorausstrahle.

12. An dem Feigenbaume lernet ein Gleichnis: Wenn seine Zweige zart und saftig sind und Blätter treiben, so wisset ihr, dass der Sommer nahe ist. Ebenso, wenn ihr dies alles sehen werdet, so wisset, dass es nahe vor der Tür ist. Wahrlich, Ich sage euch: Dieses Geschlecht wird nicht vergehen, bis dass dies alles sich erfüllt. Himmel und Erde werden vergehen, aber Meine Worte werden nicht vergehen.

13. Von dem Tage und von der Stunde weiß niemand, auch die Engel nicht im Himmel, sondern allein der All-Vater. Gleich wie es in den Tagen Noahs war, so wird auch das Kommen des Menschensohnes sein.

14. Denn gleich wie sie waren vor der Sintflut: Sie aßen, sie tranken, sie freiten und ließen sich freien bis an den Tag, da Noah in die Arche ging. Und sie achteten es nicht, bis die Sintflut kam und sie alle fortnahm; so wird auch die Ankunft des Menschensohnes sein. (Kap. 61, 12-14)

Ich, Christus, erkläre, berichtige
und vertiefe das Wort:

Wer die Ereignisse und Geschehnisse auf dieser Erde betrachtet und von den Schicksalen der Menschen auf der ganzen Welt hört, der erkennt, dass die Vorgänge des Weltendes ihre Schatten als Zeichen vorauswerfen und die Menschheit mitten in der Auflösung der alten, sündhaften Welt steht. Wer wach ist, erkennt auch, dass der sündhafte Mensch den großen Umwälzungen nicht standhalten kann.

Erkennet: Diese Umwälzungen sind die Wirkungen von ebenso gewaltigen Ursachen, durch die das Gesetz von Saat und Ernte die Sünde von der Erde hinwegnimmt. Die Menschen in tiefer Sünde werden auf der Erde dann keine Bleibe mehr haben – denn die Neue Zeit, die Zeit des Christus, erhebt sich aus den Trümmern und wird den neuen Himmel und die neue Erde bringen.

Wer im Schatten steht, der wird durch die Kälte seines eigenen Ichs, seiner niederen Sinne und Triebe hinscheiden.

15. Dann werden zwei auf dem Felde sein; einer wird genommen und der andere wird zurückgelassen werden. Zwei Weiber werden auf der Mühle mahlen, die eine wird genommen, die andre wird zurückgelassen werden. Darum wachet, denn ihr wisset nicht die Stunde, da euer Herr kommen wird.

16. Das sollet ihr aber wissen: Wenn der Hausverwalter wüsste, zu welcher Stunde der Dieb kommt, so würde er wachen und nicht in sein Haus einbrechen lassen. Darum seid auch ihr bereit; denn des Menschen Sohn wird kommen zu einer Stunde, da ihr Ihn nicht erwartet.

17. Wer ist nun ein treuer und kluger Knecht, den der Herr gesetzt hat über sein Gesinde, dass er ihnen zu rechter Zeit Speise gebe? Gesegnet sei der Knecht, wenn sein Herr kommt und er ihn so tätig findet. Wahrlich, Ich sage euch: Er wird ihn über alle seine Güter setzen.

18. Wenn aber der schlechte Knecht in seinem Herzen sagen wird: Mein Herr kommt noch lange nicht, und anfängt, seine Mitknechte zu schlagen, isst mit dem Schlemmer und trinkt mit dem Trunkenen,

19. so wird der Herr dieses Knechtes kommen an einem Tage, da er nicht mit ihm rechnet, und zu einer Stunde, da er ihn nicht erwartet. Und er wird ihm seinen Lohn geben mit den Heuchlern in der äußeren Finsternis, mit den Grausamen und denen, die keine Liebe und kein Mitleid haben: Und da wird Heulen und Zähneknirschen sein. (Kap. 61, 15-19)

Ich, Christus, erkläre, berichtige
und vertiefe das Wort:

Wachet und betet! Bleibet in Mir, und wisset, dass Ich in euch und mit euch Bin. Denn wer wacht und auf den Herrn harrt, der wird die Stunde nicht versäumen, in der Ich komme, und er wird Trübsal und Grausamkeit nur von ferne erleben, weil er sich nicht von der Welt hat einschläfern und in sie hineinziehen lassen.

Bleibet tätig in Meinem Geiste, und harret aus – Ich komme!

62. KAPITEL

Das Gleichnis von den zehn Jungfrauen

Wer die Gebote der Liebe erfüllt, ist der Wachsame.
Er hat das Innere Licht, das Malzeichen auf der Stirn. (1-7)

1. Dann wird das Himmelreich gleich sein zehn Jungfrauen, die ihre Lampen nahmen und ausgingen, dem Bräutigam entgegen. Und fünf unter ihnen waren klug, und fünf waren töricht.

2. Die Törichten nahmen ihre Lampen, sie nahmen aber kein Öl mit sich. Die Klugen aber nahmen Öl in ihren Gefäßen samt ihren Lampen.

3. Da nun der Bräutigam auf sich warten ließ, wurden sie alle schläfrig und schliefen ein. Zur Mitternacht aber wurde laut gerufen: ‚Seht, der Bräutigam kommt! Gehet hinaus, Ihm entgegen!‘ Da standen die Jungfrauen alle auf und richteten ihre Lampen.

4. Die Törichten aber sprachen zu den Klugen: ‚Gebet uns von eurem Öle, denn unsere Lampen sind ausgegangen!‘ Die Klugen aber antworteten und sprachen: ‚Nein, sonst reicht es nicht für uns und euch: Gehet lieber zum Krämer und kaufet für euch selbst.‘

5. Und während sie hingingen zu kaufen, kam der Bräutigam, und die, die bereit waren, gingen mit Ihm zur Hochzeit. Und die Türe wurde verschlossen.

6. Danach kamen auch die andern Jungfrauen und spra-
chen: ‚Herr, Herr, tue uns auf.‘ Er antwortete und sprach:
‚Wahrlich, Ich sage euch: Ich kenne euch nicht.‘

7. Darum wachet, denn ihr wisset weder Tag noch
Stunde, in welcher des Menschen Sohn kommen wird.
Haltet eure Lampen brennend.“ (Kap. 62, 1-7)

Ich, Christus, erkläre, berichtige
und vertiefe das Wort:

Der wachsame Mensch, der auf seinen Herrn wartet, ist mit den klugen Jungfrauen zu vergleichen. Sie nahmen für ihre Lampen auch einen Ölvorrat in ihren Gefäßen mit. Das bedeutet: Sie trugen das Licht in sich – durch die Verwirklichung der Gesetze Gottes.

Der wachsame Mensch, der darauf achtet, die Gebote der Liebe zu erfüllen, wird das Innere Licht haben: Es ist das Malzeichen auf der Stirn.

Wenn der Mensch jedoch erst dann erkennt, dass er kein Licht in sich trägt, wenn der Christus Gottes den Seinen schon sehr nahe ist und sich erst dann aufmacht, den Weg zum Herzen Gottes zu gehen, dann wird seine Seele im Menschenkleid Mich, den Christus, nicht mehr schauen. Denn wer bis zuletzt der Welt hörig ist, wird hinscheiden in jener Zeit, in der Ich die Herrschaft über diese Erde antrete. Die lichtarme Seele wird dann in den Stätten der Reinigung ihren Weg zu höheren Lebensformen antreten und ihn mit viel Mühe und Herzeleid gehen.

Wer Mich nicht kennt, der hat Mich auch nicht aufgenommen und trägt deshalb auch wenig Licht in seiner Seele. Diese Menschen haben wohl von Meinem Kommen gehört, haben wohl vom Bräutigam gesprochen, doch sie haben sich nicht mit der Zierde Inneren Lebens und der Tugend der Selbstlosigkeit geschmückt, um Mir als dem Bräutigam entgegenzugehen. Die wahren Bräute jedoch, die sich mit der Tugend der selbstlosen Liebe und mit der Zierde Inneren Lebens geschmückt und so das Innere Licht entflammt haben, werden mit Mir, dem Bräutigam, sein.

Je stärker das Licht auf der Erde zunimmt, um so mehr verschließt sich die Tür für jene, die nur von Mir gehört und gesprochen, jedoch Mich nicht an- und aufgenommen haben. Die Tür für Einverleibungen von Seelen, die ihr Inneres Licht nicht entfaltet haben, bleibt dann verschlossen.

In den Worten „Ich kenne euch nicht" liegt der Sinn: Ihr kennt Mich nicht, weil ihr euch nicht kennt. Und solange ihr Mich nicht kennt, könnt ihr auch nicht in das Licht eingehen; denn Ich Bin das Licht der Welt, die Wahrheit und das Leben.

63. KAPITEL

Gleichnis von den Talenten

*Wem gegeben ist, der soll weitergeben -
Gott belohnt nur den, der von Herzen gibt (1-12)*

1. Und Er sprach weiterhin: „Das Reich der Himmel gleicht einem Manne, der in ein fernes Land zog und seine Knechte rief und ihnen seine Güter übergab. Und einem gab er fünf Talente, dem anderen zwei, und dem dritten eines, einem jeden nach seinen Fähigkeiten, und zog gleich darauf weg.

2. Da ging der hin, der fünf Talente empfangen hatte, und handelte mit denselben und gewann andere fünf Talente dazu. Desgleichen auch der zwei Talente empfangen hatte, gewann auch zwei andere dazu. Der aber eines empfangen hatte, ging hin und machte eine Grube und verbarg seines Herrn Geld.

3. Nach einer langen Zeit kam der Herr dieser Knechte und rechnete mit ihnen ab. Da trat herzu, der fünf Talente empfangen hatte, und brachte noch die anderen und sprach: ‚Herr, du hast mir fünf Talente gegeben; siehe da, ich habe damit andere fünf Talente gewonnen.' Da sprach sein Herr zu ihm: ‚Gut getan, du guter und getreuer Knecht, du bist über wenigem getreu gewesen, ich will dich über viel setzen. Geh ein in die Freude deines Herrn!'

4. Da trat auch herzu, der zwei Talente empfangen hatte und sprach: ‚Herr, du hast mir zwei Talente gegeben; siehe da, ich habe mit denselben zwei weitere dazugewonnen.‘ Sein Herr sprach zu ihm: ‚Wohl getan, du guter und getreuer Knecht, du bist über wenigem getreu gewesen, ich will dich über viel setzen; gehe ein in die Freude deines Herrn!‘

5. Da trat auch herzu, der ein Talent empfangen hatte, und sprach: ‚Herr, ich wusste, dass du ein harter Mann bist; du erntest, wo du nicht gesät hast, und sammelst, wo du nicht gestreuet hast. Und ich fürchtete mich und ging hin, verbarg dein Talent in der Erde, siehe, da hast du, was dein ist.‘

6. Sein Herr aber antwortete und sprach zu ihm: ‚Du böser und fauler Knecht, wusstest du, dass ich ernte, wo ich nicht gesät habe, und sammle, wo ich nicht gestreut habe? Du solltest mein Geld zu den Wechslern getan haben, um es zu verzinsen, und wenn ich gekommen wäre, hätte ich das Meine zu mir genommen mit Wucher.‘

7. Darum nehmet von ihm das Talent und gebet es dem, der zwei Talente hat. Denn wer vermehrt hat, dem wird gegeben werden, und der wird die Fülle haben; wer aber nicht vermehrt hat, dem soll auch das genommen werden, was er hat. Und den unnützen Knecht werfet in die äußere Finsternis hinaus; denn das ist der Teil, den er gewählt hat.“

8. Jesus sprach auch zu Seinen Jüngern: „Seid wahre Geldwechsler des Reiches Gottes, verwerfet das Schlechte und Falsche und behaltet das Gute und Echte.“

9. Jesus saß gegenüber dem Opferstock und sah zu, wie die Leute Geld in den Opferstock warfen, und manche Reiche warfen viel hinein.

10. Und da kam eine arme Witwe, und sie warf zwei Scherflein hinein, die kaum etwas wert waren.

11. Und Er rief Seine Jünger zu sich und sprach: „Wahrlich, Ich sage euch, dass diese arme Witwe mehr in den Opferstock geworfen hat als alle anderen.

12. Denn alle anderen gaben von ihrem Überfluss, sie aber hat von ihrer Armut alles gegeben, was sie hatte, nämlich ihren Lebensunterhalt." (Kap. 63, 1-12)

Ich, Christus, erkläre, berichtige
und vertiefe das Wort:

Beachtet: Wem gegeben ist, der sollte das Empfangene nicht für sich behalten, sondern weitergeben. Denn das Gesetz ist selbstlose, gebende Liebe. Jeder hat von Gott die Gebote empfangen. Das, was er aus den Geboten verwirklicht hat, sollte er weitergeben. Denn dann vermehrt es sich in der Welt zum Wohle vieler.

Wer die Gebote erfüllt, der erspürt, dass er seine Talente und Fähigkeiten für das Göttliche selbstlos einsetzen sollte. Wer dies zum Wohle seiner Nächsten vollzieht, der bringt das Leben Gottes in diese Welt und wird vielen das Brot Inneren Lebens reichen, indem er – mit seinen Fähigkeiten und Talenten – selbstlos die Herzen seiner

Nächsten für das Innere Leben vorbereitet, auf dass sie nicht mehr hungern und dürsten.

Wer jedoch die Gebote Gottes nicht verwirklicht hat, ist der Sünde Knecht und wird so lange in ihrer Knechtschaft bleiben und darunter leiden, bis er zur Gotteskindschaft erwacht durch die Verwirklichung der Gebote.

Wer von Herzen erfüllt ist, gibt aus seinem Herzen – also selbstlos. Gott schaut nicht auf äußere Gaben, sondern auf die selbstlosen Gaben des Herzens, auf das, was der Mensch verwirklicht hat und selbstlos weitergibt. Denn einzig die Gaben der selbstlosen Liebe enthalten Kraft und Licht. Wer davon zu geben vermag, der ist im Herzen reich.

Erkennet: Wer nicht aus dem Herzen gibt, der empfängt auch nicht vom Herzen Gottes. Nur wer aus dem Herzen gibt, der wird auch vom Herzen, von Gott, belohnt werden. Gott liebt alle Seine Kinder. Er hat allen gleich viel gegeben. Gott belohnt nicht, was das menschliche Ich gibt, das sich darstellt und selbstgefällig ist, sondern die Aufrichtigkeit und Selbstlosigkeit, das, was aus der Tiefe der Seele kommt – das, was aus Gott ist.

64. KAPITEL

Vom Wesen Gottes

*Die Kräfte des Vater-Mutter-Prinzips sind
in Mann und Frau; deshalb sind beide gleichwertig (1-3). Erkennt
das Unsichtbare im Sichtbaren; schaut in allem Gott, das Leben
(4-5). Über das Gesetz der Anziehung in allem Sein - Der Beschluss
des Erlöserwerkes Christi im Thronsaal Gottes - Der Auftrag der
Erlösung - Die Träger der göttlichen Weisheit tragen mit Christus
die Hauptverantwortung für das Werk der Erlösung - Die Züge der
Einverleibungen der Söhne und Töchter Gottes, die im Auftrag stehen - Die Einverleibung des Christus - Der Auftrag bleibt bis zur
Erfüllung bestehen (6-11). Der geistig Tote (12). Der freie Wille darf
nie beeinflusst werden (13).*

1. Jesus kam zu einem Brunnen nahe bei Bethanien,
um welchen zwölf Palmenbäume wuchsen und wohin Er
oft mit Seinen Jüngern ging, um sie die Geheimnisse des
Reiches Gottes zu lehren. Dort saß Er unter dem Schatten
der Bäume und Seine Jünger mit Ihm.

2. Und einer von ihnen sagte: „Herr, von alters her ist
geschrieben, Elohim machte den Menschen nach Seinem
eigenen Bilde und schuf Mann und Weib. Wieso sagtest
Du dann, dass Gott eins ist?" Und Jesus sprach zu ihnen:
„Wahrlich, Ich sage euch, in Gott ist weder Mann noch
Weib, und doch sind beide eins, ist Gott beides in einem.
Er ist Sie, und Sie ist Er. Elohim – unser Gott – ist voll-
kommen, unendlich und eines.

3. Also ist in dem Manne der Vater verkörpert und die Mutter verborgen; so ist in dem Weibe die Mutter ver-körpert und der Vater verborgen. Darum soll der Name des Vaters und der Mutter gleicherweise geheiligt werden; denn sie sind die großen Kräfte Gottes, und eines ist nicht ohne das andere in dem Einen Gott. (Kap. 64, 1-3)

Ich, Christus, erkläre, berichtige
und vertiefe das Wort:

Im Geiste Gottes, dem Gesetz des Inneren Lebens, gibt es keine Geschlechter, sondern die gebende und die empfangende Kraft. Die gebende Kraft nenne Ich das Prinzip des Männlichen und die empfangende Kraft das Prinzip des Weiblichen.

Erkennet: Wenn Ich vom Manne oder der Frau spreche, so rede Ich von den zwei Polen, den zwei Prinzipien des Lebens, dem gebenden und dem empfangenden Pol, also dem männlichen und dem weiblichen Prinzip. Im Manne, dem männlichen Pol oder Prinzip, sind die Kräfte des Vaters offenbar: der gebende Pol, auch das geistig schaffende oder zeugende Element genannt, jedoch verborgen in ihm auch der weibliche Pol, das weibliche Prinzip, die Mutter: das empfangende und bewahrende Leben. Entsprechend sind in der Frau, im empfangenden Pol, dem weiblichen Prinzip, die Kräfte der Mutter offenbar, die das Leben empfängt und bewahrt, und verborgen in ihr auch das Männliche, das Gebende, der Vater.

Die beiden Kräfte, das gebende und das empfangende Prinzip, sind aufeinander abgestimmt. Als Wesen sind sie zwei – und doch eins: das gebende Prinzip und das empfangende und bewahrende Prinzip. Wie das gebende Prinzip, das Männliche, einen größeren Anteil schaffender Kräfte hat und einen geringeren Anteil weiblicher, also empfangender Kräfte, hat das Weibliche, das empfangende Prinzip, der empfangende Pol, mehr weibliche, also mütterliche Aspekte und weniger männliche, väterliche, also gebende Kräfte.

Erkennet: In jeder Kraft, ob gebend oder empfangend, ist das Sein enthalten. Deshalb sollte die Frau ebenso geachtet werden wie der Mann. Denn in beiden sind jeweils beide Kräfte enthalten, sowohl das männliche als auch das weibliche Element, das Vater- und das Mutter-Prinzip. Deshalb ist euer Vater, der auch Mein Vater ist, der Vater-Mutter-Gott. Beide Kräfte sind in Ihm vereint und wirken in allem Sein. Das ist der unpersönliche Geist des Inneren Lebens, die selbstlose Liebe, Kraft und Weisheit.

Wer in der Welt die Frau als minderwertig betrachtet und den Mann über die Frau stellt, der verstößt gegen das Gesetz des Lebens, das Vater-Mutter-Prinzip, welches das Allgesetz ist.

4. Bete Gott an, der über euch ist, unter euch, zur rechten Hand und zur linken, vor euch, unter, hinter euch, in euch und um euch. Wahrlich, es ist nur Ein Gott. Er ist alles in Allem, und in Ihm bestehen alle Dinge, die Quelle allen Lebens und aller Substanz, ohne Anfang und ohne Ende.

5. Die Dinge, welche sichtbar sind und vergehen, sind die Verkörperungen des Unsichtbaren, das ewig ist, auf dass ihr von den sichtbaren Dingen der Natur zu den unsichtbaren Dingen der Gottheit gelanget. Und dass ihr durch das Natürliche zu dem Übernatürlichen gelanget. (Kap. 64, 4-5)

Ich, Christus, erkläre, berichtige
und vertiefe das Wort:

Ihr habt gelesen, dass alle Dinge, welche sichtbar sind, Verkörperungen des Unsichtbaren, des Ewigen, sind. Daher lernt, in allen sichtbaren Dingen das Leben, das Unsichtbare, zu erkennen, das in allem verborgen ist.

Dem Menschen, der sich bemüht, Gottes Gesetze zu erfüllen, wird alles offenbar werden. Er schaut, was dem Weltzugewandten verborgen ist: das Leben, das in allem die Kraft und das Sein ist. Es ist das Erbe der Seele, der Geist, Gott, der das Leben ist und die Substanz und die Form des Lebens – also: Alles-in-allem.

Erkennet: Jede Seele muss wieder ihr Erbe antreten, das, was für den Menschen unsichtbar ist, das Geistig-Göttliche. Denn jedes reine Wesen hat seinen Ursprung im Geist, in Gott, und jede Seele wird sich reinigen und als reines Wesen zum Ursprung zurückkehren, in den Geist, Gott, in das Leben, in das Vater-Mutter-Prinzip.

6. Wahrlich, Elohim schuf den Menschen nach Gottes Ebenbild, männlich und weiblich, und die ganze Natur ist ein Bild Gottes, darum ist Gott beides, männlich und weiblich, nicht geteilt, sondern beides in einem, ungeteilt und ewig, in welchem alle Dinge sind, die sichtbaren und die unsichtbaren.

7. Vom Ewigen sind sie ausgegangen, und in das Ewige werden sie zurückkehren. Geist zum Geiste, Seele zu Seele, Verstand zu Verstand, Gefühl zu Gefühl, Leben zu Leben, Form zu Form, Staub zu Staub.

8. Im Anfang ist Gottes Wille, und da kamen Sein Sohn, die göttliche Liebe, und die geliebte Tochter, die heilige Weisheit, gleicherweise aus der Einen ewigen Quelle; und aus dieser kommen die Geschlechter der Geistwesen Gottes, der Söhne und Töchter des Ewigen.

9. Und diese steigen herab auf die Erde und wohnen mit den Menschen und lehren sie die Wege Gottes, die Gesetze des Ewigen zu lieben und ihnen zu gehorchen, auf dass sie in ihnen Erlösung fänden.

10. Viele Völker haben ihre Tage gesehen. Unter verschiedenen Namen haben sie sich ihnen geoffenbart, und die Völker haben sich in ihrem Lichte gefreut; und gerade jetzt kommen sie wieder zu euch, doch Israel nimmt sie nicht auf.

11. Wahrlich, Ich sage euch, Meine Zwölf, welche Ich ausgewählt habe: Alles, was in früherer Zeit von ihnen gesagt worden ist, ist wahr – nur entstellt durch die falschen Vorstellungen der Menschen." (Kap. 64, 6-11)

Ich, Christus, erkläre, berichtige
und vertiefe das Wort:

Alles Reine ist in Gott, und alles Reine kommt von Gott.

Vom Ewigen kommen Wesen des Lichtes zur Erde – zum Ewigen kehren sie wieder zurück.

Das Gesetz der Anziehung lautet: Wer im Geiste Gottes lebt, der bewegt sich auch im Geiste Gottes, weil er in Ihm seine Heimat hat.

Nach diesem Gesetz der Anziehung – Gleiches zieht zu Gleichem – findet eine Seele oder ein Mensch mit den Seelen oder den Menschen zusammen, die Gleiches oder Ähnliches in sich tragen, damit sie miteinander bereinigen, was sündhaft ist. So wird ein Verstandesmensch mit Verstandesmenschen zusammentreffen, die Gleiches oder Ähnliches in ihrem Bewusstsein gespeichert haben und bewegen. Ein Gefühlsmensch trifft sich wieder mit Gefühlsmenschen. Wenn sie gemeinsam etwas zu bereinigen haben, so wird ihnen durch die Zusammenführung die Möglichkeit dazu gegeben.

Auf diese Weise findet auch der göttliche Aspekt wieder zum göttlichen Aspekt. Das heißt, Seelen und Menschen, die gleiche oder ähnliche Anlagen des Inneren Lebens haben, finden sich, um sich gegenseitig zu helfen und zu dienen und immer mehr das Innere Leben zu erschließen, das Leben, welches alles eint. So findet Form zu Form. Denn jede Form strahlt ihren Bewusstseinsstand aus und wird vom Inneren Leben bestrahlt, auf dass sich Substanz und Form zur nächsthöheren geistigen Form zu erheben vermögen.

Staub findet wieder zur gleichen Substanz, Staub, und lebt als Kraft und Bewusstsein in Gott, der auch im Staubkorn lebt, der es zur Evolution anregt und es zur nächsthöheren geistigen Form führt.

Gleiches verbindet sich mit Gleichem. In der materiellen Welt verbinden sich die Menschen, in den Seelenreichen die Seelen – und im ewigen Sein verbindet sich alles, was sich in der geistigen Evolution befindet: geistige Mineralien, Pflanzen, Tiere und Naturwesen.

Gott, der ewige Vater, schuf und schafft aus dem ewigen Geiste, dem Vater-Mutter-Prinzip, männliche und weibliche Prinzipien, die Söhne und Töchter Gottes, die Geistwesen, die aus Seiner Liebe und Weisheit, aus der einen Quelle, Gott, hervorgingen und hervorgehen.

Als das Fallgeschehen nahezu an seinen tiefsten Stand gekommen war, ging Ich, der Sohn, der Mitregent der Himmel, auf die Erde, um den Menschen die Erlösung zu bringen. Im „Vollbracht", das Ich am Kreuze durch

Meinen Erdenkörper, Jesus, sprach, geschah das Heil in allen Seelen: Mein Erbe, die Teilkraft der Urkraft, teilte sich in Funken auf und gebar sich in alle Seelen ein. Der Erlöserfunke begann in jeder Seele zu leuchten und ist ihr seither Stütze und Heil.

Bevor Ich, Christus, die Himmel verließ, um als Jesus von Nazareth zu wirken, wurde im Thronsaal des Ewigen Mein gewaltiges, machtvolles Werk der Erlösung beschlossen.

Viele Söhne und Töchter Gottes brachten einen Teil ihres geistigen Lichtpotentials in den Erlöserauftrag ein und haben damit Anteil am Werk der Erlösung. Das Erlöserwerk führt alle Seelen zurück, holt sie also heim in ihr Inneres, so dass nach dem Hinscheiden des irdischen Leibes das Wesen aus Gott wieder in Gott, in das Gesetz des Lebens und der Liebe, einzugehen vermag.

Die Söhne und Töchter Gottes gebaren sich in verschiedene Geschlechter ein, an erster Stelle in das Geschlecht David. Es ist führend im Werk der Erlösung. Allen voran geht die göttliche Weisheit. Sie ist die dritte Wesenheit Gottes, vertreten durch den Cherub der göttlichen Weisheit, den dritten Gesetzesengel.

Wie Ich schon offenbart habe, ist das weibliche Prinzip des Trägers der göttlichen Weisheit im Erdenkleid, das männliche Prinzip im Geistkleide. Beide – das weibliche Geistdual im Erdenkleid und das männliche Geistdual im

Geiste – tragen mit Mir, Christus, die Hauptverantwortung für das Werk der Erlösung und gehen den Söhnen und Töchtern Gottes voran, die im Auftrag der Erlösung stehen. Sie alle haben die Aufgabe, die Menschen den Weg zu Gott zu lehren, sie zu unterweisen, die Gesetze des Ewigen zu lieben und zu halten – und in allem Gott zu gehorchen. Damit finden die Menschen zum Erlöserfunken in ihrer Seele und bringen ihn immer mehr zum Leuchten. Er ist ihnen dann Leuchte auf dem Weg ins ewige Sein. Es ist der Christus Gottes, der im Vater lebt.

So geschah und geschieht es. In einer gesetzmäßigen Reihenfolge gebaren sich die Söhne und Töchter, die im Auftrag des Erlöserwerkes standen und noch immer stehen, in die Geschlechter dieser Erde ein, allen voran das Dualpaar der göttlichen Weisheit.

Im Alten Bund gingen die ersten Züge – die ersten Söhne und Töchter, die im Auftrag des Erlöserwerkes stehen – aus den Himmeln zur Erde und zur Einverleibung. Sie bereiteten Mir, Christus, die Wege zu den Menschen. Zuerst kam das männliche Prinzip, der Cherub der göttlichen Weisheit, als Prophet auf diese Erde und kündigte das Kommen des Erlösers an.

Dem Menschen im Erdenkleid nicht bewusst, wurden einige der Söhne und Töchter Gottes dem Propheten zur Seite gestellt, um im Alten Bund gemeinsam mit ihm das zu bewirken, was vom Geiste Gottes her für die damalige Zeit vorgesehen war. Als ihr Erdendasein zu Ende war, kamen einige dieser Söhne und Töchter Gottes aus den ersten Zügen, die sich kaum belastet hatten, wieder zurück in das ewige Sein vor des Vaters Thron, voran das männliche Prinzip der göttlichen Weisheit, der Cherub, der dem Ewigen auf Erden als Prophet gedient hatte.

Der Auftrag im Erlöserwerk blieb und bleibt jedoch als Siegel für die Neue Zeit in den beiden Prinzipien der göttlichen Weisheit – das heißt: bis zur Erfüllung des Auftrages unauslöschlich eingeprägt –, ebenso in allen Söhnen und Töchtern Gottes, die im Auftrag stehen.

Einige von ihnen, die ihr Erdenkleid abgelegt hatten, sammelten sich in den Stätten der Reinigung wieder zu weiteren Zügen – zusammen mit denen, die nun von den Himmeln kamen –, um erneut in das Erdenkleid zu gehen. Es gingen immer wieder Züge der Söhne und Töchter Gottes zur Einverleibung, darunter auch viele, die ihre Aufgabe in den ersten Einverleibungszügen nicht erfüllt hatten.

Im Wechsel der Einverleibungen ergaben sich Belastungen. Einige erfüllten einen Teil ihres Auftrages, andere wiederum belasteten sich. Sie kehrten wieder zurück in die Seelenreiche und hielten sich als Seelen nun in den jeweiligen Bereichen auf, die ihrem Bewusstseinsstand entsprachen.

Immer neue Züge von Söhnen und Töchtern Gottes formierten sich, um Mir, dem Christus, die Wege auf der Erde zu bereiten. Schließlich sammelte sich der entscheidende Zug für das Erlöserwerk: Ich, Christus, der Sohn Gottes, der Mitregent der Himmel, kam ins Erdenkleid und mit Mir viele Söhne und Töchter Gottes, um Mir zu dienen und zu helfen. Viele von ihnen waren in Meinem Gefolge; sie hatten sich in römische und jüdische Familien einverleibt. Viele dieser Söhne und Töchter Gottes waren durch ihre Vorinkarnationen bereits belastet und erkannten nun im Erdenkleid das große Geschehen nicht. Dennoch brachte Ich den Menschen einen Teil Meines göttlichen Erbes. Ich ward getragen vom Vater und von den Boten des Lichtes und von den wenigen Söhnen und Töchtern im Erdenkleid, die Mich, ihren Bruder und Erlöser, den Erlöser der Menschheit, erkannten.

Nach Meiner Rückkehr zum Vater als Mitregent der Himmel und Erlöser der Menschheit ging der nächste geistige Zug ins Erdendasein. Wieder sammelten sich in den Stätten der Reinigung Söhne und Töchter Gottes mit Söhnen und Töchtern Gottes aus den Himmeln, um gemeinsam zur Einverleibung zu gehen. Allen voran kam mit diesem Zug das weibliche Prinzip der göttlichen Weisheit. Nach dem Hinscheiden ihrer Körper gingen auch diese Seelen wieder entweder in die Seelenreiche oder in lichtere Bereiche.

So kamen und kommen die Söhne und Töchter Gottes Zug um Zug zu den Menschen, um sie in den Gesetzen des Lebens zu unterweisen, auf dass sie Gott lieben, Ihm gehorchen, damit sie in Christus heimfinden zu Gott, ihrem und unserem Vater. Jedesmal brachten sie auch den

Gedanken des Reiches Gottes auf die Erde, so dass er allmählich auf Erden Form und Gestalt annimmt: Es ist das Friedensreich Jesu Christi. Allen voran kam immer wieder das weibliche Prinzip der göttlichen Weisheit im Zusammenwirken mit ihrem Geistdual, dem Positiv der göttlichen Weisheit, das im Geistkleide war und ist, um den Söhnen und Töchtern Gottes weiter die Wege zu bereiten.

Seit Meinem Erdendasein sind nun nahezu zweitausend Jahre vergangen. Ganz allmählich vollzieht sich der Wille des Ewigen in und durch die Söhne und Töchter Gottes: Mehr und mehr erfüllen sie auf Erden das, was im Auftrag der Erlösung steht: mit Mir, Christus, alle Menschen zu lehren, die Gesetze des Lebens und der Liebe zu halten, um frei zu werden für das Reich Gottes. Die Söhne und Töchter Gottes, die im Auftrag der Erlösung stehen, kommen und gehen, bis sich erfüllt hat, was Ich, der Christus, verheißen habe: e i n e Herde und e i n Hirte, e i n Volk in Mir, dem Christus, e i n Reich auf Erden, das Reich des Ewigen.

Der Auftrag des Sohnes, der Ich Bin, ist, alles heimzuholen, was verloren schien. Dieser Auftrag ist in den Herzen jener, die Mir im Werk der Erlösung dienen.

Erkennet: So lange, bis das gesamte Erlöserwerk erfüllt ist – sowohl auf Erden als auch in den Stätten der Reinigung –, stehen alle diese Söhne und Töchter Gottes, voran die göttliche Weisheit, im Erlöserauftrag.

In Mir, dem Christus, findet jede Seele zum Vater.

„Viele Völker haben ihre Tage gesehen. Unter verschiedenen Namen haben sie sich ihnen geoffenbart, und die Völker haben sich in ihrem Lichte gefreut; und gerade jetzt kommen sie wieder zu euch, doch Israel nimmt sie nicht auf", bedeutet: Die Söhne und Töchter Gottes kamen, voran die göttliche Weisheit, sowohl im Alten als auch im Neuen Bund und sind in der heutigen Zeit wieder unter den Menschen, um als Pioniere für die Neue Zeit zu wirken.

Die Zeitenwende ist angebrochen von der alten, sündhaften Welt zum Neuen Zeitalter des Lichtes und der Liebe. Ganz allmählich wird das Leben in Mir, dem Christus Gottes, erblühen.

Weil Israel Mich, den Sohn Gottes, und die weiteren Söhne und Töchter Gottes, die im Auftrag der Erlösung standen und stehen, nicht aufgenommen hat, ersteht nun Israel in einem anderen Land und dort auch das Neue Jerusalem.

12. Und dann sprach Jesus zu Maria Magdalena: „Es stehet geschrieben im Gesetze, wer Vater und Mutter verlässet, den lasset des Todes sterben. Das Gesetz aber spricht nicht von den Eltern in diesem Leben, sondern von dem innewohnenden Licht, welches in uns ist bis zum heutigen Tage. (Kap. 64, 12)

Ich, Christus, erkläre, berichtige
und vertiefe das Wort:

Der Sinn der Worte „... wer Vater und Mutter verlässet,
den lasset des Todes sterben" ist folgender: Der Vater-
Mutter-Gott ist jedem Geistwesen und jedem Menschen
Ur-Vater und Ur-Mutter. Er ist das innewohnende Licht.
Wenn der Mensch es verlässt, indem er wissentlich sündigt, so ist er ein geistig Toter. Er wird so lange in den
Schatten seines Ichs ruhelos umherziehen, bis seine Seele
erwacht und die Wiedergeburt im Geiste Gottes anstrebt,
um sich wieder mit dem Vater-Mutter-Gott zu vereinen.

*13. Wer also sich von Christus, dem Erlöser, lossagt,
von dem heiligen Gesetz und der Gemeinschaft der Auserwählten, die lasset Todes sterben. Ja, lasset sie in der
äußeren Finsternis verloren sein; denn so haben sie es
gewollt, und niemand kann sie hindern." (Kap. 64, 13)*

Ich, Christus, erkläre, berichtige
und vertiefe das Wort:

Diese Worte besagen: Wer sich von Mir, dem Christus,
lossagt, sagt sich vom ewigen Gesetz, von Gott, los und
von der Gemeinschaft derer, die Seinen Willen tun. Er wird
so lange in der Finsternis bleiben und geistig tot sein, bis
er das Licht der Welt sucht, das Ich in ihm Bin.

Jede Seele und jeder Mensch hat den freien Willen, Gottes Gesetze zu erfüllen – oder in der Finsternis zu wandeln. Da der geistige Leib – im Zustand der Belastung Seele genannt – aus Gott ist, so wird für jede Seele die Zeit kommen, in der sie das annehmen und erfüllen wird, was sie frei macht: das Gesetz der Liebe und des Lebens. Wenn jedoch Seele und Mensch in der Finsternis wandeln wollen, so haben sie nach dem Gesetz des freien Willens auch das zu tragen, was sie in der Finsternis verursacht haben: die Wirkungen ihrer Saat.

Das Gesetz der Gerechtigkeit besagt: Jeder hat den freien Willen, das Göttliche anzunehmen oder abzulehnen. Doch jeder hat das, was er geschaffen hat, selbst zu tragen.

Die Worte „verloren sein" bedeuten: Lasst eurem Nächsten den freien Willen – und zwingt ihn auch nicht, das Göttliche anzunehmen, das ihn frei macht. Die göttlichen Gesetze sollen den Menschen gelehrt werden; ob er sie jedoch anwendet und wann er davon Gebrauch macht, das soll ihm überlassen bleiben. Wer das beachtet, der erfüllt den Willen Gottes, der lautet: Jeder soll frei annehmen, was göttlich ist. Wer seinen Nächsten dazu zwingt, handelt gegen Gottes Gerechtigkeit, Liebe und Freiheit.

65. KAPITEL

Die letzte Salbung durch Maria Magdalena – Die Vorbereitung des Verrats

Über das wahre Geben und die Hilfe für die Armen - Die Schatten des menschlichen Ichs hindern, das Licht Gottes zu schauen; der Mensch spricht dann von „Geheimnissen Gottes" (1-10)

1. Und am Abend des Sabbats vor dem Passahfeste war Jesus in Bethanien und ging in das Haus Simons, des Aussätzigen, wo man Ihm eine Abendmahlzeit bereitete. Und Martha bediente, während Lazarus einer von denen war, welche mit Ihm bei Tische saßen.

2. Und es kam Maria, genannt Magdalena, die hatte ein Alabastergefäß mit einer sehr köstlichen und teuren Salbe von Nardenöl. Sie öffnete das Gefäß und goss das Salböl Jesus auf das Haupt und salbte Seine Füße und trocknete sie mit ihrem Haupthaar.

3. Da sagte einer von Seinen Jüngern, Judas Ischariot, welcher Ihn verraten sollte: „Wozu diese Verschwendung von Salböl? Man hätte es teuer verkaufen und das Geld den Armen geben können." Dieses sagte er aber nicht aus Sorge für die Armen, sondern weil er von Eifersucht und Habgier erfüllt war und er den Beutel hatte und das Geld verwaltete. Und sie murrten über Magdalena.

4. Jesus aber sprach: „Lasset sie in Frieden! Was beunruhigt ihr sie? Sie hat alles getan, was sie konnte. Sie voll-

brachte ein gutes Werk an Mir. Arme habet ihr allezeit bei euch, Mich aber habet ihr nicht allezeit. Sie hat Meinen Leib gesalbt zu Meinem Begräbnis.

5. Wahrlich, Ich sage euch, wo immer dieses Evangelium gepredigt wird in aller Welt, da wird auch das berichtet werden zu ihrem Gedächtnis, was sie getan hat."

6. Da trat Satan in das Herz des Judas Ischariot, und er ging seinen Weg und beriet vertraulich mit den Hohenpriestern und Ältesten, wie er Ihn verraten könne. Und sie waren froh und vereinbarten mit ihm dreißig Silberlinge, den Preis für einen Sklaven. Er versprach es ihnen und suchte eine Gelegenheit, Ihn zu verraten.

7. Und zu dieser Zeit sprach Jesus zu Seinen Jüngern: „Predigt allen in der Welt und saget: Strebet danach, die Geheimnisse des Lichtes zu empfangen und in das Reich des Lichtes einzugehen, denn jetzt ist die Zeit dafür gekommen, und jetzt ist der Tag der Erlösung.

8. Schiebet es nicht auf von einem Tag zum andern, von einem Umlauf (des Wiedergeburtsrades) zum anderen und von Äon zu Äon, im Glauben, dass es euch bei der Rückkehr in diese Welt dann gelingt, die Geheimnisse zu gewinnen und einzutreten in das Reich des Lichtes.

9. Denn ihr wisset nicht, wann die Zahl der vollkommenen Seelen erfüllt sein wird. Denn dann werden die Tore des Lichtreiches geschlossen werden, und von da an wird niemand mehr in der Lage sein, hineinzugehen, noch wird jemand herausgehen.

*...euch, dass ihr eintretet, solange der Ruf
...r die Zahl der Vollendeten besiegelt und voll-
...st und das Tor geschlossen wird."* (Kap. 65, 1-10)

Ich, Christus, erkläre, berichtige
und vertiefe das Wort:

Wie oft hört ihr in dieser Welt: Man hätte es „verkaufen und das Geld den Armen geben können". Jeder, der diese Worte gebraucht, sollte sich die Frage stellen, wie ehrlich er dies meint, wieviel er selbst zur Hilfe für die Armen beigetragen hat.

Es genügt nicht, den Armen Almosen zu geben, wie es die Pharisäer tun, um von den Leuten gesehen zu werden.

Das wahre Geben besteht darin, das Gesetz der Liebe und des Lebens zu erfüllen. Dann ist eine Gabe kein Almosen, sondern eine echte Hilfe. Mit ihr findet die arme Seele im armen Körper zu dem Gesetz „Bete und arbeite" und wird im Herzen reich. Dann wird auch der Mensch alles empfangen, was er benötigt, um als Kind Gottes zu leben.

Wo also das Evangelium der Liebe und des Lebens zuerst gelebt und dann gelehrt wird, dort werden die Armen, die es annehmen und erfüllen, in ihren Herzen reich, und auch der arme Mensch wird das empfangen, was er zum Leben als Kind Gottes benötigt. Die Erfüllung des Evangeliums bewirkt die wahrhaft guten Werke.

771

Die Worte „Strebet danach, die Geheimnisse des Lichtes zu empfangen" besagen: Die Schatten des menschlichen Ichs umhüllen das Licht und hindern den Menschen, das Licht Gottes zu schauen. Deshalb spricht der Mensch von den Geheimnissen des Lichtes, da er es noch nicht zu schauen vermag. Wer hinter die Geheimnisse schauen möchte, der muss zuerst seine Schatten ansehen und das, was er erkannt hat und was zu den Schatten geführt hat, beheben, damit er zum Lichte Gottes findet und in das Reich Gottes eingehen kann.

Daher verschiebt das, was ihr an Menschlichem erkannt habt, nicht von einem zum anderen Tag, von einem „Umlauf" zum anderen, von einem Äon zum anderen, in der Meinung, dass ihr es noch in einem der nächsten Erdenleben bereinigen könnt. Denn wer von euch weiß, wann das Wiedergeburtsrad für schwerbelastete Seelen stillsteht und die Tore für solche Einverleibungen geschlossen werden?

Erkennet: In diesem Erdendasein sollt ihr euch bemühen, die Gesetze Gottes zu erfüllen. Schiebt also die Verwirklichung des heiligen Lebens nicht von einem auf den anderen Tag und sagt, es werde euch nach diesem Erdenleben in einer weiteren Einverleibung besser gelingen, die Gesetze Gottes zu erfüllen und die Schleier zu durchdringen, welche euch das Licht und das Leben nicht schauen lassen.

Erkennet: Der Mensch spricht so lange von den Geheimnissen Gottes, wie er selbst noch Geheimnisse vor seinen Mitmenschen hat. Wer jedoch die Vollkommenheit anstrebt, der hat vor seinen Mitmenschen keine Geheimnisse, weil das Gesetz Gottes, das er erfüllt, in sich nichts Geheimes birgt.

Wer die Gesetze der Liebe und des Lebens erfüllt, der ist ein offenes Buch, und ihm ist auch alles offenbar.

Gottes Gnade wirkt heute verstärkt in dieser Welt. Er, der Allmächtige, hat allen Seelen und Menschen noch einmal eine Zeitspanne und damit die Möglichkeit gegeben, alles gutzumachen, was unlauter ist.

66. KAPITEL

Lehren über die Vollkommenheit

Das wahre Leben ist Leben in Gott (1-3).
Die reinen Wesen leben in All-Einheit; sie sind eins - Die Polari-
tät als Einheit in Gott - Maria Magdalena, ein Vorbild des emp-
fangenden Prinzips - Alles Sein ist auf Polarität aufgebaut (4-11).
Die Drei-Einheit: Geist, Seele und Mensch - Wann kommt das Reich
Gottes auf die Erde? (12-13)

1. Und abermals lehrte Jesus sie und sprach: „Gott hat Zeugen erwecket für die Wahrheit in jedem Volk und jedem Zeitalter, dass alle den Willen des Ewigen hören und ihn tun, um danach als Regenten und Mitarbeiter in das Reich Gottes einzugehen.

2. Gott ist Kraft, Liebe und Weisheit, und diese drei sind eins. Gott ist Wahrheit, Güte und Schönheit, und diese drei sind eins.

3. Gott ist Gerechtigkeit, Wissen und Reinheit, und diese drei sind eins. Gott ist Glanz, Mitleid und Heiligkeit, und diese drei sind eins. (Kap. 66, 1-3)

Ich, Christus, erkläre, berichtige
und vertiefe das Wort:

In Gott ist alle Substanz, und alle Kräfte des Alls sind in dem Einen, Gott.

So, wie Gott die Kraft aller Kräfte des Alls ist, so besitzen alle Wesen aus Gott die Kräfte des Alls. Nicht der irdische Leib besitzt diese Kräfte, sondern der reine Geistleib im Innersten der einverleibten Seele.

Im Geiste bedeuten „Mann" und „Frau" das gebende und das empfangende Prinzip. Zugleich sind sie Sohn oder Tochter Gottes und Vater oder Mutter. Beide sind eins in ihrer gebenden und empfangenden Strahlung und auch eins in Gott, im Gesetz des Lebens.

Die Vollkommenheit kennt weder Dein noch Mein. Alles Sein ist für jedes reine Wesen auch das Seine, denn es kennt kein persönliches Eigentum. Was das eine reine Wesen besitzt, das besitzt auch das andere. Sie sind sich nicht nur in allem eins – sie sind eins. Aus der All-Einheit strömen die Fülle und der innere Reichtum.

Jede Seele und jeder Mensch, der eins ist mit Mir, dem Christus, ist auch mit Mir eins im ewigen Vater. Er ist ein Auserwählter und bildet mit vielen Auserwählten die Ge-

Zu allen Zeiten sandte der Ewige Boten in diese Welt, die von der Wahrheit Zeugnis gaben und den Menschen Zeugnis brachten, dass die Wahrheit, so sie gelebt wird, Leben verleiht. Denn das wahre Leben ist Leben in Gott.

Das Wort „Mitleid" bedeutet im Gesetz Gottes der Liebe und des Lebens: mit-leiden, mit-fühlen und Verständnis haben für alle Menschen und Seelen und für jegliche Kreatur.

4. Und diese vier Dreieinheiten sind eins in der verborgenen Gottheit, dem Vollkommenen, dem Unendlichen, dem Einzigen.

5. So wie in jedem Manne, welcher vollständig ist, drei Personen sind, der Sohn, der Gatte und der Vater, und diese drei sind eins.

6. So wie in jedem Weibe, das vollständig ist, diese drei Personen sind, die Tochter, die Braut und die Mutter, und diese drei sind eins. Und der Mann und die Frau sind eins ebenso wie Gott eins ist.

7. So ist es auch mit Gott, dem Vater, in welchem weder Männliches noch Weibliches und in welchem beides ist und jedes dreifältig, und alle sind eins in der verborgenen Einheit.

8. Wundert euch nicht darüber, denn so wie oben, so ist es unten, und wie unten, so ist es oben, und das, was auf Erden, ist so, weil es im Himmel so ist.

9. Und Ich sage euch abermals: Ich und Meine Braut sind eins, so wie Maria Magdalena, die Ich erwählt und

Ewigen. Damit gab Ich Zeugnis, dass vor Gottes Angesicht Frau und Mann gleich sind als Einheit und Polarität in Ihm.

Die Seele von Maria Magdalena kam Meiner Seelenstrahlung sehr nahe. Sie lebte als lebendiges Vorbild der geistigen Frau, des empfangenden Prinzips, in Mir und Ich als das lebendige gebende Prinzip in ihr. So ist sie in Mir der geheiligte Aspekt Gottes, das empfangende Prinzip. In Jesus von Nazareth war sie in Mir, und sie ist in Mir, dem Christus – und wir sind in Gott. Sie ist das lebendige Vorbild für die Frauen dieser Erde als empfangendes Prinzip, welches auch die Aspekte des gebenden Prinzips in sich trägt.

Maria Magdalena erwartete nichts. Sie war in Mir, dem Jesus, und ist mit Mir und in Mir ewiglich. Denn alle himmlischen Kräfte, Geben und Empfangen, vereinen sich in allem Sein, in jedem Geistwesen, in den Gestirnen und in den Naturreichen, denn alles Sein ist auf Polarität aufgebaut. Alles Sein ist substantielles Leben, ist Gott in allem.

Erkennet: Alles, was die Erde an Licht und Kraft aus Gott trägt, ist von Gott zur Erlösung der Seelen, der Menschen und der Erde gegeben.

Gott, die All-Einheit, die Liebe und Weisheit, atmet Sein Ich Bin in jedem Äon, in jedem neuen Schöpfungsakt. Und was der Ewige in diese Welt hineingeatmet hat, ist wieder Er selbst, alles in allem. Die reinen Kräfte der Erde sind

778

11. Und diese zwei Dreieinheiten sind eins im Ewigen und sind bezeuget in jedem Mann und jedem Weibe, welche vollkommen geworden sind und ewig von Gott geboren werden und sich im Lichte erfreuen und immerdar aufgehoben und eins gemacht werden mit Gott, und die immerdar Gott empfangen und hervorbringen zur Erlösung der vielen. (Kap. 66, 4-11)

Ich, Christus, erkläre, berichtige
und vertiefe das Wort:

Die Worte der Menschen sind Symbole. Die Worte „Mann" und „Frau" werden von den Menschen zunächst auf das Geschlecht bezogen. Sie sollten hier jedoch auch als das Dualprinzip der Himmel, in denen alles geschlechtlos ist, verstanden werden.

auch die reinen Kräfte der Himmel. So, wie die reinen Kräfte, das reine Sein, als Substanz auf der Erde wirken, so wirken sie allumfassend im ewigen Sein.

12. Das ist das Geheimnis der Dreieinheit in der Menschheit, über dies muss in jedem Menschenkinde sich das Geheimnis Gottes erfüllen, das Licht zu erschauen, Leiden zu erdulden für die Wahrheit, in den Himmel aufzusteigen und den Geist der Wahrheit auszusenden. Dies ist der Pfad der Erlösung; denn das Reich Gottes ist inwendig."

13. Da sprach einer zu Ihm: „Herr, wann wird das Reich Gottes kommen?" Und Er antwortete und sprach: „Wenn das, was außen ist, sein wird wie das, was innen ist, und das, was innen ist, wie das, was außen ist, und das Männliche und das Weibliche weder männlich noch weiblich, sondern beide eines. Die Ohren haben zu hören, sollen hören." (Kap. 66, 12-13)

Ich, Christus, erkläre, berichtige
und vertiefe das Wort:

Die Drei-Einheit in der Menschheit ist: der Geist, die Seele und der Mensch. Ohne den Geist und ohne die Seele kann der Mensch nicht atmen. Der Atem ist Leben. Gott ist der Odem, das Leben, der Geist, der durch die Seele und den Menschen atmet und so die ganze Menschheit erhält.

Damit der Mensch sich wandelt und zu seinem wahren Sein findet, lehre Ich den Pfad der Liebe. Wer diesen Pfad zur inneren Erleuchtung beschreitet, der legt ganz allmählich seine Leidenschaften und Begierden ab. Dann spricht er Worte des Lebens und handelt so, wie er wieder geworden ist: göttlich. Dann erst ist der Mensch gewandelt. Sein Äußeres ist zu seinem wahren Sein, zum Inneren, geworden.

Erst dann, wenn der Mensch sich im Lichte der Wahrheit gewandelt hat, kommt das Reich Gottes auf diese Erde. Denn wenn das Äußere wie das Innere und das Innere wie das Äußere geworden ist, dann erfüllt der Mensch Gottes Werke, und das Leben auf der Erde ist dann das Leben in Gott. Dann sind Frau und Mann, das Männliche und das Weibliche, eins und die Polarität in Gott. Das positive und das negative Prinzip – also die gebenden und die empfangenden Wesen – leben dann bewusst als Kinder Gottes.

67. KAPITEL

Einzug in Jerusalem –
Das Endgericht

*Hosianna - Kreuziget Ihn: Wer nur an sein eigenes
Wohl denkt, ist wankelmütig - Der Mensch soll Gott in jeder geschaffenen Form, deshalb auch im Nächsten, achten, sonst wird
er zur Linken Christi stehen (1-10). Die Abtragung und Reinigung schwerstbelasteter Seelen (11). Was ihr einem der Geringsten nicht getan habt, das habt ihr auch Mir nicht getan (12-14).
Der Evolutionsweg schwerstbelasteter Seelen (15)*

1. Und am ersten Tage der Woche, da sie in die Nähe
von Jerusalem kamen an den Ölberg bei Bethphage und
Bethanien, sandte Er zwei Seiner Jünger aus und sprach
zu ihnen: „Gehet hin in den Ort, der vor euch liegt; und
gleich, wenn ihr hineinkommt, werdet ihr ein Füllen ange-
bunden finden, auf dem noch nie ein Mensch gesessen ist;
bindet es los und bringt es.

2. Und wenn jemand zu euch sagen wird: Warum tut
ihr dies?, so saget, der Herr bedarf seiner. Und sie werden
es hierher lassen."

3. Und sie gingen ihren Weg und fanden das Füllen an-
gebunden an einem Platze, wo zwei Wege sich kreuzten,
und sie banden es los. Und etliche, die da standen, sprachen zu ihnen: „Was machet ihr denn, dass ihr das Füllen

losbindet?" Und sie sagten ihnen, wie Jesus geboten hatte, und jene ließen sie gehen.

4. Und sie führten das Füllen zu Jesus und legten ihre Kleider auf das Tier, und Er setzte sich darauf. Viele aber breiteten ihre Kleider auf den Weg, und andere brachen junge Zweige von den Bäumen und streuten sie auf den Weg.

5. Und die vorangingen und die nachfolgten, riefen laut: „Hosianna, gesegnet seist Du, der da kommet im Namen Jehovas: Gesegnet sei das Reich unseres Vaters David und gesegnet seist Du, der Du kommst im Namen des Höchsten! Hosianna in der Höhe!"

6. Und Jesus zog ein in Jerusalem und in den Tempel, und nachdem Er ringsum alles gesehen hatte, sagte Er dieses Gleichnis zu ihnen und sprach:

7. „Wenn der Menschen Sohn kommen wird in Seiner Herrlichkeit und all die heiligen Engel mit Ihm, dann wird Er sitzen auf dem Thron Seiner Herrlichkeit. Und vor Ihm werden alle Völker versammelt sein, und Er wird sie voneinander scheiden, so wie ein Hirte Seine Schafe von den Böcken trennt. Und Er wird die Schafe zu Seiner Rechten, die Böcke aber zu Seiner Linken stellen.

8. Dann wird der König zu denen zu Seiner Rechten sagen: Kommet her, ihr Gesegneten Meines Vaters, ererbet das Reich, das euch bereitet ist von Anbeginn der Welt. Denn Ich Bin hungrig gewesen, und ihr habt Mich gespeist. Ich Bin durstig gewesen, und ihr habt Mich getränkt. Ich Bin ein Fremdling gewesen, und ihr habt Mich beherbergt.

Ich Bin nackt gewesen, und ihr habt Mich bekleidet. Ich Bin krank gewesen, und ihr habt Mich besucht. Ich Bin gefangen gewesen, und ihr seid zu Mir gekommen.

9. Dann werden Ihm die Gerechten antworten und sagen: Herr, wann haben wir Dich hungrig gesehen und haben Dich gespeist? Oder durstig und haben Dich getränkt? Wann haben wir Dich als Fremdling gesehen und beherbergt? Oder nackt und haben Dich bekleidet? Wann haben wir Dich krank oder gefangen gesehen und sind zu Dir gekommen?

10. Und der König wird antworten und zu ihnen sagen: Siehe, Ich zeige Mich euch in allen geschaffenen Formen, und wahrlich, Ich sage euch: Was ihr getan habt einem der Geringsten unter diesen Meinen Brüdern, das habt ihr Mir getan. (Kap. 67, 1-10)

Ich, Christus, erkläre, berichtige
und vertiefe das Wort:

Mit dem Wort „Füllen" ist die Eselin gemeint, die Mich durch die laut rufende Menge von Juden trug, die ihren irdischen König haben wollten.

Solange der Mensch nur auf sein materielles Wohl bedacht ist, wird er ähnlich denken, reden und handeln wie die Juden, die Mich mit ihren Lippen priesen, in der Hoffnung, Gott würde ihnen, dem sündigen Volk, in Mir einen Menschen senden, der ihre Laster noch bestärkt und für sie das schafft, was ihnen zu einem lasterhaften Leben verhilft: irdische Freuden und Ausschweifungen, Völlerei und Trinkerei – das heißt, ihnen all das möglich macht, wonach sie verlangen.

Die gleichen Juden, die „Hosianna" riefen, „gesegnet sei das Reich unseres Vaters David, und gesegnet seist Du, der Du kommst im Namen des Höchsten", riefen einige Tage später: „Kreuzigt Ihn, gebt Barabbas frei."

Erkennet an ihrer Sprache die Menschen: Wer nur an sein eigenes Wohl denkt, der wird heute den ehren, der ihm dieses ermöglichen könnte, und morgen denselben verwünschen, weil er es ihm nicht ermöglicht hat.

Prüft euch und euer Leben, ob ihr nicht in kleinen und in großen Dingen ähnlich denkt, redet und handelt wie die Juden der damaligen Zeit. Auf diese Weise werden viele zum Judas. Sie werden dafür zu tragen haben – wenn nicht mehr in dieser Einverleibung, dann in den Seelenreichen oder in einer der nächsten Fleischwerdungen; denn was der Mensch sät, das wird er ernten.

Seit nahezu 2000 Jahren ernten die Juden von einer Fleischwerdung zur anderen, was sie damals und auch in ihren weiteren Einverleibungen gesät haben – bis sie ihren Erlöser an- und aufnehmen und das bereuen, was sie verursacht haben.

Erfasset es in euren Herzen: Alles, was Leben trägt, besitzt Gottes Kraft, Liebe und Weisheit, und alles, was lebt, das lebt, weil Gott in ihm wohnt.

Gott ist in allem das Ganze. Seine Kraft ist ungeteilt in allem. Deshalb ist Gott alles in allem. In jeder geschaffenen Form ist Gott, ist Alles-in-allem. Alles, was auf der Erde lebt, jede materielle Form, trägt in sich die geistige Form, das von Gott Geschaffene, und trägt damit alles, was in Gott ist, also Alles-in-allem.

Wer das nicht achtet, ehrt Gott nicht und achtet auch seinen Nächsten nicht. Deshalb hat er ihn nicht gespeist, nicht getränkt, nicht beherbergt, nicht bekleidet und ihm nicht gedient. Wer Gott nicht in jeder Form geachtet hat, der hat auch in seinem Nächsten Gott nicht erkannt, und somit hat er Gott weder an- noch aufgenommen. Sein Stand wird zu Meiner Linken sein.

11. Dann wird Er auch sagen zu denen zur Linken: Gehet hin von Mir, ihr bösen Seelen, in das Äonen währende Feuer, das ihr euch bereitet habt, bis ihr siebenmal gereinigt und von euren Sünden befreit seid. (Kap. 67, 11)

Ich, Christus, erkläre, berichtige
und vertiefe das Wort:

Mit dem Wort „böse" ist die Verderbtheit der Seele gemeint, die alle sieben Grundkräfte Gottes mit schweren Sünden überdeckt hat.

Die Abtragung schwerer Sünden erfolgt im Zyklus der Äonen*, denn eine tief gefallene Seele kann ihre Belastungen oftmals nicht in kürzeren Zeiträumen abtragen. Das würden in vielen Fällen sowohl die Seele in den Stätten der Reinigung als auch der Mensch nicht ertragen können. Zudem ist eine solche Seele an mehrere oder gar an viele Seelen und Menschen gebunden und wird erst dann frei, wenn alle diese ihr vergeben haben. Auch die verschiedenen Leiden, die sie als Mensch ihrem Nächsten zugefügt hat, wird sie am eigenen Seelenleib spüren. Diese Abtragung und Reinigung kann für eine solche Seele die sogenannte Hölle, das Feuer, sein.

12. Denn Ich war hungrig, und ihr habt Mich nicht gespeiset. Ich Bin durstig gewesen, und ihr habt Mich nicht getränkt. Ich Bin ein Fremdling gewesen, und ihr habt Mich nicht beherbergt. Nackt, und ihr habt Mich nicht bekleidet. Krank und gefangen, und ihr habt Mich nicht besucht.

13. Da werden auch sie Ihm antworten und sagen: Herr, wann haben wir Dich hungrig gesehen oder durstig oder als Fremdling oder nackt oder krank und haben Dir nicht gedient?

** Mit dem Wort „Äonen" sind Lichtzyklen oder Energiezyklen gemeint.*

14. Dann wird Er ihnen antworten und sagen: Siehe, Ich zeige Mich euch in allen geschaffenen Formen, und wahrlich, Ich sage euch, was ihr nicht getan habt einem der Geringsten unter diesen Meinen Brüdern, das habt ihr auch Mir nicht getan. (Kap. 67, 12-14)

Ich, Christus, erkläre, berichtige
und vertiefe das Wort:

Die selbstlose Liebe ist das Gesetz des Lebens. Nur wenn seine Werke selbstlos sind, lebt der Mensch bewusst in Gott. Alles andere ist auf den Menschen, auf die eigene Person, bezogen und hat keine Beziehung zu Gott, der die All-Einheit und die Selbstlosigkeit ist. Wer nur seinem Nächsten dient, um von ihm Lohn zu empfangen, der hat seinen Lohn schon und wird von Gott keinen Lohn mehr erhalten.

Alle Lebensformen leben durch das ewig strömende Gesetz, Gott, das Liebe, Leben und Weisheit ist. Wer gegen eine Lebensform in Empfindungen, Gedanken, Worten oder Handlungen verstößt, der verstößt gegen das Gesetz, Gott. Jeder Mensch ist geschaffene Form aus Gott. Alle Gestirne, jeder Stein, jede Pflanze und jedes Tier sind geschaffene Formen aus Gott.

Gott, das Leben, zeigt sich also in allen geschaffenen Formen. Wer nicht allen formgewordenen Kräften Gottes selbstlos dient, der versündigt sich an ihnen und wird das

zu tragen und zu tilgen haben, was er sich damit selbst
auferlegt hat. Was ihr also einem der Geringsten Meiner
Brüder, eurer Nächsten, nicht selbstlos getan habt, das
habt ihr auch Mir nicht getan.

Erkennet: Wer seinem Nächsten Leid zufügt, ihn ausbeutet, ihn um einen geringen Lohn für sich arbeiten lässt
und dadurch Reichtum sammelt, der wird alles das am
eigenen Leibe verspüren, was er an seinem Nächsten verursacht hat.

Ich begegne den Menschen in vielerlei Gestalten und
Formen. Wer das Leben, das Ich in Gestalt und Form Bin,
nicht an- und aufnimmt, der verwirft sein eigenes Leben
und kann es oftmals erst in Äonen des Leidens wieder
finden. Denn keine Seele geht verloren – weil Ich in jeder
Seele Bin: Christus, das Leben.

*15. Und die Grausamen und Lieblosen werden hinweg-
gehen zu einer strengen Strafe für Äonen, und wenn sie
nicht bereuen, werden sie ganz und gar vernichtet werden.
Die Gerechten aber und Barmherzigen werden in das ewige
Leben und den ewigen Frieden eingehen."* (Kap. 67, 15)

Ich, Christus, erkläre, berichtige
und vertiefe das Wort:

Der Begriff „ganz und gar vernichtet werden" ist so
zu verstehen: Seelen, die sich die schwersten Belastun-

gen auferlegt haben, Sünden wider den Heiligen Geist – sich also trotz besseren Wissens gegen das ewige, heilige Leben versündigt haben – und dies nicht bereuen, sondern wissentlich weiter sündigen, werden an ihrem Seelenleibe Schaden nehmen. Da jede Seele ewiges Leben hat, so müssen sich diese Seelen in den geistigen Entwicklungsebenen regenerieren, das heißt ihren geistigen Leib wieder vervollkommnen.

Das gilt auch für Dämonen, die bis zur Auflösung aller materiellen Formen und noch darüber hinaus gegen Mich kämpfen. Als Fallwesen sind sie verantwortlich für das gesamte Belastungspotential und tragen auch entsprechend ab bis zur Beendigung des Falles. Die einzelnen Seelen und Menschen hingegen tragen das ab, was sie verschuldet haben.

All diese schwerbelasteten Seelen werden in den geistigen Evolutionsprozess mit eingereiht, um ihre geistigen Lebenskeime, die Partikel ihres geistigen Leibes, wieder aufzubauen und die geistigen Atomarten wieder auf Mich auszurichten. Ähnlich, wie es im geistigen Evolutionsgeschehen im ewigen Sein abläuft – vom Stein zur Pflanze, von der Pflanze zum Tier und vom Tier zum Naturwesen –, wird es an diesen Seelenkörpern geschehen. Auf diese Weise bauen solche Seelen wieder ihren geistigen Leib auf und treten dann wieder bewusst in die Kindschaft Gottes ein – als Kinder der selbstlosen Liebe. Was ihnen gegeben ist, die Kindschaft aus Gott, ist und wird ihnen nicht genommen.

Ich wiederhole:

Solche schwerstbelasteten Seelen, die Teile ihres geistigen Leibes geschädigt haben, gehen in die geistigen Evolutionsfelder, um das wieder herzustellen, was sie durch Dauerbelastung beeinträchtigt haben. Die Kindschaft in Gott jedoch bleibt ihnen.

68. KAPITEL

Gleichnisse vom göttlichen Gericht

„Das Reich Gottes wird von euch genommen und einem Volke ge-geben werden, das seine Früchte bringt" (1-7). Der Kampf gegen die Gottesboten, die auch leben, was sie lehren (8-10). Ich kam in Jesus und komme als Christus (11). Innere und äußere Würde - Die irdischen Machthaber werden am Eckstein Christus, der zum Schlussstein wird, zerschellen (12-14). Kehrt rechtzeitig um, bevor das Schicksal seinen Lauf nimmt - Menschliche Worte, Begriffe, Maße und ihre Bedeutung sind nur Wegweiser zur Wahrheit (15-20)

1. Und Jesus sagte ein anderes Gleichnis: „Es war ein Hausvater, der pflanzte einen Weinberg und führte einen Zaun darum und grub eine Kelter darin und baute einen Turm und übergab ihn Weingärtnern und zog in ein fernes Land.

2. Und da die Zeit der Reife nahe war, sandte er seine Knechte zu den Weingärtnern, dass sie von den Weingärt-nern die Früchte abholten. Die Weingärtner aber nahmen die Knechte und schlugen den einen und steinigten den zweiten und töteten den dritten.

3. Abermals sandte er zu ihnen andere Knechte, die an-gesehener waren als die ersten, und sie taten ebenso mit ihnen. Zuletzt aber sandte er seinen Sohn zu ihnen und sprach: Meinen Sohn werden sie anerkennen.

4. Da aber die Weingärtner den Sohn sahen, sprachen sie untereinander: Dies ist der Erbe, kommt, lasst uns ihn

töten und sein Erbe in Besitz nehmen. Und sie nahmen ihn, warfen ihn aus dem Weinberg heraus und erschlugen ihn.

5. Wenn nun der Herr des Weinberges kommt, was wird er tun mit diesen Weingärtnern?" Sie sagten zu Ihm: „Er wird diese bösen Menschen elend umbringen und den Weinberg anderen Weingärtnern geben, die ihm die Früchte überbringen werden, wenn sie reif sind."

6. Jesus sprach zu ihnen: „Habt ihr nicht gelesen in der Schrift: Der Stein, den die Bauleute verworfen haben, der ist zum Schlussstein der Pyramide geworden? Dieses ist des Herrn Tun, und es ist wunderbar in unseren Augen!

7. Darum sage Ich euch: Das Reich Gottes wird von euch genommen und einem Volke gegeben werden, das seine Früchte bringt. Und wer auf diesen Stein fällt, der wird zerbrechen, aber auf welchen er fällt, den wird er zu Staub zermalmen." (Kap. 68, 1-7)

Ich, Christus, erkläre, berichtige
und vertiefe das Wort:

Viele Gleichnisse, die Ich als Jesus von Nazareth Meinen Aposteln, Jüngern und dem Volk gab, treffen auch noch auf die heutige Zeit zu.

Die Aussage: „Das Reich Gottes wird von euch genommen und einem Volke gegeben werden, das seine Früchte bringt" galt und gilt den Juden und gilt ebenso den sogenannten „Vertretern Christi".

Heute noch ruft Gott durch Seine Getreuen und durch Seine Propheten, und heute noch mahnt Gott durch sie die „Vertreter Christi", die Früchte des Inneren Lebens zu bringen. Zwar wollten sie Meine Lehre verbreiten, doch beim Wollen ist es geblieben. Da sie keine Früchte des Inneren Lebens aufweisen können, sondern ihre Herzen geistig leer sind, beherrschten und beherrschen sie Macht- und Habgier, töteten sie die Abgesandten Gottes, und sie verspotten und verhöhnen diese auch heute noch.

Jetzt sammle Ich aus allen vier Winden ein anderes auserwähltes Volk, das Gott gehorcht und seine geistigen Früchte bringt, und Ich werde mit ihm das schaffen, was Ich durch viele gerechte Propheten offenbart habe: das Reich Gottes auf dieser Erde.

8. Und da die Hohepriester und Pharisäer diese Gleichnisse gehört hatten, verstanden sie, dass Er von ihnen redete. Doch sie fürchteten sich vor dem Volke, als sie Hand an Ihn legen wollten; denn es hielt Ihn für einen Propheten.

9. Die Jünger fragten Ihn danach um den Sinn des Gleichnisses, und Er sprach zu ihnen: „Der Weinberg ist die Welt, die Weingärtner sind eure Priester, und die Knechte sind die Diener des guten Gesetzes und die Propheten.

10. Wenn die Früchte ihrer Arbeit von den Priestern abverlangt werden, so werden keine gegeben, doch sie misshandeln die Abgesandten, welche die Wahrheit Gottes lehren, so wie sie es von Anbeginn an getan haben. (Kap. 68, 8-10)

Ich, Christus, erkläre, berichtige
und vertiefe das Wort:

Was einst war, ist auch heute gegenwärtig! Der Weinberg ist die Welt; in ihr meinen noch immer die Priester, bestimmen zu können. Doch die Zeit ist herbeigekommen, in welcher die wahren Diener und Dienerinnen und wahre Propheten wirken und die Menschen das Leben aus Gott lehren und es ihnen vorleben, auf dass die Reben Mir, dem Christus, die wahren Früchte bringen: sich selbst.

Erkennet: Immer wieder sind es die gleichen – die Gottlosen, Priester, Schriftgelehrten und Pharisäer –, welche jene Männer und Frauen richten, die Gott gesandt hat. Das ganze Bemühen der Gottlosen ist, die Wahrheit zum Schweigen zu bringen. Doch wer glaubt, die Wahrheit auslöschen zu können, dem sei gesagt, dass auch die Steine reden.

Zu allen Zeiten unternahmen die Gottlosen die ersten Schritte gegen die gerechten Männer und Frauen. Jene, die den Kirchenmännern hörig sind, blasen dann in deren Horn, zerstören und vernichten, was deren Drang nach Ansehen und Reichtum entgegensteht.

Menschen, die nur in ihre eigenen Scheunen sammeln, können keine Früchte der Selbstlosigkeit vorzeigen. Deshalb spricht Gott das Ichbezogene, das Eigennützige, das Machtstreben und die Habgier an durch Seine Knechte und Mägde, durch Propheten und durch erleuchtete Männer und Frauen. Wenn diese dann den Satan der Sinne in den Menschen anprangern, bäumt er sich auf und stellt sich gegen die Gottesboten.

11. Und wenn der Menschensohn kommen wird, der Christus Gottes selbst, sammeln sie sich gegen den Heiligen und schlagen Ihn und werfen Ihn aus dem Weingarten; denn sie haben nicht die Dinge des Geistes gewirkt, sondern suchten ihren eigenen Genuss und Gewinn, indem sie das heilige Gesetz verworfen haben. (Kap. 68, 11)

Ich, Christus, erkläre, berichtige
und vertiefe das Wort:

Ich, der Christus Gottes, kam in Jesus zu ihnen und komme als Christus zu ihnen. In vielerlei Gestalten hätten sie Mich schauen und erfahren können, denn Ich Bin im Vater-Mutter-Gott das Leben in allen Lebensformen.

Ich kam und komme zu ihnen auch mit Meinem heiligen Wort, das die ewige Wahrheit ist. Ich ermahnte und ermahne sie durch Gottespropheten, die Gesetze Gottes zu halten. Doch sie hörten und hören nur auf die Einflüsterungen desjenigen, dem sie sich verschrieben haben. Dieser verführt und führt sie, und so waren und sind sie nur auf ihren eigenen Genuss und Gewinn bedacht. Auf diese Weise haben sie das Gesetz, Gott, verworfen und verwerfen es bis hin zu dieser Generation.

Hätten sowohl die Regierenden aller Völker als auch die Machthaber der kirchlichen Institutionen Mich, den Eckstein und den First, an- und aufgenommen, so wären sie Diener des lebendigen Heils; sie wären ihrem Nächsten gleichgestellt und wären keine Hochgestellten. Wer sich höher dünkt als seine Nächsten, der wird fallen. So werden alle Hochgestellten am Eckstein, der zum Schlussstein wird, zerschellen. Alles wird offenbar werden. Das ist das Gesetz der Gerechtigkeit, das alles enthüllt.

Gott, der Ewige, hat immer wieder Menschen gerufen, selbstlose Diener aller Seiner Kinder zu sein, damit alle Menschen selbstlos werden und sich alle einen in der selbstlosen Liebe. Gott, der Ewige, hat ihnen die Gesetze des inneren Heils verkündet, auf dass sie ein engelgleiches Leben führen, um wie die Engel im Himmel auf Erden zu wirken. Sie haben diese Gesetze nur angenommen, jedoch in ihrem Dasein nicht verwirklicht. Sie missbrauchten die Wahrheit für ihre Zwecke und haben im Namen des Allerheiligsten eine Hölle des Lasters geschaffen, in welcher viele Menschen in Meinem Namen gehalten werden. Im blinden Glauben an das Gute bringen diese ihre Taler als Opfer dar, die dann jedoch zum großen Teil von den Verantwortlichen für eigensüchtige Zwecke verwendet werden.

Alles das und weit mehr bringt das Gesetz Gottes, die Gerechtigkeit, Liebe und Weisheit, an den Tag. Daran werden jene zerschellen, die das Volk blind gehalten haben. Das Volk soll seine falschen Führer erkennen und aus

Erkenntnis freiwillig umkehren; denn jedem Menschen ist der freie Wille gegeben.

Weil der Eckstein zum Schlussstein wird, werden vielen die Augen geöffnet, und sie werden erkennen, wem sie gefolgt sind. Dann werden viele den äußeren Prunk und Reichtum verlassen und niederreißen. Auf diese Weise vergehen die Machtstrukturen, die sich an Blendwerk und äußerem Reichtum hochrankten.

Da dieses Buch ein historisches Werk ist, möchte Ich immer wieder die Menschen im Reich Gottes, im Friedensreich Jesu Christi, ansprechen:

Erkennet: In der mächtigen Zeitenwende kämpften die Pioniere mit sich selbst, um frei zu werden von all dem Menschlichen, das ihnen noch anhaftete. Gleichzeitig kämpften sie gegen die Machtstrukturen, die aus dem menschlichen Ich hervorgegangen sind. Sie wussten, dass Ich mit ihnen war, so wie Ich mit euch im Friedensreich Bin. Sie kämpften gegen alles Institutionelle, weil sie wussten: Gott ist die Freiheit und lässt allen Menschen die Freiheit.

Auch innerhalb der Bundgemeinde Neues Jerusalem gab es immer wieder den Reinigungsprozess: Entweder für oder gegen Christus. Jeder hatte den freien Willen, in der Bundgemeinde Neues Jerusalem zu bleiben oder sie zu verlassen. Keiner wurde an eine Aussage oder an ein Versprechen gebunden. Jeder muss sich jedoch für das, was er tut, einzig vor Gott verantworten und nicht vor den Menschen.

Ich, Christus, erkläre, berichtige
und vertiefe das Wort:

Erkennet: Wer rechtzeitig erkennt und bereut, der kann auch rechtzeitig empfangen, bevor das Schicksal seinen Lauf nimmt. Daher kehrt um, bevor ihr in das Rad des Leidens eintretet und das auf euch zukommt, was ihr verursacht habt durch eure Empfindungen, Gedanken, Worte und Werke.

Die Tage sind euch gegeben, auf dass ihr aus dem Verlauf des Tages das herauslest, was euch der Tag vermitteln möchte. So ihr bewusst im Tag lebt und die Tagessprache zu deuten gelernt habt, werdet ihr euch auch darin erkennen; und ihr werdet bereinigen, was euch als Mahnung begegnet, bevor das Schicksal seinen Lauf nimmt.

Als Jesus von Nazareth sprach Ich in vielen Gleichnissen. Außerdem verwendete Ich Zahlen und Maße, um Meinen Getreuen das Reich des Inneren Lebens zu erklären.

Das Wort der Menschen hat mehrere Bedeutungen, und jeder Mensch nimmt nur die Bedeutungen wahr, die er zu begreifen imstande ist, gemäß seinem augenblicklichen Bewusstseinsstand. Deshalb solltet ihr euch weder an Worte noch an Bedeutungen, noch an Zahlen und Maße klammern, sondern alle diese als Hilfsmittel, als Wegweiser, erkennen, die euch zum Inneren Leben, zu der Wahrheit, führen, die weder Worte noch Begriffe, noch Zahlen und Maße hat, sondern die Kraft selbst ist, die Liebe und Weisheit – das Allbewusstsein.

Wenn die Seele wieder zum All-Vater-Bewusstsein gefunden hat, also rein ist, dann ist auch dem Menschen vieles bewusst, und er benützt dann die Hilfsmittel nur noch, solange er in der Welt der Worte, Begriffe, Zahlen und Maße lebt.

Da alles Schwingung ist, so hat alles eine Bedeutung. Jedoch auch die Bedeutung der Dinge kann nur dem Sinne nach verstanden werden; sie ist nicht die Wahrheit selbst – diese ist das sich offenbarende Bewusstsein ohne Worte, Begriffe, Zahlen und Maße.

69. KAPITEL

Über Tod, Wiedergeburt und Leben

*Die Wiedergeburt im Geiste Gottes befreit
von der Wiederverkörperung (1-2). Über das Rad der Wiedergeburt -
Die Schattenseelen - Die Seele findet erst Ruhe, wenn alle Sünden
getilgt sind - Sündentilgung auf Erden leichter und schneller als im
Seelenreich (3-4). Das Wort des Menschen ist das Wort des Irrtums
(5-6). Das Wirken des Vater-Mutter-Prinzips in den Dualen (7-10).
Wer guten Willens ist, versteht und erfüllt das Gesetz des Lebens
und wird frei von Irrtümern (11-13)*

1. Als Jesus mit Seinen Jüngern an der Westseite des Tempels saß, siehe, da trugen die Leute einen Toten auf einer Bahre, um ihn zu begraben, und einer sagte zu Ihm: „Meister, wenn ein Mensch gestorben ist, wird er wieder leben?"

2. Und Er antwortete und sprach: „Ich Bin die Auferstehung und das Leben, Ich Bin das Gute, das Schöne, das Wahre, und wer an Mich glaubt, der wird nimmermehr sterben, sondern ewig leben. So wie in Adam alle sterben, so werden alle in Christus wieder lebendig werden. Gesegnet seien, die in Mir sterben und Mir vollkommen gleich geworden sind; denn sie ruhen aus von ihrer Arbeit, und ihre Werke folgen ihnen nach. Sie haben das Böse überwunden und sind zu Pfeilern des Tempels Meines Gottes gemacht worden, und sie gehen nicht mehr heraus; denn sie werden in der Ewigkeit bleiben. (Kap. 69, 1-2)

Ich, Christus, erkläre, berichtige
und vertiefe das Wort:

„... in Adam sterben" heißt, in der Sünde sterben. In Christus auferstehen heißt, von der Sünde entbunden sein durch Reue, Vergebung, Bitte um Vergebung, durch Wiedergutmachung und indem der Mensch gleiche und ähnliche Sünden nicht mehr begeht.

Wer die Reinheit der Seele anstrebt und wer an Mich, Christus, den Erlöser aller Menschen und Seelen, glaubt, der wird bewusst in Mir leben und die Wiedergeburt im Geiste Gottes erlangen. Er geht in das Allerheiligste ein, in Gott, und wird auch in Gott bleiben. Das Wesen, das wieder bewusst zum Ebenbild des Vaters geworden ist, bleibt in den ewigen Himmeln und geht nicht mehr zur Wiederverkörperung in das Fleisch – es sei denn, um dem Ewigen im Erdenkleid zu dienen.

3. Die aber Böses getan haben, für die gibt es keine Ruhe; denn sie werden ein- und ausgehen und durch viele Zeitalter Leid erdulden müssen zu ihrer Besserung, bis sie vollkommen geworden sein werden. Doch die Gutes getan haben und Vollkommenheit erlangt haben, die haben ewige Ruhe, und sie gehen ein in das ewige Leben. Sie ruhen in der Ewigkeit.

4. Über sie haben Tod und Geburt in ihrer Wiederholung keine Macht mehr, für sie dreht sich das Rad des Ewigen nicht mehr, denn sie haben den Mittelpunkt erreicht, wo ewige Ruhe herrscht, und der Mittelpunkt aller Dinge ist Gott." (Kap. 69, 3-4)

Ich, Christus, erkläre, berichtige
und vertiefe das Wort:

Wer in der Sünde stirbt, der wird keine Ruhe haben, weil spätestens in den Stätten der Reinigung die Sünde zum bohrenden Schmerz wird.

Hat die Seele in dieser Einverleibung ihre mitgebrachten Sünden nicht getilgt, sondern auf ihnen weiter aufgebaut, dann haftet sie weiter am Rad der Wiedergeburt und wird von ihm in eine nächste Einverleibung gezogen, da sie sich wegen der Belastung, wegen der Sünde, nicht erheben konnte. Jede Sünde wird nach vorgegebenen Gesetzen reif und drängt dann zur Tilgung. Solange die Seele am Rad der Wiederverkörperung haftet, zieht es sie auch wieder auf die Erde, weil sie dort die Möglichkeit hat, in Kürze das zu bereinigen, was noch erdschwer, also erdverwurzelt ist.

Eine Seele kann mehrere oder gar viele Einverleibungen hinter sich haben. Das kann sich so lange fortsetzen, bis alle die Sünden getilgt sind, welche die Seele immer wieder zur Erde ziehen, weil sie noch erdverwurzelt ist.

Bricht in den Stätten der Reinigung eine Seelenschuld auf, dann kann das für die Seele ein „Feuerofen" sein, in dem sie schmachtet. Viele Seelen erkennen in der Glut der aufgebrochenen Sünde – welche die Seele so schmerzt, wie den Menschen die Wunden am physischen Leib schmerzen –, dass sie erneut die Möglichkeit hätten, als Mensch auf Erden diese Schuld abzutragen und ebenso weitere Sünden, die noch latent liegen. Sie erfahren von Lehrengeln, dass in einer weiteren Einverleibung die Möglichkeit besteht, die Belastungen der Seele rascher und leichter abzutragen und sich von dem Leid, das durch die Sünde entstanden ist, schneller zu befreien.

Wieder andere Seelen gehen durch viele Zeiträume, kommen in das Erdenkleid und gehen wieder – kommen und gehen wieder. Viele von ihnen belasten sich immer wieder aufs Neue, weil sie weder in den Reinigungsebenen noch im Erdendasein gewillt sind, ihre Sünden zu erkennen, als ihre Schuld anzuerkennen, zu bereuen und nicht mehr zu sündigen. Das sind häufig diejenigen, welche über jene Menschen Übles reden, die sich bemühen, Gottes Willen zu erfüllen.

Wer über lange Zeiträume hinweg in der Sünde lebt, ist weit entfernt vom Licht – und ist letztlich wider das Licht, da für ihn der Schatten die Heimat ist. Das sind dann auch solche Seelen, die im Erdenkleid jenen Menschen immer wieder nachstellen, denen sie schon in vergangenen Zeiten Übles angetan haben. Auch über ihre Entsprechungen können die Verfolger diejenigen erkennen, die sich bemühen, die Schatten – ihre Sünden – mit Christus zu bereinigen.

Erkennet: Viele einverleibte Seelen, also Menschen, begegnen im Diesseits in anderen Menschen ihren Opfern aus vergangenen Zeiten. Damit wird ihnen die Möglichkeit zur Erkenntnis und zur Umkehr gegeben.

Der eine erkennt, bereut und geht als Seele allmählich ins Leben ein und kommt nicht wieder. Die andere Seele kommt wieder in ein Erdendasein, weil sie die Vorinkarnationen nicht genutzt und sich erneut versündigt hat.

Erkennet: In den Seelenreichen erleben die Seelen ihre Sünden als Feuer im Seelenleib, wenn die Ursachen, die Sünden also, aktiv werden; es ist ähnlich wie im Erdendasein, wenn die Ursachen zur Wirkung kommen und der Mensch Schicksale und Krankheiten zu erdulden hat. In den Stätten der Reinigung jedoch erlebt die Seele die Wirkungen der Sünden viel leidvoller, als wenn sie diese als Mensch im Erdendasein abzutragen und zu erdulden hat. Denn wer im Erdenkleid bereut und sich bemüht, seine Sünden Mir, dem Christus, zu übergeben und sie in Mir zu belassen, wer in Mir lebt und nicht mehr sündigt, der geht ein in das ewige, reine, geistige Leben. Für ihn dreht sich das Rad der Wiederverkörperung nicht mehr. Er ist entbunden von Tod und Geburt, weil die Seele wieder das Wesen aus Gott geworden ist und im Mittelpunkt lebt, in Gott.

5. Und einer Seiner Jünger fragte Ihn: „Wie soll man in das Reich Gottes eingehen?" Und Er antwortete und sprach: „Wenn ihr nicht das Untere wie das Obere macht und das Linke wie das Rechte, das, was hinten, wie das, was vorne ist, wenn ihr nicht in den Mittelpunkt eingehet und in den Geist, werdet ihr nicht in das Reich Gottes eingehen."

6. Und Er sprach: „Glaubet nicht, dass irgendein Mensch ohne Irrtum sei, denn sogar unter den Propheten und den Eingeweihten des Christseins wird das Wort des Irrtums gefunden. Doch es gibt viele Irrtümer, welche die Liebe zudeckt." (Kap. 69, 5-6)

Ich, Christus, erkläre, berichtige
und vertiefe das Wort:

Das Wort des Menschen ist das Wort des Irrtums. Denn Worte sind nur Symbole und können vielfältig gedeutet werden. Das Wort des Menschen wird von Menschen nur so verstanden, wie ihr jeweiliges Bewusstsein gereift ist. Geistig wache Menschen erfassen den Sinn des Wortes, weil sie in die Wahrheit eingetaucht sind. Menschen, deren Bewusstsein noch im Embryonalzustand ist, bleiben am Buchstaben hängen und sehen in allem die Widersprüche.

Das Wort wahrer Propheten, Eingeweihter und Erleuchteter wird oftmals falsch gedeutet, weil es falsch verstanden wird. Auf Erden leben Menschen mit unterschiedlichen Bewusstseinsgraden, und jeder hört gemäß seinem Bewusstseinsstand, und jeder deutet es entsprechend für sich und seine Nächsten.

Die Worte „... denn sogar unter den Propheten und den Eingeweihten des Christseins wird das Wort des Irrtums gefunden. Doch es gibt viele Irrtümer, welche die Liebe zudeckt" sagen Folgendes aus:

Die sogenannten Propheten und Eingeweihten, die Mich, den Christus, nur als Mittel zum Zweck nehmen, um ihre eigenen Belange zu fördern, missbrauchen Meinen Namen, um den Irrtum in diese Welt zu bringen. Diese Unerleuchteten berufen sich mit ihren menschlichen Vorstellungen – die sie als Wahrheit vertreten und die doch Irrtümer sind – auf das Wort der wahren Propheten und Eingeweihten, das sie falsch verstehen und auslegen, um sich zu legitimieren. Diese Irrtümer, die sie den wahren Propheten und Eingeweihten andichten, lässt der Ewige nicht auf diese fallen. Er deckt sie jedoch gleichsam zu, bis die Zeit reif ist, um den Irrtum aufzudecken, der in diese Welt kam.

7. Und da es Abend geworden war, ging Er hinaus nach Bethanien mit den Zwölfen; denn dort wohnten Lazarus und Maria und Martha, die Er liebte.

8. Und Salome kam zu Ihm und fragte Ihn: „Herr, wie lange soll der Tod Macht haben?" Und Er antwortete und sprach: „So lange ihr Männer Lasten auferlegen, und ihr Weiber gebären werdet. Aus diesem Grunde Bin Ich gekommen, um die Werke der Leichtsinnigen zu beenden."

*9. Und Salome sagte zu Ihm: „Dann habe ich wohlge-
tan, nicht geboren zu haben." Und der Herr antwortete
und sprach: „Iss von jeder Weide, welche gut ist; aber von
jener, die Bitternis des Todes hat, iss nicht."*

*10. Und als Salome fragte, wann diese Dinge, nach
denen sie Ihn gefragt hat, begriffen sein werden, sprach
der Herr: „Wenn ihr das Kleid der Schamhaftigkeit werdet
abgetragen haben und euch über die Begierde erhebet;
wenn die beiden eins sein werden, und das Männliche mit
dem Weiblichen weder männlich noch weiblich sein wird."*
(Kap. 69, 7-10)

Ich, Christus, erkläre, berichtige
und vertiefe das Wort:

Das männliche und das weibliche Prinzip werden in
Gott das positive und das negative Prinzip genannt. Es
sind die zwei Pole, die in absoluter Einheit wirken. Es sind
der gebende und der empfangende Pol. Sie bilden in der
Einheit das Vater-Mutter-Prinzip.

Beide Pole, das gebende und das empfangende Prinzip, wirken auch in den Kindern Gottes. Sie bewirken u.a.
die Zusammenführung von zwei Wesen, dem gebenden
und dem empfangenden Prinzip. Sie verschmelzen in der
Dualität und aktivieren so das Vater-Mutter-Prinzip, die
geistig zeugende und empfangende Kraft.

Wesen im Lichte Gottes freien nicht und werden auch nicht gefreit. Sie lieben einander in Gott und aus Gott, und in der Verbindung der Vater-Mutter-Kraft zeugen sie geistige Wesen, Kinder des Lichtes.

Das Dualpaar ist die Dualität. Es sind die zwei verschmolzenen Kräfte, die gebende und die empfangende Kraft. Die Duale sind zwei Wesen – und doch für ewig zur Einheit verschmolzen. Ihre geistigen Kinder bringen sie dem Ewigen dar und erheben sie in die Kindschaft Gottes, in die All-Familie, welche die große Familie Gottes bildet.

11. Und abermals zu einem andern Jünger, der Ihn fragte: „Wann werden alle dem Gesetze gehorsam sein?" „Wenn der Geist Gottes die ganze Erde und das Herz jedes Mannes und jedes Weibes erfüllen wird.

12. Ich streute das Gesetz in die Erde, und es fasste Wurzel und trug zu rechter Zeit zwölf Früchte als Nahrung für alle. Ich warf das Gesetz in das Wasser, und es war gereinigt von allem Übel. Ich warf das Gesetz in das Feuer, und das Gold ist gereinigt worden von allen Schlacken. Ich warf das Gesetz in die Luft, und es bekam Leben durch den Geist des lebenden Einen, der alle Dinge erfüllt und im Herzen eines jeden wohnt."

13. Und noch viele andere ähnliche Gleichnisse sagte Er denen, welche Ohren hatten, um zu hören, und eine verständige Seele. Doch für die Menge waren es dunkle Reden. (Kap. 69, 11-13)

Ich, Christus, erkläre, berichtige
und vertiefe das Wort:

Diese Worte besagen: Der ewige Vater in Mir, Seinem Sohn, brachte das Gesetz des Lebens in diese Welt. Die bewussten und unbewussten Irrtümer der Menschen umranken das Gesetz der Liebe und des Lebens. Diese Irrtümer werde Ich hinwegnehmen, so dass das ewige Gesetz von jedem Menschen, der guten Willens ist, erkannt und verstanden wird, damit er das ewige Gesetz verwirklicht und im täglichen Leben erfüllt.

Wenn alle Menschen das Gesetz Gottes erfüllen, dann schauen sie ihre eigenen Worte und die ihrer Nächsten; dann hat der Irrtum keinen Platz mehr. Wer in Gott lebt, der lebt als Kind Gottes im allumfassenden Ozean Gott. Das Kind Gottes kennt das Gesetz der Erde, des Wassers, des Feuers und der Luft, weil es im Gesetz lebt. Somit hat es auch die Kraft, die vier Elemente zu bewegen.

70. KAPITEL

Jesus tadelt Petrus wegen seiner Heftigkeit

Achtet das Leben auf jeder Entwicklungsstufe; jede Lebensform ist auf dem Evolutionsweg hin zur Vollkommenheit (1-5). Wer in Mir lebt, ist Zeugnis in dieser Welt (6-7). Die Wegbereiter für Christus von der alten, sündhaften Welt zur Neuen Zeit (8). Christus wird immer wieder gekreuzigt im Kampf zwischen Licht und Finsternis (9-10). In der Zeitenwende wird das allumfassende Licht sichtbar; die Finsternis will es auslöschen (11). Die göttliche Weisheit baut in der Zeitenwende durch freie Gemeinschaften im Zeichen der Lilie weitere Urgemeinden auf, durch welche Christus, das Licht der Welt, zu allen Völkern strahlt (12-14)

1. Und am Morgen des Tages, da sie von Bethanien kamen, war Petrus hungrig und entdeckte von ferne einen Feigenbaum mit Blättern. Erwartungsfroh lief er hin, denn er hoffte, Früchte zu finden. Aber er fand nichts außer Blättern, denn die Zeit für Feigen war noch lange nicht da.

2. Und Petrus wurde zornig und sagte: „Verfluchter Baum, nie mehr soll ein Mensch von dir Früchte essen!", und einige Jünger hörten das.

3. Und am nächsten Tage, als Jesus und Seine Jünger vorübergingen, sagte Petrus zu Jesus: „Meister, siehe den Feigenbaum, den ich verflucht habe, er grünt und blüht. Warum ging mein Wort nicht in Erfüllung?"

4. Jesus sprach zu Petrus: „Du weißt nicht, wes Geistes du bist. Warum hast du verflucht, was Gott nicht verflucht

hat?" Und Petrus sagte: „Siehe, Herr, ich hatte Hunger, und da ich die Blätter fand und keine Früchte, wurde ich zornig und verfluchte den Baum."

5. Und Jesus sprach: „Sohn des Jonas, wusstest du nicht, dass die Zeit der Feigen noch gar nicht gekommen ist? Siehe das Korn auf dem Felde, es wächst nach seiner Art – zuerst der grüne Schößling, dann der Halm und dann die Ähre – würdest du auch zornig, wenn du zur Zeit der zarten Schößlinge oder Halme kämest und fändest kein Korn in der Ähre? Und du willst den Baum verfluchen, der voll Knospen und Blüten ist und noch keine reifen Früchte trägt? (Kap. 70, 1-5)

Ich, Christus, erkläre, berichtige
und vertiefe das Wort:

Der Feigenbaum ist ein Gleichnis für die Evolution des Lebens. Alle Lebensformen haben das Leben, das Evolution ist, in sich – auch Seele und Mensch. Jede Seele wird wieder die Vollreife erlangen durch Mich, den Christus. Doch alle Seelen und alle Menschen werden unterschiedlich reifen – entsprechend ihrem Bewusstseinsstand und ihrem Denken, Reden und Handeln. Deshalb achtet das Leben, einerlei, wie weit es sich entfaltet hat. Denn auf allen Entwicklungsstufen ist Gott, das Leben, und führt die Seele zur Vollkommenheit.

Jeder Fluch, der über die Lippen des Menschen kommt oder der in Gedanken im Menschen ist, wird ihm zum Verhängnis werden. Das musste auch der ungestüme Petrus erleben. Er musste erkennen, dass er wohl viel Wissen hatte, jedoch noch wenig Weisheit.

Der Weise kennt die Wege der Seele. Wäre Petrus in diesen Augenblicken von der Weisheit Gottes erfüllt gewesen, dann hätte er um das Gesetz des inneren Reifens der Lebensformen gewusst, den Evolutionsweg, den Ich den Aposteln und Jüngern in vielen Gleichnissen aufgezeigt habe.

Wenige, die Mir nachfolgen wollten, verstanden den Sinn Meiner Darlegungen, denn die meisten waren noch zu viel mit sich selbst und mit ihren alten Gewohnheiten beschäftigt. Deshalb blieben diese im Irrtum, da sie nur das Wort hörten und den Sinn Meiner Darlegungen nicht erfassen konnten.

6. Wahrlich, Petrus, Ich sage dir, einer Meiner Zwölf wird Mich dreimal verleugnen in seiner Angst und Furcht mit Flüchen und schwören, dass Er Mich nicht kennt, und der Rest wird Mich verlassen eine Zeitlang.

7. Doch ihr werdet es bereuen und bitter beklagen; denn ihr liebt Mich in euren Herzen, und ihr sollt sein wie ein Altar von zwölf behauenen Steinen und ein Zeugnis Meines Namens, und ihr sollt sein die Diener der Diener, und die Schlüssel der Gemeinde will Ich euch geben, und ihr sollt Meine Schafe weiden und Meine Lämmer, und ihr sollt Meine Stellvertreter auf Erden sein. (Kap. 70, 6-7)

Ich, Christus, erkläre, berichtige
und vertiefe das Wort:

Meine Worte galten nicht nur den Aposteln und Jüngern und dem damaligen Volk Israel. Mein Wort war und ist das Wort des Vaters. Es gilt allen Völkern dieser Erde von Generation zu Generation und allen Seelen in den Stätten der Reinigung.

Der Altar Gottes soll von den Männern und Frauen gebildet werden, deren Leben in Mir, dem Christus, ruht. Wer in Mir lebt, der wird Zeugnis für Christus sein in dieser Welt. Er wird in Meinem Namen Wegweiser sein den Gliedern der Gemeinden, die in Mir leben. Er wird in Mir Schlüssel sein, der immer mehr Herzen für Mich, den Christus, aufschließt.

Jene, welche in Mir leben und durch die Ich lebe, sollen die Diener aller sein. Durch sie weise Ich den Gliedern Meiner Gemeinden, Meinen Schafen und Lämmern, den Weg zu den ewigen Auen Inneren Lebens.

Die Zeit reift. So, wie die Reife der Menschen und der Erde vorangeht, werden immer mehr Schafe den einen Hirten finden – Mich, den Christus, der in allen Seelen und Menschen wohnt.

8. Und es werden Menschen unter ihnen aufstehen, die euch nachfolgen werden, von denen werden Mich etliche wirklich lieben und genauso wie du, und die Hitzköpfe und Unklugen und Ungeduldigen werden die verfluchen, die Gott nicht verflucht hat, und sie verfolgen in ihrer Un-wissenheit, weil sie in ihnen noch keine Früchte finden können, die sie verlangen. (Kap. 70, 8)

Ich, Christus, erkläre, berichtige
und vertiefe das Wort:

Alle Menschen und Seelen sind Früchte am Baum des Lebens. Jede Frucht reift Mir, dem Christus, allmählich entgegen. Hat die Frucht die Vollreife erlangt, dann trage Ich sie hin zum ewigen Vater, der sie aufnimmt und ewig dort lässt, wo sie ihren Platz hat im Reiche Gottes.

Bis jedoch eine Frucht die innere Reife erlangt hat, dauert es oft mehrere Erdenleben. Deshalb kamen und kommen viele Seelen immer wieder in das Erdendasein. Sie schlüpfen in Erdenkörper hinein und beim Leibestod wieder heraus, bis sie die Reife erlangt haben, die sie vom Rad der Wiederverkörperung befreit.

Erst wenn die Seele im Menschen reift, kann der Mensch selbstlos die Gaben Inneren Lebens an die Men-schen weitergeben, die danach dürsten, damit auch sie zur inneren Reife gelangen.

Deshalb kann nach dem Gesetz des ewigen Lebens nur ein Mensch, der weitgehend zur Wahrheit geworden ist, das Evangelium der Liebe weitergeben und in alle Länder tragen. Er kann dann viele Herzen berühren, weil er aus der ewigen Wahrheit gibt.

818

Erkennet: Seit Meinem irdischen Dasein als Jesus von Nazareth reift – über die Apostel, die Jünger und alle gerechten Propheten und Erleuchteten – von Generation zu Generation die Neue Zeit, die Zeit des Christus, heran. Immer wieder kamen von Generation zu Generation Seelen, die im Erdendasein ihre Früchte Inneren Lebens weiterreifen ließen. Was sie jeweils an Verwirklichung mit ins Diesseits brachten, teilten sie auch aus durch Lehren und Dienen. Bei ihrem physischen Tod legten sie ihr Erdenkleid ab; sie kamen wieder in einer anderen Generation in ein neues Erdenkleid und brachten die innere Reife, das Licht des Christus, mit und gaben davon jenen, die sich ernsthaft bemühten, Schritte innerer Reife zu tun.

Viele, die wiederkamen und -kommen, tragen eine weitgehend reife Frucht in sich, das Leben in Mir, dem Christus. Sie sind es nun, welche Mir die Wege bereiten von der alten, sündhaften Welt zur Neuen Zeit, die in Mir, dem Christus, erblüht.

Erkennet: Nur der verflucht seine Mitmenschen, der wenig Seelenreife hat. Wer noch in der Sünde lebt, kann die reifen Früchte in seinen Mitmenschen nicht erkennen, weil er nur auf seine eigenen Schatten blickt und deshalb der Ansicht ist, seine Nächsten müssten ebenfalls, so wie er, reich an Schatten sein.

9. Und andere, die sich selbst lieben, werden sich mit den Königen und Herrschern der Welt verbinden und irdische Macht suchen, Reichtümer und Herrschaft, und sie werden durch Feuer und Schwert denen den Tod bringen, die die Wahrheit suchen und darum wahrhaftig Meine Jünger sind.

10. Und in jenen Tagen werde Ich, Jesus, von Neuem gekreuzigt und offen verhöhnt werden; denn sie werden erklären, dies alles in Meinem Namen zu tun." Und Petrus sagte: „Dies sei fern von Dir, Herr." (Kap. 70, 9-10)

Ich, Christus, erkläre, berichtige
und vertiefe das Wort:

Der Kampf zwischen Licht und Finsternis wird so lange dauern, bis für die schwerbelasteten Seelen die Tore zur Einverleibung geschlossen sind. Dieser Kampf zwischen Licht und Finsternis findet auch in dieser großen Zeitenwende statt. Die dämonischen Kräfte bieten noch einmal alles auf und setzen alle ihnen Hörigen ein, ob Seelen oder Menschen, um das Licht auszulöschen, das auf der Erde immer größer wird.

Ähnlich wie in der Zeit, als Ich in Jesus über diese Erde wandelte, ist es auch heute. Die sich selbst lieben und an ihrem irdischen Hab und Gut haften, verbinden sich mit den Herrschern dieser Welt und mit den kirchlichen Obrigkeiten, um mit der irdischen Macht jene auszuschalten, die sich Mir, dem Christus, zugewandt haben und Mein Evangelium der Liebe in die Welt tragen. Denn dem Selbstsüchtigen sind jene eine Gefahr, die das Evangelium der Liebe und des Lebens nicht allein mit Worten, sondern mit der selbstlosen Liebe hinaustragen und durch Meine Kraft tätig werden.

In früheren Jahrhunderten zogen die Machthungrigen, die Herrscher, die kirchlichen Obrigkeiten und die ihnen Hörigen in Meinem Namen mit Feuer und Schwert aus, um den Menschen anderer Länder das Evangelium der Liebe zu bringen. Sie übten dabei an ihren Nächsten das aus, was in und an ihnen selbst war: Grausamkeit und Mord.

In der heutigen Zeit ziehen wieder die gleichen – nur in anderen Erdenkörpern – mit verleumderischen Reden von Ort zu Ort. Sie bringen über die Medien der derzeitigen Generation ihre Unwahrheiten unter das Volk, um auf diese Weise wieder gegen jene vorzugehen, welche nun die Zeitenwende einleiten und Meinem Licht zum Durchbruch verhelfen. Damit werde Ich von Generation zu Generation von jenen aufs Neue gekreuzigt, die Meinen Namen nennen und ihn für ihre Zwecke missbrauchen.

Die Pioniere für die Neue Zeit, für die Zeit des Christus, sind die Christusfreunde in aller Welt. Wer in Mir bleibt, der ist Mein Jünger und Meine Jüngerin gegenwärtig und zukünftig.

11. Und Jesus antwortete: „Ebenso wie Ich an das Kreuz genagelt werde, so wird es auch Meine Gemeinde werden in jenen Tagen; denn sie ist Meine Braut und eins mit Mir. Aber es wird der Tag kommen, da die Finsternis weichen und das wahre Licht scheinen wird. (Kap. 70, 11)

Ich, Christus, erkläre, berichtige
und vertiefe das Wort:

Die ersten Urgemeinden wurden von der Finsternis zerstört. Es waren jedoch nur die äußeren Einrichtungen, die sie zerstören konnte. Das Leben in Mir pflanzte sich von Generation zu Generation fort. Denn die vielen, immer lichter werdenden Seelen kamen immer wieder in Erdenkörper und setzten sichtbar und unsichtbar das um, was sie mitbrachten. Sie begannen, kleine Urgemeinden zu gründen, und lehrten das Gesetz der Wahrheit. Auf diese Weise fanden immer mehr Menschen den Weg zu Mir, dem Christus, der in allen Seelen und Menschen wohnt.

In der heutigen Zeitenwende wird das allumfassende Licht sichtbar. Die Bundgemeinde Neues Jerusalem entstand und vergrößert sich immer mehr – wie auch die weiteren Urgemeinden im Universellen Leben. Sie ist die Bundgemeinde für das Friedensreich Jesu Christi. Sie ist Meine Braut, und Ich Bin ihr Bräutigam. Immer mehr Glieder der Bundgemeinde Neues Jerusalem erfüllen Meinen Willen, den Willen des Ewigen.

Auch um die Bundgemeinde Neues Jerusalem schleichen wieder die Wölfe und verbreiten in Meinem Namen Unwahrheiten über die Glieder der Gemeinde. Wieder werde Ich gekreuzigt, da Mein Name missbraucht wird. Mit Meinem Namen, Christus, wollen sie das Licht der Welt, Mich also, auslöschen.

Die Finsternis wird jedoch weichen, denn ihre Tage sind gezählt. Die Erde tut sich auf und verschlingt die Nacht, und die Wasser kommen und überspülen das, was düster ist. Dann wird das Licht, das Ich Bin, auf der ganzen Erde scheinen: Christus.

12. Und einer wird auf Meinem Throne sitzen, der ein Mann der Wahrheit und Güte und Kraft sein wird, und er wird mit Liebe und Weisheit erfüllt sein mehr als alle andern, und er wird Meine Gemeinde führen, durch vierfach Zwölfe und Zweiundsiebzig wie ehedem. Allein was wahr ist, wird er lehren.

13. Und Meine Gemeinde wird von Licht erfüllt sein und wird Licht spenden allen Völkern der Erde; und es wird ein Hohepriester auf dem Throne sitzen als ein König und ein Priester.

14. Und Mein Geist wird in ihm sein, und sein Thron wird dauern und nicht erschüttert werden; denn er wird gegründet auf Liebe, Wahrheit und Gerechtigkeit, und Licht wird zu ihm kommen und von ihm ausstrahlen zu allen Völkern der Erde, und die Wahrheit wird sie frei machen."
(Kap. 70, 12-14)

Ich, Christus, erkläre, berichtige
und vertiefe das Wort:

Die Aussage: „Und einer wird auf Meinem Throne sitzen, der ein Mann der Wahrheit und Güte und Kraft sein wird, und er wird mit Liebe und Weisheit erfüllt sein mehr als alle andern, und er wird Meine Gemeinde führen, durch vierfach Zwölfe und Zweiundsiebzig wie ehedem. Allein was wahr ist, wird er lehren. Und Meine Gemeinde wird von Licht erfüllt sein und wird Licht spenden allen Völkern der Erde; und es wird ein Hohepriester auf dem Throne sitzen als ein König und ein Priester" hat folgende Bedeutung:

Die Worte sind verschlüsselte Worte. Es ist verschlüsselt ausgesagt, was die Zeitenwende bringen wird.

Diese verschlüsselten Worte besagen: Die göttliche Weisheit wird auf Meinem Throne so lange sitzen, bis Ich im Geiste wiederkomme. Denn Ich habe den Thron für Mein Kommen in diese Welt gestellt. Ich Bin das Licht der Welt. Die göttliche Weisheit, vom Vater und Mir, dem Christus, berufen, Meinem Werk der Erlösung vorzustehen und Mein Kommen vorzubereiten, ist die Wahrheit, Güte und Kraft. Die göttliche Weisheit, geschaffen aus der Liebe des Vaters, wird in der Zeitenwende die Urgemeinden aufbauen und mit Leben und Kraft erfüllen. Sie wird die vollkommene Wahrheit lehren und allen Menschen geben, was sie zu fassen vermögen.

Die Zahlen sind Symbole und waren denen als Zeichen gegeben, die aus den Zahlen lesen konnten. Die Menschen der Neuen Zeit jedoch empfangen Mein Wort, das auch das Wort des ewigen Vaters ist.

71. KAPITEL

Die Reinigung des Tempels

*Peitschenhiebe für Seele und Leib (1-2).
Der wahre Gottesdienst (3-4). Allein der Sinn des Wortes macht
lebendig (5-7). Jeder Mensch zeichnet sich selbst (8-11)*

1. Das Passahfest der Juden war nahe, und Jesus zog wieder von Bethanien hinauf nach Jerusalem. Und Er fand im Tempel sitzen, die da Ochsen, Schafe und Tauben feil hatten und auch die Geldwechsler.

2. Da machte Er eine Geißel aus sieben Stricken und trieb sie alle zum Tempel hinaus. Er ließ die Schafe und Ochsen und die Tauben frei, schüttete den Wechslern das Geld aus und stieß die Tische um. (Kap. 71, 1-2)

Ich, Christus, erkläre, berichtige
und vertiefe das Wort:

Die Geißel aus sieben Stricken symbolisierte die sieben Grundkräfte Gottes, das Gesetz des Lebens.

Wer gegen das Gesetz Gottes handelt, der verstößt gegen die sieben Grundkräfte Gottes und schafft damit seine Ursachen. Jede Ursache, die nicht rechtzeitig bereut und wiedergutgemacht wird, ist ein Peitschenhieb für Seele und Leib.

Wer gegen alle sieben Grundkräfte verstößt, wird die entsprechenden Peitschenhiebe erhalten. Es sind die Wirkungen, die er am Leibe zu verspüren hat.

3. Und Er sprach zu ihnen: „Schafft all das hinaus und macht nicht Meines Vaters Haus zu einem Kaufhaus. Steht es nicht geschrieben: Mein Haus soll ein Bethaus heißen für alle Völker? Ihr aber habt eine Diebeshöhle daraus gemacht und es mit allen möglichen Gräueln erfüllt."

4. Und Er duldete nicht, dass einer eine Schüssel voll Blutes durch den Tempel trug oder dass Tiere getötet würden. Und Seine Jünger dachten daran, dass geschrieben steht: „Der Eifer um Dein Haus hat mich gefressen."
(Kap. 71, 3-4)

Ich, Christus, erkläre, berichtige
und vertiefe das Wort:

„Mein Haus soll ein Bethaus heißen für alle Völker" bedeutet: Es soll ein Haus oder ein großer Raum sein, in welchem sich alle Menschen versammeln – einerlei, welcher Konfession oder Rasse sie sind, einerlei, aus welchem Volk oder Land, aus welchem Stand sie auch kommen. Dort finden sie zusammen, um zu beten, um Gott zu loben und zu ehren – und um die Gesetze Gottes zu erlernen und dann zu halten.

Gott ist der Eine, Einzige, der Vater-Mutter-Gott aller Wesen und Menschen – es gibt keinen anderen Gott. Deshalb soll es auch e i n Volk geben, das den Einen, Einzigen anbetet, ohne Riten, Kulte, Dogmen und Lehrmeinungen.

Über Gott soll man nicht diskutieren und Meinungen austauschen.

Gott ist im Herzen aller Wesen und Menschen. Er ist das Leben in allem Sein. Wer sich selbst achtet, indem er sein Leben heiligt, der achtet auch seinen Nächsten und wird Gott wohlgefällig werden. Er sucht nicht, Gott zu ergründen; denn er lebt im Strom des Lebens und fragt nicht nach dem Strom.

Deshalb bedarf er keiner Kulte und Zeremonien und auch keiner Diskussionen. Wer von diesen Äußerlichkeiten losgelöst ist, der ist bewusst erlöst und eins mit dem Leben, das ewig währt.

Gott möchte keine Schlachtopfer. Diese sind Ihm ein Gräuel. Er möchte das reine und aufrichtige Herz Seiner Kinder, welche die Gesetze Gottes erfüllen, Gott in allen Dingen die Treue halten und einander in Liebe zugetan sind.

5. Da hielten die Juden Ihm entgegen: „Welches Zeichen zeigst Du uns, wenn wir sehen, dass Du Derartiges tust?" Jesus antwortete und sprach zu ihnen: „Abermals sage Ich euch: Brechet diesen Tempel ab, und in drei Tagen will Ich ihn aufrichten."

6. Da entgegneten die Juden: „Sechsundvierzig Jahre lang ist an diesem Tempel gebaut worden, und Du willst ihn in drei Tagen aufrichten?" Er aber redete von dem Tempel Seines Leibes.

7. Als Er auferstanden war von den Toten, dachten Seine Jünger daran, dass Er ihnen dies gesagt hatte, und sie glaubten der Schrift und dem Wort, das Jesus gesprochen hatte. (Kap. 71, 5-7)

Ich, Christus, erkläre, berichtige
und vertiefe das Wort:

Es ist viel besser, die Schrift und das Wort nicht wörtlich zu nehmen und wörtlich zu glauben, das heißt, nicht am Buchstaben zu haften, sondern den Sinn des Geschriebenen und Gesprochenen zu verstehen. Das lernt der Mensch durch die Verwirklichung der göttlichen Gebote; dies sind die ersten Schritte hin zur Erfüllung der ewigen Gesetze. Vermag der Mensch den Sinn des Wortes in der Tiefe zu erfassen, dann wird er auch nicht mehr fehlgeleitet werden können. Der Buchstabe allein ist tot und bringt nicht die Lebendigkeit Inneren Lebens. Diese bringt nur der Sinn, der im Buchstaben, im Wort liegt. Die Bedeutung des Wortes macht Seele und Mensch lebendig.

Wer auf das Wort allein hört, lebt oft im Irrtum. Wer jedoch den Sinn, die Bedeutung des Wortes, versteht, der lebt im Wort, und der versteht auch das Wort, weil er darin Gottes Zeichen erkennt.

8. Die Schriftgelehrten und Priester aber sahen und hörten dies und waren erschrocken und suchten, wie sie Ihn vernichten könnten; denn sie fürchteten Ihn, da sie sahen, dass das Volk Seine Lehren anhörte.

9. Wenn es Abend wurde, ging Er aus der Stadt hinaus. Denn bei Tag lehrte Er im Tempel, und bei Nacht ging Er hinaus auf den Ölberg. Das Volk kam früh am Morgen, um Ihn in den Höfen des Tempels zu hören.

10. Als Er jetzt zu Jerusalem war zum Passahfest, glaubten viele an Ihn, da sie die Wunder sahen, die Er tat.

11. Aber Jesus vertraute sich ihnen nicht an, denn Er erkannte sie alle. Und Er bedurfte nicht, dass jemand für einen anderen Zeugnis gebe; denn Er wusste wohl, was in einem Menschen war. (Kap. 71, 8-11)

Ich, Christus, erkläre, berichtige
und vertiefe das Wort:

In den Worten „denn Er wusste wohl, was in einem Menschen war" liegt folgender Sinn: Solange der Mensch nur hört und nur an das Gehörte glaubt, es jedoch im täglichen Leben nicht erfüllt, bleibt er ein sündhafter Mensch, der urteilt und verurteilt. Heute ruft er: „Hosianna" – und morgen: „Kreuzigt Ihn".

Jeder Mensch zeichnet sich selbst durch sein Denken, Reden und Tun. Sein Denken und Leben ist der Zeichenstift, mit welchem er seinen Körper zeichnet und sein

Antlitz prägt. So steht im Antlitz eines jeden Menschen geschrieben, was er denkt. Was der Mensch denkt, das ist er.

Wer nur glaubt und seinen Glauben nicht in die Tat umsetzt, bleibt trotz seines Glaubens der alte Mensch, der seine Gewohnheiten und Laster behält. Solche Menschen sind unzuverlässig. Denn wer die Gesetze Gottes nicht erfüllt, der ist ein schwankendes Rohr im Wind.

12. Da das Passahfest bevorstand, sandte Er zwei Seiner Jünger, dass sie den oberen Raum herrichteten, wo Er mit Seinen Zwölf essen wollte, und alles einkaufen, was nötig war für das Fest, das Er mit ihnen feiern wollte. (Kap. 71, 12)

72. KAPITEL

Jesu Abschiedsreden

Das Ebenbild des Vaters (1-3). Sie werden größere Werke tun, als Ich als Jesus getan habe (4). Wer selbstlos dient, dem werde Ich erfüllen, worum er bittet (5). Wer den Tempel heiligt, der lebt in Mir (6-7). Die selbstlose Liebe ist Kommunikation mit Gott (8). Die Bedeutung der Worte: „Der Vater ist größer als Ich" (9-11)

1. Jesus saß mit Seinen Jüngern im Garten von Gethsemane und sprach zu ihnen: „Lasset eure Herzen nicht bekümmert sein: Ihr glaubt an Gott, so glaubet auch an Mich. In Meines Vaters Hause sind viele Wohnungen: Wenn es nicht so wäre, hätte Ich es euch gesagt. Ich gehe, euch eine Stätte zu bereiten. Und wenn Ich gehe und euch eine Stätte bereite, werde Ich wiederkommen und euch bei Mir empfangen, damit, wo Ich Bin, auch ihr wäret. Und wohin Ich gehe, wisset ihr, und auch den Weg wisst ihr."

2. Thomas sagte zu Ihm: „Herr, wir wissen nicht, wohin du gehst, wie können wir den Weg wissen?" Und Jesus sprach zu ihnen: „Ich Bin der Weg, die Wahrheit und das Leben. Niemand kommt zum Vater, denn durch Mich. Wenn ihr Mich erkannt hättet, hättet ihr auch Meinen Vater erkannt. Doch nun wisset ihr und habet Meinen Vater gesehen."

3. Philippus sagte zu Ihm: „Herr, zeige uns den Vater, und es genügt uns." Jesus sprach zu ihm: „Bin Ich so

lange bei dir gewesen, und du kennst Mich noch nicht, Philippus? Wer Mich gesehen hat, der hat den Vater gesehen, und warum sprichst du dann: Zeige uns den Vater? Glaubst du nicht, dass Ich im Vater Bin, und der Vater in Mir? Die Worte, die Ich zu euch spreche, spreche Ich nicht von Mir selbst. Denn der Vater, der in Mir wohnet, tut alle Werke. (Kap. 72, 1-3)

Ich, Christus, erkläre, berichtige
und vertiefe das Wort:

Wer zum Tempel Gottes geworden ist, der ist das Ebenbild des Vaters. Und wer das Ebenbild des Vaters schaut, der erfährt die Herrlichkeit des Vaters. Der Vater ist die Manifestation aus der Urenergie, dem strömenden Leben, das auch Gott genannt wird.

Gott ist allgegenwärtiges Leben. Alle reinen Wesen sind Manifestationen aus Gott, der Urenergie, dem strömenden Leben. Wer das Ebenbild des Vaters schaut, das Wesen in Gott, der schaut auch das Licht des Vaters, welches das Wesen in Gott durchstrahlt.

Die Wesen des Lichtes fragen nicht nach der Form des Vaters. Sie sind die Manifestation, die Form des Vaters, und sie strahlen das aus, was Er ist: Liebe, Weisheit, Kraft und Leben. Alles reine Sein bewegt sich im Strom des Lebens, in Gott.

Wer seinen Nächsten angenommen und in sich aufge-
nommen hat, wer ihn von Herzen und mit seinem reinen
Wesen liebt, der schaut das Ebenbild des Vaters, der die
Liebe, die Weisheit und die Kraft ist.

*4. Glaubet Mir, dass Ich im Vater Bin und der Vater in
Mir, oder wenigstens glaubet Mir um der wahren Werke
willen. Wahrlich, wahrlich, Ich sage euch, die an Mich
glauben, werden dieselben Werke tun, die Ich tue; und sie
werden größere Werke tun als diese; weil Ich zu Meinem
Vater gehe. (Kap. 72, 4)*

Ich, Christus, erkläre, berichtige
und vertiefe das Wort:

Allein der Glaube an Mich genügt nicht. Viele glauben
an Mich – und doch denken, reden und handeln sie wie
Ungläubige. Aus dem Glauben an Gott entstehen nur dann
die Werke Gottes, wenn Seele und Mensch sich zum Leben
in Gott erheben durch die Erfüllung des ewigen Lebens,
welches das ewige Gesetz ist.

Wer nur glaubt und nicht erfüllt, hat nicht die Kraft,
Gottes Werke zu tun. Wer jedoch die Gesetze Gottes mehr
und mehr verwirklicht und hält, hat dadurch auch Kraft,
die Werke Gottes zu tun, die Ich als Jesus von Nazareth
getan habe. Er wird – mit Meiner Teilkraft, der Erlöserkraft,

in Verbindung mit der Urkraft – noch größere Werke tun. Denn Ich, der Christus, der Ich vom Vater in diese Welt kam und wieder zum Vater zurückgekehrt Bin, um als Christus Gottes, als Tröster und Erlöser, in allen Seelen zu wirken, wirke nun durch jene, die das Gesetz des Lebens halten, so dass sie weit größere Werke tun, als Ich als Jesus getan habe.

5. Und was immer ihr erbitten werdet in Meinem Namen, das will Ich tun, auf dass der Vater verherrlicht werde im Menschensohn. Was ihr in Meinem Namen bitten werdet, das werde Ich tun. (Kap. 72, 5)

Ich, Christus, erkläre, berichtige
und vertiefe das Wort:

Die Worte „Und was immer ihr erbitten werdet in Meinem Namen, das will Ich tun, auf dass der Vater verherrlicht werde im Menschensohn" besagen: Wer in Mir, dem Christus, lebt, wer selbstlos dient, dem werde Ich alles erfüllen, worum er bittet. Denn wer in Mir lebt, der erbittet einzig die Gaben des Geistes, weil er im Geiste Gottes lebt und nicht nach der Welt strebt, um mit dieser zu leben.

6. Wenn ihr Mich liebet, haltet Meine Gebote. Und Ich will den Vater bitten, und Er wird euch einen anderen

Tröster geben, der für immer bei euch bleiben wird: Den Geist der Wahrheit, den die Welt nicht empfangen kann; denn sie sieht nicht und kennet Ihn nicht; ihr aber kennet Ihn; denn der Geist wohnt in euch und wird in euch sein.

7. Ich will euch nicht ohne Trost lassen. Ich werde zu euch kommen. Eine kleine Weile noch, und die Welt wird Mich nicht mehr sehen; doch ihr sehet Mich. Weil Ich lebe, werdet auch ihr leben. An diesem Tage werdet ihr wissen, dass Ich in Meinem Vater Bin und ihr in Mir und Ich in euch. (Kap. 72, 6-7)

Ich, Christus, erkläre, berichtige
und vertiefe das Wort:

Der Mensch ist der Tempel des Heiligen Geistes, denn in ihm, im Innersten der Seele, wohnt der geistige Leib aus Gott. Seit Meiner Erlösertat Bin Ich als Tröster und Erlöser, als Geist des Lebens, in diesem Tempel, in Mensch und Seele. Wer den Tempel heiligt, indem er die Gebote hält, der lebt in Mir, und Ich lebe und wirke durch ihn.

8. Die Meine Gebote haben und sie halten, die lieben Mich; und die Mich lieben, werden geliebt werden von Meinem Vater, und Ich werde sie lieben und Mich ihnen offenbaren." (Kap. 72, 8)

Ich, Christus, erkläre, berichtige
und vertiefe das Wort:

Die Liebe Gottes ist himmlische Kommunikation. Wer Gott mehr liebt als diese Welt, der liebt auch seinen Nächsten. Wer jedoch sagt: „Ich liebe Gott" und ist gegen seinen Nächsten, der liebt Gott nicht. Seine Worte sind nicht von der Liebe zu Gott erfüllt. Es sind leere, eigensüchtige Worte, die keine Aussagekraft haben. Wer jedoch seinen Nächsten selbstlos liebt, der liebt auch Gott und steht dadurch mit der höchsten Kraft, der Liebe, in Kommunikation – mit Gott. Die Kommunikation mit Gott ist Offenbarung.

9. Und Judas (nicht Ischariot) fragte Ihn: „Herr, wie ist es, dass Du Dich uns zeigen willst und nicht der Welt?" Jesus antwortete und sprach zu ihnen: „Die Mich lieben, werden Meine Worte halten: Und der heilige Eine wird sie lieben, und Wir werden zu ihnen kommen, und Wir werden bei ihnen bleiben.

10. Die Mich nicht lieben, werden Meine Worte nicht hören, und die Worte, die ihr höret, sind nicht Meine Worte, sondern die Worte des Vaters, der Mich sandte. Diese Dinge habe Ich zu euch gesprochen, solange Ich noch bei euch Bin. Doch der Tröster, der der Heilige Geist ist, den der Vater senden wird in Meinem Namen, wird euch alles lehren und euch alles in Erinnerung bringen, was Ich euch gesagt habe.

11. Frieden lasse Ich euch, Meinen Frieden gebe Ich euch: Nicht wie die Welt gibt, gebe Ich euch. Lasset euer Herz nicht bekümmert sein noch erschrocken. Ihr habt gehört, wie Ich euch gesagt habe, Ich gehe fort, und Ich werde wiederkommen zu euch. Und wenn ihr Mich liebt, so werdet ihr euch freuen; denn Ich habe euch gesagt; Ich gehe zum Vater; denn der Vater ist größer als Ich. (Kap. 72, 9-11)

Ich, Christus, erkläre, berichtige
und vertiefe das Wort:

Der Tröster und Erlöser ist der Christus Gottes, der im Geiste des ewigen Vaters lebt. Ich Bin eins mit dem Vater. Der Vater und Ich sind das eine Gesetz – die Wahrheit, die alle Seelen und Menschen frei macht, welche glauben und Gottes Willen erfüllen.

„... denn der Vater ist größer als Ich" bedeutet: Des Vaters Geist ist der Allgeist, das Gesetz, das aus den sieben Grundkräften des Lebens besteht. Gott ist Gesetz.

Der Christus Gottes lebt und wirkt in Gott, dem Allgeist, in den vier göttlichen Grundkräften: Ordnung, Wille, Weisheit und Ernst. Der Vater jedoch ist die Allkraft. Er ist das ewige Gesetz, das aus den sieben Grundkräften besteht: Ordnung, Wille, Weisheit, Ernst, Güte, Liebe und Sanftmut. Auf der Erde werden diese sieben Grundkräfte Ordnung,

Wille, Weisheit, Ernst, Geduld, Liebe und Barmherzigkeit genannt.

Der Vater ist also größer als der Sohn. Er ist die Allkraft – Ich Bin die Teilkraft in der Allkraft.

12. Und Ich habe es euch jetzt gesagt, bevor es geschehen ist, damit ihr glaubet, wenn es geschehen wird. Nun werde Ich nicht mehr viel zu euch sprechen; denn der Fürst dieser Welt wird kommen und findet nichts an Mir.

13. Damit aber die Welt wisse, dass Ich den Vater liebe: So wie der Vater Mir geboten hat, genau so tue Ich es. Selbst bis an das Ende." (Kap. 72, 12-13)

73. KAPITEL

Der rechte Weinstock

Jede Rebe in Mir bringt Frucht (1-2). Wer nicht in Mir bleibt, der sündigt (1-3). In Christus leben (4). Das klare Auge der Seele erlangt die Unterscheidungsgabe zwischen Wahrheit und Irrtum (5). Die Getreuen bringen in Meinem Namen gute Früchte (6-8). Der Schauende ist kein Blinder mehr (9). Warum sich Christus heute wieder offenbart (10-11). Die Kenntnis der Gesetze verpflichtet zur Verwirklichung (12). Kein Mensch wird sagen können: „Ich habe von Christus nichts gewusst" (13)

1. Und dann sprach Jesus zu ihnen: „Ich Bin der rechte Weinstock, und Mein Vater ist der Weingärtner. Jede Rebe an Mir, die keine Frucht bringt, wird weggenommen, und eine jede, die da Frucht bringt, wird gereinigt, dass sie noch mehr Frucht bringe.

2. Bleibet in Mir und Ich in euch. Gleich wie die Rebe aus sich selbst keine Frucht bringen kann, sie bleibe denn am Weinstock, also könnt auch ihr nicht, ihr bleibet denn in Mir. Ich Bin der Weinstock, und ihr seid die Reben: Wer in Mir bleibet und Ich in ihm, der bringt viel Frucht; denn ohne Mich könnt ihr nichts tun. (Kap. 73, 1-2)

Ich, Christus, erkläre, berichtige
und vertiefe das Wort:

Die Frucht kann nur reifen, wenn sie in Mir, dem Christus, bleibt, wenn also der Mensch sein ganzes

Sinnen und Trachten Mir weiht, indem er sich bemüht, Gottes Willen zu erfüllen, um das Gesetz Gottes zu werden. Jede Rebe – das heißt jede Seele und jeder Mensch, der durch Mich sein Inneres Leben verwirklicht, sich also durch Meine Kraft reinigt – wird zu der Frucht, die wieder Früchte bringt; denn die guten Früchte schenken sich selbstlos.

Erkennet: Jeder Mensch strahlt das aus, was in ihm ist, das Göttliche oder das Ungöttliche.

3. Die nicht in Mir bleiben, werden weggeworfen als nutzlose Ranken, und diese verdorren; man sammelt sie und wirft sie ins Feuer, und sie werden verbrannt. Wenn ihr aber in Mir bleibet und Meine Worte bleiben in euch, werdet ihr bitten, was ihr wollt, und es wird euch gegeben werden. (Kap. 73, 3)

Ich, Christus, erkläre, berichtige
und vertiefe das Wort:

All jene, die mit der Welt leben und durch ihr sündiges Leben den Christus Gottes verleugnen, werden das Feuer ihrer eigenen Gedanken, Worte und Taten erleiden. Denn was der Mensch sät, das wird er ernten. Jeder ungöttliche Gedanke, jedes ungesetzmäßige Wort und jede ichbezogene Handlung sind nutzlos, weil sie kraftlos sind. Es ist menschliches Rankenwerk und wird verdorren.

Wer nicht in Mir bleibt, der sündigt. Die Sünde wird die Seele und der Mensch zu tragen haben, der sie begangen hat. Das Feuer der Sünde bewirkt die Läuterung der Seele. Wer jedoch in Mir, dem Christus Gottes, bleibt, der bleibt auch im Vater, denn der Vater und Ich sind eins. Seine Bitten werden ihm erfüllt, denn er erbittet nur das, was Gottes Wille ist.

4. Wahrlich, Ich Bin das rechte Brot, das vom Himmel kommt, die Substanz Gottes, die eins ist mit dem Leben Gottes. Und ebenso wie viele Körner in eurem Brote sind, so seid auch ihr, die ihr glaubet und den Willen Meines Vaters tut, eins in Mir. Nicht wie eure Vorfahren, die Manna aßen und gestorben sind; denn wer dieses Brot isst, wird ewig leben. (Kap. 73, 4)

Ich, Christus, erkläre, berichtige
und vertiefe das Wort:

Das Leben in Gott ist das geistige Brot. Es ist die Nahrung der Seele. Wer davon isst, der wird auch als Mensch nicht hungern und darben.

Wer Gottes Willen erfüllt und aus der Wahrheit lebt, der empfängt die Wahrheit in allen Facetten. Dann sind sein Denken und Tun mit der Kraft Gottes erfüllt, und auch sein irdisches Leben wird ein erfülltes Leben sein.

Menschen in Mir, dem Christus, leben, sie vegetieren nicht. Nur der vegetiert, der sein Leben vergeudet, weil er sein Denken, Sinnen und Trachten auf die irdische Welt ausrichtet und so auch dieser angehört. Nach dem irdischen Tod wird er auch geistig tot sein, weil er nur weltverhaftet und nicht Gott zugewandt war; seine Seele weiß nicht, woher sie kam und wohin sie geht.

Wer in Gott lebt, der ist die Essenz aus Gott und kennt den Weg seiner Seele, weil sie in Mir, dem Christus, lebt; denn Ich Bin der Weg, die Wahrheit und das Leben.

5. So wie der Weizen von der Spreu gesondert wird, so müsst ihr euch von den Irrtümern dieser Welt trennen; dennoch braucht ihr nicht aus der Welt zu gehen, aber ihr sollt abgesondert leben in der Welt für das Leben der Welt. (Kap. 73, 5)

Ich, Christus, erkläre, berichtige
und vertiefe das Wort:

Wer in Gott leben möchte, der wird sich auch von den Irrtümern dieser Welt trennen, die er dann immer mehr erkennt, je klarer das Auge seiner Seele wird.

Nur das klare Auge der Seele erlangt die Unterscheidungsgabe zwischen Wahrheit und Irrtum. Das klare Auge der Seele erlangt der Mensch, der Klarheit in sein Leben bringt durch sein gottgewolltes Denken und Leben.

Wer Gott zustrebt, der wird auch mit denen leben, die sich ebenfalls bemühen, Gottes Willen zu tun, denn Gleiches zieht zu Gleichem. Daraus ergibt sich die Bedeutung folgender Aussage: Wer ist Meine Mutter, wer sind Meine Brüder? Die den Willen Meines Vaters tun.

Wer in Gott lebt, der meidet nicht diese Welt. Er lebt in dieser Welt, ist jedoch nicht mit dieser Welt. Wer in Gott lebt, der lebt in dieser Welt für all jene Menschen, die das Leben in Gott suchen, um es zu erfüllen.

6. Wahrlich, wahrlich, der Weizen wird gedörrt durch das Feuer, so müsset auch ihr, Meine Jünger, durch Bedrängnisse gehen. Doch freuet euch: Denn wie ihr gelitten habt mit Mir als ein Leib, so werdet ihr herrschen mit Mir in einem Leib und der Welt Leben spenden.

7. Darin wird der Vater verherrlicht, dass ihr viele Früchte bringt; so werdet ihr Meine Jünger sein. Wie Mich der Vater geliebt hat, so habe Ich euch geliebt: Bleibet in Meiner Liebe. Wenn ihr Meine Gebote haltet, werdet ihr in Meiner Liebe bleiben, ebenso wie Ich die Gebote Meines Vaters gehalten habe und im Geiste der Liebe bleibe.

8. Dies alles habe Ich euch gesagt, damit Meine Freude in euch bleibe und eure Freude vollkommen sei. Dies ist Mein Gebot, dass ihr einander liebet, wie Ich euch geliebt habe. Eine größere Liebe hat kein Mensch als diese, dass er sein Leben hingibt für seinen Freund. Ihr seid Meine Freunde, wenn ihr alles tut, was Ich euch gebiete. (Kap. 73, 6-8)

Ich, Christus, erkläre, berichtige
und vertiefe das Wort:

Diese sinngemäßen Worte des Trostes und der Liebe galten nicht nur den Aposteln und Jüngern, sondern sie gelten allen Menschen in allen Generationen, die sich bemühen, Mir nachzufolgen.

Viele, die Mir nachfolgen, werden in Bedrängnis kommen, denn der Widersacher bedrängt sie, sich von Gott loszusagen, sich nach der Welt zu richten und ihr zu Munde zu reden.

Wer um des Evangeliums willen leidet, der trägt das Kreuz mit Mir. Er wird zu Meiner Rechten stehen, wenn Ich als Herrscher des Friedensreiches erscheine. Und alle, die in ihrer Sünde sterben, werden die schauen, denen sie Leid und Pein auferlegt haben.

Der Ewige, in dem Ich, der Christus, Bin, wird durch Meine Getreuen verherrlicht, die Ihm in Meinem Namen und durch Meine Kraft viele reife Früchte bringen. Wer in Mir bleibt, der hält das Gebot der selbstlosen Liebe und wird sein Leben hingeben für das Gebot der Liebe. Die in Mir bleiben, werden sich selbstlos lieben und die selbstlose Liebe in das Herz aller suchenden Menschen strahlen. Wer in Mir bleibt, den erfüllt die wahre Freude, und er wird auch jenen die Freude bringen, die ihre Herzen mit der selbstlosen Liebe füllen lassen.

9. Fortan nenne Ich euch nicht mehr Diener, denn der Diener weiß nicht, was sein Herr tut: Ich aber habe euch Freunde genannt, denn alles, was Ich von Meinem Vater gehört habe, das habe Ich euch gelehrt. Nicht ihr habt Mich gewählt, sondern Ich habe euch gewählt und euch eingesetzt, auf dass ihr hingeht und Früchte tragt und eure Frucht dauern soll. Was immer ihr vom Vater in Meinem Namen erbitten werdet, das sollt ihr erhalten. (Kap. 73, 9)

Ich, Christus, erkläre, berichtige
und vertiefe das Wort:

Der wahre Diener ist der Freund des Christus Gottes. Wer selbstlos dient und gute Früchte bringt, der ist nicht mehr unwissend. Er kennt die Gesetze Gottes, weil er in ihnen lebt. Er wird nicht mehr blind den Blinden begegnen, sondern den Blinden erkennen, weil sich durch die Verwirklichung der ewigen Gesetze seine geistigen Augen geöffnet haben.

Der Schauende ist kein Blinder mehr. Er schaut den Blinden so, wie dieser ist – und wie er sich gibt. Denn wer Gottes Willen erfüllt, der gelangt aus dem Rad der Wiederverkörperung und erlangt die geistige Wiedergeburt. Dann Bin Ich ihm nicht mehr Tröster und Erlöser, sondern Bruder und Freund.

10. Dies gebiete Ich euch: Dass ihr einer den anderen liebt und ebenso alle Geschöpfe Gottes. Wenn euch die Welt hasst, so wisset, dass sie Mich hasste, bevor sie euch hasst. Wenn ihr von dieser Welt wäret, würde die Welt euch als die Ihrigen lieben; doch weil ihr nicht von dieser Welt seid, denn Ich habe euch aus der Welt herausgewählt, darum hasst euch die Welt.

11. Erinnert euch an das Wort, das Ich euch gesagt habe: Der Knecht ist nicht größer als der Herr. Wie sie Mich verfolgt haben, so werden sie auch euch verfolgen; wie sie Meine Worte befolgt haben, so werden sie auch eure Worte befolgen. Aber alles werden sie euch tun um Meines Namens willen; denn sie kennen Den nicht, der Mich gesandt hat. (Kap. 73, 10-11)

Ich, Christus, erkläre, berichtige
und vertiefe das Wort:

Wer Mich, Christus, erwählt hat, der hat sich aus dieser Welt herausgewählt. Er wird um Meinetwillen von der Welt gehasst werden.

Was Mir als Jesus widerfuhr, das widerfährt auch allen, die Mich lieben, denn sie lieben nicht die Machenschaften dieser Welt. Wer von dieser Welt ist, der wird auch von dieser Welt geliebt und als der Ihrige angenommen. Doch wer sich Mir, dem Christus, zuwendet, der wird von der

Welt gehasst werden, so wie Ich von der Welt gehasst wurde und werde.

Erkennet: Die derzeitige Generation ist nicht viel besser als die zurückliegenden Generationen. Was die Menschen in früheren Inkarnationen nicht erkannten, erkennen sie auch in dieser Generation nicht, nämlich die Werke der Liebe. Was sie in Vorinkarnationen falsch gedeutet haben, deuten sie auch in dieser Generation falsch.

Viele sprechen von Meinem Erdenleben, von Meinem Wirken als Jesus von Nazareth – und verstehen dennoch nicht, was Ich gelehrt habe. Viele legen heute noch die Worte des Ewigen – sowohl im Alten Testament als auch im Neuen Testament – nach ihrem Gutdünken aus, auch die Worte Gottes durch Moses. Hätte sich die Welt geändert, so hätte Ich Mich nicht mehr offenbart. Da sich jedoch die Welt nicht geändert hat, sprachen und sprechen der Ewige und Ich, Christus, nun wieder durch das Prophetische Wort zu den Menschen, um richtigzustellen, was falsch ist, um die Menschen herauszuführen aus den Wirren von Dogmen, Vorstellungen und falsch verstandenen Worten.

Viele Worte aus der ewigen Wahrheit wurden und werden zitiert und für menschliche Machenschaften missbraucht. Viele sogenannte Christen reden nur christlich, denken jedoch wie der Antichrist. Sie geben also ihr Christsein nur vor – im Inneren sind sie reißende Wölfe.

12. Wenn Ich nicht gekommen wäre und zu ihnen gesprochen hätte, wären sie ohne Sünde gewesen. Jetzt aber haben sie keinen Deckmantel für ihre Sünden. Wer Mich hasst, der hasst auch Meinen Vater. Wenn Ich nicht unter ihnen jene Werke getan hätte, die niemand anderer tat, hätten sie keine Sünden; doch jetzt haben sie welche und haben Mich und Meinen Vater gesehen und gehasst. Doch dies alles muss geschehen, damit das Wort erfüllt werde, das geschrieben ist in ihrem Gesetze: Sie hassten Mich ohne Grund. (Kap. 73, 12)

Ich, Christus, erkläre, berichtige
und vertiefe das Wort:

„Wenn Ich nicht gekommen wäre und zu ihnen gesprochen hätte, wären sie ohne Sünde gewesen" bedeutet: Wenn Ich nicht gekommen wäre und zu ihnen gesprochen hätte, so hätten sie ihre Sünden nicht erkannt und würden sich ohne Sünde wähnen. Doch Ich Bin gekommen und habe vom Gesetz des Vaters gesprochen und es ihnen vorgelebt.

Wer den ewigen Vater und Mich, Christus, und die wahren Propheten zitiert, der hat auch die Worte des Ewigen, Meine Worte und die der Propheten angenommen. Wer jedoch nicht danach lebt – so wie ihm geboten wurde –, der versündigt sich am Gesetz Gottes; er ist ein Sünder. Er hat für sein Tun keinen Deckmantel mehr, der Unwissenheit heißt.

Der Ewige gab zu allen Zeiten Sein Wort: Alle Völker vernahmen Ihn durch Propheten und Erleuchtete. Moses brachte die Zehn Gebote, die Auszüge aus dem ewigen Gesetz. Als Jesus von Nazareth lehrte Ich die Menschen das Gesetz und lebte es ihnen vor.

Das Gesetz, das Ich ihnen brachte, lautet: Liebet Gott, euren Vater, von ganzem Herzen und mit allen euren Kräften und euren Nächsten wie euch selbst. – Kein Mensch kann sagen, er sei unwissend!

Erkennet: Wer seinen Nächsten nicht selbstlos liebt, der liebt auch Gott nicht. Wer seinen Nächsten hasst, der hasst auch Gott, seinen ewigen Vater. Wer seinen Nächsten verschmäht, der verschmäht auch Gott, seinen ewigen Vater.

„Wenn Ich nicht unter ihnen jene Werke getan hätte, die niemand anderer tat, hätten sie keine Sünden; doch jetzt haben sie welche und haben Mich und Meinen Vater gesehen und gehasst" bedeutet: Hätte Ich Gottes Werke nicht getan, so würden viele Menschen die Werke in Gott nicht kennen und wären des Glaubens, sie hätten keine Sünde. Doch weil sie Meine Werke gesehen haben oder überliefert bekamen, so ist ihnen damit gezeigt worden, wie sie denken, reden und handeln sollen. Und so sie es nicht tun, erkennen sie darin ihre Sünden. In Meinem Denken, Reden und Handeln als Jesus haben sie Meinen Vater gesehen und gehört, und sie hören Ihn, den Ewigen in Mir, dem Christus, in den Überlieferungen der Werke, die Ich tat.

Wer nicht aus selbstloser Liebe denkt, redet und handelt und seine Werke der Habgier, des Geizes, des Machtstrebens beibehält und nicht zerstört, der ist ein Sünder. In vielen Situationen sündigt er auch wider den Heiligen Geist.

Wer also Mich gesehen hat oder Meine Werke überliefert bekam, der hat den Vater gesehen und Ihn in Mir, dem Christus, erfahren.

Wer die Werke Gottes durch Seine Propheten und die Werke des Christus anerkennt, der verpflichtet sich damit, auch so zu denken und zu leben, wie Ich, Christus, es den Menschen geboten habe.

13. Doch der Tröster wird kommen, den Ich euch vom Vater senden werde, nämlich den Geist der Wahrheit. Er wird vom Vater ausgehen und von Mir zeugen: Und ihr alle werdet Zeugnis geben; denn ihr seid bei Mir gewesen von Anfang an. (Kap. 73, 13)

Ich, Christus, erkläre, berichtige
und vertiefe das Wort:

In allen Generationen gaben und geben viele Menschen Zeugnis von Mir, so auch in dieser. Kein Mensch wird einst sagen können: „Ich habe von Christus nichts gewusst."

Denn die Pioniere für die Neue Zeit, die in Meinem Auftrag stehen, werden die Wahrheit, die Ich Bin, in alle Länder tragen. Und das Evangelium der Liebe wird vielen Menschen gereicht werden. Der Christus Gottes ist Tröster und Erlöser, die Wahrheit und das Leben im Strom des ewigen Gesetzes.

Die Zeit tut das Ihre: So wie die heutige Zeit die Menschen jagt und hetzt, kommen auch die Ursachen immer rascher zur Wirkung. Viele, die jetzt noch dem Materialismus nachjagen, werden in diesen Wirkungen erliegen. Jene Menschen jedoch, die am Ende der Weltzeitenwende übrigbleiben, werden das Evangelium der Liebe anerkennen, und viele werden auch danach leben.

74. KAPITEL

Jesus bereitet Seine Jünger auf das Kommende vor

*Der Kampf im Namen Christi gegen Christus (1).
Das Werk der Erlösung wird erfüllt (2-3). Heute fließt die
Wahrheit als großer Strom (4-5)*

1. Dies alles habe Ich zu euch gesagt, um euch zu warnen. Sie werden euch aus den Synagogen stoßen, ja, es wird die Zeit kommen, da jeder, der euch tötet, denken wird, dass er dies zu Gottes Ehre tut. Und solches werden sie tun, weil sie weder den Vater noch Mich erkannt haben. (Kap. 74, 1)

Ich, Christus, erkläre, berichtige
und vertiefe das Wort:

In allen Generationen geschah und geschieht – und so auch sinngemäß um das Jahr zweitausend –, was Ich zu Meinen Aposteln und Jüngern sprach: Weil sie Meinen Vater und Mich nicht kennen, werden sie euch aus ihrem Leben verbannen und euch an ihren Gottesdiensten nicht teilhaben lassen, weil ihr ihrem Glauben nicht angehört. Viele von euch werden sie töten und wieder andere verleumden und dem Volk zum Spott preisgeben. Erkennet: Wer seinen Nächsten gegenüber ohne Liebe und Achtung ist, liebt weder den ewigen Vater noch Mich, den Christus.

In den vergangenen Jahrhunderten hetzten die Obrigkeiten immer wieder das Volk gegen die wahren Nachfolger Christi auf. Aus Angst vor den Folgen war das Volk ihnen hörig. Deshalb war es möglich, dass in Meinem Namen Gräueltaten verübt wurden an Menschen, die Mir nachfolgten oder die anderer Gesinnung waren als die kirchlichen Obrigkeiten.

Auf schändliche Art und Weise wurde Mein Name missbraucht und verkauft. Nicht nur in den sogenannten Kreuzzügen versuchten Menschen, die sich Christen nannten, jedoch nicht christlich lebten, Andersgläubige mit dem Schwert in der Hand zu christianisieren. Kirchliche Obrigkeiten missbrauchten und missbrauchen Meinen Namen, fesselten und fesseln ihn in ihre Dogmen und behaupteten und behaupten, dass sie die allein seligmachende Gnade hätten, weil sie Mich, Christus, im Joch ihrer Dogmen gefangen glauben.

Ähnlich wie es einigen Aposteln und Jüngern erging, ergeht es um das Jahr zweitausend einigen Christusfreunden, den wahren Pionieren für die Neue Zeit. Wieder ist es die kirchliche Obrigkeit, die das Volk gegen sie aufhetzt. Wieder geschieht dies mit ähnlichen Argumenten, damit die aufgehetzten Menschen sich gegen Meine wahren Nachfolger stellen. Wie ehedem werden den Christusfreunden, den Pionieren für die Neue Zeit, Rechte vorenthalten, die jedem Bürger des Landes zustehen. Wie in früheren Zeiten nennen sich die Hetzenden und Ausführenden ebenfalls Christen.

Viele Meiner wahren Nachfolger sind in den Augen des Staates und der Kirchen und all derer, die diesen hörig sind, Geächtete. Das Recht wird vielfach gegen sie ausgelegt, damit es den Anschein hat, die Christusfreunde wären im Unrecht. Dadurch erschweren sie Menschen das Leben, die bestrebt sind, wahrhaft Christen zu sein.

Erkennet: Auch heute noch sitzt das Satanische in den höchsten Rängen der Obrigkeiten und regiert jene, die ihm verfallen sind – jene Menschen, die sich mit dem begnügen, was ihnen „von oben" vorgegeben wird. Ohne selbst zu prüfen, übernehmen sie deren Urteile über ihre Nächsten. Jedoch diese Obrigkeiten werden nicht auf Dauer die Menschheit regieren. Wohl ist dem Satanischen eine große Zeitspanne als Gnadenfrist von Gott zur Umkehr gegeben. Doch auch diese Zeitspanne hat ihr Ende; vor diesem Ende steht die Finsternis. Denn Ich, Christus, das Licht der Welt, die Wahrheit und das Leben, komme!

2. Dies alles aber habe Ich euch gesagt, damit, wenn die Zeit gekommen ist, ihr euch erinnert, was Ich euch darüber gesagt habe. Und Ich habe euch das nicht schon zu Anfang gesagt, weil Ich bei euch war. Doch jetzt gehe Ich Meinen Weg zu Meinem Vater, der Mich gesandt hat; und keiner von euch fragt Mich: Wohin gehst Du? Doch, weil Ich euch dies alles gesagt habe, so seid ihr traurig.

3. Trotzdem sage Ich euch die Wahrheit; es ist notwendig für euch, dass Ich weggehe; denn wenn Ich nicht fortgehe, wird der Tröster nicht zu euch kommen; aber wenn Ich fortgehe, werde Ich euch Meinen Geist senden. Und wenn Er gekommen ist, wird Er die Welt auf Sünde, Gerechtigkeit und Gericht hinweisen. (Kap. 74, 2-3)

Ich, Christus, erkläre, berichtige
und vertiefe das Wort:

Der Tröster ist der Geist Christi, der Ich Bin, das Leben in Gott, Meinem Vater. Der Christus-Gottesgeist ist allgegenwärtig in den vier Wesenheiten Gottes, den Schöpfungs- und Schaffungskräften – die jede Seele als Kraft und Leben in sich trägt.

Der Tröster, Mein Geist, ist der Erlöserfunke, in dem Trost und Erlösung wirken. Die Erlösung ist Mein Werk, das Ich vom Vater empfangen habe zur Heimholung aller Seelen und Menschen.

Viele Menschen wirken in Meinem Erlöserwerk und tragen Mein Licht in die Welt. Durch ihre selbstlose Hilfe wuchs es in wenigen irdischen Jahren über die ganze Erde. Viele Wesen gingen und gehen für das Werk der Erlösung in das Erdenkleid, um die Menschen die Wahrheit zu lehren und sie ihnen vorzuleben, ähnlich, wie Ich es als Jesus von Nazareth getan habe. Viele Herzen und viele Menschen werden durch das Denken, Leben und Wirken dieser Pioniere bewegt und angeregt, nachzudenken und die ewigen Gesetze zu verwirklichen.

Es ist die übermenschliche Leistung einer Frau, die im Vater und in Mir, dem Christus, lebt, dass in wenigen Jahren das Werk der Erlösung weltweit geworden ist. Sie steht im göttlichen Auftrag, zusammen mit den Pionieren für die Neue Zeit alle Menschen, die guten Willens sind, zu rufen und sie zu lehren, damit sie das Innere Licht der Liebe und das wahre Leben finden, das ewige Gesetz des Alls. Denn die Wahrheit, das Gesetz des Alls, ist inwendig in jedem Menschen.

Erkennet: Das ewige Gesetz des Alls ist das wahre Gesetz, das alle Gesetze der Materie und das Kausalgesetz besiegen wird, weil es unpersönlich und absolut ist.

In dieser mächtigen Zeitenwende wirken viele Wesen im Erdenkleid. Unermüdlich leisten sie Großes für die Lichtzeit und somit für Mich, den Christus Gottes, und für alle nach ihnen kommenden Generationen.

Wer in der Neuen Zeit, wenn der Friede in den Menschen wohnt, diese Worte lesen wird, der wird manches kaum verstehen können. Meine Worte behalten jedoch ihre Bedeutung, denn viele Wesen, die sich in die Neue Zeit hineingebären werden, tragen als Erinnerung die alte Welt in sich, die sie mit vielen Mühen, Plagen und Leiden überwunden haben.

Dieses Erinnerungspotential bleibt so lange in den Seelen und Menschen der Neuen Zeit lebendig, bis auch in den Stätten der Reinigung das erfüllt ist, was sich auf der Erde, der Bühne der alten Welt, vollzogen hat. Denn das Satanische ist zwar auf Erden für einige Zeit gebunden, jedoch nicht in den Stätten der Reinigung. Dort trägt die Seele weiter ihre Sünden ab, die sie sich im Erdenkleid auferlegt hat.

Ich komme in vielerlei Gestalten zu den Menschen, um sie auf ihre Sünden, auf ihr Gericht und auf die Gerechtigkeit Gottes hinzuweisen.

4. Auf die Sünde, weil sie nicht an Mich glauben; auf die Gerechtigkeit, da Ich zum Vater gehe und ihr Mich hinfort nicht sehet; auf das Gericht, weil der Fürst dieser Welt gerichtet ist.

5. Ich habe euch noch viel zu sagen, aber ihr könnt es jetzt noch nicht fassen. Wenn aber jener, der Geist der Wahrheit, kommen wird, wird Er euch in alle Wahrheit führen; denn Er wird nicht aus sich selbst sprechen, sondern das, was Er hören wird, das wird Er sprechen. Und Er wird euch zeigen, was kommen wird. Er wird Mich verherrlichen. Denn Er wird es von Mir empfangen und euch offenbaren. (Kap. 74, 4-5)

Ich, Christus, erkläre, berichtige
und vertiefe das Wort:

Der Geist der Wahrheit ist der Christus Gottes, von dem Ich als der Menschensohn sprach. Ich habe diese Zusagen in den nahezu zweitausend Jahren wahrgemacht. Der

Geist der Wahrheit kam in allen Generationen, und Sein Wirken nahm in dieser Welt immer mehr an Licht und Kraft zu, denn viele Menschen hörten und lasen aus dem Gesetz des Lebens, der ewigen Wahrheit, und so mancher begann, das Leben in sich zu entwickeln.

In dieser Zeitenwende jedoch bricht das Licht – Ich, der Christus, die ewige Wahrheit – in einem breiten Spektrum durch und strahlt in die ganze Welt. Das Gesetz der Wahrheit fließt als ein großer Strom durch das Prophetische Wort, denn Ich sandte die göttliche Weisheit zu den Menschen, auf dass die Wahrheit offenbar werde und die Menschen aufrüttele, die in Weltbefangenheit und Sünde leben.

Die Wahrheit offenbart auch, was gegenwärtig ist und was kommen wird. Sie benetzt und tränkt viele Seelen und Menschen und stärkt sie mit Liebe, Kraft und Weisheit. Wer seine Sünden bereinigt, wird Mich, den Christus, erkennen; denn die Sünde trübt das geistige Auge. Wer zu schauen vermag, der erkennt Mich, den Christus, in sich selbst und in jenen, die Mir wahrlich nachfolgen. Und die in Mir leben, verherrlichen den Ewigen in Mir, denn sie empfangen von Mir, um es den Menschen weiterzugeben.

6. Alles, was Mein Vater hat, das ist Mein. Darum habe Ich euch gesagt, der Tröster wird es von Mir nehmen und es euch offenbaren. Über eine kleine Weile werdet ihr Mich nicht sehen, über eine kleine Weile aber werdet ihr Mich wieder sehen, denn Ich gehe zum Vater." Da sprachen einige unter Seinen Jüngern miteinander: „Was bedeutet das, dass Er zu uns sagt: Über eine kleine Weile werdet ihr Mich nicht sehen und aber über eine kleine Weile werdet ihr Mich wieder sehen, und: Denn Ich gehe zum Vater?"

7. Da merkte Jesus, dass sie Ihn fragen wollten, und sprach zu ihnen: „Ihr fragt euch untereinander wegen Meiner Worte: Eine kleine Weile werdet ihr Mich nicht sehen, und: Über eine kleine Weile werdet ihr Mich wieder sehen. Wahrlich, wahrlich, Ich sage euch, ihr werdet weinen und klagen, aber die Welt wird sich freuen: Ihr werdet traurig sein, doch eure Traurigkeit soll sich in Freude verkehren.

8. Ein Weib, wenn sie in Wehen ist, so hat sie Traurigkeit, denn ihre Stunde ist gekommen; wenn sie aber das Kind geboren hat, denkt sie nicht mehr an die Angst, um der Freude willen, dass ein Mensch auf die Welt gekommen ist. Und ihr seid nun ebenfalls voll Trauer; aber Ich will euch wiedersehen, und euer Herz soll sich freuen, und eure Freude soll niemand von euch nehmen.

9. Und an dem Tage werdet ihr Mich nichts fragen. Wahrlich, wahrlich, Ich sage euch: So ihr Meinen Vater bitten werdet in Meinem Namen, so werdet ihr es erhalten. Bisher habt ihr um nichts gebeten in Meinem Namen. Bittet, so werdet ihr empfangen, dass eure Freude vollkommen sei. Dies alles habe Ich zu euch in Gleichnissen gesprochen; es kommt aber die Zeit, dass Ich nicht mehr in Geheimnissen mit euch rede, sondern euch offen von Meinem Vater künden werde.

10. An dem Tage werdet ihr bitten in Meinem Namen: Und Ich sage euch nicht, dass Ich Meinen Vater für euch bitten will; denn Er selbst hat euch lieb, darum, dass ihr Mich liebet und glaubet, dass Ich von Gott ausgegangen Bin. Ich Bin von Gott ausgegangen und in die Welt gekommen; und Ich verlasse die Welt wieder und gehe zu Meinem Gott."

11. Da sprachen Seine Jünger zu Ihm: „Siehe, nun redest Du frei heraus und sagst kein Rätsel. Nun wissen wir, dass Du alles weißt und es nicht nötig ist, dass Dich irgend jemand bittet; denn wir glauben, dass Du von Gott ausgegangen bist."

12. Jesus antwortete ihnen: „Glaubet ihr jetzt? Siehe, es kommt die Stunde, ja, sie ist schon da, dass ihr zerstreut werdet und ein jeder nach Hause geht und ihr Mich allein lasst: Aber Ich Bin nicht allein, denn der Vater ist bei Mir.

13. Solches habe Ich zu euch geredet, dass ihr in Mir Frieden habt. In der Welt werdet ihr Bedrängnis haben; aber seid getrost, Ich habe die Welt überwunden. Kommt, lasset uns aufbrechen!" (Kap. 74, 6-13)

75. KAPITEL

Das letzte Passahmahl

*Werdet reinen Herzens (1-2).
Über den Verrat - Toleranz und Verständnis
Unwissenden gegenüber (3-6). In der Neuen Zeit des Christus
gibt es kein Blutvergießen mehr (7-9). Die gereinigte Erde schenkt
in Fülle (10). Leben in Christus führt zum Adel der Seele und zur
wahren Freiheit (11-12). Das Gesetz des Lebens, das Liebegebot -
Wer seinen Nächsten verachtet, findet nicht zu Christus, zur
Wahrheit, in das ewige Sein - Jeder richtet sich selbst (13-16).
Das Neue Israel und das Neue Jerusalem (17). Aus allen
Völkern und Stämmen verbrüdern sich jene,
welche die Werke Gottes tun (18).*

1. Am Abend kam Er in das Haus, wo die Zwölf und ihre Begleiter versammelt waren; Petrus, Jakobus, Thomas, Johannes, Simon, Matthäus, Andreas, Nathanael, Jakobus, Thaddäus, Judas und Philippus und ihre Gefährten (und da war auch Judas Ischariot, der von den Leuten zu den Zwölfen gezählt wurde, bis zu der Zeit, da er sich entlarvte).

2. Und sie waren alle in Kleider von reinem weißen Leinen gekleidet; denn Leinen ist die Gerechtigkeit der Heiligen. Und jeder trug die Farbe seines Stammes. Der Meister aber war gekleidet in Sein rein weißes Gewand ohne Naht oder Makel. (Kap. 75, 1-2)

Ich, Christus, erkläre, berichtige
und vertiefe das Wort:

Als Menschensohn ging Ich von den Menschen. Als der Christus Gottes, ihr Erlöser, der Geist der Wahrheit, Bin Ich wiedergekommen.

Wer in Meinem Namen sammelt, der zerstreut nicht. Nur der zerstreut, der in seinem eigenen Namen sammeln möchte, auch dann, wenn er dazu Meinen Namen gebraucht – und damit missbraucht.

Werdet die Reinen, dann werdet ihr in allem Gott, das Leben, schauen. Denn der Reine schaut das Reine. Er sieht jedoch auch das Unreine, das es anzusprechen gilt, damit es erkannt und überwunden wird.

Erkennet: Das reine Weiß des Leinens galt in der damaligen Zeit als Symbol der inneren Reinheit. Ich sage euch: Ihr sollt euch nicht nur im Äußeren schmücken und die Reinheit in Gott vorgeben, sondern ihr sollt in eurem Herzen rein werden. Dann werdet ihr auch saubere und lichtere Kleidung tragen. Ist das Herz rein, dann wirkt sich dies auch im Äußeren aus, am Verhalten und an der Kleidung des Menschen, der zu Gott strebt.

3. Und sie begannen darüber zu streiten, wer von ihnen als der Größte gelten sollte, darum sprach Er zu ihnen: „Die Könige der Heiden üben Herrschaft über sie aus, und die da herrschen, werden Wohltäter genannt. Aber ihr sollt nicht so sein. Wer unter euch der Größte ist, soll wie der Jüngste sein, und wer der Erste ist, der soll dienen.

4. Und Jesus sprach: „Mit Sehnsucht habe Ich danach verlangt, dieses Passahmahl mit euch zu begehen, bevor Ich leide, und um das Gedenken Meines Opfers für den Dienst und die Erlösung aller Menschen einzusetzen. Denn siehe, die Stunde kommt, da des Menschen Sohn den Händen der Sünder preisgegeben wird."

5. Und einer der Zwölf fragte Ihn: „Herr, bin ich es?" Und Er antwortete: „Der, dem Ich den Bissen geben werde, der ist es."

6. Und Judas Ischariot sagte zu Ihm: „Siehe, das ungesäuerte Brot, den gemischten Wein, das Öl und die Kräuter, doch wo ist das Lamm, das Moses befohlen hat?" (Denn Judas hatte das Lamm gekauft; doch Jesus hatte verboten, dass es geschlachtet werde.) (Kap. 75, 3-6)

Ich, Christus, erkläre, berichtige
und vertiefe das Wort:

Menschen verraten Menschen, ihre Nächsten. Gott jedoch verrät nicht Sein Kind. Auch der Mensch, der in Gott lebt, verrät seinen Nächsten nicht. So habe auch Ich als Jesus von Nazareth Judas nicht verraten. Ich sprach allgemein von dem Verräter, der ohne inneres Gebet den ersten Bissen zu sich nimmt.

Weder von den Aposteln noch von den Jüngern wurde angeordnet, ein Lamm zu schlachten. Doch sowohl Mir als auch den Aposteln und Jüngern wurden Teile eines zubereiteten Lammes als Gabe der Liebe gereicht. Unsere Nächsten wollten uns damit beschenken, da sie es nicht besser wussten. Ich segnete die Gabe und begann, das Fleisch zu Mir zu nehmen. Meine Apostel und Jünger taten es Mir gleich. Anschließend stellten sie Mir sinngemäß die Frage: Wir sollen doch vom Fleischverzehr Abstand nehmen. So hast Du uns befohlen. Nun hast Du selbst Fleisch verzehrt.

Ich unterwies die Meinen: Der Mensch soll kein Tier mutwillig töten und auch nicht das Fleisch von Tieren verzehren, die zum Fleischverzehr getötet wurden. Doch wenn Menschen, die noch unwissend sind, Fleisch als Nahrung zubereitet haben und es dem Gast zum Geschenk machen und ihm zum Gastmahl reichen, dann sollte der Gast die Gabe nicht ablehnen. Denn es ist ein Unterschied, ob der Mensch aus Gier nach Fleisch dieses verzehrt oder als Dank an den Gastgeber für seine Mühe.

Der Wissende sollte jedoch, wenn es ihm möglich ist und es die äußeren Umstände und die Zeit erlauben, dem Gastgeber allgemeine Hinweise geben, ihn jedoch nicht eines Besseren belehren wollen. Wenn die Zeit reif ist, wird auch der Gastgeber diese allgemeinen Hinweise verstehen.

Zur selbstlosen Liebe gehören in dieser Welt auch Verständnis und Toleranz. Lasst jedem Menschen den freien Willen, ob er eure allgemeinen Hinweise verstehen und annehmen möchte oder nicht. Wenn ihr allezeit selbstlos

denkt, sprecht und handelt, dann bleibt ihr in der Liebe,
und die Liebe wird euch segnen. Was euch dann als Gabe
der Liebe gereicht wird, ist gesegnet.

*7. Und Johannes weissagte aus dem Geiste: „Sehet das
Lamm Gottes, den guten Hirten, der Sein Leben für Seine
Schafe hingibt." Judas war betroffen bei diesen Worten,
denn er wusste, dass er Ihn verraten werde. Aber noch
einmal fragte Judas: „Meister, steht nicht geschrieben im
Gesetze, dass ein Lamm geschlachtet werden müsse für
das Passahfest innerhalb der Tore?"*

*8. Und Jesus antwortete: „Wenn Ich auf das Kreuz ge-
hoben werde, dann wird wahrhaftig das Lamm geschlachtet sein. Wehe aber dem, durch den es in die Hände der
Schlächter geliefert wird. Es wäre für ihn besser, er wäre
nie geboren.*

*9. Wahrlich, Ich sage euch, darum Bin Ich in die Welt
gekommen, dass Ich abschaffe alle Blutopfer und das
Essen des Fleisches der Tiere und Vögel, die von Menschen
geschlachtet werden. (Kap. 75, 7-9)*

Ich, Christus, erkläre, berichtige
und vertiefe das Wort:

Wer das Leben in Gott liebt, der liebt Gott und ist mit
dem Leben aus Gott eins.

Ich kam in diese Welt, um das Evangelium der Liebe, das Gesetz der Himmel, zu lehren und es vorzuleben. Wer das Liebegesetz der Himmel verwirklicht, wird zu einem erfüllten Leben finden.

Das Leben in Gott schließt nicht nur den Nächsten mit ein, sondern auch alle anderen Lebensformen wie Tiere, Pflanzen, Mineralien und Steine, denn alles Sein trägt das Leben, Gott. Wer in der Einheit mit dem Leben ist, der tötet weder mutwillig Tiere, noch zerstört er mutwillig Pflanzen. Er achtet auch das Leben – die Bewusstseinskräfte – der Mineralien und der Steine.

Wer das Leben achtet, der achtet auch seinen Nächsten, weil er sich selbst achtet. Denn in der Seele ist das Leben, Gott, als Substanz und Kraft. Wer seinen Nächsten achtet, der lebt also in Frieden mit allem Sein und mit seinem Nächsten, denn alle Wesen und Menschen sind Kinder des Vater-Mutter-Gottes.

Erkennet: Wer das Liebegesetz verwirklicht, der wandelt sein Denken und Leben. Er verfeinert dadurch seine Sinne und lässt allmählich vom bewussten Töten der Tiere ab, auch vom Schlachten der Tiere, um ihr Fleisch zu verzehren.
Wer auf das Fleisch setzt, der verzehrt auch das Fleisch. Wer auf den Geist setzt, der ernährt sich von dem, was ihm die Erde schenkt, so wie es ehedem war.

Erkennet: Keine Veränderung, ob im Menschen oder in der Welt, geschieht von heute auf morgen. Es ist ein allmählicher Umwandlungsprozess. Wer sich Gott zuwendet, der verändert ganz allmählich sein Denken und Leben und veredelt so seine Sinne, ja seinen ganzen Menschen. Dabei wird er immer mehr von Fleischnahrung Abstand nehmen und wird Frieden mit den Menschen und den Naturreichen halten.

Im Wandel der Generationen wird es das Blutopfer nicht mehr geben; denn die Menschen erkennen, dass sie damit Gott keine Ehre erweisen und dass ihre selbsterdachten Götter auf ihr Denken und Tun nicht reagieren.

Erkennet: Wer nicht mehr neidet, wer nicht mehr streitet, wer nicht mehr bindet und wer nicht mehr herrschen und der Größte sein möchte, der ist ein Mensch des wahren Friedens.

Solange im Menschen selbst nicht Friede ist, wird es Blutopfer geben – und sei es in den Kriegen und durch Katastrophen. Haben die Menschen zum inneren Frieden gefunden, dann gibt es weder Kriege noch Katastrophen und auch kein Blutvergießen mehr.

Dies alles wird kommen; es wird jedoch noch dauern, denn noch sind nicht alle Ursachen gesühnt und getilgt. Sie kommen als Wirkung auf jene zurück, die sie gesät haben. Doch die Zeit reift heran, in welcher der Friede in die Herzen der Menschen einziehen wird; es ist dann, wenn die Neue Zeit, die Zeit des Christus, mehr und mehr emporsteigt.

Die jetzige Menschheit lebt in einer großen Zeitenwende von der alten, sündhaften Welt zur Neuen Zeit. Wenn dieser Wandel weitgehend vollzogen ist, werden die Menschen die Gesetze Gottes mehr und mehr erfüllen, und es wird so sein, wie Ich es als Jesus vorausgesagt habe: Es wird einen Hirten geben und eine Herde, und die Völker werden ein Volk sein. Dann ist jegliches Blutopfer abgeschafft und auch das Essen des Fleisches der Tiere.

10. Am Anfange gab Gott allen die Früchte der Bäume und die Saaten und die Kräuter zur Nahrung; doch die, welche sich selbst mehr liebten als Gott oder ihre Nächsten, verdarben ihre Sitten und brachten Krankheiten in ihre Körper und erfüllten die Erde mit Begierden und Grausamkeit. (Kap. 75, 10)

Ich, Christus, erkläre, berichtige
und vertiefe das Wort:

Das Niedere, das Satanische geht zu Ende. Das Leben in und mit Gott wird immer mehr Menschen zum Bedürfnis. Daher wird sich auch die Erde reinigen und die Kinder Gottes so ernähren, wie es zu Beginn des Menschengeschlechtes war: Die Mutter Erde schenkt den Bewohnern der Erde wieder das in Fülle, was diese für den irdischen Körper benötigen. Das ist dann wieder das Reine für die weitgehend reinen Körper.

11. Nicht durch das Vergießen von unschuldigem Blut, sondern durch ein rechtschaffenes Leben werdet ihr den Frieden Gottes finden. Ihr nennt Mich den Christus Gottes, und ihr sprechet wahr; denn Ich Bin der Weg, die Wahrheit und das Leben.

12. Gehet diesen Weg, und ihr werdet Gott finden. Suchet die Wahrheit, und die Wahrheit wird euch frei machen. Lebet im Leben, und ihr werdet den Tod nicht sehen. Alle Dinge leben in Gott, und der Geist Gottes erfüllet alle Dinge. (Kap. 75, 11-12)

Ich, Christus, erkläre, berichtige
und vertiefe das Wort:

Rechtschaffenes Leben ist Leben in Gott. Wer rechtschaffen ist, der übervorteilt, verurteilt und richtet seine Nächsten nicht. Wer in allen Dingen nach Rechtschaffenheit strebt, der findet auf den Weg der Wahrhaftigkeit. Er ist sich selbst treu in edlen Gedanken, Worten und Werken. Entsprechend seinem Denken und Leben verhält er sich auch zu seinen Mitmenschen: Er wird sie nicht übervorteilen noch verurteilen und richten, weil er sich selbst veredelt hat.

Erkennet: Der Friede und das wahre Christentum kann in diese Welt nur durch Menschen kommen, die ihre Seelen geadelt haben mit der Zierde der Tugend und der Bescheidenheit, mit friedvollen Gedanken, selbstlosen Worten und Taten.

Ich Bin der Weg, die Wahrheit und das Leben. Wer seine Seele zu Mir erhebt, der findet auch zu Mir. Und wer in Mir, der Wahrheit, lebt, der ist frei von äußeren Bindungen und vom Tand dieser Welt. Wer in der Wahrheit lebt, der füllt alle Worte und Dinge mit Leben, weil er selbst vom Geiste Gottes erfüllt ist.

13. *Haltet die Gebote. Liebe deinen Gott mit deinem ganzen Herzen und deinen Nächsten wie dich selbst. Daran hängt das ganze Gesetz und die Propheten. Und die Summe des Gesetzes ist dies: Tut niemandem, was ihr nicht wollt, dass andere euch tun. Tut das anderen, was ihr wollt, dass andere euch tun sollen.*

14. *Gesegnet seien, die dieses Gebot erfüllen; denn Gott ist in allen Geschöpfen offenbar. Alle Geschöpfe leben in Gott, und Gott ist in ihnen verborgen."*

15. *Und danach tauchte Jesus den Bissen ein, gab ihn Judas Ischarioth und sprach: „Was du tust, das tue bald!" Dieser aber, nachdem er den Bissen empfangen hatte, trat sogleich hinaus. Und es war Nacht.*

16. *Nachdem Judas Ischarioth hinausgegangen war, sprach Jesus: „Nun ist des Menschen Sohn verherrlicht unter Seinen Zwölfen und Gott ist verherrlicht in Ihm. Und wahrlich, Ich sage euch, die euch aufnehmen, werden Mich aufnehmen, und die Mich aufnehmen, nehmen den Vater auf, der Mich gesandt hat. Und euch, die ihr Mir folget in der geistigen Erneuerung als Meine Auserwählten, werde*

Ich ein Reich aufrichten, so wie Mir eines errichtet wurde, und ihr, die ihr treugeblieben seid der Wahrheit, werdet sitzen auf zwölf Thronen und die zwölf Stämme Israels richten." (Kap. 75, 13-16)

Ich, Christus, erkläre, berichtige
und vertiefe das Wort:

Wer die Gebote der selbstlosen Liebe erfüllt, dessen Herz ist gefüllt mit Liebe und mit der Weisheit Gottes, mit der Wahrheit, die ewig währt, weil sie das Gesetz des Lebens ist.

Wer das Gebot „Liebe deinen Gott mit deinem ganzen Herzen und deinen Nächsten wie dich selbst" erfüllt, der lebt im Gesetz Gottes, denn die selbstlose Liebe umfasst alle Kräfte des Alls, von der Ordnung bis zur Barmherzigkeit.

Zu allen Zeiten und in allen Generationen haben die wahren Propheten und alle gerechten Männer und Frauen das Gesetz Gottes erfüllt. Wer das Gesetz Gottes erfüllt, übergibt sich Gott und gibt, was Gottes Wille ist: Liebe und Weisheit.

Wer zum Gesetz der Liebe werden möchte, beachte den ersten Schritt zum Inneren Leben, zur selbstlosen Liebe: „Tut niemandem, was ihr nicht wollt, dass andere euch tun. Tut das anderen, was ihr wollt, dass andere euch tun sollen."

Wer das Gesetz des Lebens, die Liebe, erfüllt, dem ist Gott offenbar in allen Menschen, Tieren, Pflanzen, Mineralien, Steinen und in allen Kräften des Alls. Nichts bleibt dem verborgen, der sich Gott öffnet. Dem jedoch sind die Dinge und die Kräfte des Alls verborgen, der sich wegen seiner Sünde vor Gott verbergen möchte.

Judas nahm den Bissen. Da er nicht aufrichtig gebetet hatte, legte er davon einen Teil zurück und verließ die kleine Schar. Damit zeigte er seine Gesinnung; dann führte er das aus, was er im Sinne hatte.

Was Ich zu der kleinen Schar sprach, das soll euch und allen kommenden Generationen zur Erkenntnis für euer Denken und Leben dienen. Ihr habt damit einen Maßstab zur Erkenntnis eurer geistigen Reife.

Wer seine Mitmenschen abwertet und verurteilt, der hat weder sie noch Mich an- und aufgenommen. Er verwirft und verurteilt damit auch Mich, den Christus Gottes, denn Ich lebe in euren Nächsten. Mit diesem Verhalten kann er auch nicht zur Wahrheit finden, denn Ich, der Christus, Bin der Weg, die Wahrheit und das Leben. Wer seinen Nächsten verwirft, der verwirft auch Mich. Er kann deshalb auch nicht zum ewigen Vater finden, der durch Mich, den Christus, wirkt.

Und wer nicht in Mir lebt, der ist auch nicht auserwählt – weder für das Reich Gottes auf Erden noch für das ewige Reich, die ewigen Himmel; denn das ewige Sein ist der Vater in Mir. Wer seinen Nächsten verachtet, kennt auch Ihn, den Vater, nicht.

Wer zur Wahrheit gefunden hat, der wird weder richten noch verurteilen.

Das Wort „richten" bedeutet:

Die Stämme Israels werden sich entsprechend ihrem Denken und Tun selbst richten.

Erkennet: Jeder Mensch richtet sich selbst, denn jede unlautere Empfindung, jeder ungesetzmäßige Gedanke, jedes ichbezogene Wort und jede selbstsüchtige Handlung tragen in sich das Gericht. Das Maß, mit dem der Mensch misst, ist sein eigenes Gericht: Es ist seine Selbstsucht in seinen Empfindungen, Gedanken, Worten und Handlungen.

Ich, der Christus Gottes in Jesus, blieb im Vater. So wurde der Vater durch Mich, Christus, verherrlicht.

17. Und einer fragte Ihn: „Herr, willst Du das Königreich Israel wieder aufrichten?" Aber Jesus antwortete: „Mein Reich ist nicht von dieser Welt, noch sind alle Israel, die sich Israel nennen. (Kap. 75, 17)

Ich, Christus, erkläre, berichtige
und vertiefe das Wort:

Mein Reich ist nicht von dieser Welt.

Das Wort „aufrichten" bedeutet: Ich werde das Israel – in der Mitte das Jerusalem – dort aufrichten, wo Menschen

Gottes Willen erfüllen. Mein Reich besteht aus Menschen, die Gottes Willen in Mir, dem Christus, tun.

Erkennet: Israel und Jerusalem beziehen sich nicht auf einen bestimmten Ort. Sie sind dort, wo Menschen im Namen des Allerhöchsten wirken und das Gesetz der selbstlosen Liebe erfüllen. Diese werden mit der Liebe und Weisheit Gottes das gründen und aufbauen, was offenbart ist: das Reich Gottes auf Erden, dessen Herrscher Ich, Christus, sein werde.

Das Reich Gottes auf Erden wird nicht dort sein, wo die Ichsucht der halsstarrigen Juden regiert und jener Menschen, die Mich nur dem Wort nach annehmen. Das Neue Israel und das Neue Jerusalem werden diejenigen Menschen gründen und aufbauen, die den Vater und Mich, den Sohn, an- und aufgenommen haben, die also die Gesetze der Liebe und Weisheit Gottes erfüllen. Sie sind es, welche die geistige Erneuerung bringen. Sie stehen in Meinem Auftrag, das zu gründen, aufzubauen und zu vollenden, was offenbart ist: das Reich Gottes, das Friedensreich Jesu Christi auf dieser Erde.

Erkennet: Israel und Jerusalem werden dort sein, wo die Quelle Gottes sprudelt, von der aus die Wahrheit als Strom die ganze Welt durchdringt.

Richten werden sich die Seelen und Menschen, die sich selbst verurteilt haben durch die Nichterfüllung der ewigen Gesetze.

Viele Geistwesen kamen aus dem Heiligtum Gottes ins Erdenkleid. Sie werden den Thron Gottes auf Erden aufrichten und bewahren. Daher werden Israel und Jerusalem dort sein, wo die Quelle Gottes entspringt und am stärksten fließt – fern dem alten Israel. Wenn das alte Israel aufgehoben ist, wird das Neue Israel an der Stelle des alten Israels sein, weil sich durch weltumwälzende Vorgänge und durch die Veränderung der sogenannten Erdachse die Erdmassen verlagern.

18. Diejenigen in jedem Volke, die sich nicht durch Grausamkeit besudeln, die Gerechtigkeit üben, die Barmherzigkeit lieben und die Werke Gottes ehren, die Hilfe leisten den Schwachen und Unterdrückten – diese sind das Israel Gottes." (Kap. 75, 18)

Ich, Christus, erkläre, berichtige
und vertiefe das Wort:

Aus allen vier Winden, aus allen Völkern und Stämmen der ganzen Erde sammle Ich die Menschen, die sich nicht mit Grausamkeiten besudelt haben und besudeln, sondern welche Gerechtigkeit und Barmherzigkeit üben, den Schwachen und Unterdrückten selbstlos helfen und die Werke Gottes tun.

Sie werden sich mit jenen verbrüdern und verbünden, die das Neue Israel und das Neue Jerusalem errichten, das Reich Gottes auf dieser Erde, das Friedensreich Jesu Christi, das die ganze Erde umspannt.

76. KAPITEL

Die Fußwaschung – Das letzte Abendmahl

Die Erschließung der sieben Grundkräfte der Seele beginnt bei der Ordnung (1-3). Wer selbstlos liebt, erfüllt das Gesetz und schaut Gott in allem (4-5). Die wahren Kämpfer für Christus sind reinen Herzens (6). Das Ziel und die Aufgabe der Seele: wieder zum Gesetz zu werden (7). Die Bedeutung des Weihrauchs (8). Über das Abendmahl - Nicht Zeremonie, sondern Symbol (9). Jesu Gebet für die Seinen: Erfüllt das Wort Gottes und das Liebegebot; verströmt, was Gott euch schenkt (10-19). Das Gebet der Einheit (20-21). Brot und Wein (22). Die geistige Substanz in den Gaben der Natur (23-25). Aus Mose Zugeständnissen wurden ungesetzmäßige Sitten und Bräuche (26-28). Der Verrat an Christus - Warum Jesus gefangengenommen werden konnte und gekreuzigt wurde - Christi Tat für das Geschlecht David (29-30)

1. Und als das Passahessen beendet war, wurden die Lichter angezündet, denn es war Abend. Und Jesus stand von der Tafel auf, legte Sein Oberkleid ab und band sich einen Schurz um. Danach goss Er Wasser in ein Becken, wusch allen den vier mal Zwölf die Füße und trocknete sie mit dem Schurze, mit dem Er umgürtet war.

2. Und einer von ihnen sagte: „Herr, Du solltest mir nicht die Füße waschen." Und Jesus sprach: „Wenn Ich dich nicht wasche, so hast Du keinen Teil an Mir." Und Er antwortete: „Herr, nicht die Füße allein, sondern auch mein Haupt und meine Hände."

3. Und Jesus sprach zu ihm: „Wer aus dem Bade kommt, der muss nur noch die Füße waschen, denn er ist ganz rein." (Kap. 76, 1-3)

Ich, Christus, erkläre, berichtige
und vertiefe das Wort:

Auch die Fußwaschung war ein Symbol. Sie bedeutet die innere Reinigung.

Um zur Vollendung zu gelangen, müssen Seele und Mensch bei der Erschließung der „untersten" Grundkraft, der Ordnung, beginnen. Das bedeutet, Empfindungen und Gedanken zu reinigen und sie so zu veredeln, dass auch die Worte des Menschen von Meinem Leben beseelt sind. Dann erkennt der Mensch allmählich Gottes Willen. Gleichzeitig wird der zu Gott Strebende seine menschlichen Sinne mehr und mehr verfeinern, um den inneren Adel zu erlangen. Das geschieht von einem Evolutionsschritt zum anderen. Die reifende Seele und der erwachte Mensch werden edel und gut.

Auf diese Weise erschließen Seele und Mensch allmählich die sieben Grundkräfte der Seele, die das Gesetz Gottes sind. Hat die Seele diese sieben Grundkräfte von der Ordnung bis zur Barmherzigkeit ganz erschlossen, dann ist sie wieder der makellose geistige Leib, der Tropfen im Ozean Gott, im Gesetz des Lebens.

4. Da Er nun Sein Gewand von reinstem weißen Leinen ohne Makel und Saum wieder angelegt hatte, setzte Er sich wieder an die Tafel und sprach zu ihnen: „Wisset ihr, was Ich euch getan habe? Ihr heißet Mich Herr und Meister, und ihr saget es recht, denn Ich Bin es. Und so wie Ich nun eure Füße gewaschen habe, so sollt auch ihr einer des anderen Füße waschen. Denn Ich habe euch ein Beispiel gegeben, dass ihr tuet, was Ich euch getan habe.

5. Ein neues Gebot gebe Ich euch, dass ihr euch untereinander und alle Geschöpfe Gottes liebet. Liebe ist die Erfüllung des Gesetzes. Liebe ist von Gott, und Gott ist Liebe. Wer nicht liebt, der kennt Gott nicht. (Kap. 76, 4-5)

Ich, Christus, erkläre, berichtige
und vertiefe das Wort:

Wer alle Menschen und alle Lebensformen selbstlos zu lieben vermag, wer also nicht mehr wertet, bewertet und urteilt, der erfüllt das Gesetz.

Das Gesetz, Gott, ist Liebe, weil Gott Liebe ist. Wer die selbstlose Liebe lebt, der ist rein. Er schaut Gott, das Gesetz der Liebe, in allen Menschen, in allen Lebensformen und in allen Dingen, weil er Gott, das Gesetz der Liebe, kennt.

Wer sich selbst nicht kennt, der kennt auch das Gesetz, Gott, nicht und schaut auch nicht in allen Menschen, Lebensformen und Dingen das Gesetz der Liebe, Gott.

6. Jetzt seid ihr rein durch das Wort, das Ich zu euch gesprochen habe. Daran sollen euch alle erkennen, dass ihr Meine Jünger seid, dass ihr euch untereinander liebet und Barmherzigkeit und Liebe zeiget allen Geschöpfen Gottes, besonders denen, die schwach und unterdrückt sind und unschuldig leiden. Denn die ganze Erde ist voll von dunklen Orten der Grausamkeit, mit Pein und Angst, wegen der Selbstsucht und der Unwissenheit der Menschen. (Kap. 76, 6)

Ich, Christus, erkläre, berichtige
und vertiefe das Wort:

„... rein durch das Wort" bedeutet: Wer Mein Wort, das Leben und Kraft ist, verwirklicht, wird an Seele und Leib rein werden. Wer reinen Herzens ist, der trägt auch in der Welt dazu bei, dass alle Menschen, die sich nach Gott sehnen, die Erfüllung finden, und dass die finsteren Orte des Grauens, an denen Pein, Angst und Tod herrschen, lichter werden. Denn dann erwacht und erblüht auch dort das Leben in Gott und finden Menschen zum inneren Frieden.

Wer in Gott lebt, der wird zum wahren, selbstlosen Kämpfer für das Reich Gottes, das Frieden ist. Er kämpft mit den Waffen der Liebe gegen die Selbstsucht und Unwissenheit seiner Mitmenschen, damit die Erde erneuert wird durch Mich, den Christus.

7. Ich sage euch, liebet eure Feinde, segnet, die euch fluchen, und gebet ihnen Licht in ihrer Finsternis, und lasset den Geist der Liebe in eurem Herzen wohnen und zu allen überströmen. Und abermals sage Ich euch: Liebet einander und alle Geschöpfe Gottes." Und als Er zu Ende war, sprachen alle: „Gelobt sei Gott." (Kap. 76, 7)

Ich, Christus, erkläre, berichtige
und vertiefe das Wort:

Was Ich als Jesus von Nazareth sprach, galt nicht nur den Meinen, die mit Mir, dem Jesus waren, und nicht nur dem damaligen Volk. Es galt und gilt den Menschen aller Völker und aller Generationen, denn es ist das Wort Gottes, das an alle Menschen gerichtet war und ist. Es wird so lange gegeben, bis viele Menschen zum Gesetz des Lebens geworden sind und diese dann das Wort, das Gesetz, Gott, selbst sprechen. Dann ist alles, was von Mir als Jesus und von den wahren Propheten Gottes vorhergesagt wurde, erfüllt.

Wenn Ich dann im Geiste wiederkomme, ist die Erde gereinigt, so dass sie Mein Licht, das Licht des Christus, zu empfangen vermag. Dann werden alle Menschen, die auf der gereinigten Erde leben, die Gebote Gottes erfüllen und das Wort, das Gesetz, sprechen, da sie das Gesetz leben.

Es ist die Aufgabe der Seele, in ihren verschiedenen Erdenleben der unterschiedlichen Zeitepochen wieder zum Gesetz, Gott, zum Wort des Lebens, zu werden. Menschen, die höhere Reinigungsgrade erlangt haben, werden einander und alle Geschöpfe Gottes lieben, wie Ich sie geliebt habe und liebe.

8. Und dann erhob Er Seine Stimme, und sie schlossen sich zusammen und sprachen: „So wie der Hirsch verlangt nach den Wasserbächen, so verlangt Meine Seele nach Dir, o Gott!" Und als sie geendigt hatten, brachte Ihm einer ein Weihrauchfass mit glühenden Kohlen, und Er streute Weihrauch darauf, denselben Weihrauch, den Ihm Seine Mutter am Tage Seiner Offenbarung gegeben hatte, und die Süßigkeit des Duftes erfüllte den Raum. (Kap. 76, 8)

Ich, Christus, erkläre, berichtige
und vertiefe das Wort:

Das sogenannte Weihrauchfass stand in Räumen angesehener Bürger. Weihrauch symbolisiert das geweihte Leben. Er wurde und wird von vielen Menschen verwendet, ohne dass sie sich dieser Bedeutung bewusst waren und sind. Auch in der Institution Kirche wird noch immer der Weihrauch bei Zeremonien verwendet. Das geweihte Leben hingegen wird von vielen Menschen und auch in der Institution Kirche nicht gelebt. Was jedoch nicht gelebt ist, bleibt Symbol und ist daher auch ohne Bedeutung.

9. Dann stellte Jesus die Schüssel vor sich und dahinter den Kelch, und die Augen gen Himmel erhoben, dankte Er Gott für Seine Güte in allem und für alle und nahm das ungesäuerte Brot in Seine Hände und segnete es. Dann mischte Er den Wein mit Wasser und segnete ihn, sang die Anrufung des siebenfachen heiligen Namens, rief an den Dreieinigen, auf dass Er den Heiligen Geist herabsende und das Brot zu Seinem Leibe mache, nämlich den Leib Christi, und den Wein in Sein Blut, nämlich das Blut Christi, zur Vergebung der Sünden und zu einem ewigen Leben für alle, die dem Evangelium gehorchen. (Kap. 76, 9)

Ich, Christus, erkläre, berichtige
und vertiefe das Wort:

Wer in der Welt ein Amt bekleidet, der gebraucht auch den Wortschatz, der dafür notwendig ist. Auch die Übersetzer vermögen die Texte nur mit ihrem Wortschatz wiederzugeben, der ihrem Bewusstseinsstand entspricht. Auch konnten und können die Übersetzungen nicht immer sinngemäß erfolgen, da dieselben Worte für jeden eine andere Bedeutung haben können – entsprechend seinem Bewusstsein und seiner Vorstellung. So wurde auch Mein Wort in vielen Fällen durch die Brille des Glaubens derer gesehen, die es wiedergegeben haben. Deshalb erkläre, berichtige und vertiefe Ich das Wort, welches in dem Buch „Das Evangelium Jesu" geschrieben ist.

Als Jesus von Nazareth betete Ich viel zu Gott, Meinem Vater, und hielt mit Ihm Zwiesprache. Zu Ihm, dem Ewigen, betete Ich um den Segen für das letzte Abendmahl mit den Meinen.

Sinngemäß sprach Ich zu ihnen: Was Ich jetzt tue, das tut weiterhin zu Meinem Gedenken. Die Speise ist für den Leib. Ich reiche sie euch als Symbol für die innere Stärkung.

Erkennet: Mein Leib wurde hingegeben, auf dass ihr das ewige Leben erlangt. Lasst euren Leib zu einem Tempel werden, auf dass der Geist in und durch euch zu wirken vermag. Durch die Auferstehung Meines geistigen Leibes werdet auch ihr auferstehen, denn der Christus Gottes, der zum Vater geht, ist der Geist der Wahrheit in Gott. Der Geist der Wahrheit wird euren geistigen Leib reinigen, und das Licht der Welt, das Ich Bin, wird in und durch euch leuchten. Denn durch Meine Auferstehung Bin Ich das Licht in euch und die Reinigung eurer Seele. Wer an Mich glaubt und die Gesetze der Himmel erfüllt, wird durch Mich, den Christus, die Wiedergeburt in den Geist Meines Vaters erlangen.

Ich nahm den Wein, gab etwas Wasser hinzu und sprach sinngemäß: Was Ich euch jetzt sage, ist ein Symbol. Erkennet die Bedeutung – und denkt an Mich, wenn ihr speist und trinkt, denn in allem ist der Geist des Lebens, der Ich Bin.

Der Wein ist das Symbol für Mein Blut, das Ich für alle Seelen und Menschen vergießen werde. Der Geist der

Seele muss wieder von Seele und Mensch erweckt, das heißt in das irdische Leben gebracht werden. Wer den Geist der Wahrheit – als Symbol: Mein Blut – nicht an- und aufnimmt, dessen Seele kann nicht in die Ewigkeit zurückkehren, weil sie nicht in der absoluten Wahrheit lebt. Die Seele bleibt so lange außerhalb der Himmel, bis sie Mich, das Licht der Welt, ihren Erlöser, an- und aufgenommen hat. Wer also Mich, seinen Erlöser, den Mitregenten der Himmel, nicht an- und aufnimmt, der wird nicht die absolute Vollkommenheit erlangen.

Erkennet: Wer Mich nicht an- und aufnimmt, der nimmt auch nicht den Vater an und auf – denn der Vater und Ich sind eins.

Dieses symbolische Geschehen habe Ich in Jesus von Nazareth unter den Meinen vollzogen, um ihnen zu erklären, dass das Leben, der Geist Gottes, als Substanz und Kraft in allen Formen des Lebens ist, sowohl in der Nahrung als auch in dem Getränk. Denn Ich schied hin für alle Seelen und Menschen, auf dass sie die Auferstehung erlangen. Ihr sollt beim Mahl einzig Meiner gedenken und bei allem, was ihr vollbringt. Denn was ihr wahrlich in Meinem Namen tut, ist wohlgetan.

Viele Menschen werden in der mächtigen Zeitenwende verbluten, weil sie Mich nicht an- und aufgenommen haben und deshalb in ihren Sünden bleiben. Der Gott zustrebende Mensch jedoch wird mit Mir das Mahl halten. Bittet also um den Segen Gottes für euer Mahl und denkt beim Speisen an die Kraft und Liebe Gottes, dann denkt ihr auch an euren Erlöser, den Christus Gottes, der im Vater ist.

10. Und Er hob die Opfergaben zum Himmel und sprach: „Der Menschensohn wird erhöht von der Erde, und Ich werde alle Menschen zu Mir ziehen. Dann werden alle wissen, dass Ich von Gott gesandt Bin."

11. Und als dies geschehen war, sprach Jesus diese Worte und erhob Seine Augen gen Himmel: „Abba, die Stunde ist da, verherrliche Deinen Sohn, damit Dein Sohn in Dir verherrlicht werde.

12. Ja, Du hast Mich verherrlicht, Du hast Mein Herz mit Feuer erfüllt, Du hast Lichter gestellt zu Meiner Rechten und zu Meiner Linken, auf dass kein Teil von Mir ohne Licht wäre. Deine Liebe scheint zu Meiner rechten Hand und Deine Weisheit zu Meiner linken. Deine Liebe, Deine Weisheit und Deine Macht sind in Mir offenbar.

13. Ich habe Dich verherrlicht auf Erden, Ich habe das Werk vollendet, das Du Mir zu tun gegeben hast. Heiliger Einer, erhalte durch Deinen Namen die Zwölf und ihre Gefährten, die Du Mir gegeben hast, dass sie eins werden, ebenso wie Wir eins sind. Während Ich mit ihnen in der Welt war, führte Ich sie in Deinem Namen, und keiner ist verloren; denn der von uns gegangen ist, war nicht der unsere, aber Ich bete für ihn, dass er gerettet werde. Vater, vergib ihm, denn er weiß nicht, was er tut.

14. Und nun komme Ich zu Dir, und dies spreche Ich zur Welt, damit sich Meine Freude in ihnen erfülle. Ich gebe ihnen Dein Wort, und die Welt hasst sie; denn sie sind nicht von dieser Welt, ebenso wie Ich nicht von der Welt Bin.

15. Ich bitte nicht, dass Du sie von dieser Welt nimmst, sondern dass Du sie vor Bösem bewahrst, solange sie in der Welt sind. Sie sind nicht von dieser Welt, ebenso wie Ich nicht von der Welt Bin. Segne sie durch Deine Wahrheit. Dein Wort ist Wahrheit. Wie Du Mich in die Welt sandtest, so sende Ich sie in die Welt, und um ihretwillen heilige Ich Mich, auf dass sie auch geheiligt werden durch die Wahrheit.

16. Ich bete nicht für sie allein, sondern für alle, die dazukommen, und für die Zweiundsiebzig, die Ich auch aussandte, und für alle, die an die Wahrheit glauben werden durch Dein Wort, damit sie auch eins werden wie Du, Allerheiligster, in Mir bist und Ich in Dir, dass sie auch eins werden in Dir und dass die Welt erkenne, dass Du Mich gesandt hast.

17. Heiliger Vater, Ich will auch, dass alle, die Du Mir gegeben hast, ja alle, die leben, mit Mir sind, wo Ich Bin, auf dass sie teilhaben an der Herrlichkeit, die Du Mir gibst, da Du Mich liebest in allen und alle in Mir, bevor die Welt erschaffen worden ist.

18. Die Welt hat Dich nicht erkannt in Deiner Gerechtigkeit, Ich aber erkenne Dich, und diese wissen, dass Du Mich gesandt hast.

19. Und Ich habe ihnen Deinen Namen verkündet, damit die Liebe, mit der Du Mich geliebt hast, in ihnen sei und dass sie von ihnen überströme auf alle Deine Geschöpfe, ja, auf alle.'' Und da Er diese Worte gesprochen hatte, erhoben alle ihre Stimmen mit Ihm und beteten, wie Er sie gelehrt hatte: (Kap. 76, 10-19)

Ich, Christus, erkläre, berichtige
und vertiefe das Wort:

Dieses sinngemäß wiedergegebene Gebet war nicht nur für Meine Apostel und Jünger gesprochen, es galt und gilt für alle Menschen, für alles Sein.

Die mehr und mehr Gottes Willen erfüllen, werden das Wort Gottes, das sie erfüllt, in die Welt tragen. Das geschieht gegenwärtig und zukünftig, bis Ich im Geiste wiederkomme.

In der göttlichen Zeit, im Reiche Gottes auf Erden, ist das Leben der Menschen ein gelebtes Gebet, ein Leben, welches das ewige Gesetz ist. Denn die Liebe zu Gott und zum Nächsten ist die Erfüllung des Gesetzes.

Wer selbstlos liebt, den werde Ich, Christus, erhöhen, so wie Mich der ewige Vater erhöht hat. Gleichzeitig werde Ich ihn zu Mir, seinem Bruder, ziehen, und wir werden in Gott leben als Kinder Gottes.

Ich habe das Werk der Erlösung in die Welt gebracht – in alle Seelen und Menschen. Die Erlösung ist in jenen Seelen und Menschen abgeschlossen, welche die Vollendung, also die Reinheit, erlangt haben. Sie sind wieder eins mit dem ewigen Vater geworden und haben die Bruderschaft in Mir erlangt. Sie stehen mit Mir in der Bruderschaft – und im Vater-Mutter-Gott in der Sohn- und Tochterschaft.

Lasst euren Nächsten niemals aus eurem Herzen, selbst wenn er euch verraten und überantwortet hat, so wie es Judas an Mir tat. Lasst ihn in eurem Herzen, auch wenn er derzeit nicht mit, sondern gegen euch ist. Er ist und bleibt euer Nächster. So steht es im Himmel, im ewigen Gesetz, geschrieben.

Beachtet und erfüllt das Gebot der Liebe: Liebt euren Vater von ganzem Herzen, mit allen euren Kräften, liebt Ihn in jeder Empfindung, in jedem Gedanken, in jedem Wort und in jeder Handlung – und liebt euren Nächsten, so wie ihr euch selbst liebt. Und überwiegt in eurem Empfinden, Denken, Reden und Tun die Liebe zu Gott, so werdet ihr euch selbst als Kinder Gottes achten und auch eure Nächsten, die ebenfalls Kinder des ewigen Vaters sind und die Gott, unser Vater, ebenso liebt, wie Er euch liebt. Denn in Gott, eurem und Meinem Vater, sind alle Seine Kinder. Er liebt alle gleichermaßen – ohne Unterschied. Und so ihr dies erkennt und annehmt, werdet auch ihr keine Unterschiede machen.

Die Liebe zu Gott umfasst auch das Vergeben. Wer im Vater lebt, hat die innere Größe, die vergibt, ohne nachzutragen.

Wer das Wort Gottes erfüllt, dem ist es auch gegeben, der Welt das Wort Gottes zu verkünden und zu lehren. Wer jedoch das Wort Gottes nicht selbst verwirklicht hat, der möge schweigen. Denn wer nur über das Wort Gottes spricht, der belastet seine Seele. Er sündigt gegen das Heilige Wort, wider Gott. Wer Gottes Wort nur predigt und lehrt, ohne dass er es verwirklicht hat, dessen Worte gehen nicht in das Herz der Nächsten ein; sie werden dem, der es aussendet, zum Bumerang. Wer also das Wort Gottes nur predigt und lehrt, ohne es verwirklicht zu haben, der kann es auch nicht mit Kraft und Macht erfüllen, weil er selbst kraftlos ist.

Wer Mein Wort mit Leben und Kraft erfüllt durch eigene Verwirklichung und dies in der Welt lehrt, der wird von den Menschen der Welt nicht verstanden – und von vielen des Evangeliums wegen gehasst werden.

Wer das Wort Gottes erfüllt, der ist nicht von dieser Welt, so wie auch Ich als Jesus von Nazareth nicht von dieser Welt war. Wer das Wort Gottes erfüllt, der ist ein lebendiger Quell und ein Strom inneren Heils, welcher zu allen Geschöpfen strömt und alles durchströmt; denn Gott ist alldurchströmende Kraft. Wer also in Gott lebt, der verströmt, was Gott ihm schenkt: Liebe, Weisheit und Kraft, den Strom für alle und für alles.

20. Unser Vater, der Du über uns und in uns bist, gehei-ligt werde Dein Name in Dreieinigkeit. Dein Reich komme zu allen in Weisheit, Liebe und Gerechtigkeit. Dein heiliger Wille geschehe immerdar wie im Himmel so auf Erden. Gib uns täglich Anteil an Deinem heiligen Brot und die Frucht Deiner lebendigen Rebe. So wie Du unsere Schuld vergibst, so mögen wir anderen vergeben, die sich vergehen an uns. Während wir versuchen, andere zur Vollendung zu führen, vollende uns in Deinem Christus. Schenke uns Deine Güte, auf dass wir den andern das gleiche tun können. In der Stunde der Versuchung befreie uns vom Bösen.

21. Denn Dein ist das Reich, die Kraft und die Herrlich-keit: im Anfange, jetzt und immerdar. Amen." (Kap. 76, 20-21)

Ich, Christus, erkläre, berichtige
und vertiefe das Wort:

Seit Meinem Wirken als Jesus von Nazareth sind Zeit-epochen vergangen. Generationen kamen und gingen. Die Menschen beteten zu allen Zeiten. Die Inhalte vieler ihrer Gebete waren die gleichen, jedoch wurden sie ent-sprechend der jeweiligen Generation mit anderen Worten gesprochen. Deshalb sollte der Mensch dem irdischen Wort keine allzu große Bedeutung beimessen, da es von Zeitepoche zu Zeitepoche, von Generation zu Generation einen anderen Sinn bekommen hat und bekommen kann.

Seid also bestrebt, den Sinn zu erfassen und auch den rechten Sinn hineinzulegen.

Ich gab den Menschen über das Innere Wort durch den einverleibten Teilstrahl der göttlichen Weisheit das Gebet der Einheit als ein Dank- und Liebegebet zu Gott. Es kann dem Sinne nach gebetet werden. Es weist auch auf das Nahen des Reiches Gottes auf Erden hin und auf Meine geistige Wiederkunft. Es wurde das Gebet der Christusfreunde:

Vater unser, der Du bist im Himmel,
geheiligt ist Dein Name.
Unser Reich kommt, Dein Wille geschieht
wie im Himmel, so auf Erden.
Unser tägliches Brot gibst Du uns heute
und vergibst uns unsere Schuld,
und wir vergeben unseren Schuldigern;
Du führst uns in der Versuchung
und erlöst uns von dem Bösen.
Denn unser ist das Reich und die Kraft
und die Herrlichkeit
von Ewigkeit zu Ewigkeit.

22. Dann nahm unser Meister das heilige Brot und brach es und ebenso die Frucht des Weinstockes und mischte sie und segnete beides. Und Er ließ ein Stückchen des Brotes in den Kelch fallen und segnete die heilige Vereinigung. (Kap. 76, 22)

Ich, Christus, erkläre, berichtige
und vertiefe das Wort:

Die Worte „Und Er ließ ein Stückchen des Brotes in den Kelch fallen und segnete die heilige Vereinigung" zeigen, dass der Schreiber vom Denken in Zeremonien geprägt war.

Erkennet: Alles ist eins in Gott. Nichts kann ohne das andere existieren, weil Gott in allem die Substanz und die Kraft ist. Daraus ergibt sich die Vereinigung mit dem Leben. So sind auch das Brot und der Wein in Gott und kommen von Gott für die Menschen und können nicht getrennt werden. Die Erde ist die Ernährerin, die Mutter aller Menschen, die von ihr empfangen durch den Geist Gottes. Er durchströmt die Erde und den Menschen und spendet allem Sein auf der Erde Leben.

23. Und dann gab Er das Brot, das Er gesegnet hatte, Seinen Jüngern und sprach: „Esset, denn dies ist Mein Leib, der Leib des Christus, der für euch gegeben ist zur Erlösung des Leibes und der Seele."

24. In gleicher Weise gab Er ihnen die Frucht des Weinstockes, den Er gesegnet hatte, und sprach zu ihnen: „Trinket, denn dies ist Mein Blut, das Blut des Christus, das vergossen wird für euch und viele zur Erlösung der Seele und des Leibes."

25. Und als alle teilgenommen hatten, sprach Er zu ihnen: „So oft ihr euch versammelt in Meinem Namen, haltet dieses Opfer zu Meinem Gedächtnis, bereitet das Brot des ewigen Lebens und den Wein der ewigen Erlösung und esset und trinket reinen Herzens davon, und ihr werdet die Substanz und das Leben Gottes, das in Mir wohnet, empfangen." (Kap. 76, 23-25)

Ich, Christus, erkläre, berichtige
und vertiefe das Wort:

Brot und Wein dienten einzig als Symbol für die Hingabe Meines Leibes und Meines Blutes. Ihr sollt daraus jedoch keine Zeremonie machen, sondern allezeit Meiner gedenken in allen euren Empfindungen, Gedanken, Worten und Handlungen.

Auch wenn ihr die Gaben des Lebens zu euch nehmt, welche euch von Gott gegeben sind aus dem Schoß der Mutter Erde, gedenket in Dank des Ewigen, und gedenket auch Meiner Erlösertat. Und so ihr dies aufrichtigen Herzens tut, wird nicht nur euer irdischer Leib die geistige Substanz, das geistige Leben, empfangen, sondern auch eure Seele. Denn in allem, was die Natur den Menschen schenkt, ist das Leben, Gott, die geistige Substanz, die Kraft.

26. Und da sie einen Lobgesang gesungen hatten, stand Jesus auf in der Mitte Seiner Apostel, und sie schritten um Ihn herum, der ihr Mittelpunkt war, wie in einem feier-

lichen Tanze und freuten sich in Ihm. Und dann ging Er hinaus auf den Ölberg, und Seine Jünger folgten Ihm.

27. Nun war Judas Ischarioth in das Haus des Kaiphas gegangen und sagte zu ihm: „Siehe, Er hat das Passahmahl gefeiert innerhalb der Tore mit Mazzen an Stelle des Lammes. Ich aber hatte ein Lamm gekauft; doch Er verbot, dass es getötet werde. Sieh, der Mann, von dem ich es gekauft habe, ist Zeuge.“

28. Und Kaiphas zerriss seine Kleider und sagte: „Wahrlich, dieses ist kein Passahfest nach dem Gesetze des Moses. Er hat eine Tat begangen, die todeswürdig ist; denn es ist eine schwere Übertretung des Gesetzes. Wozu brauchen wir noch weitere Zeugen? Ja, soeben sind zwei Räuber im Tempel eingebrochen und haben das Gesetzbuch gestohlen, das ist das Ergebnis Seiner Lehre. Lasset uns den Leuten, die Ihm folgen, sagen, was Er getan hat; denn sie fürchten die Macht des Gesetzes.“ (Kap. 76, 26-28)

Ich, Christus, erkläre, berichtige
und vertiefe das Wort:

Die Worte „... und sie schritten um Ihn herum, der ihr Mittelpunkt war, wie in einem feierlichen Tanze ...“ besagen: „Meine Apostel und Jünger kamen nahe an Mich heran und bewegten sich um Mich, da Ich für sie in diesen Augenblicken der Mittelpunkt war, denn sie spürten das Weh Meines Herzens – und bekamen Angst um ihr eigenes irdisches Leben.

Moses musste den Israeliten einige Zugeständnisse machen, da sie, wie alle Wesen und Menschen, von Gott den freien Willen hatten und haben, die Gesetze des Lebens zu halten oder sie zu missachten. Trotz der Mahnungen und Hinweise Mose, dass ihr Denken und Tun nicht Gottes Willen entsprechen, blieben viele Israeliten in der Sünde. Viele hielten die Gesetze Gottes nicht oder nur teilweise.

Auch deshalb brachten sie viele Jahre in der Wüste zu, weil ihre Sitten nicht dem Willen Gottes entsprachen und das Leben von vielen einer Wüste glich. Das Denken und Leben vieler Israeliten kreiste immer wieder um das Goldene Kalb. Ihr lasterhaftes, ichbezogenes Verhalten und ihre Halsstarrigkeit gegen die Erfüllung der Gesetze Gottes brachten sie teilweise mit in das sogenannte Gelobte Land und machten die Zugeständnisse Mose zu ihren Gesetzen – in der Meinung, sie hätten diese von Gott durch Moses empfangen. Wer gegen ihre Bräuche im Tempel und gegen ihre ungesetzmäßigen Sitten war – die angeblich Gott durch Moses offenbart hatte –, der war ein Feind dessen, was sie für recht und gerecht hielten.

Ähnlich ist es in der gegenwärtigen Zeit. Wer das Verhalten der Vertreter der Institutionen Kirche anprangert, wird von ihnen als unchristlich bezeichnet. Wer nicht an die Dogmen und Riten glaubt – ähnlich wie die Israeliten an ihre Bräuche und Sitten –, der wird verhöhnt, verspottet und gehasst. Viele Vertreter der kirchlichen Institutionen missbrauchen Mein Wort – ähnlich wie die Israeliten das Wort Gottes durch Moses und die Zugeständnisse des Moses missbraucht haben.

Es war zu allen Zeiten so: Wer nicht für die herrschenden Ansichten und Meinungen der Menschen ist, also nicht so denkt und glaubt wie sie, der ist in ihren Augen ein Verräter. Zu allen Zeiten hetzten die Obrigkeiten das Volk gegen gerechte Männer und Frauen auf.

29. Und einer, der dabeistand, als Judas hinausging, fragte Ihn: „Denkst du, dass sie ihn töten werden?"

30. Und Judas sagte: „Nein, denn Er wird ein Wunder tun, um sich aus ihren Händen zu befreien. Als sie in der Synagoge zu Kapernaum sich gegen Ihn erhoben und Ihn auf die Spitze des Berges brachten, um Ihn herabzustoßen, war Er da nicht unversehrt durch ihre Mitte gegangen? So wird Er sicherlich ihnen wieder entkommen und sich öffentlich erklären und das Reich aufrichten, von dem Er gesprochen hat." (Kap. 76, 29-30)

Ich, Christus, erkläre, berichtige
und vertiefe das Wort:

Mit dem Verrat an Mir wollte Judas auf unlautere Weise Silberlinge erwerben.

Seid achtsam, ihr Menschen, auf dass es euch nicht ähnlich ergeht wie Judas. Denn in den nahezu 2000 Jahren gab es immer wieder Judasse, die ihren Herrn um einige Silberlinge verraten haben.

Der Verrat am Christus Gottes ist auch in der heutigen Zeit für jene offenbar, die sich bemühen, das Gesetz Gottes zu erfüllen: Viele der heutigen Schriftgelehrten, Pharisäer und Verantwortungsträger in Kirche, Politik und Wirtschaft verwenden Meinen Namen für ihre persönlichen Anliegen und Vorteile. Das ist Missbrauch des heiligen Namens und somit Sünde wider den Heiligen Geist.

Judas war des Glaubens, Ich würde Mich der Gefangennahme entziehen, so wie Ich es zuvor in vielen Situationen getan habe. Immer wieder wollten Mich diejenigen, die wider Mich waren, binden oder steinigen oder von Mauern herabstürzen – doch Ich ging stets wie unsichtbar, geschützt von der ewigen Kraft, durch sie hindurch und Meines Weges.

Doch nun musste geschehen, was dann geschehen ist. Die wider Mich waren, konnten Mich gefangennehmen und Mich dem Hohenpriester überantworten und kreuzigen lassen.

Viele Menschen stellten und stellen immer wieder die Frage: Warum ist Jesus so oft Seinen Verfolgern entkommen und warum nicht in dieser Nacht? Von dem, was damals geschehen ist, will Ich heute nur wesentliche Aspekte darlegen, denn es geht um die Erlösung, die Ich allen Seelen und Menschen gebracht habe:

Die Teilkraft der Urkraft, ein Teil Meines geistigen allgegenwärtigen Erbes, wurde deshalb ausgelöst, weil Mich das gesamte jüdische Volk nicht angenommen und Meine Lehre, das Gesetz des Lebens, nicht aufgenommen, also nicht erfüllt hatte.

Ich übernahm einen Teil der Schuld des Geschlechtes David und einen Teil der Schuld einiger aus anderen Geschlechtern. Mit diesen energetischen Kräften aus dem Gesetze von Saat und Ernte umhüllte Ich kurz vor der Gefangennahme Meinen reinen Geistleib. Diese Umhüllung machte Mich für die Finsternis sichtbar und greifbar.

Erkennet: Das Geschlecht David ist die Einverleibungsbrücke jener Geistwesen, die sich in den Plan Gottes für die Erde eingegliedert haben und unmittelbar aus dem Zentrum des ewigen Seins kamen und kommen, um mit Mir alles zurückzuführen, was verloren schien.

Seit David kamen sie immer wieder, um Mir die Wege zu bereiten und die Durchführung des Erlöserplanes, des Heilsplanes, vorzubereiten. Vorgesehen war, dass diese Geistwesen aus dem Geschlecht David im Erdenkleid vor allem selbst die Gesetze erfüllen. Damit sollten sie den Juden die Gesetze des Lebens nahebringen und ihnen gute Vorbilder sein – damit auch diese die Gesetze erfüllen, um Mich, Christus, zu erkennen, wenn Ich in Jesus zu ihnen komme.

Viele Geistwesen im Erdenkleid verstrickten sich als Menschen jedoch von Inkarnation zu Inkarnation immer mehr, das heißt sie sündigten und belasteten ihre Seelen, so dass sie wegen der Sünde nicht mehr erspürten, wofür sie ausgegangen waren. Infolgedessen konnten auch die einverleibten Geistwesen aus anderen Geschlechtern, die für den Plan Gottes wirken sollten, keinen Halt in den Menschen aus dem Geschlecht David finden.

Im Laufe Meines Wirkens als Jesus von Nazareth musste Ich erkennen, dass die Geistwesen – als Menschen Juden aus dem Geschlecht David – nicht zu Mir standen, weil ihre Geistkörper zu sehr verschattet waren, sich also im Gesetz von Saat und Ernte verstrickt hatten. Außerdem musste Ich erkennen, dass die Juden von den Gesetzen Inneren Lebens zwar sprachen, sie jedoch nicht hielten und mit ihnen sogar ihre Nächsten unterjochten. Ähnlich wie die Menschen aus dem Geschlecht David, waren sie von der Sünde geblendet.

Ich wusste, dass Ich leiden muss um des Werkes der Erlösung willen. Ich wusste – und Mir wurde es auch bei der Erhöhung, der Verklärung, offenbart, als Mir Cherubim im Geistgewande erschienen –, dass die Geistwesen – im Erdenkleid als Menschen aus dem Geschlechte David und aus anderen Geschlechtern – mit Mir den ganzen Plan Gottes, die Erlösung und die Gründung und den Aufbau des Reiches Gottes auf Erden, durchführen sollten. Ich wusste, dass das Geschlecht David hierfür an erster Stelle stand.

Damit Söhne und Töchter Gottes wieder über den Stamm David zur Einverleibung gehen konnten und weiterhin können, um dann auch auf Erden für den Plan Gottes zu wirken, umhüllte Ich Mich vor allem mit einem Teil der Schuld des Geschlechtes David, das heißt, mit der Schuld jener Seelen, die im Plan Gottes standen und sich in Vorinkarnationen so belastet hatten, dass sie über viele Einverleibungen hinweg nicht mehr für den Plan Gottes hätten wirken können. Durch die Umhüllung Meines Geistleibes mit einem Teil dieser Schuld wurde Ich für die Finsternis sichtbar und greifbar. Deshalb konnten sie Mich gefangennehmen.

Was dann folgte, das Verhör, die Geißelung, der Kreuzesweg, auf welchem Ich immer wieder niedersank, bis zur Kreuzigung, trug Ich für das Geschlecht David – und auch für alle Juden und letztlich für alle Menschen aller vergangenen und zukünftigen Generationen, bis das Friedensreich die Erde umschließt.

Wäre das Geschlecht David lichtvoll gewesen und hätten die Juden von der Zeit Mose an die Gesetze Gottes befolgt, dann hätten sie mit den Söhnen und Töchtern aus dem Geschlecht David die allumfassenden Gesetze gelebt. Die Golgathatat zur Erlösung hätte nicht sein müssen, weil dann das damalige Israel und das damalige Jerusalem das wahre Israel und das wahre Jerusalem gewesen wären – das Reich Gottes, das damals über die ganze Erde hätte wirken können.

Schon vor Meiner Erdenzeit wurden vom Geiste Meines Vaters auf der Erde für die Errichtung des Reiches Gottes immer wieder Möglichkeiten geschaffen. Doch die Menschen fielen immer mehr in die Sünde.

Hätte das Geschlecht David standgehalten, dann hätte die Kreuzigung nicht sein müssen. Wäre das jüdische Volk das wahre Gottesvolk gewesen, dann wäre der gesamte Erlöserplan anders verlaufen, und Ich hätte einen Teil Meines Erbes, die Teilkraft aus der Urkraft, nicht auslösen müssen. Doch nun ist es vollbracht, und der Weg ist frei für alle Seelen und Menschen hin zum Herzen Gottes.

Nun beginnen das Geschlecht David und Menschen aus anderen Geschlechtern mehr und mehr, ihren Auftrag im Erlöserwerk zu erfüllen, auf dass das Reich Gottes auf die Erde kommen kann. Es ist vollbracht. Das Kreuz nenne Ich daher auch das Christus-David-Kreuz.

77. KAPITEL

Leiden im Garten Gethsemane

*Die schlafenden Jünger im Garten Gethsemane -
Wer allein geistiges Wissen sammelt, jedoch nicht umsetzt, kann
eine Situation nicht erfassen und schläft über der Not seines
Nächsten ein - Gottes Wille und Plan werden erfüllt (1-13)*

1. Als sie zum Ölberg gingen, sprach Jesus zu ihnen: „In dieser Nacht werde Ich für euch alle ein Ärgernis sein; denn es steht geschrieben: ‚Ich werde den Hirten schlagen, und die Schafe der Herde werden sich zerstreuen.' Wenn Ich aber auferstehe, will Ich vor euch hergehen nach Galiläa."

2. Simon antwortete und sagte zu Ihm: „Wenn sie auch alle sich über Dich ärgerten, so will doch Ich mich keinesfalls ärgern." Und Jesus sprach zu ihm: „Simon, Simon, siehe, Satan wollte dich besitzen, damit er dich siebe wie Weizen. Doch Ich habe für dich gebetet, dass dein Glaube nicht ermattet. Und wenn du gefestigt bist, dann stärke deine Brüder."

3. Und er sagte zu Ihm: „Herr, ich bin bereit, mit dir zu gehen, ins Gefängnis und auch in den Tod." Und Jesus sprach: „Ich sage dir, Simon, der Hahn wird in dieser Nacht nicht krähen, bevor du dreimal geleugnet hast, dass du Mich kennst."

4. Nachdem sie den Bach Kidron überschritten hatten, kam Jesus mit ihnen in den Garten Gethsemane. Und Er

sprach zu Seinen Jüngern: „Setzet euch hierhin, während Ich dorthin gehe und bete." (Judas, der Ihn verriet, kannte diesen Ort auch; denn Jesus verweilte dort oft mit Seinen Jüngern.)

5. Dann sprach Er zu ihnen: „Meine Seele ist betrübt jetzt bis zum Tode; bleibet hier und wachet mit Mir."

6. Und Er ging ein wenig weiter, fiel auf Sein Angesicht und betete und sprach: „O Mein Vater, wenn es möglich ist, so lasse diesen Kelch an Mir vorübergehen; jedoch nicht wie Ich will, sondern wie Du willst."

7. Und es erschien ein Engel vom Himmel bei Ihm und stärkte Ihn. Und Er kam zu Seinen Jüngern, und als Er sie schlafend fand, sprach Er zu Petrus: „Konntet ihr denn nicht eine Stunde mit Mir wachen?

8. Wachet und betet, damit ihr nicht in Versuchung fallet: Der Geist ist zwar willig, aber das Fleisch ist schwach."

9. Er ging ein zweites Mal wieder weg und betete: „Oh, Mein Vater, wenn es nicht möglich ist, wenn dieser Kelch nicht an Mir vorübergehen kann, so geschehe Dein Wille."

10. Und in tiefer Qual betete Er noch inbrünstiger. Und Sein Schweiß fiel wie große Blutstropfen auf die Erde.

11. Und Er kam wieder und fand sie schlafend; denn ihre Augen waren schwer.

12. Und Er verließ sie und ging abermals hin und betete zum dritten Mal und sprach: „Oh, Mein Vater, nicht Mein Wille geschehe, sondern der Deine, auf der Erde wie im Himmel."

13. Dann kam Er zu Seinen Jüngern und sprach zu ihnen: „Schlafet und ruhet nur, sehet die Stunde ist nahe, dass der Menschensohn in der Sünder Hände überantwortet wird. Stehet auf, lasset uns gehen: Sehet, er ist da, der Mich verrät." (Kap. 77, 1-13)

Ich, Christus, erkläre, berichtige
und vertiefe das Wort:

Die Apostel und Jünger, die mit Mir im Garten Gethsemane waren, fielen immer wieder in den Schlaf. Das zeigt, dass ihre Seelen noch nicht wach genug waren, um die Tragweite des Geschehens erfassen zu können, das nun auf Mich zukam.

Viele Meiner Apostel und Jünger konnten Mich und Meine Lehre, das Gesetz des Lebens, nicht in der Tiefe verstehen. Da sie zu oft mit sich selbst beschäftigt waren, konnten sie das große Ganze nicht erfassen und gewannen auch keinen tieferen Einblick. Immer wieder musste Ich sie ermahnen, über das Gesetz, Gott, das Ich lehrte und vorlebte, nicht nur zu sprechen, sondern es im täglichen Leben zu erfüllen. Doch auch sie – wie viele Menschen in allen Generationen – sammelten und sammeln nur geistiges Wissen. Einige Meiner Apostel und Jünger überkam wieder der Stolz, weil sie an Meiner Seite wandelten, und verführte sie zur Selbstüberschätzung.

Meine wiederholten Ermahnungen fielen bei so manchem auf unfruchtbaren Boden; denn sie säten immer wieder auf das Fleisch, statt auf den Geist, Gott. Da sie bei Mir waren oder sich immer wieder um Mich scharten, um von der ewigen Wahrheit zu hören, sammelten sie geistiges Wissen und konnten deshalb auf viele Fragen Antwort geben. So glaubten sie, allein das Wissen über die Gesetze Gottes genüge, um die Seele mit Leben und Kraft zu füllen. Sie verwechselten Wissen mit Weisheit, und das zog so manchen in den Strudel der Selbstüberschätzung.

Auch im Garten Gethsemane wollte Ich ihnen erklären, was es bedeutet, in einer so entscheidenden Situation zu schlafen. Ich weckte sie deshalb auf und machte ihnen klar, dass sie kaum fähig waren, die Situation ihres Nächsten zu erfassen. Ihre physischen Augen waren schwer, weil ihre geistigen Augen nicht sahen, was sich anbahnte. So standen sie dem schwerwiegenden Geschehen, das vor Mir lag, teilnahmslos gegenüber – obwohl Ich wiederholt von der besagten Stunde gesprochen hatte, in welcher Ich für die Finsternis sichtbar und angreifbar werden würde.

Erkennet: Das geistige Wissen erweckt nicht die Seele zu Innerem Leben und macht sie auch nicht wach und bewusst für die Dinge und Geschehnisse, die vor ihr und ihren Nächsten liegen.

Der Mensch, der auf sich bedacht ist, schläft über dem Leid seines Nächsten ein, weil die Seele noch schwach ist, das heißt, zu wenig geistige Kraft hat, da es dem

Menschen an Verwirklichung mangelt. Der ichbezogene Mensch verschläft auch die Impulse, die ihm Tag für Tag gegeben werden, weil er nur auf das Fleisch sät und nicht auf den Geist, Gott. Dadurch erkennt er sich selbst nicht und steht auch der Not seines Nächsten teilnahmslos gegenüber.

Hätten Meine Apostel und Jünger Mich bewusst in sich getragen, das heißt, in ihr Herz aufgenommen durch die Verwirklichung der ewigen Gesetze, dann wären sie nicht eingeschlafen, und das sich anbahnende Geschehen wäre ihnen dann bewusst geworden, denn Ich habe es ihnen immer wieder in Gleichnissen offenbart.

Erst nach Meinem Leibestod kam in vielen das große Erwachen, und mancher wurde ein treuer Nachfolger und begann zu erfüllen, was Ich ihm als Jesus geboten habe. Doch solange sie an Meiner Seite wandelten, verstanden viele nicht, was Ich zu ihnen sprach, und wer Ich war und Bin.

Der Wille des Vaters, der auch in Jesus Mein Wille war und als Christus Mein Wille ist, erfüllte sich. Ich vollbrachte, was geschehen musste, weil das Gesetz, Gott, als Folge der Sünde von Söhnen und Töchtern aus dem Geschlecht David, aus anderen Geschlechtern und der Juden nicht anerkannt wurde. Weil sie mit Mir das Reich Gottes auf Erden nicht aufgerichtet haben, musste das Kreuz aufgerichtet werden. Durch das Vollbracht wird, trotz aller Widerwärtigkeiten, Mein Reich, das Reich des Friedens, aufgerichtet werden.

So ist es im Plan Gottes. Der Wille Gottes erfüllt sich. Gott ist grenzenlos, ohne Zeit und Raum. Wenn sich auch Sein Wille nicht in der Zeit erfüllte, als Ich in Jesus über die Erde wandelte, wird er sich doch in späterer Zeit erfüllen. Das Licht, Gott, ist Allkraft. Die Allkraft ist die Siegerin über die Finsternis.

Gott schaut nicht auf die Zeit des Menschen. Was für den Menschen heute oder morgen ist, das ist für Gott Gegenwart. Gott lässt jeder Seele und jedem Menschen den freien Willen. Wenn Sein Plan nicht auf dem Wege der Befreiung erfüllt wird durch die Erfüllung des Gesetzes Gottes – dann durch die Erlösung. Sie ist Menschen und Seelen zur Stütze und Mithilfe gegeben und steht ihnen bei, damit sie die Befreiung aus der Knechtschaft der Sünde erlangen.

78. KAPITEL

Der Verrat des Judas –
Die Verleugnung des Petrus

*Die Gefangennahme: Die Finsternis bekam Macht,
Jesus zu ergreifen - Wer das Schwert ergreift, wird durch das
Schwert umkommen - Der krähende Hahn, die Stimme
des Gewissens (1-18)*

1. Während Er noch sprach, siehe, da kam eine Schar, und Judas, genannt Ischarioth, ging vor ihnen her. Denn Judas hatte von den Hohepriestern und Pharisäern eine Schar Waffenknechte und Hauptleute erhalten. Sie waren mit Laternen, Fackeln und Waffen hierhergekommen.

2. Jesus aber wusste alles, was mit Ihm geschehen sollte. Er trat vor und sprach zu ihnen: „Wen suchet ihr?" Sie antworteten Ihm: „Jesus von Nazareth." Jesus sprach zu ihnen: „Ich Bin es."

3. Sobald Er zu ihnen gesagt hatte ‚Ich Bin es', wichen sie zurück und fielen zu Boden. Als sie aufgestanden waren, fragte Er sie abermals: „Wen suchet ihr?" Und sie sagten: „Jesus von Nazareth." Jesus antwortete: „Ich Bin es." Und da sie dies hörten, wichen sie wieder zurück und fielen zu Boden. Und als sie sich erhoben hatten, fragte Er wieder: „Wen suchet ihr?" Und sie sagten: „Jesus von Nazareth." Und Jesus antwortete: „Ich habe es euch gesagt, Ich Bin es. Suchet ihr Mich, so lasset diese gehen."

4. Nun gab der Verräter ihnen ein Zeichen und sprach: „Welchen ich küssen werde, der ist es, den greifet."

5. Und er trat zu Jesus und sprach: „Sei gegrüßt, Meister", und küsste Ihn. Und Jesus sprach zu ihm: „Freund, warum bist du gekommen? Mit einem Kusse verrätst du den Menschensohn?"

6. Da sprach Jesus zu den Hohepriestern und Obersten des Tempels und den Ältesten, die mitgekommen waren: „Ihr seid ausgegangen wie zu einem Diebe, mit Schwertern und mit Stangen. Als Ich täglich bei euch im Tempel war, habt ihr nicht die Hände nach Mir ausgestreckt; doch jetzt ist eure Stunde und die Macht der Finsternis."

7. Da kamen sie herbei und legten Hand an Ihn. Und Simon Petrus streckte seine Hand aus, zog sein Schwert, traf einen Knecht des Hohepriesters und hieb ihm ein Ohr ab.

8. Da sprach Jesus zu ihm: „Stecke dein Schwert wieder an seinen Platz; die das Schwert ergreifen, werden durch das Schwert umkommen." Und Jesus berührte sein Ohr und heilte ihn.

9. Und zu Petrus sprach Er: „Meinst du, dass Ich nicht jetzt Meinen Vater bitten könnte, dass Er Mir sofort mehr denn zwölf Legionen Engel zuschickt? Aber wie soll dann die Schrift erfüllt werden, nach der dies geschehen muss?"

10. Da verließen Ihn alle Jünger und flohen. Die aber Jesus ergriffen hatten, führten Ihn hinweg zu Kaiphas, dem Hohepriester. Aber sie brachten Ihn zuerst zu Hannas, dem

Schwiegervater des Kaiphas, welcher der Hohepriester dieses Jahres war.

11. Nun war es aber Kaiphas, der den Juden den Rat gab, dass es vorteilhaft wäre, wenn ein Mensch für die Sünden des Volkes sterbe.

12. Die Schriftgelehrten und die Ältesten waren versammelt, aber Petrus, Johannes und Judas folgten von ferne bis in den Palast des Hohepriesters. Sie gingen hinein und setzten sich zu den Knechten, auf dass sie sähen, was für ein Ende es nähme.

13. Und sie hatten ein Feuer angezündet in der Mitte der Halle; und als sie sich gesetzt hatten, setzte sich Petrus unter sie und wärmte sich.

14. Aber eine Magd erblickte ihn, wie er bei dem Feuer saß, betrachtete ihn genau und sagte: „Dieser Mann war auch bei Ihm." Er aber leugnete Ihn und sagte: „Weib, ich kenne Ihn nicht."

15. Und nach einer kleinen Weile sah ihn ein anderer und sagte: „Du bist auch einer von ihnen." Und Simon Petrus sagte: „Mann, ich bin es nicht."

16. Und noch vor Ablauf einer Stunde versicherte ein anderer glaubwürdig und sagte: „Wahrhaftig, der da war bei Jesus von Nazareth. Seine Sprache verrät ihn."

17. Und Simon leugnete zum drittenmal mit einem Schwur und sagte: „Ich kenne den Menschen nicht." Und sofort, während er noch sprach, krähte der Hahn.

18. Und der Herr wandte sich um und blickte zu Simon. Und Simon dachte an das Wort des Herrn, wie Er zu ihm

gesagt hatte: „Ehe der Hahn an diesem Tag kräht, wirst du Mich dreimal verleugnet haben." Und Simon ging hinaus und weinte bitterlich. (Kap. 78, 1-18)

Ich, Christus, erkläre, berichtige
und vertiefe das Wort:

Das Zurückweichen der Kriegsknechte zeigt, dass sie Mich noch nicht erkannt hatten. Sie wichen vor Meinem Licht zurück. Mit dem Kuss wurde Ich verraten und konnte festgenommen werden. Er symbolisiert den Verrat des gesamten jüdischen Volkes und den der Söhne und Töchter aus dem Geschlecht David und aus anderen Geschlechtern. Ich trug das Kreuz für alle Juden und trage es für alle Seelen und Menschen – denn Meine Erlösertat wirkt in allen Seelen und Menschen, die am Rad der Wiederverkörperung haften.

„Als Ich täglich bei euch im Tempel war, habt ihr nicht die Hände nach Mir ausgestreckt; doch jetzt ist eure Stunde und die Macht der Finsternis" bedeutet: Die Finsternis hatte bisher keine Macht über Mich, weil Mein geistiger Leib makellos war und ist. Sie bekamen erst dann die Macht, Mich zu ergreifen, als Ich Mich mit der Schuld aus dem Geschlecht David und aus anderen Geschlechtern umhüllt hatte und damit für die Finsternis sichtbar wurde.

Ihr Menschen, denkt daran: „Die das Schwert ergreifen, werden durch das Schwert umkommen" bedeutet: Wer sich gegen seinen Nächsten rüstet, und sei es nur durch die Bejahung des Gegensätzlichen, der wird durch das, was er bejaht hat, umkommen oder darunter zu leiden haben. Denn was dadurch an Gegensätzlichem geschaffen wurde und wird, dazu trug er bei. Wer dies jedoch rechtzeitig erkennt, sein Fehlverhalten bereut und wiedergutmacht, der empfängt das Heil und muss unter Umständen die Wirkungen nicht tragen – oder nur einen Teil. Ob alles Sündhafte zum Tragen kommen muss oder nur ein Teil davon, das kommt auf den Komplex der Schuld an.

Es steht geschrieben: „Nun war es aber Kaiphas, der den Juden den Rat gab, dass es vorteilhaft wäre, wenn ein Mensch für die Sünden des Volkes sterbe."

Erkennet: Ich starb für die Sünden des Volkes.

Es steht geschrieben: „... während er noch sprach, krähte der Hahn."

Was damals geschah, geschieht auch noch heute: Wenn der Mensch bewusst gegen das Gesetz des Lebens verstößt, kräht in seinem Inneren der Hahn. Es ist das Gewissen, das zu ihm spricht. Wohl dem, der auf sein Gewissen hört und rechtzeitig umkehrt.

79. KAPITEL

Das Verhör vor dem Hohepriester Kaiphas

Verhalten bei Beschuldigung -
Die Bedeutung der Worte: „Ich kann den Tempel Gottes
zerstören und in drei Tagen aufrichten" (1-10)

1. Der Hohepriester fragte dann Jesus über Seine Jünger und Seine Lehren und sagte: „Wie alt bist Du? Bist Du der, der sagte, dass Er unseren Vater Abraham zu Seiner Zeit gesehen habe?"

2. Und Jesus antwortete: „Wahrlich, ehe denn Abraham war, Bin Ich." Und der Hohepriester sagte: „Du bist noch nicht fünfzig Jahre alt, warum sagst Du, dass Du Abraham gesehen habest? Wer bist Du denn? Wen machst Du aus Dir? Was lehrst Du?"

3. Und Jesus antwortete ihm: „Ich habe öffentlich gesprochen vor der Welt, Ich habe allezeit gelehrt in der Synagoge und im Tempel, wo alle Juden zusammenkommen, und im geheimen habe Ich nichts gesagt. Warum fragst du Mich? Frage die, die Mich gehört haben, was Ich zu ihnen geredet habe; siehe, die wissen, was Ich gesagt habe."

4. Als Er aber das gesagt hatte, schlug einer der Hauptleute, die dabei standen, Jesus mit der flachen Hand und sagte: „Antwortest Du so dem Hohepriester?" Jesus antwortete ihm: „Habe Ich übel geredet, so beweise, dass es

Übles ist; habe Ich aber recht geredet, was schlägst du Mich?"

5. Nun suchten die Hohepriester, die Ältesten und der ganze Rat falsche Zeugnisse gegen Jesus, damit sie Ihn töten könnten, aber sie fanden keine. Ja, es traten viel falsche Zeugen auf, aber sie stimmten nicht überein.

6. Zuletzt kamen zwei falsche Zeugen. Und einer von ihnen sprach: „Der da hat gesagt: Ich kann den Tempel Gottes zerstören und ihn in drei Tagen wieder aufrichten." Und der andere sprach: „Dieser Mann hat gesagt: Ich will diesen Tempel zerstören und einen anderen aufbauen."

7. Da stand der Hohepriester auf und sagte zu Ihm: „Antwortest Du nichts? Wie steht es mit dem, was diese Zeugen wider Dich vorbringen?" Aber Jesus schwieg. Denn es war gegen das Gesetz der Juden, einen Menschen bei Nacht zu verhören.

8. Und sie fragten Ihn: „Bist Du der Christus? Sage es uns." Und Er sprach zu ihnen: „Wenn Ich es euch sage, würdet ihr Mir nicht glauben. Und wenn Ich euch ebenso fragte, würdet ihr weder antworten noch Mich gehen lassen."

9. Und sie fragten Ihn weiter und sagten: „Leugnest Du die Gesetze und verbietest Du das Essen von Fleisch, das Moses befahl?" Und Er antwortete: „Siehe, ein Größerer denn Moses stehet hier."

10. Und der Hohepriester antwortete und sagte zu Ihm: „Ich beschwöre Dich bei dem lebendigen Gott, dass Du uns sagest, ob Du der Christus, der Sohn Gottes, bist." Jesus

sprach zu Ihm: „Du hast es gesagt; doch Ich sage euch: Bald werdet ihr den Menschensohn zur Rechten der Kraft sitzen und in den Wolken des Himmels kommen sehen."
(Kap. 79, 1-10)

Ich, Christus, erkläre, berichtige
und vertiefe das Wort:

Die Aussage „Habe Ich übel geredet, so beweise, dass es Übles ist; habe Ich aber recht geredet, was schlägst du Mich?" soll euch auf ein gesetzmäßiges Verhalten hinweisen: Wird Falsches über euch gesagt oder Hand an euch gelegt, so sollt ihr die Situation erklären und richtigstellen. Doch ihr sollt nicht um der Wahrheit willen mit Feuer, Schwert oder Verleumdung kämpfen. Das tun nur jene, die nicht in Mir leben. Ich, der Christus, weiß euch zu schützen und weiß euch zu rechtfertigen – wenn nicht in diesem irdischen Leben, dann in den jenseitigen Welten, in den Seelenreichen.

Es steht geschrieben: „Nun suchten die Hohenpriester, die Ältesten und der ganze Rat falsche Zeugnisse gegen Jesus, damit sie Ihn töten könnten, aber sie fanden keine. Ja, es traten viel falsche Zeugen auf, aber sie stimmten nicht überein."

Erkennet: Mein geistiger Leib war und ist makellos. In ihm war die Schuld nicht eingraviert, die Ich vom

Geschlecht David und von Einzelnen aus anderen Geschlechtern übernommen habe, denn Ich habe sie nicht begangen. Die übernommene Teilschuld umhüllte nur Meinen Leib.

Es steht geschrieben: „Der da hat gesagt: Ich kann den Tempel Gottes zerstören und ihn in drei Tagen wieder aufrichten."

Erkennet: Wer nur auf die Materie blickt, der sieht nur die Steine eines Tempelbaus und kennt den inneren Tempel nicht, der in Gott aufersteht. Wenn das Silberband, das die Seele mit dem Leib verbindet, getrennt ist, dann kehrt der geistige Leib zum Ewigen zurück, der Ihn geschaffen hat. Das ist dann möglich, wenn der Geistleib makellos ist.

Es steht geschrieben: „Bald werdet ihr den Menschensohn zur Rechten der Kraft sitzen und in den Wolken des Himmels kommen sehen." Ja, Ich, Christus, werde kommen. Ich habe Mich schon aufgemacht. Und Ich werde durch und mit den Meinen das Reich Gottes aufrichten, das im Plan des Ewigen steht.

11. Da zerriss der Hohepriester seine Kleider und sprach: „Er hat Gott gelästert; was bedürfen wir weiter Zeugen? Seht, jetzt habt ihr Seine Gotteslästerung gehört. Was denkt ihr?" Sie antworteten und sprachen: „Er ist des Todes schuldig."

12. Da spieen sie Ihm in Sein Angesicht und schlugen Ihn mit den Händen und sprachen: „Weissage uns, Du Christus, wer es ist, der Dich schlug?"

13. Und als es Morgen war, hielten alle Hohepriester und die Ältesten des Volkes und der ganze Rat eine Beratung über Jesus, um Ihn hinrichten zu können.

14. Und sie fällten ihren Urteilsspruch gegen Jesus, dass Er des Todes schuldig sei und dass Er gefesselt und abgeführt werde, und sie übergaben Ihn dem Pilatus. (Kap. 79, 11-14)

80. KAPITEL

Die Reue des Judas

*Unrecht am Nächsten kann zum Verhängnis werden -
Das Sündigen von Eingeweihten ist Sündigen wider den
Heiligen Geist - Wer wissentlich gegen das Evangelium der
Liebe verstößt, kreuzigt Christus aufs Neue (1-10)*

1. Als nun Judas sah, dass Jesus zum Tode verurteilt war, reute es ihn, dass er Ihn verraten hatte. Da brachte er die dreißig Silberschekel wieder den Hohepriestern und Ältesten und sagte: „Ich habe mich versündigt, dass ich unschuldiges Blut verraten habe."

2. Sie sagten: „Was geht uns das an? Da sieh du zu!" Und er warf die Silberschekel in den Tempel, ging davon und erhängte sich.

3. Aber die Hohepriester nahmen die Silberschekel und sagten: „Es ist nicht nach dem Gesetz, dass wir sie in die Schatzkammer legen; denn es ist Blutgeld.

4. Und sie berieten sich und kauften den Töpferacker damit, um Fremde darin zu begraben. Daher ist der Acker bis auf den heutigen Tag Aceldama genannt, das heißt Blutacker.

5. Damit ist erfüllt, was gesagt ist durch den Propheten Sacharja: „Sie haben dreißig Silberschekel gewogen als

Meinen Preis. Und sie nahmen die dreißig Silberschekel, die Summe, für die Er von den Kindern Israels eingeschätzt wurde, und gaben sie für den Töpferacker, und warfen sie dem Töpfer im Hause des Herrn zu.“

6. Nun hatte Jesus zu Seinen Jüngern gesagt: „Wehe dem, der die Einweihung empfängt und danach in Sünde fällt!

7. Denn für solche ist kein Ort der Buße in diesem Zyklus, wenn sie begreifen, dass sie abermals den himmlischen Sohn von Gott und Mensch gekreuzigt haben, indem sie den Christus auch in sich in tiefe Schmach brachten.

8. Denn solche sind schlechter als Tiere, die ihr unwissentlich zum Verderben bestimmt; denn in eurer Schrift steht geschrieben: Was dem Tiere geschieht, das geschieht auch den Menschenkindern.

9. Sie haben alle einen Atem; ebenso wie der eine stirbt, so stirbt der andere, so dass kein Mensch einen Vorzug vor einem Tiere hat; denn alle gehen an den gleichen Ort – alle gehen aus dem Staub hervor und kehren zum Staub zurück.“

10. Solches sprach Jesus für jene, die noch nicht wiedergeboren waren, die noch nicht den Geist Gottes in ihre Seelen aufgenommen hatten, den Geist der göttlichen Liebe, die, nachdem sie einmal das Licht empfangen, dennoch den Sohn Gottes von Neuem kreuzigten und Ihn in tiefe Schmach brachten. (Kap. 80, 1-10)

Ich, Christus, erkläre, berichtige
und vertiefe das Wort:

Es steht über Judas geschrieben: „Ich habe mich versündigt, dass ich unschuldiges Blut verraten habe." Denkt daran, wenn ihr gegen eure Nächsten seid, sie verurteilen und richten wollt!

Wer seinen Nächsten verrät, verurteilt oder richtet, der überantwortet sich selbst der Finsternis, die ihn dann, so sie es für gut heißt und es ihr möglich ist, in den Tod treibt, um seine Seele längere Zeit für sich zu gewinnen.

Mit der Aussage „Da sieh du zu!" trieben sie Judas in den Tod. Sie gaben ihm nicht mehr die Möglichkeit, das, was er getan hatte, zu erklären und wiedergutzumachen.

Deshalb achtet auf euer Reden und Tun! Sehr rasch kann ein Unrecht zu einem Unheil führen. Die Ursache trägt der Urheber – jedoch auch jene, die es gutheißen, ihren Vorteil davon haben und es vergrößern.

Erkennet: In jeder Situation, die Mich und Mein Leben als Jesus betraf, könnt ihr eine Symbolik erkennen. So ist alles, was an Mir als Jesus geschah und verübt wurde, ein Symbol für viele.

Es steht geschrieben: „Wehe dem, der die Einweihung empfängt und danach in Sünde fällt!" Wer die Gesetze des Lebens hört und annimmt, der verpflichtet sich damit, sie zu erfüllen. Daraufhin empfängt er die Einweihung, die Segnung, um als Bote Gottes jenen Menschen, die sie hören wollen, die Gesetze des Lebens zu bringen.

Fällt ein Eingeweihter wieder in die Sünde, dann sündigt er wider den Heiligen Geist. Je nach Intensität und Umfang kann er seine Schuld oftmals in einem Zyklus nicht mehr gutmachen. Denn wer wissentlich gegen das Evangelium des Lebens verstößt, der kreuzigt Mich, den Christus, in sich – und damit auch sich selbst.

Ihr Menschen in allen Generationen, merkt euch dies: „Was dem Tiere geschieht, das geschieht auch den Menschenkindern."
Was der Mensch den Tieren antut, das tut er sich selbst an. Denn das Leben, Gott, ist in allen Lebensformen; Gott gab den Menschen nicht das Recht, sich über das Tier zu stellen. Er gab ihnen das Gebot, das Leben zu lieben – einerlei, in welcher Form es sich offenbart.

Die Aussage „Solches sprach Jesus für jene, die noch nicht wiedergeboren waren", soll zeigen: Der Seele und dem Menschen ist geboten, die Wiedergeburt im Geiste Gottes zu erlangen. Wer danach strebt, wird bewusst den Geist des Ewigen in sich aufnehmen und wird auch Liebe geben, die er von Gott empfängt.
Wer trotz besseren Wissens wieder sündigt, der kreuzigt Mich, Christus, aufs Neue.

81. KAPITEL

Das Verhör vor Pilatus

*Die in der Wahrheit leben, sind gerecht
im Denken, Reden und Tun (8-9). Die Gegensatzkräfte versuchten,
die Erlösertat zu verhindern - „Ich finde keine Schuld an Ihm" - Zu
allen Zeiten darf sich die Dunkelheit am Licht messen - Die Macht
des Scheinchristentums ist im Vergehen - Der Gerechte litt für die
Ungerechtigkeit - Das Kreuz: Zeichen der Erlösung und
Auferstehung oder der Niederlage (10-32)*

1. Dann führten sie Jesus von Kaiphas vor die Gerichtshalle zu Pontius Pilatus, dem Statthalter. Es war frühe, und sie gingen nicht in die Gerichtshalle, auf dass sie nicht unrein würden, sondern das Fest halten könnten.

2. Deshalb ging Pilatus zu ihnen hinaus und sagte: „Was bringt ihr für eine Klage vor gegen diesen Mann?" Sie antworteten und sagten zu ihm: „Wäre dieser nicht ein Übeltäter, wir hätten Ihn dir nicht überbracht. Wir haben ein Gesetz, und nach unserem Gesetze muss Er sterben; denn Er möchte die Sitten und Gebräuche, die Moses uns befohlen hat, abschaffen, ja, Er macht sich selbst zum Sohne Gottes."

3. Da sagte Pilatus zu ihnen: „So nehmt Ihn hin und richtet Ihn nach eurem Gesetz." Denn er wusste, dass sie Ihn aus Neid überantwortet hatten.

4. Darauf sagten die Juden zu ihm: „Das Recht erlaubt uns nicht, dass wir jemand zum Tode verurteilen." So

wurde das Wort Jesu erfüllt, der gesagt hatte, welchen Tod Er sterben würde.

5. Und sie beschuldigten Ihn weiter und sagten: „Wir fanden diesen Menschen, wie Er das Volk aufwiegelte und ihm untersagte, dem Kaiser den Tribut zu zahlen, und dass Er sagte von sich, Er sei Christus, ein König."

6. Da ging Pilatus wieder hinein in die Gerichtshalle und rief Jesus und fragte Ihn: „Bist Du der König der Juden?" Jesus antwortete ihm: „Redest du das von dir selbst oder haben es dir andere von Mir gesagt?"

7. Pilatus antwortete: „Bin ich ein Jude? Dein eigenes Volk und die Hohepriester haben Dich mir überantwortet; was hast Du getan?" Jesus antwortete: „Mein Reich ist nicht von dieser Welt. Wenn Mein Reich von dieser Welt wäre, so würden Meine Anhänger dafür kämpfen, dass Ich den Juden nicht ausgeliefert würde; aber nun ist Mein Reich nicht von hier."

8. Da fragte Pilatus: „So bist Du doch ein König?" Jesus antwortete: „Du sagst, dass Ich ein König Bin. Ich Bin dazu geboren und in die Welt gekommen, dass Ich für die Wahrheit zeugen soll. Jeder, der aus der Wahrheit ist, hört Meine Stimme."

9. Pilatus sagte zu Ihm: „Was ist Wahrheit?" Jesus sprach: „Die Wahrheit kommt vom Himmel." Pilatus sagte: „Dann ist die Wahrheit nicht auf Erden." Jesus sprach zu Pilatus: „Glaube es, die Wahrheit ist auf der Erde unter denen, die sie annehmen und ihr gehorchen. Die sind in der Wahrheit, die gerecht urteilen." (Kap. 81, 1-9)

Ich, Christus, erkläre, berichtige
und vertiefe das Wort:

Wahrlich, „die Wahrheit kommt vom Himmel". Sie kam durch alle gotterfüllten Propheten und durch Mich als Jesus von Nazareth auf die Erde – und sie kommt durch Mich, den Christus, und durch alle, die in der Wahrheit leben. Die Wahrheit macht Seele und Mensch frei. Und die nach der Wahrheit streben, kennen Meine Stimme, die Wahrheit.

Das Reich Gottes, das Ich als Jesus von Nazareth verkündet habe und mit dem jüdischen Volk aufrichten wollte, kommt auf die Erde. So steht es, wie schon offenbart, im Plan Gottes. Die in der Wahrheit leben, bringen die Gerechtigkeit Gottes und heben damit die Verurteilung auf.

Es steht geschrieben: „Die sind in der Wahrheit, die gerecht urteilen." Das Wort „urteilen" hat in dieser Zeit nicht mehr den Sinn, den es vor Generationen hatte. Seht hier in dem Wort „urteilen" den Sinn: gerecht, getreu und aufrichtig sein. Denn die in Gott leben, werden gerecht sein in ihrem Denken, Reden und Handeln.

10. Und als er dies gehört hatte, ging er wieder hinaus zu den Juden und sagte zu ihnen: „Ich finde keine Schuld an Ihm." Und als Er von den Hohepriestern und Ältesten beschuldigt wurde, antwortete Er ihnen nicht.

11. Da sagte Pilatus zu Ihm: „Hörst Du nicht, wie viel sie gegen Dich vorbringen?"

12. Und Er antwortete ihm nicht auf ein Wort mehr, also dass der Statthalter sich sehr verwunderte. Und er sagte wieder zu ihnen: „Ich finde keine Schuld an diesem Menschen."

13. Da gerieten sie noch mehr in Zorn und riefen: „Er wiegelt das Volk auf und lehrt im ganzen jüdischen Land von Galiläa bis hierher." Da aber Pilatus den Namen Galiläa hörte, fragte er, ob der Mann ein Galiläer wäre.

14. Und als er vernahm, dass Er unter die Gerichtsbarkeit des Herodes gehöre, sandte er Ihn zu Herodes, welcher zu dieser Zeit auch in Jerusalem war.

15. Da aber Herodes Jesus sah, war er sehr froh; denn er hätte Ihn schon seit langem gerne gesehen; denn er hatte viel von Ihm gehört und hoffte, er bekäme ein Wunder von Ihm zu sehen.

16. Und er befragte Ihn mit vielen Worten; aber Er antwortete ihm nicht. Die Hohepriester und Schriftgelehrten standen dabei und verklagten Ihn heftig, und eine Menge falscher Zeugen erhob sich gegen Ihn und beschuldigte Ihn vieler Dinge, die Er nicht kannte.

17. Und Herodes mit seinen Kriegern verachtete und verspottete Ihn, legte Ihm ein prächtiges Gewand an und sandte Ihn wieder zu Pilatus. Und an demselben Tage wurden Pilatus und Herodes Freunde; denn zuvor waren sie einander feind.

18. Und Pilatus ging wieder in die Gerichtshalle und fragte Jesus: „Woher bist Du?" Aber Jesus gab ihm keine Antwort. Da sagte Pilatus zu Ihm: „Redest Du nicht mit mir? Weißt Du nicht, dass Ich Macht habe, Dich zu kreuzigen, und die Macht, Dich freizulassen?"

19. Jesus antwortete: „Du hättest keinerlei Macht über Mich, wenn sie dir nicht von oben herab gegeben wäre; darum hat der die größere Sünde, der Mich dir ausgeliefert hat."

20. Von da an trachtete Pilatus danach, wie er Ihn losließe; die Juden aber schrien auf und riefen: „Lässt du diesen los, so bist du nicht des Kaisers Freund; denn wer sich zum König macht, der spricht gegen den Kaiser."

21. Und Pilatus rief die Hohepriester und die Verantwortlichen des Volkes zusammen. Als er sich auf den Richterstuhl gesetzt hatte, sandte sein Weib zu ihm und ließ ihm sagen: „Habe du nichts zu tun mit diesem gerechten Manne; denn ich habe heute nacht im Traume viel gelitten wegen Ihm."

22. Und Pilatus sagte zu ihnen: „Ihr habt diesen Menschen zu mir gebracht als einen, der das Volk aufwiegelt, und siehe, ich habe Ihn vor euch verhört, und ich habe keine Schuld an Ihm gefunden wegen der Dinge, deren ihr Ihn anklagt. Noch hat Herodes, zu dem ich Ihn gesandt habe, etwas Todeswürdiges an Ihm gefunden.

23. Ihr habt aber einen Brauch, dass ich euch einen zu Passah freigebe. Wollt ihr nun, dass ich euch den König der Juden freigebe?"

24. Da schrien sie wieder allesamt: „Nicht diesen, sondern Barabbas!" Barabbas aber war ein Räuber, der wegen Aufwiegelung in der Stadt und wegen eines Mordes ins Gefängnis geworfen worden war.

25. Pilatus aber wollte Jesus freilassen, und er fragte sie noch einmal: „Welchen von den beiden wollt ihr, dass ich losgebe? Barabbas oder Jesus, den man Christus nennt?" Und sie riefen: „Barabbas!"

26. Pilatus sagte zu ihnen: „Was soll ich denn machen mit Jesus, von dem gesagt wird, Er sei Christus?" Da riefen sie alle zu ihm: „Lass Ihn kreuzigen!"

27. Und der Statthalter fragte: „Was hat Er denn Böses getan?" Doch sie schrien immer lauter: „Kreuzige Ihn! Kreuzige Ihn!"

28. Und Pilatus trat herzu und sagte zu ihnen: „Seht, ich bringe Ihn wieder zu euch und sage euch, dass ich keine Schuld an Ihm finde." Sie aber schrien wieder: „Kreuzige Ihn, kreuzige Ihn!"

29. Und Pilatus fragte sie zum dritten Male: „Warum? Was hat Er Böses getan? Ich habe keine Todesschuld an Ihm gefunden: Ich will Ihn statt dessen geißeln und Ihn gehen lassen."

30. Sie aber schrien anhaltend mit lauten Stimmen und forderten, dass Er gekreuzigt werden solle. Und ihre Stimmen und die der Hohepriester übertönten alle.

31. Da nun Pilatus sah, dass er nicht die Oberhand behielt, sondern dass ein ziemlicher Tumult entstand, nahm er Wasser und wusch seine Hände vor dem Volke und

sagte: „Ich bin unschuldig an dem Blute dieses Gerechten: Sehet ihr zu!"

32. Da antwortete das ganze Volk und rief: „Sein Blut komme über uns und unsere Kinder!" Und Pilatus gab Befehl, dass alles so geschehe, wie sie es forderten. Und er lieferte ihnen Jesus aus nach ihrem Willen. (Kap. 81, 10-32)

Ich, Christus, erkläre, berichtige
und vertiefe das Wort:

Pilatus sprach sinngemäß: „Ich finde keine Schuld an Ihm." Weder am Gesetz Gottes noch am Gesetz dieser Welt hatte Ich Mich schuldig gemacht. Mein einverleibter Geistleib war makellos, jedoch von einer Teilschuld des Geschlechtes David und der Schuld Einzelner anderer umhüllt. Das bewog die Gegensatzkräfte, alle Möglichkeiten zu nützen und jede aktive Entsprechung bei den Hohenpriestern, Schriftgelehrten, Ältesten und bei dem Volk zu benützen, um Mich zu überführen. Denn hätte Ich nur eine Sünde begangen, z.B. ein ungesetzmäßiges Wort gesprochen oder Mich auf irgendeine Art verteidigt, dann hätte die Erlösertat nicht vollzogen werden können.

Die Teilschuld derer, die im Erlöserauftrag standen und stehen, mit welcher Ich Mich umhüllte und welche die Gefangennahme möglich machte, konnte die Erlösertat nicht verhindern. Ich selbst, Christus, hätte Mich gegen Meinen Vater versündigen sollen. Um das zu erreichen, boten die Gegensatzkräfte alles auf. Jeder Jude, der hierfür anfällig war, wurde von den dämonischen Mächten angeregt, gegen Mich zu reden. Die Beschuldigungen waren alle ausgedacht, Pilatus und vor allem Mich zu Fall zu bringen.

Bei Pilatus erreichten sie es. Auch wenn er seine Hände in Unschuld wusch, so ist er doch der Sünde verfallen. Obwohl er von Meiner Unschuld überzeugt war, lieferte er Mich, den Unschuldigen, aus. Pilatus bestand die Prüfung nicht, denn er gab Anordnungen gegen seine Überzeugung.

Die innere Erkenntnis nützt wenig, wenn der Mensch nicht das tut, was er erkannt hat.

Zu allen Zeiten – auch heute – wiegeln jene das Volk auf, die glauben, die Gesetze Gottes verwalten zu müssen. Zwar predigen sie das Wort Gottes dem Buchstaben nach, jedoch ohne es zu verwirklichen und zu erfüllen.

Wer nicht lebt, was er verkündet, der lebt beständig in der Angst vor dem, was er seine Nächsten lehrt und selbst nicht erfüllt. Solche Menschen haben also vor ihrem eigenen Lehrgebäude Angst, da sie spüren, dass sich das, was nicht erfüllt ist, gegen sie wendet. So verdrehen sie noch heute das Gesetz Gottes und wenden es zu ihrem Vorteil an.

Aus den Schriftgelehrten, Pharisäern und Ältesten und auch aus dem jüdischen Volk schrie das Satanische. Die Gegensatzkräfte wirkten auf alle Juden ein, die sich verführen ließen, um gegen Mich zu hetzen und falsches Zeugnis zu geben.

Zu allen Zeiten wird den Gegensatzkräften die Möglichkeit gegeben, sich am Licht zu messen. So war es auch vor nahezu zweitausend Jahren. Die Dunkelheit durfte sich am Licht messen. Sie konnte alle Möglichkeiten einsetzen, das noch zu verhindern, was schon in den Stätten der Reinigung und auch in der atmosphärischen Schicht der Erde angezeigt war: die Erlösung durch Mich, den Christus Gottes, der Mensch wurde und sich als Mensch den Gegensatzkräften stellte, auf dass sie sich am Menschen Jesus messen konnten – und damit am Christus Gottes, dem Mitregenten der Himmel im Erdenkleid.

Die Verfolgung des Jesus und Seine Überantwortung deuten auf Folgendes hin:

Wer Mir nachfolgt, wird, wie Ich als Jesus von Nazareth, Verfolgung erleiden. Er wird, wie Ich, Schmach und Leid erdulden müssen. Denn so, wie sie Mich als Jesus von Nazareth verfolgt haben, haben sie in den nahezu zweitausend Jahren immer wieder jene Menschen verfolgt, verleumdet und auch getötet, die in Meine Nachfolge getreten sind.

Die Verfolgung Meiner wahren Nachfolger hält bis in die heutige Zeit an. Es sind immer wieder die Gleichen, welche Mich in den Meinen verfolgen, denn Ich Bin trotz des „Vollbracht" immer noch der Stachel in den Herzen derer, die den Dämonenstaat aufrechterhalten und erweitern möchten. In der heutigen Zeit sind es wieder Schriftgelehrte und die ihnen Hörigen in den kirchlichen und weltlichen Obrigkeiten. Auch sie hetzen mit Unwahrheiten das Volk gegen die Nachfolger des Christus auf.

Doch alles nimmt ein Ende. Was in den nahezu zweitausend Jahren geschah, das trägt nun seine Wirkungen und bricht über jene herein, die sich zweitausend Jahre lang weiter so verhielten wie zu Meiner Zeit als Jesus von Nazareth. Auch heute haben sie Angst, ihre Stellung und ihr Ansehen zu verlieren. Doch ihre Macht geht allmählich zu Ende – die Wirkungen ihrer Ursachen brechen über sie herein.

Die Position der Gegensatzkräfte wird immer schwächer. Die derzeitigen Schriftgelehrten, Pharisäer und die staatlichen und kirchlichen Obrigkeiten rufen wie Ertrinkende. Sie spüren, dass die Flut schon im Kommen ist, die sie hinwegnimmt. Was während zweitausend Jahren fälschlicherweise in Meinem Namen aufgebaut wurde, schwindet dahin: eine Macht, die sich zwar christlich nannte und nennt, jedoch nicht christlich war und ist, die auf vielerlei Art und Weise Meinen Namen, Christus, missbrauchte und missbraucht.

Die Neue Zeit erwacht und wird aus den Trümmern der Vergangenheit erstehen. Die Meinen werden verwüstetes Land wieder zum Blühen bringen durch ihre selbstlose Arbeit. Was jetzt schon, in der Zeit der Wende, aufgebaut wird und dann nach dem Ende des Sündigens auf der Erde sich vollendet, ist das Neue Israel – in seiner Mitte das Neue Jerusalem, die Bundesstadt mit ihren Gemeinden im Friedensreich Jesu Christi.

Erkennet: Die Aussage „Du hättest keinerlei Macht über Mich, wenn sie dir nicht von oben herab gegeben wäre; darum hat der die größere Sünde, der Mich dir ausgeliefert hat" bedeutet: Nur über jene Menschen hat die Finsternis Macht, die das Licht des Ewigen verdunkelt haben und verdunkelt halten. Mein ewiger Vater ließ die Gefangennahme zu, weil Ich für das Geschlecht David und für andere eintrat und für die vielen Juden litt, die einen König dieser Welt haben wollten. Es geschah letztlich zugleich für alle Seelen und Menschen, die sich am Gesetz des Lebens versündigt haben und versündigen: Der Gerechte litt für die Ungerechtigkeit und duldete, dass an Ihm geschah, was Er selbst nicht verursacht hatte.

Die Kräfte der Himmel eilten Mir nicht in dem Maße zu Hilfe, wie es hätte sein können, wenn das Geschlecht David und andere infolge ihrer Sünde nicht geschlafen hätten und das jüdische Volk Mich als seinen Messias und Erbauer des Reiches Gottes auf Erden angenommen hätte. Ich wäre ihr König gewesen – jedoch nicht für diese Welt, sondern für das Reich Gottes auf Erden, für eine Welt, in welcher die Gesetze Gottes erfüllt worden wären.

„Nicht diesen, sondern Barabbas!" besagt: Die Blinden und die Dämonen halten die Blinden blind. Sie können nur geistig Blinde noch mehr blenden und aufwiegeln, so dass diese blindlings schreien und toben und den Gerechten statt des Ungerechten fordern.

Sie schrien: „Kreuzige Ihn! Kreuzige Ihn!"

Nur der ruft: „Kreuzige Ihn, kreuzige Ihn", der noch selbst am Kreuz seiner Sünde hängt. Wer sich selbst gekreuzigt hat durch die Sünde, der sieht nur durch das Auge der Sünde und will all jene dort sehen, wo er selbst ist: am Kreuz der Sünde.

Das Kreuz wurde mit dem Leib Jesu aufgerichtet, doch der Leib wurde vom Kreuz genommen, und der Auferstandene hat Sich gezeigt und offenbart. Das bedeutet, dass Ich, Christus, das auferstandene Leben in allen Seelen und Menschen Bin.

Der wahre Christ sieht das Kreuz, das ohne den Gekreuzigten ist, als das Zeichen der Erlösung und als die Auferstehung in Gott. Das Kreuz ohne Corpus symbolisiert auch den Weg von der Erde in die Himmel, zum Herzen Gottes. Nur der Mensch schaut auf das Kreuz mit dem Gekreuzigten, der sein Ich noch nicht gekreuzigt hat und sein Menschliches festhalten möchte.

Die Dämonen schufen das Kreuz mit dem Corpus. Damit wollen sie Meine Niederlage symbolisieren. Doch das Kreuz und der Gekreuzigte wurden und sind ihr Kreuz und ihre Niederlage.

Der wahre Christ gedenkt Meiner Auferstehung, da er in Mir und durch Mich auferstanden ist. Nur der trauert über Meinen Tod als Jesus, der noch nicht in Mir, dem

Christus, bewusst auferstanden ist. Wer noch nicht bewusst in Mir auferstanden ist, wer also noch in der Sünde lebt, der ruft immer wieder: „Kreuzigt Ihn, kreuzigt Ihn!" Deshalb halten diejenigen Menschen das Kreuz mit dem Corpus hoch, die noch ihre Sünden hochhalten, die ihr niederes Ich schätzen.

Der Mensch, der seine Sünde und diese sündhafte Welt liebt, denkt an den Gekreuzigten und nicht an den Auferstandenen, da er selbst noch nicht in Mir auferstanden ist.

„Sein Blut komme über uns und unsere Kinder!" bedeutet: Jede Ursache trägt schon die Wirkung in sich. Jeder, der Ursachen schafft, muss auch selbst die Wirkung tragen. Wer also sät, der wird seine Saat ernten – in dieser Einverleibung oder in anderen Einverleibungen. So kommen immer wieder dieselben als Kinder auf diese Erde, bis das gesühnt ist, was sie verursacht haben.

82. KAPITEL

Kreuzigung Jesu

Jesus hielt allen Angriffen stand und wurde zum Erlöser (1-2). Pilatus opferte einen Unschuldigen, um seine Stellung zu behalten (3-4). Zeugen und Gebären in Sünde oder in selbstloser Liebe (5-7). Der Mensch bestimmt das Kleid, dasseine Seele im Jenseits trägt (8-13). Der reuige Sünder (14-16). Der scheinbare Triumph der Finsternis wurde ein Sieg des Christus zur Verherrlichung des Vaters - Nur der reine geistige Leib kann in den Himmel eingehen (17-19). „Mein Gott, Mein Gott, warum hast Du Mich verlassen?" (20). Das Gesetz der Liebe und Einheit (21-23). Das Erdbeben, Zeichen der Christuskraft (24-27). Es gibt kein Recht, zum Tode zu verurteilen oder zu töten (28)

1. Dann gab er ihnen Barabbas frei. Nachdem er Jesus hatte geißeln lassen, lieferte er Ihn aus, damit Er gekreuzigt würde. Da nahmen Ihn die Kriegsknechte des Statthalters zu sich in die Gerichtshalle und holten um Ihn die ganze Schar der Soldaten zusammen.

2. Und sie zogen Ihn aus und legten Ihm einen Purpurmantel an. Und sie flochten eine Dornenkrone und setzten sie auf Sein Haupt und gaben Ihm einen Rohrstab in die rechte Hand, beugten die Knie vor Ihm, verspotteten Ihn und sprachen: „Sei gegrüßt, Du König der Juden!" (Kap. 82, 1-2)

Ich, Christus, erkläre, berichtige
und vertiefe das Wort:

Alle Mittel, die den Dämonen zu Gebote standen, setzten sie ein, um Mich zu versuchen, um Mich an Meiner Mission zweifeln zu lassen. Denn jeder Zweifel an Gott ist Sünde.

Ich zweifelte nicht und sündigte nicht, und so konnte das „Vollbracht" gesprochen werden, damit die Teilkraft aus der Urkraft, ein Teil Meines geistigen Erbes, in Funken in die Seelen einfließen konnte. Weder die Verhöhnung noch der Spott mit dem Purpurmantel und der Dornenkrone und dem Rohrstock konnten Mich zur Sünde bewegen. Ich blieb im Ewigen, in dem Ich Bin, Christus.

Keiner kommt zum Vater in die Himmel, allein durch Mich, den Sohn Gottes und Mitregenten der Himmel, welcher der Erlöser aller Seelen und Menschen wurde.

Hätten das jüdische Volk und das Geschlecht David zu Mir gestanden, dann hätte Ich nicht den Kreuzestod erleiden müssen. Ich wäre vor den Augen aller in die Himmel aufgefahren, und der Himmel wäre unter Meinem Volk geblieben, da die Menschen die himmlischen Gesetze verwirklicht hätten – und Ich wäre wieder zu ihnen gekommen als der Herrscher des Reiches Gottes auf Erden.

Erkennet: Wer das Gesetz des Lebens nur hört und nicht verwirklicht, der bleibt, wer er ist, und wird von dem missbraucht, der meint, die Welt zu regieren: vom Satan der Sinne, von den Gegensatzkräften.

Ich blieb im ewigen Vater und habe im Geiste das
Werk der Erlösung vollbracht, das im Himmel beschlossen
wurde: die Heimführung aller Seelen und Menschen durch
das Werk der Liebe.

*3. So trat Jesus heraus. Er trug die Dornenkrone und
das Purpurgewand. Und Pilatus sagte zu ihnen: „Sehet,
diesen Mann!"*

*4. Als Ihn die Hohepriester und die Obersten des Volkes
so sahen, schrien sie auf: „Kreuzige Ihn! Kreuzige Ihn!" Und
Pilatus sagte zu ihnen: „Nehmt ihr Ihn hin und kreuzigt
Ihn; denn ich finde keine Schuld an Ihm." (Kap. 82, 3-4)*

Ich, Christus, erkläre, berichtige
und vertiefe das Wort:

Wenn auch Pilatus sinngemäß diese Worte sprach:
„Nehmt ihr Ihn hin und kreuzigt Ihn; denn ich finde keine
Schuld an Ihm", so hat er sich doch schuldig gemacht.
Pilatus hätte mit Einsatz seiner inneren Erkenntnis und
seiner äußeren Stellung manchen Juden zur Besinnung
bringen können.

Denkt daran: Es ist nicht möglich, ein ganzes Volk auf
einmal zur Umkehr zu bewegen. Jeder Einzelne ist Teil
des Volkes und ist wichtig für das Volk. Hätte Pilatus so

gedacht und entsprechend gehandelt, wäre er für Mich, Christus, gewesen. Doch so stellte er sich gegen Mich.

Pilatus zeigte seine Schwäche. Er fürchtete sich vor dem Volk, denn er wollte seine Stellung in der Welt behalten. Auch das Verhalten des Pilatus war und ist ein Symbol für viele. Der Weltzugewandte ist von der Masse abhängig, um in dieser Welt seine Macht und Stellung zu halten. Dafür opfert er seinen Nächsten, um sein Ansehen zu wahren und seine äußere Macht zu bewahren.

5. Und sie spuckten Ihn an und nahmen den Stab und schlugen Ihm damit auf Sein Haupt. Und als sie Ihn verspottet hatten, zogen sie Ihm den Mantel aus, zogen Ihm Seine eigenen Kleider an und führten Ihn weg, um Ihn zu kreuzigen.

6. Und als sie Ihn hinwegführten, hielten sie einen Mann an, Simon, einen Kyrenier, der gerade auf das Land hinausging. Sie zwangen ihn, dass er Jesus das Kreuz nachtrug. Es folgte Ihm eine große Volksmenge und viele Frauen, die klagten und Ihn beweinten.

7. Jesus aber wandte sich zu ihnen und sprach: „Ihr Töchter von Jerusalem, weinet nicht über Mich, sondern weinet über euch selbst und eure Kinder. Denn siehe, die Tage werden kommen, in welchen man sagen wird: Selig sind die Unfruchtbaren und die Leiber, die nicht geboren haben, und die Brüste, die nicht gesäugt haben! (Kap. 82, 5-7)

Ich, Christus, erkläre, berichtige
und vertiefe das Wort:

Erkennet: Nur jene Menschen bespeien ihren Nächsten und schlagen ihn, die selbst bespien und geschlagen sind von ihren Sünden. So war Ich als Jesus für viele ein Symbol. Auch Simon, der Mir half, Mein Kreuz zu tragen, war ein Symbol für viele.

Viele schlichte Menschen, die ihre Herzen frei halten von dem Tand, dem Prunk und der Pracht dieser Welt, werden wahre selbstlose Helfer im Weinberg des Herrn sein. Sie werden vielen Menschen helfen, ihr Kreuz zu tragen.

Mein Leben als Jesus von Nazareth ist so lange ein Symbol für alle Menschen, bis in jedem das geistige Leben, das Leben in Mir, erwacht ist. Und Meine Worte haben so lange in der Welt Gültigkeit, bis das Licht der Welt alle Seelen und Menschen durchdrungen hat. Solange sich jedoch noch viele Menschen von der Finsternis regieren lassen, verführen sie auch immer wieder jene, die ein schwankendes Rohr im Wind sind, die sich einmal dem Geiste Gottes zuwenden und dann wieder der Welt. Viele von ihnen schaffen immer wieder neue Ursachen und werden auch immer wieder Kinder mit gleichen oder ähnlichen Ursachen gebären.

Die Bedeutung der Worte „Selig sind die Unfruchtbaren und die Leiber, die nicht geboren haben, und die Brüste, die nicht gesäugt haben!" ist: Alle jene sollten über sich selbst traurig sein, die ein schwankendes Rohr im Wind sind und die Gleiches oder Ähnliches wieder zeugen und gebären, wie sie selbst sind. Denn Gleiches zieht immer wieder zu Gleichem. In den Worten liegt das Gesetz der Anziehung und die Tilgung der Ursachen, die Eltern und Kinder aneinander binden und die sie gemeinsam abzutragen und zu bereinigen haben.

Die Worte „Selig sind die Unfruchtbaren und die Leiber, die nicht geboren haben, und die Brüste, die nicht gesäugt haben!" besagen auch: Wer in Sünde und Unsittlichkeit zeugt und empfängt, der gebiert wieder Gleiches und Ähnliches, und der Sünder wird wieder unter der Sünde zu leiden haben. Dies gilt insbesondere in den Tagen, in welchen das geschieht, was Ich offenbart habe: Die materialistische Welt bricht in sich zusammen. Wehe denen, die in der Sünde leben.

Jedoch nicht jede sogenannte Unfruchtbarkeit ist auf eine Schuld als Ursache zurückzuführen. Menschen des Lichtes werden dann lichte Seelen gebären, wenn es für lichte Seelen an der Zeit ist, auf die Erde zu kommen.

Erkennet: Selig sind jene, die lichte Seelen geboren haben und gebären; denn sie zeugten und zeugen nicht in Sünde, Begierde und Leidenschaft, und sie gebaren und gebären auch nicht in Sünde. Sie zeugten und zeugen in der selbstlosen Liebe und gebären in der selbstlosen Liebe. Solche Brüste werden auch selbstloses Leben geben.

8. Dann werden sie anfangen zu sagen zu den Bergen: Fallt auf uns! und zu den Hügeln: Bedecket uns! Denn so man das tut am grünen Holz, was soll am dürren werden?"

9. Es wurden aber auch zwei andere, Übeltäter, hingeführt, dass sie mit Ihm hingerichtet würden. Und als sie an die Stätte kamen, die Kalvaria und Golgatha heißt, das bedeutet Schädelstätte, kreuzigten sie Ihn; ebenso die Übeltäter, einen zur Rechten und einen zur Linken.

10. Und es war die dritte Stunde, als sie Ihn kreuzigten, und sie gaben Ihm Essig zu trinken, gemischt mit Galle. Und nachdem Er davon gekostet hatte, wollte Er nicht trinken. Und Jesus sprach: „Vater, vergib ihnen, denn sie wissen nicht, was sie tun!"

11. Nachdem die Kriegsknechte Jesus gekreuzigt hatten, nahmen sie Seine Kleider und machten vier Teile, für jeden Knecht ein Stück und dazu auch den Rock. Der Rock war aber ohne Saum, in einem Stück gewebt. Sie sprachen darum untereinander: Lasst uns den nicht zerteilen, sondern darum losen, wer ihn haben soll.

12. Auf dass erfüllt werde die Schrift, welche sagt: „Sie haben Meine Kleider unter sich geteilt und haben über Meinen Rock das Los geworfen." Dies taten also die Kriegsknechte. Und sie setzten sich hin und hielten Wache.

13. Und eine Aufschrift wurde über Ihm befestigt in griechischen, lateinischen und hebräischen Buchstaben: „Das ist der König der Juden." (Kap. 82, 8-13)

Ich, Christus, erkläre, berichtige
und vertiefe das Wort:

Sie teilten untereinander Meine Kleider und warfen das Los darüber. Die Habgier des Menschen macht auch nicht halt vor den Kleidern eines zum Tode Verurteilten. Vor nichts und vor niemandem hat das habgierige Ich Achtung – nicht einmal vor sich selbst. Mit all dem Hab und Gut, das sich der Mensch auf lautere oder auf unlautere Weise angeeignet hat, kann er nicht in das Himmelreich eingehen. Er wird auch sein letztes Kleid hergeben müssen.

Die Seele hingegen geht – mit ihren Kleidern der Sünde oder der Tugend – in das jenseitige Leben. Weder Seele noch Mensch können das verhindern. Was der Mensch gesät hat, das trägt die Seele. Sie kann es nicht verbergen und auch nicht ablegen, außer durch Vergebung, durch Bitte um Vergebung, durch Wiedergutmachung und dadurch, dass sie die gleichen Sünden nicht mehr begeht. Nur dann kann das Kleid der Sünde von ihr genommen werden.

Welches Kleid du als Seele trägst oder ablegen möchtest, bestimmt nicht der Würfel, sondern das bestimmst du selbst – dadurch, wie du dich dem Gesetz Gottes gegenüber verhältst.

Die Worte „Das ist der König der Juden" waren als Verhöhnung gesprochen; jedoch ahnte Pilatus, dass sie mehr bedeuten: Das ist der König, der Herrscher des Reiches Gottes auf Erden, des Neuen Israel und des Neuen Jerusalem.

14. Diesen Titel lasen viele Juden; denn die Stätte, an der Jesus gekreuzigt worden, war nahe bei der Stadt. Da sprachen die Hohepriester der Juden zu Pilatus: „Schreibe nicht, der König der Juden, sondern, dass Er gesagt habe: Ich bin der König der Juden." Pilatus antwortete: „Was ich geschrieben habe, das habe ich geschrieben."

15. Einer der Übeltäter, die gehängt waren, verspottete Ihn und sagte: „Bist Du Christus, so hilf Dir selbst und uns!" Da tadelte ihn der andere und sagte: „Fürchtest du nicht Gott, der du doch in der gleichen Verdammnis bist? Wir sind zu Recht darin; denn wir empfangen den rechten Lohn für unsere Taten; dieser aber hat nichts Unrechtes getan."

16. Und er sagte zu Jesus: „Herr, gedenke meiner, wenn Du in Dein Reich kommst." Und Jesus sprach zu ihm: „Wahrlich, Ich sage dir: Heute noch wirst du mit Mir im Paradiese sein." (Kap. 82, 14-16)

Ich, Christus, erkläre, berichtige
und vertiefe das Wort:

Die sinngemäßen Worte, die Ich als Jesus zu dem reuigen Sünder sprach: „Wahrlich, Ich sage dir: Heute noch wirst du mit Mir im Paradiese sein", waren Worte der Vergebung. Er ging ein in höhere Bereiche des Lebens, in denen er weder Schmerz noch Pein zu erdulden hatte, denn er hatte sich selbst erkannt, hatte bereut und gesühnt und war damit in Mir, dem Christus, aufgenommen. Er hatte für seine hungernde Familie gestohlen.

Der andere war ein Mörder und empfing seinen Lohn.

17. Und sie gingen an dem Kreuze vorüber und verspotteten Ihn, schüttelten die Köpfe und sagten: „Du wolltest den Tempel zerstören und ihn in drei Tagen wieder aufbauen. Hilf Dir nun selbst! Wenn Du der Sohn Gottes bist, steige vom Kreuz herab!“

18. Und auch die Hohepriester verspotteten Ihn mit den Schriftgelehrten und Ältesten und sagten: „Er hat einem Lamm geholfen, aber sich selbst kann Er nicht helfen. Wenn Er der König von Israel ist, so lasst Ihn jetzt vom Kreuze herabsteigen, und wir wollen an Ihn glauben. Er vertraute auf Gott, überlasst Ihn jetzt Ihm, ob Er Ihn haben will. Denn Er hat gesagt: Ich Bin Gottes Sohn.“

19. Die Wucherer und Tierhändler ließen sich in gleicher Weise aus und sagten: „Du hast die Händler mit Ochsen, Schafen und Tauben aus dem Tempel getrieben und bist selbst aber ein Schaf, das geopfert worden ist.“ (Kap. 82, 17-19)

Ich, Christus, erkläre, berichtige
und vertiefe das Wort:

All das erduldete Ich, damit die Erlösung zu allen Seelen und Menschen – in die Stätten der Reinigung und in diese

Welt – kommen konnte. Die Finsternis verleumdete, verspottete und tötete Meinen irdischen Leib; doch was sie damit erreichen wollte, das erreichte sie nicht, nämlich: Mich durch Zweifel an Gott von Ihm zu trennen. Ich blieb in Meinem Vater, und der Vater blieb in Mir.

Auf diese Weise verherrlichte Ich den Vater in Mir. Und so kam die Herrlichkeit des Vaters als das Licht der Erlösung in diese Welt durch Mich, den Christus. Und keiner kann dieses Licht der Welt löschen. Es hat sich in alle Seelen und Menschen eingeboren – selbst in den finstersten Dämon. Ob er dies wahrhaben möchte oder nicht: Auch er hat von Mir das Erlöserlicht empfangen. Auch er wird dadurch von seinen Sünden befreit werden.

Ich Bin vom Kreuz herabgestiegen, jedoch nicht mit Meinem irdischen Leib. Nicht der irdische Körper kann in die Himmel eingehen, sondern einzig der reine geistige Leib. Wer jedoch den irdischen Leib als das Maß aller Dinge sieht, der will den physischen Körper behalten. Und so er in der Sünde lebt, wird er auch durch die Sünde und in Sünde seinen physischen Leib ablegen. Das kann mit viel Leid verbunden sein, denn es ist seine Sünde, die er behalten möchte. Die Sünde bindet sich an den physischen Leib und somit an diese Welt.

Gleiches oder Ähnliches wie Ich werden alle die zu erdulden haben, die Mir nachfolgen – bis zum Ende dieser sündhaften Welt. Für sie gilt: Haben sie Mich verfolgt, so werden sie auch euch verfolgen. Haben sie Mich verleumdet und verspottet, so werden sie auch euch

verleumden und verspotten. Haben sie Mir Übles nachgesagt, so werden sie auch euch Übles nachsagen. Haben
sie Mich getötet, so werden sie auch viele von euch töten
und quälen – sei es durch Worte, durch Taten oder durch
beides.

*20. Und von der sechsten Stunde an war eine Fins-
ternis über dem ganzen Land bis zur neunten Stunde.
Einige aber, die herumstanden, zündeten ihre Fackeln an;
denn die Finsternis war sehr groß. Und um die sechste
Stunde schrie Jesus mit lauter Stimme: „Eli, Eli, lama
sabachthani?“, das ist: „Mein Gott, Mein Gott, warum
hast Du Mich verlassen?“ (Kap. 82, 20)*

Ich, Christus, erkläre, berichtige
und vertiefe das Wort:

Die Worte „Mein Gott, mein Gott, warum hast Du mich
verlassen?“ rief das Herz des Jesus.

Vom Kreuz aus sah Ich viele Völker – unzählige Menschen, deren Seelen immer wieder in das Erdenkleid kamen
und viele Jahrhunderte lang in der Finsternis wandelten.
Sie hatten den Inneren Weg verloren. In ihrer Unwissenheit, in ihrer Not, Krankheit und Einsamkeit riefen sie Gott
an. Sie dachten jedoch nur an ihren materiellen Leib und
nicht an ihre Seelen. Diese ließen sie verkümmern.

So war Mein Ruf am Kreuz der Ruf vieler Generationen, die sich verloren glaubten und glauben. Denn Mein Leiden und Sterben war und ist ein Symbol für das Leiden und Sterben der Menschen. Meine Worte „Mein Gott, mein Gott, warum hast Du mich verlassen?" sind die Worte der Menschen in allen Völkern und Generationen, die in ihrem Unglauben Gott für ihre Sünden anklagten und anklagen. Ich sprach diese Worte nicht für Mich, sondern als Symbol für viele.

Auch heute noch sind Meine Worte am Kreuz für viele Menschen ein Symbol. Auch heute noch rufen sie in ihrer äußeren Not: „Mein Gott, mein Gott, warum hast Du mich verlassen?" Denn sie erfassen auch heute noch nicht, dass das Heil, die Hilfe und die Heilung allein von innen kommen. Auch heute noch ringen viele einzig um ihr irdisches Leben, weil ihnen ihr wahres Sein noch fremd ist.

So war Mein Ruf am Kreuz der Ruf derer, die sich verloren glaubten und noch glauben. Ihr Ruf wird erhört werden – dann, wenn sie ihr Herz für Gott öffnen und nicht mehr mit ihren Sinnen an ihrem irdischen Leben hängen. Dann werden sie erhört werden, da sie den Weg zum Herzen Gottes gefunden haben.

Der Tröster und der Erlöser, der Christus Gottes, der Ich, der Weg, die Wahrheit und das Leben, Bin, brachte und bringt aufs Neue den Weg der Liebe in diese Welt, der zum Herzen Gottes führt.

So, wie der Vater sich in Mir, dem Jesus, verherrlicht hat und in Mir, dem Christus, verherrlicht, so werde Ich Mich verherrlichen in jenen, die wahrhaft nach Gott rufen, denn sie werden finden, wonach ihr Herz verlangt: Gott, die Liebe und das Leben, ihr wahres Sein.

21. Einige von denen, die da standen und dies hörten, sagten: „Dieser Mann ruft nach Elias", andere wieder sagten: „Er ruft die Sonne." Die übrigen sagten: „Lasst uns bleiben und sehen, ob Elias kommt und Ihn rettet."

22. Es standen aber bei dem Kreuze Jesu Seine Mutter und Seiner Mutter Schwester, Maria, des Kleophas Weib, und Maria Magdalena.

23. Als Jesus Seine Mutter sah und den Jünger dabeistehen, den Er lieb hatte, sprach Er zu Seiner Mutter: „Weib, siehe deinen Sohn!" Und Er sprach zu dem Jünger: „Siehe, deine Mutter!" Und von der Stunde an nahm sie der Jünger zu sich in sein Haus. (Kap. 82, 21-23)

Ich, Christus, erkläre, berichtige
und vertiefe das Wort:

Die sinngemäßen Worte zu Maria „Weib, siehe deinen Sohn!" und zum Jünger „Siehe, deine Mutter!" symbolisieren das Gesetz der selbstlosen Liebe und Einheit. Diese Worte wurden von jenen verstanden, denen sie galten. Der

Jünger erfüllte das Gesetz der Liebe und Einheit und nahm Maria zu sich. Denn ein Gebot aus dem Gesetz Gottes lautet: Einer für alle – Christus; und alle für Einen – Christus; jeder für jeden – in guten Gedanken und in rechter Liebe und Fürsorge.

Wer das Gesetz der Liebe und Einheit hält, der ist für den Nächsten da. Er nimmt ihn nicht nur in sein Herz auf, sondern auch in sein Haus, wenn er wahrhaftig der Hilfe bedarf.

Wer das Gesetz der Liebe und der Einheit hält und selbst im Haus Gottes, im Herzen Gottes, wohnt, der führt auch die Menschen, die guten Willens sind, zu Gottes Liebe und Einheit.

24. Jesus wusste nun, dass alles geschehen war und die Schrift erfüllt sei. Er sprach: „Ich Bin durstig." Und aus einem Gefäß voll Essig füllten sie einen Schwamm und legten ihn um einen Ysop und hielten es Ihm an den Mund.

25. Und Jesus rief mit lauter Stimme: „Vater, in Deine Hände befehle Ich Meinen Geist!"

26. Da nun Jesus den Essig genommen hatte, rief Er laut: „Es ist vollbracht!" Und Er neigte Sein Haupt und gab den Geist auf. Und es war die neunte Stunde.

27. Und siehe, es donnerte und blitzte stark, und die Trennwand des Heiligtums, vor der der Vorhang hing, fiel herab und zerbrach in zwei Stücke. Die Erde bebte, und auch die Felsen zerbarsten. (Kap. 82, 24-27)

Ich, Christus, erkläre, berichtige
und vertiefe das Wort:

Das Erdbeben symbolisiert nicht nur die Freiheit der Seelen, sondern vor allem die Kraft, das Leben, das alle Seelen empfingen, ob sie verkörpert oder entkörpert waren:

Es ist die Teilkraft der Urkraft, die Christuskraft, die sich in Funken aufteilte und in alle Seelen einging – auch in die der Dämonen.

Durch die mächtige kosmische Einstrahlung waren einige Menschen vorübergehend hellsichtig und schauten Seelen, die durch diese Kraft der Erlösung in höhere Bereiche des Inneren Lebens gingen; denn sie hatten die innere Reife zu höheren Lebensstufen erlangt und sehnsüchtig auf die Kraft der Erlösung gewartet, auf den Erlöserfunken, der ihnen den Weg zum Herzen des Ewigen wies und weist.

28. Aber der Hauptmann und die bei ihm waren und Jesus bewachten, sahen das Erdbeben und alles, was geschah. Sie fürchteten sich sehr und sagten: „Das war wirklich ein Sohn Gottes." (Kap. 82, 28)

Ich, Christus, erkläre, berichtige
und vertiefe das Wort:

Es steht geschrieben: „Sie fürchteten sich sehr und sagten: ‚Das war wirklich ein Sohn Gottes.'"

Wenn Erkenntnisse die Menschen in Furcht versetzen, dann sollten sie ihr Gewissen prüfen: Wie oft begingen sie schon Taten, von denen sie nun erkennen, dass sie ungesetzmäßig sind? Die Furcht und die Erkenntnis waren letztlich Gewissensbisse; sie wollten den sogenannten Hauptmann und die, welche bei ihm waren und Jesus bewachten, mahnen und ihnen sagen, dass der Mensch weder selbst töten noch am Tode seines Nächsten mitschuldig werden darf, z.B. indem er den Tod eines Menschen befiehlt. Denn wer hat das Recht, andere zum Tode zu verurteilen oder zu töten?

Gott, der Ewige, hat solches nicht geboten. Er, der große All-Eine, der das Gesetz des Lebens ist, hat den Menschen vielmehr geboten: Du sollst nicht töten. Denn Er ist das Leben, nicht der Tod.

Der sogenannte Tod ist das Hinscheiden des irdischen Leibes, der von der Erde ist und wieder zur Erde zurückkehrt. Es ist ein gesetzmäßiger Vorgang, bedingt durch die Einverleibung der Seele, und wird entsprechend dem Denken und Leben des Menschen und dem Zustand seiner Seele ablaufen.

Gott ist das Leben. Deshalb ist der Mensch nicht berechtigt, den irdischen Leib seines Nächsten zu töten oder dessen Tod zu veranlassen. Wer bewusst tötet oder bewusst zum Töten veranlasst, wird nach dem Gesetz von Saat und Ernte das erdulden und erleiden müssen, was er in seinem gottfernen Leben verursacht hat.

29. Und es waren viele Frauen hier, die von Galiläa gefolgt waren und Ihm gedient hatten. Unter ihnen waren Maria, die Mutter des Jakobus und Joses, und die Mutter der Kinder des Zebedäus, und sie weinten und klagten und sagten: „Das Licht der Welt ist vor unseren Augen verborgen, der Herr unserer Liebe ist gekreuzigt worden!"

30. Da es aber Vorsabbat war, baten die Juden Pilatus, dass die Beine der Leichname gebrochen und sie abgenommen würden, damit sie nicht am Kreuze blieben den Sabbat über (denn es war der Passah-Sabbat).

31. Da kamen die Kriegsknechte und brachen die Beine der beiden, die mit Ihm gekreuzigt worden waren. Als sie aber zu Jesus kamen und sahen, dass Er schon gestorben war, brachen sie Ihm die Beine nicht, sondern einer der Kriegsknechte stach Ihm mit seiner Lanze in das Herz, und alsbald floss Blut und Wasser heraus.

32. Und der das sah, der hat es bezeugt, und sein Zeugnis ist wahr. Er weiß, dass er die Wahrheit sagt, damit auch ihr glaubt. Denn solches ist geschehen, dass die Schrift erfüllt würde: Ihr sollt Ihm kein Bein zerbrechen, und: Sie werden Den ansehen, den sie durchstachen. (Kap. 82, 29-32)

83. KAPITEL

Begräbnis Jesu

Über die Beisetzung der Toten (1-3).
Totenehrung und Totenwache (4-10)

1. Da nun der Abend gekommen war, kam Joseph von Arimathia, ein ehrbarer Ratsherr, welcher auch auf das Reich Gottes wartete. Er wagte es und ging hinein zu Pilatus und erbat den Leib Jesu. (Er war ein guter und gerechter Mann und hatte den Beschluss des Rates nicht gebilligt.)

2. Und Pilatus wunderte sich, dass Er schon tot war, und rief den Hauptmann und fragte ihn, ob Er schon lange gestorben wäre. Und als er es von dem Hauptmanne erfahren hatte, überließ er Joseph den Leichnam. Der ging und nahm den Leichnam Jesu ab.

3. Es kam aber auch Nikodemus, der vormals bei Nacht zu Jesus gekommen war. Er brachte eine Mischung von Myrrhe und Aloe, etwa hundert Pfunde. Da nahmen sie den Leichnam Jesu und hüllten Ihn in leinene Tücher mit den Kräutern nach der jüdischen Begräbnissitte. (Kap. 83, 1-3)

Ich, Christus, erkläre, berichtige
und vertiefe das Wort:

Es steht geschrieben: „Da nahmen sie den Leichnam Jesu und hüllten Ihn in leinene Tücher mit den Kräutern nach der jüdischen Begräbnissitte." Es war eine jüdische Begräbnissitte – also eine Sitte, jedoch kein Gebot. Daher sage Ich, Christus:

So es euer noch bestehendes irdisches Gesetz zulässt, hüllt die toten irdischen Körper in Tücher ein und gebt sie der Erde; oder, so ihr erkennt, dass die Seele des Hinge- schiedenen in Gott lebt, weil der Mensch ein rechtschaffe- nes, gotterfülltes Leben geführt hat, so übergebt – einige Tage nach dem Hinscheiden – den verweslichen Leib dem Feuer. Dadurch können die Substanzen rascher der Erde zugeführt werden, aus welcher der Mensch ist.

4. Es war aber an der Stätte, da Er gekreuzigt wurde, ein Garten und im Garten ein neues Grab, in welchem noch niemand war. Da hinein legten sie Jesus, und es war zu Beginn der zweiten Wache, da sie Ihn begruben, um des Rüsttages der Juden willen, weil das Grab in der Nähe war.

5. Und Maria Magdalena und die andere Maria und Maria, die Mutter des Joses, sahen sich das Grab an, in das Er gelegt worden war.

6. Und auch die Frauen, die mit Ihm von Galiläa gekom- men waren, folgten nach, trugen Lampen in den Händen, besahen das Grab und wie Sein Leib gelegt war und began- nen zu weinen und zu klagen.

7. Und sie kehrten zurück und bereiteten Kräutermi- schungen und Salben und warteten auf das Ende des Sab- bats.

8. Am nächsten Tage nun, der dem Rüsttag folgte, kamen die Hohepriester und Pharisäer zu Pilatus und sagten: „Herr, wir erinnern uns, dass dieser Verführer, da Er noch lebte, sprach: ,Nach drei Tagen werde Ich auferstehen.'

9. Befiehl darum, dass man das Grab sichere, bis der dritte Tag vorüber ist, damit nicht Seine Jünger kommen bei Nacht und Ihn stehlen und zum Volk sagen: ,Er ist auferstanden vom Tode', und der letzte Betrug ist schlimmer als der erste."

10. Pilatus sprach zu ihnen: „Da habet ihr eine Wache, geht eures Wegs und macht es so sicher, wie ihr könnt." So gingen sie hin und sicherten das Grab, versiegelten den Stein und stellten eine Wache davor, bis der dritte Tag vorbei wäre. (Kap. 83, 4-10)

Ich, Christus, erkläre, berichtige
und vertiefe das Wort:

Erkennet: Eure irdischen Sitten zeigen euch, wo ihr steht. Weshalb bewacht ihr eure Toten? Eventuell sagt ihr: um den Verstorbenen zu ehren. Ich, Christus, frage euch: Wen wollt ihr ehren? Zu wessen Ehre?

Wenn ein Mensch nicht Gott die Ehre erwiesen hat und erweist, dann ist er auf die Ehrung von Menschen bedacht und wird alles daran setzen, als Mensch oder als Toter geehrt zu werden. Wenn Menschen Menschen ehren, dann geben sie nicht Gott die Ehre, der alle Dinge weiß, der das Leben der Seele ist.

Wer aus Sorge die Toten bewacht, damit das irdische Kleid der Seele nicht entwendet wird, wie es durch die Wache am Grabe Jesu geschah, der ist sich seiner eigenen Missetat bewusst und damit seiner Sünde.

84. KAPITEL

Auferstehung Jesu

*Der Engel am Grabe (1-5).
Die lichte, kraftvolle Seele ist Gott näher (6). Botschaft und Füh-
rung durch Engel (7-8). Die Aufgabe des irdischen und des geistigen
Leibes Christi (9). Die Umwandlung des physischen Leibes Jesu -
Das Kreuz mit oder ohne Corpus (10-13)*

1. Am Ende des Sabbats, als es in der Morgenfrühe des ersten Wochentages zu dämmern begann, kam Maria Magdalena zum Grabe und trug die Spezereien, die sie bereitet hatte, und mit ihr kamen noch andere.

2. Und da sie so gingen, sprachen sie zueinander: „Wer wälzt uns den Stein vom Eingang des Grabes?" Denn er war groß. Und als sie an die Stelle kamen und hinsahen, gewahrten sie, dass der Stein hinweggewälzt war.

3. Denn siehe, es war ein großes Erdbeben. Der Engel des Herrn stieg vom Himmel herab, wälzte den Stein weg vom Eingang und saß darauf. Seine Gestalt war wie der Blitz und sein Kleid weiß wie Schnee. Die Wächter aber erschraken so sehr, dass sie wie tot zu Boden fielen.

4. Und der Engel sprach zu den Frauen: „Fürchtet euch nicht! Ich weiß, ihr suchet Jesus, der gekreuzigt wurde. Er ist nicht hier; denn Er ist auferstanden, so wie Er sagte.

5. Kommt, seht die Stelle, da der Herr lag! Und gehet schnell hin und saget es Seinen Jüngern, dass Er vom Tode

auferstanden ist. Und siehe, Er gehet vor euch hin nach Galiläa, da werdet ihr Ihn sehen; siehe, ich habe es euch gesagt." (Kap. 84, 1-5)

Ich, Christus, erkläre, berichtige
und vertiefe das Wort:

Die Wächter sahen keinen Engel. Das Erdbeben wirkte auf ihr schlechtes Gewissen ein, und die Angst wirkte kurzzeitig auf den Blutumlauf in ihren Körpern, wodurch sie ohnmächtig zu Boden fielen.

Erkennet: Auch der Engel des Herrn – ein Engel von vielen, die bei Mir als Jesus waren – wurde nur von jenen Frauen wahrgenommen, die durch ihre Verwirklichung des Gesetzes der Liebe ihre Seelen zum Leuchten gebracht hatten; ihr inneres Ohr hatte sich geöffnet, und sie verstanden die Sprache der Liebe. Diese Frauen teilten ihren Nächsten mit, was sie wahrgenommen hatten. Und die daran glaubten, befolgten es.

Wer in Gott lebt, der lebt im Gesetz der Liebe und Freiheit und beachtet den freien Willen. Deshalb beachtete der Engel den freien Willen der Menschen und sprach sinngemäß: „So ihr wollt, schaut in das Grab hinein, in dem der irdische Leib des Herrn lag, und so ihr wollt, gehet hin, sagt es Seinen Jüngern, dass der Herr keinen Tod kennt. Der Sohn des Ewigen ist auferstanden, und so ihr im Glauben und in der Anbetung bleibt, wird Er euch auf dem Weg, den ihr nehmen werdet, begegnen."

958

6. Und sie gingen hinein und fanden den Leichnam Jesu nicht. Dann liefen sie fort und kamen zu Simon Petrus und dem anderen Jünger, den Jesus lieb hatte, und sagten zu ihnen: „Sie haben den Herrn weggenommen aus dem Grabe, und wir wissen nicht, wo sie Ihn hingelegt haben."
(Kap. 84, 6)

Ich, Christus, erkläre, berichtige
und vertiefe das Wort:

„... den Jesus lieb hatte" bedeutet: der Ihm durch sein Leben und Denken am nächsten war.

Gott liebt alle Seine Kinder gleich – doch dann, wenn ein Kind seine Seele gereinigt und sein Leben Ihm geweiht hat, kommt es Ihm näher.

Wer Gott als die Mitte seines irdischen Lebens sieht und Gott ergeben lebt, der erlangt eine immer größere Reinheit seiner Seele. Die geläuterte Seele findet sodann in eine tiefe, innige Kommunikation mit Gott, ihrem Vater.

Ähnlich war es auch mit dem besagten Jünger, von dem geschrieben steht. Er war Gott näher, weil seine Seele lichter und kraftvoller war durch seine beständige Hinwendung zu Gott, dem Ewigen.

Die Verbindung zwischen dem Ewigen und einer lichten Seele bewirkt zugleich eine innige Kommunikation zwischen solchen Menschen, die dem Göttlichen zustreben. So waren Mein geistiger Leib und seine lichte Seele Gott verbunden und bewusst geeint in Gott. Dadurch verstand er den Sinn Meiner Worte und konnte aus wenigen Worten das erfassen, worum es wahrlich ging.

Erkennet: Verständnis für den Nächsten und gegenseitiges Verstehen führen zur Gottnähe und zu gemeinsamen Taten im Geiste des Herrn.

7. Und sie liefen und kamen zu dem Grabe, blickten hinein und sahen die leinenen Tücher liegen und das Schweißtuch, das Jesus um das Haupt gebunden war, nicht bei den Leinentüchern, sondern beiseite zusammengelegt an einer besonderen Stelle.

8. Und es geschah, dass sie sehr aus der Fassung gerieten; denn siehe, zwei Engel standen neben ihnen in glitzernden, weißen Gewändern und sprachen zu ihnen: „Warum suchet ihr den Lebendigen unter den Toten? Er ist nicht da, Er ist auferstanden, und seht, Er geht euch voran nach Galiläa, dort werdet ihr Ihn sehen. (Kap. 84, 7-8)

Ich, Christus, erkläre, berichtige
und vertiefe das Wort:

Das Grab wurde von Juden und Römern untersucht. Die Angst trieb sie, denn sie konnten Meine Worte „nach drei Tagen werde Ich auferstehen" nicht deuten.

Die Wesen aus Gott, die Engel, von denen geschrieben steht, haben nur einige in ihren Herzen wahrgenommen.

Nicht alle Anwesenden glaubten an die Aussage derer, welche die Wesen aus Gott in ihren Herzen wahrnahmen. Dadurch entstand am Grab ein Tumult: Einige verloren die Beherrschung und begannen auch zu zweifeln. Die einen glaubten also – die anderen zweifelten. Die aufgebrachten Zweifler nahmen nicht den Weg nach Galiläa.

Weil unter den Menschen sehr oft Unstimmigkeiten herrschen, führen Gott und die Wesen aus Gott die Menschen mittelbar. Sie führten die Gläubigen über ihre gotterfüllten Empfindungen, nannten jedoch das Wort „Galiläa" nicht.

9. *Erinnert ihr euch nicht, wie Er zu euch sprach, da Er noch in Galiläa war, dass Er, der Menschensohn, gekreuzigt werde und dass Er auferstehen werde nach dem dritten Tage?" Und sie erinnerten sich Seiner Worte. Sie gingen eilends hinaus und flohen vor dem Grabe, denn sie zitterten und waren bestürzt. Auch sprachen sie zu keinem darüber, denn sie fürchteten sich. (Kap. 84, 9)*

Ich, Christus, erkläre, berichtige
und vertiefe das Wort:

Die Furcht und die Flucht vor dem leeren Grabe machen die Zweifel deutlich, die viele hatten. Viele waren auch von Mir enttäuscht und über Mich bestürzt, denn sie erhofften sich ein sogenanntes Wunder. Sie hofften auf die Auferstehung Meines irdischen Leibes. Der irdische Leib ist jedoch nur das ausführende Organ des geistigen Leibes. Ist der geistige Leib rein und in Gott, dann hat der menschliche Körper, das Organ, seine Funktion erfüllt.

So ist es gewesen. Ich hatte es vollbracht: Ein Teil Meines Erbes, die Teilkraft der Urkraft, konnte sich aus der Ursubstanz lösen und wurde zur Erlöserenergie, weil Mein geistiger Leib in Gott blieb und ohne Sünde war.

10. Aber Maria stand weinend vor dem Grabe. Und als sie weinte, beugte sie sich hinab und blickte in das Grab hinein und sah zwei Engel in weißen Gewändern, einen am Kopfende und den anderen am Fußende, wo der Leichnam Jesu gelegen hatte. Und sie sprachen zu ihr: „Weib, was weinest du?"

11. Sie sagte zu ihnen: „Weil sie meinen Herrn weggenommen haben und ich nicht weiß, wohin sie Ihn gelegt haben." Und als sie das sagte, wandte sie sich um und sah Jesus stehen und erkannte nicht, dass es Jesus sei.

12. Jesus sprach zu ihr: „Weib, was weinest du? Wen suchest du?" Sie meinte, es sei der Gärtner, und sagte zu Ihm: „Herr, hast Du Ihn weggetragen, sage mir, wo Du Ihn hingelegt hast, so will ich Ihn holen." Jesus sprach zu ihr: „Maria!" Da wandte sie sich um und sagte zu Ihm: „Rabboni", das heißt Meister.

Ich, Christus, erkläre, berichtige
und vertiefe das Wort:

Auch die Augen von Maria waren so lange gehalten, bis
Ich ihr mit der Anrede „Maria" die Seelenaugen öffnete.
Daraufhin schaute sie Meinen feinstofflichen Leib. „Rühre
Mich nicht an" bedeutet unter anderem auch: „Glaube!"
Der Mensch kann nur den materiellen, irdischen Leib
berühren, nicht jedoch den feinstofflichen.

Während Ich Maria und einigen Aposteln und Jüngern
erschien, war Mein irdischer Leib in der Umwandlung begriffen. Diese Umwandlung Meines physischen Leibes war
für Menschen unsichtbar. Sie vollzog sich bis zur Himmelfahrt. Weil Mein geistiger Leib Meinen irdischen Körper
absolut durchstrahlt hatte, wurde Mein irdischer Leib von
den geistigen Atomen allmählich absorbiert. Die ewige
Kraft des Vaters, die Urkraft, wandelte also Meinen grobstofflichen Leib um, so dass die von Mir durchstrahlte
Materie von der grobstofflichen Materie hinweggenommen wurde.

Wer das Kreuz mit dem toten Körper aufstellt und anbetet, der zeigt auf den physischen Leib und stellt damit der Menschheit fälschlicherweise Meine Niederlage dar. Er verehrt den toten Körper, anstatt zum Auferstandenen zu beten, zum Inneren Licht, dem Vater in Mir, dem Christus. Das Symbol der Auferstehung, der Himmelfahrt, ist das Kreuz ohne Corpus.

14. Maria Magdalena ging und erzählte den Jüngern, dass sie den Herrn gesehen und dass Er solches zu ihr gesagt und ihr den Auftrag gegeben habe, Seine Auferstehung von den Toten zu berichten. (Kap. 84, 14)

85. KAPITEL

Der auferstandene Jesus erscheint
zwei Jüngern in Emmaus

Die Blindheit jener, die wider Mich waren - Veränderung in den satanischen Hierarchien nach der Himmelfahrt (14-16)

1. Am selben Tage gingen zwei Jünger in das Dorf Emmaus, das drei Stunden von Jerusalem liegt. Und sie sprachen zusammen von all dem, was geschehen war.

2. Und während sie miteinander sprachen, geschah es, dass Jesus selbst sich ihnen näherte und mit ihnen ging. Doch ihre Augen waren gehalten, so dass sie Ihn nicht erkennen konnten.

3. Und Er sprach zu ihnen: „Worüber sprecht ihr miteinander, dass ihr so traurig daherkommt?"

4. Und der eine von ihnen, der Kleophas hieß, antwortete: „Bist Du der einzige Fremdling in Jerusalem und hast noch nicht erfahren, was in diesen Tagen hier geschehen ist?" Und Er sprach zu ihnen: „Was?"

5. Und sie sprachen zu Ihm über Jesus von Nazareth, der ein Prophet gewesen war, mächtig in Tat und Wort vor Gott und dem ganzen Volke, und wie die Hohepriester und ihre Obrigkeit Ihn auslieferten, damit Er zum Tode verurteilt werde, und wie sie Ihn dann ans Kreuz geschlagen haben. „Doch wir vertrauten darauf, dass Er es sei, der das Land Israel hätte erlösen sollen. Und trotzdem sind in diesen letzten drei Tagen all diese Dinge hier geschehen.

6. Ja, und mehrere Frauen, auch von den unsern, überraschten uns. Sie waren in der Frühe am Grab und fanden den Leichnam nicht. Und sie kamen und erzählten uns, dass ihnen Engel erschienen seien, die sagten, Er sei auferstanden.

7. Und einige von den Unsrigen waren zu dem Grabe gegangen und fanden alles so vor, wie es die Frauen gesagt hatten. Doch Ihn sahen sie nicht."

8. Darauf sprach Er zu ihnen: „Oh, ihr seid Toren und trägen Herzens und glaubt nicht, was die Propheten gesagt haben! Musste nicht Christus all dies leiden, um in Seine Herrlichkeit einzugehen?"

9. Und beginnend mit Moses und all den Propheten, belehrte Er sie über alle Schriften, die Ihn selbst betrafen.

10. Und sie kamen in die Nähe des Dorfes, in das sie gingen. Und Er tat so, als ob Er weitergehen wollte. Doch sie drangen in Ihn und sagten: „Bleibe bei uns, denn es will Abend werden, und der Tag ist fast zu Ende." Und Er ging hinein, um bei ihnen zu bleiben.

11. Und es geschah, als Er mit ihnen am Tische saß: Er nahm Brot und die Frucht des Weinstockes, sagte Dank, segnete, brach das Brot und gab es ihnen. Und ihre Augen wurden geöffnet, und sie erkannten Ihn. Und Er entschwand ihren Blicken.

12. Und sie sagten zueinander: „Brannten uns nicht unsere Herzen, während Er auf dem Wege zu uns sprach und uns die Schrift deutete?" Und sie erhoben sich sogleich und kehrten nach Jerusalem zurück, und dort fanden sie

die Elf versammelt mit ihren Anhängern. Und diese sagten: „Der Herr ist wirklich auferstanden, und Er ist dem Simon erschienen."

13. Und sie erzählten, was ihnen auf ihrem Wege begegnet war und wie sie Ihn am Brotbrechen erkannten.

14. Während sie nach Emmaus gegangen waren, kamen einige von der Wache in die Stadt und meldeten dem Kaiphas, was geschehen war.

15. Und sie versammelten sich mit den Ältesten und berieten und sagten: „Seht, während die Soldaten schliefen, kamen mehrere von Seinen Jüngern und trugen Seinen Leichnam hinweg. Und ist nicht Joseph von Arimathia einer Seiner Jünger?

16. Deshalb hat er Pilatus um den Leichnam gebeten, damit er Ihn in seinem Garten in seiner eigenen Gruft begraben könne. Lasst uns daher den Soldaten Geld geben, damit sie sagen, Seine Jünger wären des Nachts gekommen und hätten den Leichnam gestohlen, während sie geschlafen hätten. Und wenn diese Kunde dem Statthalter zu Ohren kommt, so wollen wir ihn überzeugen und euch schützen." (Kap. 85, 1-16)

Ich, Christus, erkläre, berichtige
und vertiefe das Wort:

Diese Lüge gleicht einem Verrat. So wurde Ich bis zuletzt verkannt und bis zuletzt verraten. Denn die, welche wider Mich waren, wollten aus Angst vor Mir verhindern, dass das Volk an Meine Auferstehung glaubt.

Nach dem Kreuzestod und dem Verschwinden Meines irdischen Leibes, von dem sie annahmen, dass er entfernt worden war, glaubten sie, Mich besiegt zu haben, denn ihre unsichtbaren Anführer in den satanischen Hierarchien wurden Meiner dort ebenfalls nicht gewahr. Deshalb glaubten sie Mich noch in Erdnähe, eventuell sogar als eine erdgebundene Seele, die sich vor ihnen noch zu verbergen suchte.

Sie erkannten noch nicht, was geschehen war und was sich, für ihre Sinne unbemerkt, vollzog. Erst nach Meiner Himmelfahrt, nach dem Heimgang zum Vater, erlebten die Seelen in allen Fallbereichen bis hin zu den Toren des reinen Seins, dass sich plötzlich alles veränderte: Die satanischen Hierarchien wurden Sprossen der Himmelsleiter; sie wurden zu Reinigungsebenen. Diese bestehen von der Reinigungsstufe der Ordnung bis zur Reinigungsstufe des Ernstes. Die weiteren drei Ebenen – Geduld, Liebe und Barmherzigkeit – wurden Entfaltungsebenen. Es sind die Vorhimmel, die ebenfalls zur Himmelsleiter gehören; auf ihnen lernt die lichte Seele, die zum Geistleib geworden ist, wieder das ewige Gesetz in allen Einzelheiten anzuwenden.

86. KAPITEL

Jesus erscheint im Tempel,
und die Blutopfer hören auf

*Geistige Vorgänge in den Tagen nach dem leiblichen
Hinscheiden Jesu in Jerusalem und Umgebung (1-8)*

1. Es war am selben Tag zur Zeit des Opfers im Tempel. Da erschien unter den Tier- und Vogelhändlern Einer in weißen Kleidern, strahlend wie Licht, und Er hatte in der Hand eine Geißel mit sieben Schnüren.

2. Und bei Seinem Anblicke flohen die Händler und die Käufer voll Schrecken, und etliche fielen wie tot zu Boden; denn sie erinnerten sich, wie Jesus vor Seinem Tode sie in gleicher Weise aus dem Innern des Tempels gejagt hatte.

3. Und einige erklärten, sie hätten ein Gespenst gesehen, und andere, sie hätten Den gesehen, der gekreuzigt war, und Er sei vom Tode auferstanden.

4. Und die Opfer hörten an diesem Tage im Tempel auf; denn alle fürchteten sich, zu verkaufen oder zu kaufen; und sie ließen ihre Gefangenen frei.

5. Und die Priester und Ältesten ließen ein Gerücht umgehen, dass die, die es erzählt hatten, betrunken gewesen und nichts gesehen hätten. Doch viele versicherten, dass sie Ihn mit eigenen Augen gesehen und auf dem Rücken die Geißel gespürt hätten; doch seien sie nicht fähig gewesen, sich zu wehren. Denn wenn einige von den Kühneren

unter ihnen ihre Hände ausstreckten, konnten sie nicht die Gestalt greifen, die sie sahen, noch die Geißel erhaschen, die sie schlug.

6. Und von diesem Tage an glaubten sie an Jesus, dass Er von Gott gesandt sei, die Unterdrückten zu befreien und zu erlösen, die gebunden waren. Und sie wendeten sich um und sündigten nicht länger.

7. Er erschien auch anderen in Liebe und Mitleid und heilte sie durch Seine Berührung und befreite sie aus den Händen des Verfolgers. Und viele ähnliche Dinge wurden über Ihn berichtet, und viele sprachen: „Wahrlich, das Reich Gottes ist gekommen."

8. Und einige von denen, die gestorben waren und aufstanden, als Jesus vom Tode auferstand, erschienen und wurden gesehen von vielen in der Heiligen Stadt, und große Furcht befiel die Bösen, während Licht und Freude die Herzen der Gerechten erfüllte. (Kap. 86, 1-8)

Ich, Christus, erkläre, berichtige
und vertiefe das Wort:

Vieles von dem, was in den Tagen vor Meinem Heimgang zum Vater geschah und auch übermittelt wurde, entspricht der Wahrheit.

Einige Menschen schauten Mich mit ihren Seelenaugen, andere wieder sahen nur das Spiegelbild, das ihre Aura aus der Atmosphärischen Chronik anziehen konnte.

Mein Leben als Jesus von Nazareth war nicht nur in die Herzen vieler Menschen eingegangen, sondern auch in die Atmosphärische Chronik. In ihr ist ein Teil des Denkens und Lebens der Menschen gespeichert und wirkt noch immer auf die Erde ein. Mein leibliches Hinscheiden brachte die irdischen und die astralen Kräfte in stärkere Bewegung. Auch die Atmosphärische Chronik kam in Aktion, so dass einige Menschen Mich über die Spiegelung der Atmosphärischen Chronik sahen; andere wieder, deren Herz von Meinem Leben erfüllt war, sahen Mich mit ihren geistigen Augen. Wieder andere sahen über die Atmosphärische Chronik Seelen, welche in jene Reinigungsebenen gingen, die ihrem seelischen Bewusstseinsstand entsprachen.

Durch Mein Leiden, Sterben und Meine Auferstehung wurden Jerusalem und die umliegenden Orte, in denen Ich als Jesus gewirkt hatte, in der Strahlung angehoben, so dass viele Menschen geistig schauten und viele die Atmosphärische Chronik aufnehmen konnten.

Allgemein sei offenbart: Das Empfangen aus der Atmosphärischen Chronik sollte nicht angestrebt werden, sondern einzig das Empfangen aus dem Geiste Gottes, was nur durch Verwirklichung und Erfüllung der Gesetze Gottes möglich werden kann.

87. KAPITEL

Jesus erscheint Seinen Jüngern

Warum konnten die Jünger den Auferstandenen schauen? (1-2)
Das Kreuz ohne Corpus, ein Symbol der Auferstehung und des
Sieges über die Finsternis (3-6). Erlösung allein durch Glauben? (7)
Getauft vom Heiligen Geist (8). Selbstlose Liebe umschließt alles
Sein (9). Ein Gott geweihtes Leben führen (10). Der Gottesgeist be-
nützt Wortschatz und Begriffe der menschlichen Übermittler; ihre
Bedeutung unterliegt dem Wandel der Zeit - Die Gemeinden
in Christus bis zur Lichtzeit (11-15)

1. Am Abend dieses Tages, des ersten Tages der Woche, waren die Jünger versammelt und hatten die Türen verschlossen aus Furcht vor den Juden. Da kam Jesus und stand mitten unter ihnen und sprach zu ihnen: „Friede sei mit euch!" Aber sie erschraken und glaubten, sie würden einen Geist sehen.

2. Und Er sprach zu ihnen: „Sehet, Ich Bin es selbst, wie ihr Mich ehedem gesehen habet. Ein Geist kann wahrlich erscheinen in Fleisch und Bein, wie ihr seht, dass Ich sie habe. Sehet Meine Hände und Füße, greift sie an und sehet!" (Kap. 87, 1-2)

Ich, Christus, erkläre, berichtige
und vertiefe das Wort:

Ich hatte keinen Leib aus Fleisch und Bein, sondern Ich glich Meinen geistigen Leib der Erdschwingung an und erhob gleichzeitig auch das Bewusstsein der Jünger, so dass sie Mich schauen und erspüren konnten.

3. Und als Er das gesagt hatte, zeigte Er ihnen Seine Hände und Seine Füße. Da waren die Jünger erfreut, als sie den Herrn sahen.

4. Thomas aber, genannt Didymus, einer der Jünger, sagte zu ihnen: „Es sei denn, dass ich in Seinen Händen die Nägelmale sehe und meinen Finger in die Nägelmale lege und meine Hand in Sein Herz stoße, sonst will ich es nicht glauben." Da sprach Er zu Thomas: „Sieh Meine Hände, Mein Herz und Meine Füße; reiche deine Hand und lege deinen Finger an das Mal der Nägel und lege deine Hand an Mein Herz und sei nicht ungläubig, sondern gläubig."

5. Und Thomas sagte zu Ihm: „Mein Herr und Mein Gott!" Und Jesus spricht zu ihm: „Thomas, weil du Mich gesehen hast, so hast du geglaubt: Selig sind, die nicht sehen und doch glauben."

6. Dann sprach Jesus wieder zu ihnen: „Friede sei mit euch! Gleichwie Mich Mein Vater gesandt hat, so sende Ich euch." Und da Er das gesagt hatte, hauchte Er sie an und sprach zu ihnen: „Empfanget den Heiligen Geist; predigt das Evangelium und verkündet allen Völkern die Auferstehung des Sohnes Gottes. (Kap. 87, 3-6)

Ich, Christus, erkläre, berichtige
und vertiefe das Wort:

Wahrlich: „Selig sind, die nicht sehen und doch glauben". Wer in und aus Gott lebt, der verlangt keine äußeren Beweise für das Innere Leben. Nur der Mensch will Beweise vom Leben des Inneren, der mehr im Äußeren lebt, der die sichtbaren Abläufe höher wertet als das innere Geschehen.

Die Aussage „Empfanget den Heiligen Geist" bedeutet: Empfanget die Kraft aus dem ewigen Gesetz, den Heiligen Geist, um aus dem Gesetz der Liebe und Weisheit zu reden und zu wirken, um den Völkern die Auferstehung des Sohnes Gottes zu verkünden und das Evangelium der Liebe und Weisheit zu bringen.

Wahrlich, die Auferstehung des Sohnes Gottes sollt ihr im Herzen tragen und durch Mich, den Christus, den Auferstandenen, von euren Sünden auferstehen, damit ihr in das Leben eingehen könnt, das Ich im Vater Bin.

Ich wiederhole: Wer an den Gekreuzigten denkt und den am Kreuz der Auferstehung hängenden Körper anbetet, der hängt selbst noch am Kreuz der Sünde. Er hat Mich in seinem Herzen noch nicht an- und aufgenommen. Wer also den Corpus am Kreuz bejaht und an dem Kreuz mit dem gemarterten Leib festhält, der ist noch nicht in Mir, dem Christus, auferstanden. Er gibt von sich selbst Zeugnis, dass er noch in der Knechtschaft der Sünde lebt und sich von dem Sündhaften beeinflussen lässt.

Denn die Dämonen wollen den Gekreuzigten, das Kreuz mit dem Corpus, sehen. Es bedeutet für sie die Niederlage des Nazareners – nicht den Sieg des Christus. Sie wollen mit dem toten Körper am Kreuz der Menschheit die Vorstellung einprägen, der Sohn Gottes sei der Sünde erlegen.

Doch Ich Bin auferstanden und zum Ewigen zurückgekehrt. Ich habe euch die Erlösung gebracht. Das Kreuz ohne den toten Körper symbolisiert die Auferstehung und den Sieg über die Finsternis. Daher werden alle Menschen, die in Mir leben und durch die Ich lebe, es mit dem Kreuz des Sieges halten, das ohne Corpus ist. Denn ebenso, wie Ich den Sieg über die Finsternis errungen habe, so haben die Menschen und Seelen den Sieg über die Sünde errungen, die an Mich bewusst glauben und täglich mehr den Willen des All-Heiligen tun.

7. Lehret sie das heilige Gesetz der Liebe, das Ich euch gegeben habe. Denen, die ihren Sünden absagen, seien sie vergeben, und denen, die weiterhin sündigen, bleiben sie erhalten. (Kap. 87, 7)

Ich, Christus, erkläre, berichtige
und vertiefe das Wort:

Die Worte „Denen, die ihren Sünden absagen, seien sie vergeben, und denen, die weiterhin sündigen, bleiben sie erhalten" bedeuten: Wer um Vergebung bittet und vergibt und, so es noch möglich ist, das wiedergutmacht, was er verursacht hat, und Ähnliches, was zur Sünde geführt hat, nicht mehr tut, also nicht mehr sündigt – der hat der Sünde abgesagt. Wer jedoch trotz besseren Wissens, trotz Vergebung und Bitte um Vergebung die gleichen Sünden wieder begeht, dem kann die Sünde nicht genommen werden – auch dann nicht, wenn er um Vergebung gebeten hat.

Und so dir dein Nächster, gegen den du gesündigt hast, nicht vergibt, so kann auch der himmlische Vater dir diese Sünde nicht nehmen. Seine Gnade und Liebe werden jedoch bewirken, dass dein Nächster sich rascher erkennt und dir vergibt – dann, wenn er aus freiem Willen hierfür bereit ist.

Keiner soll sagen: Einzig durch den Glauben an Mich, den Christus, würden ihm seine Sünden genommen. Wer seine Sünden nicht erkennt, wer nicht bereut und dadurch weiterhin sündigt, der bleibt ein Sünder. Meine Erlösertat wird ihm die Sünde nicht nehmen. Denn wer sich selbst nicht erkennt, der wird auch seine Sünden nicht erkennen, wird sie auch nicht bereuen und wird nicht das wiedergutmachen, was er seinem Nächsten getan hat. Wer also diese Schritte zur Selbsterkenntnis, zur wahren Reue und Vergebung, Bitte um Vergebung und Wiedergutmachung nicht vollzieht, der wird immer wieder in die gleichen Sünden fallen.

Obwohl das Licht des Heils, die Erlösung, in allen Seelen leuchtet, wird trotzdem nur der vollkommen, der seine Seele reinigt und auch rein hält. Meine Erlösertat tilgte nicht die Sünden der Welt, die Sünden aller Seelen und Menschen. Sie ist die Kraft und die Quelle der Kraft für alle, welche die Sünden bereuen und nicht mehr tun. Die Erlösung ist die Stütze der Seele und der Schutz gegen die Auflösung der Seele. Sie ist auch das Licht auf dem Weg zum Herzen Gottes.

Kein Mensch und keine Seele kommen umhin, ihre Sünden zu erkennen, zu bereuen und sie nicht mehr zu tun. Erst wenn Seele und Mensch das Gesetz der Liebe mehr und mehr erfüllen, werden sie rein. Die Erlösung der Seele ist erst dann abgeschlossen, wenn sie wieder die Reinheit erlangt hat und bewusst zu einem Kind mit reinem Herzen wurde.

Allein der Glaube an Mich, den Erlöser aller Seelen und Menschen, bewirkt nicht die Reinheit der Seele und des Menschen.

Erlösung kann keine Sünde auflösen, wenn nicht Erkenntnis und Reue des Sünders vorausgehen. Erlösung bedeutet Stütze, Kraft und Licht für die Seele und bewirkt dann die Auflösung der Sünde, wenn der Sünder seine Sünden erkennt, bereut und nicht mehr tut – und das Verursachte wiedergutmacht, soweit dies noch möglich ist. Dadurch lässt er das Erlöserlicht zum inneren Feuer der Liebe werden, das ihn sodann befreit und ihn auf dem Weg ins Vaterhaus zum Herzen Gottes geleitet.

8. Taufet die, die glauben und bereuen, segnet und salbet sie, und bringet dar das reine Opfer der Früchte der Erde, das Ich eingesetzt habe zu Meinem Gedenken. (Kap. 87, 8)

Ich, Christus, erkläre, berichtige
und vertiefe das Wort:

Erkennet: Allein die geistige Taufe gilt. Alles andere sind Symbole, und sie haben als solche keine Aussagekraft und Gültigkeit, weil sie nicht dem Gesetz Gottes angehören. Die rituale Segnung, Salbung und das Opfer der Früchte der Erde habe Ich nicht für das Äußere eingesetzt. Es ist als Symbol gesprochen für das Innere Leben und nicht als äußeres Zeremoniell gedacht.

Nur der ist wahrhaft ein geistig Getaufter, durch den der Geist Gottes wirksam ist und der nicht mehr sündigt. Daher lehret eure Nächsten, das Gesetz Gottes zu halten.

Wenn der Mensch der Sünde widersagt hat, dadurch reinen Herzens wurde und das Gesetz Gottes hält, so ist er auch erfüllt mit dem Geist der Wahrheit. Er ist dann auch der geistig Getaufte.

Eure Aufgabe ist es, die Gesetze Gottes zu halten – und dann zu lehren. Der Heilige Geist wird dann den taufen, der reinen Herzens ist. Denn Ich, der Christus im Vater, taufe mit dem Feuer des Inneren Lebens, mit dem Heiligen Geist.

9. Siehe, Ich habe Meinen Leib und Mein Blut am Kreuze geopfert zur Erlösung der Welt von den Sünden gegen die Liebe und von den Blutopfern und Festen der Vergangenheit. (Kap. 87, 9)

Ich, Christus, erkläre, berichtige
und vertiefe das Wort:

Es wird gegenwärtig und zukünftig so sein, dass jene, die aufrichtig ihre Sünden bereuen und sie nicht mehr tun, auch vom Blutopfer und von ausschweifenden Festen Abstand nehmen. Wer nicht mehr gegen die selbstlose Liebe sündigt, der ist bewusst in der Liebe Gottes und liebt selbstlos alle Menschen und alles Sein – alles, was aus Gott ist: Tiere, Pflanzen und auch Steine.

Der veredelte Mensch und die von der Liebe Gottes durchdrungene Seele werden sich nicht mehr am Leben vergreifen. Wer für Gott ist, der ist auch für seinen Nächsten, auch für die Tier-, Pflanzen- und Mineralwelt.

10. Und ihr sollt das Brot des Lebens und den Wein der Erlösung in einer reinen Gabe mit Weihrauch opfern, wie es geschrieben stehet von Mir, und ihr sollt essen und trinken davon zum Gedenken, dass Ich alle, die an Mich glauben, befreit habe von der alten Knechtschaft eurer Vorväter. (Kap. 87, 10)

Ich, Christus, erkläre, berichtige
und vertiefe das Wort:

„Und ihr sollt das Brot des Lebens und den Wein der Erlösung in einer reinen Gabe mit Weihrauch opfern" bedeutet dem Sinne nach: Wer ein geweihtes, also gotterfülltes Leben führt, wer sein Denken, Reden und Handeln dem Ewigen weiht, der wird Meiner in allem gedenken. Jedes Mahl wird ein Mahl mit Mir sein, weil er die Gaben aus der Hand Gottes dankbar annimmt und bewusst in sich aufnimmt.

Und wer an Mich, seinen Erlöser, glaubt und das annimmt und verwirklicht, was Ich gelehrt habe, der ist von der Knechtschaft der Sünde befreit.

Alles, was aus Meinen Worten abgeleitet und veräußerlicht wurde, gehört nicht zum Inneren Leben und auch nicht zu Meiner Lehre.

11. Denn diese hatten ihren Bauch zu einem Gott gemacht und opferten diesem Gotte die unschuldigen Geschöpfe der Erde anstatt der fleischlichen Natur in ihnen selbst.

12. Und sie aßen das Fleisch und tranken das Blut zu ihrem eigenen Verderben, zerstörten ihre Körper und verkürzten ihr Leben ebenso wie die Heiden, die die Wahrheit nicht kennen, oder die sie kannten und zu einer Lüge umgebogen haben.

13. So wie Ich euch sende, so sollt auch ihr andere senden, auf dass sie diese Dinge tun in Meinem Namen", und Er legte ihnen Seine Hände auf.

14. Und in der gleichen Weise wie die Apostel, so setzte Er auch Propheten und Evangelisten und Pastoren ein, eine Heilige Priesterschaft, und Er legte Seine Hände auf alle, die sie zu Diakonen wählten, jedem Einzelnen der vier mal Zwölf.

15. Und diese sind für die Leitung und Führung der universellen Gemeinde, damit alle untadelig seien, jeder an seinem Platze in der Einheit des Leibes Christi. (Kap. 87, 11-15)

Ich, Christus, erkläre, berichtige
und vertiefe das Wort:

Erkennet: Auch die Worte in dem Buch, „Das Evangelium Jesu" genannt, sollten sinngemäß verstanden werden.

Mein Wort ist die ewige Wahrheit. Da jedoch die ewige Wahrheit nicht die Sprache und Worte der Menschen hat, fülle Ich die Worte gotterfüllter Menschen mit der ewigen Wahrheit, auf dass Mich die Menschen hören und – entsprechend ihrem erschlossenen Bewusstsein – verstehen können.

Die Wahrheit, das Gesetz des Alls, wirkt in allem und ist nicht die Hülle, die Materie. Alles, was die Erde an Leben hervorbringt, die Natur- und Tierreiche, und auch der Mensch sind nur Reflexionen der ewigen Wahrheit, des ewigen Gesetzes. So ist auch das durch Menschenmund gesprochene Wort Gottes nur Spiegelung der Wahrheit. Will also der Mensch Mich verstehen, so muss er in das Wort hineinempfinden und den Sinn des Wortes erfassen, die Wahrheit, die Ich im Wort des gotterfüllten Menschen Bin. Das Wort Gottes, durch den Menschen gesprochen, ist der Vermittler der Wahrheit und muss also dem Sinne nach erfasst werden.

So, wie von Epoche zu Epoche die Menschen in ihrem Denken, Reden und Tun einem Wandel unterworfen sind, so wandeln sich auch ihre Begriffe und Worte. Der Geist der Wahrheit, der Ich Bin, benützt in jeder Epoche jeweils die Worte und Begriffe der in ihr lebenden prophetischen und erleuchteten Menschen.

Heute haben viele Worte und Begriffe eine andere Bedeutung als in zurückliegenden Zeiten. Infolgedessen erkläre und berichtige Ich das Niedergeschriebene, wenn die heutigen Begriffe von den damaligen abweichen. Auch der Wortschatz der Übermittler, welche die göttliche Botschaft jeweils in die Worte ihrer Zeit gebracht haben, muss berücksichtigt werden.

Wenn der Übermittler die göttliche Botschaft inspirativ aufnimmt, dann verwendet der Geist des Lebens zur Übermittlung der Wahrheit den Wortschatz und die Begriffe des Empfängers. Deshalb sollen, wie offenbart, die Worte nur dem Sinn nach verstanden, also sinngetreu und nicht wortgetreu aufgenommen werden. Wer am Buchstaben haftet, hält die materielle Hülle für die Wahrheit und kann den Sinn des lebendigen Wortes nicht verstehen. Deshalb heißt es: Verwirklicht zuerst das, was ihr verstehen könnt; dann erweitert sich euer geistiges Bewusstsein für weitere Aspekte aus der ewigen Wahrheit, und ihr könnt nach und nach mehr verstehen und verwirklichen.

Deshalb müssen auch Worte wie z.B. „Evangelisten", „Pastoren", „heilige Priesterschar" und „Diakone" dem Sinne nach verstanden werden. Der Übermittler, der die Botschaft vor vielen irdischen Jahren niedergeschrieben hat, nahm seinen Wortschatz und die Begriffe, die ihm für die Gemeinschaften und Gemeinden der Menschen im Geiste Gottes geläufig waren.

Ich wiederhole: Der Geist des Lebens legt die Wahrheit in das Wort gotterfüllter Menschen, und der Mensch spricht das Wort in seiner Muttersprache aus. Der Geist, Gott, kann nur die Worte des Menschen verwenden, die dem Menschen selbst geläufig sind. Deshalb müssen die Worte der Wahrheit sinngemäß verstanden werden. Deshalb muss Ich immer wieder erklären und berichtigen. Das galt und gilt in allen Zeitepochen.

Ich erkläre: Ich sprach sinngemäß zu den Meinen: Ich werde Propheten einsetzen, und erleuchtete Männer und Frauen werden Zeugnis geben vom Leben in Gott. Es wird zu allen Zeiten eine erfüllte Schar von Menschen geben, die zu Gott streben, die immer mehr Gottes Willen erfüllen. Und die Gottes Willen erfüllen, werden in der

Gemeinschaft, in der Bruderschaft mit Mir, dem Christus, leben. Viele von ihnen, die berufen sind, werden Gemeinden in Meinem Geiste gründen.

Bis alle Menschen in Mir, dem Christus, leben, bedarf es der Ältesten, der Geistigen Lehrer, der Leiter und der Heiler in den Gemeinden. Aus den Urgemeinden in Mir, dem Christus, sollen immer wieder Älteste, Lehrer, Leiter und Heiler hervorgehen, die mit den Gliedern der Urgemeinden alles besprechen und gemeinsam abstimmen, und dann das, was gemeinsam beschlossen wurde, einleiten und durchführen.

Diese Gemeinden sind das Urbild des Lebens in der Gemeinschaft der Menschen mit Mir. Die Ältesten, Lehrer, Leiter und Heiler sind den Gliedern der Gemeinden gleichgestellt. Alle sind untereinander Brüder und Schwestern in Mir, dem Christus. Bis jedoch alle Menschen ein Volk in Mir, dem Christus, geworden sind und das Gesetz der Liebe und des Lebens befolgen und einzig dem Hirten, Christus, nachfolgen, bedarf es der Ältesten, der Lehrer, der Leiter und der Heiler, die sich jedoch nicht über die anderen Gemeindeglieder erheben. *

---

* *Die neue Generation, die die vorhergehenden Generationen abgelöst hat, möchte es so halten, wie Jesus von Nazareth es lehrte: „Nur einer ist euer Meister, Christus – ihr aber seid alle Brüder." Um jeglichem „Oben" und „Unten" vorzubeugen, verzichten sie auf die geistigen Ämter und Bezeichnungen.*

Hat die Lichtzeit die Erde umzogen, dann wird es keine Lehrer, Leiter und Heiler mehr geben, weil das feinstoffliche Reich das Reich Gottes auf Erden umschließt; es wird eine Gemeinschaft sein zwischen Menschen und Wesen des Lichtes, und es wird ein Herrscher und Führer sein – Christus. Und wie oben, ähnlich wird es auch unten, also auf Erden im Reiche Gottes, sein.

Wenn Mein Leben das Leben aller Glieder der Urgemeinden ist, werden auch die sogenannten Ältesten in den Urgemeinden andere Funktionen übernehmen. Es sind dann die Älteren und Weisen, die um alle Dinge des Inneren Lebens wissen und welche auch die Entwicklung hin zum Friedensreich Jesu Christi kennen; sie können auch von den Gliedern der Urgemeinden um viele Dinge befragt werden.

88. KAPITEL

Der achte Tag
nach der Auferstehung

*Israel und Jerusalem sind dort,
wo Menschen Gottes Willen erfüllen - Die sündhafte Welt erkennt
nicht die wahren Söhne und Töchter Gottes, auch nicht die hohe
Frau, die Christus den Weg bereitet (1-3). Er strahlt Sein Licht durch
sie auf die ganze Erde (4-7). Willige Menschen finden den Weg des
Inneren (8). Die Finsternis wird im Kampf gegen das Licht der Welt
unterliegen (9-10). Christi Erlösertat verhinderte die Absicht des
weiblichen Engels: die Rückbildung aller Lebensformen
und die Auflösung der Schöpfung (11-12)*

1. Und nach sieben Tagen waren Seine Jünger wieder im oberen Raume. Die Türen waren verschlossen. Da kam Jesus und stand in ihrer Mitte und sprach: „Friede sei mit euch!" Und Er wurde von ihnen erkannt beim heiligen Gedächtnismahl.

2. Und Er sprach zu ihnen: „Liebet euch untereinander und alle Geschöpfe Gottes! Doch Ich sage euch, es sind nicht alle Menschen, die die Gestalt von Menschen haben. Sind die Männer oder Frauen nach dem Ebenbilde Gottes, die Gewalttätigkeit üben, Unterdrückung und Unrecht, und eher eine Lüge als die Wahrheit sprechen?

3. Nein, wahrhaftig, bevor sie nicht wiedergeboren werden und den Geist der Liebe und der Weisheit aufnehmen

in ihre Herzen. Denn nur dann sind sie Söhne und Töchter Israels, und wenn sie von Israel sind, dann sind sie als solche Kinder Gottes. Und darum Bin Ich in die Welt gekommen, und darum habe Ich gelitten in den Händen der Sünder." (Kap. 88, 1-3)

Ich, Christus, erkläre, berichtige
und vertiefe das Wort:

Wer das Gebot der selbstlosen Liebe nicht hält, der liebt weder seine Mitmenschen noch die Tier-, Pflanzen- und Mineralwelt.

Nur selbstlos Liebende lieben selbstlos ihre Nächsten und alles Sein, wie auch Tiere, Pflanzen und Steine. Wer nicht in der Liebe aus Gott lebt, der gibt auch nicht aus dem Strom der selbstlosen Liebe und ist daher blind gegenüber der Wahrheit. Ein Blinder schlägt blind – wie er ist – um sich. Er denkt nur an sich und wird dadurch ein Sohn oder eine Tochter der Grausamkeit.

Deshalb sind nicht alle, welche die Gestalt von Menschen haben, bewusste Ebenbilder Gottes. Nur jene werden wahrhaftig Söhne und Töchter Gottes heißen, welche das selbstlose Leben anstreben und eins sind mit ihren Mitmenschen und mit allen Lebensformen. Und nur die werden wahrhaftig Söhne und Töchter Israels heißen, die im wahren Israel, im wahren Jerusalem, leben und die den

Willen Gottes im wahren Israel und im wahren Jerusalem erfüllen. Denn Israel und Jerusalem sind dort, wo sich Menschen bemühen, Gottes Willen zu erfüllen. Israel und Jerusalem sind dort, wo das Heil in einem breiten Strom über die Erde fließt.

Wer glaubt, dass Israel und Jerusalem, wo Ich vor zweitausend Jahren als Jesus von Nazareth gewirkt habe, auch das Israel und das Jerusalem der kommenden Zeit des Geistes sein werden, der täuscht sich: Es kommt nicht auf den Ort an, sondern auf die Strahlung der Erde. Aus der Erde bricht die Strahlung für das Reich Gottes auf Erden hervor. Sie wird sich dort aufbauen, wo Menschen sind, die wahrhaftig Söhne und Töchter Gottes heißen.

Weil die Söhne und Töchter des alten Israel Mich nicht angenommen haben, habe Ich gelitten in den Händen der Sünder. Das alte Israel und das alte Jerusalem blieben in ihrer Sünde und werden vergehen.

Aus den Trümmern der alten, sündhaften Welt wachsen das Neue Israel und das Neue Jerusalem hervor, das Reich Gottes auf Erden. Die Söhne und Töchter Gottes, welche das Neue Israel und das Neue Jerusalem erstehen lassen, werden – ähnlich wie Ich als Jesus von Nazareth – verfolgt, verspottet und verleumdet. Die sündhafte Welt, die aus den Söhnen und Töchtern der Grausamkeit besteht, wird die bewussten Söhne und Töchter Gottes nicht erkennen – so, wie sie auch Mich, den Sohn Gottes, ihren Erlöser, nicht erkannt hat.

Auch die hohe Frau, das Geistwesen im Erdenkleid, die unter ihnen weilt, um Mir, dem Christus, die Wege zu bereiten, wird, wie Ich als Jesus von Nazareth, nur von wenigen erkannt – nicht von der Welt, auch nicht von allen innerhalb des inneren Kreises. Viele Söhne und Töchter der Welt sind gegen sie, weil sie standhaft zum Evangelium der Liebe steht und in Mir, dem Christus, lebt – und mit Mir im Vater für die Neue Zeit, die Zeit des Christus, der Ich Bin.

So, wie die Juden heute noch auf den Messias warten und Mich, den Christus, den Messias, nicht annehmen, ebenso ergeht es der Frau, die Mir, dem Christus, vorangeht, um Mein Kommen vorzubereiten.

Viele Menschen sprachen vom Messias und erkannten Mich nicht, da Ich als Jesus von Nazareth unter den Menschen weilte. Viele Menschen sprechen – wie es vor langer Zeit übermittelt wurde – von einer hohen Frau, die dem Herrn vorangeht, um Ihm die Wege zu bereiten. Sie ist als Mensch unter den Menschen – doch sie erkennen sie nicht. So, wie Ich unerkannt von der Erde gegangen Bin, ähnlich wird auch sie unerkannt von der Erde gehen. Viele werden weiterhin auf die hohe Frau warten, die Mir, dem Christus, die Wege bereitet; und doch war sie schon unter ihnen.

Erst wenn die Zeit reif ist, wenn die Wahrheit zum Durchbruch gelangt, werden die Menschen erkennen, dass der Teilstrahl der göttlichen Weisheit im Erdenkleid unter ihnen weilte: die hohe Frau in Mir, dem Christus, und wir in Gott, unserem ewigen Vater, für die Neue Zeit, das Reich des Christus.

Mit den Worten „die hohe Frau" ist nicht der Mensch gemeint, sondern das Wesen in Gott, das im Erdenkleid weilt.

4. Und Jesus sprach: „Ich Bin gestanden inmitten der Welt und wurde gesehen und gehört im Fleische, und Ich fand alle Menschen übersättigt von ihren eigenen Begierden und trunken von ihren eigenen Torheiten, und Ich fand niemand, der hungerte und dürstete nach der Weisheit Gottes. Meine Seele trauert über die Menschenkinder; denn sie sind blind in ihren Herzen und taub in ihren Seelen und hören Meine Stimme nicht.

5. Dies sind die Worte, die Ich zu euch gesprochen habe, als Ich noch bei euch gewesen Bin, damit alles erfüllt werde, was geschrieben ist über Mich im Gesetze von Moses und bei den Propheten und in den Psalmen."

6. Und Er öffnete ihr Verständnis, auf dass sie die Schrift erfassen könnten, und sprach zu ihnen: „So ist es geschrieben und so gebührte es Christus, zu leiden und vom Tode aufzuerstehen am dritten Tage. Und Buße und Vergebung der Sünden sollte gepredigt werden in Meinem Namen unter allen Völkern, ausgehend von Jerusalem. Und ihr seid dafür Zeugen.

7. Und Ich sende euch das Versprechen Meines Vaters, den ihr nicht gesehen habt auf Erden. Denn wahrlich, Ich sage euch, so wie die ganze Welt zerstört worden ist durch die Sünde und die Eitelkeit eines Weibes, so wird sie gerettet werden durch die Einfalt und Wahrheit eines Weibes, und durch euch soll sie gerettet werden. (Kap. 88, 4-7)

Ich, Christus, erkläre, berichtige
und vertiefe das Wort:

Es steht geschrieben: „Ich Bin gestanden inmitten der Welt und wurde gesehen und gehört im Fleische, und Ich fand alle Menschen übersättigt von ihren eigenen Begierden und trunken von ihren eigenen Torheiten, und Ich fand niemand, der hungerte und dürstete nach der Weisheit Gottes."

Es sind nahezu zweitausend Jahre vergangen. Immer noch sind viele Menschen übersättigt von ihren eigenen Begierden und trunken von ihren eigenen Torheiten. Ich stand wahrlich mitten in der Welt – und Ich fand wenige Menschen, die nach der Weisheit Gottes hungerten und dürsteten.

Ähnlich ergeht es der Frau, die Mir die Wege bereitet. Sie steht mitten in der Welt. Mein Wort, das Wort des Heils, erschallt als das Prophetische Wort durch sie und durchdringt die ganze Welt. Viele hören Meine Worte durch sie – und bleiben doch Sünder. Viele jedoch kehren um und bemühen sich, die alte, sündhafte Welt zu lassen, also nicht mehr zu sündigen, um in die Schar derer einzutreten, welche die Neue Zeit aufrichten, die Zeit des Christus, die Ich Bin.

Weil die alte Welt sündhaft blieb, wird sie auch in ihren Sünden sterben – und mit ihr alle jene Menschen, die der Sünde huldigen.

Es steht geschrieben: „... so wie die ganze Welt zerstört worden ist durch die Sünde und die Eitelkeit eines Weibes, so wird sie gerettet werden durch die Einfalt und Wahrheit eines Weibes, und durch euch soll sie gerettet werden."

Erkennet: Ein Weib, also ein weibliches Geistwesen, die Manifestation des weiblichen Teils Gottes, bewirkte den Fall. Gott, der Ewige, ist sowohl männlich als auch weiblich; das heißt, Er ist gebend und empfangend. Das weibliche Prinzip, der manifestierte weibliche Teil Gottes, wollte sein wie das männliche Prinzip, wie Gott in Seiner Allgegenwart, männlich und weiblich, gebend und empfangend, der Allstrom, das Sein.

Das Weib, von dem geschrieben steht „... so wird sie gerettet werden durch die Einfalt und Wahrheit eines Weibes, und durch euch soll sie gerettet werden" ist der Teilstrahl – der Seraph – der göttlichen Weisheit, das hohe Geistwesen vor dem Thron des Allmächtigen – jetzt im Erdenkleid. Mit den Söhnen und Töchtern Gottes trägt sie zur Errettung vieler bei. Gemeinsam mit ihnen richtet sie die neue Welt auf, das Reich Gottes auf Erden.

Das Wort „Einfalt" bedeutet: einfach. Wahrlich einfach, ohne Rang und Ansehen in der Welt, ohne einen großen Namen, geht sie über die Erde – und Ich, Christus, strahle Mein Licht durch sie auf die ganze Erde zu allen Menschen, die bereit sind, Mein heiliges Wort anzunehmen und zu erfüllen. Ich bringe die Wahrheit, den Weg und das Leben, das Ich Bin, denen, die an Mich glauben, die verwirklichen und erfüllen, was Ich sie durch das Prophetische Wort lehre und ihnen gebe: das Gesetz Gottes – wie ehedem als Jesus von Nazareth.

Was Ich als Jesus von Nazareth lehrte, das lehre Ich wieder und vertiefe es als Christus durch sie, die Mir vorangeht, die Frau vor Gottes Thron. Sie ist es, die unerkannt bleibt, bis sich in den Herzen der Menschen die Wahrheit eingeboren hat. Und die sodann von der Wahrheit erfüllt sind und aus der Wahrheit reden und geben, werden sie erkennen und Zeugnis geben von der Frau, die im Erdenkleid von der Welt nicht erkannt wurde, jedoch für die Wahrheit lebte und wirkte und die Wahrheit in Mir, dem Christus, in die ganze Welt brachte.

Viele Wesen des Lichtes stehen in Meinem Auftrag der Erlösung, um das Gesetz der Liebe in die Welt zu bringen und sichtbar werden zu lassen: das Reich Gottes auf Erden. Die für Menschen unsichtbaren Wesen aus Gott bereiten der geliebten Tochter der Weisheit und den Söhnen und Töchtern Gottes die Wege in die Neue Zeit.

Die Sendungsworte, die Ich zu Meinen Aposteln und Jüngern sprach, galten nicht nur ihnen, sondern sie waren zugleich gesprochen für alle Menschen und für alle Söhne und Töchter Gottes auf Erden, die immer mehr den Willen des Ewigen erfüllen.

8. Freuet euch also und seid froh; denn ihr seid mehr gesegnet denn alle auf Erden; denn ihr, Meine Zwölftausend, seid es, die die ganze Welt erlösen werdet. (Kap. 88, 8)

Ich, Christus, erkläre, berichtige
und vertiefe das Wort:

Die Worte „... denn ihr, Meine Zwölftausend, seid es, die die ganze Welt erlösen werdet" sollten dem Sinn nach verstanden werden. Die Zahl hatte in der damaligen Zeit eine andere Bedeutung als in der heutigen, schnelllebigen Zeit, die vom Ewigen schon verkürzt wurde. Haltet euch nicht an Zahlen, sondern allein an Mich, den Christus.

Erkennet: Nicht jene werden die Welt erlösen, die in Mir, dem Christus leben und in Meinem Auftrag stehen; sie tragen jedoch dazu bei, dass die willigen Menschen Mich, ihren Erlöser, erkennen und auf dem Weg des Inneren, den Ich sie lehre, zum Herzen Gottes finden.

9. Und wiederum sage Ich euch, als der große Tyrann und alle die sieben Tyrannen umsonst gegen das Licht zu kämpfen begannen, wussten sie nicht, mit wem und gegen wen sie kämpften.

10. Denn sie sahen nichts als ein blendendes Licht, und da sie kämpften, verschwendeten sie ihre Kraft, einer gegen den anderen, und so ist es. (Kap. 88, 9-10)

Ich, Christus, erkläre, berichtige
und vertiefe das Wort:

„Der große Tyrann" war der Anführer der Dämonen. Die weiteren sieben Tyrannen bildeten mit ihm den Kopf der Dunkelheit, denn die Finsternis versuchte und versucht, ihr Territorium ähnlich zu errichten, wie das Reich Gottes aufgebaut ist: der Ewige und die sieben Himmelsfürsten.

Als Ich, der Mitregent, aus den Himmeln ging, war Mein Licht abgedeckt. Ich ging durch die satanischen Hierarchien – die nach der Erlösertat zu Reinigungsebenen wurden – und blieb unerkannt. Erst als Ich in das Kleid der Materie eintrat, Mich also einverleibte, wurde Ich von der Finsternis erkannt. Von diesem Augenblick an kämpfte die Macht der Dunkelheit gegen Mich, um an Mich Hand anzulegen.

Erkennet: Wer gegen seinen Nächsten kämpft, verschwendet seine seelischen und physischen Kräfte und wird dadurch immer schwächer. Auf diese Weise schwächt sich seit dem Fall die Finsternis und wird immer mehr an Boden verlieren. Das Licht der Welt, das Ich Bin, wird siegen und die ganze Erde umstrahlen, und es wird Friede sein in den Menschen, die im Strahl des Lichtes leben.

11. Und darum nahm Ich ein Viertel ihrer Kraft, damit sie nicht so viel Kraft hätten und in ihren bösen Taten verharrten.

12. Denn durch Involution und Evolution wird die Erlösung der Welt vollendet werden: durch das Herabsteigen des Geistes in die Materie und das Emporsteigen der Materie in den Geist, durch alle Zeiten." (Kap. 88, 11-12)

Ich, Christus, erkläre, berichtige
und vertiefe das Wort:

Ich berichtige folgende Aussage: „Und darum nahm Ich ein Viertel ihrer Kraft, damit sie nicht so viel Kraft hätten und in ihren bösen Taten verharrten." Nicht Ich nahm und nehme den Menschen Kraft. Sie selbst vergeuden ihre Lebenskraft durch ihr ungesetzmäßiges Denken, Reden und Handeln und im Kampf mit ihren Nächsten.

Erkennet: Wenn die Seelen auf diese Weise immer mehr an Lebenskraft verloren hätten, dann wäre das eingetreten, was das Weib, das wie Gott sein wollte, zu erreichen versuchte: die Auflösung der göttlichen Schöpfung, so dass alle Lebensformen aufgelöst in den Urstrom, in die Urenergie, übergegangen wären. Jedes Geistwesen, jede Seele und jede weitere Lebensform hätte sich allmählich aufgelöst. Denn das weibliche Prinzip, der weibliche Engel, die weibliche Manifestation Gottes, wollte wieder den Urzustand: allströmende, allgegenwärtige Urenergie ohne geistige Lebensformen. Denn dann wäre sie wieder im allgegenwärtigen Strom gewesen, hätte somit den Vater-Mutter-Gott besiegt gehabt und hätte sich als allgegenwärtige Göttin selbst geschaffen und aus sich selbst heraus alle Lebensformen.

Es war also ihr Anliegen, dass alle Seelen immer mehr an Lebenskraft verlieren, damit sich die formgewordene Substanz, die Seele und der Geistleib, wieder zurückbildet und in den Urstrom eingeht. Aus dem Urstrom hätte sie dann neu geschöpft und geschaffen.

Mit Meiner Erlösertat und der Eingeburt des Erlöserlichtes in alle Seelen und Menschen gebot Ich dieser Rückbildung Einhalt. Seit Meiner Erlösertat ist es nicht mehr möglich, dass sich die von Gott geschaffenen Lebensformen auflösen und in die Urenergie, in den fließenden Strom, in den Schaffungsstrom, eingehen können. Jede Seele kann sich wohl belasten, jedoch nicht auflösen. In der Erlösertat ist die Evolution der Seele angelegt.

Der Geist Gottes in Mir, dem Christus, stieg herab in die Materie; es ist die Teilkraft der Urkraft. Diese Teilkraft der Urkraft in den Seelen wird wieder mit den Seelen in das ewige Sein emporsteigen. Das geschieht „durch alle Zeiten", durch Transformation und Evolution – bis jede Seele wieder reine geistige Form geworden ist, das Geistwesen in Gott, wie es aus Gott hervorging.

Der Vater-Mutter-Gott in Seinem Sohn, der Ich Bin, Christus, ist der Sieg über das Dunkle und die Materie.

89. KAPITEL

Jesus erscheint
am See Genezareth

Der Auferstandene begegnet Seinen Jüngern (1-5).
Die wahren Jünger: Wegweiser, nicht Hirten; Felsen des Glaubens
und der Gotterfüllung - Die Urgemeinden sind die eine Herde
des Hirten Christus (6-8). Die Schlüssel des Himmelreichs (9).
„Gegürtet" und geführt vom menschlichen Ich oder vom Ewigen (10).
Was dein Nächster tut, das geht nicht dich an (11-12).

1. Danach zeigte sich Jesus abermals den Jüngern am See bei Tiberias auf diese Weise: Es waren beieinander Simon Petrus und Thomas, genannt Didymus, und Nathanael von Kana in Galiläa und Jakobus und Johannes und zwei andere Seiner Jünger.

2. Petrus sagt zu ihnen: „Ich will fischen gehen." Sie sagen zu ihm: „So wollen wir mit dir gehen." Sie gingen hinaus und stiegen sogleich in einen Kahn, und in derselben Nacht fingen sie nichts. Und da der Morgen gekommen war, stand Jesus am Ufer; aber die Jünger wussten nicht, dass es Jesus war.

3. Da sprach Jesus zu ihnen: „Kinder, habet ihr etwas zu essen?" Sie antworteten Ihm: „Nicht genug für alle. Nur einen kleinen Laib Brot, ein wenig Öl und ein paar getrocknete Früchte." Und Er sprach zu ihnen: „Lasset es genug sein. Kommt und esset!"

4. Und Er segnete sie, und sie aßen und wurden satt. Und da war auch ein Krug voll Wassers, und Er segnete ihn gleichfalls, und siehe, es wurde zur Frucht der Rebe.

5. Und sie verwunderten sich und sagten: „Es ist der Herr." Und keiner der Jünger wagte Ihn zu fragen: „Wer bist Du?" Denn sie wussten, dass es der Herr war. (Kap. 89, 1-5)

Ich, Christus, erkläre, berichtige
und vertiefe das Wort:

Dadurch, dass Ich die Schwingung Meines Geistleibes heruntertransformierte und die Schwingung ihrer Seelen anhob, wurde Ich für Meine Apostel und Jünger sichtbar. Damit zeigte Ich ihnen, dass Ich mit ihnen Bin. Wir begegneten uns also auf einer höheren Schwingungsebene. Sie erkannten Mich jedoch erst dann, als Ich Gleiches oder Ähnliches sprach oder tat wie als Jesus von Nazareth. Das, was sie an Mich erinnerte, das konnte Ich auch in ihnen abrufen, denn diese Bilder hatten sich in ihr Inneres eingeprägt, so dass sie Mich daran erkannten.

Ich aß und trank jedoch nicht die materielle Substanz mit ihnen, denn der geistige Leib lebt ausschließlich aus der reinen Substanz, Gott.

6. Das ist nun das sechste Mal, dass Jesus sich Seinen Jüngern zeigte, nachdem Er von den Toten auferstanden war. Da sie nun gegessen hatten, spricht Jesus zu Petrus:

„Sohn des Jonas, liebst du Mich mehr als diese?" Er sagt zu Ihm: „Ja, Herr, Du weißt, dass ich Dich liebe." Er spricht zu ihm: „Weide Meine Lämmer!" Er spricht wieder zum zweiten Male zu ihm: „Petrus, Sohn des Jonas, liebst du Mich?" Er sagt zu Ihm: „Ja, Herr, Du weißt, dass ich Dich liebe." Er sagt zu ihm: „Weide Meine Schafe!"

7. Er spricht zum dritten Mal zu ihm: „Petrus, Sohn des Jonas, liebst du Mich?" Petrus war traurig, dass Er zum dritten Mal zu ihm sprach: Liebst du Mich? Und er sagte zu Ihm: „Herr, Du weißt alles, Du weißt, dass ich Dich liebe."

8. Jesus spricht zu ihm: „Weide Meine Herde. Wahrlich, wahrlich, Ich sage dir: Du bist ein Felsen aus dem großen Felsen, und auf diesem Felsen will Ich Meine Gemeinde erbauen, und Ich will dich erhöhen unter Meinen Zwölf zu Meinem Statthalter auf Erden, zu einem Mittelpunkt der Einheit für die Zwölf, und ein anderer wird berufen und auserwählt werden, deinen Platz unter den Zwölfen auszufüllen, und du sollst der Diener der Diener sein und weiden Meine Widder, Meine Schafe und Meine Lämmer. (Kap. 89, 6-8)

Ich, Christus, erkläre, berichtige
und vertiefe das Wort:

Die Frage an Petrus ist an alle Menschen gerichtet, die mehr und mehr Gottes Willen erfüllen und zum Gesetz der Liebe werden.

Ich, der Auferstandene, sprach nicht mit der Stimme des Menschen, denn Ich war nicht mehr Mensch. Mein geistiges Kleid, der Geistleib, war und ist das Ebenbild des Vaters. Mit der Stimme des Alls sprach Ich in die Stimme der Herzen derer ein, die Mich wahrnehmen konnten. Meine göttlichen Worte „... liebst du Mich mehr als diese" waren nicht einzig an Petrus gerichtet, sondern an die anwesenden Jünger, und letztlich an alle Menschen. Denn der liebt am meisten, der das Gesetz Gottes weitgehend erfüllt und Mich mehr liebt als die Welt.

Solche Menschen sind Felsen in der Brandung, glaubensstark und gottbewusst. Ihnen ist es gegeben, das Evangelium der Liebe auszulegen und die Gesetze des Lebens zu lehren – weil sie selbst aus dem Geiste Gottes schöpfen und im Geiste des Herrn leben. Solche Menschen können aus dem Geiste des Ewigen Meine Lämmer auf den Weiden des ewigen Lebens betreuen und sie auf die Auen des geistigen Seins führen, da Ich lebe und wirke durch sie, die im Geiste der Liebe und im Gesetz Gottes leben und dieses kennen. Ihnen ist die Kraft gegeben, Meine Schafe zu lehren, ihnen das Gesetz des Lebens nahezubringen, damit auch sie den Weg zu den Weiden des Lebens finden und Lämmer werden, um sich mit dem Ewigen zu vereinen.

Wer im Gesetz des Lebens, in Gott, lebt, der wird die Schafe zu der einen Herde führen, deren Hirte Ich, Christus, Bin. Er wird sich bemühen, dass die Schafe weder versprengt werden noch sich absondern. Er selbst wird jedoch nur Wegweiser sein – und nicht der Hirte.

Aus den Menschen, welche in Mir zu einem Felsen des Glaubens und der Gotterfüllung geworden sind, werden die universellen Gemeinden in Mir, dem Christus, hervorgehen.

Die Worte „Statthalter" und „Mittelpunkt" haben heute eine andere Bedeutung. Der Mittelpunkt unter den Urgemeinden ist die erste Urgemeinde, die Bundgemeinde Neues Jerusalem mit ihren Ältesten, Lehrern, Leitern und Heilern; sie ist die Statthalterin für alle Urgemeinden.* Sie ist das zentrale Licht aller Gemeinden und verkörpert die Einheit.

Die Glieder der Urgemeinden bemühen sich, untereinander zu halten, was Ich ihnen geboten habe: einander und allen Geschöpfen der Erde in selbstloser Liebe zugetan zu sein. Und der Mensch, dessen geistiges Bewusstsein am weitesten gereift ist, der soll in Meinen Urgemeinden der Diener aller sein und den Gliedern der Gemeinden dienen. Er soll mit allen Gliedern der Urgemeinden die Widder, Schafe und Lämmer zu den Höhen des Lebens führen, so dass es eine Herde wird, deren Hirte Ich Bin – Christus.

9. Und noch ein anderer wird aufstehen, und er wird viele Dinge lehren, die Ich euch schon gelehrt habe, und er

---

* Siehe Fußnote Seite 984.*

wird das Evangelium verbreiten unter den Heiden mit gro-
ßem Eifer. Aber die Schlüssel des Himmelreiches will Ich
denen geben, die dir nachfolgen in Meinem Geiste und
Meinem Gesetze gehorchen. (Kap. 89, 9)

Ich, Christus, erkläre, berichtige
und vertiefe das Wort:

„Und noch ein anderer wird aufstehen, und er wird viele Dinge lehren, die Ich euch schon gelehrt habe, und er wird das Evangelium verbreiten unter den Heiden mit großem Eifer" bedeutet:

Nach Meiner Auferstehung, in den darauffolgenden Zeitepochen, werden noch andere in die Welt hinausgehen und das Evangelium, das Gesetz der Liebe, verbreiten, das Ich gelehrt habe. Die Schlüssel des Himmelreiches sind jedoch in Mir und in jenen, die Meinen Willen tun. Ich werde durch den wirken, der Mir nachfolgt, indem er die Gesetze der Liebe und des Lebens befolgt. Ich werde durch ihn vielen Menschen die Himmel erschließen zum Heil und zum Leben ihrer Seele.

Diese Worte galten nicht nur Petrus, sondern allen anwesenden Jüngern, und sie gelten auch allen Menschen, die in den weiteren Epochen zu Meinen wahren Nachfolgern wurden und werden und die in der Bruderschaft Christi lebten und leben werden. Denn wer die Gesetze Gottes verwirklicht und erfüllt, der lebt bewusst in Mir, und Ich lebe durch ihn. Er wird zum wahren Wegweiser des Inneren Lebens, der die Schafe zu Mir, dem einen Hirten, Christus, führt.

Denn Ich allein Bin der Weg, die Wahrheit und das Leben. Und Ich, Christus, Bin der Schlüssel zu den Toren des Himmels, der Schlüssel zum Tor des Lebens.

10. Und abermals sage Ich dir: Da du jung warst, da gürtetest du dich und gingst, wohin du wolltest; wenn du aber alt wirst, wirst du deine Hand ausstrecken, und ein anderer wird dich gürten und dich führen, wohin du nicht willst." Das sagte Er aber, um zu zeigen, mit welchem Tode er Gott verherrlichen würde. (Kap. 89, 10)

Ich, Christus, erkläre, berichtige
und vertiefe das Wort:

Solange sich der Mensch mit seinem Menschlichen gürtet, geht er, wohin ihn das menschliche Ich lenkt. Wenn er jedoch reifer geworden ist und die Hand nach dem Ewigen ausstreckt, wird ihn der Ewige gürten und ihn führen – nicht, wohin der Mensch will, jedoch dorthin, wonach sich die Seele sehnt.

Er wird zu dem gerechten Menschen, der das Evangelium der Liebe, das Gesetz Gottes, in der Welt verbreitet und wieder Menschen um sich schart. Unter ihnen werden wiederum solche sein, die reinen Herzens sind und ebenfalls das Evangelium der Liebe und des Lebens weitertragen. Diese Menschen sind gegürtet mit der Zierde der Liebe, der Schönheit, der Tugend und der Reinheit.

11. Und da Er das gesagt, sprach Er zu ihm: „Folge Mir nach!" Petrus aber wandte sich um und sah den Jünger, welchen Jesus liebhatte. Und da er ihn sah, sagte er zu Jesus: „Herr, und was soll dieser tun?" Jesus sprach zu ihm: „Wenn Ich will, dass er bleibt, bis Ich komme, was geht es dich an? Folge du Mir nach!"

12. Da kam ein Gerede unter den Brüdern auf, dass dieser Jünger nicht sterben werde. Doch Jesus sprach nicht zu ihm: „Er wird nicht sterben, sondern: Wenn Ich will, dass er bleibt, bis Ich komme, was geht es dich an?" (Kap. 89, 11-12)

Ich, Christus, erkläre, berichtige
und vertiefe das Wort:

Die sinngemäßen Worte „Wenn Ich will, dass er bleibt, bis Ich komme, was geht es dich an?" bedeuten: Und selbst wenn er in den kommenden Zeiten immer wieder in das Erdenkleid geht, um Mir auf der Erde zu dienen – was geht das dich an?

Die Worte „... was geht es dich an?" besagen auch: Kümmere dich nicht um deinen Nächsten, ob er Mir nachfolgen möchte oder nicht. Folge du Mir nach, und hilf mit deiner Verwirklichung den noch Schwächeren, auf dass auch sie in die Nachfolge treten durch dein gutes Vorbild. Wann und wie – das überlasse Mir und deinen Nächsten. Denn was dein Nächster tut, das muss er vor Gott verantworten, und das geht einzig Gott und Sein Kind an – nicht dich.

90. KAPITEL

Was ist Wahrheit?

*Über die Fähigkeit, die ewige Wahrheit zu verstehen (1-3).
Alles ist Bewusstsein (4-5). Der Mensch kann nur die verwirklichte
Wahrheit erfassen - Erlangung der Vollkommenheit (6-11). Wer hat
die Wahrheit? (12). Wer keine selbstlose Liebe hat, lebt nicht in der
Wahrheit und erkennt sie nicht - Jeder Mensch wird entsprechend
seinem Bewusstseinsstand geführt (13-16)*

1. Und wiederum waren die Zwölf versammelt im Kreis
der Palmen, und einer von ihnen, nämlich Thomas, sprach
zu den anderen: „Was ist Wahrheit? Denn dieselben Dinge
erscheinen den verschiedenen Menschen und sogar dem
gleichen Menschen zu verschiedenen Zeiten verschieden.
Was also ist Wahrheit?"

2. Und wie sie so redeten, erschien Jesus in ihrer Mitte
und sprach: „Die Wahrheit, die eine und die absolute, ist
in Gott allein; denn niemand, nicht ein einziger Mensch,
weiß, was Gott allein weiß, der ist in allem. Den Menschen kann die Wahrheit enthüllt werden entsprechend
ihrer Fähigkeit, zu verstehen und zu erfassen.

3. Die eine Wahrheit hat viele Seiten, und der eine sieht
nur eine Seite, ein anderer eine andere, und manche sehen
mehr als andere, so wie es ihnen gegeben ist. (Kap. 90,
1-3)

Ich, Christus, erkläre, berichtige
und vertiefe das Wort:

Die ewige Wahrheit strahlt in vielen Facetten in diese Welt. Doch jeder kann von ihr nur so viel empfangen und verstehen, wie er selbst aus der ewigen Wahrheit verwirklicht hat, so weit also sein geistiges Bewusstsein erschlossen ist.

Die „Fähigkeit, zu verstehen und zu erfassen", bedeutet: sein geistiges Bewusstsein – durch Verwirklichung und Erfüllung der Gesetze Gottes – so weit erschlossen zu haben, um das Gesetz, Gott, die Wahrheit, in rechter Weise zu verstehen sowie die vielen Facetten der Wahrheit, die in diese Welt strahlen.

Den Menschen werden die göttlichen Gesetze gelehrt und damit enthüllt. Dem Menschen, der danach lebt, wird sich eine Facette der Wahrheit nach der anderen enthüllen. Auf diese Weise entfaltet sich sein geistiges Bewusstsein, und er kann immer mehr aus der Wahrheit aufnehmen und verstehen.

„.... so wie es ihnen gegeben ist" bedeutet: In dem Umfang, wie der Mensch aus der ewigen Wahrheit, dem Gesetz Gottes, verwirklicht hat, ist auch sein geistiges Bewusstsein entfaltet. Mit dem erschlossenen Teil seines geistigen Bewusstseins schaut er die Facette der Wahrheit, die für ihn offenbar ist entsprechend dem Grad seiner Verwirklichung. Der eine, der mehr Facetten aus der ewigen

Wahrheit verwirklicht hat, schaut weiter, der andere, der weniger Facetten erschlossen hat, schaut auch weniger. Der Mensch erfasst also entsprechend dem, was er von seinem geistigen Bewusstsein erschlossen hat, mehr oder weniger aus der ewigen Wahrheit.

4. Sehet diesen Kristall: So wie das eine Licht offenbar ist in zwölf Flächen, ja in vier mal zwölf, und jede Fläche einen Strahl von dem Lichte zurückwirft, und der eine die eine Fläche und ein anderer eine andere anschaut, so ist es doch der eine Kristall und das eine Licht, das in allen scheint.

5. Und seht, wenn einer auf einen Berg steigt und er eine gewisse Höhe erreicht hat, dann sagt er: Dort ist der Gipfel des Berges, lasst ihn uns erreichen; und wenn er diese Höhe erreicht hat, seht, so ist eine andere darüber hinaus, bis er zu der Höhe kommt, von der aus keine andere mehr zu sehen ist, sofern er sie erreichen kann. (Kap. 90, 4-5)

Ich, Christus, erkläre, berichtige
und vertiefe das Wort:

Die Unendlichkeit ist mit einem mächtigen Kristall zu vergleichen, der die verschiedenen Aspekte der ewigen Wahrheit ausstrahlt. Alles ist Bewusstsein. Deshalb ist in allem, in jedem Baustein der Unendlichkeit, die ganze Wahrheit enthalten.

Jeder Mensch betrachtet die Wahrheit von einer anderen Seite oder von einer anderen Stufe, das heißt, einem anderen Reifegrad der Seele. Der wahre Weise hat alle Facetten der Wahrheit erschlossen und schaut in allem die ewige Wahrheit.

Wer in der Wahrheit lebt, der hat das Auge der Wahrheit. Mit diesem schaut er auch das Menschliche. Wer in der Wahrheit lebt, der spricht das Menschliche an, doch er lebt nicht im Menschlichen.

6. So ist es auch mit der Wahrheit. Ich Bin die Wahrheit, der Weg und das Leben, und Ich habe euch die Wahrheit gegeben, die Ich von oben empfangen habe. Und was gesehen und empfangen wird von dem einen, wird nicht gesehen und empfangen werden von einem anderen. Was wahr erscheint den einen, erscheint nicht wahr den anderen. Die im Tale unten sind, sehen nicht das, was die sehen, die auf dem Berggipfel stehen.

7. Doch für alle ist das die Wahrheit, wie sie der einzelne Verstand sieht, und so lange, bis eine höhere Wahrheit zu dieser geoffenbart wird; der Seele, die mehr Licht empfangen kann, wird mehr Licht gegeben werden. Darum verdammet nicht die anderen, auf dass ihr nicht verdammt werdet.

8. Wenn ihr das heilige Gesetz der Liebe halten werdet, das Ich euch gegeben habe, so soll euch die Wahrheit mehr und mehr enthüllt werden, und der Geist der Wahrheit, der von oben kommt, wird euch führen in die ganze Wahrheit, und sei es auch auf vielen Irrwegen, so wie die feurige Wolke die Kinder Israels durch die Wüste geleitete.

9. Vertraut dem Lichte, das ihr habt, bis euch ein höheres Licht gegeben wird. Suchet mehr Licht, und ihr werdet Überfluss haben. Rastet nicht, bis ihr findet.

10. Gott gibt euch alle Wahrheit zur Befreiung und Vervollkommnung der Seele, gleich einer Leiter mit vielen Sprossen. Die Wahrheit von heute werdet ihr verlassen für die höhere Wahrheit von morgen. Bemüht euch um Vollkommenheit.

11. Die das heilige Gesetz halten, das Ich gegeben habe, werden ihre Seelen retten, wie verschieden sie auch die Wahrheit sehen mögen, die Ich ihnen gegeben habe.
(Kap. 90, 6-11)

Ich, Christus, erkläre, berichtige
und vertiefe das Wort:

Die Aussage „Und was gesehen und empfangen wird von dem einen, wird nicht gesehen und empfangen werden von einem anderen" hat folgende Bedeutung: Die ewige Wahrheit strahlt in unzähligen Facetten in die Unendlichkeit. Von der ewigen Wahrheit lebt das ganze

Universum, alles Sein. Das göttlich-feinstoffliche Universum, das reine Sein, ist daher wieder die Wahrheit. Alle Aspekte des Bewusstseins leben von dem Leben, das die Wahrheit ist – und alle göttlichen Bewusstseinsaspekte sind wieder die Wahrheit.

Entsprechend seinem Denken und Leben hat jeder Mensch sein geistiges Bewusstsein entweder überschattet mit Negativem, mit Ichbezogenem, oder erweitert durch ein positives, Gott zugewandtes Leben.

Der Mensch erkennt je nach Bewusstseinsstand viele oder nur einige Facetten aus der ewigen Wahrheit oder – wenn er nur weltbezogen ist – gar keine. Was also der eine Mensch aus der ewigen Wahrheit empfangen kann, das kann der andere, dessen Bewusstsein noch nicht die Weitsicht des Inneren Lebens hat, nicht empfangen und deshalb auch nicht verstehen. Sein Bewusstseinslicht reicht noch nicht so weit wie das seines Nächsten. Was dem einen, der sein geistiges Bewusstsein erweitert hat, als wahr erscheint, das erscheint dem Nächsten, dessen Bewusstsein noch wenig geistiges Licht trägt, als unwahr. Deshalb die Aussage: „Die im Tale unten sind, sehen nicht das, was die sehen, die auf dem Berggipfel stehen."

Die weiteren Aussagen „Doch für alle ist das die Wahrheit, wie sie der einzelne Verstand sieht, und so lange, bis eine höhere Wahrheit zu dieser geoffenbart wird; der Seele, die mehr Licht empfangen kann, wird mehr Licht gegeben werden" haben folgende Bedeutung: Solange der Einzelne die ihm offenbarte Facette aus der ewigen Wahrheit nicht erfüllt, kann ihm auch keine weitere Facette der Wahrheit enthüllt werden. Das heißt: Hören kann er sie wohl, jedoch nicht erfüllen, weil er den ersten Schritt, die Verwirklichung der ersten Facette, noch nicht getan hat. Der Mensch wird die ihm offenbarten Facetten der ewigen Wahrheit so lange mit seinem Verstand betrachten und beurteilen, bis er das, was er jeweils erkennt, Schritt für Schritt verwirklicht. Dann erst wird er fähig, eine höhere Wahrheit zu empfangen. Sind ihm die Zusammenhänge aller Facetten der ewigen Wahrheit offenbar, dann taucht er in das Gesetz des Lebens ein, in die Wahrheit.

Gott, das ewige Licht, strahlt sich selbst, die ganze ewige Wahrheit, als unzählige Bewusstseinsfacetten in die Unendlichkeit.

Nur jener Mensch erklimmt die Leiter zur Vollkommenheit, der sich Tag für Tag bemüht, das zu erkennen und zu bereinigen, was ihm der Tag und die Tagesereignisse zeigen. Die Tage führen dem Menschen sein eigenes Denken und Leben vor Augen – und nicht das seines Nächsten. Denn der Mensch soll zuerst den Balken in seinem Auge erkennen und bearbeiten, bevor er den Splitter im Auge seines Bruders sucht.

Wer nicht im Tag lebt, der vergeudet die Tage. Dann kann er auch auf der Leiter zur Vollendung keine weiteren Sprossen erklimmen. Wer sich jedoch um Vollkommenheit seines geistigen Lebens bemüht, indem er sich im Tag selbst erkennt und das bereinigt, was ansteht, der wird sie auch erlangen.

12. Viele werden zu Mir sagen: Herr, Herr, wir waren eifrig in Deiner Wahrheit. Ich aber werde zu ihnen sprechen: Nein, ihr wart eifrig, nur damit andere sie so sehen, wie ihr sie seht, und sonst keine andere Wahrheit. Glaube ohne Nächstenliebe ist tot. Liebe ist die Erfüllung des Gesetzes. (Kap. 90, 12)

Ich, Christus, erkläre, berichtige
und vertiefe das Wort:

Wer von der Wahrheit nur spricht und der Ansicht ist, seine Nächsten müssten sie ebenso sehen wie er, der hat die Leiter zur ewigen Wahrheit noch nicht betreten. Wer die Facette der Wahrheit, die ihm offenbar ist und die er als wahr anerkennt, nicht verwirklicht, dem werden sich weitere Facetten aus der ewigen Wahrheit nicht enthüllen.

Wer also nur von der Wahrheit spricht, der kann auch seinem Nächsten die Wahrheit nicht enthüllen, weil er nicht den Weg der Verwirklichung kennt.

Und wer glaubt, dass einzig das, was er sagt, das Richtige wäre, und keine anderen Facetten der Wahrheit gelten lässt, der ist ein Tor und blind für die Wahrheit.

Wer also nur an das glaubt, was er selbst zu verstehen vermag, und darauf beharrt, in der Ansicht, er hätte die ganze Wahrheit, der stellt sich gegen jene, die eine Facette der ewigen Wahrheit nach der anderen verwirklichen, um in die ewige Wahrheit zu gelangen.

Erkennet: Wer gegen seinen Nächsten ist, einerlei aus welchem Grunde, der ist gegen Gott. Wer gegen Gott ist, der steht nicht in der Wahrheit, in der Erfüllung des Gesetzes Gottes, der Liebe.

13. Wie soll der Glaube, den sie angenommen haben, ihnen nützen, wenn sie ihn nicht in Gerechtigkeit ausüben? Die, welche Liebe haben, haben alles, und ohne Liebe gibt es nichts, das Wert hat. Lasset jeden halten, was er als die Wahrheit erkennt, in der Liebe und in dem Wissen, dass dort, wo keine Liebe ist, die Wahrheit ein toter Buchstabe ist und nichts nützt.

14. Es bleiben Güte, Wahrheit und Schönheit; doch die Größte von diesen ist die Güte. Wenn etliche ihre Brüder gehasst und ihre Herzen verhärtet haben gegen die Geschöpfe von Gottes Hand, wie können diese die Wahrheit sehen zu ihrem Heile, wenn ihre Augen blind und ihre Herzen verhärtet sind für Gottes Schöpfung?

15. So wie Ich die Wahrheit empfangen habe, so habe Ich sie euch gegeben. Lasset jeden sie empfangen nach seiner Erleuchtung und seiner Fähigkeit, sie zu verstehen, und verfolget die nicht, die sie nach einer anderen Auslegung empfangen.

16. Denn die Wahrheit ist die Macht Gottes, und sie wird am Ende herrschen über alle Irrtümer. Doch das heilige Gesetz, das Ich gegeben habe, ist verständlich für alle und gerecht und gut. Lasset es alle befolgen zur Erlösung ihrer Seelen!" (Kap. 90, 13-16)

Ich, Christus, erkläre, berichtige
und vertiefe das Wort:

Der Glaube an die Wahrheit ist nicht die Wahrheit selbst, das Gesetz des Lebens. Wer sich einzig mit dem Glauben an die Wahrheit begnügt, der wird niemals die Wahrheit erkennen und auch nicht in ihr leben.

Der echte Glaube ist die Voraussetzung, die erkannte Facette aus der ewigen Wahrheit zu verwirklichen. Wer jedoch sein Bewusstsein nicht erweitert durch Verwirklichung, der kann die Gerechtigkeit Gottes nicht erkennen und daher auch nicht Gerechtigkeit üben.

Er kann auch nicht selbstlos geben, weil er in sich selbst nicht die selbstlose Liebe, das Gesetz des Lebens, die Wahrheit, enthüllt hat. Nur das, was der Mensch an Gesetzmäßigkeiten Gottes verwirklicht hat, kann er auch selbstlos geben, denn einzig aus der Verwirklichung der erkannten Facetten der Wahrheit wächst die selbstlose Liebe, die sich wiederum selbstlos schenkt. Wer keine selbstlose Liebe hat, der lebt auch nicht in der Wahrheit. Er ist nur auf sich selbst bezogen; er liebt sich selbst, jedoch nicht die Wahrheit, denn diese ist frei vom menschlichen Ich.

Was nicht aus der selbstlosen Liebe gegeben ist, ist auch nichts wert. Wenn der Mensch auch viel über die ewige Wahrheit redet und sie seinen Nächsten lehren möchte, so bleiben dies leere Worte, gleichsam tote Hüllen, denn sie sind ohne geistiges Leben, also tote Buchstaben.

Wer nicht aus der Erfüllung des Gesetzes, aus Gott, gibt, sondern nur das verbreitet, was er sich angelesen hat und für die Wahrheit hält, der ist kein Lehrer der Wahrheit – sei er nun Theologe, Priester, Pfarrer oder ein Bibelgläubiger, selbst wenn er hohe Titel führt.

Wessen Herz verhärtet ist, der ist blind für das Leben. Er hat keine Liebe – weder zu Menschen noch zu Tieren, Pflanzen oder Steinen.

Wessen Herz verhärtet und wessen Augen blind sind, redet und handelt gegen seine Nächsten und gegen die Schöpfung.

Daher prüft mit den Augen der Gerechtigkeit, dann werdet ihr die gerechten und die falschen Lehrer an ihren Früchten erkennen.

Wer in der Wahrheit lebt, schaut, was andere nicht sehen, und hört, was andere nicht hören; er wird deshalb jedem seinen Glauben lassen.

Menschen im Geiste des Herrn werden ihre Nächsten, die aus anderen Quellen geistiges Wissen empfangen und entsprechend auslegen, weder verurteilen noch verfolgen.

Jeder Mensch wird entsprechend seinem Bewusstseinsstand geführt, oftmals über mehrere Hindernisse oder über andere Quellen, bis er die Quelle der Wahrheit zu erkennen vermag.

Die Wahrheit ist das Leben, Gott, die Liebe, die Macht der Unendlichkeit. Nach der Rückkehr aller gefallenen Geistwesen wird sie alles vollkommen durchdringen. Dann haben sich die Seelen wieder als reine Wesen aus Gott in Gott eingefunden, und alles Grobstoffliche wird Ursubstanz, also göttliche Essenz sein. Dann werden weder Menschen noch Seelen sein, weder Materie noch Teilverdichtung. Alles wird geeint sein im Ewigen. Alles Sein wird wieder absolutes Gesetz, Gott, die Liebe, das Leben. Bis alle Seelen wieder die bewusste Kindschaft in Gott erlangt haben, bleibe Ich der Erlöser aller Seelen und Menschen: Christus, der Schlüssel zum Tor des Lebens.

Der Evolutionsprozess über Generationen hinweg, von dem Christus in Seiner Offenbarung spricht, vollzieht sich seit nunmehr zwei Generationen in der Bundgemeinde Neu Jerusalem.

Vieles von dem, was in der Gemeindeordnung niedergelegt ist, hat sich vollzogen, vieles hat im Äußeren Gestalt angenommen: Das Wort Gottes geht heute in Schrift und Ton um die ganze Welt, soziale Einrichtungen und Einrichtungen für die Lebensgrundlagen für viele Menschen sind entstanden, der Grundstein, ein friedvolles Stück Land als Wurzel für das beginnende Friedensreich Jesu Christi ist gelegt und breitet sich aus.

Vieles musste gegen den erbitterten Widerstand der kirchlichen und der ihnen hörigen weltlichen Obrigkeiten errungen werden. Aber auch die Kämpfe und Reinigungsprozesse, die Christus in Seiner Offenbarung immer wieder erwähnt, blieben nicht aus. Immer wieder mussten deshalb beschwerlichere Wege eingeschlagen werden. Und immer war es die göttliche Weisheit, Gabriele, die Prophetin und Botschafterin Gottes, die voran ging und dem Willen des Herrn für das Christus-Gottes-Werk im Friedensreich Jesu Christi die Wege ebnete, wiederum so, wie es schon der Cherub der göttlichen Weisheit in dem Vorwort zu diesem Offenbarungswerk erklärt hat.

Durch Gabriele wurde jetzt für das Friedensreich Jesu Christi ein weiterer großer Schritt eingeleitet, denn ein Neues Zeitalter ist angesagt:

In einer mächtigen Offenbarung vom August 2016 reichte Gott, der Ewige, Seiner Tochter, dem Seraph der göttlichen Weisheit, auf Erden Gabriele genannt, die Lilie Seiner Reinheit, Liebe und Weisheit als Zeichen der Sophia und verkündete den Beginn eines Neuen Zeitalters: des messianischen, sophianischen Zeitalters.

Im messianischen, sophianischen Zeitalter der Lilie macht der Christus Gottes wahr, was Er als Jesus von Nazareth angekündigt hat: dass Er im Geiste kommen wird. Er sendet Sein Erscheinungslicht voraus und ruft Seelen und Menschen auf, sich Ihm, dem Christus Gottes, zuzuwenden, denn die vielen Mühseligen und Beladenen will Er zu Gott im Urgrund der Seele führen.

Das Lilienzeitalter steht unter dem Zeichen des Freien Geistes, ohne äußere Formen. Es heißt: „Gott in dir, Gott in uns." In jeder Seele und in jedem beseelten Menschen soll der Ruf des Freien Geistes hörbar werden: „Gott in dir, Gott in uns."

Das Vergangene reicht dem messianischen, sophianischen Zeitalter, dem Erscheinungslicht des Christus Gottes, die Hand.

Unter der Führung der göttlichen Weisheit strahlt das zentrale Licht heute schon in die ganze Welt. Das Urchristentum hat Menschen weltweit erfasst, sie alle gehören zu dem einen Stamm, dem zentralen Licht für den Christus

Gottes, für das Friedensreich Jesu Christi. In allen Einrichtungen des weltweiten Christus-Gottes-Werkes weht die Flagge: „Gott in uns" in dem Bewusstsein: Der Christus Gottes sendet Sein Licht voraus.

Um im messianischen, sophianischen Zeitalter der Erscheinung des Lichtes des Christus Gottes in Seinem heiligen Gesetz zu leben, um mit Ihm, dem Geist der Wahrheit und des Lebens, Neu Jerusalem aufzubauen für das Friedensreich Jesu Christi, hat sich die Gemeindeordnung grundlegend geändert.

Sein Kommen vorzubereiten heißt deshalb, das Grundkonzept der Bundgemeinde Neu Jerusalem im Geiste der Wahrheit neu zu erstellen, denn die neuen Generationen werden in Seinem Geiste eine andere Dimension erleben, die nicht mehr der Vergangenheit, dem weltorientierten Programm entspricht.

Für die folgenden Darlegungen zur Gemeindeordnung gilt deshalb: Viele der dort niedergeschriebenen äußeren Abläufe und Vorgaben sind zeitbedingt und im Zeitalter des Freien Geistes überholt.

Was damals galt, geht heute über in die Erfüllung der Gesetze des Friedensreiches Jesu Christi.

Vorwort zur Gemeindeordnung*

Ich, Christus, erkläre:

Die nun folgende Gemeindeordnung hat so lange Gültigkeit, bis die Menschen, die auf der sich immer mehr erneuernden Erde leben, weitgehend reinen Herzens geworden sind und das Gesetz Gottes erfüllen. Dies wird im Friedensreich Jesu Christi sein, in dem Reich Gottes auf Erden, das dann die ganze Erde umschließt.

Die Gemeindeordnung gilt für alle Urgemeinden im Universellen Leben und für das mehr und mehr wachsende und sich vervollkommnende Friedensreich.**

Darüber hinaus wird die Gemeindeordnung für die Menschen im lichten Friedensreich, im Reich Gottes auf Erden, ein Dokument sein, aus dem sie sehen können, dass die Menschen, die noch sündhaft waren, die jedoch mehr und mehr die Reinheit anstrebten, diese Gemeindeordnung als Maßstab hatten.

---

* _Die erläuternden Hinweise in den Fußnoten zu den Kapiteln 91 bis 94 einschließlich Vorwort wurden für die kommende Zeit durch Offenbarung von Christus über Gabriele und aus deren göttlichem Bewusstsein gegeben._

** _Der Einzelne ist durch die Gemeindeordnung nicht von der Einhaltung der weltlichen Gesetze entbunden, sofern sie nicht gegen das göttliche Gesetz verstoßen, denn es steht geschrieben: Gebt dem Kaiser, was des Kaisers ist, und Gott, was Gott gebührt._

Sie werden erkennen, dass die Menschen im werdenden Friedensreich diese Ordnung noch benötigten, um die Gesetze Inneren Lebens mehr und mehr erfüllen zu können.

Ebenso geben die verschiedenen Gemeindebücher, in denen das Für und Wider der Urgemeinden und ihrer Glieder aufgezeichnet ist, Einblick in das Ringen der einzelnen Glieder und der Urgemeinden um das gesetzmäßige Leben, das Leben in Gott.

91. KAPITEL

Die Ordnungen für die Gemeinde
(1. Teil)

Die Sprache, die Schwingung ist (1-4).
Namensgebung und Taufe der Neugeborenen - Erziehen in Recht-
schaffenheit (5-6). Erziehung der heranwachsenden Kinder (7).
Einordnen in das Lebensprinzip der Gemeinde: Ruhe und Har-
monie (8). Die Geistige Taufe - Das Gebot „Bete und arbeite" -
Der Engel der Gemeinde - Der Älteste - Der Rat der Ältesten -
Das Gemeindebuch (9). Der Gesalbte (10)

1. Nach Seiner Auferstehung vom Tode war Jesus noch neunzig Tage mit Maria, Seiner Mutter, und Maria Magdalena, die Seinen Körper gesalbt hatte, und Maria Kleophas und den Zwölfen und ihren Anhängern, lehrte sie und beantwortete ihre Fragen über das Reich Gottes.

2. Und wie sie bei der Abendmahlzeit saßen, fragte Ihn Maria Magdalena: „Meister, willst Du uns nun die Ordnung im Reiche Gottes erklären?"

3. Und Jesus antwortete und sprach: „Wahrlich, Ich sage dir, o Maria, und jedem Meiner Jünger, das Himmelreich ist inwendig in euch. Doch die Zeit wird kommen, da das, was innen ist, im Äußeren offenbar wird zum Heile der Welt.

4. Ordnung ist wahrlich gut und nützlich; über allem aber ist die Liebe. Liebet einander und alle Geschöpfe

Gottes, und daran sollen alle Menschen erkennen, dass ihr Meine Jünger seid." (Kap. 91, 1-4)

Ich, Christus, erkläre, berichtige
und vertiefe das Wort:

Ich erschien immer und immer wieder den Meinen und lehrte sie durch das Innere Wort, denn wer nicht mehr im Fleische ist, der spricht nicht mehr die Laute dieser Welt. Er gibt die Sprache, die Schwingung ist, in das Innere des Menschen, so dass der, dessen Seele gereinigt und auf Mich ausgerichtet ist, Mich vernehmen kann. Auf diese Weise vernahmen die Meinen Mein Wort.

5. Da fragte Ihn einer: „Meister, willst Du, dass die Kinder aufgenommen werden in die Gemeinschaft durch die Beschneidung, so wie es Moses befohlen hat?" Und Jesus antwortete: „Für die, welche in Christus sind, gibt es weder Beschneidung noch Blutvergießen.

6. Bringt das Kind nach acht Tagen mit Danksagung und Gebet dem Vater, der im Himmel ist. Lasset ihm einen Namen geben von seinen Eltern und den Ältesten reines Wasser auf seinen Scheitel gießen, wie es geschrieben ist in den Propheten. Lasset die Eltern darauf sehen, dass es in Rechtschaffenheit erzogen werde, dass es weder Fleisch esse noch starke Getränke trinke, noch Geschöpfe

Ich, Christus, erkläre, berichtige
und vertiefe das Wort:

Das Neugeborene sollte nach einigen Tagen dem
ewigen Vater, dem Vater-Mutter-Gott im Himmel, geweiht
werden. Die Eltern sollen dem Ewigen für ihr Kind danken
und ihm den Namen geben, der aus ihren Gefühlen und
Empfindungen emporsteigt. Denn das Kind ist ein Teil der
Mutter, unter deren Herzen es lag, und ein Teil des Vaters,
der es zeugte. Die Erbanlagen des Kindes sind den Erban-
lagen des Vaters und der Mutter ähnlich. So ist auch die
Schwingung der Seele des Kindes in Verbindung mit der
Seele der Mutter und des Vaters. Strömt ein Name aus der
Empfindungswelt der Mutter und des Vaters und einigen
sie sich über einen Namen, dann kann das die richtige
Namensschwingung des Neugeborenen sein, die auch der
Seele des Kindes entspricht.

Die geläufigen Funktionen für die Übermittlung der Bot-
schaft Gottes, die Ämter wie Priester, Hohepriester und
Kirchendiener, entsprechen nicht dem göttlichen Gesetz.
Deshalb ersetzt das Wort „Priester" durch das Wort
„Älteste", denn in Meiner Gemeinde gibt es die Ältesten,
die der Gemeinde mit vorstehen.

Das äußere Zeichen innerer Kraft – Wasser auf den Scheitel zu gießen – könnt ihr beibehalten. Doch es ist nicht notwendig. So ihr es anwendet, befolget Folgendes:

Einer der Ältesten wird über den Scheitel des Neugeborenen Wasser gießen, was besagt: Gott ist das treibende, ewige Element, das Leben. Bewege dich, Kind, und erkenne, dass durch dich das treibende Element, der strömende Geist, fließt. Du bist gesegnet und von Gott, der dir Vater und Mutter ist, aufgenommen.

Und zu den Eltern sprechen die Ältesten sinngemäß: So ihr in der Rechtschaffenheit lebt, werdet ihr auch euer Kind, welches das Kind des Vater-Mutter-Gottes ist, in rechter Weise erziehen. Ihr werdet es lehren, dass es weder Fleisch essen noch starke Getränke trinken, noch die Geschöpfe des Himmels, der Erde und der Gewässer verletzen und töten soll, dass es mit Steinen und Pflanzen in Einheit leben und der Gestirne lichte Strahlung als Gotteslicht erkennen soll. Seid ihr rechtschaffen, dann wird auch euer Kind weise werden.

7. Und ein anderer fragte Ihn: „Meister, was willst Du, wenn sie heranwachsen?" Und Jesus sprach: „Nach sieben Jahren oder wenn sie anfangen, das Böse vom Guten zu unterscheiden, und lernen, das Gute zu suchen, lasset sie zu Mir kommen: den Segen empfangen von den Händen des Ältesten oder des Engels der Gemeinde mit Dank-

*sagung und Gebet, und ermahnet sie, Fleischessen und
starke Getränke und das Jagen unschuldiger Geschöpfe
Gottes zu unterlassen; denn stehen sie etwa auf niedri-
gerer Stufe als die Pferde oder die Schafe, denen solches
wider die Natur ist?"* (Kap. 91, 7)

Ich, Christus, erkläre, berichtige
und vertiefe das Wort:

Habt ihr eure Kinder nach dem Gesetz der selbstlosen
Liebe erzogen und kommen sie in das Alter, wo sie das
Gute vom Bösen zu unterscheiden lernen, so bemüht
euch, dass eure Kinder – welche die Kinder des Vater-
Mutter-Gottes sind – das Gute in ihren Mitmenschen fin-
den. Bringt euer Kind oder eure Kinder in das Gemeinde-
haus zur Inneren Kirche. Mit vielen Gott Zustrebenden
sollen sie durch einen Ältesten der Gemeinde – den die
Gemeinde gewählt hat und den Ich geweiht habe – Meinen
Segen empfangen.

Ein wahrer Ältester strahlt viel Geistigkeit aus und ist
somit gerecht. Er ist ein erfüllter Mensch; seine Selbstlosigkeit ist das Zeichen der Weihe.

Die Gemeinde bringt Mir ihre heranwachsenden Geschwister; und durch den Ältesten, der das Vertrauen der
Gemeinde besitzt, werde Ich Meine Kinder segnen – ihnen
also vermehrte Kraft spenden.

1028

Die Eltern und der Älteste werden sodann die Kinder gotterfüllten Erziehern und Lehrern übergeben, die sie in den weltlichen Pflichten belehren und ihnen im Laufe der ersten Schuljahre die Gesetze Gottes so weit erklären, wie sie diese in ihrer noch kindlichen Art verstehen.

Lehrt sie auch, vom Verzehr des Fleisches von Tieren Abstand zu nehmen.

Und zu den Eltern sei gesagt: Drängt es euer Kind, Fleisch zu essen, dann lasst es davon kosten, denn ihr wisst nicht, wie die Seele in einer früheren Einverleibung gelebt und was der Mensch gegessen hat. Doch ihr bleibt das Vorbild eurer sich entwickelnden Kinder. Die Lehre und Verwirklichung der ewigen Gesetze wird allmählich die Sinne des Kindes verfeinern, und es wird dann davon Abstand nehmen.

In Meiner Gemeinde sollen weder Tiere geschlachtet noch verzehrt werden. So der eine oder andere in der Umstellung von fleischlicher zu gesetzmäßiger Nahrung steht und ab und zu noch ein Bedürfnis nach Fleisch hat, dann soll er dieses – außerhalb der Gemeinde – zu sich nehmen. Das gilt jedoch nur für die Fleischnahrung und nicht für starke Getränke.*

---

* Starke Getränke sind grundsätzlich für Gemeindeglieder nicht erlaubt. Damit sind Getränke gemeint, die den Menschen berauschen und ihm das klare Denken nehmen. Das heißt also: Alkohol soll nicht zur Trübung der Sinne verwendet werden.

Wessen Sinne nicht mehr nach Fleischnahrung verlangen, der lebt das Gesetz „Du sollst nicht töten"; er wird seinen Übernächsten, das Tier, nicht verzehren. Wessen Sinne noch getrübt sind, der steht unter dem Gebot, dieses zu lassen.

Weder scharfe Getränke noch Fleisch der Tiere soll es in Meiner Gemeinde geben.

Lehret die Kinder, unschuldige Geschöpfe, die Tiere, nicht zu jagen und nicht bewusst zu zertreten. Denn wer die unschuldigen Geschöpfe jagt, der wird von seinen Sinnen gejagt werden und von all jenen, die seine Sinne beeinflussen. Wer Tiere bewusst zertritt oder bewusst quält und tötet, der wird von seinen Sinnen und seinen Gedanken gequält werden und als geistig Toter unter den Lebenden dahinvegetieren; er wird auch im Seelenreich geistig tot sein.

Daher lehret eure Kinder das Gesetz des Lebens, dass alles, was lebt, empfindet und ein Recht darauf hat zu leben, bis sich die Ursubstanz, der Geist, aus der materiellen Form zurückzieht und eingeht in das Gesetz der Allharmonie.

Und lehret eure Kinder, die auch die Meinen sind, die Natur zu lieben, die Pflanzen zu achten und mit der Essenz des Lebens in ihnen in Kommunikation zu bleiben. So werden sie das Leben der Natur in ihre Körper aufnehmen und gestärkt und gesund bleiben.

Lehret die Kinder auch, die Nahrung, die ihnen der All-Vater aus Seinen Händen schenkt, dankbar anzunehmen.

Lehret sie auch das richtige Essen: die Ruhe bei der Nahrungsaufnahme und sich mit der göttlichen Essenz in den Gaben zu verbinden, damit sie der Körper in rechter Weise zu verdauen vermag. Und wenn sie trinken, sollen sie die Getränke nicht in ihren Leib hineingießen, sondern schluckweise aufnehmen, so dass auch sie der Körper in rechter Weise verarbeiten kann.

Nur so erlangt der Mensch den Adel seiner Seele und wird ein bewusst geistig lebender Mensch, dessen Heimat das Reich Gottes in und um ihn ist.

8. Und er fragte weiter: „Wenn einer zu uns kommt, der Fleisch isst und starke Getränke trinkt, sollen wir ihn aufnehmen?" Und Jesus sprach zu ihm: „Lasset solche im Vorhof bleiben, bis sie sich gereinigt haben von den gröberen Fehlern; denn bevor sie diese nicht begreifen und bereuen, sind sie nicht fähig, die höheren Weisungen aufzunehmen." (Kap. 91, 8)

Ich, Christus, erkläre, berichtige
und vertiefe das Wort:

Wer sich nicht in das Gemeindeleben einordnen möchte, der soll dort bleiben, wo er bisher gelebt hat, und die Gesetze der Gemeinde, die ihm ausgehändigt werden sollen, lesen und verwirklichen. Ihm ist es nach dem Gesetz erlaubt, von außerhalb die Schulung in der Gemeinde zu besuchen, bis er sich gereinigt hat und die Gesetze des Lebens anerkennt und verwirklicht.

In der Gemeinde sollen Ruhe und Harmonie das Lebensprinzip sein, das alle Meine Menschenkinder eint.

Wer innerhalb der Gemeinde seinen Mitmenschen Schwierigkeiten bereitet, mit seinem Nächsten streitet und im Streit lebt und dadurch die Gemeindeordnung, den Frieden und die Harmonie, stört, der sollte die Gemeinde verlassen und außerhalb wohnen, bis er wieder eins ist mit den Gesetzen Gottes für die Gemeinde – und auch in Harmonie mit seinem Nächsten.*

9. *Und ein anderer fragte Ihn: „Wann willst Du, dass sie die Taufe empfangen?" Und Jesus antwortete: „Nach abermals sieben Jahren oder wenn sie die Lehre kennen und tun, was gut ist, und ein Handwerk erlernt haben, von dem sie leben können, und auf dem rechten Wege festen Schrittes gehen. Dann lasset sie um die Einweihung bitten und lasset sie prüfen durch den Engel oder den Ältesten der Gemeinde und sehen, ob sie würdig sind,*

---

* *Diese Gesetzmäßigkeit gilt für alle Urgemeinden im Universellen Leben, jedoch nicht für die Bundgemeinde Neues Jerusalem. Ihr sind höhere Weisungen gegeben.*

und lasset sie Dank sagen und beten und in dem reinigen-
den Wasser untertauchen, auf dass sie zu neuem Leben
emporsteigen und Gott als ihren Vater bekennen und gelo-
ben, dass sie das heilige Gesetz beachten werden und sich
dem Bösen dieser Welt fernhalten." (Kap. 91, 9)

Ich, Christus, erkläre, berichtige
und vertiefe das Wort:

Mit der Taufe ist die Geistige Taufe gemeint. Nur der Mensch ist ein Eingeweihter und mit dem Geist des Lebens getauft, der von Ihm erfüllt ist, der weitgehend Mein Wort ist durch die Verwirklichung des ewigen Gesetzes.

Wer die ewigen Gesetze verwirklicht, der wird auch das Gebot „Bete und arbeite" halten, das der Vater-Mutter-Gott Seinen Erdenkindern gegeben hat.

Um dieses Gebot zu halten, bedarf es eines richtigen Berufes, den das Menschenkind entsprechend seinen Fähigkeiten, Talenten und Qualitäten wählen soll.

Wer festen Schrittes und geradlinig den Weg zum Herzen Gottes wandelt, der ist es, der die ewigen Gesetze hält und mit dem Gesetz des Lebens getauft ist.

Die Wassertaufe ist ein altes Ritual. Es muss in Meiner Gemeinde nicht vollzogen werden.

Der Engel der Gemeinde ist ein Mensch, der zu Meinem Wort geworden ist, der es verkündet und hält. Wer zum Wort Gottes geworden ist, ist weitgehend vollkommen; er ist weitgehend zum Gesetz geworden. Das können Älteste und weitere erleuchtete Männer und Frauen sein.

Wer das Amt eines Lehrpropheten* oder Künderpropheten hat, kann ebenfalls Mein Wort sein: Gott spricht durch den Propheten hindurch, um sich der Gemeinde unmittelbar mitzuteilen. Ist der Prophet das Wort geworden, dann ist er Botschafter des Reiches Gottes. Nur der ist jedoch Prophet und Botschafter des Reiches Gottes, der im göttlichen Auftrag steht, der aus den Himmeln herniederstieg, um der Welt Mein Wort zu bringen und zu verkünden.

Der Älteste hört in sich das Wort Gottes, kennt das ewige Gesetz und ist davon erfüllt durch die Verwirklichung der ewigen Gesetze.

Der Engel der Gemeinde oder der Älteste werden das Menschenkind prüfen, das von sich sagt: „Ich bin geistig getauft, da mein Leben das Gesetz Gottes ist" oder von dem seine Nächsten in dieser Weise berichten.

---

* Diese Worte des Herrn gelten der Lehrprophetin Gottes, Gabriele, für die Zeit ihres Lehramtes. Gott sprach: „Nach ihrer Tätigkeit werde Ich keinen schöpfenden Lehrpropheten mehr rufen, da Mein Wort durch sie der Welt im breiten Spektrum geschenkt wurde. Nach ihrer Erdenzeit werden die Menschen selbst zu Mir finden, und sie werden für sich selbst Mein Wort hören und im weiteren Verlauf Mein Wort, das Gesetz, sein. Das alles vollzieht sich in Meiner Gemeinde. Dort ist das Wachstum vom Menschen zum Gottmenschen."

Der Engel oder der Älteste werden prüfen, ob das Gemeindeglied würdig ist, in den Rat der Ältesten oder in die Mitte der Geistig Getauften aufgenommen zu werden.

Der Engel oder der Älteste oder beide werden mit der Gemeinde den Vater-Mutter-Gott loben und preisen und Ihm danken, dessen Kinder alle sind. Der Eingeweihte, den die Gemeinde aufgenommen hat, gelobt, die Gesetze zu halten, sein Leben Gott zu weihen in Empfindungen, Gedanken, Worten und Handlungen.

Nicht jeder ist für den Rat* der Ältesten bestimmt. Es sind nur diejenigen Männer und Frauen, die auf Grund ihrer Verwirklichung der ewigen Gesetze und ihrer geistigen Tätigkeiten und Fähigkeiten in der Gemeinde weise geworden sind, das heißt: aus der Wahrheit reden und geben und in der Gemeinde verantwortlich wirken.

Nur jene werden in das Heiligtum, in die Mitte der Geistig Getauften, aufgenommen, die durch Verwirklichung der ewigen Gesetze und durch selbstlose Taten vom Geist der Liebe erfüllt sind.** Sie werden Älteste, Glaubensheiler und Geistige Lehrer.

---

* *Rat bedeutet das Wirken der Ältesten im Verbund mit der Gemeinde.*

** *Von der Liebe Gottes erfüllt sind all jene, die selbstlos für das Reich Gottes wirken. Das heißt, die nicht ihr menschliches Ich widerspiegeln, um sich darzustellen, sondern die weitgehend unpersönlich, also das Gesetz Gottes geworden sind. Wer allmählich zum Gesetz Gottes wird, der hört die Stimme Gottes,*

Wer in einem hohen Grad der Verwirklichung steht, kann ein Leiter der verschiedenen Aktivitäten innerhalb der Gemeinde sein. Nur wer entsprechend seinen Eignungen die verschiedenen Grade des selbstlosen Dienens erfüllt hat, wer also in der Gemeinde schon vielseitig tätig war, gelangt allmählich in den Kreis der Engel und Ältesten.

Alles, was in der Gemeinde geschieht, die Lebenstaufe des Neugeborenen und die Geistige Taufe nach der inneren Reife, die Eheschließung, die Geburten der Kinder und alle wesentlichen Geschehnisse sollen im Gemeindebuch festgehalten werden, das die Ältesten aufbewahren und das ein Ältester führt.

------

und wer zum Gesetz Gottes geworden ist, dessen Empfindungen, Gedanken, Worte und Handlungen sind das Gesetz und sind das Wort.

Wer glaubt, diese selbstlosen Gaben zu besitzen, der möge sich selbst prüfen. Wenn er glaubt, dass zu ihm Gott spricht, also Gott ihm zuspricht, dann soll er prüfen, ob er das, was Gott zu ihm sagt, schon verwirklicht oder einen großen Teil davon schon erfüllt hat.

Die Zusprache Gottes ist dem gegeben, der die ersten vier Bewusstseinsbereiche in sich durchlichtet hat. Wem Gott zuspricht, der ist noch nicht zum Wort Gottes geworden. Er kann Gott durch seine lichter gewordenen Seelenhüllen vernehmen, also noch durch seine lichten Schatten. Dieses Zusprechen - das heißt: das Vernehmen des Wortes Gottes - ist ausdrücklich für den bestimmt, dem Gott zuspricht, nicht für Zweite oder Dritte.

10. Und wieder ein anderer fragte Ihn: „Meister, zu welcher Zeit sollen sie die Salbung empfangen?" Und Jesus antwortete: „Wenn sie das Alter der Reife erlangt und sich in ihnen die siebenfältigen Gaben des Geistes geoffenbart haben, dann lasset den Engel für sie beten und danksagen und ihnen das Siegel der Salbung geben. Es ist gut, dass alle in jedem Grade sieben Jahre lang erprobt werden. Doch lasset es bei jedem entsprechend seines Wachstums geschehen, in der Liebe und in der Weisheit Gottes." (Kap. 91, 10)

Solange Gott Sein Wort dem Menschen zuspricht, ist die Seele noch nicht weitgehend rein und so auch nicht das Wort des Herrn, das beim Menschen ankommt. Das heißt wiederum: Gott kann wohl Seinem Kind zusprechen, doch weil der Mensch es noch erhorchen muss, werden menschliche Aspekte mit ins Oberbewusstsein gelangen. Das Wort Gottes ist wohl klar, doch wenn es im Bewusstsein des noch belasteten Menschen ankommt, ist es Mischgut und daher für den Einzelnen bestimmt. Wer zum Wort Gottes geworden ist, hat die vier Reinigungsstufen verlassen; er taucht in das Absolute Gesetz ein.

Kommt ein Mensch in die Gemeinde und sagt von sich: „Ich bin ein Prophet und von Gott zu euch gesandt", dann sollen die Ältesten zu ihm reden: „Schweige mit dem prophetischen Wort. Komme in die Gemeinde, lebe in der Gemeinde, arbeite in der Gemeinde und lasse dich einige Jahre von der Gemeinde prüfen."

Ich, Christus, erkläre, berichtige
und vertiefe das Wort:

Ein Gesalbter ist ein Mensch, der die sieben Grundkräfte des ewigen Lebens in sich als Gabe der Liebe vernimmt – durch den Ich das Wort geworden Bin.

Wer sein Bewusstsein zu Mir erhoben hat und wessen Empfindungen, Gedanken und Sinne in Mir ruhen, der
ist der Engel der Gemeinde, von dem Ich schon sprach.
Er ist Mein Wort und das Wort des Vater-Mutter-Gottes.
Denn wer zum Gesetz geworden ist, wessen Empfinden,
Denken, zum Gesetz geworden ist, wessen Empfinden,
Denken, Reden und Tun Ich selber Bin, das Gesetz, der ist
ein Gesalbter, das heißt ein durch Gott, das Gesetz, Ge-
weihter. Er kann sodann zum Engel der Gemeinde werden.
Ist ein solcher unter euch, der den Grad der Salbung
erlangt hat, so sollen der Engel der Gemeinde und ein
Ältester Gott dafür danken, dass Er wieder einen Engel für
diese oder eine weitere Gemeinde erweckt hat.

Wer von der Gemeinde als Gesalbter angenommen
wird, der sollte sich erst einige Jahre bewähren und die
sieben Grundkräfte des Lebens in die Gemeinde einbringen durch sein Leben, das weise verlaufen soll.
Die Prüfung besagt: Ein Gesalbter ist das Gesetz; er
muss daher die sieben Grundkräfte Gottes, das ewige Gesetz, kennen und leben und in die Gemeinde einbringen.

Daran erkennt die Gemeinde seine innere Reife und sein geistiges Erwachtsein in der Liebe und in der Weisheit des Ewigen.

Hat ihn die Gemeinde an- und aufgenommen, dann wird ihn die Gemeinde im Lob und Dank dem Vater-Gott und Mir, dem Christus, anempfehlen und darauf achten, dass er die Gesetze Gottes für die Gemeinde hält und auch in der Gemeinde erfüllt.

92. KAPITEL

Die Ordnungen für die Gemeinde
(2. Teil)

Ehe und Partnerschaft, eine Verbindung nach dem Gesetz der selbstlosen Liebe und Treue - Eheschließung in der Gemeinde, ein Bund mit Gott (1-3). Eltern tragen vor Gott die Verantwortung für ihre Kinder - Das Vater-Mutter-Haus - Kinder nicht als Eigentum betrachten - Über die geistigen Dualpaare und die Entstehung der „geistigen Kinder" (4). Über das Abendmahl in der Gemeinde - Wochenrückblick - Keine Zeremonien (5). Äußere Formen und Handlungen sind Zugeständnisse, keine Gesetzmäßigkeiten (6-7)

1. Und ein anderer fragte Ihn: „Meister, willst Du, dass Ehen geschlossen werden unter uns wie unter den Völkern der Erde?" Und Jesus antwortete und sprach: „Unter manchen ist es Brauch, dass eine Frau mehrere Männer heiratet, die zu ihr sprechen: Sei du unsere Frau und nimm hinweg unsere Schmach. Unter anderen ist es Brauch, dass ein Mann mehrere Frauen heiratet, die zu ihm sprechen: Sei du unser Gatte und nimm hinweg unsere Schmach; denn die da lieben, fühlen, dass es ein Tadel ist, nicht geliebt zu werden.

2. Euch aber, Meine Jünger, will Ich einen besseren und vollkommeneren Weg zeigen: Eine Ehe soll sein zwischen einem Mann und einer Frau, die vereint sind durch die vollkommene Liebe und Zuneigung, in voller Freiheit und

das so lange, wie die Liebe und das Leben währen. Doch lasset sie darauf achten, dass sie vollkommen gesund sind und dass sie einander wahrhaft lieben in aller Reinheit und nicht nur um weltlicher Vorteile willen. Und dann lasset sie einander vor Zeugen die Treue geloben.

3. Dann, wenn die Zeit gekommen ist, lasset den Engel oder den Ältesten beten und Dank sagen und sie mit der scharlachroten Schnur binden, wenn ihr wollt, und sie krönen. Führet sie dreimal um den Altar herum und lasset sie essen vom selben Brote und trinken aus dem selben Becher. Dann, indem er ihre Hände zusammenhält, lasset ihn so sprechen: Seid zwei in einem, gesegnet sei die heilige Verbindung. Ihr, die Gott zusammengebunden hat, lasset euch von niemand trennen, solange das Leben und die Liebe währen." (Kap. 92, 1-3)

Ich, Christus, erkläre, berichtige
und vertiefe das Wort:

Es ist nicht nach dem ewigen Gesetz, dass ein Mann mehrere Frauen hat und eine Frau mehrere Männer.

Es soll auf Erden sein wie im Himmel: Der Mann wählt eine Frau, und so die Erwählte die Verbindung mit dem Manne bejaht, sollen sich beide die Frage stellen, was sie verbindet.

Im Himmel verbinden sich zwei Wesen, der geistige Mann – das Positiv genannt – und die geistige Frau – das Negativ genannt –, durch die gleichen Mentalitätsanlagen.

Das heißt, beide gleichen sich in ihren Wesensmerkmalen. Sie ergänzen sich in ihrem gemeinsamen Wirken, da ihre Fähigkeiten aufeinander abgestimmt sind. Denn das Gesetz Gottes lautet: „Gleiches verbindet sich mit Gleichem." Das bezieht sich auch auf die Mentalität. Die Liebe zu Gott und zu allem Sein ist das Band, das alle reinen Wesen auf ewig eint. Gleichen sich also zwei Wesen in einigen Grundkräften des Lebens, z.B. in der Grundkraft der Geduld und der Ordnung, dann können sie eine Dualverbindung eingehen. Das Einssein in der Liebe Gottes verbindet alle Wesen untereinander als Brüder und Schwestern.

Die vereinigende Liebe ist der Ausdruck der Polarität, die zwei Wesen verbindet, die durch ihre Mentalität aufeinander abgestimmt sind. Gleiches zieht zu Gleichem. Das ist das ewige Gesetz der Anziehung. Daraus ergibt sich die Dualverbindung.

Für Meine Gemeinde auf Erden gilt noch weiteres:

Wenn eine Frau oder ein Mann einsam ist und nicht geliebt wird, so hat sie oder er gegen das Gesetz der Liebe verstoßen.

Das besagt: Der Einsame, der nicht geliebt wird, ist selbst nicht liebefähig. Infolgedessen strahlt er auch wenig Liebe aus – und kann deshalb auch wenige Menschen anziehen, die selbstlos lieben. Er bleibt entweder allein oder zieht wiederum Menschen mit gleicher Schwingung an, die ebenfalls kaum liebefähig sind. Solche Menschen sind sodann aneinander gebunden durch weltliche Wünsche, Ideen und die Körperbezogenheit.

Sind sich jedoch zwei Menschen, Frau und Mann, in selbstloser Liebe und Zuneigung und im tiefen Vertrauen zugetan, dann werden sie sich frei begegnen, ohne dass der eine den anderen zwingt, ihm seine Wünsche zu erfüllen. Solche Ehen und Partnerschaften werden bestehen, solange das irdische Leben währt, und im Geiste werden die Partner Geschwister sein, sowohl auf Erden wie auch im Himmel.

Gehen zwei Menschen eine Verbindung ein, dann sollen sie vom Engel – von dem zu Meinem Wort gewordenen Menschen – und einem Ältesten über das Gesetz der selbstlosen Liebe und Treue aufgeklärt werden. Ist noch kein Engel in der Gemeinde, ein Mensch, der zu Meinem Wort geworden ist, so sollten einige Älteste das Amt übernehmen.

Wenn sich zwei Menschen im Namen des Vater-Mutter-Gottes zu einer Ehe* – es kann auch eine Partnerschaft** sein – verbinden, so schließen sie den Bund mit Gott. Die Verbindung soll unter Zeugen innerhalb der Gemeinde geschehen.

---

*/** *Eine Partnerschaft ist eine Verbindung vor Gott ohne standesamtliche Trauung. Eine Ehe ist eine Verbindung vor Gott, die zudem im Äußeren durch die standesamtliche Trauung zum Ausdruck kommt.*

** *Diese Regelung entspricht dem göttlichen Gesetz. Sie wird in der Zeit volle Gültigkeit haben, wenn das Friedensreich Jesu Christi*

Die Gemeinde verpflichtet sich sodann, für das Paar Pate zu sein. Sie achtet darauf, dass das Gelöbnis vor Gott, in selbstloser Liebe zueinander zu bleiben, aufrechterhalten bleibt.

Verlässt einer der Partner den anderen, weil keine Übereinstimmung im Denken und Leben beider mehr vorhanden ist und keine Brücke mehr geschlagen werden kann, und kommen sie überein, das geschwisterliche Band zu halten, dann können beide eine weitere Ehe oder Partnerschaft eingehen, sofern beide bisher in ihrer ersten Ehe oder Partnerschaft gelebt haben. Einer dritten Ehe oder Partnerschaft kann nicht zugestimmt werden.*

auf Erden Gestalt angenommen hat. Nach dem weltlichen Gesetz ist in einzelnen Staaten derzeit das Eingehen einer solchen partnerschaftlichen Verbindung innerhalb der Gemeinde ohne vorherige standesamtliche Trauung nicht zulässig. Die Glieder der urchristlichen Gemeinden im Universellen Leben halten sich selbstverständlich auch in diesem Punkt an die staatlichen Gesetze, die verlangen, dass ein Paar, bevor es den Bund mit Gott innerhalb der Gemeinde schließt, eine standesamtliche Trauung vollzogen hat.

** Wenn in der ersten Ehe oder Partnerschaft gemeinsam die geistige Evolution nicht mehr möglich ist, weil die Partner verschiedene Wege einschlagen – der eine sehnt sich nach Weltlichem, der andere nach höheren Idealen und Werten –, dann kann eine*

Wer dies trotzdem vollzieht, der möge die Gemeinde verlassen. Beim Tod eines Partners gilt diese Regel nicht.

Die Verbindung eines Paares nach den Gesetzen der selbstlosen Liebe bedarf keiner Zeremonien: Der Engel, der zu Meinem Wort geworden ist, die Ältesten und die Gemeinde beten zu dem ewigen Vater im Himmel und danken Ihm für die Liebe, die Er in die sich selbstlos liebenden Menschen gelegt hat. Auch bitten sie um die Kraft, damit der Mann aus selbstloser Liebe zur Frau Kinder zeugt und die Frau aus selbstloser Liebe zum Mann die Kinder gebiert. Danach betet die Gemeinde, dass sie Glieder des Gemeindelebens werden und teilhaben an der großen Familie Gottes.

---

zweite Ehe oder Partnerschaft bejaht werden, wenn diese nach den göttlichen Gesetzen auf einer höheren geistigen Ebene geschlossen und geführt wird, mit dem Ziel der geistigen Verbindung und Einheit mit allen Menschen und Wesen.

Wer nach dem Dualprinzip der Himmel leben möchte, kann auch nach einer aufgelösten zweiten Ehe oder Partnerschaft eine göttliche Verbindung eingehen, die nicht mehr körperbezogen ist. Eine körperbezogene dritte Ehe oder Partnerschaft ist nach den Gesetzen Gottes nicht mehr erlaubt. Entschließt sich ein Mensch, in die Gemeinde einzutreten, so beginnt für ihn ein neuer Lebensabschnitt nach dem ewigen Gesetz. Er wird seine jeweilige Situation aus diesem Licht mit den Ältesten besprechen und erhält von ihnen Rat und Unterstützung für seinen neuen Lebensweg.

Wer die irdischen Gesetze als Maßstab für eine Verehelichung beanspruchen möchte, dem ist es nicht untersagt. Er möge jedoch das Wort, das er Gott gegeben hat, als Maßstab obenansetzen.

Wer jedoch um weltlicher Vorteile willen eine Ehe oder Partnerschaft schließt, der sollte es nicht vor Gott tun, sondern vor jenen, die solches befürworten. Dieses Paar sollte jedoch sein Eigenleben nicht in der Gemeinde führen, sondern außerhalb der Gemeinde, damit die Gemeinde daran keinen Anstoß nimmt und dieses Paar nicht zum Ärgernis wird.

Wer eine Ehe schließt, um daraus Vorteile zu erlangen, ist nicht verstoßen. Die Gemeinde trägt beide Eheleute im Gebet mit der Bitte an den Ewigen, dass Er alles so lenken möge, dass sie sich allmählich selbstlos lieben lernen und ein festes Glied in der Kette der großen Familie werden.

4. „Und wenn sie Kinder zeugen, lasset sie das tun mit Besonnenheit und Vernunft, entsprechend ihrer Möglichkeit, sie zu ernähren. Denen aber, die vollkommen sein wollen und denen es gegeben ist, sage Ich: Lasset sie sein wie die Engel Gottes im Himmel, die weder heiraten noch geheiratet werden, noch Kinder haben, noch sich um das Morgen kümmern, sondern frei sind von allen Bindungen, so wie Ich es Bin, und die Kraft Gottes in sich halten und speichern für ihren Dienst und für Werke des Heilens, wie Ich es getan habe. Doch die Menge kann diese Worte nicht begreifen, nur die, denen es gegeben ist." (Kap. 92, 4)

Ich, Christus, erkläre, berichtige
und vertiefe das Wort:

Wer Kinder zeugt, der soll für sie vor Gott die Verantwortung tragen, dass es gotterfüllte Menschen werden, die Meine Gesetze halten und der Gemeinde eine große Stütze und Stärke sind.

Viele, die Kinder gezeugt und geboren haben, erwachen für den Dienst am Nächsten und sehen darin ihre Aufgabe. Sie sollten ihre Kinder nicht vernachlässigen, sondern einem Vater-Mutter-Haus anvertrauen, in welchem sie in rechter Weise nach den Gesetzen der selbstlosen Liebe erzogen werden.

Die Eltern jedoch werden mit ihren Kindern verbunden bleiben und sie nicht verlassen. Wer im selbstlosen Dienst steht, der wahrt die Gebote der selbstlosen Liebe:

Die Eltern werden die Kinder, so oft es ihnen möglich ist, zu sich nehmen. Sie werden das Vater-Mutter-Haus unterstützen und positive Kräfte hineinfließen lassen, auf dass sich alle Kinder im Vater-Mutter-Haus wohlfühlen und auch dort ihr Zuhause haben.

Gott sorgt für die Seelen und Menschen, die Seinen Willen erfüllen. Wer sich und seine Kinder Gott anvertraut und im selbstlosen Dienst am Nächsten tätig ist, der ist nicht an Menschen gebunden und wird sich auch nicht an sein Kind binden und es als sein Eigentum betrachten. Er wird es nach dem Gesetz der ewigen Liebe erziehen und dem Kind ein guter Berater, Helfer und Freund sein.

Wer jedoch seine Kinder zu seinem Eigentum macht, der muss um das Morgen sorgen, da er nur auf seine menschlichen Kräfte baut. Er betrachtet alles, was er besitzt, einschließlich der Frau oder des Mannes und der Kinder, als sein Eigentum und ist mit seinem Eigenwillen an seinen Besitz, an Frau oder Mann und Kinder gebunden.

Ein Gebundener kann nicht frei und selbstlos leben und wirken wie die Engel Gottes. Er ist mit der Materie verheiratet, mit dem Leib der Frau oder mit dem des Mannes, und seine Kinder sollen seinen Willen erfüllen. Dadurch werden sie versklavt, an ihn gebunden. Er hält sie als Eigentum.

Menschen, deren Heimat diese Welt ist, deren Gedanken nur auf menschliche Einrichtungen, Güter und irdische Freuden bezogen sind und auf Menschen, die ebenso denken und leben wie sie, können den Sinn der folgenden Aussage des „Evangelium Jesu" nicht verstehen:

„Lasset sie sein wie die Engel Gottes im Himmel, die weder heiraten noch geheiratet werden, noch Kinder haben, noch sich um den Morgen kümmern, sondern frei sind von allen Bindungen, so wie Ich es Bin, und die Kräfte Gottes in sich halten und speichern für ihren Dienst und für Werke des Heilens, wie Ich es getan habe."

Nur wer die innere Freiheit erlangt hat, wer immer mehr die Gesetze der Unendlichkeit verwirklicht, der versteht Mein Wort; für den tut sich nicht nur im Wort der

Himmel auf, sondern auch in den Taten. Sie, durch die Ich auf Erden tätig bin, verstehen Meine folgenden Worte, die Ich aus den Himmeln spreche:

Die Engel im Himmel, die himmlischen Wesen, heiraten nicht in dem Sinne, wie es die Menschen tun. Sie finden sich durch das ewige Gesetz der Liebe, das sie zusammenführt. Sie freien nicht und werden nicht gefreit. Sie zeugen nicht, wie der Mensch zeugt. Sie sind nicht geschlechtlich, sondern im Geiste des Vater-Mutter-Gottes zwei Polaritätswesen: die geistige Frau – das negative Prinzip – und der geistige Mann – das positive Prinzip –, zwei Wesen in den sich verbindenden Polaritätskräften Positiv und Negativ.*

Zum besseren Verständnis für Meine Menschenkinder nenne Ich immer wieder das geistige positive Prinzip „Mann" und das geistige negative Prinzip „Frau".

Aus der sich verströmenden Liebe des weiblichen und männlichen Prinzips, des Dualpaares, aus dem geistigen Manne und der geistigen Frau, entstehen wieder geistige Prinzipien – zum besseren Verständnis „geistige Kinder" genannt. Die Duale, der geistige Mann und die geistige Frau, weihen das Kind dem Vater-Mutter-Gott, denn Gott, das

---

* *Wer sich nur verheiratet, ist an den Leib gebunden und somit an den Menschen. Wer sich vermählt, ist mit Gott verbunden und mit dem, den er sich erwählt hat. Deshalb möge jeder den Unterschied erkennen: vermählt und verheiratet sein. Wer sich nur verheiratet, kann nicht leben wie die Engel im Himmel, die sich in Gott, unserem Vater, finden und lieben.*

Vater-Mutter-Prinzip, hat den geistigen Leib aus einem Seiner Liebestrahlen werden lassen.

Das Dualpaar gab der ihnen von Gott geschenkten, ausgereiften Geistkörpersubstanz ihre Dual-Liebekraft und erhob diese zur Kindschaft. Zum besseren Verständnis für Meine Erdenkinder: Das Dualpaar erhob ein ausgereiftes Naturwesen zur Kindschaft in Gott.

Das Dualpaar ist für das geistig erhobene Wesen, für das geistige Kind, das ein Positiv oder Negativ ist – für die Menschen gesprochen: ein Junge oder Mädchen –, das tragende und bewahrende Leben. Das Dualpaar, das durch und für den Vater-Mutter-Gott ein Naturwesen zur Kindschaft erhoben hat, ist das geistige Elternpaar. Durch das geistige Elternpaar überträgt der Vater-Mutter-Geist dem Naturwesen die Kindschaftseigenschaften.

5. Und es fragte Ihn ein anderer: „Meister, in welcher Weise sollen wir das heilige Opfer darbringen?" Und Jesus antwortete und sprach: „Das Opfer, das Gott insgeheim liebt, ist ein reines Herz. Doch als Gedächtnis und zur Andacht opfert ungesäuertes Brot, gemischten Wein, Öl und Weihrauch. Wenn ihr an einem Orte zusammenkommt, das heilige Opfer darzubringen, und die Lampen brennen, lasset den, der das Opfer darbringt, den Engel der Gemeinde oder den Ältesten, reine Hände und ein reines Herz haben und von den geopferten Gaben, dem ungesäuerten Brote, dem gemischten Weine und dem Weihrauch, nehmen." (Kap. 92, 5)

Ich, Christus, erkläre, berichtige
und vertiefe das Wort:

In Meiner Gemeinde bedarf es keiner Zeremonien. Diese habe Ich den Juden zugestanden, da sie noch nicht, wie ihr in dieser Zeit, den unmittelbaren Weg zum Herzen Gottes gekannt haben und auch die Erlösung noch nicht in sich trugen.

Meine Gemeinde soll jedoch einmal in der Woche zusammenkommen; es soll am Samstagabend sein. Die Meinen treffen sich in sauberer Kleidung, wenn möglich festlich gekleidet, um am gedeckten Tisch mit brennenden Kerzen das Mahl einzunehmen zur Ehre dessen, der sie speist und gesund erhält. Wer in Meinem Namen, im Geiste der Wahrheit, die Speisen zu sich nimmt, der hat Mich zu Gast.

Vor dem Mahl halten einer oder zwei der Ältesten den Wochenrückblick: Alles Wesentliche, das Für und Wider, sollte offen ausgesprochen werden.

Die Ältesten, die der Gemeinde vorstehen, stellen der Gemeinde die Frage: Was war in der vergangenen Woche allgemein positiv und aufbauend und weshalb? Und: Wer oder was hat dazu beigetragen?

Die Gemeinde berichtet über das „Für". Die Ältesten, die der Gemeinde vorstehen, werden sodann im Buch der Gemeinde die entsprechenden Vermerke anbringen. Auch die bemerkenswerten Taten der Glieder der Gemeinde für den Geist Christi, die zum Wohle und zum Wachstum der Gemeinde beigetragen haben, sollen im Gemeindebuch festgehalten werden.

Das gleiche geschieht bei dem „Wider". Wer oder was waren die Ursachen der negativen Aspekte in der vergangenen Woche? Auch darüber werden Vermerke in das Buch der Woche eingetragen, das ein Teil der Gemeindebücher ist; auch wer die Verursacher oder Mitverursacher waren – und weshalb sie Schwierigkeiten und Probleme hatten oder noch haben.

Nach dem Abendmahl sollen Älteste, die hierfür in Frage kommen, mit den eventuell noch von Schwierigkeiten oder Problemen Beladenen sprechen. Und so es um Zweite oder Dritte geht, sollen diese mit bei der Aussprache sein.*

Die brennenden Kerzen symbolisieren das Innere Licht, um das sich gotterfüllte Menschen versammeln.

Das Mahl soll, wie jede Speise, still eingenommen werden – in dem Bewusstsein, dass der Mensch die Gaben Gottes empfängt und aufnimmt.

---

* *Nur schwerwiegende Probleme, deren Bereinigung längere Zeit in Anspruch nimmt, sollen nach dem Abendmahl mit einem oder mehreren der Ältesten besprochen werden. Die einfachen Probleme und Schwierigkeiten jedoch, deren Bereinigung kurze Zeit in Anspruch nimmt, sollen vor dem Abendmahl mit einem Ältesten besprochen werden.*

Einer unter euch, der aufrichtigen Herzens ist, das heißt, der erfüllt ist von der Liebe zu Gott, soll vor und nach dem Mahle die Dankgebete sprechen und die Gemeinde dem Herrn anempfehlen, damit auch die folgende Woche unter dem Zeichen der selbstlosen Liebe steht und die noch belasteten Brüder und Schwestern erkennen und die Kraft erlangen, das zu bereinigen, was noch ansteht. Denn die neue Woche bringt wieder jedem das, was für ihn zu bereinigen ist.

In Meiner Gemeinde soll jeder jedem dienen.

Jede Woche sollen im Wechsel andere Gemeindeglieder zu der Mahlzeit den Tisch decken, die Speisen auftragen und ihre Nächsten, die zu Tisch sitzen, selbstlos bedienen. Auch die Zubereitung der Nahrung soll im Wechsel geschehen, so dass jeder für jeden einen kleineren oder größeren Dienst leistet.

Die Gemeinde Christi, Meine Gemeinde, sollte vom geistigen Leben erfüllt sein. Daher sollte jedes Gemeindeglied am Beginn jedes Tages sich dem Vater-Mutter-Gott hingeben, mit der Bitte, der Ewige möge ihm die Kraft verleihen, reinen Herzens zu werden, denn die reinen Herzens sind, werden Gott schauen und das Erdreich besitzen. Jeder sollte den Sinn der folgenden Worte mit in den Tag nehmen: Das Opfer, das Gott liebt, ist das reine Herz Seiner Kinder.

Mit dem Opfer ist nicht „opfern" gemeint, sondern der innige Wunsch, sich freudig hinzugeben Dem, der ihn liebt, und mit denen zu sein, die Ihn lieben.

Ich wiederhole: Es bedurfte keiner Zeremonien in der Vergangenheit, noch bedarf es der Zeremonien in der Gegenwart und in der Zukunft. Die Worte, die ihr im Buch „Das Evangelium Jesu" lest, sind Symbole für das Leben im Geiste, Symbole für die Speise und das Speisen derer, die Gott in ihr Herz aufgenommen haben.

Wer bewusst trinkt, der empfängt die Essenz des Lebens, und wer bewusst speist, der empfängt das Brot der Himmel. Daher vollbringt alles aus dem Herzen; somit tut ihr es bewusst, und es bedarf keiner weiteren Weihen und Zeremonien.

Wer alles bewusst tut, auf Mich, Christus, ausgerichtet, der vollzieht es in Meinem Gedenken.

6. Und lasset ihn Dank sagen für alles und sie segnen und den Vater im Himmel anrufen, auf dass Er Seinen Heiligen Geist senden möge, auf dass Er über sie komme und sie mache zu dem Leib und dem Blut, der Substanz und dem Leben des Ewigen, das immerwährend gebrochen und vergossen wird, für alle.

7. Und lasset ihn sie emporheben zum Himmel und beten für alle, für die, die vorausgegangen sind, für die, die noch leben, und für die, die noch kommen werden. So wie Ich euch gelehrt habe, so betet auch ihr und lasset ihn das Brot brechen und ein Stückchen davon in den Becher tun und dann die Heilige Verbindung segnen, und dann lasset

*es ihn den Gläubigen geben und dazu in dieser Weise spre-
chen: Dieses ist der Leib Christi, die Substanz Gottes. Dieses ist das Blut Christi, das Leben Gottes, immerwährend
gebrochen und vergossen für euch und alle zum ewigen
Leben. Und ebenso, wie ihr Mich habt tun sehen, ebenso
tuet auch ihr im Geiste der Liebe; denn die Worte, die Ich
zu euch spreche, sind Geist und Leben."* (Kap. 92, 6-7)

Ich, Christus, erkläre, berichtige
und vertiefe das Wort:

Diese Darlegungen sind ebenfalls Zugeständnisse, jedoch keine Gesetzmäßigkeiten. Die Menschen der damaligen Zeit suchten äußeren Halt und bedurften des äußeren Gehabes. Ihrer Mentalität entsprechend kam Ich ihren
Wünschen entgegen. Wer jedoch den Geist des Lebens in
sich sucht und findet, dem tut sich der innere Tempel
auf. Er wird sein Leben ehrfürchtig Gott weihen und somit
alles, was er vollbringt.

93. KAPITEL

Die Ordnungen für die Gemeinde
(3. Teil)

Über Vergeben und Um-Vergebung-Bitten (1-2).
Die Heilung aus dem Geiste Gottes (3-4). Die Verantwortlichen
in der Gemeinde (5-10)

1. Und ein anderer fragte: „Meister, wenn einer eine Sünde begangen hat, darf ein Mensch ihm seine Sünde vergeben oder nicht?" Und Jesus sprach: „Gott vergibt alle Sünden denen, die bereuen; doch was ihr gesät habt, das müsst ihr auch ernten. Weder Gott noch Mensch können jenen, die nicht bereuen und ihren Sünden nicht absagen, Sünden vergeben, so wenig wie sie die Sünden derer, die ihnen absagen, festhalten können. Doch wenn einer im Geist ist und klar erkennt, dass einer seine Sünden bereut und ihnen absagt, dieser mag wahrlich zu dem reuigen Sünder sagen: Deine Sünden sind dir vergeben; denn alle Sünde wird vergeben durch Reue und Wiedergutmachung, und die ihr absagen, werden von ihr gelöst, die aber weiter sündigen, bleiben an sie gebunden.

2. Dennoch dauern die Früchte der Sünde eine Zeitlang fort; wir säen, so müssen wir ernten. Denn Gott lässt sich nicht spotten, und die im Fleische säen, werden Verderben ernten, aber die im Geiste säen, werden das ewige Leben ernten. Wer also seinen Sünden absagt und sie bekennt,

dem soll der Älteste solches in dieser Weise sagen: Möge dir Gott deine Sünden vergeben und dich zum ewigen Leben führen. Alle Sünden wider Gott werden vergeben von Gott und alle Sünden gegen Menschen von Menschen."
(Kap. 93, 1-2)

Ich, Christus, erkläre, berichtige
und vertiefe das Wort:

Nur derjenige, an dem sich der Nächste versündigt hat, kann die Sünde vergeben. Kein Unbeteiligter, ein Zweiter oder Dritter, kann ihm die Sünde vergeben.

Was der Mensch sät, das wird er auch ernten – es sei denn, er bereut seine Sünden, die Gesetzeszuwiderhandlungen, rechtzeitig und bittet durch Mich, den Christus, seinen Nächsten um Vergebung. Wenn dieser ihm vergibt, ist die Sünde von ihm genommen, denn Gott tilgt alles, was bereut und vergeben ist – und wenn der Mensch sich bemüht, Gleiches nicht mehr zu tun.

Was jedoch nicht bereut und vergeben ist, das muss abgetragen werden, entweder in diesem oder in einem der nächsten Erdenleben oder in den Stätten der Reinigung, wohin die Seele nach ihrer Entkörperung geht.

Und wenn einer um Vergebung bittet und keine Vergebung seiner Schuld erlangt, so wird auch Gott sie nicht von ihm nehmen. Gottes Liebe und Gnade jedoch wird den Nichtvergebenden mit Seinem Lichte verstärkt bestrahlen, so dass auch er sein Fehlverhalten erkennt, seinem Nächsten vergibt und auch selbst um Vergebung bittet. Denn nicht immer hat sich bei einem Vergehen nur einer schuldig gemacht. In vielen Fällen sind es beide, die durch ihr Verhalten Schuld tragen.

Bevor die Ursachen am Leibe wirksam werden, berührt die Liebe und Gnade Gottes immer wieder das Herz des Sünders und rührt es an, rechtzeitig die Sünde zu bereinigen durch Vergebung und Bitte um Vergebung, denn jede Sünde ist Schuld, also ein Vergehen am göttlichen Gesetz.

Nur der kann ins Himmelreich eingehen, der von seinem Nächsten Vergebung erlangt hat. Daher achte, o Mensch, auf deine Gedanken und deine Rede, dass sowohl Gedanke als Rede Meinem Gesetz entsprechen.

Der Mensch kann wohl vergeben, doch den Makel der Seele kann nur Gott lösen. Der Älteste kann die um Vergebung Bittenden und die Vergebenden nach dem Gesetz der Wiedergutmachung aufklären, dass nur die Sünden gelöst sind, die in Zukunft nicht mehr verübt werden. Von Sünden lossprechen kann kein Mensch, nur Gott.

Sind zwei in Streit geraten und können sie ihre Zwistigkeiten nicht bereinigen, da sie die göttlichen Gesetze nicht kennen, so können sie, wenn sie es wollen, von einem weisen Ältesten beraten werden oder vom Engel der Gemeinde, wie die ewigen Gesetze lauten – damit es beiden wieder möglich ist, rechtens zu denken und zu handeln.

3. Und ein anderer fragte Ihn: „Wenn einer unter uns krank ist, werden wir die Kraft haben zu heilen wie Du?" Und Jesus antwortete: „Diese Kraft kommt aus der vollkommenen Reinheit und aus dem Glauben. Die aus Gott geboren sind, behalten ihren Samen in sich.

4. Wenn aber einer krank ist unter euch, lasset ihn nach dem Ältesten der Gemeinde schicken, dass er ihn salbe mit dem Olivenöl im Namen des Herrn. Das Gebet des Glaubens, das Ausströmen der Kraft, mit einem Dankgebet verbunden, wird ihn aufrichten, wenn er nicht niedergehalten wird durch Sünde aus diesem oder aus einem vergangenen Leben." (Kap. 93, 3-4)

Ich, Christus, erkläre, berichtige
und vertiefe das Wort:

In Meiner Gemeinde werden Menschen sein, die die Gabe des Heilens haben. Um aus dem Geiste Gottes heilen zu können, müssen ihre Seelen weitgehend gereinigt sein, so dass durch sie Mein heilender Strom zu der schwachen Seele und zu dem leidenden Körper strömen kann.*

---

* Glaubensheiler, auch Christus- oder Gebetsheiler genannt, müssen in der Gemeinde nach dem Gesetze des Lebens längere Zeit gedient haben. Auch hier bestimmt die Gemeinde, ob das Gemeindeglied für diese Aufgabe die innere Qualität entwickelt hat. Die Glaubensheilung schließt die Konsultation eines Arztes oder Heilpraktikers nicht aus.

Doch nur der gesundet, der die Last seines Leibes, die Sünde, die sich dort auswirkt, Mir übergibt. Dann geschieht die Heilung über seine Seele, sofern dies gut ist für die Seele und den Leib. Begeht jedoch der Mensch weiterhin die gleichen Fehler, so ist es für seine Seele besser, er trägt sein Leid und reift daran, und sei es erst in einem der nächsten Erdenleben, denn die Fehler sind gleich sein Leid.

Im Himmel gibt es keine Zeremonien. Diese habe Ich in vielen Fällen den Unwissenden, welche nur einen Teil der Gesetze des Lebens kannten, zugestanden, da sie noch an Ritualen festhielten und durch Rituale zur Ruhe und Einkehr fanden.

Die Meinen, die das Gesetz kennen und die in Meiner Gemeinde leben, die ein Baustein des Friedensreiches ist, bedürfen nicht der Zeremonien und daher auch nicht der Salbung. Der Himmel ist das Gesetz der Liebe, und so soll es auch auf Erden unter den Meinen sein.

Wer Mich um Heilung bittet, der soll auch zugleich für die Heilung danken; denn wer von Herzen bittet und die Werke der selbstlosen Liebe tut – und nicht mehr die gleichen Sünden begeht –, der hat schon in seiner Seele Heilung erlangt. Danket und seid euch gewiss: Wer von Herzen dankt und seine Fehler nicht mehr begeht, der hat schon empfangen.

5. Und ein anderer fragte Ihn: „Meister, wie soll die Heilige Gemeinde geordnet sein, und wer soll in ihr dienen?" Und Jesus antwortete: „Wenn Meine Jünger versammelt sind in Meinem Namen, so lasset sie aus ihren Reihen treue und gläubige Männer und Frauen wählen, die in den weltlichen Dingen Aufgaben übernehmen und beraten, die für die Bedürfnisse der Armen sorgen und für die, welche nicht arbeiten können, und lasset sie das Gemeindegut verwalten und beim Opfer mithelfen, und lasset sie durch ihre Hilfe eure Diakone sein.

6. Und wenn diese sich in ihren Diensten bewährt haben, lasset sie aus ihren Reihen solche auswählen, die geistige Gaben besitzen: entweder der Leitung oder der Weissagung oder des Predigens, des Lehrens oder des Heilens, auf dass sie die Herde geistig erbauen, das heilige Opfer darbringen und die Mysterien Gottes feiern, und lasset sie eure Ältesten und deren Gehilfen sein.

7. Und aus denen, die in ihrer Stellung wohl gedient haben, lasst einen wählen, der am meisten würdig scheint, und lasset ihn über allen stehen, und er soll euer Engel sein. Und lasset den Engel die Diakone einsetzen und die Ältesten weihen, sie salben und die Hände auflegen und sie anhauchen, damit sie den Heiligen Geist empfangen für den Dienst, zu dem sie berufen sind. Und den Engel lasset einen von der höheren Führung salben und weihen, einen aus dem obersten Rate.

8. Ebenso wie Ich die Apostel und Propheten gesandt habe, so sende Ich auch Evangelisten und Hirten – die

achtundvierzig Pfeiler des Tempels –, damit Ich durch den Dienst der Vier Meine Gemeinde auferbaue und vervollkommne. Diese sollen in Jerusalem in einer heiligen Versammlung sitzen, ein jeder mit seinem Helfer und Diakon, und ihnen sollen die auswärtigen Versammlungen berichten in allen Dingen zur Erhaltung der Gemeinde. Und so wie das Licht kommt, so sollen sie Meine Heilige Gemeinde leiten und führen und aufbauen und lehren. Sie sollen Licht empfangen von allen, und allen sollen sie mehr Licht geben.

9. Und vergesset nicht in euren Gebeten und Anrufungen, Fürbitten und Danksagungen den Weihrauch zu opfern, so wie es geschrieben stehet in den letzten eurer Propheten: Vom Aufgange der Sonne bis zu ihrem Untergange soll in Meinem Namen an allen Orten als reine Opfergabe Weihrauch dargebracht werden; denn Mein Name soll groß sein unter den Heiden.

10. Denn wahrlich, Ich sage euch, der Weihrauch ist die Erinnerung an die Fürbitte der Heiligen im Verborgenen mit Worten, die nicht gesprochen werden können." (Kap. 93, 5-10)

Ich, Christus, erkläre, berichtige
und vertiefe das Wort:

In Meiner Gemeinde dienen all jene, die auf dem Inneren Weg zum Reich des Herzens die zweite Stufe, den göttlichen Willen, erkannt und verwirklicht haben. Sie werden reif für die Taten in Meinem Geiste.

Die in Meinem Dienste stehen, sind der Engel der Gemeinde, die Ältesten, die Glaubensheiler, die Geistigen Lehrer und die Leiter der Inneren Geist=Christus-Kirchen und diejenigen, welche selbstlos im Dienste an ihren Nächsten wirken.

Das Gemeindeleben hat keine starre Form. Das Leben in Meinem Geiste ist Evolution. Es gibt keine Vorgesetzten und Untergebenen.

Aus der Gemeinde werden immer wieder im Geiste gereifte Männer und Frauen gewählt, die der wachsenden Gemeinde vorstehen oder weitere Gemeinden aufbauen, so dass die Erde bevölkert wird mit Menschen, die den Willen des Vater-Mutter-Gottes tun.

Die Gewählten werden zuerst den Geistigen Lehrern und den Leitern der Inneren Geist=Christus-Kirchen und denjenigen zur Seite gestellt, welche die verschiedenen Aufgaben verrichten, wie z.B. im Lehr- und Sozialwesen und im betrieblichen und wirtschaftlichen Bereich, und auch an die Seite jener, die für die Armen sorgen und das Gemeindegut verwalten. Auf diese Weise werden sie reif für weitere und selbständige Aufgaben in Meinem Geiste, damit sich die Gemeinde – und im weitesten Sinne die Gemeinden – vergrößern und so auf Erden das Reich des Friedens wächst.

Auch sollen gewählte Männer und Frauen die Schar der Ältesten vergrößern. Deshalb lasst so manchen Begnadeten unter Aufsicht eines Ältesten das Gemeindeleben leiten, sei es an den Gemeindeabenden, an Gebetsabenden,

bei Inneren Geist=Christus-Kirchen und allem, was den
Ältesten obliegt.*

Einige berufene Älteste oder der Engel der werdenden
Gemeinde werden für weitere Gemeinden das Gemeindebuch erstellen und bewahren und darauf achten, dass
alles Wesentliche festgehalten wird, was innerhalb der
Gemeinde geschieht.

Und so einer aus den Gewählten herausragt durch
gute, selbstlose Werke, durch Beachtung der ewigen Gesetze, gebt ihm die Möglichkeit, ein Engel der Gemeinde
zu werden. Er wird erst dann von den Ältesten und der
Gemeinde als Engel eingesetzt werden, wenn er die Jahre
der Bewährung erfolgreich durchlaufen hat und die vierte
Stufe, den göttlichen Ernst, wahrhaftig absolviert hat und
zu Meinem Wort, zum Gesetz, geworden ist.

Es sei gesagt: Ich lehre die Meinen Mein Gesetz, damit
es auf Erden werde wie im Himmel.

Die Meinen, die Meine Gesetze kennen und halten,
weil sie den Inneren Weg zum Reiche des Inneren, zum
Gesetz des Lebens, wandeln, bedürfen nicht der Zeremonien – und auch keiner Evangelisten und Hirten.

---

* *Den Ältesten obliegt die Aufgabe, die Gemeinde in allen Bereichen zu betreuen und zu führen und darauf zu achten, dass die
ewigen Gesetze gewahrt und gelebt werden.*

Wer Meinen Willen tut, kennt das Gesetz. Der Hirte ist sodann das Gesetz: Es ist der Christus in euch durch den Menschen, der Mein Wort ist und Mein Wort in sich hört.

Wer Mein Wort ist – der Engel – und die Mein Wort hören – die Ältesten – und die nahe an Meinem Wort sind – die Glaubensheiler, die Geistigen Lehrer und die Leiter der Inneren Geist=Christus-Kirchen – und alle, die selbstlos im Dienste für Meine Gemeinde stehen, sind verantwortlich für Meine Gemeinde.

94. KAPITEL

Die Ordnungen für die Gemeinde
(4. Teil)

*Über die Bestattung der Toten - Bewusstes Leben -
Geistig Tote - Gott will nicht wiederholte Einverleibungen (1-4).
Wer zu seinem Innengott gefunden hat, braucht keine irdischen
Führer - Kriterien für die Echtheit der Verantwortlichen: Selbstloses Dienen - Über die Kleidung: Innere Schönheit wird im Äußeren sichtbar (5-7). Wachstum und Lebensunterhalt der Gemeinde,
eine gemeinsame Aufgabe (8-10)*

1. Und ein anderer fragte Ihn: „Meister, wie willst Du,
dass wir unsere Toten begraben?" Und Jesus antwortete:
„Suchet den Rat der Diakone in dieser Sache; denn sie
betrifft allein den Körper. Wahrlich, Ich sage euch, es gibt
keinen Tod für die, welche an das kommende Leben glauben. Was ihr für den Tod haltet, ist das Tor zum Leben, und
das Grab ist die Pforte der Auferstehung für die, welche
glauben und gehorchen. Trauert nicht noch weinet um die,
die euch verlassen haben, sondern freuet euch lieber über
ihren Eintritt in das Leben.

2. So wie alle Geschöpfe aus dem Unsichtbaren hervorgehen in diese Welt, so kehren sie zurück in das Unsichtbare, und so werden sie wiederkommen, bis sie gereinigt sein werden. Lasset ihre Körper den Elementen
übergeben werden, und der Vater, der alle Dinge erneuert,
wird die Engel beauftragen, sich ihrer anzunehmen. Lasset

den Ältesten beten, auf dass ihre Körper in Frieden ruhen mögen und ihre Seelen zu einer freudigen Auferstehung erwachen.

3. Es gibt eine Auferstehung aus dem Körper und eine Auferstehung in den Körper. Es gibt ein Heraussteigen aus dem Leben des Fleisches und ein Herabsteigen in das Leben des Fleisches. Lasset Gebete sprechen für die, die schon dahingegangen sind, und für die, welche noch leben, und für die, die erst kommen werden; denn alle sind eine Familie in Gott. In Gott leben sie, bewegen sich und haben ihr Dasein.

4. Der Körper, den ihr in das Grab legt oder der durch das Feuer verzehrt wird, ist nicht der Körper, der sein wird; denn die, die kommen, werden andere Körper erhalten, dennoch ihre eigenen, und was sie in einem Leben gesät haben, das werden sie in einem anderen ernten. Selig sind, die Unrecht erleiden in diesem Leben; denn sie werden größere Freude haben in dem kommenden Leben. Selig sind, die Rechtschaffenheit geübt haben in diesem Leben; denn sie werden die Krone des Lebens empfangen." (Kap. 94, 1-4)

Ich, Christus, erkläre, berichtige
und vertiefe das Wort:

Es gibt nur einen verweslichen Leib; es ist der materielle Leib, der aus der Erde ist und wieder zur Erde wird.

Daher rate Ich euch, den toten Leib, das, was aus der Erde ist, wieder der Erde zu geben. So wie das Laub der Bäume, das im Herbst auf den Boden fällt, der Erde wieder zurückgegeben wird, so wird auch der verwesliche Leib wieder der Erde zurückgegeben.

Eure Totenäcker sollen nicht mit Grabsteinen und allem möglichen Zierat geschmückt werden. Die Blumen, welche das Erdreich hervorbringt, sind der schönste Schmuck. Und so ihr wollt und es nach dem irdischen Gesetz üblich ist, kann ein kleiner Stein oder eine kleine Holztafel den Namen des verweslichen Leibes tragen, der der Erde gegeben wurde.

Wenn der verwesliche Leib dem Feuer übergeben wurde, so gebt die Asche in ein Gefäß, das in einer Grabkammer aufbewahrt wird, bis die Zeit gekommen ist, wo auch diese zerfällt und zu dem wird, woraus sie ist. Gefäße aus Ton wären gut für die Reste des Leibes.

Wenn es den noch bestehenden weltlichen Gesetzen entspricht, so könnt ihr die Asche des Leibes den Winden, dem Element Luft, übergeben. Der Wind zerstreut die Asche des ehemaligen Leibes und gibt sie der Erde zurück.

Es gibt keinen Tod der Seele. Das, was aus Gott kommt, lebt ewig – und was von der Erde kommt, wird wieder zur Erde werden.

Daher seid bestrebt, das ewige Gesetz zu erfüllen und im Gesetz der Liebe zu leben, so dass eure Seele schon im

Leibe die Auferstehung vom geistigen Tod erlangt, nämlich das bewusste Leben, das die Seele schon im Menschen in Wort und Tat verwirklicht.

Bewusstes Leben heißt: die Gesetze der Liebe zu verwirklichen und zu erfüllen. Dadurch erlangt der Mensch Klarheit und wird gesetzmäßig denken und handeln. Dann wird nach dem Leibestode die Seele sogleich auferstehen und in lichtere Bereiche eingehen, gemäß dem Leben der Seele und des Leibes, oder in das Licht, in die Himmel, auffahren.

Solange die irdischen Gesetze bestehen, gilt das Wort: Gebt dem Kaiser, was des Kaisers ist, und Gott, was Gott gebührt. Trachtet also, die Gesetze Gottes zu halten und auch die irdischen Gesetze zu erfüllen – sofern sie nicht gegen das göttliche Gesetz verstoßen. Denn wer gegen Gott, das universelle Gesetz, verstößt, der belastet sich.

Wer das ewige Gesetz des Lebens nicht kennt und auch nicht kennen und erfahren möchte, ist ein geistig Toter. Daher werden nur die geistig Toten ihre Toten betrauern, weil sie glauben, sie wären von ihnen gegangen. Sie sind jedoch nur in das feinstoffliche Leben übergewechselt, das mit den Augen des Leibes nicht wahrgenommen werden kann.

Freut euch, wenn eine lichte Seele dem Grabe menschlichen Ichs entstiegen ist und nach dem Tode des Leibes in das lichte Reich, in die Himmel, eingeht – in das Leben, das jenen beschieden ist, die schon im Erdenkleid im Geiste, im wahren Leben, gelebt haben.

Der Wille des Vater-Mutter-Gottes und des Sohnes, der Ich Bin, ist es, dass sich die Seele im Erdenkleid so weit reinigt, dass sie nicht mehr in das Fleisch zurückkehrt, in einen neuen Leib aus Erde, den der irdische Mann gezeugt und die irdische Frau ausgetragen hat. Kehrt die Seele wieder zur Erde zurück, dann entspricht der neue Leib wieder dem Zustand der Seele, ihren Wesensmerkmalen. Die Licht- und Schattenseiten der Seele also prägen den irdischen Leib. Der materielle Leib der wieder einverleibten Seele ist das Haus, in das sie eingekehrt ist, um auf Erden, in der Lebensschule der einverleibten Seelen, ihre Schatten abzutragen.

Dem Menschen zeigt das Licht der Tage, was er an jedem Tag bewältigen soll. Somit sind die Augenblicke und Minuten kostbare Energie zur Selbsterkenntnis. Wer die Augenblicke, die Minuten und die Stunden nutzt und somit in der Gegenwart lebt, der erlangt die Meisterschaft über sich selbst. Er besitzt kostbare Lebensenergie in seiner Seele und in seinem Leib.

Eine Seele wird so lange wieder in das Fleisch gehen wollen, bis sie mehr Licht als Schatten trägt.

Auch lichte Seelen streben zur Erde, um denen zu dienen, die mit ihren Schatten ringen. Sofern diese Seelen im Lichte bleiben, sind sie nicht an das Gesetz von Saat und Ernte gebunden. Sie gehen nach dem Leibestode wieder zurück in das Licht. Es gibt also ein Heraussteigen aus dem Leben des Fleisches und ein Herabsteigen in das Leben des Fleisches.

Betet zum Vater-Mutter-Gott, dass Er euch tagtäglich neue Lebensenergien schenkt, auf dass ihr erkennt, was ihr an diesem Tage bewältigen sollt – damit ihr nach dem Leibestode in lichtere Reiche zurückgeht, um nicht mehr in das Leben des Fleisches herabzusteigen.

Betet für die Dahingegangenen, auf dass sie ihren Weg erkennen und auf dem Pfad zum Göttlichen wandeln, zu dem Reiche des Friedens. Betet jedoch auch für die, die kommen werden, auf dass sie in den Stätten der Reinigung erkennen, worauf es im Erdenkleid ankommt.

Wer in Gott lebt, der bewegt sich in Gott und hat in Gott sein Dasein.

Wer in und mit der Welt lebt, der hat immer wieder in der Welt sein Dasein und wird so lange in der Welt leben, bis er die Tage nützt, um Geistiges zu erlangen, das letzten Endes das Leben ist.

Wer als Mensch trotz Anfechtungen der Finsternis durchsteht und im Lichte der Wahrheit, in Gott, bleibt und Unrecht in Gott erleidet, der wird im ewigen Sein große Freude haben, denn er musste nicht vergeben und auch nicht um Vergebung bitten. Er hat in Gott gelebt und lebt in Gott. Und wer trotz Anfechtungen in der Rechtschaffenheit blieb, also die ewigen Gesetze gehalten hat, der wird im ewigen Leben die Krone der Liebe tragen.

5. Und wieder einer fragte Ihn: „Meister, nach dem Gesetz kleidete Moses die Priester mit prächtigen Kleidern für ihre Dienste im Tempel. Sollen wir die, denen wir die heiligen Dienste anvertrauen, die Du uns gelehrt hast, auch so kleiden?" Und Jesus antwortete: „Weißes Linnen ist die Gerechtigkeit der Heiligen; doch wahrlich, die Zeit wird kommen, da Zion verwüstet sein wird, und wenn die Zeit ihrer Trauer vorüber sein wird, wird sie auferstehen und ihre schönen Gewänder anlegen, wie geschrieben steht.

6. Doch suchet zuerst die Herrschaft der Gerechtigkeit, und all das wird euch hinzugegeben werden. Suchet in allen Dingen Einfachheit, und gebet keine Gelegenheit zu edler Pracht. Suchet zuerst bekleidet zu sein mit Barmherzigkeit und mit dem Kleide der Erlösung und dem Mantel der Gerechtigkeit.

7. Wofür wäre es von Nutzen, wenn ihr diese nicht habt? Wie der Klang des Erzes und das Klingeln des Cymbals seid ihr, wenn ihr nicht die Liebe habt. Suchet die Gerechtigkeit, die Liebe und den Frieden, und alle Dinge der Schönheit werden euch hinzugegeben werden." (Kap. 94, 5-7)

Ich, Christus, erkläre, berichtige
und vertiefe das Wort:

Erkennet: Im Gesetz der Liebe gibt es keine Kasteiung. Das Gesetz nimmt dem Menschen nichts, was er noch halten möchte. Das Gesetz führt den Menschen aus seinen

Gewohnheiten, Traditionen, Meinungen und Ichbezogenheiten heraus und lässt vieles zu, bis der Mensch sich in Mir, dem Gesetz, gefunden hat. So handelte auch Moses.

Wer jedoch einzig auf Mich blickt und die Gesetze verwirklicht, der bedarf nicht der äußeren Pracht und auch nicht der menschlichen Führer. Er hat seinen Führer und Erlöser in sich gefunden. Es ist Christus, der Ich Bin, der Gute Hirte aller getreuen Schafe.

Daher trachtet nicht nach äußerem Ansehen und auch nicht nach menschlichen Führern. In Gott ist Gleichheit. Deshalb sollen in Meiner Gemeinde der Engel und die Ältesten der Gemeinde nicht mehr und auch nicht geringer sein als die Gemeinde. In Mir gibt es nur ein Volk, das die ewigen Gesetze der Liebe wahrt.

Weshalb wählen die Menschen immer wieder ihre irdischen Führer? Weil sie nicht den Geist Christi in den Mittelpunkt ihres Lebens gestellt haben. Die Menschheit bedarf so lange ihrer irdischen Idole, bis sie zur inneren Wahrheit gefunden hat. Hat der Mensch zu seinem Innengott, dem Vater-Mutter-Gott, gefunden, dann blickt er zu keinem menschlichen Idol auf, sondern erfüllt die ewigen Gesetze und ist Gott wohlgefällig. Er bildet sodann mit Gleichgesinnten die Familie Gottes auf Erden.

Solange sich die Menschen, welche die Gemeinde oder die Gemeinden in Mir, dem Christus, bilden, in der Evolution befinden, wird es immer wieder Menschen geben, die schon eine höhere geistige Reife erlangt haben. Sie sind sodann die Engel und die Ältesten, die Glaubensheiler, die Geistigen Lehrer und die Leiter der Inneren Geist=Christus-Kirchen in der Gemeinde. Wer im Geiste gereift ist, stellt keinen Anspruch, besser zu sein als sein Nächster.

Ein Kriterium der Echtheit eines Engels und Ältesten und aller weiteren, die der Gemeinde vorstehen, ist die Selbstlosigkeit, das selbstlose Dienen, ohne nach Lohn und Anerkennung zu fragen.

Das betrifft nicht die Tätigkeit in christlichen Betrieben und sozialen Einrichtungen. Dort vollzieht der Mensch das Gesetz „Bete und arbeite" und wird dafür Lohn empfangen, um im materiellen Leben bestehen zu können. Doch auch hier heißt es: Wirke selbstlos im Dienste deines Nächsten. Dann wirst auch du empfangen.

Die Selbstlosigkeit im Dienste der Gemeinde als Engel und Ältester soll nicht in das Gesetz „Bete und arbeite" eingeordnet werden. Es ist der selbstlose Dienst ohne Lohn.

Suchet zuerst, die Gerechtigkeit und die selbstlose Liebe zu erlangen, dann werdet ihr alles empfangen und besitzen, was ihr benötigt – und darüber hinaus. Wer selbstlos dient, der wird auch verdienen. Denn der Wille Gottes ist mit ihm, und der Vater-Mutter-Gott wird für ihn sorgen, auf dass es ihm an nichts mangelt.

Bekleidet euch mit der Zierde der Tugend, mit der Kraft der Liebe und Barmherzigkeit – und ihr werdet erlöst sein von dem, was der Weltmensch noch an sich hat: sein menschliches Ich, das sich in vielen Facetten spiegelt: in Prunk und Pracht, in äußerem Reichtum, in Seinwollen und Besitzansprüchen, in Neid, Hass und Feindschaft.

Moses gestand den Priestern die prächtigen Kleider zu, da diese noch nicht die Barmherzigkeit erlangt hatten und das Volk es so wollte.

Wer von Liebe, Barmherzigkeit und Gerechtigkeit durchdrungen ist, der ist erlöst. Er wird sich entsprechend seiner inneren Strahlung kleiden und geben.

Wer die ewigen Gesetze wahrt, der wird sich auch mit den Farben kleiden, die den Harmonien des göttlichen Gesetzes entsprechen. Die Grundkräfte des Geistes sind die sieben Grundfarben der Himmel. Sie gleichen den Farben des Regenbogens.*

Der Selbstlose ist ordentlich, sauber und gediegen gekleidet in einer Farbe aus dem Spektrum des Regenbogens. Er wird sich jedoch nicht in Prunk und in Pracht hüllen.

Der Selbstlose wird sich nicht darstellen und auffällig geben. Er strahlt aus, was er verwirklicht hat – auch durch seine Kleidung.

Wie der Mensch empfindet, denkt, spricht und handelt, so ist er – und so gibt er sich in seiner Familie und in der Öffentlichkeit.

---

* Darin sind auch für die dreidimensionale Welt – wie in der Natur – harmonische Zwischenfarben (Mischfarben) enthalten.

Wie er ist, so speist er. Und wie er ist und speist – so gibt und kleidet er sich.

Der Mensch kann lange Zeit sein Ich verbergen und den Unerleuchteten täuschen. Die Zeit kommt für jeden, wo sein Ich sichtbar wird und er sich zeigt, wie er wirklich ist.

Jeder erkennt an sich selbst, wie es mit ihm steht, jeder ist selbst sein Maßstab; sein Nächster ist ihm dabei der Spiegel: Denn was ihm an seinem Nächsten missfällt, was ihn erregt und worüber er in Erregung nachsinnt und spricht, hat er als Gleiches oder Ähnliches an sich und in sich. Jede Erregung über den Nächsten ist der eigene Maßstab.

Findet zur inneren Schönheit durch selbstlose Liebe, Frieden und Gerechtigkeit – und alles wird euch vom Vater im Himmel gegeben werden!

Gott möchte, dass Seine Kinder nicht darben, sondern reich im Geiste sind. Dann werden sie auch als Menschen haben, was sie benötigen, und um vieles mehr – damit sie an diejenigen austeilen, die auf dem Weg von der äußeren Armut und der Belastung der Seele zur inneren Schönheit und zum inneren Reichtum sind.

Daher trachtet zuerst nach dem Reich Gottes und Seiner Gerechtigkeit, dann werdet ihr alles empfangen, was ihr benötigt, und darüber hinaus. Das bedeutet jedoch nicht, dass ihr die Hände in den Schoß legen sollt. „Bete und arbeite" lautet das Gesetz für die Menschen.

8. Und noch ein anderer fragte Ihn: „Meister, wie viele von den Reichen und Mächtigen werden eintreten in das Leben und sich mit uns verbinden, die wir arm und verachtet sind? Wie sollen wir das Werk Gottes in der geistigen Erneuerung der Menschheit durchführen?" Und Jesus sprach: „Dieses ist auch eine Sache der Diakone und der Gemeinde im Rate der Ältesten.

9. Doch wenn Meine Jünger zusammenkommen am Abend des Sabbat oder am Morgen des ersten Tages der Woche, lasset jeden einen Groschen opfern, und sei es auch nur das Kleinste ihrer Habe, so wie Gott es ihnen gegeben, und legt es in den Opferstock zur Erhaltung der Gemeinde und der Dienste und ihrer Werke. Denn Ich sage euch, geben ist seliger denn nehmen.

10. So sollen alle Dinge getan werden, angemessen und in Ordnung. Und das Übrige wird der Geist ordnen, der ausgeht vom Vater im Himmel. Ich habe euch nun unterrichtet in den Grundregeln, und siehe: Ich Bin bei euch immerdar bis an das Ende der Zeiten." (Kap. 94, 8-10)

Ich, Christus, erkläre, berichtige
und vertiefe das Wort:

Kein Reicher, der sein Hab und Gut sein Eigen nennt, wird in das Reich Gottes eingehen, und kein Mächtiger, der über Mein Volk Macht ausübt, wird in den Himmel kommen.

Beide, sowohl der Reiche als auch der Mächtige, sind arm im Geiste der Liebe und in den Werken der Barmherzigkeit. Erst wenn sie ihre Häupter beugen, ihr Hab und Gut für das Allgemeinwohl, für das Volk, in rechter Weise einsetzen und gleich denen sind, die Mich mehr lieben als diese Welt mit ihren Lockungen, Reizen und Genüssen, werden sie in Meinem Geiste wachsen und dann mit euch sein, die ihr reich sein sollt an inneren Werten.

Wer seine Machtansprüche, seine Intoleranz, seine Herrschsucht und seinen Hochmut bereut und wiedergutmacht, was er verursacht hat – und zwar dort, wo es nottut und angebracht ist –, wer sich also den ewigen Gesetzen unterordnet, der wird mit den Meinen sein und die Meinen mit ihm.

So sagt nicht, dass ihr arm seid, die ihr das Reich Gottes gewählt habt. Die wahren Reichen sind jene, die den Willen Meines und ihres Vaters tun.

Die Zeit ist nahe, in der die Meinen das Erdreich besitzen. Denn in der Zeit des Christus wird es weder Reiche noch Arme geben, weder Mächtige noch Untergebene. In Mir sind alle gleich: Meine Brüder und Schwestern – und wir alle sind die Söhne und Töchter Gottes.

Solange das innere Reich allmählich nach außen wächst, also auf der Erde sichtbar wird durch jene, die den Willen des Vaters tun – und auch durch diejenigen, die den Weg zum Reich des Inneren begonnen haben, um den Willen des Vaters zu erkennen und zu erfüllen –, bedürfen die Meinen in ihrer Gemeinde noch der Diener:

des Engels, der Ältesten, der Glaubensheiler, der Geistigen Lehrer, der Leiter der Inneren Geist=Christus-Kirchen und der weiteren selbstlosen Diener Gottes in den Gemeindehäusern, Schulen, Kindergärten, Christusstätten (von euch „Christusbetriebe" und „Güter zum Leben" genannt), in den „Häusern zur Gesundheit", in den „Häusern zur Inneren Heimat" (Altenheimen) und vielem mehr, wessen der Mensch bedarf und was er benötigt, um im Zeitlichen zu leben.

Damit die Gemeinde erhalten bleibt und sich vergrößern kann, bedarf es der Hilfe jedes Einzelnen. Daher sollte jeder den Zehnten einbringen, jede Woche oder jeden Monat, und Gott danken, dass er gesund und kraftvoll ist und dadurch auch dem Ewigen dienen kann, der Gemeinde und seinem Nächsten.

Der Selbstlose wird freiwillig dazu beitragen, denn er weiß: Alles kommt von Gott, und alles geht wieder zu Gott.

So wie das Meer die Seen und Flüsse und Bäche speist und diese wieder das Meer, so wie das Wasser zu Wasserdampf, zu Wolken wird und diese wieder als Wasser die Erde tränken, so sollen auch die Meinen die Energien fließen lassen. Nur ein gesunder Kreislauf, ein Fließen der Kraft, gewährleistet gesundes Wachstum und Vermehrung der Energie. Wer an diesen selbstlosen Kreislauf angeschlossen ist, wird niemals darben. Er beachtet das strömende, ewige Gesetz der selbstlosen Liebe und hält das Gebot „Bete und arbeite".

Wer das Gesetz und die Gebote, die Auszüge aus dem ewigen Gesetze sind, hält, der wird zum Christusvolk gehören, das nur einen Führer und Erlöser hat: Christus, der Ich Bin als Sohn im Vater-Mutter-Gott von Ewigkeit zu Ewigkeit.

Bis alle Menschen und Wesen eins sind in Gott, Meinem Vater, soll diese Regel der Gemeindeordnung für das Gemeindeleben gelten.

Verzagt nicht. Ich Bin bei euch bis an das Ende der Zeiten – und als Bruder in alle Ewigkeit.

Verzagt nicht. Die Engel der Himmel sind mit den Meinen und die Meinen mit den Engeln der Himmel, den göttlichen Wesen, auf dass es auf Erden wie im Himmel werde, wo Liebe und Frieden walten.

Wer mit Mir ist, der wandelt unter dem Banner des Christus, welches das innere Reich, das Reich des Friedens, symbolisiert: Freiheit, Einheit und Brüderlichkeit.

Alle Menschen sind ein Volk in Mir, dem Christus.

95. KAPITEL

Die Himmelfahrt

*Der Auferstandene belehrt Seine Jünger
über die Erfüllung des Erlöserauftrags und über die
Einflüsse der negativen Kräfte - In der mächtigen Speicherquelle
des Alls sowie in der Atmosphärischen Chronik sind die Rückführung und das Reich Gottes auf Erden als positive Energie gespeichert und bauen sich mehr und mehr auf (1). Die irdische
Herrschaft im Namen Christi durch die Werkzeuge der Dämonen
(2-3). Diese mächtige Zeitenwende lässt alles Gegensätzliche
offenbar werden - Die Finsternis in ihren Wirkungen und selbstgeschaffenen Ketten (4). Verheißung des Heiligen Geistes (5). Trage
Christus in dir (6). Ich komme wieder in aller Herrlichkeit (7).
Die selbstlose Liebe ist ein unzertrennliches Band (8). Jesus erfuhr
und erlitt als Mensch, was Menschsein bedeutet (9-10)*

1. Nach Seiner Auferstehung zeigte sich Jesus Seinen
Jüngern als Lebender und verbrachte mit ihnen neunzig
Tage. Er lehrte und sprach über das Reich Gottes und das,
was dieses betrifft, und führte alles zu Ende, was Er zu tun
hatte. Dann ließ Er die Zwölf mit Maria Magdalena und
Joseph, Seinem Vater, und Maria, Seiner Mutter, und die
anderen getreuen Frauen nach Bethanien auf den Ölberg
gehen, den Er ihnen genannt hatte. (Kap. 95, 1)

Ich, Christus, erkläre, berichtige
und vertiefe das Wort:

Es steht geschrieben: „Nach Seiner Auferstehung zeigte sich Jesus Seinen Jüngern als Lebender und verbrachte mit ihnen neunzig Tage. Er lehrte und sprach über das Reich Gottes und das, was dieses betrifft, und führte alles zu Ende, was Er zu tun hatte." Auch diese Worte sollten dem Sinn nach verstanden werden.

Meine Jünger blieben die ganze Zeit zusammen. Sie beteten und gaben sich ganz Dem hin, der von ihnen gegangen war und doch mit ihnen war und ist – der Christus Gottes im ewigen Vater.

In diesen Tagen des Gebetes und der Hingabe erschien Ich, der Auferstandene, immer wieder den Betenden. Über die, welche das Innere Wort vernahmen, lehrte Ich Meine Jünger, die Gesetze Gottes zu halten, die Ich ihnen als Jesus nahegebracht und vorgelebt hatte; denn sie sollten das erfüllen können, was Ich als Jesus wegen der Gottferne der Juden nicht mehr durchführen konnte; denn diese wollten in Mir nichts anderes als ihren König dieser Welt sehen.

Was Ich Meinen Jüngern offenbarte, das galt – und gilt – darüber hinaus für alle weiteren Generationen, denn immer wieder kamen und kommen gotterfüllte Menschen, um es zu verwirklichen. Mein Denken, Leben und Wirken als Jesus ging auch in die große Speicherquelle des Alls und in die Atmosphärische Chronik ein, um von dort immer wieder auf die Erde herniederzustrahlen.

Diese mächtige Speicherquelle des Alls und die Atmosphärische Chronik registrieren alle Energien, die von den Menschen ausgehen, ebenso wie das, was aus dem reinen Sein offenbart ist und wird. Denn nichts, was gedacht, gesprochen, offenbart und getan wird, geht verloren.

Ich offenbarte den Jüngern das Reich Gottes, das ewige Sein, und sprach vom Reich Gottes auf Erden. Ich offenbarte ihnen das Für und Wider, die Einflüsse und Kämpfe der negativen Kräfte dieser Welt, die andauern werden, bis das Reine, das Gesetz des Lebens, in den Herzen vieler Menschen Zugang findet und von ihnen erfüllt wird. Denn wenn der Mensch rein, edel und gut ist, wird er auf dieser Erde mit Mir, dem Christus, das Reich Gottes errichten.

Diese Aufgabe konnte Ich als Jesus von Nazareth nicht erfüllen, weil die Meinen nicht mit Mir waren. Ich gab sie deshalb durch Offenbarung in die Speicherquelle des Alls ein und in die Atmosphärische Chronik. Dort baute sich, unsichtbar für die Menschen, der ganze Erlöserauftrag auf: die Rückführung der Kinder Gottes und das Reich Gottes auf Erden. Es ist das mächtige Werk der Erlösung, in das viele reine Geistwesen und auch Geistwesen im Erdenkleid – also Menschen – mit einbezogen sind.

Zu allen Zeiten gingen Wesen – getreu ihrem Auftrag – in das Erdenkleid und begannen, Teile davon in die Welt zu bringen. Entweder führten sie ein selbstloses Leben im Dienste für den Nächsten oder übernahmen immer wieder kleinere oder größere Teile des geistigen Auftrages und ließen ihn dadurch sichtbar werden. In einem Leben miteinander und für den Nächsten schufen sie Einrichtungen, in denen sie sich bemühten, das wahre Christsein zu leben. Doch immer wieder kam der Finsterling, um die äußeren Einrichtungen zu zerstören.

Über Generationen hinweg gingen dunkle Seelen zur Einverleibung, um im Erdenkleid den Dämonen als Werkzeuge zu dienen. Solange das Dämonische noch Macht hatte, konnte es das Äußere der wahren christlichen Einrichtungen zerstören – nicht jedoch das, was sich als positive Energie in der Speicherquelle des Alls, in der Atmosphärischen Chronik und in der Erde mehr und mehr aufbaute: das Reich Gottes auf Erden.

In der mächtigen Zeitenwende erfahren nun viele dieser einverleibten finsteren Seelen die Wirkungen ihrer früheren Taten und werden dadurch geschwächt. Deshalb haben die Dämonen nun immer weniger Zugang zu den Aktivitäten für das Reich Gottes auf Erden. Infolgedessen sind sie auch untereinander uneins und kaum mehr fähig zu umfangreichen negativen Taten, zu zerstören und die Menschen zu töten, die ihnen gefährlich scheinen, weil sie sich um ein Leben in Mir, dem Christus, bemühen.

So verlieren die negativen Kräfte immer mehr an Boden und damit an Einfluss und Kraft. Zugleich wächst in vielen Menschen und auch auf der Erde das Licht der Himmel. Die dunkle Macht wird weichen.

Es steht geschrieben: „Dann ließ Er die Zwölf mit Maria Magdalena und Joseph, Seinem Vater, und Maria, Seiner Mutter, und die anderen getreuen Frauen nach Bethanien auf den Ölberg gehen, den Er ihnen genannt hatte."
Ich bat Meine Getreuen, Meiner Himmelfahrt beizuwohnen, auf dass das Geschehen in ihre Seelen eingeht und sie erkennen, dass alle himmelwärts wandern werden, die Mich, den Christus, wahrlich an- und aufnehmen. Sie gingen auf den von Mir bezeichneten Berg.
Bei Meiner Himmelfahrt waren viele Geistwesen zugegen. Sie begleiteten Mich zum ewigen Vater, zu dem Ich als Sohn und Mitregent der Himmel zurückkehrte.

Ich berichtige: Unter den Geistwesen war auch das Geistwesen, das einst im Erdenkleid Mein Ziehvater Joseph gewesen war, dessen Sohn Mein Erdenkleid Jesus war. Joseph war schon hingeschieden. Sein Geistleib, das Wesen aus Gott, war unter den vielen Gottesboten.

2. Und Jesus sprach zu ihnen: „Sehet, Ich habe euch aus den Menschen erwählt und habe euch das Gesetz und das Wort der Wahrheit gegeben.

3. Ich habe euch als das Licht der Welt gesetzt und als eine Stadt, die nicht verborgen sein kann. Doch die Zeit kommt, dass Finsternis die Erde bedecken wird und große Dunkelheit die Völker. Die Feinde der Wahrheit und der Gerechtigkeit werden herrschen in Meinem Namen und eine Herrschaft dieser Welt errichten. Sie werden die Völker unterjochen und den Feind zur Lästerung veranlassen, indem sie Meine Lehren durch die Ansichten der Menschen ersetzen und in Meinem Namen lehren werden, was Ich nicht gelehrt habe, und mit ihren Traditionen verdunkeln, was Ich gelehrt habe. (Kap. 95, 2-3)

Ich, Christus, erkläre, berichtige
und vertiefe das Wort:

Es steht geschrieben: „Sehet, Ich habe euch aus den Menschen erwählt und habe euch das Gesetz und das Wort der Wahrheit gegeben. Ich habe euch als das Licht der Welt gesetzt und als eine Stadt, die nicht verborgen sein kann."

Das sprach Ich, sinngemäß, nicht nur zu den Getreuen im Erdenkleid, sondern zugleich zu den vielen anwesenden Gottesboten – und auch zu jenen, die sich im Seelenreich für weitere Einverleibungen rüsteten, um im Wandel der Zeiten und Generationen ihren Auftrag für das Werk der Heimführung, der Erlösung, zu erfüllen, um es zu verkünden und das Reich des Friedens auf Erden aufzurichten. Heute sind wieder viele Wesen aus Gott einverleibt, um die Botschaft der Liebe zu verbreiten, die Ich erneut offenbarte und offenbare, und um das Reich Gottes auf Erden zu errichten.

Was Ich den Meinen vor Meiner Himmelfahrt offenbart habe, ist eingetroffen:

„Doch die Zeit kommt, dass Finsternis die Erde bedecken wird und große Dunkelheit die Völker. Die Feinde der Wahrheit und der Gerechtigkeit werden herrschen in Meinem Namen und eine Herrschaft dieser Welt errichten. Sie werden die Völker unterjochen und den Feind zur Lästerung veranlassen, indem sie Meine Lehren durch die Ansichten der Menschen ersetzen und in Meinem Namen lehren werden, was Ich nicht gelehrt habe, und mit ihren Traditionen verdunkeln, was Ich gelehrt habe."

Die Dämonen nahmen sich ihre Werkzeuge und errichteten mit Meinem Namen, Christus, eine Herrschaft in dieser Welt. Mit Meinem Namen, Christus, haben sie ganze Völker unterjocht und unterjochen noch immer viele Menschen. In Meinem Namen haben sie Kreuzzüge geführt und viele Menschen getötet. Andere haben sie zwangsweise zu Christen gemacht, so dass auch diese Meinen Namen missbrauchten, so wie es die Heere der Finsternis taten und noch tun.

Das heilige Wort, das für die Erde und für die Menschen Gültigkeit hat, nahmen und nehmen sie unter ihre Herrschaft und unter ihre Zensur und machen daraus ihr

Buch, ihre „Heilige Schrift". Sie lehren wohl in Meinem Namen, im Namen des Jesus und des Christus; sie bezeichnen ihr Buch als die Wahrheit – leben jedoch selbst nicht, was sie als Wahrheit verkünden. Um Menschen unter ihre Herrschaft zu zwingen, stellen sie Lehrsätze auf, die von Menschen ausgedacht sind. Diese Lehrsätze sind nicht das Gesetz des Lebens, das Ich als Jesus von Nazareth gelehrt habe und als Christus Gottes wieder offenbare. Sie erhoben heidnische Bräuche, erstellten „Traditionen" und verschleierten und verschleiern damit die Wahrheit.

Diese menschliche Vorstellungswelt, die nichts mit der Gotteswelt gemeinsam hat, verbrämten und verbrämen sie mit Meinem Namen als „Christentum" und verdunkeln Meine Lehre, um so das Volk weiterhin an sich zu binden und es für die Wahrheit blind zu halten. In Meinem Namen, Christus, gründen die Verführten sogar politische Parteien, um mit Meinem Namen, Christus, das Volk zur Wahl für ihre unchristlichen Zwecke zu veranlassen.

So wird auf vielerlei Weise Mein Name verhöhnt, und alle, die Mir wahrlich nachfolgen wollen, werden verspottet, lächerlich gemacht und der falschen Lehre bezichtigt. Das, was sie selbst sind, nämlich Werkzeuge der Finsternis, die Meinen Namen missbrauchen, behaupten sie von den wahren Nachfolgern.

So gelten bis in die heutige Generation Meine Worte: Haben sie Mich verfolgt, so werden sie auch euch verfolgen. Haben sie Mich verhöhnt, verspottet und lächerlich gemacht, so werden sie auch euch verhöhnen, verspotten und in aller Öffentlichkeit lächerlich machen. Haben sie Mich getötet, so werden sie auch viele von euch töten.

4. Doch seid frohen Mutes; denn auch die Zeit wird kommen, dass die Wahrheit, die sie verborgen haben, offenbar werden wird; und das Licht wird strahlen, und die Finsternis wird verschwinden und das wahre Reich aufgerichtet, das in der Welt, doch nicht von der Welt sein wird. Das Wort der Gerechtigkeit und Liebe wird ausgehen von der Mitte, der Heiligen Stadt auf dem Berge Zion, und der Berg, der im Lande Ägypten ist, wird erkannt werden als ein Altar zum Zeugnisse des Herrn. (Kap. 95, 4)

Ich, Christus, erkläre, berichtige
und vertiefe das Wort:

Die Neue Zeit, die Zeit des Christus, kommt mit Macht. Die Menschheit steht in einer für die Materie noch niemals dagewesenen Zeitenwende. Ich, der Christus, komme – und mit Mir jene, die sich zu Mir bekennen durch ihre Werke der wahren und selbstlosen Liebe.

In dieser mächtigen Zeitenwende wird alles Gegensätzliche offenbar, auf dass sich alle Menschen erkennen können, die gegen das Gesetz des Lebens gesündigt haben, und bereuen und wiedergutmachen.

Ich Bin der Herr der Liebe und des Lebens und zerstöre nicht. Nur der Zeitgeist zerstört. Ich baue auf und richte alle jene auf, die von Herzen bereuen und wiedergutmachen, was sie verursacht haben. So wird auch denen die Möglichkeit zur Selbsterkenntnis, zur Reue und zur Wiedergutmachung gegeben, die Mein heiliges Wort, die Wahrheit, mit ihrem satanischen Wirken und mit ihren Traditionen zugedeckt haben. Ihnen wird die Möglichkeit gegeben, in aller Öffentlichkeit vor allen Völkern zu bekennen, dass sie Meinen Namen, Christus, für satanische Zwecke missbraucht haben, um sich selbst in der Welt einen Namen zu machen und um die zu verführen, die ihnen hörig wurden.

Das Gesetz von Ursache und Wirkung greift immer mehr in kirchliche Institutionen ein, in welchen sich viele Verantwortungsträger mit Meinem Namen schmückten und schmücken und ihn für ihr eigenes Ansehen in der Welt missbrauchten und missbrauchen.

Das Gesetz von Ursache und Wirkung greift auch immer mehr in die sogenannten christlichen Parteien ein und erfasst jene Menschen, die sich unter ihr Banner gestellt haben und die nicht das leben und erfüllen, was Ich als Jesus gelehrt habe.

Wer bereut, bekennt und um Vergebung bittet und das niederreißt, was er unter Missbrauch Meines Namens, Christus, aufgebaut hat, der wird auch die Gnade und die Hilfe des Ewigen erlangen.

Wer jedoch beharrlich mit Meinem Namen, Christus, am Gebäude des menschlichen Ichs weiterbaut, der wird niedergerissen werden – mit all dem, was er aufgebaut hat und festhält.

Denn sehet: Ich, der Christus, mache alles neu. Freuet euch und seid frohen Mutes. Der Widersacher bindet sich immer mehr. Im Gesetz von Saat und Ernte hat er seine eigenen Ketten geschmiedet, und alle, die ihm hörig sind und hörig bleiben, legen sich mit an diese Ketten.

Wer Meinen Namen nennt, jedoch Meine Lehren, die das Gesetz des Lebens sind, nicht erfüllt, der ist gegen Mich, der ist für den Widersacher und bindet sich auch an dessen Ketten.

Wer Meinen Namen, Christus, nennt, der verpflichtet sich damit vor dem Gesetz des Lebens, das zu verwirklichen und zu erfüllen, was Ich als Jesus gelehrt habe und als Christus Gottes lehre. Wer es nicht tut, der ist gegen Mich und ein Feind der Wahrheit.

Während die Finsternis durch ihre Wirkungen sich mehr und mehr an ihre Ketten fesselt, strahlt das Licht Gottes in Mir, dem Christus, immer stärker in diese Welt. Auf der gereinigten Erde entsteht eine neue Welt, die Welt des Christus.

Auch jetzt schon, bevor die Erde gereinigt ist und das Reich Gottes, das Friedensreich Jesu Christi, die Erde umspannt, entsteht Mein Reich ganz allmählich in der zur Neige gehenden alten, sündhaften Welt – und ist doch nicht mit dieser Welt.

Es steht geschrieben: „Das Wort der Gerechtigkeit und Liebe wird ausgehen von der Mitte, der Heiligen Stadt auf dem Berge Zion, und der Berg, der im Lande Ägypten ist, wird erkannt werden als ein Altar zum Zeugnisse des Herrn."

Ich, Christus, sage euch: Die Israeliten bekamen vom Ewigen eine lange Gnadenzeit, um sich auf das Gesetz der Liebe und Gerechtigkeit zu besinnen und auf Mich, ihren Erlöser. Da die Israeliten jedoch bis hin zu dieser mächtigen Zeitenwende sich nicht besonnen haben und immer noch an ihrer Vorstellungswelt und ihren Traditionen festhalten und immer noch Kämpfe mit ihren Nächsten führen, anstatt Liebe und Gerechtigkeit walten zu lassen, und immer noch auf den Messias warten, der doch einst als Jesus unter ihnen war, hat der Ewige das Heil von Israel genommen und einem anderen Volk gegeben. Infolgedessen wird das Heil vom Neuen Jerusalem ausgehen und vom werdenden Neuen Israel. Und der Berg des Herrn wird dort sein, wo Menschen nach der Verkündigung des Heils leben. Und diese werden Zeugnis davon geben, dass das Reich Gottes auf der Erde, auf der Materie, gelebt werden kann und dass die Gesetze des Lebens in allen Einzelheiten erfüllt werden können.

In dem sich nach und nach aufbauenden Neuen Jerusalem – das alle Einrichtungen für das Leben in Gott umschließt – leben und arbeiten Menschen nach den Gesetzen der Bergpredigt. Sie erfüllen mehr und mehr die Gesetze der selbstlosen Liebe und lassen so das Licht Gottes in Mir, dem Christus, in die Welt strahlen.

Auf diese Weise wird zunehmend alles sichtbar werden, was nicht auf Mir, dem Christus, aufgebaut ist. Und die Menschen, welche Meinen heiligen Namen missbraucht haben und nicht bereuten und bereinigen, was ihnen das Licht deutlich gezeigt hat, werden sich bloßstellen und sich immer mehr an die Ketten der Finsternis binden. Das Licht zeigte ihnen ihr niederes, ichbezogenes Leben, das sie mit Meinem Namen verbrämt haben, um Menschen zu verführen, sie an sich zu binden und um ihre Kirchen zu füllen – und es zeigt ihnen, dass sie in früheren Erdenleben in Kreuzzügen die Menschen zwangsweise zu Christen machten oder sie in Meinem Namen und mit dem Kreuz der Erlösung folterten oder töten ließen. Das alles wird offenbar werden, bevor diese sündhafte Welt vergeht.

5. Und nun gehe Ich zu Meinem und eurem Vater, zu Meinem und eurem Gott. Doch ihr, bleibet in Jerusalem und haltet an am Gebet, und nach sieben Tagen werdet ihr Kraft empfangen von oben, und das Versprechen des Heiligen Geistes wird in Erfüllung gehen an euch, und ihr werdet aus Jerusalem hinausgehen zu allen Stämmen Israels und in die fernsten Teile der Erde." (Kap. 95, 5)

Ich, Christus, erkläre, berichtige
und vertiefe das Wort:

Diese Worte „... und nach sieben Tagen werdet ihr Kraft empfangen von oben, und das Versprechen des Heiligen Geistes wird in Erfüllung gehen an euch, und ihr werdet aus Jerusalem hinausgehen zu allen Stämmen Israels und in die fernsten Teile der Erde" haben folgende Bedeutung:

Ich, Christus, gehe zu Meinem und zu eurem Vater, zu Meinem und zu eurem Gott, denn Ich, Christus, blieb in Gott – ohne den Makel der Sünde.

Ich, Christus, Bin im Vater, der die Liebe und die Wahrheit ist, das Gesetz des Lebens. Das Gesetz, Gott, besteht aus den sieben Grundkräften Gottes. Sie sind der Allstrom, das Gesetz und der Geist des Lebens, der alles durchdringt. Ich gehe durch alle sieben Grundkräfte des Lebens zum Vater des Lebens und sende euch die Kraft, den Geist, das Leben – die sieben Grundkräfte der Himmel. Nach der Himmelfahrt wirke Ich wieder in den sieben Grundkräften in Gott, im Geist des Lebens, und in allen Lebensformen, da alle Kräfte in allen Kräften enthalten sind, auch die vier Wesenheitskräfte, die Schöpfungs- und Schaffenskräfte, in denen Ich allgegenwärtig Bin.

Der Heilige Geist, den Ich euch sende, ist der Vater in Mir, dem Christus. Er wird an euch und in und durch euch – und in allen, die Mir getreu nachfolgen – das in Erfüllung gehen lassen, was Ich euch gesagt habe. Ich werde durch euch und durch Menschen in weiteren Generationen, die in Meine Nachfolge treten, das Reich Gottes auf Erden aufrichten.

Das und Weiteres sprach Ich durch das Wort des Herzens zu denen, die im Erdenkleid und im Geistkleide anwesend waren. Denn viele, die im Geistkleide dabei waren, hatten sich für die Verkörperung vorbereitet, um das, was Ich als Jesus von Nazareth lehrte, so weit fortzuführen, wie es ihnen in der Generation, in der sie sich einverleiben, möglich ist.

Das hat sich erfüllt:

Die Wahrheit, die Ich Bin, wird in allen Teilen der Erde gelehrt. Wer sie annimmt und danach lebt, ist der Diener aller und der Geringste unter den Meinen. Denn groß im Geiste ist der Mensch, der selbstlos dient und der Diener aller ist, ohne Ehren, Titel und Anerkennung.

Wer im Geiste, Gott, groß ist, der lebt in Gott, und wer in Gott lebt, der lebt in der Wahrheit, die das Gesetz, Gott, ist. Wer in der Wahrheit lebt, der lebt auch in der Erfüllung: Er schaut, was andere nicht sehen, und hört, was andere nicht hören. Er wirkt und gibt aus dem Gesetz des Lebens das, was andere noch nicht zu erfassen vermögen. Er ist reich an inneren Werten, weil er im Reiche des Inneren lebt.

6. Und als Er dieses gesagt hatte, erhob Er Seine reinen und heiligen Hände und segnete sie. Und es geschah, als Er sie segnete, wurde Er von ihnen getrennt, und eine

Wolke, die glänzte wie die Sonne, nahm Ihn von ihren Augen hinweg. Und da Er emporstieg, hielten Ihn einige an den Füßen, und andere beteten und fielen auf ihr Angesicht zu Boden. (Kap. 95, 6)

Ich, Christus, erkläre, berichtige
und vertiefe das Wort:

Die „Wolke", von der geschrieben steht, dass sie glänzte wie die Sonne, waren die Strahlungen der sieben Grundkräfte Gottes, des ewigen Gesetzes, das Mich einhüllte und das nur der zu erfassen vermag, der im Gesetz, Gott, lebt.

Die Aussage „... hielten Ihn einige an den Füßen" zeigt: Der Mensch möchte das halten und sichtbar und greifbar bei sich haben, was er noch nicht in sich selbst entfaltet hat. Doch wer Mich, den Christus Gottes, bewusst in sich trägt als das Gesetz des Lebens und der Wahrheit, der braucht Mich nicht als Mensch bei sich zu wissen. Er ist mit Mir in seinem Herzen eins. Daher betet und lebt das Gesetz und werdet zum Gesetz des Lebens, das Ich im Vater Bin. Dann seid ihr bewusst eins mit Mir, dem Christus Gottes.

7. Während sie Ihm nachsahen gen Himmel, siehe, da standen bei ihnen zwei in weißen Kleidern und sprachen: „Ihr Männer Israels, was steht ihr und sehet zum Himmel?

Dieser Jesus, welcher in einer Wolke von euch genommen wurde, wird ebenso wiederkommen aus einer Wolke. Und so, wie ihr Ihn zum Himmel fahren sahet, so wird Er wiederkommen auf die Erde." (Kap, 95, 7)

Ich, Christus, erkläre, berichtige
und vertiefe das Wort:

Auf den sieben Strahlen, den sieben Grundkräften Gottes, werde Ich, Christus, wiederkommen und das Reich Gottes auf der Erde regieren, das Ich mit den Meinen als der Christus Gottes, als ihr göttlicher Bruder, errichtet habe. Das habe Ich den Meinen versprochen. Mein Wort gilt.

Ich komme wieder in aller Herrlichkeit zu denen, die in Mir leben. Dies werden nach der Reinigung und Durchlichtung der Erde alle Menschen sein, welche auf ihr wohnen. Ich, Christus, komme nicht im Erdenkleid zu den Meinen, sondern im Geistkleide. Und doch werden sie Mich schauen, weil sie die inneren Himmel erschlossen haben durch die Erfüllung des ewigen Gesetzes.

8. Da kehrten sie zurück nach Jerusalem von dem Ölberge, welcher von der Stadt einen Sabbatweg entfernt ist. Und da sie zurückkamen, vermissten sie Maria Magdalena, und sie suchten sie und fanden sie nicht. Und einige der Jünger sagten: „Der Meister hat sie mit sich genommen", und sie staunten sehr und gerieten in große Ehrfurcht. (Kap. 95, 8)

Ich, Christus, erkläre, berichtige
und vertiefe das Wort:

Maria Magdalena ging, um zu beten, an den Ort, an welchem Ich mit einigen getreuen Jüngern und Jüngerinnen und mit ihr zusammengewesen war und über das Gesetz der Liebe gesprochen hatte, das der ewige Vater in uns ist. Sie spürte Meine innere Nähe und wollte dort sein, wo sie die heiligsten Empfindungen wahrnahm, die selbstlose Liebe, die uns einte und ewig eint.

Die selbstlose Liebe ist ein unzertrennliches, geschwisterliches Band, das alle verbindet, die in Reinheit miteinander und füreinander sind. Denn wer im Nächsten lebt, der spürt, was der Nächste benötigt, und dient ihm selbstlos.

Maria Magdalena empfand Fernweh. Doch als Ich Meine Auferstehungsstrahlen in sie einsenkte, wurde das Fernweh zum Nahsein und zur Freude und zum Wort des Herzens, das Ich Bin.

9. Und es war Mittsommer, da Jesus in den Himmel aufstieg, und Er hatte noch nicht sein fünfzigstes Jahr erreicht; denn es war notwendig, dass siebenmal sieben Jahre in Seinem Leben erfüllt werden.

10. Ja, auf dass Er vollkommen werde durch das Erleiden aller Erfahrungen und ein Beispiel werde für alle, die Kinder wie die Eltern, die Verheirateten wie die Ledigen, die Jungen wie die Alten, ja, in allen Zeiten und in allen Lagen des irdischen Lebens. (Kap. 95, 9-10)

Ich, Christus, erkläre, berichtige
und vertiefe das Wort:

Die siebenmal sieben Jahre symbolisieren die sieben Grundstrahlen. In jedem Grundstrahl sind jeweils die anderen sechs Strahlen als Kraft enthalten. Sie bilden die Unterregionen in den Grundstrahlen. Deshalb sind es siebenmal sieben Kräfte, Strahlen, die aus den sieben Grundstrahlen – auch Grund- oder Urstrahlung genannt – hervorgehen.

Als Jesus von Nazareth erlebte und erfüllte Ich, was für die Erlösung aller Menschen von Bedeutung ist: Ich erfuhr und erlitt, was das Menschsein bedeutet, und litt um der Menschen willen. Dadurch nahm Ich in die siebenmal sieben Strahlen das Erlebte und Erlittene, das Für und Wider der Menschen, als Erinnerung auf.

Im Erlöserfunken empfinde Ich die Freude und das Leid jeder Seele und jedes Menschen – ob es die heranreifenden Kinder sind oder ihre Eltern, die Verheirateten oder die Ledigen, die Jugend oder das Alter. Die Zahl der Erdenjahre der Menschen habe Ich nicht durchlebt, doch ihr

Leid erspürt und wie es sich fortsetzt, wenn der Mensch weiterhin sündigt.

Ich habe die Menschen gesehen, geschaut und empfunden. Ich habe sie erlebt und erfahren. Ich habe das weibliche und das männliche Prinzip erfahren und die Verehelichung als Druck und Bindung gesehen und als Mensch die Vermählung – also geistige Verbindung – erlebt. Ich habe alles im Erlöserfunken aufgenommen, damit Ich jeder Seele und jedem Menschen die Hilfe, das Heil und die Worte zukommen lassen kann, die ihm Trost und Weisung sein können auf dem Weg in das Innere Leben, zum Reich Gottes des Inneren, wenn er das Leben in Mir, Christus, annimmt und erfüllt.

96. KAPITEL

Ausgießung des Heiligen Geistes

Über Aufgaben und Stellung der Jünger (1-3). Wer groß im Geiste ist, dient und gibt in Demut und Dankbarkeit (4-5). Die Anfänge der kirchlichen Hierarchie durch Hochgestellte und Würdenträger - Die selbstlosen Diener aller geben aus dem Herzen (6-7). Was geschah beim Einfließen des Heiligen Geistes? (8-9). Die wahre Bruderschaft Christi im Dienste des Gemeinwohls (10). Einer für alle, Christus (11). Menschlichkeiten in den Urgemeinden - Spaltung der Urgemeinden wegen Unstimmigkeiten und Obrigkeitsdenken (12-13). Zeremonien und anderes Menschenwerk gehören nicht zur Lehre des Nazareners (14-15). Gleichklang der Gesinnung bewirkt Freiheit und Einheit (16). Erläuterung des Glaubensbekenntnisses (17-23). Wer Mir nachfolgt, wird zum Tempel der Liebe (24-25). Ich Bin die Wahrheit (26). Über das Werk „Das ist Mein Wort" wird das Leben hinausströmen in die Welt

1. Nachdem die Jünger von dem Berge herabgekommen waren, versammelten sie sich im oberen Raume und vereinigten sich alle zum gemeinsamen Gebet und Bittopfer; und ihre Zahl war ungefähr hundertzwanzig.

2. Und an diesem Tage stand Jakobus auf und sagte: „Männer und Brüder, ihr wisst, wie der Herr, bevor Er uns verließ, Petrus auserwählte, damit er uns vorstehe und über uns wache in Seinem Namen, und sagte, dass es notwendig sei, einen von denen, die mit uns und Zeuge Seiner Auferstehung gewesen sind, auszuwählen und an Seine Stelle zu setzen."

3. Und sie wählten zwei, Barsabas und Matthias, und sie beteten und sprachen: „O Gott, der Du die Herzen aller Menschen kennest, zeige uns an, welchen von den beiden Du ausersehen hast, an der Apostelschaft teilzunehmen, aus welcher Du Deinen Diener Petrus erhoben hast, uns vorzustehen." (Kap. 96, 1-3)

Ich, Christus, erkläre, berichtige
und vertiefe das Wort:

Ich habe keinen Menschen dazu erhoben, über die Meinen zu wachen. Schaut tiefer in die Worte „... Petrus auserwählte, damit er uns vorstehe und über uns wache in Seinem Namen", und erfasst den Sinn.

Zu allen, die Mir nachfolgten – und auch zu Petrus, der Mich fragte, wer vorstehen sollte –, sprach Ich unter anderem sinngemäß: Wer unter euch der Größte ist, der sollte der Geringste sein, und wem am meisten an Licht und Kraft gegeben werden kann durch sein Leben in der Liebe Gottes, der soll ein Wegweiser für viele sein, hin zur Liebe Gottes.

Ich habe euch alle erwählt, Träger des Lichtes zu sein, um mit denen, die nach euch kommen und mit denen ihr eventuell wieder zusammen seid, das zu erfüllen, was Ich, der Christus Gottes, als Jesus in die Welt bringen wollte. Stehet nur soweit den Gliedern der werdenden Gemeinden vor, wie es einem Wegweiser entspricht, und lasst euch niemals erhöhen und als den Größten ehren. Denn wer sich erhöhen und ehren lässt, der lebt nicht in Meinem Geiste; er wird erniedrigt werden. Und die Inneren Schulen, die zum inneren Mysterium des Lebens führen und die Ich nicht mehr errichten kann – die jedoch entstehen werden – sollen von jenen in Meinem Geiste aufgebaut und durchglüht werden, die in Mir, dem Christus, leben.

So ist allen Meinen Jüngern und Jüngerinnen gegenwärtig und zukünftig die Aufgabe gegeben, das zu erfüllen, was Ich als Jesus von Nazareth gelehrt und erfüllt habe. Denn ihr und viele mit euch werden im Laufe der Zeiten mehrmals wiederkommen, um das vorzubereiten und aufzurichten, was Ich als Jesus nicht vermochte – wegen des Unglaubens und der Halsstarrigkeit und der Sünde des jüdischen Volkes und derer, die Mir hätten beistehen sollen.

Doch wenn Ich, der Geist der Wahrheit in Gott, eurem und meinem Vater, wiederkomme, wird auf der Erde dies alles geschehen, was Ich euch gesagt und im Geiste vorbereitet habe. Denn dann werde Ich im Geiste mit den Meinen sein und mit ihnen alles errichten und aufbauen, was Mir als Jesus von Nazareth nicht möglich war.

4. Und sie gaben ihre Stimme ab, und das Los fiel auf Matthias, und die Zwölf nahmen ihn auf, und er wurde unter die Apostel gezählt.

5. Dann lösten Johannes und Jakobus Petrus aus ihrer Zahl heraus durch Auflegen der Hände, damit er ihnen vorstehe im Namen des Herrn, und sie sprachen: „Bruder, sei gleich einem behauenen Stein mit sechs Flächen, du, Petros, bist Petra, trägst das Zeugnis der Wahrheit auf jeder Seite." (Kap. 96, 4-5)

Ich, Christus, erkläre, berichtige
und vertiefe das Wort:

So, wie es die Jünger mit der Stimmabgabe hielten, geschah es auch in den Urgemeinden, die sich nach Meinem Heimgang zum Vater bildeten. Und ähnlich geschieht es auch wieder in der Bundgemeinde Neues Jerusalem und in allen Urgemeinden in Meinem Werke der Erlösung, dem Universellen Leben.

Die Glieder der Gemeinden legten und legen nicht die Hände auf das Haupt derer, die sie in ihre Gemeinschaft gewählt haben. Sie beten und empfehlen die neuen Glieder der Urgemeinden dem Ewigen und Mir, dem Christus, an.

Wer sich von den Gliedern der Urgemeinde wählen lässt, der verpflichtet sich, der „behauene Stein" zu werden: ein geschliffener Stein, der die Wahrheit Gottes in vielen Facetten in die Welt strahlt und allen die Wahrheit bringt, die danach dürsten. Wer zum behauenen Stein geworden ist, der hat in sich den „Stein der Weisen" gefunden und strahlt in Demut und Dankbarkeit in diese Welt, ohne sich hervorzutun.

Denn wer im Geiste des Ewigen groß ist, der ist der Geringste unter den Meinen. Ohne sich hervorzutun, gibt er, was er in sich entfaltet hat: die Wahrheit aus der Quelle der Wahrheit – Gott. Er wird kein Vorsteher sein, sondern einzig als Zeugnis Inneren Lebens den reifenden Gliedern der Gemeinde dienen und sie das lehren und ihnen das geben, wessen sie noch zu ihrer inneren Reife bedürfen, auf dass auch in ihnen der Stein des Weisen, das ewige Bewusstsein, zur vollen Entfaltung gelangt und auch sie das ausstrahlen, was der Himmel ist: das Gesetz der Liebe.

6. Und den Aposteln wurden Stäbe gegeben, um ihre Schritte auf dem Wege der Wahrheit zu lenken und Kronen des Ruhmes zugleich, und den Propheten brennende Lampen, um Licht zu streuen auf den Weg, und Weihrauchfässer mit Feuer; und den Evangelisten das Buch und das heilige Gesetz, um das Volk an die ersten Grundsätze zu erinnern; und den Hirten wurde der Kelch und der Teller gegeben, um die Herde zu speisen und zu nähren.

7. Doch nichts ward einem gegeben, das nicht allen gegeben worden wäre; denn alle waren eine Priesterschaft unter Christus als ihrem Meister und Hohepriester im Tempel Gottes; und den Diakonen wurden Körbe gegeben, damit sie die Dinge darein legten, die notwendig waren für das heilige Opfer. Und ihre Zahl war an hundertundzwanzig, und Petrus stand ihnen vor. (Kap. 96, 6-7)

Ich, Christus, erkläre, berichtige
und vertiefe das Wort:

Was hier dargelegt ist, entspricht nicht Meiner Lehre als Jesus von Nazareth.

Nach Meiner Himmelfahrt entwickelten sich im Laufe der Zeit sogenannte Amtsvorsteher, die ihre Amtskraft geltend machten, da die vielen Menschen, die zu den Aposteln und Jüngern kamen und die im Laufe der Zeit die Gemeinden bildeten, der Führung bedurften. Einige der Jünger erinnerten sich aus ihrer Jugend an Gebräuche, die in den damaligen religiösen Einrichtungen für gesetzmäßig gehalten wurden, jedoch aus dem Heidentum kamen. Diese heidnischen Aspekte brachten sie im Laufe der Zeit in die entstehenden christlichen Gemeinden.

Damit entwickelte sich mehr und mehr ein sogenanntes Christentum mit äußeren Ritualen und Zeremonien und einer Hierarchie mit sogenannten Amtsträgern, das heißt Hochgestellten und Würdenträgern. Das habe Ich als Jesus von Nazareth und als der Christus Gottes nicht gelehrt.

Erkennet: Der Größte unter den Meinen ist der, welcher den „Stein der Weisen" erschlossen hat – es ist das geheiligte Bewusstsein in der Tiefe der Seele. Er ist der selbstlose Diener aller. Er ist nicht Hirte, sondern nur Wegweiser zum Inneren Leben, das er selbst erschlossen hat durch die Verwirklichung der ewigen Gesetze. Als Jesus von

Nazareth sprach Ich weder von Kronen noch von Würden und auch nicht von Würdenträgern. Dies sind Bezeichnungen für Einzelne, die sich vom Volke abheben wollten.

Was Ich als Jesus sprach, ist Gesetz. Das spreche Ich auch als Christus. Ich berief keine Evangelisten, Diakone und Priester. Ich wollte und will eine Herde, deren Hirte Ich Bin, Christus.

Ich sprach zu Petrus und meinte damit alle, die Mir getreu nachfolgen. Sie sollten und sollen Wegweiser zum Inneren Leben sein, sich jedoch nicht hervortun, um bestimmend auf das Volk einzuwirken.

Was hier in dem sogenannten „Evangelium Jesu" geschrieben steht, kam erst später hinzu. Es wurde von einigen Jüngern, die sich hervortun wollten, in die werdenden Gemeinden getragen.

Auch eine sogenannte Priesterschar rief Ich nicht ins Leben, sondern eine Schar selbstloser Diener, welche die Diener aller sind. Die gerechten Propheten tragen keine Lampen; sie sind selbst Lampen, sind Lichter der Wahrheit, die sie in die Welt tragen – zum Heil aller, die sich nach der Wahrheit, nach dem Inneren Leben sehnen.

Ich lehrte, das Evangelium des Herzens zu bringen – es ist das, was der Einzelne verwirklicht hat –, jedoch niemals den Buchstaben.

Denen, die Mir wahrlich nachfolgen wollten, wurde die Ausrüstung für ihre Wanderschaft gegeben – das, was sie als Menschen benötigten. Denn sie gingen in die Ferne, um zu lehren, was Ich sie gelehrt und ihnen vorgelebt hatte. Sie hatten keine Bücher. Das, was Ich gelehrt hatte, trugen die wahren Nachfolger in ihren Herzen. Davon gaben sie selbstlos weiter. Denn nur was aus dem Herzen fließt, findet wieder Eingang in das Herz – nicht das, was aus dem Verstandesdenken kommt und aus Bücher wissen.

Die Wahrheit, die im Wort niedergeschrieben ist, kann wegweisend sein für jene, die sich nach der Wahrheit sehnen. Der Buchstabe allein ist nicht die Wahrheit, sondern nur die Reflexion der Wahrheit.

8. Und als der siebte Tag gekommen war, waren sie alle einmütig beieinander im selben Hause, und wie sie beteten, da kam ein Ton vom Himmel wie das Brausen eines gewaltigen Windes, und der Raum, in dem sie versammelt waren, wurde erschüttert, und er füllte das ganze Haus.

9. Und es erschienen geteilte Zungen wie feurige Flammen und schwebten über dem Haupte eines jeden. Und sie wurden alle erfüllt von dem Heiligen Geiste, und sie fingen an zu reden mit Zungen, wie der Geist ihnen zu sprechen gab. Da stand Petrus auf und predigte das Gesetz Christi der Menge aus allen Ländern und Sprachen, welche hier zusammen waren. Nach dem Berichte derer, die das gesehen und gehört haben, vernahm jeder Mann das Wort in seiner eigenen Sprache, in der er geboren war. (Kap. 96, 8-9)

Ich, Christus, erkläre, berichtige
und vertiefe das Wort:

Als nach der besagten Zeit viele im Gebet versammelt waren, vermehrte sich in den Seelen, die sich zu Gott erhoben, die heilige Kraft, der Heilige Geist. Viele glaubten, einen „Ton vom Himmel wie das Brausen eines gewaltigen Windes" zu vernehmen, der den ganzen Raum, das ganze Haus, erfüllte.

Erkennet: Der ewige Geist, der Heilige Geist, hat keinen menschlichen Ton, der an menschliche Ohren dringt. Das Einfließen des Heiligen Geistes in viele gerechte Männer und Frauen bewirkte in ihnen ein Aufbrausen des Blutes, denn das Herz der Erfüllten klopfte laut. Dann vernahmen sie die Stimme der Wahrheit in ihren Herzen – jeder in seiner Muttersprache. In diesem inneren Berührtsein und in der äußeren Ergriffenheit glaubten sie, feurige Zungen zu sehen. Die sie wahrlich sahen, schauten das Einfließen des Heiligen Geistes in ihre Seelen und Herzen. Und die, welche das Wort Gottes durch Menschenmund hörten, empfanden es in ihren Herzen so, als wäre es in ihrer Sprache gesprochen. Doch was sie verstanden, war das, was sie entsprechend der Reife ihres geistigen Bewusstseins verstehen konnten. Weil sie das Wort Gottes durch Menschenmund in ihrem Innersten verstehen konnten, glaubten sie, es wäre ihre Sprache.

Erkennet: Bei vielen Aussagen wurde hinzugegeben und hinweggenommen, jeweils entsprechend dem Verständnis des Schreibers und Übersetzers. Und bei den Übersetzungen wurden die Worte verwendet, die den Übersetzern geläufig waren und ihrem Verständnis der Wahrheit entsprachen.

10. Und aus denen die zugehört hatten, waren an diesem Tage dreitausend Seelen in die Gemeinde gesammelt worden, und sie erhielten das heilige Gesetz, bereuten ihre Sünden und empfingen die Taufe und setzten ihr Leben in der Bruderschaft der Apostel, in ständigem Opfer und Gebet fort. (Kap. 96, 10)

Ich, Christus, erkläre, berichtige
und vertiefe das Wort:

Erkennet: Nicht alle, die an diesem besagten Tag versammelt waren, bereuten aufrichtig ihre Sünden, vergaben und baten um Vergebung und sündigten nicht mehr. Viele glaubten nur, es getan zu haben. Sie fielen wieder in ihre alten Sünden zurück und wurden wieder die, die sie vor dem göttlichen Geschehen waren.

Keiner von ihnen wurde getauft – jedoch alle vom Geist der Wahrheit gesegnet. Und alle, die der Wahrheit treu blieben, indem sie Tag für Tag ihre Gebete erfüllten und die Gesetze des Lebens mehr und mehr verwirklichten, wurden allmählich zum Gesetz des Lebens. Dadurch erlangten sie die Geistige Taufe, da sie hineintauchten in das ewige Gesetz, Gott, und so zum Gesetz der Liebe wurden.

Alle, die das Leben in Mir anstrebten und sich gewissenhaft vervollkommneten, traten in die Bruderschaft Christi, in das Leben im Geiste Gottes. Es ist die Erfüllung des ewigen Gesetzes, sowohl für die eigene innere Entwicklung als auch durch das Gebot „Bete und arbeite". „Bete und arbeite" galt und gilt nicht einzig für die persönlichen Belange; es umfasst auch den wahren, den selbstlosen Dienst für den Nächsten.

Wie es damals war, so setzte es sich im Verlaufe der Jahrhunderte fort: Immer wieder traten Menschen in Meine Nachfolge – in die wahre Bruderschaft Christi, die sich nicht klösterlich abkapselt, sondern die mitten in der Welt erwächst – unter den Menschen, die sich bemühen, in Mir, dem Christus, zu leben für alle Menschen, die guten Willens sind. Die echte Bruderschaft in und mit Mir, dem Christus, ist die Erfüllung der ewigen Gesetze inmitten der Welt.

11. Und die, welche glaubten, gaben all ihren Besitz auf, hatten alles gemeinsam und lebten beisammen am gleichen Orte und erwiesen die Liebe und Güte Gottes ihren Brüdern und Schwestern und allen Geschöpfen. Sie arbeiteten mit ihren Händen zu dem allgemeinen Wohle. (Kap. 96, 11)

Ich, Christus, erkläre, berichtige
und vertiefe das Wort:

Alle, die das Gesetz Gottes, Gleichheit, Freiheit, Einheit, Brüderlichkeit und Gerechtigkeit, erfüllten, legten ihren Besitz zusammen, verwalteten alles gemeinsam und erfüllten so das Gesetz des Lebens: Einer für alle – Christus. Alle für Einen – Christus. Und alle mit Christus – für alle Menschen, die guten Willens sind. Sie lebten – so, wie die Wesen des Lichtes – miteinander in der selbstlosen Liebe als Brüder und Schwestern und dienten dem Gemeinwohl.

Diese Bruderschaft in Meinem Geiste, die nach Meiner Himmelfahrt unter jenen entstand, die Mir wahrlich nachfolgten, vollzog sich in allen darauffolgenden Zeitepochen. Immer wieder fanden sich Menschen in Meinem Namen zusammen, um in Mir und mit Mir in der wahren Bruderschaft zu leben – im Dienste des Gemeinwohls für den Nächsten. Denn nur das ist die wahre, die absolute Nachfolge.

Was einst war, ist nun wieder:

Immer mehr Menschen bemühen sich, Mir nachzufolgen, um in Mir zu leben und in die Bruderschaft mit Mir zu gelangen und als Einheit das Gemeinwohl zu fördern – und so den Himmel auf die Erde zu bringen, das Friedensreich Jesu Christi.

Die Basis der Bruderschaft in Mir ist die selbstlose Liebe im gemeinsamen Wirken für das Gemeinwohl, denn wie es im Himmel ist, ähnlich wird es auch auf Erden werden – auf der Materie, innerhalb der drei Dimensionen.

Wer in Mir, dem Christus, lebt, der lebt in Frieden mit seinem Nächsten und mit den Naturreichen, mit den Tieren, Pflanzen und Steinen.

12. Und von diesen wurden zwölf berufen, um Propheten zu sein mit den zwölf Evangelisten und zwölf Hirten und ihre Helfer dazu und Diakone der universellen Gemeinde, und sie waren hundertzwanzig an der Zahl. Und so war der Tempel Davids aufgerichtet, aus lebenden Menschen voll Güte, so wie der Meister es ihnen gezeigt hatte.

13. Und der Gemeinde in Jerusalem wurde Jakobus, der Bruder des Herrn, gegeben als Vorsteher und Engel und dazu vierundzwanzig Priester in einem vierfachen Amte und auch Diakone und ihre Helfer. Und nach sechs Tagen kamen viele zusammen, und es kamen sechstausend Männer und Frauen hinzu, die das heilige Gesetz der Liebe empfingen, und sie empfingen mit Freude das Wort. (Kap. 96, 12-13)

Ich, Christus, erkläre, berichtige
und vertiefe das Wort:

Als Jesus von Nazareth sprach Ich wohl von den universellen Gemeinden, die das universelle Leben, das Leben aus dem Geiste Gottes, sind – jedoch nicht von Evangelisten,

Hirten und Diakonen oder anderen Amtsträgern. Menschliche Vorstellungen umranken das, was Ich in diese Welt als Lehre und Kraft gebracht habe.

Was Ich als Jesus mit denen, die im Auftrag standen und stehen – an erster Stelle Menschen aus dem Geschlecht David und darüber hinaus auch aus weiteren Geschlechtern – aufrichten wollte, das sollte nach Meiner Auferstehung in aller Schlichtheit und Bescheidenheit von den Meinen mit Mir aufgerichtet werden – mit Mir, der Ich nach der Auferstehung im Geiste mit ihnen war.

Viele von denen, die sich segnen ließen, jedoch nicht erfüllten, was Ich allen geboten habe, brachten ihre Vorstellungen in den schlichten inneren Aufbau, der auch im Äußeren, in der Welt, hätte sichtbar werden sollen. Ihr traditionsgebundenes Denken, das noch befangen war in Ordnungen von Obrigkeit und Untergebenen, vermischten sie mit Meiner Lehre. Sie setzten Amtsträger und Wortkundige ein und übertrugen ihnen die werdenden Gemeinden. Sie überließen ihnen die Führung und hörten immer weniger auf das Wort Gottes und auf den Engel der jeweiligen Gemeinde. Das Obrigkeitsdenken nahm überhand; daraus ergaben sich Uneinigkeiten und Streitigkeiten.

Durch das Obrigkeitsdenken begann das menschliche Verhalten zu blühen, da jeder der Größte sein wollte. Die Folgen waren Zerwürfnisse, die Entzweiung der Glieder der ersten Urgemeinden, woraus sich dann die Spaltungen ergaben. Mein Anliegen war, dass die Meinen den inneren Tempel errichten und das ausführen, was dem Geschlecht David und Einzelnen aus anderen Geschlechtern geboten war und ist: das Reich Gottes, das Friedensreich Jesu Christi zu gründen und zu erbauen.

Es kamen also Unstimmigkeiten auf. Jedoch alle, die wahre Nachfolger wurden und Meiner Lehre treu blieben, empfingen das gerechte Wort, das Gesetz des Lebens. Die es fassen konnten, empfingen es mit innerer Freude und Dankbarkeit.

14. Und wie sie am Tage des Herrn, nachdem der Sabbat vorüber war, versammelt waren und das heilige Opfer darbrachten, vermissten sie Maria und Joseph, die Eltern Jesu. Und sie suchten nach ihnen, fanden sie aber nicht.

15. Und einige unter ihnen sagten: „Sicher hat sie der Herr hinweggenommen wie Magdalena." Und sie wurden von Scheu erfüllt und sangen das Lob Gottes. (Kap. 96, 14-15)

Ich, Christus, erkläre, berichtige
und vertiefe das Wort:

Mein Ziehvater war zu dieser Zeit ein Wesen in Gott und nicht mehr Mensch. Er war unter den vielen Unsichtbaren, die sich für die Erfüllung des Auftrages vorbereiteten. Die einen blieben im Geiste, dienten Mir im Geiste und unsichtbar denen, die im Erdenkleid waren. Die anderen bereiteten sich auf die Einverleibung vor, um Mir, dem Christus, als Menschen zu dienen.

Maria hatte Ich Johannes anvertraut. An einem stillen Ort war sie im Gebet mit Mir verbunden und mit allen, die sie im Geiste umgaben.

In der Zeit kurz nach Meiner Auferstehung und Himmelfahrt, auch nach dem Einfließen des Heiligen Geistes, war unter den Aposteln und Jüngern und unter denen, die sich zu ihnen gesellt hatten, eine große Unsicherheit; sie führte zu Unstimmigkeiten.

Jede Unstimmigkeit hat ihre Stimmen. Die einen verstanden Meine Lehre und Meine Gleichnisse dem Sinne nach, so, wie sie es entsprechend ihrem geistigen Bewusstsein fassen konnten; die anderen hielten an ihren Vorstellungen fest und glaubten, die Wahrheit müsse so sein, wie sie Meine Lehre und meine Gleichnisse mit ihrem Verstand erfasst hatten.

Von Meiner Himmelfahrt an blieben diese Unstimmigkeiten bestehen bis zur Auflösung der ersten Urgemeinden. Daraus gingen dann Obrigkeiten hervor. Diese entschieden über das, was richtig sein sollte, und machten aus Meiner Lehre – deren Inhalt das Gesetz des Lebens und die Freiheit des Willens ist – eine bindende Glaubenslehre. Dadurch wurden die Worte, die zuerst Symbole waren, die das Innere Leben verständlich machten, in eine menschliche Denk-Welt eingereiht. Unter dem Deckmantel Meines Namens, Christus, wählten sie Obrigkeiten wie Hirten, Priester und andere mehr. In Meinem Namen bauten sie im Laufe der Zeit eine konfessionelle Hierarchie auf mit prunkvollen Gotteshäusern und Domen und Palästen, in denen sie residierten. Dadurch erstarrte das Christentum und wurde eine Institution mit Dogmen, Glaubenssätzen, Kulten, weltlicher Herrschaft, kirchlichen Abgaben und Steuern und vielem mehr.

Da sie in ihrem Herzen verarmt waren, nahmen sie in ihr konfessionelles Lehrgebäude immer mehr heidnische Kulte auf, um den Menschen dafür äußere Feiern darzubieten, die sie mit viel Zeremoniell ausschmückten, um ihre Gläubigen zu stimulieren. Sie nannten das christliche Feiern, die zur Ehre Gottes sein sollten. In Wirklichkeit waren es – und sind es teilweise heute noch – Fangschlingen, mit denen sie ihre Gläubigen an sich gebunden haben und binden. Die Kirchengesetze, die Dogmen, die Glaubenssätze, die Strukturen und Bräuche wurden für viele zu Gefängnissen, aus denen es schwer ist herauszukommen.

Das Gebot der Freiheit beachteten und beachten sie nicht; sie bestimmten und bestimmen zum Beispiel, dass die Menschen als Kinder zuerst getauft werden müssten, bevor sie belehrt werden und die Segnungen der Kirche empfangen können.

Das Gebot der Freiheit lautet jedoch: Lehret zuerst. Das heißt: Lehret eure Kinder die Gesetze des Lebens – und so sie diese halten und im täglichen Leben erfüllen, werden sie von Mir, dem Geist Christi, mit dem Geist der Wahrheit getauft werden, da sie in die Wahrheit eingetaucht sind, in das Gesetz des Lebens. Wer jedoch selbst nicht mehr unterscheiden kann zwischen Wahrheit und Brauchtum, wer auf die Schleier der Traditionen blickt, der sieht nur noch Kirchengebote und Lehrsätze, Zeremonien und Kulte und glaubt, all dieses Menschenwerk gehöre zur Lehre des Nazareners, weil alles mit Meinem Namen verbrämt wurde und noch wird.

In Mir, dem Christus, gibt es eine Herde, und Ich Bin der eine Hirte.

In Mir, dem Christus, gibt es keine Obrigkeiten und kein Obrigkeitsdenken – und deshalb auch keine Hörigkeit. In Mir, dem Christus, gibt es einzig Brüder und Schwestern, die im ewigen Vater und in Mir leben und die eines Geistes sind.

Im ewigen Sein gibt es die sieben Cherubim und Seraphim, die Fürsten der Himmel, und die Ältesten. Doch sie sind allen Geistwesen gleichgestellt: Alle sind des Vaters Kinder – ohne Ausnahme. Die Namen – wie Cherubim, Seraphim und Älteste sind Weisungsnamen, die auf entsprechende, schöpfungsbedingte Aufgaben hinweisen.

16. Und der Geist Gottes kam über die Apostel und die Propheten unter ihnen, und da sie sich erinnerten, was der Herr sie gelehrt hatte, bekannten und priesen sie Gott alle mit einer Stimme und sprachen: (Kap. 96, 16)

Ich, Christus, erkläre, berichtige
und vertiefe das Wort:

„... mit einer Stimme" heißt: Sie waren einer Gesinnung. Der Gleichklang der Gesinnung bewirkt allmählich die Freiheit und Einheit in Mir, dem Christus.

17. „Wir glauben an Einen Gott: den Unendlichen, den geheimen Ursprung, den ewigen Vater, von dem alle Dinge kommen, die unsichtbaren und die sichtbaren. Dem All in allem durch alles und um alles. Der heilige Eine, in dem alle Dinge bestehen, was war, was ist und was sein wird.

18. Wir glauben an einen Herrn, unsere Herrin, den vollkommenen heiligen Christus: Gott von Gott, Licht vom Lichte gezeuget. Unser Herr, der Vater, Bräutigam und Sohn. Unsere Herrin, die Mutter, die Braut und die Tochter. Drei Gestalten in Einer ungeteilten Wesenheit. Eine zweifache Dreieinigkeit. Dass Gott offenbar werde als der Vater, Bräutigam und Sohn von jeder Seele, und dass jede Seele vollkommen werde als die Mutter, die Braut und die Tochter Gottes.

*19. Und dies durch das Aufsteigen der Seele in den Geist und das Herabsteigen des Geistes in die Seele. Der Geist kommt vom Himmel und ist Fleisch geworden aus der ewig gesegneten Jungfrau, in Jesus und jedem Christus Gottes *, und wurde geboren und lehrte den Weg des Lebens und litt unter den weltlichen Herrschern und wurde gekreuzigt und begraben und stieg hinab zu der Hölle. Und der wieder aufersteht und auffährt in Herrlichkeit, von wo Er allen das Licht und das Leben spendet.*

20. Wir glauben an den siebenfachen Geist Gottes, den Lebensspender, der aus den Heiligen Zwei hervorgeht, der über Jesus kommt und über alle, die treu sind dem inneren Licht; der in der Gemeinde wohnt, in dem von Gott erwählten Israel; der immerdar in die Welt kommt und jede Seele erleuchtet, die da sucht; der das Gesetz gibt, das die Lebenden und die Toten richtet; der durch die Propheten aller Zeiten und Länder spricht.

21. Wir glauben an eine heilige allgemeine und apostolische Gemeinde: die Zeugin aller Wahrheit, die Erhalterin und Spenderin derselben. Erschaffen vom Geiste und dem Feuer Gottes; genähret von den Wassern, Saaten und Früchten der Erde. Die durch den Geist des Lebens, ihre zwölf Bücher und Sakramente, ihre heiligen Worte und Werke die Erwählten in einer mystischen Vereinigung zusammenschließt und die Menschheit mit Gott vereinigt,

---

*   *Soll dem Sinn nach heißen: in Jesus, dem Christus Gottes.*

die uns zu Teilhabern des Göttlichen Lebens und Wesens macht, dieses bezeugend in den heiligen Symbolen.

22. Und wir erwarten die Wiederkehr des allumfassenden Christus und des Reiches Gottes, worin Gerechtigkeit besteht. Und die heilige Stadt, welche zwölf Tore hat: Darin sind der Tempel und der Altar Gottes. Von wo drei Ordnungen in vierfachem Amte hervorgehen, alle Wahrheit zu lehren und das tägliche Opfer des Lobpreises darzubringen.

23. Und so innen wie außen. Im großen wie im kleinen. So oben wie unten, wie im Himmel, so auch auf Erden. Wir glauben an die Läuterung der Seele durch viele Geburten und Erfahrungen, die Auferstehung von den Toten, an das ewige Leben aller Gerechten, von Ewigkeit zu Ewigkeit und Ruhe in Gott für immer. – Amen." (Kap. 96, 17-23)

Ich, Christus, erkläre, berichtige
und vertiefe dieses Bekenntnis des Glaubens
nach den Gesetzen des Lebens:

(17. Vers) „.... den geheimen Ursprung" soll heißen: den geheiligten Ursprung. Denn in Gott gibt es keine Geheimnisse.

(18. Vers) In der Aussage „unsere Herrin" ist das Mutter-Prinzip im Vater-Mutter-Gott gemeint.

„Gott von Gott, Licht vom Lichte gezeugt" heißt: Der Christus ist der Sohn Gottes, der aus dem Vater-Mutter-

Gott hervorging, der Geschaute, der in einigen Aspekten Inneren Lebens geschaffen und in weiteren Aspekten Inneren Lebens gezeugt ist, der Sohn aus dem heiligen, ewigen Vater und der Mutter.

Im Vater-Mutter-Prinzip ist auch die Tochter, das weibliche Prinzip, welches mehr Mutteranteile hat.

Der Bräutigam und die Braut symbolisieren die Verbindung – auch Vermählung genannt – der beiden Kräfte Positiv und Negativ, männlich und weiblich, Vater und Mutter.

„Drei Gestalten" bedeutet: Drei Kräfte, die positive Kraft, der positive Pol, das gebende Prinzip, die Vaterkraft – die negative Kraft, das negative Pol, das empfangende Prinzip, die Mutterkraft. Beide Kräfte zusammen, das Vater-Mutter-Prinzip, werden auch die Urkraft oder der Heilige Geist genannt, in dem die Teilkraft wirksam ist, die allgegenwärtige Kraft des Mitregenten, des Christus Gottes. Da alle Kräfte in allem enthalten sind, so sind die drei Kräfte – die Vater-Mutter-Kräfte und die Teilkraft in der Urkraft, die Christus-Gottes-Kraft – ungeteilt in jedem Wesen enthalten.

Da alle Kräfte in allen Wesen aus Gott enthalten sind, so verkörpert das Vater-Prinzip den Sohn und der Sohn den Vater. Das Mutter-Prinzip verkörpert die Tochter und die Tochter die Mutter.

Der Bräutigam und die Braut symbolisieren die innere Verbindung, die Vermählung.

(19. Vers) „Und dies durch das Aufsteigen der Seele in den Geist und das Herabsteigen des Geistes in die Seele" besagt: Wer den ersten Schritt hin zum Geist des Lebens tut, dem kommt auch der Geist entgegen. Die Seele auf dem Wege zur Vollkommenheit steigt zum Geist des Lebens, zum Vater-Mutter-Gott, empor – und der Geist, der Vater-Mutter-Gott, kommt ihr entgegen.

So, wie die Seele ihr Erbe, die Kräfte der Unendlichkeit, wieder annimmt, in dem Maße fließt auch der Geist, Gott, das Vater-Mutter-Prinzip, in sie ein, wodurch sie wieder die Vollendung in Gott, dem Vater-Mutter-Prinzip, erlangt.

„Der Geist kommt vom Himmel und ist Fleisch geworden aus der ewig gesegneten Jungfrau" heißt: Der Geist des Christus Gottes kam im Sohn Gottes in diese Welt. Er war und ist der Mitregent der Himmel, der Sohn, der in Jesus zum Christus wurde, zum Erlöser.

Die Naturgesetze sind edle Gesetze, so sie der Mensch rein hält. Durch die reine Zeugung gebar Ich, der Sohn Gottes, Mich in die junge Frau ein, welche die Mutter des Jesus wurde. „Jungfrau" heißt: junge Frau.

Als Jesus von Nazareth lehrte Ich die heiligen Gesetze Gottes und lebte sie den Menschen vor. In Lehre und Leben zeigte Ich ihnen den Weg in das ewige Leben. Ich litt unter den weltlichen Herrschern und wurde gekreuzigt, weil Mich die Meinen, zu denen Ich kam, nicht an- und aufnahmen.

Der Leib Jesu wurde ins Grab gelegt und dann vergöttlicht durch die Umwandlung der Materie in göttliche Substanz.

Als der Christus Gottes, der Erlöser, stieg Ich „hinab in die Hölle", indem Ich alle Fallreiche durchstrahlte und sie zu Reinigungsebenen machte.

Der Auferstandene, der zu Gott, dem ewigen Vater, aufgefahren ist und als Mitregent der Himmel wieder in Gott lebt, wird in aller Herrlichkeit wiederkommen, wenn das Reich Gottes auf Erden errichtet ist.

Mein Geist, die erlösende Kraft, ist in allen Seelen und Menschen. Wer sich Mir, dem Christus Gottes, dem Erlöser, zuwendet durch die Erfüllung der Gesetze, der empfängt immer mehr Licht und Kraft und wird in das Leben eingehen, das Ich Bin.

(20. Vers) „... siebenfachen Geist Gottes" bedeutet: Es sind die sieben Grundkräfte Gottes, welche allem Sein das Leben spenden. Diese sieben Grundkräfte Gottes sind das allgegenwärtige Gesetz, Gott, das Leben in allem, was ist.

Die „Heiligen Zwei" bedeutet: zwei Urkräfte; die gebende und die empfangende Kraft – das Männliche, der Vater, und das Weibliche, die Mutter.

Die zwei Urkräfte bilden den Kern der Urzentralsonne, die das Lebenskraftwerk der Schöpfung ist, von welcher das Leben – die sieben Grundkräfte – in die sieben Prismensonnen strömt. In den sieben Prismensonnen wird das Urlicht – die sieben Grundkräfte, die Urkraft – zerlegt und strahlt in siebenmal sieben Kräften in das All. Die siebenmal sieben Kräfte werden auch die Bewusstseinsstrahlung genannt. Denn sie durchstrahlen alle Bewusstseinsaspekte der Unendlichkeit, einschließlich der Materie.

Es ist der Geist, Gott, in Mir, dem Christus, der in den wahren christlichen Gemeinden wohnt und wirkt und in den Gliedern der Gemeinden, die den Willen des Ewigen in Mir, dem Christus, erfüllen.

Der Geist, Gott, in Mir, dem Christus, hat das Neue Jerusalem im Neuen Israel erwählt und gegründet. Von dort aus strahlt das Leben über die ganze Erde und von den lichten Menschen und von der gereinigten Erde aus in die Reinigungsebenen zu allen Seelen.

Der Geist, Gott, die Wahrheit, strahlt in Mir, dem Christus, in diese Welt. Wer sucht, indem er nach den Geboten Inneren Lebens strebt, der wird zum Gesetz, Gott, finden und zum ewigen Gesetz werden, das Ich, Christus, in Gott, Meinem und eurem Vater, Bin.

„... der das Gesetz gibt, das die Lebenden und die Toten richtet" bedeutet: Wer das Gesetz, Gott, lebt, geht ein in das Gesetz, Gott, in die ewige Wahrheit.

Das Gesetz Inneren Lebens macht nicht halt, weder vor Menschen noch vor den Hingeschiedenen, den sogenannten „Toten", den Seelen in den Reichen jenseits der Bewusstseinsschleier, die zwischen Diesseits und Jenseits liegen.

Wer gegen das Gesetz, Gott, verstößt, der richtet sich selbst in dem Maße, in welchem er gegen das Gesetz des Lebens, die ewige Wahrheit, verstoßen hat.

Wahrlich, zu allen Zeiten – in den zurückliegenden und in der gegenwärtigen – sprach und spricht der Geist, Gott, durch wahre Propheten.

Mein Wort, das Wort des Geistes, ist unbegrenzt. Es strömt durch alle Zeiten und in alle Länder. Und wer im Geiste des Lebens erwacht ist, der kennt Meine Stimme. Ja, Meine Schafe kennen Meine Stimme, einerlei, in welchem Land sie als Menschen leben.

(21. Vers) „Wir glauben an eine heilige allgemeine und apostolische Gemeinde" bedeutet:

Auf die Grundpfeiler Inneren Lebens, auf welche Meine wahren Apostel und Jünger die Urgemeinden gegründet haben, soll aufgebaut werden. Der Geist der Gemeinde ist der allein Heilige. Erfüllen die Glieder der Gemeinde das Gesetz des Lebens, indem sie in der Wahrheit leben, dann sind sie die Seligen. Diese Seligen, die Brüder und Schwestern, die in Meinem Geiste leben, bilden die wahre Gemeinde.

Sie sind die Zeugen der Wahrheit, und die Gemeinde, die sich aus ihnen bildet, ist die Erhalterin und die Spenderin der Wahrheit. Alles andere sind menschliche Vorstellungen und auch Machenschaften, die nichts mit Mir, dem Christus, gemeinsam haben.

Wer in Mir, dem Christus, lebt, der lebt in Gott und vollbringt die Werke Gottes – auch in dieser Welt.

In den wahren Gemeinden in Mir, dem Christus, gibt es keine Hochgestellten und Untergebenen. Die wahren Gemeinden in Mir, dem Christus, bestehen aus Brüdern und Schwestern, die sich bemühen, den Willen Gottes zu erfüllen, und die ihn schon erfüllen. Diese Gemeinden in Mir, dem Christus, sind vom Geist des Lebens geschaffen und vom Feuer Gottes durchdrungen.

Wer vom Feuer Gottes durchglüht ist, der erfüllt die Gesetze Gottes. Er ist für alle Menschen und auch für die Naturreiche. Und so lebt er mit allen Menschen im Herzen. Er schätzt und achtet das Leben in der Natur, und er wird von Gott über die Erde erhalten und ernährt, von den Wassern, den Saaten und den Früchten.

Die folgende Niederschrift: „Die durch den Geist des Lebens, ihre zwölf Bücher und Sakramente, ihre heiligen Worte und Werke die Erwählten in einer mystischen Vereinigung zusammenschließt und die Menschheit mit Gott vereinigt, die uns zu Teilhabern des Göttlichen Lebens und Wesens macht, dieses bezeugend in den heiligen Symbolen" wurde von Menschen in die Urgemeinden gebracht. Es entspricht nicht dem ewigen Gesetz.

Wer wahrlich nach dem Gesetz Gottes lebt, der ist ein reiner Tempel Gottes. Er benötigt keine Bücher, Sakramente und Symbole. Er ist zum heiligen Wort, zum Gesetz, Gott, geworden.

Wer zum Gesetz Gottes geworden ist, dem bleibt nichts verschlossen. Das Leben in Gott ist das Gesetz, Gott, und wer im ewigen Gesetz lebt, der kennt auch alle Gesetzmäßigkeiten Gottes – denn er ist vom Urlicht durchstrahlt, von den sieben Grundkräften des Lebens, die ihm alles offenbaren. Daraus schöpft und gibt er.

Das sind die Menschen, die sich wahrlich in Meinem Namen zusammenfinden, die wahre Teilhaber des göttlichen Lebens sind.

Mystisches Leben bedeutet innere Verbindung im Tempel des Inneren mit allen zu Gott Strebenden. Das war Mein Anliegen als Jesus von Nazareth; das ist auch Mein Anliegen als Christus Gottes. Mit Menschen, die sich bemühen, Gottes Willen zu erfüllen, und die schon in der Erfüllung leben, werde Ich im werdenden Reich Gottes auf Erden, im entstehenden Friedensreich Jesu Christi, den Meinen das Innere Leben nahebringen. Hat das Reich Gottes, das Friedensreich Jesu Christi, die Erde umspannt, dann werden im Reiche Gottes auf Erden Menschen leben, die weder religiöse Bücher für ihr Leben benötigen noch Zeremonien, Kulte, Riten, Sakramente und dergleichen. Sie sind in Gott geeint, weil sie in Mir, dem Christus, leben. Sie erfüllen das ewige Gesetz und wissen so um alle Dinge des Lebens.

Das Buch „Das ist Mein Wort" wird für sie ein historisches Nachschlagewerk, das ihnen zum Verständnis der zurückliegenden Geschehnisse dient, aus welchen sie das

Für und Wider der Menschheit erkennen, das sich in und unter den Seelen – in den Seelenreichen – noch weiter fortsetzt.

(22. Vers) Das Wiederkommen des Christus Gottes, der Ich Bin, steht bevor. In der heutigen Zeit und in weiteren Zeitepochen errichte Ich nach und nach das Reich Gottes auf Erden, in welchem Friede, Einheit und Gerechtigkeit walten.

„Und die heilige Stadt, welche zwölf Tore hat" ist das Neue Jerusalem auf Erden. Denn von dort aus strahlt das Licht des Ewigen in Mir, dem Christus, die Gesetze Inneren Lebens zu allen Gemeinden. Die Bewohner des Reiches Gottes auf Erden werden diese erkennen, anerkennen und halten, und es wird Ordnung sein. Das Amt jedes einzelnen Gliedes der Gemeinde ist der selbstlose Dienst, mit dem alle Glieder der Gemeinden Gott loben und preisen.

(23. Vers) „Und so innen wie außen. Im großen wie im kleinen. So oben wie unten, wie im Himmel, so auch auf Erden" bedeutet:

Gott ist allgegenwärtig. So, wie es im Innersten, dem Reinen, ist, so ist es auch im äußeren Sein. So wie es oben, das heißt, im Himmel, ist, so wird es auch auf Erden werden: rein.

Die Erde ist in ihrer irdischen Struktur nur der Abglanz der Himmel, jedoch nicht der Himmel selbst. Durch die Kraft der Liebe wird jedoch auch der Himmel auf die Erde kommen, das Reine zu den Reinen. Denn die Seelen werden sich läutern durch die Kraft des Christus, die Ich Bin – und sei es, dass sie durch viele irdische Geburten und Erfahrungen gehen werden, bis sie sich selbst erkennen und ihr erkanntes Menschliches, die Sünde, bereuen, um Vergebung bitten und vergeben und das wiedergutmachen, was sie verursacht haben, und dann nicht mehr sündigen. Sie werden vom geistigen Tod erwachen und auferstehen in das ewige Leben und als reine Wesen aus Gott wieder zu Gott, ihrem Vater, zurückkehren, von dem sie als reine Wesen ausgegangen sind. Im ewigen Sein werden sie dann mit allen reinen Wesen in Liebe, Weisheit und Gerechtigkeit leben und wirken, und die Liebe und Herrlichkeit wird kein Ende haben. Denn das ewige Licht, Gott, in dem sie leben, ist, wie sie alle sind – von Ewigkeit zu Ewigkeit.

Wer in Mir lebt, der bedarf keines Glaubensbekenntnisses, denn er lebt das Gesetz – so, wie die Wesen der Himmel das Gesetz sind und leben.

24. Und wie die Wolken des Weihrauches aufstiegen, da wurde der Klang vieler Glocken gehört, und eine Menge der Himmelsscharen pries Gott und sprach:

25. „Ruhm, Ehre, Lob und Preis sei Gott, dem Vater, Bräutigam und Sohne, eins mit der Mutter, Braut und Tochter, von dem der Ewige Geist hervorgeht, durch den alle Wesen geschaffen sind. Von aller Ewigkeit, jetzt und in alle Ewigkeit – Amen – Allelujah, Allelujah, Allelujah. (Kap. 96, 24-25)

Ich, Christus, erkläre, berichtige
und vertiefe das Wort:

Der Mensch in Gott bedarf keiner äußeren Formen und Riten. Der Klang der sogenannten Glocken sind dann die Melodien der Himmel, die eine lichte Seele, ein reines Herz, durchströmen, weil das Wesen aus dem Vater-Mutter-Gott wieder in Gott, dem Vater und der Mutter, lebt. Das ist der Weg jeder Seele, in der Ich, Christus, Bin. Ich Bin der Weg, die Wahrheit und das Leben.

Wer Mir nachfolgt, wird zum Tempel der Liebe. Dieser Tempel hat keine äußeren Gebräuche. In ihm sind alle Menschen und Wesen aufgenommen und die ganze Schöpfung. Wer in diesem Tempel lebt, in seinem Innersten, dem Heiligtum Gottes, der wird mit den Wesen aus Gott den Ewigen rühmen, ehren, loben und preisen durch die Erfüllung des heiligen Gesetzes, das Gott ist, der Vater-Mutter-Gott. Der Ewige schaute und schaut alle Wesen und gab und gibt den Himmel, in dem sie leben ewiglich.

26. Und wenn irgendeiner von den Worten dieses Evangeliums nimmt oder hinzufügt oder wie unter einem Scheffel das Licht desselben verbirgt, das Licht, das uns, den zwölf Zeugen, erwählet von Gott zur Erleuchtung der Welt, zu ihrer Erlösung, durch den Heiligen Geist gegeben ist: Lasset ihn sein Anathema Maranatha, bis zum Erscheinen des Christus Jesus, unseres Erlösers, mit allen Heiligen. Amen." (Kap. 96, 26)

Ich, Christus, erkläre, berichtige
und vertiefe das Wort:

Ich Bin der Christus Gottes, der Weg, die Wahrheit und
das Leben.

Ich Bin die Wahrheit, und die Wahrheit, die Ich Bin,
leuchtet in unzähligen Facetten in diese Welt.

Das sogenannte „Evangelium Jesu" ist eine der vielen
Facetten der Wahrheit. Nicht irgendein Mensch, sondern
Ich, der Christus Gottes, nahm es, erklärte, berichtigte und
vertiefte es und gab weiteres Licht, also weitere Facetten
der Wahrheit, hinzu, auf dass die Menschen der gegenwärtigen Generation und der zukünftigen Generationen
die ewige Wahrheit, Mich, den Christus Gottes, aus mehreren Facetten der Wahrheit leuchten sehen.

Ich Bin die Wahrheit, und die Wahrheit gibt den Kindern
der Wahrheit – und so ist es die Wahrheit.

Ich, der Christus, verfluche und verwünsche keinen
Menschen. Das tun jene Menschen, die Mich, den
Christus, die Wahrheit, für ihre menschlichen Zwecke
missbrauchen, sich selbst an.

Ich Bin das Evangelium der Wahrheit, und die Wahrheit,
die Ich Bin, gibt den Generationen so, wie sie es heute
und zukünftig im Lichte der Wahrheit verstehen können.

*Hier endet das Heilige Evangelium des vollkommenen
Lebens von Jesus, dem Christus, dem Sohne Davids dem
Fleische nach, dem Sohne Gottes dem Geiste nach.*

Hier endet ebenso das Evangelium der heiligen Zwölf, das ursprünglich von den Aposteln festgehalten und später den wahren Nachfolgern des Meisters übergeben wurde in den frühen Tagen der Gemeinde von Jerusalem.

Ehre sei Gott, durch dessen Kraft dies geschrieben worden ist!

Ich, Christus, erkläre, berichtige
und vertiefe das Wort:

„Hier endet das heilige Evangelium des vollkommenen Lebens von Jesus, dem Christus, dem Sohne Davids, dem Fleische nach, dem Sohne Gottes dem Geiste nach" bedeutet: Hier endet das Buch „Das Evangelium Jesu", welches in das Werk „Das ist Mein Wort" aufgenommen wurde, das aus der Wahrheit gegeben ist.

Nur das Äußere kann ein Ende haben, jedoch nicht das, was göttlich ist. Es strömt und strömt und hat immer etwas zu sagen. Es ist das Gesetz des Lebens, das beständige Offenbarung ist.

Deshalb lasst das Leben hinausströmen über das Werk „Das ist Mein Wort", welches zugleich ein historisches Nachschlagewerk ist. So ihr nicht nach dem Buchstaben trachtet, sondern den Sinn erfasst, öffnen sich für euch die Himmel, die Ich in Meinen durch Menschenmund gegebenen Worten offenbar werden lasse für alle jene, die dem Himmel zustreben durch die wahre Nachfolge.

Die seligen Empfindungen des Jesus – des Sohnes Davids dem Fleische nach, des Sohnes Gottes dem Geiste nach – enden nie. Sie waren in Mir, dem Jesus, rein und sind in Mir, dem Christus, eins mit allen, die ähnlich empfinden wie Jesus.

Über die Bundgemeinde Neues Jerusalem und über alle universellen Urgemeinden geht dieses Werk, „Das ist Mein Wort", in diese Welt zu den Kindern Gottes und zu den Kindern der Welt.* Als Kinder Gottes werden sich alle in Mir, dem Christus, einen. Das ist die Wahrheit. Denn kein Schaf wird verloren gehen. Auch die Kinder der Welt werden bewusst Kinder des Lichtes werden, weil auch sie das Licht des Ewigen, das ewige Leben, in sich tragen.

Ich Bin der Christus Gottes, der als Jesus in diese Welt kam und das vollbrachte, was zur Einigung aller Völker führt und zur Reinigung der Erde und zur Verfeinerung und Assimilierung aller grobstofflichen Formen. Denn Gott ist Geist, ist feinstoffliches, reines Leben. Alles wird wieder in das reine Sein zurückgeführt werden durch die Urkraft, Gott, das Vater-Mutter-Prinzip, und durch die Teilkraft der Urkraft, durch den Sohn und Mitregenten der Himmel, der zu den Seinen im Friedensreich Jesu Christi als Jaehowea kommt, als Bruder zu den Brüdern und Schwestern, die sich im Erdenkleid befinden.

Ich Bin Christus in Gott, eurem und Meinem Vater, das Leben von Ewigkeit zu Ewigkeit.

---

* *Siehe Fußnote Seite 730.*

Nachwort

Das ist, das war und das wird sein:
das Leben im Geiste Gottes.

Mein Wort ist gegeben für gestern,
heute und für die Zukunft.
In Mir, dem Christus, ist alles Gegenwart,
da Ich unvergänglich Bin.
In Mir ist alles beschlossen
und für die Meinen offenbar.
Was für die Menschen noch Zukunft ist,
das ist in Mir Gegenwart.
Mein Wort ist das Wort der Gegenwart.
Was sein wird, ist in Mir
und ist auch in Mir schon vollendet.

Jeglicher Kampf gegen deinen Nächsten
ist schon dein Ende.
Wer gegen seinen Nächsten kämpft,
der ist schon vergangen.
Deshalb ist die Welt nach dem
Gesetz Inneren Lebens schon vergangen,
und das Ich Bin ist schon wirksam:
der Friede.

Ich Bin der Friede.

**Ich Bin der Herr, euer Gott, der Einzig-Eine
von Ewigkeit zu Ewigkeit
Ich offenbare den Menschen aus dem ewigen Gesetz
die Gesetze des Lebens
für das Friedensreich Jesu Christi**

Das Reich Gottes auf Erden ist in Mir, eurem Vater, und in Christus, dem Herrscher des Friedensreiches.

Ich Bin der Herr, euer Gott, der Ewige, der Eine, das Gesetz des Lebens. Euer Gott, der Ich Bin, ist mit euch.

Mein Sohn, der Christus Gottes, ist der Herrscher des Reiches Gottes auf dieser Erde. Er hat als Jesus von Nazareth den Menschen die Gesetze des Lebens gebracht und vorgelebt. Als Christus, der Erlöser aller Menschen und Seelen, hat Er sie wieder offenbart durch den inkarnierten Teilstrahl der göttlichen Weisheit.

Der Herrscher ist mit den Seinen, und die Seinen halten die ewigen Gesetze.

Die Gesetze des Friedensreiches Jesu Christi sind Auszüge aus den ewigen Gesetzen. Diese Auszüge gelten für die dreidimensionale Welt, in der Meine Kinder im Erdenkleid, also im Kleide der Materie, leben. Menschen wird es so lange geben, wie die Erde Früchte hervorbringt, um Mensch und Tier zu ernähren.

Erkennet: Die Unendlichkeit ist absolute Ordnung. Sie besteht aus unzähligen Sonnen, Speicherplaneten und Wohnplaneten. Jeder Wohnplanet der Himmel trägt reine Wesen; jeder Wohnplanet in den Reinigungsebenen trägt Seelen – und der materielle Wohnplanet, die Erde, trägt Menschen.

Mein Absolutes Gesetz ist das gebende und empfangende Leben. Jeder Planet, der reiner Urstoff ist, schwingt in Meinem Absoluten Gesetz. Die Wesen des Lichtes, welche die reinen, feinstofflichen Planeten bewohnen, bilden mit ihren Wohnplaneten eine absolute Einheit in der Einheit des großen Ganzen, im Strahlungsgesetz, Gott. Mit menschlichen Worten euch nahegebracht, heißt das: Einer für alle, alle für Einen.

Der Evolutionsprozess vollzieht sich in den Reinigungsebenen und in den Vorbereitungsebenen sowie auch in den materiellen Gestirnen, einschließlich des Wohnplaneten Erde. Er mündet in das Einheitsgesetz, in das göttliche Strahlungsgesetz ein.

Vom Erdplaneten mit seinen Bewohnern beginnend, werden nach und nach alle materiellen Gestirne so weit vergeistigt, dass sich die reinen Teile in den Planeten, die „Planetenseelen", ohne große Schwierigkeiten entbinden können, wenn hierfür die Zeit reif ist, um sich dann wieder in das Strahlungsgesetz, in das ewige Gesetz, einzugliedern.

Diese mächtige Umwandlung von Materie in feinere Substanzen höherer Schwingung vollzieht sich von der Erde aus. Das heißt: Zuerst verfeinert sich die Seelen- und Körperschwingung der Menschen, und dann – von den Menschen ausgehend – geschieht die Umwandlung der gröbsten Struktur, der Erde. Infolge der Verfeinerung des Menschen und der Erde vollzieht sich sodann ebenso – schrittweise – das Lichtwerden der Materie aller materiellen Gestirne. Die Verfeinerung geschieht durch die Reinigung der Menschen und der Erde – durch Menschen, welche sich Mir, dem Geist der Wahrheit, zuwenden und befolgen, was Ich ihnen geboten habe: ihre Fehler und Sünden zu erkennen, um Vergebung zu bitten, ihrem Nächsten zu vergeben, und, so es nötig ist, das wiedergutzumachen, was zur Sünde geführt hat, und nicht mehr gleiche oder ähnliche Sünden zu begehen. Dann erst ist es Mir möglich, durch sie zu wirken, weil sie Meinen Willen erfüllen: das Gesetz der Liebe, des Lebens und der Freiheit.

Wer sich in diesen Evolutionsprozess eingliedert, der wirkt mit, das gesamte Strahlungsgesetz der Erde zu erneuern und die Erde in ihrer Schwingung anzuheben, so dass sie an Licht und Kraft zunimmt. Denn wer sich in Meinem Geiste reinigt, der erneuert sich und wird allmählich wieder das ewige Gesetz selbst – und dadurch göttlich. Er wird dann auch in diesem großen Evolutionsgeschehen mitwirken, so dass sich die Erlösung in allen Bereichen außerhalb der ewigen Himmel, des reinen Seins, in einem kürzeren Zyklus vollenden wird.

Die Erde ist im Begriff, sich zu reinigen, indem sie zunächst alles abschüttelt, was sie daran hindert, höherzuschwingen. Dadurch bietet sie den Menschen die Möglichkeit, auf ihr so zu leben, wie es Meinem Willen, Meinem Gesetz, entspricht. Diese mächtige Zeitenwende ist angebrochen. Ich, der Geist der Wahrheit, mache alles neu.

In dieser Umbruchszeit von der alten Welt zum Lichtzeitalter erfolgt auch ein Umbruch in vielen Meiner Menschenkinder. Sie spüren die Bewegungen Meines Geistes in sich und bemühen sich, Meine Kräfte, die Gesetze des Lebens, im Alltag umzusetzen. Jedoch wirken auch noch die Kausalenergien in ihnen, so dass viele hin- und herschwanken zwischen Mir, dem Geist der Ewigkeit, und der Materie: zwischen der Erfüllung der ewigen Gesetze und der Befolgung des Menschlichen, der menschlichen Wünsche und Leidenschaften. Dieses Hin und Her bewirkt die Schwankungen Meiner Menschenkinder.

Die Phase der Umgestaltung des Wesens Meiner Menschenkinder und auch der Umgestaltungen in und auf der Erde wird ihr Ende nehmen. In der Umbruchszeit greift immer wieder die Finsternis an, um ihr Territorium, die Erde, für sich zu retten. Daher gibt es in und unter allen Völkern immer wieder Einbrüche der Finsternis, Kampf und Frieden, ein Hin und Her, ein Für und Wider.

Die Einbrüche der dämonischen Kräfte werden noch zunehmen, weil die Menschen noch nicht genug in Mir, dem Geiste, gefestigt sind. Immer wieder werden sich Völker erheben und gegeneinander sein. Kampf, Not, Krankheit, Leid und Siechtum werden die Menschen hinwegraffen. Viele werden aus den Ballungszentren negativer Energie – also aus *jenen* Völkern – fliehen, in denen Kriege, Unruhen, Katastrophen, Krankheiten und Seuchen sich auswirken. Aus diesem Chaos von Ursachen und Wirkungen erwächst das neue Zeitalter, das Lichtzeitalter. Es nimmt auf der sich mehr und mehr reinigenden Erde immer deutlichere und umfangreichere Form und Gestalt an.

In derselben Weise, wie sich die Erde reinigt und die Lichtzeit emporsteigt, vergeistigen sich auch die Menschen, die ernsthaft und konsequent den Weg zu Mir, dem Ewigen, gehen. Aus den Trümmern des menschlichen Ichs entsteht ein neues Menschengeschlecht – Menschen in und mit Christus, das Christusgeschlecht.

Das Christusgeschlecht, das seine Wurzeln im Davidgeschlecht hat, bildet das Gottmenschentum, welches durch die Einhaltung der ewigen Gesetze geprägt ist. Der Herrscher der Gottmenschen, des Christusgeschlechtes, ist der Christus, Mein erstgeschauter und erstgeborener Sohn, der Mitregent der Himmel. Er ist der Herrscher des Reiches Gottes auf Erden, des Friedensreiches. Der Herrscher des Reiches Gottes, Mein Sohn, ist den Gottmenschen zugleich Bruder und Freund. Sie werden Ihn Jaehowea, den Göttlichen, nennen.

Ich, euer Herr und Gott, offenbare nun aus Meinem ewigen Gesetz die Auszüge für das Friedensreich Jesu Christi in der dreidimensionalen Welt.

Jetzt schon können sich Menschen, die dem Gottmenschentum zustreben, an diesen Gesetzmäßigkeiten
für das Reich Gottes auf Erden orientieren.

Gottmenschen ruhen in sich, in ihrem gereinigten
Tempel. Sie halten Mir, Gott, ihrem Herrn, die Treue, indem
sie die ewigen Gesetze halten. Die Treue Mir gegenüber
umfasst auch die Treue im Denken, Reden und Handeln
dem Nächsten gegenüber.

Dies ist ein Gebot und lautet: Bewahre in jeder Lebenssituation die Offenheit, dann hältst du auch deinem
Nächsten in Gott die Treue.

Der Himmel ist offen und dem Gottmenschen zugänglich, weil er in ihm aktiv und wirksam ist: das Gesetz der
Lauterkeit, der Gerechtigkeit, der absoluten, selbstlosen
Liebe. Deshalb darf es in deinem Herzen kein Arg geben
und keine Verschlossenheit.

Gottmenschen lieben einander selbstlos, so, wie Ich sie
liebe, ihr Herr und Gott. Jeder Gedanke, jedes Wort und
auch jede Handlung der Gottmenschen ist eine göttliche
Aktion.

Jede gesetzmäßige Aktion trägt in sich schon die
gesetzmäßige Reaktion, das ewig strömende Leben, das
Ich Bin.

Im Friedensreich Jesu Christi verschwenden die Meinen keine Energie mit unlauteren Empfindungen, Gedanken, Worten und Handlungen. Sie lassen das ewige Gesetz strömen, denn ihre Empfindungen, Gedanken, Worte und Handlungen sind das Absolute Gesetz – auch dann, wenn sie über Dinge und Ereignisse sprechen, wenn sie in freien Stunden oder vor oder nach dem Festmahl miteinander reden. Sie ruhen in Mir, und Ich, das ewige Gesetz, fließe durch sie hindurch, durch jede Empfindung, durch jeden Gedanken, durch jedes Wort, durch jede Handlung.

Die Gottmenschen im Friedensreich Jesu Christi leben in Zeit und Raum. Deshalb haben sie ihre vorgegebenen Zeiten, ihre Arbeitsstunden und ihre Freizeit.

Auch bei der Arbeit aktivieren sie mit gesetzmäßigen Empfindungen, Gedanken, Worten und Handlungen das durch sie fließende ewige Gesetz. Dieses beginnt dann, durch sie und ihrer Hände Arbeit verstärkt das zu bewirken und zu vollenden, was sie in den fließenden Strom, in das Gesetz, eingegeben haben. Ihr Leben ist Geben und Empfangen.

Gottmenschen erfüllen das Gesetz, das lautet: Jede Empfindung, jeder Gedanke, jedes Wort und jede Tätigkeit ist gesetzmäßig und daher Gebet. Gottmenschen werden also nicht mehr „im Schweiße ihres Angesichts ihr Brot verdienen".

Arbeit ist tätiges Beten. Gottmenschen leben gemeinsam, wirken und arbeiten gemeinsam, weil Einer für alle ist und alle für Einen: Christus. Deshalb sondern sie sich nicht voneinander ab und gestalten auch ihre Freizeiten gemeinsam, gesetzmäßig.

Auch in ihren Wohngemeinschaften werden sie ebenso nach dieser hohen Ethik und Moral leben, so dass sie jederzeit vor Meinem Angesicht als edle, reine Wesen erscheinen können.

Gottmenschen leben in der Einheit mit den Naturreichen, und die Tiere und Pflanzen dienen ihnen. Deshalb werden sie die Erde gesetzmäßig besitzen.

Die Gottmenschen im Friedensreich Jesu Christi wirken mit ihren entfalteten geistigen Talenten und Fähigkeiten *auf* der Erde und *für* die Erde, die dreidimensionale Welt. Die ganze Erde, der Planet Gottes, des Schöpfers, wird ein einziger Garten Gottes sein, in welchem sich die Wohnstätten der Gottmenschen harmonisch in die Landschaft einfügen. Ebenso sind ihre Werkstätten in die Landschaft einbezogen. Dort arbeiten und wirken sie im Dienste für ihre Nächsten.

Die schöpferischen Kräfte des Dienens, des Gebens und Empfangens sind also im göttlichen Menschen entfaltet: Der Gottmensch hat Gemeinschaftssinn. Er ist in Einheit mit Gott und seinem Nächsten und pflegt die Gemeinschaft mit allen Brüdern und Schwestern. Sein Leben ist Geben und Empfangen. Der Gottmensch hat keine Besitzansprüche, denn er lebt in der Fülle; alles gehört ihm.

Er arbeitet nicht der Taler, des sogenannten Geldes, wegen, sondern für die Gemeinschaft, für das große Ganze.

Der Gottmensch ist Besitzer der Unendlichkeit, weil die Fülle aus Gott in ihm lebendig ist und er dadurch das große Ganze, die Unendlichkeit, als sein Eigen weiß.

Er nennt alles sein Eigentum, erhält und pflegt es nach den ewigen Gesetzen der Einheit und der Gemeinsamkeit. Er weiß: Besitz verpflichtet.

Der Gottmensch ist gütig und strömt Liebe aus. In allen Dingen seines Lebens verkörpert er seinen göttlichen Bruder, den Herrscher des Friedensreiches, Christus, durch gesetzmäßiges Empfinden, Denken, Leben und Handeln.

Die Gedanken der Gottmenschen sind Lichtgedanken und kennen keine Einengung. Daher sind auch ihre Wohnstätten nicht abgegrenzt durch Zäune oder Mauern. So, wie sie eins sind mit Gott, dem Ewigen, der Ich Bin, und mit dem Herrscher des Friedensreiches, ihrem Bruder Jaehowea, dem Göttlichen, so sind sie auch untereinander in selbstloser Liebe verbunden.

Sie fühlen sich als eine große Einheit in Gott, als die Familie Gottes auf Erden, in welcher die einzelnen Familien leben. Unter ihnen wird nicht gefreit.

Die göttlichen Menschen finden nach den ewigen Gesetzen zusammen; das heißt, sie verbinden sich als Mann und Frau entsprechend ihrer Ausstrahlung – das sind beiderseits gleichschwingende energetische Kräfte und beruhen auf ihrer Mentalitätsschwingung. Diese gleichschwingenden Energien wirken sich im männlichen Prinzip als Positivstrahlung, als gebendes Element, aus, im weiblichen Prinzip als Negativstrahlung, als empfangendes Element. Beide sind Pole, die aufeinander abgestimmt sind; ihre Grundtendenz ist gleichschwingend.

Sie finden zusammen durch die Berührung ihrer Mentalitätsschwingung. Sie vermählen sich in Meinem Geiste und schließen im Gelöbnis der Treue den Bund mit Mir, dem Ewigen, und miteinander. Sie treten in die große Familie Gottes ein, um im Gesetz der Einheit, im großen Ganzen, zu leben und zu wirken.

Die Vereinigung von Mann und Frau erfolgt nur dann, wenn sie ein Kind wünschen. Der Wunsch nach einem Kind wird einzig vom reinen Strahlungsgesetz in beiden Menschen gleichzeitig angerührt. Die Zeugung geschieht nach den Naturgesetzen für menschliche Körper; sie ist rein und vollzieht sich in der reinen Strahlung des Gesetzes, in dem sie leben und in dem sie sich bewegen.

Sowohl der Mann als auch die Frau stehen im Dienst für ihren Nächsten; sie bringen ihre Fähigkeiten und Talente in das Gemeinwohl ein.

Sie leben in Mir, dem Vater-Mutter-Gott. Was sie tun, das tun sie ganz. In alles, was sie tun und schaffen, legen sie die Gottesenergie.

Alles ist Energie. Ich, euer Herr und Gott, verwende eure Worte und spreche mit euren Worten von Energie. Somit ist die Energie eines Kleidungsstückes nicht weniger wert als die Energie einer Schale Obst, denn alle Energie ist beseelt mit Meinem Leben, mit Meiner Kraft. Jeder gibt entsprechend dem Quantum an Energie, das er empfangen hat.

Der Gottmensch empfindet das Energiepotential, welches aus den Waren und den Leistungen ausstrahlt. Er gibt entsprechendes Energiepotential dagegen. Für einen Hausbau z.B. wird er das entsprechende Energiepotential an Arbeitsleistungen oder Waren geben. Das Energiepotential kann – mit euren menschlichen Worten gesprochen – auch in Menge oder Umfang gemessen werden. Entsprechend dem Umfang fließt wieder die Menge an Energiepotential.

Wenn der Mensch in Mir, dem Geiste Gottes, lebt, dann ist er weise, und er gibt aus Mir, der Gottesintelligenz. Er wird dann nicht mehr menschlich werten und wägen, was weniger oder mehr wert ist. Er weiß dies in sich aus Mir, der Intelligenz, Gott, und schöpft daraus. Das ist kein Tauschgeschäft, sondern ein Geben und Empfangen von Energie. Er schafft in allem den gerechten Ausgleich. Es gibt weder „Mein" noch „Dein".

Die Gaben der Gottmenschen sind hochschwingende Energiepotentiale. Die Gottmenschen leisten Qualitätsarbeit, weil ihr geistiges Bewusstsein alles durchdringt. Ihre Waren und Leistungen sind Gaben des Geistes Gottes. Sie wissen aus ihrem erschlossenen Bewusstsein, dass ewige Energien fließen müssen, weil die Erde und alles, was auf ihr und im lichteren materiellen Kosmos ist, an Licht und Kraft nur zunehmen können, wenn sich gleiche Energien vereinen. Sie wissen, dass durch die ewig strömende Energie sie selbst und auch Schichten der Erde in eine immer höhere energetische Schwingung gelangen – und dass sich dadurch die Materie allmählich immer mehr verfeinert, um schließlich wieder in die Ursubstanz einzugehen, in die siebendimensionale, ewige Schöpfung.

Wer z.B. in der Kinderbetreuung oder als Lehrer im schulischen Bereich dient, der empfängt entsprechende Gaben, Waren oder Betreuungsgutscheine von den Familien, deren Kinder er als Lehrer oder Helfer betreut und in das gesetzmäßige Leben hineinführt. Indem ein Lehrer im Umgang mit der Sprache und den Zahlen unterweist und den jungen Menschen hilft, ihre Fähigkeiten und Talente zu entfalten, führt er sie zugleich in das Gesetz Gottes ein.

Auch die Hilfe und Betreuung älterer Menschen ist in den Dienst des Helfens einbezogen. Die älteren Menschen bleiben in der Familie Gottes und werden auch von ihr hinübergeleitet in das feinstoffliche Leben. Ob die Seele in einem jüngeren oder älteren Körper ist – Menschen des Geistes helfen einander.

Auf diese Weise erfüllen die Gottmenschen das Gesetz der geistigen Evolution, der Höherentfaltung. Ihr Denken, Leben und Arbeiten vollzieht sich im Strom des ewigen Gesetzes. Dadurch bewirken sie, dass sich die Erde – und darüber hinaus das ganze materielle Universum – mehr und mehr vergeistigt.

Im Friedensreich, im Reich Gottes auf Erden, ist das Strahlungsgesetz der Erde das geistige Leben der Kinder Gottes. Diese sind also mit der ganzen Unendlichkeit verbunden, weil sie eins sind mit Mir, dem Ewigen. Auch die Atmosphäre der Erde, welche der Spiegel der Erde ist, wird klar sein und aufnahmefähig für höhere Energien und Lebensformen.

So, wie die reinen himmlischen Boten unter den Menschen sein werden, so werden sich auch die teilmateriellen Wesen aus höheren Lichtquellen, die im Erlöserwerk Christi dienen, wieder mit den Menschengeschwistern verbinden, weil sie und ihre Menschengeschwister eines Geistes in Christus sind, ihrem göttlichen Bruder – Jaehowea, der Göttliche, genannt –, dem Herrscher des Friedensreiches Gottes auf Erden.

Am Ende des Friedensreiches Jesu Christi dürfen sich die Dämonen noch einmal am Menschen und an der Erde messen. Ihr Bestreben ist es noch immer, die Erde, ihren ehemaligen Stützpunkt, zurückzuerobern. Das wird ihnen von Mir gewährt, auf dass sie sich erkennen und in Christus, Meinem Sohn, Mich, den ewigen Gott, annehmen und sich vor der Macht und Kraft und Liebe beugen. Dieser Einbruch des Dämonischen in jene Bereiche der Erde und der Atmosphäre, in denen sich noch Ballungszentren gegensätzlicher Energie befinden, wird – wie auch die Aufwallungen menschlichen Ichs – nur noch ein kläglicher Versuch sein und wird sich nicht mehr über die ganze Erde erstrecken. Jeder Vorstoß, die ganze Erde zu besitzen, wird misslingen, weil die Gottmenschen die Erde mit Licht und Kraft durchdrungen haben.

Nach diesem Einbruch wird dann die weitere Umwandlung erfolgen: Da Ich durch das Wirken der geistigen Menschen Schichten des Grobstofflichen in höherschwingende Energien umgewandelt habe, ist der Erdmantel durchlässiger geworden. Er wird expandieren und zerbersten, und die Erdseele, der geistige Teilplanet aus dem ewigen Jerusalem, assimiliert sich an das reine Sein. Der zerberstende Erdmantel wird im Universum weiter verfeinert und der ewig strömenden Energie zugeleitet werden.

Gleichzeitig werden auch weitere materielle Sonnen und Gestirne erschüttert. Auch ihre geistigen Teilaspekte werden allmählich dem ewigen Sein zugeführt. So wird sich die Auflösung aller materiellen Formen und Energien vollziehen.

Wer diese Meine Worte hört und liest, ist eingeweiht in das kommende Geschehen und in das Sein. Ob er daran glaubt oder ob er Mich, die Wahrheit des Lebens, Gott, seinen Herrn, verwirft – das steht jedem Meiner Kinder frei, denn Ich habe ihnen den freien Willen gegeben. Daher trägt jeder für sich selbst die Verantwortung – für seinen Glauben oder Unglauben, für das Für oder Gegen Mich.

Wer Augen hat, der schaue; wer Ohren hat, der höre. Wessen Seele das Licht des Ewigen spürt, der weiß, dass diese Gesetze für das Friedensreich Jesu Christi aus Mir, Gott, der ewigen Wahrheit, gegeben sind, die Ich Bin von Ewigkeit zu Ewigkeit – der Ur-Vater aller Meiner Kinder von Ewigkeit zu Ewigkeit.

Ein Frauenleben im Dienste des Ewigen

Mein Weg als Lehrprophetin und Botschafterin Gottes in dieser Zeitenwende

Gabriele

Seit nahezu 50 Jahren dient Gabriele Gott, dem Ewigen, als Seine Lehrprophetin und Botschafterin. In ihren autobiographischen Schilderungen gibt sie einen Einblick in ihren Werdegang als Mensch und ihre Berufung zur Prophetin Gottes und was es bedeutet, in unserer Zeit Sein Wort, Seine Liebe und Weisheit auf die Erde zu bringen.

Gabriele schildert lebendig ihren Lebensweg von früher Kindheit an. Sie beschreibt die Anfänge des Prophetischen Wortes, die unmittelbaren Schulungen durch den Gottesgeist und den Aufbau des weltweiten Christus-Gottes-Werkes, und sie berichtet auch über die Widrigkeiten und Angriffe, denen sie als Frau im Dienste des Ewigen standzuhalten hatte.

212 Seiten, geb., Halbleinen. ISBN 978-3-89201-799-8

Gerne übersenden wir Ihnen unser aktuelles Buchverzeichnis
sowie Gratis-Leseproben zu vielen Themen

Gabriele-Verlag Das Wort
Max-Braun-Str. 2, 97828 Marktheidenfeld
Tel. 0049 (0)9391/504-135, Fax 09391/504-133
www.gabriele-verlag.com